Floral Design Ideas

Professional Inspiration for your Home

Inspiration professionnelle pour votre maison | Professionele inspiratie voor thuis

Floral Design Ideas

Professional Inspiration for your Home

Inspiration professionnelle pour votre maison | Professionele inspiratie voor thuis

by Donna Stain

TECTUM
PUBLISHERS

© 2008 Tectum Publishers
Godefriduskaai 22
2000 Antwerp, Belgium
Tel.: +32 3 226 66 73
E-mail: info@tectum.be
Website: www.tectum.be

ISBN: 978-90-76886-63-3
WD: 2008/9021/13
(55)

Texts: Donna Stain and Karen Furness
Photography: Becky Lawton

Photographer assistant: Pau Escoulies
Art direction: Mireia Casanovas Soley
Graphic design: Catherine Collin
French translation: Marion Westerhoff
Dutch translation: Eva Snijders

Editorial project:

LOFT Publications
Via Laietana, 32, 4.º, of. 92
08003 Barcelona, Spain
Tel.: +34 932 688 088
Fax: +34 932 687 073
E-mail: loft@loftpublications.com
Web site: www.loftpublications.com

Printed in Spain

'PEAK SEASON' EXPLAINED:
When we provide you with peak season information for individual blooms, please note there may be seasonal variances to take into consideration. The availability of particular blooms varies from year to year and from season to season and also depends on where you call home. The seasons listed generally refer to the times of year when flowers are available from the Dutch flower markets through production. If the flowers are imported from another country, the peak season corresponds with the time of year the flowers bloom in their homeland. It is always best to confirm availability with your local flower provider.

EXPLICATIONS DE « HAUTE SAISON » :
Lorsque nous vous donnons des informations sur la haute saison de fleurs particulières, notez qu'il faut tenir compte de quelques variations saisonnières. La disponibilité de certaines fleurs varie selon les années et les saisons et dépend d'où vous vous trouvez. Les saisons répertoriées se réfèrent en générale à des périodes de l'année où les fleurs sont disponibles sur les marchés hollandais en fonction de la production. Si les fleurs sont importées d'un autre pays, la haute saison correspond à l'époque de l'année du pays d'origine des fleurs. Il est toujours conseillé de vérifier la disponibilité des fleurs auprès de votre fleuriste habituel.

EEN WOORDJE UITLEG OVER 'HOOGSEIZOEN':
Wanneer we informatie geven over het hoogseizoen voor bepaalde bloemen, houd dan rekening met mogelijke variaties. De beschikbaarheid van een bloem verandert van jaar tot jaar en seizoen tot seizoen en hangt ook af van waar je woont. De opgegeven seizoenen verwijzen meestal naar het moment waarop de bloemen beschikbaar zijn op de Nederlandse bloemenmarkt. Als de bloemen uit een ander land worden ingevoerd, komt het hoogseizoen overeen met het seizoen in het land waar de bloemen vandaan komen. Het verstandigste is om bij je plaatselijke bloemist informatie in te winnen over beschikbaarheid.

Index

Flowers are an integral element of the experience at Hotel Arts. The abundant displays of flowers throughout the hotel offer living art which compliments the artwork itself which is one of the most varied Spanish contemporary private art collections.

Flower design at Hotel Arts greatly enhances the hotel experience. From the playfulness of Orchid blooms resembling butterflies to the refined angle of the Arum Lily, a multitude of fresh flowers in different shades and forms change weekly and with the seasons.

We are blessed with a dedicated flower team, led by Donna Stain, who is an expert in her field, and whose passion for her work has led to a greatly enhanced hotel experience for both staff and guests.

Over the years Hotel Arts has won numerous awards for service excellence and the flowers that grace our hallways, restaurants, guestrooms and outdoor areas are another element of the unique and innovative quality of service that we provide to our guests: sophisticated elegance with a personal touch.

It is with great pleasure that I present this book: a celebration of floral design at Hotel Arts Barcelona and the way in which flowers add a special and unique touch wherever they are present.

Prologue
by Victor Clavell, Regional Vice President
The Ritz Carlton Hotel Company

Les fleurs font partie intégrante de l'expérience artistique de l'Hôtel Arts. La profusion de compositions florales qui décorent l'hôtel forme un pendant artistique « vivant » à notre collection d'art contemporain espagnol, une des plus importantes collections privées qui soit.

Le design floral a amélioré de façon formidable l'acquis de l'hôtel. Allant des joyeuses fleurs d'orchidées, ressemblant à des papillons, à l'élégante spathe de l'Arum, une multitude de fleurs fraîches, aux nuances et formes diverses, change au gré des semaines et des saisons.

Nous avons la chance d'avoir une équipe de fleuristes très engagée, dirigée par Donna Stain, experte en la matière et passionnée par son travail. Elle a grandement contribué à faire de l'hôtel un espace splendide, pour le plaisir du personnel et des clients.

Au fil des années, l'Hôtel Arts a souvent été récompensé pour l'excellence de son service. Les fleurs qui ornent nos couloirs, restaurants, chambres et zones extérieures sont une des composantes de la qualité du service, unique et innovante, que nous offrons à nos clients : une élégance sophistiquée agrémentée d'une note personnelle.

J'ai le grand plaisir de vous présenter ce livre qui célèbre le design floral à l'Hôtel Arts de Barcelone et montre comment les fleurs, où qu'elles soient, apportent une touche artistique spéciale et remarquable.

Bloemen zijn een essentieel onderdeel van de impressie die de bezoeker van Hotel Arts opdoet. De overdadige bloemenparades vormen als het ware levende kunststukjes die de eigenlijke kunstcollectie completeren. Het gaat hier om een van Spanje's meest gevarieerde privécollecties op het gebied van de hedendaagse kunst.

De bloemsierkunst verrijkt het bezoek aan Hotel Arts aanzienlijk. Van de dartelende orchideebloesems die wel vlinders lijken, tot de verfijnde lijnen van de aronskelk, elke week en elk seizoen veranderen duizenden verse bloemen van vorm en kleur.

Hotel Arts heeft het geluk te beschikken over een eigen team van bloemisten onder de vakkundige leiding van Donna Stain. Haar passie voor haar vak verrijkt het verblijf in het hotel, zowel voor de werknemers als voor de gasten.

In de loop der jaren heeft Hotel Arts verschillende prijzen gewonnen voor de excellente service. De bloemen die de gangen, restaurants, gastenkamers en openluchtzones verfraaien, maken deel uit van de unieke en innovatieve kwaliteitsservice die de gasten geboden wordt: geraffineerde elegantie met een persoonlijke toets.

Dit boek kan beschouwd worden als een hommage aan de bloemsierkunst in Hotel Arts en de manier waarop bloemen een speciale en unieke touch toevoegen aan de ruimtes die ze daar vullen.

*"A flowerless room is a soulless room,
to my way of thinking.
But even one solitary little vase of a living flower
may redeem it."*

My ever-growing love of flowers began when I was a little girl in Adelaide, Australia. My mother's passion for our garden lured me to spend hours upon hours amongst the hydrangea, love in the mist, cosmos, Dutchman's britches and clematis blooms. There, with her, I was introduced to the subtle intricacies of garden flowers and foliages.

I especially loved the distinctive petal formations, sometimes a profusion, other times a sprinkling, but always detailed and seemingly perfect. I was also drawn to the multitude of hues, shades and shadows of flowers. During those early days, I learned that flowers are individual characters, who flaunt their intricacies in a variety of ways and it is these delicate details that continue to inspire and influence me today.

Bringing some of these delights indoors, I was introduced to their individual charms and remember noticing how a single camellia bloom floating on a china saucer in our bathroom added a new life to the room. Since then, a room without flowers began to feel empty. As English poet, novelist and gardener, Vita Sackville West once wrote:

"A flowerless room is a soulless room, to my way of thinking.
But even one solitary little vase of a living flower may redeem it."

It took no time to realize and appreciate a flower's ability to change the atmosphere of any room within the house. I recall sitting in our lounge room, looking up at a vase filled with a mass of blue hydrangea, slowly learning to appreciate their story-telling abilities. And it was then that I learned I could be a part of that process. I would often experiment with our garden flowers in different vases, urns, canisters, bottles etcetera. Whether I was trying to recreate a fairytale or offer a homage, flowers and I played together often and we became close friends.

What I also learned early in my career as a florist is that big, brash flower arrangements are not always the best option. Nor have I ever been a fan of contorting flowers into complicated arrangements. Mother Nature knows what she is doing and for me an 'arranged' flower should never have to compete for attention. Instead, I have concentrated more on how to combine flower types with containers; for it is how a flower is 'held' that has become important to me and I hope this is reflected in the work you are about to see.

A long way from home, I have been living in Barcelona and decorating the Hotel Arts for five years now. A five star luxury hotel, it is my task to accentuate its character and atmosphere. A consideration I have tried to maintain is to offer hotel guests the warmest welcome possible. Whether visiting for a business meeting, dinner date, relaxing holiday, or a stroll though the grounds, the hotel has maintained extremely high standards in welcoming and comforting guests. Although an abundance of flowers fill the hotel at any time, there are also economical ways to create maximum impact without maximum costs. And this is the art of the business of arranging flowers. The way I look at it, my job is to manage flowers and their varying personalities and strengths. Each season offers opportunities to adapt and improve my ability to accessorize the hotel with these beauties, and this continues to be an absolute delight. But enough about me, it is time to let the 'stars of the show' do the talking. My one request is that you look beyond their obvious beauty and discover the hidden delights that revealed themselves to me. I sincerely hope you enjoy these magnificent creatures as much as I do!

Mon amour croissant pour les fleurs est né à Adélaïde, Australie, alors que je n'étais qu'une petite fille. La passion de ma mère pour notre jardin m'a conduite à passer des heures entières parmi les hortensias, les nigelles de damas, les cosmos, les centres à capuchon et les clématites. Elle m'a ainsi initiée à l'univers complexe et subtil des fleurs et feuillages du jardin. J'aimais particulièrement observer les différentes corolles, aux pétales abondants pour les unes, parcimonieux pour les autres mais toujours plein de détails et si proche de la perfection. La multitude de teintes, nuances et reflets des fleurs me fascinait. Dès mon plus jeune âge, j'appris que les fleurs sont des caractères individuels qui affichent leur complexité de diverses manières. Ce sont tous ces détails délicats qui m'inspirent et m'influencent encore aujourd'hui.

En faisant entrer certaines de ces petites merveilles à l'intérieur de la maison, j'ai découvert leurs charmes particuliers. Je me souviens avoir remarqué combien une seule fleur de camélia, flottant dans une assiette en porcelaine, pouvait remplir notre salle de bains de vie. Depuis, une pièce sans fleurs me semble vide. Vita Sackville West, poète, romancier et jardinier anglais, a écrit à ce sujet :

« Pour moi, une pièce sans fleurs est une pièce sans âme.
Mais un seul vase décoré d'une fleur solitaire peut la sauver. »

Très vite j'ai découvert et apprécié la capacité des fleurs à changer l'atmosphère des pièces de la maison. Je me souviens du jour où, assise dans le salon devant un vase rempli d'un gros bouquet d'hortensias bleus, j'appris à saisir leur talent de conteuses d'histoires. J'ai compris ce jour là que je pouvais faire partie de ce processus.

Au début de ma carrière de fleuriste, j'ai vite découvert que les grands arrangements pompeux de fleurs ne représentent pas toujours la meilleure des solutions. Je n'ai jamais été non plus très amatrice de forcer les fleurs dans des postures compliquées. Mère nature sait ce qu'elle fait et pour moi les fleurs ne devraient pas avoir à être « arrangées » pour attirer l'attention. Je me suis donc plutôt concentrée sur la façon de combiner les fleurs et les vases. En effet, pour moi l'art de « placer » une fleur dans un vase prime sur le reste et j'espère que l'ouvrage que vous allez découvrir le reflète.

Loin de mon pays natal, cela fait cinq ans que je vis à Barcelone où je décore l'Hôtel Arts. Ma tâche est de souligner le caractère et l'atmosphère de cet hôtel de luxe de cinq étoiles. Une des idées que je voulais y maintenir, est celle de l'accueil le plus chaleureux possible fait aux clients de l'hôtel. Que ce soit pour une réunion d'affaires, un rendez-vous à dîner, des vacances relaxantes ou une escapade, l'hôtel a toujours tenu à un très haut standard quand à la réception de sa clientèle. Bien que les fleurs y abondent toujours, certaines astuces permettent de maximaliser leur effet sans pour autant en augmenter le coût. Et c'est là tout l'art de l'arrangement floral commercial.

Telle que je la conçois, ma fonction est de gérer et conjuguer les fleurs, leurs personnalités et leurs atouts. Chaque saison me permet d'adapter et de perfectionner mon savoir faire pour décorer l'hôtel de ces beautés, ce qui continue à me procurer un plaisir immense. Mais assez parlé de moi, il est temps de laisser la parole aux stars du spectacle. Mon unique souhait est que, au-delà de leur beauté flagrante, vous puissiez découvrir ces délices cachés que les fleurs m'ont révélé. J'espère sincèrement que vous apprécierez autant que moi ces splendides créatures.

Introduction by Donna Stain, Flower designer
Hotel Arts

Ik was nog maar een klein meisje in Adelaide, Australië, toen mijn liefde voor bloemen ontstond. Meegevoerd door mijn moeders passie voor onze tuin, bracht ik uren en uren door tussen de pracht van de hortensia's, juffertjes-in-het-groen, cosmos, gebroken hartjes en clematis. Het was dan ook mijn moeder die me inwijdde in de finesses van tuinbloemen en –planten.

Ik hield vooral van de verschillende bloemformaties, die soms overvloedig en dan weer spaarzaam tentoon werden gesteld, maar die altijd tot in het kleinste detail perfect leken. Ook de vele kleuren, tinten en schakeringen van bloemen trokken me aan. In deze eerste jaren leerde ik dat alle bloemen hun eigen persoonlijkheid hebben, waarmee ze elk op hun eigen manier pronken. Die frêle details inspireren en beïnvloeden me vandaag de dag nog steeds.

Nadat ik sommige van deze wonderen binnenshuis bracht, ging er een wereld van individuele charmes voor me open. Een enkele cameliabloem in een porseleinen schaaltje blies onze badkamer nieuw leven in. Vanaf dat moment begon een kamer zonder bloemen leeg aan te voelen. Om het te zeggen in de woorden van de Engelse dichteres, romanschrijfster en tuinierster Vita Sackville West:

"Naar mijn mening is een kamer zonder bloemen als een kamer zonder ziel.
Maar zelfs een klein vaasje met een eenzame, levende bloem brengt redding."

Al heel snel leerde ik hoe bloemen in staat zijn de sfeer van de ruimtes in een huis om te toveren. Ik herinner me nog hoe ik in onze woonkamer zat te kijken naar een vaas vol hortensia's. Langzaam begon ik te begrijpen dat ze in staat waren een verhaal te vertellen. En toen besefte ik dat ik zelf een deel kon worden van dit proces. Ik begon te experimenteren met onze tuinbloemen in verschillende vazen, kannen, bussen, flessen enzovoort. Soms probeerde ik een sprookje na te vertellen, dan weer wou ik een ode brengen aan iets of iemand. Bloemen werden al gauw mijn beste speelkameraadjes en boezemvrienden.

Wat ik al snel leerde in mijn carrière als bloemiste, is dat grote en indrukwekkende bloemstukken niet altijd de beste oplossing zijn. Van bloemen die tot ingewikkelde composities zijn verwrongen, heb ik nooit gehouden. Moeder Natuur weet wat ze doet en wat mij betreft hoeft een 'geschikte' bloem geen concurrentiestrijd aan te gaan om de aandacht te trekken. Ik concentreer me eerder op de combinatie van bepaalde soorten bloemen en vazen. Want voor mij is de manier waarop een bloem wordt 'vastgehouden' belangrijk en ik hoop dat dit idee wordt weerspiegeld in het werk dat je nu in handen hebt.

Tegenwoordig woon ik ver van huis, in Barcelona, waar ik nu al vijf jaar verantwoordelijk ben voor de decoratie van Hotel Arts. Het is mijn taak het karakter en de sfeer van dit vijfsterrenhotel te accentueren. Ik streef ernaar de hotelgasten een zo warm mogelijke ontvangst te bieden. Of ze nu komen voor zaken, voor een etentje, een ontspannende vakantie of om de buurt te verkennen, het hotel stelt hoge eisen aan een onberispelijk welkom en het comfort van de gasten. Ook al staat Hotel Arts altijd vol bloemen, er zijn ook goedkope manieren om een maximale impact te creëren. En dat is nu juist de kunst van het bloemschikken. Ik zie mijn beroep als de kunst om bloemen en hun verschillende persoonlijkheden en krachten te combineren. Elk seizoen biedt nieuwe kansen om bij te leren en het hotel nog mooier te decoreren met deze juweeltjes, en dat is en blijft een bron van genot. Maar genoeg over mij, het is tijd dat de echte 'sterren' de show gaan stelen. Het enige dat ik je nog zou willen vragen, is om verder te kijken dan hun vanzelfsprekende schoonheid. Ontdek de verborgen pracht die bloemen ooit aan mij onthulden. Ik hoop van harte dat je evenveel van deze schitterende schepsels geniet als ik!

Lobby & Hallways

First Impressions last

La première impression compte

De eerste indruk is een blijvende impressie

First impressions last and so a warm welcome to guests and visitors is very important. Not only do the hotel personnel welcome you upon arrival, but I like to think that the flowers greet and guide you as well. Inspired by the seasons, the lobby and hallways are ideal settings to exhibit flowers and foliages on mass. Whether in grand urns, ornate vases or ceramic pots, the organic will always greet you as you enter the hotel lobby. Parading themselves magnificently, these natural posers help create a grand entrance for you.

Les premières impressions sont celles qui restent ; il est donc très important de bien accueillir les clients et les visiteurs. Dès votre arrivée, le personnel de l'hôtel vous souhaite certes la bienvenue, mais j'aime à penser que les fleurs aussi vous accueillent et vous guident. Au fil des saisons, les lobby et halls d'entrée sont des endroits parfaits pour montrer fleurs et feuillages en abondance. Que ce soit dans des grandes urnes, vases ornés, ou pots en céramique, c'est toujours la nature qui vous accueille dès que vous pénétrez le lobby de hôtel. Défilant avec magnificence, ces mannequins naturels vous feront une haie d'honneur.

Een eerste indruk is een blijvende impressie, dus is een warm onthaal van gasten en bezoekers erg belangrijk. Niet alleen het hotelpersoneel verwelkomt je bij aankomst, ook de bloemen groeten en begeleiden je. De lobby en hall zijn ideale plaatsen om een overvloed aan seizoensbloemen en –planten tentoon te stellen. Of het nu in grote kannen, sierlijke vazen, glazen cilinders of keramiekpotten is, de natuur begroet je altijd als je de hotellobby binnenkomt. Deze modellen met natuurtalent paraderen in alle pracht om van je entree iets groots te maken.

All eyes on Iris
IRIS Laevigata 'Variegata'
Peak Season: All seasons
Always try and buy your Irises with tight buds. Iris leaves can become an unsightly yellow, which is why it is best to tuck them away and let the blooms do the talking.

Plein feux sur les iris
IRIS Laevigata « Variegata »
Haute saison : Toutes saisons
Toujours essayer d'acheter les iris avec des boutons bien fermés. Les feuilles d'iris peuvent prendre une vilaine couleur jaune, c'est pourquoi il vaut mieux les ôter et laisser place à la fleur.

Blikvanger Iris
IRIS Laevigata 'Variegata'
Hoogseizoen: Alle seizoenen
Probeer je irissen altijd met gesloten knoppen te kopen. Irisbladeren kunnen lelijk geel worden, zodat je ze beter weg kunt stoppen en alleen de bloemen het woord laten doen.

TACCA PLANT Tacca
Peak Season: All seasons
This amazing bloom is for indoors. Keep away from draughts and direct sunlight and offer it only a small teacup of water per week.

PLANTE TACCA Tacca
Haute saison : Toutes saisons
Cette plante étonnante est faite pour l'intérieur. Mettre à l'abri des courants d'air et de la lumière directe et ne lui donner qu'une petite tasse d'eau par semaine.

VLEERMUISBLOEM Tacca
Hoogseizoen: Alle seizoenen
Deze verbazingwekkende bloem is een kamerplant. Houd hem uit de buurt van tocht en direct zonlicht en geef hem niet meer dan een theekopje water per week.

ARUM/ CALLA LILY Zantedeschia
Peak Season: All seasons
Known in many parts as the 'death' lily, these elegant blooms have since defied their reputation and offer a sleek and graceful option to complete a vase.

ARUM/ LYS CALLA Zantedeschia
Haute saison : Toutes saisons
Souvent appelées le lys de la « mort », ces fleurs élégantes ont depuis lors défié leur réputation, en offrant une variante charmante et gracieuse pour compléter un vase.

ARONSKELK Zantedeschia
Hoogseizoen: Alle seizoenen
De aronskelk staat bekend als 'dode' lelie, maar hij heeft deze reputatie altijd het hoofd geboden als stijlvolle en elegante aanvulling voor een boeket.

Salmon flowers on set. "And… action!"

Fleurs saumon en vedette. « Et… silence, on tourne ! »

Zalmkleurige bloemen komen op. "En… actie!"

AMARYLLIS Hippeastrum
Peak Season: Autumn/ winter/ spring
Amaryllis stems are hollow. If you turn them upside down and fill them with water, you can thread a thick wire through the base of the stem and hang them upside down on a wall... just for something a little different.

AMARYLLIS Hippeastrum
Haute saison : Automne/ hiver/ printemps
Les tiges d'amaryllis sont creuses. Si vous les mettez à l'envers et les remplissez d'eau, vous pouvez passer un fil de fer épais au travers de la base et les suspendre ainsi à l'envers sur le mur... juste histoire de changer un peu.

AMARYLLIS Hippeastrum
Hoogseizoen: Herfst/ winter/ lente
De steel van de amaryllis is hol. Je kunt deze bloem omkeren, hem met water vullen, een dikke draad door de stengel halen en hem ondersteboven aan de muur hangen... dat is nog eens wat anders.

Just as I look forward to summer for its berries and cherries, so too do I anticipate winter for producing botanical wonders such as helleborus, dogwood and salix (as shown), also known as pussy willow. Seasons help remind us that different species of flowers are worth waiting for. Creamy woollen baubles on woody chocolate stems convey a wintry atmosphere inside the hotel and these winter woollies are well worth the wait.

PUSSY WILLOW Salix
Peak Season: Winter
All woody stems struggle to drink, so be sure to cut the stem well and on a sharp angle. If looked after pussy willows will do their best to last for weeks upon weeks.

De même que j'attends l'été avec impatience pour ses baies et cerises, j'espère l'arrivée de l'hiver pour les miracles botaniques qu'il produit, à l'instar de l'hellébore, le cornouiller et le saule (comme sur l'image), connu comme saule à chatons. Les saisons nous rappellent que cela vaut la peine de patienter pour voir les différentes espèces de fleurs. Ces boules de laine crème sur des tiges de bois chocolat le confirment et confèrent une atmosphère d'hiver aux intérieurs de l'hôtel.

SAULE À CHATON Salix
Haute saison : Hiver
Toutes ces tiges de bois ont toujours soif : assurez-vous donc de bien couper les tiges en biseau. Si on en prend soin, les saules peuvent durer des semaines et des semaines.

Net zoals ik uitkijk naar de zomer met zijn bessen en kersen, zo verheug ik me op de winter met zijn botanische wonders als de kerstroos, de kornoelje en de wilgenkatjes (zie foto). De seizoenen herinneren ons eraan dat het de moeite loont te wachten op sommige soorten bloemen: romige wollen propjes op chocoladehouten stengels halen de winter het hotel binnen. Het is de moeite waard te wachten op deze winterse wolletjes.

WILGENKATJES Salix
Hoogseizoen: Winter
Alle houterige stengels hebben het moeilijk om water op te zuigen, dus zorg ervoor dat je de stengel goed schuin afsnijdt. Mits ze goed verzorgd worden, kunnen wilgenkatjes wekenlang mooi blijven.

No matter how large or small, a room filled with white flowers is hard to beat. White and green offers a simple yet elegant freshness that suits any occasion and almost any interior.

Peu importe la taille de la pièce, rien n'égale un espace rempli de fleurs blanches. Blanc et vert offrent une fraîcheur simple mais élégante, appropriée en toute occasion et à tous les intérieurs ou presque.

Groot of klein, een kamer vol witte bloemen is niet te verslaan. Wit en groen creëren een eenvoudige maar elegant frisse look voor elke gelegenheid en bijna elk interieur.

1/

ARUM/ CALLA LILY Zantedeschia
Peak Season: All seasons, but more expensive in winter
ARUM/ LYS CALLA Zantedeschia
Haute saison : Toutes saisons, mais plus chers en hiver
ARONSKELK Zantedeschia
Hoogseizoen: Alle seizoenen, maar duurder in de winter

2/

HYDRANGEA Hydrangea
Peak Season: Spring/ summer/ autumn
HORTENSIA Hydrangea
Haute saison : Printemps/ été/ automne
HORTSENSIA Hydrangea
Hoogseizoen: Lente/ zomer/ herfst

3/

LILY-OF-THE-VALLEY Convallaria Majalis
Peak Season: All seasons, but less expensive during winter
MUGUET Convallaria Majalis
Haute saison : Toutes saisons, mais moins cher en hiver
LELIETJE-VAN-DALEN Convallaria Majalis
Hoogseizoen: Alle seizoenen, maar minder duur in de winter

ums are available in incredible colours; from deep
urgundy (almost black) to light mauve; from green to white;
om dusty pink to rich magenta and just about all shades in
tween.

es arums sont désormais disponibles dans des couleurs
croyables allant du bordeaux intense (presque noir) au
auve léger, du vert au blanc, du vieux rose au magenta
nsi que dans tous les tons intermédiaires.

e aronskelk is verkrijgbaar in ongelooflijke kleuren, van
onker bordeaux (bijna zwart) tot licht mauve, van groen tot
it, van vurig oranje tot licht citroengeel, van vuilroze tot
ralend magenta en bijna alle schakeringen daar tussenin.

/

nese garden favourites provide an amazing array of colour,
hich can change with the seasons. From bright blues, cerise
nks and autumn tones, their florets also make a sweet
ternative to sprinkling rose petals. As they drink water
rough their petals as well as their stems, they do enjoy a
ce, long bath. Soak their heads in a sink filled with cold
ater for a few minutes and re-cut the stems before you
ace them in a vase.

avorites du jardin, elles procurent une palette de couleurs
onnante, qui changent au fil des saisons. Aux bleus vifs,
se cerise et tons d'automne, leurs fleurons aux pétales
gèrement roses sont une belle alternative. Comme ils
osorbent l'eau par les pétales et par leurs tiges, ils adorent
re immergés. Trempez les têtes quelques minutes dans un
vier rempli d'eau froide et recoupez les tiges avant de les
acer dans un vase.

eze tuinfavoriet bestaat in een verbazingwekkende variëteit
an kleuren, die per seizoen verschillen. De helblauwe,
ersrode of herfstkleurige bloempjes kunnen een lief
lternatief vormen voor rozenblaadjes. Omdat ze net zo
oed water opzuigen door hun bloemblaadjes als door hun
tengels, genieten ze van een lekker lang bad. Week hun
oofdjes gedurende enkele minuten in koud water en snijd
e stengels bij voor je ze in de vaas zet.

/

.ily-of-the-Valley is a winter flower, but as with many other
looms, they are imported from all over the world. Sensitive
o their surroundings, be sure to keep them in a cool
nvironment because winter time is when they peak.

e muguet est une fleur d'hiver, mais comme beaucoup
d'autres fleurs, il est importé du monde entier. Sensible à
'environnement, veillez à ce que l'endroit soit frais car
' hiver reste sa saison.

Het lelietje-van-dalen is een winterbloem, maar zoals
eel andere bloemen wordt het van over de hele wereld
geïmporteerd. Dit is een gevoelig bloempje dat zich thuis
oelt in de winter, dus zet het op een koele plek.

Before and after

AMARYLLIS PLANT Hippeastrum
Peak Season: Autumn/ winter/ spring
A great alternative is to wash the dirt from the bulbs
and sit them in a vase with a little water. Once they have
finished flowering you can store the bulbs until the
following year and do the same again and again...

Avant et après

PLANTE D'AMARYLLIS Hippeastrum
Haute saison : Automne/ hiver/ printemps
Il est fortement conseillé d'ôter les impuretés des bulbes
et de les placer dans un vase avec très peu d'eau. La
floraison passée, conservez les bulbes jusqu'à l'année
suivante et ainsi de suite chaque année...

Voor en na

AMARYLLIS PLANT Hippeastrum
Hoogseizoen: Herfst/ winter/ lente
Als leuk alternatief, kun je de bollen schoonwassen
en ze in een vaas met een beetje water zetten. Als
ze uitgebloeid zijn, kun je de bollen bewaren tot het
volgende seizoen, en zo elk jaar weer...

Bringing the outdoors, indoors

BIRCH Betula
Peak Season: Summer/ spring
The fine and wispy stems of birch are very sweet. Known as a herb tree, it is used in many different ways; wine and vinegar can be made from its sap; beer can be made from its bark; birch tea from its leaves and the oil extracted from its bark can be used in medicated soaps for skin conditions such a eczema.

Amener l'extérieur vers l'intérieur

BOULEAU Betula
Haute saison : Été/ printemps
Les rameaux de bouleau sont très jolis. Connu comme arbre à herbe, il est utilisé de diverses manières : vin et vinaigre sont tirés de sa sève, son écorce sert à faire de la bière, ses feuilles donnent de la tisane et l'huile extraite de son écorce est employée dans les savons dermatologiques pour traiter l'eczéma.

Buitenstebinnen

BERK Betula
Hoogseizoen: Zomer/ lente
Fijne, spichtige berkentakken zijn snoezig. De berk staat bekend als medicinale plant en wordt op vele wijzen gebruikt. Van het sap wordt wijn en azijn gemaakt, van de stam brouwt men bier en van de bladeren trekt men berkenthee. De olie van de schors kan worden gebruikt in speciale zeep voor huidaandoeningen zoals eczeem.

"When I grow up, I want to be yellow."
This quickly became one of those "Spring has Sprung"
moments in the hotel. If you decide to use tulips to
decorate your home, one idea is to consider using
vases that your tulips can "grow up in".

FRENCH TULIP *Tulipa*
Peak Season: Winter/ spring
Tulips are available in a plethora of colours, shapes and
sizes. You can choose between double or single petals;
smooth or crinkly edges; single or multiple tones; small
or large faces. There is a tulip suitable for just about any
occasion.

NARCISSUS BULB *Narcissus*
Peak Season: Winter
Purchasing bulbs is a longer lasting alternative to buying
cut flowers and there are many inventive ways to display
your plants-to-be. Why not choose a clear vase and give
yourself the opportunity to watch it sprout rather than
hide all the hard work away inside a plastic pot.

« Quand je serai grande, je serai jaune. »
En un clin d'oeil, c'est « l'éclosion du printemps »
dans l'hôtel. Si vous décidez d'utiliser des tulipes pour
décorer votre intérieur, pensez à utiliser des vases où
les tulipes pourront « grandir » .

TULIPE FRANÇAISE *Tulipa*
Haute saison : Hiver/ printemps
Les tulipes existent dans une pléthore de couleurs,
formes et tailles. Vous avez le choix entre des pétales
simples ou doubles , aux bordures lisses ou dentelées,
teintes unies ou bigarrées , petits ou grands lobes. A
chaque occasion sa tulipe.

BULBE DE NARCISSE *Narcissus*
Haute saison : Hiver
Acheter des bulbes est une solution plus durable que
les fleurs coupées et il y a plus d'une façon de mettre
en valeur vos futures plantes. Pourquoi ne pas prendre
un vase transparent qui vous permettra d'en observer
l'éclosion plutôt que de cacher tout se travail dans un pot
en plastique.

"Als ik groot ben, wil ik geel zijn."
Dit werd al gauw een van die "lentekriebel"
momenten in het hotel. Als je je huis met tulpen wilt
versieren, is het een goed idee vazen te gebruiken
waar je tulpen in kunnen "groeien".

FRANSE TULP *Tulipa*
Hoogseizoen: Winter/ lente
Tulpen zijn verkrijgbaar in oneindig veel kleuren,
vormen en maten. Je kunt kiezen tussen dubbele of
enkele bloemblaadjes, gladde of gekrulde randen, een of
meerdere kleuren, kleine of grote bloemen. Er is een tulp
voor elke gelegenheid.

NARCISBOL *Narcissus*
Hoogseizoen: Winter
Bollen gaan langer mee dan snijbloemen en er zijn veel
vindingrijke manieren om je planten in spe tentoon te
stellen. Waarom geen doorzichtige vaas gebruiken zodat
je de bol kan zien ontspruiten, in plaats van dit wonder in
een plastic pot te verstoppen.

The wagging tails of Eremurus

FOXTAIL LILY
Eremurus Robustus
Peak Season: Spring/ summer
Available in pink, apricot, yellow and white, the lower
flowers bloom and wilt first. Just pick these off and you
are left with a fresh stem as the upper blooms continue
to flower.

L'Eremurus et ses queues frétillantes

LYS QUEUE DE RENARD
Eremurus Robustus
Haute saison : Printemps/ été
Existe en rose, abricot, jaune et blanc, les fleurs basses
s'épanouissent et se fanent en premier. Otez-les et vous
aurez une tige neuve grâce aux fleurs supérieures qui
continuent de fleurir.

De kwispelende staarten van Eremurus

NAALD VAN CLEOPATRA
Eremurus Robustus
Hoogseizoen: Lente/ zomer
Verkrijgbaar in roze, abrikoos, geel en wit. De onderste
bloemen bloeien en verwelken als eerste. Pluk ze eraf en
je naald van Cleopatra is weer zo goed als nieuw, want de
bovenste bloemen blijven verder bloeien.

On each floor of the hotel, paintings by contemporary Spanish artists line the hallways and many are accompanied by lines of fruit, just in case you fancy a snack on your way to or from your suite. Inspired by the paintings, I often sneak in a cluster of blooms, for fruit and flowers have always made very good company.

PEONY *Paeonia*
Peak Season: Early summer
Peonies are expensive blooms but every petal is worth it. Float, perch or lay them down to admire their magnificence.

A chaque étage de l'hôtel, des peintures d'artistes espagnols s'alignent le long des halls d'entrée, souvent accompagnées de rangées de fruits, au cas où vous auriez envie d'un fruit en sortant ou en allant vers votre suite. Inspirée par les tableaux, je glisse souvent un bouquet de fleurs entre les fruits, car ils font toujours bon mariage.

PIVOINE *Paeonia*
Haute saison : Début d'été
Les pivoines sont des fleurs chères mais chaque pétale en vaut la peine. Faites les flotter, posez-les en hauteur ou au sol pour en admirer la splendeur.

Op elke verdieping van het hotel hangen schilderijen van hedendaagse Spaanse kunstenaars en vaak staan daar schalen bij met fruit voor de gasten die zin hebben in een tussendoortje onderweg van of naar hun suite. Geïnspireerd door deze schilderijen, steek ik er stiekem een bosje bloemen bij, want fruit en bloemen zijn altijd al goede maatjes geweest.

PIOENROOS *Paeonia*
Hoogseizoen: Begin van de zomer
Pioenrozen zijn duur, maar elk bloemblad is de moeite waard. Laat ze drijven, steek ze op of leg ze neer om hun pracht te bewonderen.

PINCUSHION
Leucospermum Nutan
Peak Season: Summer/ autumn/ winter
Enduring the African climate, these blooms are incredibly hardy, long lasting and sprout warm sunset tones.

PELOTE D'ÉPINGLES
Leucospermum Nutan
Haute saison : Été/ automne/ hiver
Supportant le climat africain ces fleurs sont incroyablement résistantes, durables et dégagent des teintes chaleureuses de soleil couchant.

VELDFIRE
Leucospermum Nutan
Hoogseizoen: Zomer/ herfst/ winter
Gewend als ze zijn aan het Afrikaanse klimaat, zijn deze bloemen ongelooflijk robuust. Ze gaan lang mee en hun warme kleuren doen aan een zonsondergang denken.

Glass vase, filtered light, crystal clear water and a single stem multiplied equals maximum impact at minimal cost.

ARUM/ CALLA LILY *Zantedeschia*
Peak Seson: All seasons but more expensive in winter
Known in many parts as the 'death' lily, these elegant blooms have since defied their reputation and offer a sleek and graceful option to complete a vase.

Vase en verre, lumière filtrée, eau cristalline et tige unique multiplient l'impact au maximum pour un minimum de coût.

ARUM/ LYS CALLA *Zantedeschia*
Haute saison : Toutes saisons, mais plus chers en hiver
Souvent connues comme le lys de la « mort », ces fleurs élégantes ont depuis défié leur réputation en devenant une façon élégante et charmante de compléter un vase.

Glazen vaas, gefilterd licht, kristalhelder water vermenigvuldigd met een enkele stengel is gelijk aan maximale indruk voor een minimale prijs.

ARONSKELK *Zantedeschia*
Hoogseizoen: Alle seizoenen, maar duurder in de winter
Deze elegante bloemen kregen op vele plaatsen de naam 'dode' lelie, maar ze hebben deze reputatie steeds het hoofd geboden en zijn in werkelijkheid een stijlvolle, elegante aanvulling in een vaas.

A lean of a Phalaenopsis

PHALAENOPSIS ORCHID *Orchidaceae*
Peak Season: All seasons
These plants require very little water – just a small teacup each week. Indoors, they should be kept out of direct sunlight and drafty spaces. Once the flower has expired, cut its stem between the second and third nodule to encourage new growth. There is no need to move it from its flowering position… just wait for it to bloom the following year.

Une envie de Phalaenopsis

ORCHIDÉE PHALAENOPSIS *Orchidaceae*
Haute saison : Toutes saisons
Ces plantes nécessitent très peu d'eau : juste une petite tasse par semaine. A l'intérieur, les préserver de la lumière directe et des courants d'airs. Dès que la fleur est fanée, coupé la tige entre le deuxième et troisième nodule pour favoriser la repousse. Ne la déplacez pas… patientez jusqu'à la prochaine floraison annuelle.

Een tikje Phalaenopsis

VLINDERORCHIDEE *Orchidaceae*
Hoogseizoen: Alle seizoenen
Deze planten hebben erg weinig water nodig, niet meer dan een theekopje per week. Binnen verdragen ze geen direct zonlicht en tocht. Zodra de bloem uitgebloeid is, snijd je de stengel tussen de tweede en derde knoop af om de nieuwe groei te stimuleren. De plant mag niet verplaatst worden, wacht gewoon tot hij volgend jaar weer bloeit.

A lean of a Calla Lily

ARUM/ CALLA LILY Zantedeschia
Peak Season: All seasons but more expensive and not the lasting power in winter

Une envie de lys calla

ARUM/ LYS CALLA Zantedeschia
Haute saison : Toutes saisons, mais plus chers en hiver

Een streepje aronskelk

ARONSKELK Zantedeschia
Hoogseizoen: Alle seizoenen, maar duurder in de winter

A lean in to inhale the sweet scent of a Grape hyacinth

GRAPE HYACINTH
Muscari Bota
Peak Season: Winter/ spring
Small in stature but big on impact, these strongly scented muscari look great on mass, but a small bunch on your bedside table is a sweet touch for sweet dreams.

Une envie de respirer le parfum sucré d'une jacinthe à clochettes

JACINTHE Á CLOCHETTES
Muscari Bota
Haute saison : Hiver/ printemps
De taille modeste mais du plus bel effet, ces muscaris très parfumés sont superbes en gros bouquets, mais en petit bouquet sur votre table de chevet, ils offrent une touche délicate qui vous fera faire de doux rêves.

En een zoet vleugje blauwe druifjes

BLAUWE DRUIFJES
Muscari Bota
Hoogseizoen: Winter/ lente
Klein maar dapper zijn deze fel geurende muscari. Ze zijn prachtig in grote trossen, maar een klein bosje naast je bed is genoeg om je zoete dromen toe te wensen.

During winter months, narcissus and other common
bulbs are often found growing at the base of elm, oak
and birch trees. Lining thickly 'trunked' vases with
birch bark, I thought it might be fun to reverse the
effect. Rather than flower heads sprouting from beneath
a tree's canopy, I sat bunches and bunches of sweetly
scented narcissus into bark-lined vases, deliberately
spilling their blooms over the vases' lips. Placing the vases
in a long row within the lobby's entrance, a tree-lined
avenue began to emerge.

Durant les mois d'hiver, les narcisses et autres bulbes
communs poussent souvent au pied d'ormes, de chênes
et de bouleaux. En enveloppant des vases « troncs » avec
de l'écorce de bouleau, j'ai pensé qu'inverser les rôles
pourrait créer un effet amusant. Plutôt que d'avoir des
fleurs surgissant de la terre sous une voûte d'arbre, j'ai
placé une série de bouquets de narcisses très parfumés
dans des vases entourés d'écorce, faisant déborder
sciemment les fleurs sur les bords des vases. J'ai placé les
vases en une longue rangée à l'entrée du lobby, faisant
ainsi surgir une avenue bordée d'arbres.

Tijdens de wintermaanden groeien narcissen en andere
veel voorkomende bollen graag onder iepen, eiken en
berken. Dik 'gestamde' vazen bekleden met berkenbast
leek me een grappige manier om het omgekeerde effect
te creëren. In plaats van bloemkelkjes die onder een
boomkruin ontspruiten, zette ik hele trossen zoet
geurende narcissen in vazen met berkenbastvoering,
waarbij ik de bloemen opzettelijk over de rand van de
vaas liet stromen. Ik zette de vazen in een lange rij aan
de ingang van de lobby zodat er een laan met bomen
ontstond.

Hide´n´Seek
PAPERWHITE *Narcissus Papyraceus*
Peak Season: Winter/ spring
Cheap and cheerful with the sweetest of scents, remember not to mix them with other flowers as their sap contaminates the water and restricts other blooms from drinking freely.

Cache-cache
BLANC PAPIER *Narcissus Papyraceus*
Haute saison : Hiver/ printemps
Bon marché, gaies et délicieusement parfumées, souvenez-vous de ne pas les mélanger avec d'autres fleurs car leur sève empoisonne l'eau et empêche les autres fleurs de boire librement.

Verstoppertje
TROSNARCIS *Narcissus Papyraceus*
Hoogseizoen: Winter/ lente
Goedkoop, vrolijk en met een honingzoete geur! Meng ze niet met andere bloemen, want hun sap verontreinigt het water waardoor de andere bloemen niet genoeg kunnen drinken.

'SWEET AVALANCHE' ROSE *Rosa*
Peak Season: All seasons
The Sweet Avalanche is one of the prettiest yet hardiest roses available.

« DOUCE AVALANCHE » ROSE *Rosa*
Haute saison : Toutes saisons
Cette rose est, à mon avis, une des plus petites roses disponibles, mais elle est d'une grande résistance.

'SWEET AVALANCHE' ROOS *Rosa*
Hoogseizoen: Alle seizoenen
De Sweet Avalanche roos is voor mij een van de mooiste doch stoerste rozen.

RED WINGS LEAF Philodendron
Peak Season: All seasons
Just a single leaf in a vase is sufficient and if you turn them over you will notice that their undersides are just as striking. They are an ideal option to line a clear glass vase, where the water magnifies their beautiful underbellies.

FEUILLE AUX AILES ROUGES Philodendron
Haute saison : Toutes saisons
Une seule feuille dans un vase suffit, et si vous la retournez, vous verrez que le revers est tout aussi frappant. C'est une option idéale pour envelopper un vase en verre, où l'eau grossit leur magnifique revers.

PHILODENDRON Philodendron
Hoogseizoen: Alle seizoenen
Zoals je ziet, is één blad in een vaas voldoende, maar als je het omdraait, zie je dat de onderkant al even treffend is. Een leuk idee om een doorzichtige glazen vaas te bekleden, zodat het water hun mooie buikjes optisch vergroot.

Inside the Suites

Enjoy every moment of your stay

Savourez chaque instant de votre séjour

Geniet van elk moment van uw verblijf

The suites at Hotel Arts are renowned world-wide for their luxurious quality, but just as important is that they feel like a home away from home, and what better way to achieve this than with fresh flowers and foliages. A few botanical indulgences and added personal touches and twists can be found in many of the suites. We aim for you and your senses to enjoy every moment of your stay in magnificent Barcelona.

Les suites de l'Hôtel Arts sont réputées mondialement pour leur luxe, mais ce qui est presque plus important: elles sont réputées pour offrir cette sensation d'être chez soi loin de chez soi, et quelle meilleure façon d'y parvenir qu'avec des fleurs et des feuillages frais. Quelques plaisirs botaniques agrémentés de touches et astuces personnelles se retrouvent dans plusieurs suites. Notre but est que vous profitiez de chaque instant de votre séjour dans la merveilleuse ville de Barcelone.

De suites van Hotel Arts staan wereldwijd bekend om hun luxe, maar het is even belangrijk dat ze een gevoel van een thuis ver van huis geven. En wat is er beter dan verse bloemen en planten om dat te bereiken? In vele suites vindt men enkele groene uitspattingen en een paar persoonlijke kneepjes en trucjes. Wij willen dat jij en je zintuigen genieten van elk moment in het geweldige Barcelona.

A family affair – these distant cousins bring out the best in each other.

(Left side)
LADY'S SLIPPER ORCHID Cypripedium
Peak Season: Autumn/ winter
Long lasting and spectacularly coloured, Laddy's slipper orchid flowers and/ or plants are well worth the investment.

(Right side)
CYMBIDIUM ORCHID Orchidaceae
Peak Season: Winter/ spring
Occasionally, Cymbidium orchids are available in summer but become much more expensive. Enjoy them while they are affordable and at their physical peak.

Une affaire de famille – chacun de ces cousins éloignés révélent le meilleur de l'autre.

(Coté gauche)
ORCHIDÉE SABOT Cypripedium
Haute saison : Automne/ hiver
Persistantes et magnifiquement colorées, les fleurs des orchidées sabot et/ ou les plantes sont un bon investissement.

(Coté droit)
ORCHIDÉE CYMBIDIUM Orchidaceae
Haute saison : Hiver/ printemps
De temps à autre, les orchidées Cymbidium sont disponibles en été mais sont alors plus cher. Profitez-en tant qu'elles sont abordables et en pleine beauté.

Een familieportret – deze achterneven brengen het beste in elkaar boven.

(Linkerfoto)
VROUWENSCHOENTJES Cypripedium
Hoogseizoen: Herfst/ winter
De bloemen en/ of planten van de vrouwenschoentjes hebben spectaculaire kleuren en leven lang, dus de investering is de moeite waard.

(Rechterfoto)
CYMBIDIUM ORCHIDEE Orcidaceae
Hoogseizoen: Winter/ lente
Soms zijn Cymbidium orchideeën in de zomer verkrijgbaar, maar dan zijn ze veel duurder. Geniet van ze in hun hoogseizoen, dan zijn ze ook betaalbaar.

CHRYSANTHEMUM *Chrysanthemum*
Peak Season: All seasons
All chrysanthemums have incredible lasting power. Their heads range in size from buttons to saucers and are available in a variety of vibrant and pastel tones.

CHRYSANTHÈME *Chrysanthemum*
Haute saison : Toutes saisons
Tous les chrysanthèmes sont d'une longévité incroyable. Leur tête vont de la taille d'un bouton à celle d'une soucoupe et ils sont disponibles dans une variété allant de tons vifs au pastel.

CHRYSANT *Chrysanthemum*
Hoogseizoen: Alle seizoenen
Alle chrysanten gaan ongelooflijk lang mee. De bloemen kunnen zo klein als een knoop of zo groot als een theeschoteltje zijn en tegenwoordig zijn ze verkrijgbaar in zowel bonte als pastelkleuren.

A lasting alternative to stems in a vase, I have propped chrysanthemum heads into water soaked foam, bloom by bloom and line by line.

Solution plus durable que les tiges en vase, j'ai piqué des têtes de chrysanthème dans une mousse bien humide, fleur par fleur et rangée par rangée.

Als duurzaam alternatief voor stengels in een vaas, heb ik chrysanthoofdjes in nat schuim gestoken, bloemetje na bloemetje en rij na rij.

Botanica Britannica

(from left to right)
'CRIMSON TEMPO' CARNATION Dianthus
Peak Season: All seasons
Inexpensive, long lasting and under-appreciated,
carnations remind us how fashion tends to travel in
loops.

'GRAND PRIX' ROSE Rosa
Peak Season: All seasons
A favourite of mine for its luxurious velvety texture and as
well as its incredible lasting power.

HYDRANGEA 'MASJA' Hydrangeaceae
Peak Season: Spring/ autumn/ summer
These garden favourites provide an amazing array of
colour, which can change with the seasons. From bright
blues, cerise pinks and autumn tones, their florets also
make a sweet alternative to sprinkling rose petals.

Botanique Britannique

(de gauche à droite)
ŒILLET « CRIMSON TEMPO » Dianthus
Haute saison : Toutes saisons
Abordables, durables et sous-estimés, les œillets nous
rappellent les allées et venues de la mode.

ROSE « GRAND PRIX » Rose
Haute saison : Toutes saisons
Une de mes préférées pour sa texture veloutée,
luxuriante et sa longévité incroyable.

HORTENSIA « MASJA » Hydrangeaceae
Haute saison : Printemps/ automne/ été
Favorites du jardin, elles procurent une palette de
couleurs étonnante, qui changent au fil des saisons. Aux
bleus vifs, rose cerise et tons d'automne, leurs fleurons
aux pétales légèrement roses sont une belle alternative.

Britse Botanica

(van links naar rechts)
'CRIMSON TEMPO' ANJER Dianthus
Hoogseizoen: Alle seizoenen
De goedkope, duurzame en ondergewaardeerde anjers
herinneren ons eraan dat de mode een terugkerend
verschijnsel is.

'GRAND PRIX' ROOS Rosa
Hoogseizoen: Alle seizoenen
Een van mijn favorieten, vanwege zijn luxueuze, fluwelen
textuur en ongelooflijk lange levensduur.

HORTENSIA 'MASJA' Hydrangeaceae
Hoogseizoen: Lente/ herfst/ zomer
Deze tuinfavoriet bestaat in een verbazingwekkende
variëteit aan kleuren, die per seizoen verschillen. De
helblauwe, kersrode of herfstkleurige zijn een lief
alternatief voor rozenblaadjes.

Ruby-toned recliners

'QUEEN OF THE NIGHT' TULIP *Tulipa*
Peak Season: Winter/ spring
Tulips are available in a plethora of colours, shapes and sizes. You can choose between double or single petals; smooth or crinkly edges; single or multiple tones; small or large faces. There is a tulip suitable for just about any occasion.

Inclinations au ton rubis

TULIPE « REINE DE LA NUIT » *Tulipa*
Haute saison : Hiver/ printemps
Les tulipes sont disponibles dans une pléthore de couleurs, formes et tailles. Vous avez le choix entre pétales doubles ou simples, lisses ou dentelés, teintes unies ou bigarrées, larges ou fines. Il y a une tulipe pour toutes les occasions.

Robijnrode rust

ZWARTE TULP *Tulipa*
Hoogseizoen: Winter/ lente
Tulpen zijn verkrijgbaar in oneindig veel kleuren, vormen en maten. Je kunt kiezen tussen dubbele of enkele bloemblaadjes, gladde of gekrulde randen, één of meerdere kleuren, kleine of grote bloemen. Er is een tulp voor elke gelegenheid.

My underwater world

When working with the ephemeral, we have such a
short time to appreciate all that individual blooms
or foliages have to offer. My eye is often caught by
the intricate veins on the underside of a leaf; or
the translucence of a single hydrangea petal; or the
unfurling of a poppy; or perhaps it is the shadows
cast by blooms, light and bubbles, that stop me in my
tracks – with pleasure.

BRUNIA *Brunia Albiflora*
Peak Season: Autumn/ winter
A long-lasting relative of the protea, the brunia has 'hairy'
stems which need to be cleaned to ensure a longer life.
Given the chance, this flower will last up to three weeks.

Mon monde sous-marin

Travaillant avec l'éphémère, il nous reste très peu
de temps pour apprécier tout ce que chaque fleur ou
feuillage peut offrir. Mon regard est souvent attiré
par les veines tortueuses du dessous de la feuille, ou
par la translucidité d'un seul pétale d'hortensia,
par l'épanouissement d'un coquelicot, ou bien est-ce
l'ombre crée par les fleurs, lumière et bulles qui
m'arrêtent en chemin – avec plaisir.

BRUNIA *Brunia Albiflora*
Haute saison : Automne/ hiver
Apparenté au protée et résistante, le Brunia a des tiges
« poilues » qui doivent être nettoyées pour durer plus
longtemps. Bien soignée, cette fleur peut durer jusqu'à
trois semaines.

Mijn onderwaterwereld

Als we met efemere soorten werken, hebben we
maar weinig tijd om te genieten van alles wat de
individuele bloemen of planten te bieden hebben.
Vaak valt mijn oog de complexe nerven onderaan
een blad, op de doorzichtigheid van één bloemblaadje
van een hortensia, op een ontluikende papaver. Soms
zijn het de schaduwen van bloesems, licht en bellen
die me mijn pas doen inhouden. Met genot.

BRUNIA *Brunia Albiflora*
Hoogseizoen: Herfst/ winter
Als duurzaam familielid van de protea, heeft de brunia
harige stengels die moeten worden schoongemaakt om
de plant langer te doen leven. Als je ze de kans geeft,
gaan deze bloemen tot drie weken lang mee.

Hardiness at its delicate best; the Gloriosa lily appears fragile, but it is just as robust as any member of the lily family.
GLORY LILY Gloriosa Superba
Peak Season: All seasons but the yellow variety is quite rare
Be extra gentle went placing Glory lily's stems in a vase as these natural climbers tend to tangle themselves easily, but they offer a lasting fragility that in unsurpassed.

Comble de la robustesse : le lys glorieux qui semble fragile, est en fait aussi robuste que tous les membres de sa famille.
LYS GLORIEUX Gloriosa Superba
Haute saison : Toutes saisons mais la variété jaune est assez rare
Faites bien attention lorsque vous placez les tiges de lys glorieux dans un vase car ces grimpants naturels ont tendance à s'emmêler facilement. Ils affichent cependant une fragilité constante qui leur confère un charme inégalable.

Delicate robuustheid: de prachtlelie lijkt fragiel, maar is even sterk als de andere leden van de leliefamilie.
PRACHTLELIE Gloriosa Superba
Hoogseizoen: Alle seizoenen, maar de gele variëteit is zeldzaam
Wees extra voorzichtig als je prachtlelies in een vaas zet, want deze natuurlijke klimmers raken makkelijk verward, maar ze bieden een duurzame en onovertroffen frêle aanblik.

Little puffs of big colour

GOLDEN WATTLE *Mimosa*
Peak Season: Spring
The national floral emblem of Australia, these little puffs of yellow wattle offer brilliant and instant colour.

Petits nuages hauts en couleur

MIMOSA CHENILLE *Mimosa*
Haute saison : Printemps
Emblème floral national d'Australie, ces petites boules de mimosa jaune affichent une couleur brillante spontanée.

Kleine plukjes grote kleur

AUSTRALISCHE ACASIA *Mimosa*
Hoogseizoen: Lente
Deze kleine goudgele plukjes zijn de nationale bloem van Australië en scheppen ogenblikkelijk een heldere kleurenpracht.

Bobbing beauties

WATER PLANT *Pistia*
Peak Season: All seasons
These water plants remind us that although the flower is often regarded as the most beautiful part of a plant, the roots, stems and seeds also deserve a mention and just as much attention.

Beautés flottantes

PLANTE AQUATIQUE *Pistia*
Haute saison : Toutes saisons
Ces plantes aquatiques nous rappellent que même si la fleur est considérée souvent comme étant la partie la plus belle de la plante, les racines, tiges et graines méritent d'être mentionnées et de recevoir elles-aussi toute notre attention.

Dobberende pracht

WATERSLA *Pistia*
Hoogseizoen: Alle seizoenen
Deze waterplanten wijzen ons er op dat hoewel de bloem meestal als het mooiste deel van een plant wordt beschouwd, ook de wortels, stengels en zaden vaak evenveel aandacht verdienen.

The stock exchange

STOCK Matthiola Incana
Peak Season: Spring/ summer/ autumn
With musky tones and a musky scent, these country
favourites can quickly contaminate the water, so be sure
to provide fresh water daily to lengthen what can be quite
a short vase life.

CRABAPPLE Malus
Peak Season: Summer
Crab apples can be bought separately or still attached
to the branches... or even better, buy them both. Place
a clear glass bowl filled with the fruit at the base of a tall
cylinder vase filled with the branches to create a fruitful
impression.

Un stock de stocks

STOCK Matthiola Incana
Haute saison : Printemps/ été/ automne
Aux tons et parfums musqués, ces reines de la campagne,
peuvent rapidement contaminer l'eau : changez donc
quotidiennement l'eau des vases, pour allonger la
longévité de votre bouquet.

POMME MALUS Malus
Haute saison : Été
Les fruits du pommier malus peuvent être achetés soit
séparément soit en branches... ou encore mieux, achetez
les deux. Placez un globe transparent rempli de fruits au
pied d'un vase cylindrique contenant les branches pour
créer un ensemble fruité.

Violist of violier

VIOLIER Matthiola Incana
Hoogseizoen: Lente/ zomer/ herfst
Met zijn muskuskleuren en -geuren, kan deze favoriete
plattelandsplant het water snel bevuilen. Geef hem dus
elke dag vers water om zijn korte leven in de vaas wat te
verlengen.

WILDE APPEL Malus
Hoogseizoen: Zomer
Je kunt wilde appels los kopen of nog aan de tak.
Of beter nog, koop beide. Plaats een doorzichtige
glazen schaal gevuld met de vruchten onder een hoge
cilindervormige vaas en vul deze met takken voor een
fruitige impressie.

'AVALANCHE' ROSE Rosa
Peak Season: All seasons
These incredible roses grow as tall as 90 scm, with buds that are taut and compact but bloom lavishly over a week.

ROSE « AVALANCHE» Rosa
Haute saison : Toutes saisons
Ces incroyables roses font jusqu'à 90 cm, dotées de boutons fermes et compacts, elles fleurissent à profusion pendant plus d'une semaine.

'AVALANCHE' ROOS Rosa
Hoogseizoen: Alle seizoenen
Deze ongelooflijke rozen worden tot 90 cm lang. Ze hebben strakke en compacte knoppen, maar bloeien rijkelijk gedurende een week.

In the flower world, where human tweaking has produced some magnificent creatures and quirky gimmicks, the glow-in-the-dark Avalanche rose is another example. The effect is created by lacquering petals with treated mercury, friendly to both human and flora alike. So, turn down the lights and watch your roses glow in the dark and light up the night.

Dans le monde des fleurs, où le savoir-faire humain a produit certaines magnifiques créatures et spécimens originaux, la rose Avalanche qui brille dans la nuit en est un autre exemple. Les effets sont obtenus en laquant les pétales traités au mercure, bons pour l'homme et la flore. Éteignez donc les lumières et regardez vos roses briller dans le noir et illuminer la nuit.

In het bloemenrijk heeft de mens een aantal prachtige schepsels, maar ook gekke grillen gecreëerd en de gloeiende Avalanche roos is daar een voorbeeld van. Het effect wordt verkregen door de bloemblaadjes te lakken met behandeld, mens- en bloemvriendelijk kwik. Doe het licht dus maar uit en zie hoe je rozen in het donker oplichten en de nacht opluisteren.

A simple bronze ceramic bowl offers the opulent 'Milva' Rose room to shine.
'MILVA' ECUADOR ROSE Rosa
Peak Season: All seasons
The flower world is becoming smaller and smaller. With the increasing exportation of flowers, such as roses from Ecuador, many varieties of flowers are available at any time of the year, no matter where you are in the world.

Un simple pot en céramique mordoré donne matière à briller à l'opulente rose « Milva ».
ROSE D'ÉQUATEUR « MILVA » Rosa
Haute saison : Toutes saisons
Le monde des fleurs devient de plus en plus petit. Avec la croissance de l'importation des fleurs, comme les roses d'Equateur, diverses variétés sont disponibles en toutes saisons où que vous soyez dans le monde.

Een eenvoudige bronskleurige schaal doet de welige Milva roos schitteren.
'MILVA' ECUADOR ROOS Rosa
Hoogseizoen: Alle seizoenen
De bloemenwereld wordt steeds kleiner. Dankzij de groeiende export van bloemen, zoals rozen uit Ecuador, zijn veel bloemvariëteiten het hele jaar door gemakkelijk te verkrijgen, waar ter wereld je ook bent.

Swirling, whirling and twirling narcissus
PAPERWHITES Narcissus Papyraceus
Peak Season: Winter/ spring
These little star-shaped blooms are perfect for floating.

Narcisse tourbillonnant, tournoyant et virevoltant
PAPIER BLANC Narcissus Papyraceus
Haute saison : Hiver/ printemps
Les petites fleurs en forme d'étoiles sont idéales pour flotter.

Wervelende, kolkende en tollende narcis
TROSNARCIS Narcissus Papyraceus
Hoogseizoen: Winter/ lente
Deze kleine, stervormige bloempjes drijven als de beste.

For me, a Soutine rose mimics fresh strawberries and cream, and looks good enough to eat. As a play on the standard fruit basket, I wanted to create a gift box garnished with tasty morsels for the senses. A bowl of wild strawberries with dollops of whipped cream are featured here with a strawberry-scented candle and the delicious and delectable Soutine rose.

'SOUTINE' ECUADOR ROSE *Rosa*
Peak Season: All seasons

Pour moi, une rose « Soutine » imite les fraises et la crème fraîche : elle est belle à croquer. Pour agrémenter le panier de fruits standard, j'ai voulu créer un coffret cadeau, garni de savoureuses mignardises pour les sens. Une coupe de fraises des bois avec des cuillérées de crème fouettée sont représentées ici par une bougie parfumée à la fraise et par la délicieuse et délectable rose « Soutine ».

ROSE D'ÉQUATEUR « SOUTINE » *Rosa*
Haute saison : Toutes saisons

Volgens mij lijkt een Soutine roos op verse aardbeien met slagroom, die je zo in je mond zou stoppen. Als een toespeling op de gebruikelijke fruitmand, wou ik een geschenkdoos ontwerpen, versierd met smakelijke hapjes voor de zintuigen. Een kom sappige aardbeien met bergen slagroom wordt hier gepresenteerd met een ook naar aardbeien geurende kaars en een verrukkelijke Soutine roos.

'SOUTINE' ECUADOR ROOS *Rosa*
Hoogseizoen: Alle seizoenen

Restaurants & Bars

As flowers look good enough to eat...

Car les fleurs sont belles à croquer...

Bloemen mooi genoeg om te eten...

I have often thought that flowers look good enough to eat and although many of them can be included in culinary delights, I focus instead on how to maximise their effect within a restaurant atmosphere. You will notice in the images to follow that each of the hotel's five cafes and restaurants have very distinct characters that naturally invite particular flowers and designs. From sleek and contemporary to warm and elegant to refreshing and light, my task is to dress up their interiors with flowers and have them appear as though they are perfectly at home.

J'ai souvent pensé que les fleurs pouvaient être comestibles, et même que nombre d'entre elles pourraient être ajoutées aux délices culinaires, j'ai préféré cependant me consacrer à maximiser leur effet sur l'atmosphère du restaurant. Vous verrez au fil des images qui suivent que chacun des cinq cafés et restaurants de l'hôtel a un caractère distinct qui prête naturellement à certaines fleurs et compositions. Des plus élégants et contemporains, chaleureux et raffinés aux plus rafraîchissants et lumineux, ma tâche est de décorer leurs intérieurs avec des fleurs de façon à ce qu'elles semblent parfaitement à leur place.

Ik bedenk vaak hoe lekker bloemen er uitzien en hoewel veel soorten inderdaad in culinaire hoogstandjes kunnen worden verwerkt, concentreer ik me liever op het visuele effect van bloemen in een restaurant. Op de volgende afbeeldingen zul je zien dat elk van de vijf restaurants en bars van het hotel een heel ander karakter heeft en er dus ook toe uitnodigt met andere bloemen en ontwerpen te werken. Van strak en eigentijds via warm en elegant tot verfrissend en licht: mijn taak bestaat eruit de interieurs te verfraaien met bloemen die er zich perfect thuis voelen.

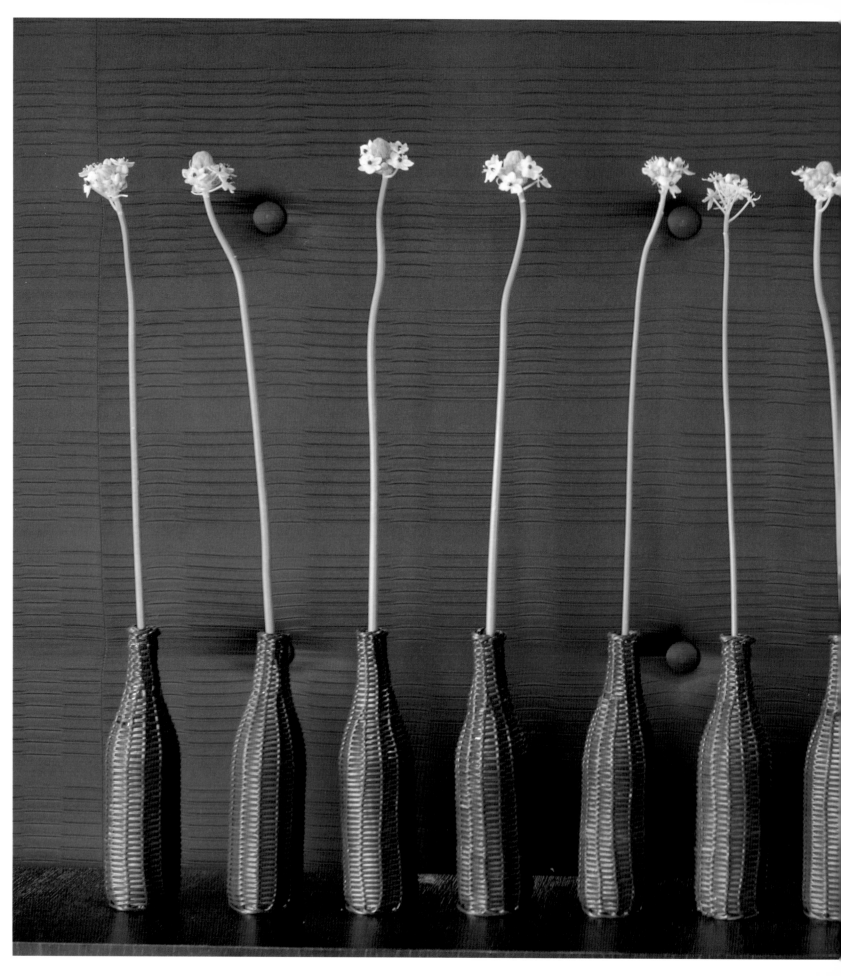

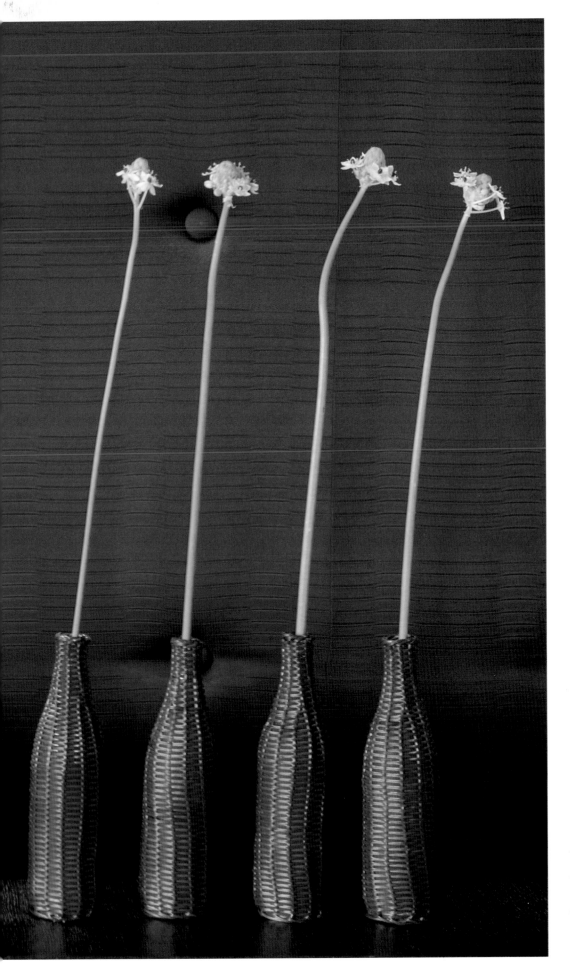

Standing at attention, these ever robust star of
Bethlehem blooms silently return the gaze of those
passing by.

Attirant l'attention, ces robustes étoiles de Bethlehem
répondent silencieusement du regard à ceux qui
passent.

Stram in de houding, staart deze altijd robuuste
vogelmelk in stilte naar de voorbijgangers.

As cute as a button

STAR-OF-BETHLEHEM
Ornithogalum Arabicum
Peak Season: Winter
With very tall, strong and slender stems, Star-of-Bethlehem can last up to and possibly beyond two weeks. Each and every bloom will gradually open, so just sit back and watch them unfold.

LAWSON CYPRESS
Chamaecyparis Lawsoniana 'Ellwoodii'
Peak Season: All seasons
Little plants in little vases make a cute flower substitute.

Aussi mignonne qu'un bouton

ÉTOILE DE BETHLEHEM
Ornithogalum Arabicum
Haute saison : Hiver
Dotée de tiges robustes et effilées, l'Étoile de Bethlehem peut durer au moins deux semaines, si ce n'est plus. Leurs fleurs s'ouvrent l'une après l'autre : asseyez-vous et regardez-les s'épanouir.

CYPRÊS DE LAWSON
Chamaecyparis Lawsoniana « Ellwoodii »
Haute saison : Toutes saisons
Des petites plantes dans des petits vases remplacent joliment les fleurs.

Klein maar fijn

VOGELMELK
Ornithogalum Arabicum
Hoogseizoen: Winter
Met haar lange, sterke en ranke stengel kan Vogelmelk twee weken of meer mooi blijven. Alle bloempjes gaan één voor één open, dus ga er lekker bij zitten en kijk hoe ze zich ontplooien.

CONIFEER
Chamaecyparis Lawsoniana 'Ellwoodii'
Hoogseizoen: Alle seizoenen
Kleine planten in kleine vazen zien er net zo schattig uit als bloemen.

Bites restaurant is one of five eateries at Hotel Arts. With splashes of lime and a sleek décor, I opted to carry both design and colour through to the flower display. Perched upon tapered cylinders, crisp green anthurium blooms are simply sublime in lime. Offering a textured compliment to the restaurant they look almost tasty enough to sneak a crunchy bite.

'MIDORI' ANTHURIUM Anthurium
Peak Season: All seasons
This flower is a 'keeper' – it will last anywhere from ten to plenty days.

Le Bites est l'un des cinq restaurants de l'Hôtel Arts. Avec ces touches de vert citron et un décor élégant, j'ai choisi de prolonger le design et la couleur dans l'arrangement des fleurs. Perchées sur des tubes fuselés, les croustillantes fleurs vertes de l'anthurium sont tout simplement sublimes en vert citron. Rendant un bel hommage au restaurant, elles sont belles à croquer.

ANTHURIUM « MIDORI » Anthurium
Haute saison : Toutes saisons
Cette fleur est « fidèle au poste » – elle peut durer, partout, dix jours et plus.

Het Bites restaurant is een van de vijf eetgelegenheden in Hotel Arts. In het bloemdesign wilde ik het limoenkleurige, strakke interieur doortrekken. De helgroene anthuriumbloemen op hoge tapse cilinders staan subliem tegen de limoenkleurige achtergrond. Deze textuurrijke aanvulling op het restaurant ziet er bijna smakelijk genoeg uit om er een knapperige hap uit te nemen.

'MIDORI' ANTHURIUM Anthurium
Hoogseizoen: Alle seizoenen
Deze bloem is een volharder die wel tien tot twintig dagen mooi blijft.

GRAPE VINE Vitis Vinifera
Peak Season: Spring/ summer/ autumn
The grape vine is a perfect flower substitute, especially during autumn, when their heart shaped leaves offer rays of bright
yellow through to deep burgundy.

VIGNE Vitis Vinifera
Haute saison : Printemps/ été/ automne
La vigne est un substitut de fleurs idéal, spécialement pendant l'automne, lorsque ses feuilles en forme de cœur rayonnent
dans des couleurs allant du jaune éclatant au bordeaux intense.

WINGERD Vitis Vinifera
Hoogseizoen: Lente/ zomer/ herfst
De wingerd is een perfecte vervanger voor bloemen, vooral tijdens de herfst, wanneer het hartvormige blad van helgeel tot
diep bordeaux kleurt.

A forest of fruit is a fine flower substitute
CHERRY TOMATO Solanum Lycopersicum
Peak Season: Spring/ summer
Almost anything in the garden can make a fine cut flower substitute. The secret lies in the suitability of the plant to the environment and/ or occasion.

Une forêt de fruits est un élégant substitut de fleurs
TOMATE CERISE Solanum Lycopersicum
Haute saison : Printemps/ été
Tout ce qui pousse au jardin peut se substituer élégamment aux fleurs coupées. Le secret réside dans le bon mariage de la plante à l'environnement ou à l'occasion.

Een bos fruit is een leuk alternatief voor bloemen
KERSTOMAAT Solanum Lycopersicum
Hoogseizoen: Lente/ zomer
Bijna alles uit de tuin kan bloemen vervangen. Het is een kwestie van de juiste plant voor de juiste omgeving en/ of gelegenheid te kiezen.

Silver Service

'AVALANCHE' ROSE *Rosa*
Peak Season: All seasons
These incredible roses grow as tall as 90 cm, with buds
that are taut and compact but bloom lavishly over a week.

Argenterie

ROSE « AVALANCHE » Rosa
Haute saison : Toutes saisons
Ces roses incroyables font jusqu'à 90 cm. Dotées de
boutons fermes et compacts, elles fleurissent à profusion
pendant plus d'une semaine.

Zilveren zorgen

'AVALANCHE' ROOS Rosa
Hoogseizoen: Alle seizoenen
Deze ongelooflijke rozen worden tot 90 cm lang. Ze
hebben strakke en compacte knoppen, maar bloeien
rijkelijk gedurende een week.

Here in Spain, tapas is a culinary staple, consisting of small individual food dishes that are eaten as appetisers. To show my appreciation to Barcelona for kindly offering me a home away from home, I offer a slightly more aesthetic and anatomical version of tapas.

ARUM/ CALLA LILY *Zantedeschia*
Peak Season: All seasons but they are more expensive in winter

HYDRANGEA *Hydrangea*
Peak Season: Spring/ autumn/ summer

En Espagne, les tapas sont une tradition culinaire, faite de petits amuses-gueule. Pour montrer combien j'apprécie Barcelone qui m'a accueillie, loin de ma terre natale, j'offre ici une version légèrement plus esthétique et botanique des tapas.

ARUM/ LYS CALLA *Zantedeschia*
Haute saison : Toutes saisons mais plus chers en hiver

HORTENSIA *Hydrangea*
Haute saison : Printemps/ automne/été

Tapas zijn typisch voor de Spaanse keuken. Het zijn kleine, individuele gerechten die als aperitief worden gegeten. Als dank aan mijn tweede thuisstad Barcelona, bedacht ik deze esthetische en anatomische versie van tapas.

ARONSKELK *Zantedeschia*
Hoogseizoen: Alle seizoenen, maar duurder in de winter

HORTSENSIA *Hydrangea*
Hoogseizoen: Lente/ herfst/ zomer

1/
CYMBIDIUM ORCHID Orchidaceae
Peak Season: Winter/ spring
ORCHIDÉE CYMBIDIUM Orchidaceae
Haute saison : Hiver/ printemps
CYMBIDIUM ORCHIDEE Orchidaceae
Hoogseizoen: Winter / lente

2/
CARNATION Dianthus
Peak Season: All seasons
ŒILLET Dianthus
Haute saison : Toutes saisons
ANJER Dianthus
Hoogseizoen: Alle seizoenen

3/
ALOE VERA Liliaceae
Peak Season: All seasons
ALOÉ VÉRA Liliaceae
Haute saison : Toutes saisons
ALOË VERA Liliaceae
Hoogseizoen: Alle seizoenen

4/
HYACINTH Hyacinthus
Peak Season: Winter/ spring
JACINTHE Hyacinthus
Haute saison : Hiver/ printemps
HYACINT Hyacinthus
Hoogseizoen: Winter/ lente

ccasionally, Cymbidium orchids are available in summer
t become much more expensive. Enjoy them while they are
ffordable and at their physical peak.

e temps à autre, les orchidées cymbidium sont disponibles
été mais sont alors plus cher. Profitez-en tant qu'elles sont
ordables et en pleine beauté.

ms zijn Cymbidium orchideeën in de zomer verkrijgbaar,
aar dan zijn ze veel duurder. Geniet van ze in hun
ogseizoen, dan zijn ze ook betaalbaar.

expensive, long lasting and under-appreciated, carnations
mind us how fashion tends to travel in loops.

ordables, durables et sous-estimés, les œillets nous
ppellent les allées et venues de la mode.

e goedkope, duurzame en ondergewaardeerde anjers
erinneren ons eraan dat de mode een kringloop volgt.

. well as being an aesthetically pleasing little herb, the
oe vera plant is renowned for its healing properties. Inside
ch of its leaves you will find a clear gelatinous sap, which
s an immediate soothing effect on burns and other skin
nditions. Forming a clear protective seal on the skin,
ealing takes place very quickly.

erbacée très attractive sur le plan esthétique, l'aloé véra est
ussi connue pour ses vertus de cicatrisation. Chaque feuille
ntient une sève gélatineuse, qui a un effet immédiat sur les
ûlures et autres problèmes dermatologiques. Formant une
uche protectrice sur la peau, la cicatrisation se fait très vite.

e aloë vera is niet alleen een bevallig plantje, maar
aat ook bekend om haar helende eigenschappen.
aar bladeren zitten vol helder, gelatineachtig sap, dat
nmiddellijk verlichting brengt bij brandwonden en andere
uidaandoeningen. Het sap vormt een beschermende laag op
e huid en versnelt zo de genezing.

ith a strong fragrance and fleshy stem, hyacinths can often
e bought with bulbs still attached. If so, just run the bulbs
nder water to clean off the dirt before you place them into a
se. This will help them last a lot longer.

u parfum intense et à la tige charnue, la jacinthe s'achète
ussi avec le bulbe ; dans ce cas, les laver sous l'eau courante
our enlever les débris de terre avant de les mettre dans un
se. Cela leur permettra de durer plus longtemps.

yacinten hebben een sterke geur en een vlezige stengel en
jn vaak met bol en al te koop. Maak de bol schoon onder
ater voor je hem in de vaas zet. Zo gaan ze langer mee.

'HAPPY VALENTINE' ORCHID Phalaenopsis
Peak Season: All seasons
Phalaenopsis Orchids can be a pricey purchase per stem, but for an economic display , you can either fill a tall vase with a single stem or fill many vases with a single floating bloom.

ORCHIDÉE « JOYEUSE ST VALENTIN » Phalaenopsis
Haute saison : Toutes saisons
Les orchidées Phalaenopsis achetées par tiges sont assez chères, mais pour un arrangement économique, vous pouvez soit remplir un grand vase allongé avec une seule tige ou remplir plusieurs vases avec une seule fleur flottante.

VALENTIJN ORCHIDEE Phalaenopsis
Hoogseizoen: Alle seizoenen
De vlinderorchidee kan dan wel duur zijn, maar voor een goedkope oplossing kun je een lange vaas vullen met een enkele tak, of verschillende vazen met één drijvende bloem.

Fresh, crisp and light – just as a breakfast palette should be.
Frais, croustillant et léger – juste comme pour un petit déjeuner.
Fris, knapperig en licht, zoals het een ontbijtbuffet betaamt.

DENDROBIUM ORCHID *Dendrobium*
Peak Season: All seasons
Dendrobium is a large genus of tropical orchids. A lasting purchase that comes in a kaleidoscope of colours.

ORCHIDÉE DENDROBIUM *Dendrobium*
Haute saison : Toutes saisons
Dendrobium est le nom général pour les orchidées tropicales. Un achat durable qui offre un kaléidoscope de couleurs.

DENDROBIUM ORCHIDEE *Dendrobium*
Hoogseizoen: Alle seizoenen
De dendrobium is een grote tropische orchidee. Een aankoop met toekomst, verkrijgbaar in een caleidoscoop aan kleuren.

(From left to right)

GUELDER ROSE Viburnum Opulus
(On following page)

CHRYSANTHEMUM 'GREEN WONDER'
Chrysanthemum
Peak Season: All seasons
All Chrysanthemums have incredible lasting power. Their heads range in size from buttons to saucers and they are available in a wide variety of vibrant and pastel tones.

LADY'S MANTLE Alchemilla Mollis
Peak Season: All seasons
Adding a green buzz, these tiny green flowers provide a lift for whatever bloom they accompany.

MINT Mentha
Peak Season: All seasons
A light and fresh alternative to twist through flowers.

(De gauche à droite)

VIORNE OBIER Viburnum Opulus
(Voir page suivante)

CHRYSANTHÈME « MIRACLE VERT »
Chrysanthemum
Haute saison : Toutes saisons
Tous les chrysanthèmes sont d'une longévité incroyable. Leur tête va de la taille d'un bouton à celle d'une soucoupe et sont disponibles dans une variété de tons vifs ou pastel.

ALCHÉMILLES Alchemilla Mollis
Haute saison : Toutes saisons
Ajoutant une touche de vert, ces petites fleurs égayent toutes les fleurs qu'elles accompagnent.

MENTHE Mentha
Haute saison : Toutes saisons
Un arrangement léger et rafraîchissant à méler aux fleurs.

(Van links naar rechts)

GELDERSE ROOS Viburnum Opulus
(Zie volgende pagina)

CHRYSANT 'GREEN WONDER'
Chrysanthemum
Hoogseizoen: Alle seizoenen
Chrysanten gaan ongelooflijk lang mee. De bloemen kunnen zo klein als knopen of zo groot als theeschoteltjes zijn en tegenwoordig zijn ze verkrijgbaar in zowel felle als pastelkleuren.

VROUWENMANTEL Alchemilla Mollis
Hoogseizoen: Alle seizoenen
Deze kleine groene bloemetjes zijn ideaal om haast alle bloemen net dat ietsje meer te bezorgen.

MUNT Mentha
Hoogseizoen: Alle seizoenen
Een licht en fris alternatief om tussen bloemen te vlechten.

GUELDER ROSE *Viburnum Opulus*
Peak Season: Winter/ spring
Before placing in a vase, cut their woody stems on a
very sharp angle to ensure you provide a long vase life.
A temperamental flower, remember to keep them out of
heated rooms.

VIORNE OBIER *Viburnum Opulus*
Haute saison : Hiver/ printemps
Avant de les mettre dans un vase, coupez les tiges en
biseau pour qu'elles durent plus longtemps. C'est une
fleur capricieuse, donc souvenez-vous de la garder loin
des pièces surchauffées.

GELDERSE ROOS *Viburnum Opulus*
Hoogseizoen: Winter/ lente
Snijd de houterige takken erg schuin af voor je ze
in een vaas zet, zodat ze langer leven. Houd deze
onberekenbare bloem weg uit verwarmde ruimtes.

1/
DELPHINIUM Delphinium Elatum
Peak Season: Spring/ summer
DELPHINIUM Delphinium Elatum
Haute saison : Printemps/ été
RIDDERSPOOR Delphinium Elatum
Hoogseizoen: Lente/ zomer

2/
HYDRANGEA Hydrangea
Peak Season: Spring/ summer/ autumn
HORTENSIA Hydrangea
Haute saison : Printemps/ été/ automne
HORTSENSIA Hydrangea
Hoogseizoen: Lente/ zomer/ herfst

3/
HYACINTH Hyacinthus
Peak Season: Winter/ spring
JACINTHE Hyacinthus
Haute saison : Hiver/ printemps
HYACINT Hyacinthus
Hoogseizoen: Winter/ lente

ese super tall stems bloom into white, purple, blue or
nk displays. I like to use their flowers to create a bed of
descent petals.

urs très longues tiges fleurissent en blanc, pourpre, bleu
rose. J'aime utiliser leurs fleurs pour créer un lit de pétales
sés.

eze extra lange stengels bloeien in het wit, paars,
auw of roze. Ik gebruik deze bloemen graag om een
genboogkleurig bed van bloemblaadjes te maken.

ese garden favourites provide an amazing array of colour,
nich can change with the seasons. From bright blues, cerise
nks and autumn tones, their florets also make a sweet
ernative to sprinkling rose petals. As they drink water
rough their petals as well as their stems, they do enjoy a
ce, long bath. Soak their heads in a sink filled with cold
ater for a few minutes and re-cut the stems before you
ace them in a vase.

vorites du jardin, elles procurent une palette de couleurs
onnante, qui changent au fil des saisons. Aux bleus vifs,
se cerise et tons d'automne, leurs fleurons aux pétales
gèrement roses sont une belle alternative. Comme ils
sorbent l'eau par les pétales comme par leurs tiges, ils
lorent être immergés. Trempez les têtes quelques minutes
ns un évier rempli d'eau froide et recoupez les tiges avant
e les placer dans un vase.

eze tuinfavoriet bestaat in een verbazingwekkende variëteit
n kleuren, die per seizoen verschillen. De helblauwe,
rsrode of herfstkleurige bloempjes kunnen een lief
ternatief vormen voor rozenblaadjes. Omdat ze net zo
ed water opzuigen door hun bloemblaadjes als door hun
engels, genieten ze van een lekker lang bad. Week hun
ofdjes gedurende enkele minuten in koud water en snijd
e stengels bij voor je ze in de vaas zet.

ith a strong fragrance and fleshy stem, hyacinths can often
e bought with bulbs still attached. If so, just run the bulbs
nder water to clean off the dirt before you place them into
vase. This will help them last a lot longer.

u parfum intense et à la tige charnue, la jacinthe s'achète
ussi avec le bulbe. Dans ce cas, les laver sous l'eau courante
our enlever les débris de terre avant de les mettre dans un
se. Cela leur permettra de durer plus longtemps.

yacinten hebben een sterke geur en een vlezige stengel
n worden vaak met bol en al verkocht. Maak de bol schoon
nder water voor je hem in de vaas zet. Zo gaan ze langer
ee.

The perfect accompaniment to an afternoon tea party

'GRAND PRIX' ROSE *Rosa*
Peak Season: All seasons
A favourite of mine for its luxurious velvety texture and as well as its incredible lasting power.

Le complément parfait d'un thé d'après-midi

ROSE « GRAND PRIX» *Rosa*
Haute saison : Toutes saisons
Une de mes préférées pour sa texture veloutée et luxuriante ainsi que pour son incroyable longévité.

Het perfecte gezelschap voor een theekransje

'GRAND PRIX' ROOS *Rosa*
Hoogseizoen: Alle seizoenen
Een van mijn favorieten, omwille van de luxueuze, fluwelen textuur en de ongelooflijk lange levensduur.

VENUS' SLIPPER ORCHID Paphiopedilum
Peak Season: All seasons
You might need to pre-order these delicate delights from your local flower shop. They are a little expensive but boast such exquisite detail and a long vase life that they are worth the indulgence.

ORCHIDÉE SABOT DE VENUS Paphiopedilum
Haute saison : Toutes saisons
Vous devrez commander ces fleurs subtiles chez votre fleuriste. Elles sont assez chères mais leurs détails exquis et leur longévité dans un vase compensent le prix.

VENUSSCHOENTJE Paphiopedilum
Hoogseizoen: Alle seizoenen
Misschien moet je deze tere schatten van tevoren bestellen bij je bloemist. Ze zijn weliswaar aan de dure kant, maar hebben zulke overdonderende details en gaan zo lang mee in een vaas, dat je je deze uitspatting best eens mag gunnen.

Bottles o' Blossoms

ALMOND BLOSSOM Prunus Glandulosa
Peak Season: Winter/ spring
With flexible woody stems, almond blossom can also look
great twirled inside a large, round glass vase.

Bouteilles de fleurs

FLEUR D'AMANDIER Prunus Glandulosa
Haute saison : Hiver/ printemps
Dotées de tiges en bois souple, les fleurs d'amandiers
sont magnifiques enroulées dans un grand vase rond.

Boordevol bloesems

AMANDELBLOESEM Prunus Glandulosa
Hoogseizoen: Winter/ lente
Dankzij de soepele houterige takken, kan
amandelbloesem ook mooi in een grote ronde glazen
vaas worden opgekruld.

Many flowers, such as calendulas, marigolds, rose hips, lavender and geranium etc., are as flavoursome as they are eye-catching. Here in chilled water, roses and mint leaves offer both good taste and good looks.

MINT Mentha
Peak Season: All seasons
A light and fresh alternative to twist through flowers.

'SWEET AVALANCHE' ROSE Rosa
Peak Season: All seasons
The Sweet Avalanche I believe is one of the prettiest and is one of the hardiest roses available.

Nombre de fleurs comme les soucis, soucis d'eau, cynorrhodons, lavande et géranium etc… sont aussi savoureux qu'aguicheurs. Dans de l'eau fraîche, roses et feuilles de menthe sont un régal pour le palais et pour les yeux à la fois.

MENTHE Mentha
Haute saison : Toutes saisons
Un arrangement léger et rafraîchissant à entrelacer parmi les fleurs.

ROSE « DOUCE AVALANCHE » Rosa
Haute saison : Toutes saisons
La rose « Douce Avalanche » est, à mon avis, une des plus petites roses qui existent, mais d'une grande résistance.

Veel bloemen, zoals de goudsbloem, het afrikaantje, de rozenbottel, lavendel en geranium zijn even smakelijk als oogverblindend. Deze rozen- en muntblaadjes in ijskoud water smaken net zo lekker als ze er uitzien.

MUNT Mentha
Hoogseizoen: Alle seizoenen
Een licht en fris alternatief om tussen bloemen te vlechten.

'SWEET AVALANCHE' ROOS Rosa
Hoogseizoen: Alle seizoenen
De Sweet Avalanche roos vind ik persoonlijk een van de mooiste doch stoerste rozen.

She sells sea shells…

With ocean views abounding from Bar Marina restaurant, I arranged a small homage to the hotel's surrounding seascape. Having chosen one of the sweetest smelling flowers to adorn a hand-painted shell, these delicate Gardenia blooms are nestled and protected within its 'shelltering' curve.

GARDENIA Gardenia
Peak Season: All seasons
A more economical alternative to buying Gardenias as individual blooms from your local flower shop is to buy a Gardenia plant and pick the blooms as they flower. This way you can nurture them from bud to bloom year after year.

Elle vendait des coquillages sur la plage…

Avec toutes ces vues sur l'océan depuis le restaurant Bar Marina, j'ai créé un petit hommage au paysage marin environnant de l'hôtel. J'ai choisi les fleurs les plus parfumées pour décorer ce coquillage peint à la main, délicates fleurs de gardénia ainsi nichées au cœur des courbes protectrices qui les hébergent

GARDÉNIA Gardenia
Haute saison : Toutes saisons
Une alternative plus économique à l'achat de fleurs à l'unité chez votre fleuriste, est d'acheter une plante de Gardénia et de cueillir les fleurs lorsqu'elles fleurissent. Vous pouvez ainsi les faire pousser chaque année du bouton à la fleur.

Zachtzilte zeezucht…

Voor het restaurant Bar Marina met zijn weidse zeezichten, bracht ik een kleine hulde aan het omringende landschap. Ik koos een van de zoetst ruikende bloemen om er een handgeschilderde schelp mee te versieren. Deze tere gardenia's zitten veilig genesteld in hun beschuttende schelp.

GARDENIA Gardenia
Hoogseizoen: Alle seizoenen
In plaats van afzonderlijke gardenia's te kopen bij je plaatselijke bloemist, kun je een gardeniaplant aanschaffen en de bloemen tijdens de bloei plukken. Zo kun je ze van knop tot bloem, jaar na jaar koesteren.

VANDA ORCHID Orcidaceae
Peak Season: All Seasons
It is possible to buy these beauties as plants. With their wild root system and intense colour, they make quite a picture. Also available in orange, cerise and dark as night purple.

ORCHIDÉE VANDA Orchidaceae
Haute saison : Toutes saisons
Il est possible d'acheter ces petites merveilles sous forme de plante. Avec leur système de racines sauvages et de couleurs intenses, elles sont superbes. Elles existent aussi en orange, cerise ainsi que pourpre obscur.

VANDA ORCHIDEE Orcidaceae
Hoogseizoen: Alle seizoenen
Deze schoonheden kunnen als plant worden gekocht. Met hun woeste wortels en intense kleuren, zijn ze een hele bezienswaardigheid. Ook verkrijgbaar in oranje, kersrood en donkerpaars.

INGREDIENTS

1.5 litres of clean tepid water
1 medium to large glass dish (bowl or vase)
2 handfuls of kumquats
20 stems of tulips
20 stems of large-headed roses
20 stems of carnations
30 stems of ranunculus
2 stems of helleborous

Most flowers can be substituted. For best effect, choose flowers that have predominantly flat faces, although flowers such as tulips also look great swirled in with the 'flatter' ingredients. Also remember to keep colours tonal for greater impact.

Other flower options include: hydrangea, large headed orchids, vibernum, lotus pods, succulents, peony roses and a selection of berries.

INGRÉDIENTS

1.5 litres d'eau tiède propre
1 plat en verre moyen ou grand (bol ou vase)
2 poignées de kumquats
20 tiges de tulipes
20 tiges de roses à large tête
20 tiges de œillets
30 tiges de renoncules
2 tiges d'hellébore

Vous pouvez remplacer la plupart des fleurs. Pour plus d'effet, choisissez surtout celles qui sont planes, tout en sachant que les fleurs comme les tulipes sont magnifiques, mélangées aux ingrédients les plus « plats ». Pensez à rester dans les mêmes tons pour accentuer l'effet que vous cherchez.

Voici d'autre suggestions d'ingrédients : hortensia, orchidées à grande tête, vibernum, gousses de lotus, succulentes, pivoines et une sélection de baies.

INGREDIËNTEN

1,5 liter schoon lauw water
1 middelgrote tot grote glazen schotel (vaas of schaal)
2 handenvol kumquats
20 tulpenstengels
20 stengels van grootbloemige rozen
20 anjerstengels
30 ranonkelstengels
2 stengels kerstroos

De meeste bloemen kunnen door andere vervangen worden. Kies voor een mooi effect bloemen met een plat hoofd, hoewel bloemen zoals tulpen ook prachtig staan tussen de 'plattere' ingrediënten. Probeer ook passende kleuren uit te zoeken.

Andere mooie bloemen: hortensia's, grootbloemige orchideeën, Gelderse rozen, zaaddozen van lotusbloemen, pioenrozen en allerlei bessen.

Donna's Soup of the Season

PREPARATION

Select a large round glass dish (vase or bowl).

Clean the dish and rinse thoroughly.

Cut all flower stems on an angle, keeping the stems approximately 5-10cm in length (this helps form a grid in the centre of the bowl).

Begin lining the base of the empty dish with small clusters of flowers; gently place approx 5-6 stems of one type of flower together against the dish (with the face of the flower pressed gently against the glass and stems pointing toward the centre).

Begin spinning the dish very slowly and gently, continuing to line it with flowers, eventually layering the different grouping of blooms.

Occasionally entwine a few Tulip stems along the edge of the dish.

You should begin to notice a grid forming in the centre of the dish. Continue to layer flowers in this fashion until you reach approx 5cm from the top.

From this point, you want to use the grid you have created to thread flowers through it from the top. This is really the finishing touch; just as icing is to cupcakes.

Once you are happy with the position of your flowers, place your hand gently on top whilst slowly pouring water into the dish until it is three quarters full.

Place the dish where you want it for decoration and fill the remainder with water.

Surround the base of the dish with some leftover fruit and/ or petals.

Bon Appétit!

Recette du « Potage de saison » de Donna

PRÉPARATION

Choisir un grand plat round (vase ou coupe).

Nettoyer le plat et bien le rincer.

Couper toutes les tiges des fleurs en biseau, gardant une hauteur de tiges d'environ 5-10 cm (pour former une grille au centre du bol).

Commencer à recouvrir la base d'un plat vide avec de petits tas de fleurs, placer ensembles environ 5-6 tiges d'un type de fleurs délicatement contre le plat (avec la face de la fleur doucement pressée contre le verre et les tiges pointant vers le centre).

Commencer à tourner le plat très doucement et délicatement, en continuant à le recouvrir de fleurs, en mettant éventuellement des couches de divers groupes de fleurs Entrelacer de temps à autre quelques tiges de tulipe sur le bord du plat.

Vous devriez commencer à voir la formation d'une grille au centre du plat. Continuer à mettre des couches de fleurs de cette manière jusqu'à ce qu'à environ 5 cm du haut.

A ce point, vous allez utiliser la grille que vous venez de créer pour enfiler des fleurs à travers et commençant par le haut. C'est vraiment la touche finale, la cerise sur le gâteau.

Dés que l'arrangement des fleurs vous plaît, posez-y votre main doucement pendant que vous versez de l'eau dans le plat jusqu'aux trois quarts.

Placer le plat à l'endroit désiré et terminer de remplir d'eau.

Entourer la base du plat avec quelques fruits restants et/ ou pétales.

Bon Appétit !

Donna's recept voor Seizoensoep

BEREIDING

Kies een grote ronde glazen schotel (vaas of schaal).

Maak hem schoon en spoel goed af.

Snijd alle stengels schuin af tot ze 5-10 cm lang zijn (dit is gemakkelijker om een rooster te vormen in het middel van de schaal).

Bedek eerst de bodem van de lege schaal met kleine bosjes bloemen; plaats dan voorzichtig ongeveer 5-6 stengels van één soort bloem samen tegen de schaal (met de bovenkant van de bloem zachtjes tegen het glas gedrukt en de stengels naar het midden).

Draai de schaal heel langzaam en voorzichtig rond, bedek hem verder met bloemen en maak uiteindelijk laagjes met de verschillende soorten bloemen.

Strengel hier en daar enkele tulpenstengels langs de rand van de schaal.

Er zou nu een rooster moeten zijn gevormd in het midden van de schaal. Maak nog meer laagjes bloemen op dezelfde manier, tot op 5 cm van de rand.

Nu gebruik je het rooster dat je hebt gemaakt om er van bovenaf bloemen in te verweven. Dit is de finishing touch, zoiets als suikerglazuur op cakejes.

Als je tevreden bent over de compositie van je bloemen, plaats je je hand voorzichtig op de rand, terwijl je langzaam de schaal tot drie vierde vol water giet.

Zet de schaal op de gewenste plek en vul het water verder aan.

Leg rond de schaal enkele vruchten en/ of bloemblaadjes.

Smakelijk!

1/
'NARANJA' ECUADOR ROSE Rosa
Peak Season: All seasons
« ORANGE » ROSE D'ÉQUATEUR Rosa
Haute saison : Toutes saisons
'NARANJA' ECUADOR ROOS Rosa
Hoogseizoen: Alle seizoenen

2/
RANUNCULUS Ranunculus
Peak Season: Winter/ spring
RENONCULE Ranunculus
Haute saison : Hiver/ printemps
RANONKEL Ranunculus
Hoogseizoen: Winter/ lente

3/
WINTER ROSE Helleborus
Peak Season: Winter
ROSE D'HIVER Helleborus
Haute saison : Hiver
KERSTROOS Helleborus
Hoogseizoen: Winter

4/
'AD REM' TULIP Tulipa
Peak Season: Winter/ spring
TULIPE « AD REM » Tulipa
Haute saison : Hiver/ printemps
'AD REM' TULP Tulipa
Hoogseizoen: Winter/ lente

5/
KUMQUAT Fortunella
Peak Season: Late autumn/ early spring
KUMQUAT Fortunella
Haute saison : Fin d'automne/ début du printemps
KUMQUAT Fortunella
Hoogseizoen: Einde herfst/ begin lente

h the increasing exportation of flowers, roses from
ador can arrive at your door at any time of the year.

c les exportations croissantes de fleurs, les roses
quateur sont disponibles à n'importe quelle époque de
née.

nkzij de groeiende export van bloemen, zijn veel
ëteiten het hele jaar door gemakkelijk te verkrijgen, waar
wereld je ook bent.

e stem of a ranunculus is generally broad, bent and
wed, yet it supports a flower with the most beautifully
ered petal formation.

tige des renoncules est généralement large, pliée et
urbée, elle soutient cependant une fleur à la plus belle
mation de pétales qui soit.

nonkelstengels zijn meestal breed, krom en gebogen,
ar dragen prachtig gelaagde bloemen. En alsof dat niet
noeg is, zijn ze ook nog verkrijgbaar in een brede waaier
n kleuren.

ng with hydrangea and violets, helleborus like to drink
ough both their stems and their petals. A good swim
der water should revive them in no time.

instar des hortensias et violettes, l'hellébore aime boire
r le biais de ses tiges et pétales. Les immerger dans l'eau
recouper les tiges devrait les raviver.

t als hortensia's en viooltjes, drinken kerstrozen even
aag door hun bloemblaadjes als door hun stengel. Een
se duik kikkert ze gegarandeerd op.

ips are available in a plethora of colours, shapes and sizes.
ere is a tulip suitable for just about any occasion.

s tulipes existent dans une pléthore de couleurs, formes et
lles. Il y a une tulipe pour chaque occasion.

pen zijn verkrijgbaar in oneindig veel kleuren, vormen en
aten. Er is een tulp voor elke gelegenheid.

rus fruits are excellent for floating and submerging under
ter due to their waxy skins.

s agrumes, grâce à leur peau cirée, sont parfaits pour
tter ou être immergés sous l'eau.

trusvruchten zijn dankzij hun wasachtige schil ideaal om
laten drijven of onder te dompelen.

SUNFLOWER Helianthus
Peak Season: All year but find them shining in your garden during summer
A great way to appreciate sunflowers is to be reminded of the fields from which they came, so I think it is best to leave them speak for themselves; alone and proud.

TOURNESOL Helianthus
Haute saison : Toutes saisons, mais ils rayonneront dans votre jardin pendant l'été
Pour bien apprécier les tournesols, il faut se souvenir des champs d'où ils viennent.
Alors, laissons-les s'exprimer : en solitaire et avec fierté.

ZONNEBLOEM Helianthus
Hoogseizoen: Alle seizoenen, maar in de lente zullen ze in je tuin stralen
Een fantastische manier om van zonnebloemen te genieten, is te denken aan de velden waar ze vandaan komen. Volgens mij laten we ze het best voor zichzelf spreken, in eenzame trots.

50 x 1 = Flower power
GLADIOLUS Gladiolus

Peak Season: Spring/ summer/ autumn

Gladioli are thirsty flowers, so remember to check water levels daily. Pick off the lower flowers as they begin to wilt and watch the higher blooms continue to bloom.

50 x 1 = Le pouvoir des fleurs
GLAÏEUL Gladiolus

Haute saison : Printemps/ été/ automne

Les glaïeuls ont besoin de beaucoup d'eau, pensez à vérifier le niveau d'eau quotidiennement. Cueillez les fleurs du bas lorsqu'elles fanent et vous verrez que les fleurs supérieurs continuent à fleurir.

50 x 1 = Flower power
GLADIOOL Gladiolus

Hoogseizoen: Lente/ zomer/ herfst

Gladiolen zijn dorstige bloemen, dus moet je dagelijks het waterpeil nakijken. Pluk de onderste bloemen af als ze verwelken en kijk hoe de andere bloemen verder bloeien.

Hotel Nooks

Some quiet corners

Les petits coins tranquilles

Rustige hoekjes

The hotel is comprised of grand entrance ways, luxurious meeting lounges and exquisite restaurants etc., but it is the quieter corners that I really enjoy dressing up. It is in these nooks that flowers can be enjoyed all the more because their appearance is unexpected. No area of the hotel is overlooked and although the flower displays may not be extravagant or grandiose, they offer intimate appeal and warmth to roaming guests.

L'hôtel comprend une grande entrée, des salles de réunions luxueuses et des restaurants exquis etc., mais ce sont surtout les petits coins calmes que j'adore décorer. C'est dans ces recoins que l'on apprécie le plus les fleurs car on ne s'attend pas à les voir. Aucune zone de l'hôtel n'est oubliée et même si l'arrangement de fleurs n'est ni extravagant ni grandiose, ces coins offrent intimité et chaleur aux clients qui y passent.

Het hotel heeft een grote entree, luxueuze vergaderzalen en uitgelezen restaurants, maar wat ik echt graag versier zijn de rustige hoekjes. Omdat ze hier onverwacht opduiken, komen bloemen in deze hoekjes extra tot hun recht. Geen enkele zone van het hotel wordt over het hoofd gezien en hoewel de bloemstukken niet extravagant of grandioos zijn, bieden ze de dwalende gasten gezelligheid en warmte.

Recycling is the perfect excuse to offer a closer view of
a flower in bloom. If stems are accidentally broken,
you can float the head of the flower, where its
intricacies are on show. Reclining tranquilly in water
and without any competition, the view is all yours.
Just remember to make the time to sneak a peek.

DISBUD
Chrysanthemum
Peak Season: Most varieties are available all year
With a bloom as big as a saucer, the full and luscious
Disbud rivals the water lily as the ideal floating flower.
Shades include mauve, brown, lemon, pink and white.

Recycler est l'excuse parfaite pour offrir une vue
privilégiée sur une fleur épanouie. Si, par accident,
les tiges se cassent, vous pouvez mettre la tête de
la fleur à flotter, ce qui permet de montrer sa
complexité. Posée tranquillement sur l'eau, seule, et
sans rivale, vous pourrez l'admirer. N'oubliez pas d'y
jeter de temps à autre un coup d'œil furtif.

CHRYSANTHÈME « DISBUD »
Chrysanthemum
Haute saison : La plupart des variétés sont disponibles
toute l'année
Avec une fleur aussi grande qu'une soucoupe, la belle et
luxuriante « Disbud » rivalise avec le nénuphar, et flotte
parfaitement. Les nuances se déclinent en mauve, brun,
citron, rose et vert.

Recycling is het perfecte excuus om een bloeiende
bloem van dichterbij te bekijken. Als een stengel
per ongeluk breekt, kun je het kopje in water leggen,
waar het optimaal tot zijn recht komt. Rustig
drijvend op het water, zonder enige mededingers
– een mooie blikvanger. Vergeet vooral niet af en toe
een kijkje te nemen.

GROOTBLOEMIGE CHRYSANT
Chrysanthemum
Hoogseizoen: De meeste variëteiten zijn het hele jaar
door te verkrijgen
Met bloemen zo groot als theeschoteltjes rivaliseren
deze volle, overdadige chrysanten met de waterlelies
als het om drijven gaat. Verkrijgbaar in mauve, bruin,
citroengeel, roze en wit.

DAVID AUSTIN ROSE Rosa
Peak Season: All seasons
David Austin roses remain a favourite as they have maintained a 'recently picked from the garden' appeal. Luckily for us, they smell that way too and so for a garden inspired bouquet, they are a natural first choice.

ROSE DAVID AUSTIN Rosa
Haute saison : Toutes saisons
Les roses David Austin restent les favorites car elles gardent un air de fleurs « fraîchement cueillies au jardin ». Pour notre bonheur, elles sentent comme les fleurs coupées et pour un bouquet inspiré du jardin, elles restent un premier choix naturel.

DAVID AUSTIN ROOS Rosa
Hoogseizoen: Alle seizoenen
David Austin rozen zijn en blijven een van mijn favorieten, omdat ze er altijd uitzien alsof ze vers geplukt zijn. En zo ruiken ze ook, waardoor ze voor een tuinboeket een natuurlijke eerste keus zijn.

1/
HANGING AMARANTHUS Amaranthus
Peak Season: Winter
AMARANTE TOMBANTE Amaranthus
Haute saison : Hiver
HANGENDE AMARANT Amaranthus
Hoogseizoen: Winter

2/
ASTILBE Astilbe
Peak Season: Autumn/ spring
ASTILBE Astilbe
Haute saison : Automne/ printemps
SPIREA Astilbe
Hoogseizoen: Herfst/ lente

3/
'HOT LADY' ECUADOR ROSE Rosa
Peak Season: All seasons
« HOT LADY » ROSE D'ÉQUATEUR Rosa
Haute saison : Toutes saisons
'HOT LADY' ECUADOR ROOS Rosa
Hoogseizoen: Alle seizoenen

avy textures, candlelight, and warm tones were
phasised here to create a cosy corner. Just as suedes,
ols and velvets hint at a warm and cosy winter, so
do deep crimson roses, hanging Amaranthus and
rgundy Astilbe... the toys of texture.

xtures lourdes, lumières de bougies et tons chaleureux
t accentués ici pour créer un coin douillet. Tout
me le daim, la laine et le velours font penser à un
er chaud et douillet, il en est de même des roses d'un
urpre intense, des amarantes tombantes et des astilbes
deaux... ravissants jeux de texture.

are texturen, kaarslicht en warme tinten werden
benadrukt om een gezellige hoek te creëren. Net
ls suède, wol en fluweel doen karmijnrode rozen,
ngende amarant en wijnkleurige spirea denken aan
warme en gezellige winter... speel met textuur!

ilable in green and burgundy, their cascading tendrils
best from a ceramic or tinted glass vase, as their stems
en discolour the water.

ponible en vert et bordeaux, leurs griffes tombant en
cade font plus d'effet dans un vase en céramique ou
ns un vase teinté, car leurs tiges décolorent souvent l'eau.

ze groene of wijnrode ranken kun je het beste uit een
s van keramiek of gekleurd glas laten hangen, omdat
stengels vaak het water doen verkleuren.

eathery filler in shades of pink, red and white.

ornement à plumes dans des teintes de rose, rouge et
nc.

vedervormige vulling in roze, rood en wit.

th the increasing exportation of flowers, such as roses
m Ecuador, many varieties of flowers are available at any
e of the year, no matter where you are in the world.

ec la croissance de l'importation des fleurs, comme
roses d'Équateur, diverses variétés de fleurs sont
ponibles en toutes saisons où que vous soyez dans le
nde.

nkzij de groeiende export van bloemen, zoals rozen
Ecuador, zijn veel bloemvariëteiten het hele jaar door
makkelijk te verkrijgen, waar ter wereld je ook bent.

I generally prefer to allow flowers to speak for themselves and so very rarely do they have company. But occasionally, just as a painting is often complete once framed, I chose to frame these incredible peony blooms with lush tropical banana leaves. A finishing touch, the leaves don't compete with the flowers, but succeed in amplifying their extraordinary beauty.

BANANA LEAF Musa
Peak Season: All seasons
Banana leaves provide many options: cut them into squares for a great place-mat alternative, line a glass vase with them, or perhaps wrap even a gift with them.

PEONY Paeonia
Peak Season: Early summer
Peonies are expensive blooms but every petal is worth it. Float, perch of lay them down to admire their magnificence.

En général, je préfère laisser les fleurs parler d'elles mêmes. Je leur ajoute donc rarement de feuilles. Mais de temps à autres, à l'instar d'une peinture qui parait plus complète une fois encadrée, je choisis d'agrémenter ces incroyables fleurs de pivoines de feuilles de bananier tropicales et luxuriantes. Les feuilles n'entrent pas en concurrence avec les fleurs, mais, telle une touche finales, parviennent à en exalter la beauté extraordinaire.

FEUILLE DE BANANIER Musa
Haute saison : Toutes saisons
Les feuilles de bananier permettent divers arrangements : coupez-les en carré pour faire de grands sets de table, ou envelopper un vase avec ou même un cadeau.

PIVOINE Paeonia
Haute saison : Début de l'été
Les pivoines sont des fleurs chères mais chaque pétale en vaut la peine. Faites les flotter, posez-les en hauteur ou au sol pour admirer leur splendeur.

Meestal laat ik liever alleen de bloemen aan het woord en daarom geef ik ze zelden gezelschap. Maar zoals een schilderij vaak pas af is als de lijst erom zit, kies ik er af en toe voor om deze ongelooflijke pioenrozen te omlijsten met weelderige tropische bananenbladeren. De bladeren vormen de finishing touch en in plaats van met de bloemen te concurreren accentueren ze hun buitengewone schoonheid.

BANANENBLAD Musa
Hoogseizoen: Alle seizoenen
Bananenbladeren bieden vele mogelijkheden: snijd ze in vierkante placemats, bekleed er een glazen vaas mee of pak er een cadeau mee in.

PIOENROOS Paeonia
Hoogseizoen: Begin van de zomer
Pioenrozen zijn dure bloemen, maar elk bloemblad is de moeite waard. Laat ze drijven, steek ze op of leg ze neer om hun pracht te bewonderen.

A profusion of petals, floated and layered, provides a textured finish with both impact and interest. This is an ideal way to recycle flowers, taking full advantage of the various stages of a bloom's vase life. Occasionally, the flower will outlive the stem or it is the petals themselves that become thirsty and so this is a great alternative to help your blooms continue to wag rather than sag.

Une profusion de pétales flottent en couches superposées, créant une arrangement raffiné tant impactant qu'intéressant. C'est une façon idéale de recycler les fleurs, tirant profit des diverses étapes de leur vie dans un vase. C'est parfois la fleur qui survit à la tige, ou ce sont les pétales eux-mêmes qui ont soif ; c'est ainsi un bon moyen de les aider à continuer de fleurir plutôt que de périr.

Een overdaad aan laagjes drijvende bloemblaadjes vormt een gestructureerd, indrukwekkend en interessant geheel. Dit is een ideale manier om bloemen te recycleren en al de fases van een bloemenleven te benutten. Soms leeft een bloem langer dan haar stengel of zijn het de bloemblaadjes zelf die dorstig worden en dan is dit een prachtig idee om je bloemen uit hun lijden te verlossen.

LILAC Syringa
Peak Season: Spring
Their tall woody stems sprout pink, white or lilac colored plumes. A country garden look favourite, they can also offer contemporary appeal if placed inside a large sleek glass vase.

LILAS Syringa
Haute saison : Printemps
Leurs longues tiges en bois éclosent en plumes colorées rose, blanc ou violet. Favorites des jardins de campagne, placées dans un long vase effilé, elles peuvent aussi prendre une allure contemporaine.

SERING Syringa
Hoogseizoen: Lente
Uit de lange houterige takken spruiten roze, witte of lila pluimen. Deze typische plattelandsplant kan ook heel eigentijds overkomen in een grote, strakke, glazen vaas.

'PRICE' TULIP *Tulipa*
Peak Season: Winter/ spring
Tulips are available in a plethora of colours, shapes and sizes. You can choose between double or single petals; smooth or crinkly edges; single or multiple tones; small or large faces. There is tulip suitable for just about any occasion.

TULIPE « PRICE » *Tulipa*
Haute saison : Hiver/ printemps
Les tulipes sont disponibles dans une pléthore de couleurs, formes et tailles. Vous avez le choix entre pétales doubles ou simples, lisses ou dentelés, teintes unies ou bigarrées, lobes petits ou grands. Il y a une tulipe pour toutes les occasions.

'PRIJS' TULP *Tulipa*
Hoogseizoen: Winter/ lente
Tulpen zijn verkrijgbaar in oneindig veel kleuren, vormen en maten. Je kunt kiezen tussen dubbele of enkele bloemblaadjes, gladde of gekrulde randen, een of meerdere kleuren, kleine of grote bloemen. Er is een tulp voor elke gelegenheid.

'BLUE CURIOSA' ECUADOR ROSE *Rosa*
Peak Season: All seasons
The flower world is becoming smaller and smaller. With the increasing exportation of flowers, such as roses from Ecuador, many varieties of flowers are readily available at any time of the year, no matter where you are in the world.

« BLUE CURIOSA» ROSE D'ÉQUATEUR *Rosa*
Haute saison : Toutes saisons
Le monde des fleurs devient de plus en plus petit. Avec la croissance de l'importation des fleurs, à l'instar des roses d'Equateur, diverses variétés sont disponibles en toutes saisons où que vous soyez dans le monde.

'BLUE CURIOSA' ECUADOR ROOS *Rosa*
Hoogseizoen: Alle seizoenen
Het bloemenrijk wordt steeds kleiner. Dankzij de groeiende export van bloemen, zoals rozen uit Ecuador, zijn veel bloemvariëteiten het hele jaar door gemakkelijk te verkrijgen, waar ter wereld je ook bent.

They say some things are worth waiting for…

With a whiskered stem and a shrivelled bud, the poppy begins its vase life in awkward fashion. But for me, the poppy is nature's version of exploding fireworks in slow motion. If you have the time, you can watch it unfurl before your eyes. Although short-lived, the poppy offers an element of surprise, an explosion of colour and a sense of wonder like no other.

ICELAND POPPY *Papaver*
Peak Season: Spring/ summer/ autumn
I am pleased to say that the best poppies I have seen are from my home state, South Australia. If ever you find yourself visiting that part of the world, add South Australian poppies to your list of things to see.

On dit que cela vaut la peine d'attendre certaines choses…

Avec une tige poilue et un bouton chiffonné, le coquelicot commence sa vie en vase d'une manière ingrate. Pour moi cependant, le coquelicot offre la version naturelle de feux d'artifices au ralenti. Si vous en avez le temps, vous pouvez observer comme il se déploie devant vous. Fleur éphémère, le coquelicot est surprenant, offrant une explosion de couleurs et un émerveillement inégalable.

COQUELICOT D'ISLANDE *Papaver*
Haute saison : Printemps/ été/ automne
Je suis heureuse de dire que les plus beaux coquelicots que j'ai jamais vus viennent de mon pays natal, l'Australie du sud. Si vous devez un jour visiter ce coin, ajoutez les coquelicots du sud de l'Australie à votre liste de choses à voir.

Soms loont wachten de moeite… zeggen ze.

Met haar behaarde stengel en verfrommelde knop, komt de jonge klaproos in een vaas eerder onhandig over. Maar ik zie een klaproos als de natuurlijke versie van een vuurwerk in slow motion. Als je de tijd neemt, kan je zien hoe de bloem zich voor je ogen ontvouwt. Ook al leven klaprozen niet lang, de verrassing en het wonder van hun kleurexplosie is uniek.

IJSLANDSE PAPAVER *Papaver*
Hoogseizoen: Lente/ zomer/ herfst
Ik heb het genoegen te kunnen zeggen dat de mooiste klaprozen die ik ooit gezien heb uit mijn geboorteland Zuid-Australië komen. Als je ooit naar de andere kant van de wereldbol reist, zet de Zuid-Australische klaprozen dan zeker op je lijstje bezienswaardigheden.

HYDRANGEA Hydrangea
Peak Season: Spring/ summer/ autumn
These garden favourites provide an amazing array of colour. They drink water through their petals as well as their stems:
before displaying, soak their heads in a sink filled with cold water for a few minutes and re-cut the stems.

HORTENSIA Hydrangea
Haute saison : Printemps/ été/ automne
Favorites du jardin, elles procurent une palette de couleurs étonnante. Elles absorbent l'eau par les pétales comme par les
tiges : trempez les quelques minutes dans un évier rempli d'eau froide et recoupez les tiges avant de les placer dans un vase.

HORTSENSIA Hydrangea
Hoogseizoen: Lente/ zomer/ herfst
Deze tuinfavoriet bestaat in een verbazingwekkende variëteit aan kleuren. Omdat ze evengoed water opzuigen door hun
bloemblaadjes als door hun stengel, genieten ze van een lekker lang bad. Week hun hoofdjes in koud water gedurende
enkele minuten en snijd de stengels bij voor je ze in de vaas zet.

Hydrangeas are accompanied here by canisters of sweet treats – a double delight for the senses.
HYDRANGEA Hydrangea
Peak Season: Spring/ summer/ autumn
From bright blues, cerise pinks and autumn tones, their florets also make a sweet alternative to sprinkling rose petals.

Ces hortensias côtoient ici des coffrets de bonbons : un double délice pour les sens.
HORTENSIA Hydrangea
Haute saison : Printemps/ été/ automne
Aux bleus vifs, rose cerise et tons d'automne, leurs fleurons aux pétales légèrement roses sont une belle alternative.

Hortensia's als poederkwasten in het gezelschap van bussen vol zoetigheden – een dubbel genoegen voor de zintuigen.
HORTSENSIA Hydrangea
Hoogseizoen: Lente/ zomer/ herfst
De helblauwe, kersrode of herfstkleurige bloempjes zijn een lief alternatief voor rozenblaadjes.

Flaming flamboyance

PEONY Paeonia Officinalis
Peak Season: Spring/ summer
Remember that peony blooms can start their vase life the
size of a large button, but can open to exceed the span of
your hand. Be sure to provide space for them to fan out
in the luxurious way they do.

VIVIPAROUS BISTORT Polygonum Viviparum
Peak Season: Spring/ summer
With a super tall hollow stem and contrasting pattern
of green and red, polygonum holds its own in a vase
amongst some seriously showy flowers.

Flamboyance enflammée

PIVOINE Paeonia Officinalis
Haute saison : Printemps/ été
Souvenez-vous que les pivoines peuvent être mise en
vase en bouton, pour s'épanouir ensuite et atteindre la
largeur de votre main. Assurez-vous de leur laisser assez
de place pour s'épanouir en toute beauté.

RENOUÉE VIVIPARE Polygonum Viviparum
Haute saison : Printemps/ été
Avec une tige creuse, très longue et des motifs contrastés
en vert et rouge, le polygonum est magnifique dans un
vase au milieu d'autres fleurs somptueuses.

Pracht en praal

PIOENROOS Paeonia Officinalis
Hoogseizoen: Lente/ zomer
Hoewel pioenrozen hun leven in de vaas beginnen als ze
nog de omvang van een grote knop hebben, kunnen hun
bloemen de grootte van een handpalm bereiken. Geef
hen de ruimte om al hun luxueuze pracht uit te waaieren.

DUIZENDKNOOP Polygonum Viviparum
Hoogseizoen: Lente/ zomer
Met zijn superlange holle stengel en groen-rood
kleurencontrast, staat de duizendknoop het beste zijn
mannetje in een vaas tussen andere opzichtige bloemen.

A long table allows for many different designs. Remember that vases can be as much a feature as the flowers themselves. Create a medley using an eclectic range of vases, bottles and/or glasses. Place a few candles and stream petals along the table and your table is set for almost any occasion.

Une longue table permet différents arrangements. Souvenez-vous que les vases sont autant d'éléments de décoration que les fleurs même. Créez un pot-pourri en utilisant une série éclectique de vases, bouteilles et/ou de verres. Placez quelques bougies, étalez des pétales le long de la table et la voilà prête pour presque toutes les occasions.

Op een lange tafel kan je je verbeelding de vrije loop laten. Vergeet niet dat vazen evenveel bijdragen aan de decoratie als de bloemen zelf. Zorg voor een eclectische verzameling vazen, flessen en/of glazen. Zet er een paar kandelaars tussen en strooi bloemblaadjes over de tafel. Laat de gasten nu maar komen!

AMARYLLIS 'HERCULES' *Hippeastrum*

Peak Season: Autumn/ winter/ spring

Amaryllis stems are hollow. If you turn them upside down and fill them with water, you can thread a thick wire through the base of the stem and hang them upside down on a wall... just for something a little different.

CARNATION 'DONA BRECAS' *Dianthus*

Peak Seasons: All seasons

Inexpensive, long lasting and under-appreciated, carnations remind us how fashion tends to travel in loops.

AMARYLLIS « HERCULES » *Hippeastrum*

Haute saison : Automne/ hiver/ printemps

Les tiges d'amaryllis sont creuses. Si vous les renversez et les remplissez d'eau, vous pouvez passer un épais fil de fer à travers la base de la tige et les suspendre à l'envers sur un mur... juste pour changer de l'ordinaire.

ŒILLET « DONA BRECAS » *Dianthus*

Haute saison : Toutes saisons

Abordables, durables et sous-estimés, les œillets nous rappellent les allées et venues de la mode.

'HERCULES' AMARYLLIS *Hippeastrum*

Hoogseizoen: Herfst/ winter/ lente

De steel van de amaryllis is hol. Je kunt deze met water vullen en de bloem met een dikke draad onderaan de stengel ondersteboven aan een muur hangen... dat is nog eens wat anders.

'DONA BRECAS' ANJER *Dianthus*

Hoogseizoen: Alle seizoenen

De goedkope, duurzame en ondergewaardeerde anjers herinneren ons eraan dat de mode een terugkerend verschijnsel is.

Outdoor Spaces

Natural light is the best light

La meilleure lumière est la lumière naturelle

Natuurlijk licht is het beste licht

Natural light is the best light to ogle at the finer details of flowers. Most often, arranging flowers is about bringing the outdoors inside, but it is just as refreshing to find displays of flowers a little closer to their natural environment. Whether you find yourself eating an energising breakfast in the terrace; or perhaps taking a meandering stroll through the gardens before a dip into the ocean; or maybe sampling the local delicacies at the Bar Marina Restaurant, the flower displays accompany you from your suite to the hotel grounds.

La lumière du jour est la meilleure pour observer les plus fins détails des fleurs. Le plus souvent, arranger des fleurs consiste à faire entrer l'extérieur à l'intérieur, mais il est tout aussi rafraîchissant de trouver des arrangements de fleurs un peu plus près de leur environnement naturel. Que vous soyez en train de prendre un petit déjeuner énergétique sur la terrasse, que vous musardiez dans les jardins avant de plonger dans l'océan, ou vous dégustiez les délicatesses locales au Bar du Marina Restaurant, les arrangements de fleurs de l'hôtel vous accompagnent depuis votre suite personnelle jusqu'à l'extérieur.

Natuurlijk licht is het beste licht om de fijnste details van bloemen te bewonderen. Meestal gaat het er bij bloemschikken om een stukje buitenlucht naar binnen te brengen, maar ook bloemstukken net iets dichter bij hun natuurlijke omgeving kunnen verfrissend overkomen. Of je nu een stevig ontbijt neemt op het terras van het Bites restaurant voordat je de stad intrekt, een ommetje maakt in de hoteltuinen voor je de zee in duikt of de plaatselijke delicatessen proeft in het Bar Marina Restaurant, mijn bloemencreaties vergezellen je overal.

A ring of lisianthus supports a plate of apples, showing how impact can be made through detail, rather than volume.

DOUBLE LISIANTHUS *Eustoma*
Peak Season: All seasons
Lisianthus is one of the few 'pretty' flowers that have serious lasting power. You can buy them with either single or double blooms and they are available in white, cream, pink, mauve, purple and two-toned.

Une couronne de lisianthus soutient une assiette de pommes, montrant qu'un effet peut être créé par les détails, plutôt que par le volume.

LISIANTHUS DOUBLE *Eustoma*
Haute saison : Toutes saisons
Le lisanthius est une des rares « jolies » fleurs qui tiennent vraiment longtemps.
Vous pouvez les acheter avec des fleurs simples ou doubles et elles existent en blanc, crème, rose, mauve, pourpre et bicolores.

Een ring van lisianthus draagt een bord appels. Hier blijkt nogmaals dat een detail soms meer indruk maakt dan volume.

DUBBELE LISIANTHUS *Eustoma*
Hoogseizoen: Alle seizoenen
De lisianthus is een van de weinige 'bekoorlijke' bloemen die echt lang meegaan. Je kunt ze kopen met enkelvoudige of dubbele bloemen, in het wit, crème, roze, mauve en paars of zelfs in twee kleuren.

For guests strolling through the hotel's garden, sweet surprises may await. The olive tree is regarded with such gracious respect here in Barcelona, I thought it fitting to place an offering of carnation blooms in the nooks and base of one their trunks. Although subtle, it conveys an element of sweet surprise to those who are willing to walk with the garden rather than through it. After your stroll you can lounge beside a sphere of carnations.

De douces surprises attendent les invités qui flânent dans les jardins de l'hôtel. Ici, à Barcelone, l'olivier est considéré avec un respect si bienveillant, que j'ai pensé qu'il serait approprié de placer des fleurs d'oeillets dans les creux et au pied de l'un de leurs troncs. Quoique discret, ce détail surpendra agréablement ceux qui se promènent plus pour que dans le jardin. Après votre promenade, vous pouvez paresser à côté de bouquets d'œillets.

Kuierende gasten kunnen in de hoteltuinen voor zoete verrassingen komen te staan. Olijfbomen worden hier in Barcelona met zoveel respect behandeld, dat ik het gepast vond een offer van anjers te brengen in de holtes en aan de basis van hun stammen. Hoe subtiel ook, het is een zoet verrassingselement voor diegenen die liever met, dan in de tuin willen wandelen. Na de wandeling kun je even relaxen naast een bol anjers.

175

CARNATIONS Dianthus
Peak Season: All seasons
A cheap, long lasting and under-appreciated flower, the carnation reminds us how fashion tends to travel in loops... and remember that they predominately look their best on mass and on their own.

ŒILLET Dianthus
Haute saison : Toutes saisons
Abordables, résistants et sous-estimés, les œillets nous rappellent les allées et venues de la mode... et souvenez-vous qu'ils ont toujours meilleure allure en bouquets et sans autres fleurs.

ANJER Dianthus
Hoogseizoen: Alle seizoenen
De goedkope, duurzame en ondergewaardeerde anjers herinneren ons eraan dat de mode altijd kringetjes loopt... en dat ze even mooi zijn in trossen als helemaal alleen.

The deep purple anemone blooms were purposefully perched high within the bronze drum allowing the surrounding Barcelona light to stream through.
ANEMONE Anemone
Peak Season: Spring/ early autumn/ winter
Available in incredible jewel tones, they offer a velvety touch with a serious splash of colour.

Les fleurs d'anémone d'un pourpre intense ont été sciemment perchées sur une cuve en bronze permettant à lumière environnante de Barcelone de rayonner au travers.
ANÉMONE Anémone
Haute saison : Printemps/ début d'automne/ hivers
Disponibles dans des tons précieux incroyables, elles affichent des touches veloutées aux couleurs éclatantes.

De donkerpaarse anemonen werden opzettelijk hoog in de bronzen holte geplaatst, om het licht van Barcelona er door te laten spelen.
ANEMOON Anemone
Hoogseizoen: Lente/ begin herfst/ winter
Deze fluweelzachte bloemen zijn verkrijgbaar in ongelooflijke, spetterende juweelkleuren.

Detail is emphasised through the use of reflective pebble pots, garnished with delicate butterfly-like orchids.
VANDA ORCHID Orchidaceae
Peak Season: All seasons
It is possible to buy these beauties as plants. Also available in orange, cerise and purple.

Le détail est exalté grâce aux pots en galets brillants, garnis de délicates orchidées ressemblant à des papillons.
ORCHIDÉE VANDA Orchidaceae
Haute saison : Toutes saisons
Ces merveilles peuvent être achetées sous forme de plante. Elles existent également en orange, rouge cerise obscur et pourpre.

De details worden in de verf gezet door reflecterende kiezelpotten, versierd met tedere, vlinderachtige orchideeën.
VANDA ORCHIDEE Orchidaceae
Hoogseizoen: Alle seizoenen
Deze schoonheden kunnen als plant worden gekocht. Ook verkrijgbaar in oranje, kersrood en donkerp aars.

Different vases often reflect the different qualities of flowers, and here I wanted to draw attention to the dahlia's mountain of petals. Finding the perfect resting place to bring out the best in any bloom is an art in itself. It is worth taking a long look at your selection before determining its home for the next week or so. With fluttery butterfly-like petals, I rested a massive dahlia bloom on a simple flat dish and topped it up with water. With the option to enclose the dahlia, it sits undisturbed in the centre of the dish and at the centre of attention.

DAHLIA Dahlia
Peak Season: Spring/ summer/ autumn
Intricate in form and luscious in colour, take note of the delicious fresh scent when you clean and cut the stems.

Des vases différents reflètent souvent les différentes qualités de fleurs, et je voulais ici attirer l'attention sur la montagne de pétales du dahlia. Trouver l'endroit idéal pour que l'aspect d'une fleur puisse être sublimé est un art en soi. Il est important de réfléchir au choix des fleurs avant de déterminer entre autre son emplacement pour la semaine à venir. J'ai posé une immense fleur de dahlia, avec ses pétales battant les ailes comme un papillon, sur un simple plat et l'ai recouverte d'eau. En choisissant de l'immerger, le dahlia semble paisible au centre du plat et en devient le point de mire.

DAHLIA Dahlia
Haute saison : Printemps/ été/ automne
Outre sa forme complexe et sa couleur attirante, remarquez le délicieux parfum frais qu'il dégage lorsque vous nettoyez et coupez la tige.

Naargelang de gebruikte vaas bekijk je een bloem anders. Hier wou ik de aandacht leggen op de vele bloemblaadjes van de dahlia. De perfecte vaas vinden om het beste van een bloem te doen uitkomen is al een kunst op zich. Het loont de moeite goed na te denken voor je beslist waar je een bloem de komende week gaat huisvesten. De enorme dahliabloem met haar fladderende vlinderblaadjes legde ik op een eenvoudige platte schaal en vulde die aan met water. Door mijn beslissing de dahlia af te zonderen, zit deze ongestoord in het middelpunt van de schaal en de belangstelling.

DAHLIA Dahlia
Hoogseizoen: Lente/ zomer/ herfst
Complexe vormen en verrukkelijke kleuren – let ook op de heerlijk frisse geur terwijl je de stengels schoonmaakt en snijdt.

Piñata-like stakes have been propped into the hotel's grounds and carnation garlands suspended, conveying a sense of celebration and fun. When Piñatas made their way to Spain, the first Sunday in Lent became a fiesta known as, "Dance of the Piñata". Here a less traditional way to show off flowers; playfully in the garden.

Tels des « Piñatas » , ces piquets sont installées sur les terrains de l'hôtel et des guirlandes d'œillets sont suspendues, aux arbres, transmettant un air de fête et d'amusement. Le premier dimanche du Carême s'est transformé en jour de fête connu comme la « Danse de la Piñata » depuis l'introduction de cette dernière en Espagne. C'est une façon moins traditionnelle, mais plutôt ludique, d'exposer les fleurs dans le jardin.

Piñata-achtige palen staan opgesteld rond het hotel en er hangen slingers anjers voor een vrolijke feestsfeer. Na de introductie van de piñata in Spanje, werd de eerste zondag van de vasten omgedoopt tot het feest van de "Dans van de Piñata". Dit is een hulde aan dat feest en een wat minder traditionele manier om bloemen ten toon te stellen: speels in de tuin.

CARNATION *Dianthus*
Peak Season: All seasons
Inexpensive, long lasting and under-appreciated, carnations remind us how fashion tends to travel in loops.

ŒILLET *Dianthus*
Haute saison : Toutes saisons
Abordables, durables et sous-estimés, les œillets nous rappellent les allées et venues de la mode.

ANJER *Dianthus*
Hoogseizoen: Alle seizoenen
De goedkope, duurzame en ondergewaardeerde anjers herinneren ons eraan dat de mode altijd in kringetjes loopt.

Floating masses of peony roses along with bobbing fish bowl vases dress the hotel lap pool. The impact is immediate thanks to the size and depth of colour of peony blooms against the still turquoise water. Reminiscent of a 1950's Hollywood film set, these synchronised-swimmers-of-the-flower-world are all made up and ready to perform.

PEONY *Paeonia*
Peak Season: Early summer
Peonies are expensive blooms but every petal is well worth it. Float, perch or lay them down to admire their magnificence.

Des groupes de pivoines roses flottantes conjugués à des vases en forme d'aquariums ronds, égaient la piscine à débordement de l'hôtel. L'effet est immédiat grâce à la taille des fleurs de pivoines ainsi que l'intensité de leur couleur en contraste avec l'eau turquoise et calme. Réminiscences d'une mise en scène d'un film d'Hollywood des années cinquante, ces nageuses synchronisées du monde des fleurs sont toutes prêtes à entrer en scène.

PIVOINE *Paeonia*
Haute saison : Début de l'été
Les pivoines sont des fleurs chères mais chaque pétale en vaut la peine. Faites les flotter, posez les en hauteur ou au sol pour admirer leur magnificence.

Massa's drijvende pioenrozen en dobberende viskommen vullen het zwembad van het hotel. Impact verzekerd, dankzij de grote, felgekleurde pioenbloem tegen het kalme turkooisblauwe water. Als in het decor van een Hollywoodfilm uit de jaren '50, zijn deze kunstzwemmers uit het bloemenrijk helemaal klaar voor het optreden.

PIOENROOS *Paeonia*
Hoogseizoen: Begin van de zomer
Pioenrozen zijn weliswaar dure bloemen, maar elk bloemblad is de moeite waard. Laat ze drijven, steek ze op of leg ze neer om hun pracht te bewonderen.

Flowers & Festivities

Flowers are entertainers

Les fleurs sont des actrices

Bloemen zijn entertainers

Flowers at the hotel have been known to attend many functions. Whether a boardroom meeting, wedding, conference, party or perhaps playing a part in celebrating festivities, such as St Jordis Day or Christmas, flowers will no doubt be there to join in the festivities. Because a function generally suggests a performance of some kind, I like to consider the space as a stage; the furnishings as a collection of props; the vases as costumes and of course, the flowers as the entertainers. Extravagant and grandiose flower arrangements certainly have their place, but my preference is for exquisite quality, understated elegance and the odd twist or two.

On attend des fleurs d'un l'hôtel plusieurs rôles. Que ce soit un conseil d'administration, un mariage, une conférence, une fête ou un rôle dans une festivité comme la Saint Jordi ou Noël, les fleurs seront toujours au rendez-vous. Comme, â un rôle correspond en général un certain spectacle, pour moi, l'espace devient une scène de théâtre, les meubles sont les parties d'un décor, les vases, les costumes et bien sûr les fleurs sont les acteurs. Les arrangements de fleurs, grandioses et extravagants, ont sûrement leur place, mais je privilégie une excellente qualité, l'élégance raffinée agrémentée d'une ou deux idées fantaisistes.

In het hotel vervullen bloemen vele rollen. Ze zijn altijd van de partij, zij het op directievergaderingen, bruiloften, conferenties, partijtjes of andere feestelijkheden zoals Sint Joris of Kerst. Omdat een viering meestal een soort van optreden is, bekijk ik de ruimte graag als een podium; de meubels als rekwisieten; de vazen als kostuums en de bloemen natuurlijk als de entertainers. Extravagante en grandioze bloemstukken hebben zeker een functie, maar mijn voorkeur gaat uit naar uitgelezen kwaliteit, gematigde elegantie en hier en daar een eigenzinnig detail.

Just like fashion, flower trends come and go. Gypsophila is a flower that has received some harsh criticism over the years, but here we find why it is making a gallant comeback. A mass of one type of flower can be extremely effective, regardless of its reputation. These clusters of gypsophila are blooming their little hearts out... in flowering fashion.

Tout comme la mode, les goûts floraux vont et viennent. La gypsophile a été sévèrement critiquée, mais on comprend ici pourquoi elle effectue un retour si élégance. En dépit des préjugés, un ensemble d'un seul type de fleur peut faire beaucoup d'effet. Ces bouquets de gypsophile s'épanouissent pleinement... aux grés d'une mode très fleurie.

Net als in de mode, komen bloementrends geregeld terug. Gipskruid is een bloem die over de jaren scherpe kritiek heeft gekregen, maar nu zien we waarom ze een dappere comeback aan het maken is. Een massale hoeveelheid van één soort bloem kan erg doeltreffend zijn, ongeacht haar reputatie. Deze bossen gipskruid bloeien met hart en ziel en... lijken weer helemaal in.

GYPSOPHILA *Gypsophila*
Peak Season: All seasons
Gypsophila is so much more than a 'filler flower'. Break away from tradition and enjoy them for their masses of tiny blooms and sweet honeyed scent.

GYPSOPHILE *Gypsophila*
Haute saison : Toutes saisons
La gypsophile est bien plus qu'une « fioriture ». Oubliez la tradition et appréciez- la pour ses bouquets de petites fleurs au parfum de miel.

GIPSKRUID *Gypsophila*
Hoogseizoen: Alle seizoenen
Gipskruid is veel meer dan een 'opvuller'. Vergeet de traditie en geniet van deze massa's kleine bloempjes en hun honingzoete geur.

Beautiful Bouvardia bound for a bride
BOUVARDIA Bouvardia
Peak Season: All seasons (most varieties)
Bouvardia is a delicate flower with a sturdy stem, fragile in appearance but the bloom if bought closed will last a good week.

Splendide bouquet de Bouvardia pour une mariée
BOUVARDIA Bouvardia
Haute saison : Toutes saisons (la plupart des variétés)
La bouvardia est une fleur délicate munie une tige robuste, fragile en apparence mais qui, achetée la fleur encore fermée, durera une bonne semaine.

Bevallige Bouvardia voor de bruid
BOUVARDIA Bouvardia
Hoogseizoen: Alle seizoenen (de meeste variëteiten)
Bouvardia is een tere bloem met een stevige stengel. De bloemetjes lijken breekbaar, maar als je ze in de knop koopt, gaan ze zeker een week mee.

...rple Vanda orchids swimming in pale blue
...ater and the accompanying vases of the sweetest of
...eet Pea.

*...ses des pois de senteurs les plus doux et orchidées
...nda pourpres nageant dans l'eau bleu pâle.*

*...zen met geurige reukerwten en paarse Vanda
...chideeën in lichtblauw water.*

...ANDA ORCHID *Orcidaceae*
...ak Season: All seasons
...nature, they cling to trees. Suspended with wires, the
...ants make a great decoration to hang on your wall. Also
...ailable in orange, cerise and dark as night purple.

...RCHIDÉE VANDA *Orchidaceae*
...aute saison : Toutes saisons
...ans la nature, elles s'accrochent aux arbres. Suspendues
...r des fils de fer, elles deviennent de sublimes
...corations murales. Elles existent également en orange,
...rise et pourpre foncé.

...ANDA ORCHIDEE *Orcidaceae*
...oogseizoen: Alle seizoenen
...eze schoonheden kunnen als plant worden gekocht.
...het wild groeien ze tegen bomen aan. Je kunt ze aan
...aadjes aan de muur hangen. Met hun woeste wortels
...intense kleuren, zijn ze een hele bezienswaardigheid.
...ok verkrijgbaar in oranje, kersrood en donkerpaars.

...WEET PEA *Lathyrus Odoratus*
...ak Season: Late spring/ early summer
...ne, feathery and delicate, these sweetly perfumed petals
...e almost transparent and short-lived, so give them as
...uch attention as you can while they last.

...OIS DE SENTEUR *Lathyrus Odoratus*
...aute saison : Fin du printemps/ début de l'été
...btils, légers comme une plume et délicats, ces pétales
...parfum suave sont presque transparents et sont
...hémères, appréciez-les avant qu'ils ne se fanent.

...EUKERWT *Lathyrus Odoratus*
...oogseizoen: Einde lente/ begin zomer
...eze fijne, vederlichte en frêle bloemblaadjes
...rspreiden een heerlijk parfum en zijn bijna doorzichtig.
...e leven niet lang, dus geef ze zo veel mogelijk aandacht
...lang het kan.

1/
'BLUE CURIOSA' ECUADOR ROSE Rosa
Peak Season: All seasons
« BLUE CURIOSA» ROSE D'ÉQUATEUR Rosa
Haute saison : Toutes saisons
'BLUE CURIOSA' ECUADOR ROOS Rosa
Hoogseizoen: Alle seizoenen

2/
ALLIUM Allium
Peak Season: Summer
PIVOINE BLEUE Allium
Haute saison : Été
SIERUI Allium
Hoogseizoen: Zomer

3/
HYDRANGEA Hydrangea
Peak Season: Spring/ summer/ autumn
HORTENSIA Hydrangea
Haute saison : Printemps/ été/ automne
HORTENSIA Hydrangea
Hoogseizoen: Lente/ zomer/ herfst

A dish blanketed in garden flowers is reminiscent of a beautifully crocheted quilt. I love the idea of woven textures knitted together to produce a piece we feel just as compelled to touch as we do to look at.

Un plat recouvert de fleurs de jardin rappelle une courtepointe magnifiquement ouvragée au crochet. J'adore l'idée de textures tissées, tressées ensemble afin de créer une pièce que l'on a autant envie de toucher que d'admirer.

Een schaal bedolven onder ouderwetse tuinbloemen doet denken aan een mooi gehaakte deken. Ik hou van het idee van geweven texturen die samen een geheel vormen en een streling zijn voor het oog en voor de huid.

1/

The flower world is becoming smaller and smaller. With the increasing exportation of flowers, such as roses from Ecuador, many varieties of flowers are readily available at any time of the year, no matter where you are in the world.

Le monde des fleurs devient de plus en plus petit. Avec la croissance de l'importation des fleurs, à l'instar des roses d'Equateur, diverses variétés de fleurs sont disponibles en toutes saisons où que vous soyez dans le monde.

Het bloemenrijk wordt steeds kleiner. Dankzij de groeiende export van bloemen, zoals rozen uit Ecuador, zijn veel bloemvariëteiten het hele jaar door gemakkelijk te verkrijgen, waar ter wereld je ook bent.

2/

With flowers ranging from the size of basketballs to ping pong balls, alliums make a big statement. A relative of the edible onion, their perfume is not for everyone, so make sure to sample before you buy.

Avec des fleurs allant de la taille de balle de basket à des boules de ping pong, les alliums font beaucoup d'effet. Apparentés à l'oignon, leur parfum n'est pas au goût de tous, il est conseillé de prendre un échantillon avant d'acheter.

De bloemen van sieruien kunnen zo groot zijn als een pingpongbal of zelfs een basketbal. Zij zijn dan ook een echt statement. Omdat ze afstammen van de eetbare ui, is hun 'parfum' niet voor iedereen weggelegd, dus ruik even voor je koopt.

3/

These garden favourites provide an amazing array of colour, which can change with the seasons.

Favorites du jardin, elles procurent une palette de couleurs étonnante, qui changent au fil des saisons.

Deze tuinfavoriet bestaat in een verbazingwekkende variëteit aan kleuren, die per seizoen verschillen.

Nesting quietly and sitting pretty at Easter time

'SWEET AVALANCHE' ROSE Rosa
Peak Season: All seasons
The Sweet Avalanche I believe is one of the prettiest and it happens to be one of the hardiest roses available. I am often caught singing Neil Diamond's "Sweet Caroline" when displaying these lush blooms!

Bien au chaud dans le nid et toutes belles pour Pâques

ROSE « DOUCE AVALANCHE » Rosa
Haute saison : Toutes saisons
La rose « Douce Avalanche » est, à mon avis, une des plus petites roses disponibles, et est d'une grande longévité. Je me prends souvent à fredonner la chanson de Neil Diamond» « Sweet Caroline » , lorsque j'arrange ces fleurs somptueuses!

Rustig nestelen en mooi broeden op Pasen

'SWEET AVALANCHE' ROOS Rosa
Hoogseizoen: Alle seizoenen
De Sweet Avalanche roos is voor mij een van de mooiste doch stoerste rozen. Je zult me vaak Neil Diamonds "Sweet Caroline" horen zingen terwijl ik deze weelderige bloemen schik!

Fresh is not necessarily always best. Please meet
Woody and Chip; two of my nine sparrow friends
who spent a festive season perched upon pine cones
at Hotel Arts. Welcoming guests to the lobby with
animated sweetness, they held their own against the
fresh flowers that usually adorn the hotel and offered
a feathered and festive alternative.

PINE CONES *Pinus Strobilus*
Peak Season: Winter
Surrounded by candles and floating roses, big round
bowls of pine cones let us know that festive times are
here.

*Les fleurs fraîches ne sont pas toujours l'idéal ! Je
vous présente Woody and Chip, deux de mes neuf
moineaux qui ont passé une saison de fête perchés
sur des pommes de pins à l' Hôtel Arts. Accueillant
les clients dans le lobby avec une gaîté enjouée, ils
se sont ligués contre les fleurs fraîches qui décorent
habituellement l'hôtel, offrant un agencement de fête,
haut en plumes.*

POMMES DE PIN *Pinus Strobilus*
Haute saison : Hiver
Entourés de bougies et de roses flottantes, de grands
bols ronds remplis de pommes de pins nous annoncent
la saison des fêtes.

*Vers is niet altijd het beste. Laat me Woody en Chip
voorstellen, twee van mijn negen mussenvrienden
die een heel feestseizoen lang schalen dennenappels
hebben bewaakt in Hotel Arts. Tussen de
verse bloemen die het hotel meestal versieren,
verwelkomden ze de gasten in de lobby, in een
levendige, zoete en gevleugelde feestsfeer.*

DENNENAPPELS *Pinus Strobilus*
Hoogseizoen: Winter
Grote ronde schalen vol dennenappels, omringd door
kaarsen en drijvende rozen: de feestdagen staan voor de
deur.

According to local legend, a long time ago St Jordi slew a dragon just before it was to devour a beautiful princess. A drop of the dragon's blood fell upon a rose bush, which then began to bloom. The hero plucked the prettiest of the rose blooms and offered it to the princess. Known as St Jordi's Day, it is now celebrated on April 23rd from dawn to dusk where more than 4 million roses are offered to women who return the gesture by offering books to men. In honour of this celebration, the entire hotel is adorned with beautiful Grand Prix Roses bobbing in bowls atop small towers of silver lacquered second-hand books.

D'après une légende locale, il y a très longtemps de cela, St Jordi tua un dragon qui allait dévorer une princesse de toute beauté. Un goutte du sang du dragon tomba sur un rosier, qui, par magie, commença à fleurir. Le héro ramassa la plus belle rose et l'offrit à la princesse. Connu sous le nom de Saint Jordi, on le célèbre aujourd'hui le 23 avril du lever au coucher du soleil. Ce jour là, plus de 4 millions de roses sont offertes aux femmes qui offrent en retour des livres aux hommes. A l'occasion de cette fête, tout l'hôtel est décoré de merveilleuses roses « Grand Prix » flottantes dans des coupes posées sur de petites piles de livre d'occasion laqués argent.

Volgens de legende versloeg Sint Joris lang geleden een draak die op het punt stond een mooie prinses te verslinden. Een druppel drakenbloed viel op een rozenstruik die als bij toverslag begon te bloeien. De held plukte de mooiste roos en schonk die aan de prinses. Op 23 april, de dag van Sint Joris (Sant Jordi), worden van 's morgens tot 's avonds meer dan 4 miljoen rozen gekocht voor evenzoveel vrouwen, die in ruil hun mannen een boek geven. Ter ere van deze gelegenheid wordt het hele hotel versierd met mooie Grand Prix rozen, drijvend in schalen op kleine torens gevormd door zilver gelakte tweedehands boeken.

'GRAND PRIX' ROSE *Rosa*
A favourite of mine for its luxurious velvety texture and as well as its incredible lasting power.

ROSE « GRAND PRIX » *Rosa*
Une de mes préférées pour sa texture luxuriante, veloutée ainsi que pour son incroyable longévité.

'GRAND PRIX' ROOS *Rosa*
Een van mijn favorieten, omwille van de luxueuze, fluwelen textuur en de ongelooflijk lange levensduur.

Flaming red candles lit amongst flaming red carnations for a jolly good time at Christmas.
CARNATION Dianthus
Peak Season: All seasons
Inexpensive, long lasting and under-appreciated, carnations remind us how fashion tends to travel in loops.

Bougies rouge flamboyantes au milieu d'oeillets rouge flamboyants pour une joyeuse fête de Noël.
ŒILLET Dianthus
Haute saison : Toutes saisons
Abordables, résistants et souvent sous-estimés, les œillets nous rappellent les allées et venues de la mode.

Felrode kaarsen branden tussen felrode anjers voor een vrolijke Kerst.
ANJER Dianthus
Hoogseizoen: Alle seizoenen
De goedkope, duurzame en ondergewaardeerde anjers herinneren ons eraan dat de mode een kringloop volgt.

1| Introduction

1| Introduction

Supplying many parts of the world with millions upon millions of blooms, the Netherlands is regarded as Motherland of the cut flower world. To show my personal gratitude, I selected a tablecloth resembling the Traditional Blue Delft Pottery of which the Netherlands is renowned and clustered together bunches of grape hyacinths, ranunculi, delphinium, roses and hyacinths. Florists worldwide are ever indebted to the mammoth task of flower production in Holland and here is my small but heartfelt show of appreciation… Dank je wel!

DELPHININIUM Delphinium

Peak Season: Spring/ summer

These super tall stems bloom into white, purple, blue or pink displays. I also like to use their flowers to create a bed of iridescent petals.

'AVALANCHE' ROSE Rosa

Peak Season: All seasons

These incredible roses grow as tall as 90 cm, with buds that are taut and compact but bloom lavishly over a week.

RANUNCULUS Ranunculus

Peak Season: Spring/ winter

The stem of a ranunculus is generally broad, bent and bowed, yet it supports a flower with the most beautifully layered petal formation. If that isn't enough, they are also available in a vast array of colours.

GRAPE HYACINTH Muscari Bota

Peak Season: Spring/ winter

Small in stature but big on impact, these strongly scented Muscari look great on mass, but a small bunch on your bedside table is a sweet touch for sweet dreams.

Procurant au monde entier des millions et millions de fleurs, les Pays-Bas sont considérés comme étant la patrie mondiale des fleurs coupées. Pour montrer ma gratitude personnelle, j'ai choisi une nappe ressemblant à la faïence bleue traditionnelle de Delft, fleuron des Pays-Bas, et assemblé des bouquets de jacinthes en grappes, renoncules, pieds-d'alouette, roses et jacinthes. Les fleuristes du monde entier ont une dette éternelle envers l'immense tâche que représente la production de fleurs en Hollande et voici une preuve de ma reconnaissance, certes modeste mais venant du fond du coeur… Dank je wel !

PIED D'ALOUETTE Delphinium

Haute saison: Printemps/ été

Ces tiges super hautes fleurissent blanc, pourpre, bleu ou rose. J'aime aussi utiliser leurs fleurs pour créer un lit de pétales irisés.

ROSE « AVALANCHE » Rosa

Haute saison : Toutes saisons

Ces roses incroyables font jusqu'à 90 cm. Aux boutons fermes et compacts, elles fleurissent généreusement pendant plus d'une semaine.

RENONCULE Ranunculus

Haute saison : Printemps/ hiver

La tige de renoncule est généralement large, pliée et courbée, et pourtant elle soutient une fleur avec les plus belles formations de pétales. Par ailleurs, elles existent dans un large éventail de couleurs.

JACINTHE À CLOCHETTES Muscari Bota

Haute saison : Printemps/ hiver

De taille modeste mais du plus bel effet, ces muscaris très parfumés sont superbes en gros bouquets, mais un petit bouquet sur votre table de chevet, offre aussi une touche délicate qui vous fera faire de doux rêves.

Als leverancier van miljoenen bloemen over de hele wereld wordt Nederland algemeen beschouwd als het geboorteland van de snijbloem. Om mijn persoonlijke dankbaarheid te tonen, selecteerde ik een tafelkleed met motieven in het traditionele Delfts Blauw waar Nederland zo beroemd om is en maakte ik boeketjes van blauwe druifjes, ranonkel, ridderspoor, rozen en hyacinten. Over de hele

wereld zijn wij bloemisten dank verschuldigd aan de gigantische bloemenproductie in Holland en dit is mijn kleine maar gemeende blijk van waardering… Dank je wel!

RIDDERSPOOR Delphinium

Hoogseizoen: Lente/ zomer

Deze extra lange stengels bloeien in het wit, paars, blauw of roze. Ik gebruik deze bloemen graag om een regenboogkleurig bed van bloemblaadjes te maken.

AVALANCHE' ROOS Rosa

Hoogseizoen: Alle seizoenen

Deze ongelooflijke rozen worden tot 90 cm lang. Ze hebben strakke en compacte knoppen, maar bloeien rijkelijk gedurende een week.

RANONKEL Ranunculus

Hoogseizoen: Lente/ winter

Ranonkelstengels zijn meestal breed, krom en gebogen, maar dragen prachtig gelaagde bloemen. En alsof dat niet genoeg is, zijn ze ook nog verkrijgbaar in een brede waaier aan kleuren.

BLAUWE DRUIFJES Muscari Bota

Hoogseizoen: Lente/ winter

Klein maar dapper zijn deze fel geurende blauwe druifjes. Ze zijn prachtig in grote trossen, maar een klein bosje naast je bed is genoeg om je zoete dromen toe te wensen.

2| Lobby & Hallways

Old style elegance

TULIPA PARROT Tulipa

Peak Season: Spring/ winter

A feather petaled alternative to the regular tulip, it is best to buy them very tight with just a hint of colour, as they may only last a day or two once fully open.

Elégance à l'ancienne

TULIPE PERROQUET Tulipa

Haute saison : Printemps/ hiver

Avec ses pétales en forme de plumes, c'est une alternative à la tulipe commune. De préférence, les acheter très fermées, à peine colorées, car elles risquent de ne durer qu'un jour ou deux une fois complètement ouvertes.

Ouderwetse elegantie

PARKIETTULP Tulipa

Hoogseizoen: Lente/ winter

Een vederlicht alternatief voor de normale tulp. Koop deze bloemen in de knop, met net een vleugje kleur, want zodra ze helemaal open zijn, gaan ze maar een dag of twee mee.

3| Inside the Suites

Hip to be square. In a large square room we find a large square table… On the large square table we find four vases squared… In the four vases squared we find that rosehips have just as much to offer as their fabulous blooms

ROSEHIPS Rosa Laevigata

Peak Season: Winter

With sturdy stems, rosehips dry very well and maintain their appeal. They look great stacked in a vase; like a jar of over-flowing jaffas or perhaps mixed with other berries and greens for a wild woods appeal.

Tendance à être carré. Dans une grande pièce carrée, il y a une grande table carrée… Sur la grande table carrée, il y a un carré de quatre vases…

Dans ces quatre vases, on s'aperçoit que les fruits de l'églantier sont tout aussi beaux que leurs fabuleuses fleurs.
ROSE D'ÉGLANTIER ou CYNORHODON *Rosa Laevigata*
Haute saison: Hiver
Dotés de tiges robustes, les cynorhodons sèchent bien et restent beau. Ils sont magnifiques dans un vase : à l'instar d'une cruche de Jaffas fleurissant en cascade ou mélangés avec d'autres baies et du feuillage pour créer un effet de forêt sauvage.

Vierkante rozenbottel. In een grote vierkante kamer, een grote vierkante tafel… Op de grote vierkante tafel. een vierkant van vier vazen… En in die vier vazen zien we dat rozenbottels evenveel te bieden hebben als hun legendarische bloemen.
ROZENBOTTELS *Rosa Laevigata*
Hoogseizoen: Winter
Dankzij de hun stevige stengels kunnen rozenbottels makkelijk gedroogd worden, waarbij niets van hun aantrekkingskracht verloren gaat. Ze zijn prachtig in een vaas, als een kruik vol overstromende jaffa-appels of gemengd met andere bessen en wat groen voor een vleugje wild woud.

4/ Restaurants & Bars
Staged performers under lights!
'GLOBEMASTER' ALLIUM *Allium*
Peak Season: Summer
With flowers ranging from the size of basketballs to ping pong balls, Alliums make a big statement. A relative of the edible onion, their 'perfume' is not for everyone, so make sure to sample before you buy.

De véritables acteurs sous les feux de la rampe!
« LA PIVOINE BLEUE » ALLIUM GLOBEMASTER *Allium*
Haute saison : Été
Avec des fleurs allant de la taille de balles de basket à des boules de ping pong, les alliums font beaucoup d'effet. Apparentés à l'oignon, leur « parfum » n'est pas au goût de tout le monde, il est conseillé de prendre un échantillon avant d'acheter.

Toneelspelers in de schijnwerpers!
'GLOBEMASTER' SIERUI *Allium*
Hoogseizoen: Zomer
De bloemen van sieruien kunnen zo groot zijn als een pingpongbal of zelfs een basketbal. Ze maken dan ook echt een statement. Omdat ze afstammen van de eetbare ui, is hun 'parfum' niet voor iedereen weggelegd, dus ruik even voor je ze koopt.

5/ Hotel Nooks
With a clustering of densely packed petals, the often under-rated Disbud Chrysanthemums are mounted together at the opening of a beautifully crafted mosaic vase, sitting 2.5 metres from the ground. I wanted to emphasise just how effective texture upon texture can be, and so deliberately chose these ruffled petals and nestled them up closely against the intricate tiling of the vase.
DISBUD *Chrysanthemum*
Peak Season: Most varieties are available all year.
With a bloom as big as a saucer, the full and luscious Disbud rivals the water lily as the ideal floating flower. Shades include mauve, brown, lemon, pink and white.

Avec un groupe de pétales bien serrés, les boutons de chrysanthèmes, souvent sous-estimés, sont assemblés à l'ouverture d'un magnifique vase, à 2.5 mètres du sol. Je voulais montrer l'effet produit par une superposition de textures, en choisissant sciemment ces pétales ondulés pour les nicher contre le revêtement complexe du vase.

CHRYSANTHÈME « DISBUD » *Chrysanthemum*
Haute saison : La plupart des variétés sont disponibles toute l'année.
Avec une fleur aussi grande qu'une soucoupe, la belle et luxuriante « Disbud » rivalise avec le nénuphar, et flotte parfaitement. Les nuances se déclinent en mauve, brun, citron, rose et blanc.

Een dichte bos bloemblaadjes van de vaak ondergewaardeerde grootbloemige chrysanten zit stevig in de opening van een mooie ambachtelijke mozaïeken vaas geduwd, op 2,5 meter van de grond. Ik wou benadrukken hoe doeltreffend de combinatie van verschillende texturen kan zijn en daarom koos ik opzettelijk deze onstuimige bloemblaadjes en nestelde ze lekker dicht bij de complexe motieven van de vaas.
GROOTBLOEMIGE CHRYSANT *Chrysanthemum*
Hoogseizoen: De meeste variëteiten zijn het hele jaar door te verkrijgen.
Met bloemen zo groot als theeschoteltjes rivaliseren deze volle, overdadige chrysanten met de waterlelies als het om drijven gaat. Verkrijgbaar in mauve, bruin, citroengeel, roze en wit.

6/ Outdoor Spaces
Floating masses of Peony Roses along with bobbing fish bowl vases dress the hotel lap pool.
PEONY *Paeonia*
Peak Season: Early summer
Peonies are expensive blooms but every petal is well worth it. Float, perch or lay them down to admire their magnificence.

Des groupes de pivoines roses flottantes conjugués à des vases en forme de globe aux poissons frétillants, habillent la piscine à débordement de l'hôtel.
PIVOINE *Paeonia*
Haute saison : Début de l'été
Les pivoines sont des fleurs chères mais chaque pétale en vaut la peine. Faites les flotter, posez les en hauteur ou au sol pour admirer leur magnificence.

Massa's drijvende pioenrozen en dobberende viskommen vullen het zwembad van het hotel.
PIOENROOS *Paeonia*
Hoogseizoen: Begin van de zomer
Pioenrozen zijn weliswaar dure bloemen, maar elk bloemblad is de moeite waard. Laat ze drijven, steek ze op of leg ze neer om hun pracht te bewonderen.

7/ Flowers & Festivities
Just like fashion, flower trends come and go.
GYPSOPHILA *Gypsophila*
Peak Season: All seasons
Gypsophila is so much more than a 'filler flower'. Break away from tradition and enjoy them for their masses of tiny blooms and sweet honeyed scent.

GYPSOPHILE *Gypsophila*
Haute saison : Toutes saisons.
La gypsophile est bien plus qu'une « fleur de remplissage ». Oubliez la tradition et appréciez-la pour ses bouquets de petites fleurs au parfum de miel.

GIPSKRUID *Gypsophila*
Hoogseizoen: Alle seizoenen
Gipskruid is veel meer dan een 'opvuller'. Vergeet de traditie en geniet van deze massa's kleine bloempjes en hun honingzoete geur.

Donna's THANKS . . .

To Becky Lawton for her initial inspiration and ongoing belief in the project. Her incredible eye for detail and ability to find novel ways of capturing the individual characters of flowers gave me a renewed appreciation for my long time friends. With her steadfast assistant Pau Esculies, they worked together tirelessly to produce photographs of exceptional quality and workmanship. And also a special thank you to Pere Que who also assisted on the project.

To each of them I am indebted and enormously grateful!

To Karen Furness, for making whims and words grow and blossom on every page!

To the Regional Vice President of The Ritz Carlton Hotel Company, Victor Clavell for his initial invitation to this blooming adventure in Barcelona.

To the Hotel Arts Director of PR, Rosemary Trigg for helping navigate the project from beginning to end.

To Loft Publications, with special mention of Catherine Collin, for producing the final product, which began as nothing more than a fleeting possibility.

To Metz Van Kleef Flowers for providing the flowers that continue to woo and wow.

To Growing Veip for providing many of the vases that hold and support the stars of the show.

To The Hotel Arts Flower team (past and present), with a special mention to Ines Gallo, Heidi Kleyberg & Rosa Otero... my support stems.

To Jane Packer for her devotion to and expertise with flowers and people alike.

To Fernando Ellakuria at Red 032 for devoting his time and expertise.

To Martin Robledo for his enduring love and support.

To Wendy Devlin for her valuable information regarding the history of Piñatas in Spain.

To George Semler for his research and history on the making of St Jordi´s Day and its popularity in Barcelona.

To Vita Sackville-West for her sweet poem, reminding me exactly why I began working with flowers oh so long ago.

To my Feathered friends (see page 208-209): Woody, Stevie, Carpenter, Elliot, Chip, Marvin, Pepe, Leon and Louis.

and to my mum, dad and brother for their continued love and support, which manages to leap oceans.

. . . Becky's THANKS

My heartfelt thanks to my great team in t. studio for helping me with this long project. Donna for her endless inspiration and attention to detai Hotel Arts for making this project possible. And Rosemary Trigg for her ever continued support.

HOTEL ARTS BARCELONA

ISBN 978-1-330-60019-1
PIBN 10080788

1 MONTH OF
FREE
READING

at

www.ForgottenBooks.com

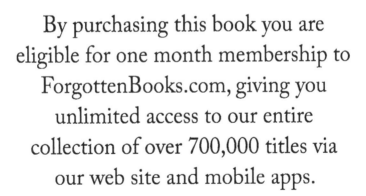

By purchasing this book you are eligible for one month membership to ForgottenBooks.com, giving you unlimited access to our entire collection of over 700,000 titles via our web site and mobile apps.

To claim your free month visit:
www.forgottenbooks.com/free80788

English
Français
Deutsche
Italiano
Español
Português

www.forgottenbooks.com

Mythology Photography **Fiction**
Fishing Christianity **Art** Cooking
Essays Buddhism Freemasonry
Medicine **Biology** Music **Ancient**
Egypt Evolution Carpentry Physics
Dance Geology **Mathematics** Fitness
Shakespeare **Folklore** Yoga Marketing
Confidence Immortality Biographies
Poetry **Psychology** Witchcraft
Electronics Chemistry History **Law**
Accounting **Philosophy** Anthropology
Alchemy Drama Quantum Mechanics
Atheism Sexual Health **Ancient History**
Entrepreneurship Languages Sport
Paleontology Needlework Islam
Metaphysics Investment Archaeology
Parenting Statistics Criminology
Motivational

BULLETIN

OF

THE SCHOOL OF ORIENTAL STUDIES, LONDON INSTITUTION.

BULLETIN

(OF THE)

SCHOOL OF ORIENTAL and African STUDIES,

(LONDON INSTITUTION)

·KNOWLEDGE·IS·POWER·

261,592
15 · 11 · 31

VOLUME I: 1917–20.

Published by

The School of Oriental Studies, London Institution,

Finsbury Circus, E.C. 2.

Agents : Messrs. LUZAC & Co., *46 Great Russell Street, W.C. 1.*

STEPHEN AUSTIN AND SONS, LTD.

PRINTERS, HERTFORD.

BULLETIN

OF

THE SCHOOL OF ORIENTAL STUDIES, LONDON INSTITUTION

ERRATA

p. 72. *For* " Gradually I perceived that my spirits were coming back" *read* " Gradually the feelings came back to my numbed heart ".

p. 73. *For* " his daughter A-kuei " *read* " his niece A-kuei ".

various movements which ultimately led to the foundation of this institution and a record of the opening ceremony by His Majesty the King.

In the Charter of Incorporation, it is provided that the " purposes of the School are to be a School of Oriental Studies in the University of London to give instruction in the languages of Eastern and African peoples, ancient and modern, and in the literature, history, religions, and customs of those peoples, especially with a view to the needs of persons about to proceed to the East or to Africa for the pursuit of study and research, commerce or a profession ". The practical side will in no way prejudice the development of the purely academic aims of the School, for it is intended that it shall become a centre of Oriental research, and that students of the most advanced type may be attracted

BULLETIN

OF

THE SCHOOL OF ORIENTAL STUDIES, LONDON INSTITUTION

INTRODUCTION

PRIOR to the issue of the order prohibiting the publication of new periodicals, it had been intended that the School should produce a quarterly journal dealing with Oriental languages. Although this is now impossible, it has been determined, for the purpose of making known to a large public the aims and objects of this School, to issue the present Bulletin, which contains, in addition to a few articles of Orientalist interest such as would naturally characterize the journal of the School and which had already been contributed to the first number, a history of the various movements which ultimately led to the foundation of this institution and a record of the opening ceremony by His Majesty the King.

In the Charter of Incorporation, it is provided that the "purposes of the School are to be a School of Oriental Studies in the University of London to give instruction in the languages of Eastern and African peoples, ancient and modern, and in the literature, history, religions, and customs of those peoples, especially with a view to the needs of persons about to proceed to the East or to Africa for the pursuit of study and research, commerce or a profession". The practical side will in no way prejudice the development of the purely academic aims of the School, for it is intended that it shall become a centre of Oriental research, and that students of the most advanced type may be attracted here by the opportunities offered for guidance in their studies. We shall in this way provide in one institution both for the practical and the literary branches of language study. It is hoped that we may attract in large numbers private individuals who will study what we teach for its own sake. The encouragement of the amateur of Oriental subjects must be one of the important features of this School. For until the number of amateurs of these studies is vastly increased, it is impossible that an intelligent knowledge of those distant countries with which England is so intimately connected should be widespread. There is no reason why Oriental learning should remain the monopoly of a few enthusiasts in the East and a handful of students in the West. Oriental studies have as much right to a place in the ordinary scheme of education as any of those studies which now command universal attention.

Two great obstacles have hitherto impeded the spread of Oriental studies: (1) the difficulties which are supposed to attend the acquirement of Eastern tongues; and (2) the absence of proper incentives.

The average Englishman has an exaggerated view of the difficulties which attend the study of Oriental languages as compared with Western tongues: and this is much to be regretted, for, although all Eastern languages have a strange appearance to those who do not know them, it is in practice only the first step that costs. The number of persons who have any idea of the languages spoken by our fellow-subjects east of Suez is lamentably small, and not till such misconceptions are dismissed can we hope for the spread among our own people of that knowledge of the East which is so essential to the happy relations which should exist between European and Oriental races. Further than this, there is no doubt that many persons possess latent gifts for languages, which are never discovered unless they happen to have their enthusiasm accidentally aroused. Some of the greatest scholars in Oriental languages whom the world has produced have begun their studies in a purely dilettante spirit. Notable examples are Sir William Jones, who founded the Asiatic Society of Bengal; George Sale, the translator of the Koran; and Thomas Chenery, the translator of Hariri.

No doubt such languages as Chinese and Japanese, with their picturesque but inexhaustible hieroglyphics, offer difficulties not to be met with in languages written with an alphabet; yet one year's serious study of Chinese, combined with enthusiasm and courage, will take any average mortal deep into the literature, feeling, and mentality of the Chinaman. As Mr. Fisher, President of the Board of Education, said in a recent speech : "Every little scrap of knowledge, however superficial, however it may be collected, like the food the birds pick up in the forest, is worth something." If everyone who expressed a desire to learn Chinese were told that that language contained 50,000 characters, of which a vast number are strange to the best educated Chinaman, he would very naturally feel discouraged. If, on the other hand, he were told that the mastery of a few hundred characters would enable him to read and enjoy the Confucian Analects with the aid of a translation, he might be encouraged to embark on the study of this wonderful language, and realize the keen pleasure and intellectual gain which this study provides.

But none of the other languages taught in this School offer such difficulties as Chinese and Japanese. Malay, for example, is simplicity itself as far as grammar is concerned, while Persian, in spite of its unfamiliar alphabet, is an easy language to acquire.

In War-time all are busy, and there is practically no such thing as a leisured class. But when the War is over, thousands of men and women who have been actively employed will find themselves without an occupation, and among them are many who have shown themselves gifted in languages. It is hoped that some of these will ultimately find their way to the School of Oriental Studies and there discover an object of lifelong study.

The absence of proper incentives is the other main cause of the dearth of students of Oriental languages—for no prospect of a livelihood could reasonably be held out to anyone taking up these subjects in the past. Positions commanding a decent salary in the various Universities in England did not number in the British Isles a dozen all told, and the encouragement of language study in the Civil Service and in the Army has never been sufficient to arouse general enthusiasm. It is especially this want of practical encouragement that has so long delayed the establishment in this country of a School of Oriental Studies.

In this connexion attention may be drawn to the study of Hindustani. It is greatly to be regretted that a language which is understood throughout the length and breadth of India, and which is spoken, though seldom correctly, by thousands of English men and women daily during their sojourn in that country, should so rarely be an object of serious study outside the small band of those who seek for rewards. Hindustani is a rich language and is capable of expressing the most varied shades of meaning. It possesses a large and growing literature covering almost every branch of thought, and many fine poets have written and are writing in it to-day. Undoubtedly many men and women in India would find their days hang less heavily on their hands had they such an engrossing hobby as the serious study of Hindustani to fall back upon.

It is by no means universally recognized that a beginning of this, as of all Eastern languages, can best be made at home. This is, of course, self-evident in the case of travellers, but it also applies to those who intend to reside in an Eastern country. For, apart from considerations of climate, which in most Oriental countries tend at the outset to reduce the energies, it is certainly the case that during the first year or so of residence in a totally strange country, a man's time is fully occupied in learning his new duties and in adapting himself to unwonted surroundings. Such are not the conditions in which to embark on the acquisition of a new language. On the other hand, if the newcomer arrives with a definite linguistic stock-in-trade, if he has mastered the alphabet, the rudiments of grammar, and even a limited vocabulary of the language spoken in the country of his adoption, he is not only able to adapt himself more readily to the new conditions but also to profit in a far greater measure by the language teaching which may be available locally, than one arriving without such equipment.

It may now be confidently presumed that with the creation of this School a fuller recognition will be given to the importance of Oriental studies, and that with this recognition better prospects will be held out both in the academic and in the practical spheres of activity; and it is to be hoped that the facilities now offered will bring about a marked and permanent increase in the number of Oriental students, and that the common interests, both human and literary, which have hitherto reposed on all too slender foundations may be correspondingly strengthened.

E. Denison Ross.

THE ORIGINS OF THE SCHOOL OF ORIENTAL STUDIES

THE Director of the School of Oriental Studies has invited me to contribute to this first number of the Bulletin a sketch of the history of the foundation of the School. The present article has only the modest ambition of supplying to the future historian of the School certain references, dates, and facts indispensable for his task.

Professor T. W. Arnold[1] states that the first School for Oriental Languages in London was the Oriental Institution, Leicester Square, established in 1818 by John B. Gilchrist[2] under the patronage of the East India Company, mainly for teaching Hindustani to medical students, and that it ceased to exist soon after 1826 ; and that in 1825 Dr. Robert Morrison,[2] the Chinese scholar (whose library was left to University College), founded a language institution in the City for teaching Chinese, Sanskrit, and Bengali, but that the Institution came to an end in 1828.

At University College, founded in 1826–8, Chairs of Hebrew, Oriental Literature, and Hindustani were established at an early date. At King's College, founded in 1829–31, Oriental Languages and Literature were taught from 1833 onwards. Further information in regard to the history of the Oriental departments at these two Colleges is given in the Appendices to the Reay Report.[3]

---

[1] See Report of Committee appointed by the Treasury (and presided over by Lord Reay) to consider the organization of Oriental Studies in London, with . . . Appendices, 1909 (Cd. 4560). Price 1s. 4d. The Report is hereinafter referred to as the " Reay Report ". The evidence was published as a separate volume (Cd. 4561), price 2s. 8d.

Professor Arnold's memorandum on previous efforts to create an Oriental School is printed as Appendix III (b) to the Report, pp. 45–8. The first schools for Oriental languages in the British Empire appear to have been the College at Fort William (1800–1854), of which Gilchrist was the first principal, and the East India College at Haileybury (1806–1857), a secondary school with seven teachers for Oriental languages, also established by the East India Company.

[2] See articles in the *Dictionary of National Biography* on Gilchrist and Morrison.

[3] See Appendix V to Reay Report, pp. 65–6, Memorandum by Dr. (now Sir) Gregory Foster and Dr. A. C. Headlam. For information in regard to the teaching carried on up to the date of foundation of the School of Oriental Studies see the annual Calendars of University College and of King's College.

On January 24, 1852, Professor H. H. Wilson, Director of the Royal Asiatic Society, in a lecture "On the present state of the Cultivation of Oriental Literature" said : "As long as English society is so incurious with respect to Oriental Literature, it need not be matter of surprise that the numbers and the labours of English scholars should be overshadowed by the much more imposing array of Continental Orientalists" (JRAS., xiii, 1852, p. 214).

At the outbreak of the Crimean War in 1854 it was realized how much the study of Oriental languages had been neglected in England, and Professor Max Müller at that time, and later in 1857 and 1858, with the assistance of Sir Charles Trevelyan, attempted to enlist further support for these studies ; in the last-named year they proposed the foundation of an "Institution for the Cultivation of Asiatic Languages". Nothing, however, was done.[1]

In May, 1884, Dr. G. W. Leitner founded an "Oriental University Institute" at Woking, but it is stated that it was never attended by any students.[2] From 1884 the Royal Asiatic Society and its members took an active interest in the matter. On November 19, 1883 (JRAS., N.S., xvi, 1884, p. 38), Professor H. A. Salmoné of King's College read a paper " On the Importance to Great Britain of a study of Arabic ", in which he contrasts the small facilities in Great Britain with those in foreign countries possessing Schools of Oriental Studies.

On May 17, 1886, Colonel Henry Yule, in his Presidential Address to the Society (JRAS., N.S., xviii, 1886, p. iv), stated that Mr. H. C. Kay had drawn the attention of the Council to a matter of which they were all too conscious, " the deplorably low ebb at which the study of Eastern languages and literature stands in this country," and had suggested the formation of a Special Committee to consider the causes of and possible remedies for that state of things. The Council of the Society appointed a Committee consisting of General R. Maclagan (as Chairman), Messrs. C. Bendall, F. V. Dickins, H. C. Kay, and T. H. Thornton, with Dr. R. N. Cust and Major-Gen. Sir Frederic Goldsmid, the Honorary Secretary and Secretary of the Society ; Sir M. Monier-Williams was added later. The reference to the Committee was of a wide character, on the lines suggested by Mr. Kay, and

---

[1] See Appendices III (b) and XVI to Reay Report, pp. 45, 154
[2] See Appendix III (b) to Reay Report, p. 45.

included the following: "to consider the best means for the promotion of Oriental Studies in England." The Committee investigated the number of British appointments in Oriental languages and pointed out that there was a moderate number in England, and a larger number in India, but added: "It is a significant fact, and one far from creditable to us, that at present the supply of properly-qualified Englishmen is not sufficient, and that in order to fill some of the most important of the existing appointments we are obliged to have recourse to scholars trained in foreign seats of learning" (JRAS., N.S., xix, 1887, p. 347). They also stated that the main obstacle was that of endowment (loc. cit., p. 348). The Committee further reported (loc. cit., pp. 715–20) that they did not see their way to recommend an appeal to the Government, either of the United Kingdom or of India, for direct support in the shape of University or School endowment, but they recommended that letters should be addressed to the Governing Bodies of the principal Universities, Colleges, and Schools of the United Kingdom, inviting their assistance, and that similar letters should be addressed to certain City Companies. In the Annual Report of the Society for 1887 (JRAS., N.S., xix. pp. x, xi) and in the Presidential Address by Colonel Henry Yule it was reported that only thirty-one replies had been received, of which the President could only point to one as encouraging, viz., that from the Hebdomadal Council at Oxford. The only material support obtained was a subscription for ten guineas from the Merchant Taylors Company. Yule referred despondently to "the decay or diminution of the pursuit of Oriental studies in this country".

In the course of a discussion (on May 9, 1887) on the Report of the Committee, Professor Salmoné suggested the establishment of a special school in London "connected, if thought advisable, with the Imperial Institute", and the proposal was supported by Mr. Hyde Clarke and Sir Henry Rawlinson (JRAS., N.S., xix, pp. 504–5).

In the following September, Major (afterwards Lieut.-Col. Sir) C. M. Watson, R.E., following Professor Salmoné's suggestion, proposed that a School for Modern Oriental Studies should be established in London in connexion with the Imperial Institute.[1]

[1] See Appendix XVI to Reay Report, pp. 153–6, on the History of the School of Oriental Studies founded in connexion with the Imperial Institute, by Professor Wyndham R. Dunstan, F.R.S. See also Appendix V (*b*) to Report, p. 66.

A new Committee was formed, of which Sir Thomas Wade and Sir Frederic Goldsmid were members. The School was formally inaugurated by a Lecture delivered by Professor Max Müller at the Royal Institution on January 11, 1890, with the Prince of Wales (afterwards King Edward VII) in the chair. As far as can be ascertained the only practical achievement of the School, which had no buildings or permanent income, was to arrange that the teaching in Oriental languages given at University College and at King's College respectively should no longer overlap. It received a donation in 1901 of £5,000 from the Misses Ouseley for the purpose of endowing scholarships in Oriental languages. The operations of the Committee of the School of Modern Oriental Studies of the Imperial Institute were brought to a close at the end of the year 1902, and in 1908, with the approval of the donors, the Ouseley Scholarship Fund was transferred to the University of London.

From 1892 onwards the history of the movement is closely connected with the movement for the organization of the University of London as a teaching University.

Evidence was given on the need for the development of the teaching of Oriental studies before the Gresham Commission on the University, which sat from 1892 to 1894, by Professor Max Müller, Lieut.-Col. Plunkett, R.E., and Dr. J. D. Pollen; and the Commission (of which Lord Reay was a member) reported that a large increase of the funds available for the teaching under the auspices of the Imperial Institute and of University and King's Colleges was necessary to enable the School to perform its task adequately; but this particular recommendation, as seen above, led to no result.[1] The Report of the Commission and subsequent negotiations and compromises between the various bodies concerned led to the passing of the important University of London Act of 1898, and the reconstitution of the University in 1900, in accordance with the Statutes made by the Commissioners under that Act. By the new Act and Statutes the University added to its old functions as an examining body certain powers in regard to the control and organization of higher teaching in the London area, which have been developed by subsequent Acts.

---

[1] Gresham University Commission, 1894 : Minutes of Evidence (C.—7425) and Report (C.—7259), pp. xxxv-vi.

The addresses and speeches at the Anniversary Meetings of the Royal Asiatic Society from 1894 onwards contain frequent references to the proposal to establish in London an Oriental School "on a better basis than the existing one", and the Society formally decided in 1894 to do all in its power to promote the establishment of such a School.[1]

In December, 1897, Professor Salmoné read a paper before the Society (JRAS., 1898, April, pp. 212–21) "On the Importance to Great Britain of the establishment of a School of Oriental Studies in London", and moved :

"That the Royal Asiatic Society . . . should take the initiative in bringing about the establishment of a School for the study of Oriental languages in London, and that the Council be requested to consider the best means of carrying out the project."[2]

The motion was unanimously agreed to.

I have found it impossible in the time at my disposal for the writing of this paper to trace the exact history of the movement at this point. It appears from the Report of the Royal Asiatic Society for 1900 (JRAS., 1900, p. 588) that the Commissioners under the University of London Act of 1898 were asked by the Council of the Society, but refused, to create a Faculty of Oriental Languages, History, and Archæology in the reconstituted University; and for the next five years nothing more seems to have been done.

At the Anniversary Meeting of the Royal Asiatic Society on April 11, 1905 (JRAS., 1905, p. 592), Dr. (now Sir) George Grierson again spoke of the "crying need" for a School of Oriental Studies; and the initiation of the movement which led by consecutive steps to the establishment of the present School took place on November 13, 1905, when the Academic Council of the University of London, on the motion of Dr. A. C. Headlam, resolved to recommend the Senate to adopt the following resolutions :—

[1] Speech by Lord Reay, May 8, 1894 (JRAS., 1894, p. 591).

[2] I have given the motion, not in its original form, but as amended in accordance with a suggestion by Lord Stanmore and Sir Raymond West, accepted by the mover. Apart from the action taken directly by the Society Professor Salmoné's paper led to the bequest by Major-General J. G. R. Forlong of a sum of £5,000, of which the interest was to be spent by the Royal Asiatic Society on Lectures on the Religions, History, Character, Language, and Customs of Eastern races at the School proposed. Two courses of lectures have already been delivered under this trust at our School.

"That a Committee be appointed to consider the re-organization of Oriental Studies in the University and to suggest a scheme therefor.

"That the Committee consist of (i) Representatives of the Senate; (2) Representatives of the Board of Studies in Oriental Languages; and (3) other persons, with power to communicate with other Bodies."

The Senate adopted the resolutions on November 22, 1905, and constituted the Committee as follows: The Chancellor (Lord Rosebery), the Vice-Chancellor [also Chairman of Convocation] (Sir Edward Busk), Dr. J. B. Benson, Dr. (now Sir) Gregory Foster, Dr. A. C. Headlam, Mr. H. J. Mackinder, Lord Reay, Senators; Professor T. W. Arnold, Sir Robert Douglas, Sir Charles Lyall, Professor J. W. Neill, Professor E. J. Rapson, Professor O. C. White-house, Members of the Board of Studies in Oriental Languages; Sir Arthur Rücker, Principal of the University, Sir Walter Hillier, Mr. (now Sir) Felix Schuster, Mr. Walter Smith, and Dr. A. Cotterill Tupp, with power to appoint two members to represent the City of London College and the London Chamber of Commerce respectively.[1]

The Committee invited various public Societies to appoint delegates to confer with them upon the subject of their reference, and a Conference was held on December 11, 1905, at which representatives of the following Societies and Associations were present: British Academy, Royal Asiatic Society, Central Asian Society, China Association, Anglo-Russian Literary Society, the Society for the Propagation of the Gospel, London Missionary Society, British and Foreign Bible Society, African Society, and Victoria League.

The Conference recommended the Senate to authorize the Committee to present a Memorial to the First Lord of the Treasury asking him to appoint a Departmental Committee to inquire into the subject, and to receive a deputation. The Senate, on February 21, 1906, adopted a resolution on the lines suggested by the Conference, and approved generally a Draft Memorial submitted by a Sub-Committee of the Conference. The Memorial referred specially to an important paper on Oriental Studies in

[1] The Committee co-opted Mr. Sidney Humphreys, on the nomination of the City of London College, and Mr. J. H. Polak and Dr. H. J. Spenser on the nomination of the London Chamber of Commerce.

England and abroad, published by Professor T. W. Rhys Davids, of University College, in the Proceedings of the British Academy, vol. i, p. 183.[1] It was presented by a deputation introduced by the Vice-Chancellor of the University (Sir Edward Busk) and by Lord Reay to Sir Henry Campbell-Bannerman, First Lord of the Treasury, who was accompanied by Mr. Asquith as Chancellor of the Exchequer, and by Mr. John Morley (now Viscount Morley of Blackburn), as Secretary of State for India.

Sir Henry Campbell-Bannerman received the Deputation favourably,[2] and on April 20, 1907, the Treasury appointed a Committee to consider the organization of Oriental Studies in London with the detailed reference suggested by the Deputation. The Committee consisted of the following: Lord Reay, G.C.S.I., G.C.I.E. (Chairman), Lord Redesdale, G.C.V.O., K.C.B.,[3] Sir Alfred Lyall,[4] G.C.I.E., K.C.B., Sir Thomas Raleigh, K.C.S.I., and Mr. A. R. Guest, with Mr. P. J. Hartog as Secretary. On March 30, 1908, Sir Montagu C. Turner was added to the Committee. The Committee examined seventy-three witnesses,[5] and signed their report on December 23, 1908. They summarized their arguments and conclusions as follows :—

(1) There is urgent need for the provision of suitable teaching in London for persons about to take up administrative or commercial posts in the East and in Africa.

A knowledge of the language, and some preliminary knowledge of the history and religions and social customs of the country to which they are appointed, is essential to such persons. Time will actually be gained, and it will be advantageous in other ways, if the first instruction is given in this country.

(2) To meet the need referred to in the foregoing paragraph, a School of Oriental Studies should be built up from the nucleus of Oriental teaching now existing at University

---

[1] Read on February 24, 1904.

[2] For report of the proceedings see the *Times* of December 5, 1906.

[3] Died August 17, 1916.

[4] Died April 10, 1911.

[5] The witnesses included M. Paul Boyer, Professor in, and now Director of, the École Spéciale des langues orientales vivantes, Paris ; M. Sylvain Lévi, Professor of Sanskrit at the Collège de France, Paris ; and Dr. E. C. Sachau, Professor of Semitic Languages in the University of Berlin and Director of the Seminar für Orientalische Sprachen, Berlin.

and King's Colleges, and should be incorporated in the University of London. The School should have a constitution similar in its main lines to that of University College. It should possess a name and home of its own.

(3) The School should provide both for living Oriental languages and for classical Oriental studies; but the Committee ask for a grant to be made from Government funds, at the foundation of the School, for living Oriental languages only. The first establishment of the School should be on the scale necessary to meet immediate requirements, and should be extended gradually.

(4) The School should possess a library, of which an important feature would be a collection of modern Oriental books and periodicals, kept up-to-date.

(5) The Committee desire specially to call attention to the disadvantage under which in this respect London lies as compared with Paris, Berlin, and St. Petersburg. As England is the country which above all others has important relations with the East, the fact that no Oriental School exists in its capital city is not creditable to the nation.

On September 27, 1909, Lord Redesdale opened a debate in the House of Lords on the subject of the Report of Lord Reay's Committee, in which Lord Morley of Blackburn, then Secretary of State for India, Lord Cromer, and Lord Curzon of Kedleston took part. Lord Morley stated that the Government were in full sympathy with the objects and with most of the detailed recommendations of the Committee.[1] In March, 1910, the Secretary of State for India appointed a Departmental Committee with the following reference :—

To formulate in detail an organized scheme for the institution in London of a School of Oriental Languages upon the lines recommended in the Report of Lord Reay's Committee of 1909.

The members of the Committee were as follows :—

The Right Hon. the Earl of Cromer, G.C.B., O.M. (Chairman)[2]; the Right Hon. Lord (now Earl) Curzon of Kedleston, G.C.S I., G.C.I.E.; the Right Hon. the Lord Mayor of London, Sir John Knill, Bart.; the Right Hon. Sir Charles Hardinge, P.C., G.C.M.G.,

[1] For report of the proceedings see the *Times* of September 28, 1909.
[2] Lord Cromer died on January 29, 1917.

G.C.V.O. (Permanent Under-Secretary of State for Foreign Affairs); Sir Charles Lyall, K.C.S.I., C.I.E., LL.D. (formerly Secretary, Judicial and Public Department, India Office); Dr. (now Sir) H. Frank Heath (Director of Special Inquiries and Reports to the Board of Education; Joint Secretary to the Royal Commission on University Education in London); Mr. P. J. Hartog, Academic Registrar of the University of London, to act as Secretary.

Sir Charles Hardinge (now Lord Hardinge of Penshurst) retired from the Committee on his appointment as Viceroy of India in June, 1910, and was succeeded by the Right Hon. Sir Arthur Nicolson (now Lord Carnock), P.C., G.C.B. (formerly Permanent Under-Secretary of State for Foreign Affairs).

Sir John Knill retired from the Committee on November 9, 1910, and was succeeded in the Lord Mayoralty of London by the following, who have successively been members of the Committee : The Right Hon. Sir T. Vezey Strong, P.C., K.C.V.O., Sir Thomas Crosby,[1] Sir David Burnett, Bart., Sir T. Vansittart Bowater, Sir Charles Johnston, Sir Charles Wakefield, Bart.[2]

The first question considered by the Cromer Committee was that of a site and buildings for the School. The Reay Committee (Report, p. 29) had stated that the School should be in a central position accessible to students from the City and from the Colleges, and in a Memorandum submitted to the Cromer Committee by the Secretary at their first meeting on March 18, 1910, it was suggested that the London Institution should be considered, and the Committee accepted the suggestion. But the suggestion had already been made in another official quarter before the Cromer Committee had been actually constituted. In order to understand a somewhat complex situation it is necessary to give here a brief account of the history of the London Institution and to mention that a new Royal Commission on University Education in London, under the chairmanship of Mr. (now Viscount) Haldane, had been set up in 1909.

The London Institution for the Advancement of Literature and the Diffusion of Useful Knowledge was first founded under a Royal Charter dated January 21, 1807. The Institution obtained

---

[1] Sir Thomas Crosby died on April 7, 1916.
[2] Sir Charles Wakefield's term of office ended on November 9, 1916, and he was not replaced on the Committee.

a site in Finsbury Circus on which it erected its buildings, including a theatre and a library, the architect being William Brooks. In 1821, with the object of securing a steady yearly income apart from voluntary subscriptions, the Institution obtained an Act of Parliament authorizing the Committee of Management to make the share of each Proprietor subject to an annual payment not exceeding two guineas, the share to be forfeited in default of such annual payment.

At the time when the Institution was founded, Finsbury Circus was a fashionable quarter, but during the course of the nineteenth century the majority of the Proprietors had moved to a distance from the City, and a very large number, probably the majority, found themselves unable to avail themselves of the privileges of their membership. On April 12, 1905, the Proprietors appointed a Special Committee to confer with the Board of Management on the position of the Institution.

Various schemes were proposed for the reconstruction or re-building of the Institution, of which certain portions were suffering from structural defects which could not be remedied without serious expense. The Board, on March 13, 1908, reported that a crisis had been reached in the position of the Institution ; that a considerable sum of money was imperative for urgent repairs, and that in the event of the Proprietors abstaining from a decisive vote or action tending to place the affairs of the Institution on a secure basis interference from outside would almost certainly result. They finally pointed out that the Institution had from the outset been crippled from want of funds.

It was clear that the Board had in their mind that it might be held before long that they were not in a position to carry out their charitable trust, and that their property might therefore go into the hands of the Attorney-General. A scheme for the amalgamation of the Institution with the Royal Society of Arts, originally placed before the Proprietors in 1905, was considered at a Special Meeting, and a ballot was taken on February 15, 1909, on the scheme, in which 322 votes were recorded for and 218 against the amalgamation, but the Board did not think that the support was sufficient to justify them in proceeding with the negotiations The Corporation of the City of London on February 4, 1909, suggested a working arrangement in connexion with the Gresham Trust as an alternative to the Royal Society of Arts scheme, and the Town Clerk inquired on February 25, 1909, what were the most pressing needs of the Institution "to prevent its removal from the City of London". At this stage, on March 9, 1909, the Royal Commission on University Education in London informed the Institution that the Commission regarded it as coming within their reference. Lord Aldenham, the President of the London Institution, and Mr. R. W. Frazer, the Principal Librarian and Secretary, furnished a statement to the Commission and gave evidence before them on February 24, 1910, and the Chairman of the Commission suggested that the Institution might be utilized for a School of Oriental Languages or for the study of higher commercial subjects. Lord Aldenham stated that the Proprietors were divided, and that while some of them "regarded with great desire the educational value of the Institution" and would be prepared to do anything and sacrifice anything that they thought would promote education and the original objects of the Institution, others regarded it as a comfortable club, and would oppose bitterly anything that interfered with that; while some again held the "preposterous notion" that the property of the Institution might be sold and the proceeds divided among the members.[1]

In June, 1911, the Cromer Committee issued their First Interim Report,[2] in which they suggested that the site and buildings of the London Institution should, if possible, be acquired for the purposes of the School. The Committee pointed out that the negotiations with the Committee of Management and the Proprietors of the London Institution must finally be conducted by His Majesty's Government, but offered to assist in bringing the negotiations to a satisfactory conclusion. The Report was accompanied by plans drawn up by Professor F. M. Simpson, F.R.I.B.A., showing what additions and alterations should be made in the buildings of the London Institution to adapt them for the purposes of the School, and stated that their cost was estimated by the Committee at from £20,000 to £25,000. The negotiations were conducted between Dr. Heath, acting on behalf of the

---

[1] See Appendix to First Report of Royal Commission on University Education in London, 1910 (Cd. 5166, price 2s. 3d.), pp. 118-19, 230-3.

[2] Interim Report of (East India) Oriental Studies Committee (Cd. 5967, price 4d.). The Report is accompanied by Appendices relating to the site and buildings, library, legal constitution, and financial position of the London Institution. It also contains a note on the Berlin School of Oriental Languages

Government, and a Special Committee of the Institution, and were carried out successfully. The Proprietors gave their assent to the scheme submitted to them at a general meeting on March 25, 1912; and the text of the London Institution (Transfer) Bill was issued in May. In the debate on the Second Reading of the Bill in the House of Lords on October 8, 1912, Lord Haldane, then Lord Chancellor, stated on behalf of the Government that a grant of £4,000 would be made to the new School, and that £25,000 would be expended on adapting the buildings of the London Institution for the School. The Royal Assent was given to the Bill on December 13, 1912.

Under the Act the real property of the Institution, i.e., the land and buildings, were vested in H.M. Commissioners of Works for the purposes of and in connexion with the School of Oriental Studies. The funds belonging to the Institution, including £35,000 (nominal) invested in Consols, together with £12,000 and such further sum as the Treasury "might approve" out of moneys provided by Parliament, were placed at the disposal of the Institution (1) for the discharge of all the liabilities of the Institution, (2) for the purpose of paying to each Proprietor a sum of £25 in respect of each share held by him, and for compensating each life member on a corresponding basis,[1] and (3) for the payment of pensions or lump sums in lieu thereof for the benefit of the past and present members of the staff of the Institution and their families as the Committee of the Institution in their discretion might think fit.[2] Certain books and manuscripts agreed upon by the Commissioners of Works and the Committee of Management of the Institution were retained by the Institution for immediate transference to public institutions determined by the Committee of Management. Under this provision some valuable books and manuscripts were transferred by the Committee to the British Museum, and others to the Library at the Guildhall. The Commissioners were also given power to transfer any property other than real property (including the

[1] Lord Aldenham and twenty-four other Proprietors, including Sir Homewood Crawford, the City Solicitor, and Dr. Edwin Freshfield, the two Proprietors who were chiefly responsible for the movement for retaining the Institution in the City of London, generously handed the sums received by them under the Act (amounting in all to £625) to Lord Cromer and Lord Curzon, for the purposes of the School when founded. The donees formed a trust and transferred the fund to the School shortly after its foundation.

[2] I have not quoted the exact words of the Act.

library of over 100,000 volumes) vested in them by the Act, to the Governing Body of the School of Oriental Studies upon the establishment of the School. The Act further provided for the creation of a body of persons designated as Continuing Members, who were to be entitled for so long as they desired to the exclusive use of two rooms, the reading-room and smoking-room respectively, and to such use of the library, theatre, and other buildings and property vested in the Commissioners as was in the opinion of the Commissioners reasonable and not calculated to interfere with the main purposes for which the property was intended to be used. The Continuing Members consist of Proprietors and other persons who had certain rights in the Institution when the Act was passed. The Act further provided that the Continuing Members should be subject to the obligation to pay an annual subscription of two guineas to be applied for their own benefit; and further, that if in any year the income derived from subscriptions and any voluntary payments made by or on behalf of the Continuing Members should fall below £170, then at the conclusion of that year the rights of the Continuing Members should be finally determined. There is no provision for the creation of new Continuing Members.[1]

The Treasury requested the Cromer Committee to supervise, in conjunction with a representative of H.M. Office of Works, the necessary alterations to be carried out at the London Institution, and sanctioned the employment of Professor F. M. Simpson as architect. They stipulated, however, that the detailed plans should be approved, not only by H.M. Office of Works and the Committee, but also by the representatives of a number of the bodies which would eventually be represented on the Governing Body of the School. This process took some time, and was prolonged considerably by the necessity for entering into negotiations with the owners of large new buildings in course of erection on the east side of the School. Mr. Frank Baines, M.V.O., a Principal Architect of the Office of Works, settled with the owners a party-wall award, and arranged for important concessions to be made

---

[1] After negotiation, the Office of Works as from December, 1916, vested the whole of this property other than real property in the Governing Body, subject to the condition that the Governing Body should not sell or lend any of the books of the Library without the consent of the "Continuing Members", or failing such consent, of the Office of Works, who are to be the final arbiters in case of disagreement on this matter between the Governing Body and the Continuing Members.

to the School, both in regard to the height of the new building
and the use of white bricks in its construction, which prevented
the School from being materially affected by loss of light. The
plans were finally completed and approved in March, 1914. By that
time there was a strike in the building trade and the Office of
Works was unable to issue the contract for the building until the
following November, four months after the outbreak of the War.

In January, 1914, a City Appeal Committee was constituted
under the chairmanship of Sir Montagu Turner, a former member
of Lord Reay's Committee, Chairman of the Chartered Bank of
India, Australia, and China.[1] In connexion with the work of this
Committee, the Lord Mayor, Sir T. Vansittart Bowater, held
a Mansion House Meeting on May 6, 1914, in order to raise funds
for the School. Lord Cromer, owing to illness, was unable to
attend the Meeting, and Lord Curzon of Kedleston moved the
following resolution, which was seconded by Lord Reay :—

> "That in view of the great imperial and commercial
> interests dependent on adequate provision being made for
> instruction in the languages, the literature, and the social
> customs of Oriental and African countries, this meeting desires
> heartily to support the scheme for the foundation of a School
> of Oriental Studies in the City of London."

Lord Inchcape proposed and Mr. Faithfull Begg (as Chairman
of the Council of the London Chamber of Commerce) seconded
the following resolution :—

> "That this meeting desires to commend to the commercial
> community of the City of London, and to the general public, an
> appeal for the funds necessary to enable the School of Oriental
> Studies to be opened in 1915 on a satisfactory financial basis."

A vote of thanks to the Lord Mayor was proposed by Lord
Crewe, Secretary of State for India, and seconded by Sir Montagu
Turner.

The City Committee was merged in a larger Committee in 1916,
of which Lord Curzon became Chairman, and which includes among
others Mr. Asquith, Mr. Austen Chamberlain, Lord Chelmsford,
Lord Crewe, Lord Grey of Falloden, Lord Hardinge of Penshurst,
Mr. Arthur Henderson, Lord Lansdowne, Mr. Bonar Law, Lord Morley
of Blackburn, Lord Reay, and Sir Marcus Samuel, Bart.

---

[1] Mr. H. R. Beasley acted for a considerable time as Secretary of this
Committee and of the larger Appeal Committee referred to below.

The object of the Committee was to raise an endowment fund of £150,000. It has secured up to the present about £25,000 in the form of capital, and over £3,000 a year in the form of subscriptions for three or five years. The present Lord Mayor, Sir William Dunn, Bart., although not formally a member of the Oriental Studies Committee like his predecessors in office, has taken a particularly active part in the work of the Appeal Committee.

The view of the Government in regard to the relation of the School to the University of London was affected by the views of the Royal Commission, whose final Report was dated March 27, 1913. As stated above, the Reay Committee had reported that the School should be incorporated in the University. At the date of their Report University College had already been so incorporated (on January 1, 1907), and the Act for the incorporation of King's College had received the Royal Assent; the latter College was incorporated on January 1, 1910. The question was one which closely affected the School, as the Reay Report proposed that it should be built up from the nucleus of Oriental teaching at the two Colleges (see above, pp. 11–12). The Royal Commission, while approving of the proposals of the Reay Committee in general, recommended that incorporation should not take place until the University as a whole had been reconstituted in accordance with the plan which they advocated, and that the School should then form " A University Department of Oriental Studies governed by a Delegacy of the Senate "; in the meantime they recommended that it should be established as a School of the University.[1] The Government endorsed the views of the Royal Commission and requested the Cromer Committee to assist them by preparing the first draft of a Charter, on the lines suggested. Lord Crewe, as Secretary of State for India, applied to the Privy Council for a Charter for the School (see London Gazette, February 10, 1914). Various bodies, including the Senate of the University of London, the London County Council, the British Academy, and the Royal Asiatic Society, made representations in regard to the Draft Charter, which finally issued on June 5, 1916.

[1] Final Report of Royal Commission on University Education in London (Cd. 6717, price 2s.), 1913, pp. 262-3 and passim. For the views officially expressed on behalf of the Government in regard to the question of incorporation see (1) speech by Lord Morley on September 27, 1909, in the House of Lords; (2) replies to questions by Mr. G. Lloyd and Sir W. J. Collins on March 10, 1910, in the House of Commons.

Under the Charter, Sir John Prescott Hewett, G.C.S.I., C.I.E., formerly Lieutenant-Governor of the United Provinces of Agra and Oudh, was appointed first Chairman of the Governing Body, and its first meeting was held at the Offices of the Board of Education, under the chairmanship of the President of the Board, the Rt. Hon. Arthur Henderson, M.P., on June 22, 1916. At that meeting the present writer was asked to act as Honorary Secretary of the Governing Body, a position which he held until March 19, 1917, when he was obliged to resign owing to the pressure of other duties.

On October 20, 1916, Dr. E. Denison Ross, C.I.E., Keeper of the Stein Antiquities at the British Museum, previously Professor of Persian at University College, Principal of the Calcutta Madrasah, and Officer in Charge of the Records of the Government of India, was appointed Director of the School, to take office on November 1.

On June 30, 1916, the School forwarded to the Senate of the University of London the communication required under Article IX of the Charter before the Governing Body could make the first appointments to the teaching staff. On December 13, 1916, the Senate resolved to transfer, under certain conditions, to the School, as from January 1, 1917, the members of the staffs of the Oriental Departments at University and King's Colleges other than those who did not desire to be so transferred. All the teachers concerned at the two Colleges, except two, accepted the proposals of the School, but it should be pointed out that certain Oriental subjects, e.g. Egyptology, Assyriology, and Hebrew at University College, and Assyriology and Hebrew at King's College, continue to be taught at those Colleges. The Senate on the same occasion decided to transfer on loan to the School books immediately needed for the teaching work of the transferred teachers, and to consider at a later date the question of the transfer of other Oriental books to the School.

The "China Association's School for Practical Chinese", which for some years had carried on teaching successfully in conjunction with the authorities of King's College, resolved, with the concurrence of the Delegacy of the College, to transfer its support to the School of Oriental Studies, and to pay its income, amounting to about £350 a year, to the School, for a period of five years.

On November 28, 1916, the School applied for admission as a School of the University.

A preliminary announcement was issued in December, 1916, and the School opened its doors to students on January 18, 1917.

The charge of the School buildings was formally transferred from Lord Cromer's Committee and the Office of Works to the Governing Body as from January 9, 1917.

On January 29, 1917, Lord Cromer, who had taken so active a part in the promotion of the scheme for the School, died. Lord Curzon of Kedleston, who had been Acting-Chairman of the Oriental Studies Committee since Lord Cromer's illness in 1914, succeeded him as Chairman, and the final meeting of the Committee took place on February 22, 1917. The final Report of the Committee to the India Office was dated March 26, 1917.

On February 23, 1917, the School was formally opened by H.M. the King. An account of the memorable proceedings is given in the present issue of the Bulletin (see p. 23).

To this record I desire to add one final fact. The number of students taken over in January last by the School from the pre-existing institutions was 9, a number much less than the normal owing to the War; the total number of names on the register has now (July, 1917) increased to 125, including many who devote their whole time to their work at the School.

I may perhaps be allowed the privilege of adding to the foregoing sketch a personal note. In the first place I should say that my paper is intended to be read with the Report of the Reay Committee and the Interim Report of the Cromer Committee, to which it is only a supplement; they are both needed in order to see the facts in something like their true perspective. In the second place, I have not attempted any estimate of the services of the many distinguished, able, and unselfish persons who have fought through long years to bring a School like ours into existence, and of whom some have not lived to see the substantial measure of success which it has already achieved. I shall be forgiven if I speak only of Lord Cromer, of whose memory we all think with affectionate veneration; and of Lord Reay and Lord Curzon, who devoted so much time, thought, and energy to the initial and to the final stages, respectively, of the creation of the School. To any of the living who may think that their names or their services ought to have been more specially recorded, I can only express regret that the scope of this article has made it impossible. I may perhaps, however, express here my sense of the services rendered by the public Press to our School during the last few years; and especially to the *Times* and its "Educational Supplement", the *Daily Telegraph*, and the *Morning Post*, which have given us most valuable support, and have, no doubt, helped largely to educate public opinion.

It is not only against indifference that the advocates of the School have had to struggle, but against a jealousy based on the conviction that the number of students of Oriental languages in this country was bound always to be strictly limited, and that the new School could only exist at the expense of its rivals. The last few months have already proved the futility of that conviction, for the School has grown and increased without taking a single student from another University. It is my own sincere belief (based on analogies referred to in the Reay Report) that the interest created in Oriental studies by our School, with the eight millions of population of Greater London within reach of its doors, will help the older Schools greatly, and will add indirectly but within a short time to the numbers of their students and to their influence.

Our history is desperately longer than it ought to have been. It has taken ninety-nine years to set on foot a School of Oriental Studies on a scale at all adequate to the Metropolis of the British Empire, and even now the School has not the income regarded as a minimum by two Government Committees and a Royal Commission. This unembellished article is not intended as an appeal, so I limit myself here to this statement of the facts, in the hope that many generous readers may communicate with the Chairman or Director of the School forthwith.

Finally, I cannot help thinking with compassion and sympathy of the arrays of Committees and Secretaries who ploughed the sands of public indifference in the past, and despaired (though wrongly) of the commonwealth. If I belonged to the land of the Rising Sun, I should no doubt feel conscious that in writing this article I was offering up a welcome sacrifice to the spirits of the great scholars of the past, Wilson, Cust, Yule, and others, the strenuous advocates of our cause in their own day. May our School become a shrine worthy of their name and fame!

P. J. Hartog.

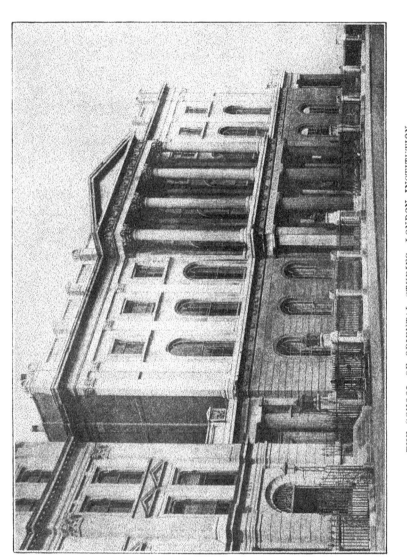

THE SCHOOL OF ORIENTAL STUDIES, LONDON INSTITUTION.

THE OPENING CEREMONY.

ON February 23rd, 1917, the School of Oriental Studies, London Institution, was formally opened by His Majesty King George V. The King was accompanied on this occasion by the Queen and Princess Mary, and the Royal Party included the Countess of Airlie, Lady Mary Trefusis, Mr. H. A. L. Fisher, Minister of Education, Lord Hylton, Lord Stamfordham, Colonel the Hon. C. Willoughby, Commander Sir Charles Cust, and Sir Clive Wigram.

The Royal carriage was drawn by four horses, with postilions and outriders in scarlet coats. The route to the city was by way of the Mall, Victoria Embankment, Mansion House, Princes Street, and Moorgate Street. The ancient ceremony of presenting the pearl-handled sword of the City of London took place at the City boundary on the Embankment at the west end of Temple Gardens, the Lord Mayor, who was accompanied by the Sheriffs, presenting the sword in time-honoured fashion.

On the arrival at the School, where a guard of honour had been provided by the University of London Officers Training Corps, their Majesties were received by Lord and Lady Curzon and Sir John Hewett (Chairman of the Governing Body). Proceeding to the Continuing Members' Room, Sir John Hewett presented to the King the following members of the Governing Body : Lieut.-Col. Sir Alfred Pearce Gould (Vice-Chancellor of the University of London), Sir Charles Lyall (Chairman of the Academic Organization Committee of the School), Sir Montagu Turner (Chairman of the Finance and General Purposes Committee of the School and of the Executive of the Appeal Committee), Mr. P. J. Hartog (Honorary Secretary), Dr. E. Denison Ross (Director of the School), and Professor F. M. Simpson (Architect of the new buildings). A procession was formed to the Library, where the opening ceremony was held. As their Majesties entered the Library and proceeded to the dais, the orchestra of Trinity College of Music, conducted by Sir Frederick Bridge (King Edward Professor of Music in the University of London), played the National Anthem.

A distinguished and representative gathering of upwards of 500 persons was present at the ceremony. On the dais with their Majesties were: Sir John Hewett, Monsieur Boyer (Director of the Paris School of Oriental Languages), The Rt. Hon. Austen Chamberlain, M.P,, Mr. H. E. Coles, The Marquess and Marchioness of Crewe, Earl and Countess Curzon of Kedleston, The Rt. Hon. Andrew Fisher, The Rt. Hon. H. A. L. Fisher and Mrs. Fisher, Mr. J. W. Gilbert, Sir Alfred Pearce Gould, His Excellency the Japanese Ambassador, Sir John Jordan, K.C.B. (Minister to China), and Lady Jordan, Lieut.-Gen. Sir C. Macready, K.C.B., and Lady Macready, Sir Thomas Mackenzie, The Lord Mayor of London and the Lady Mayoress, His Excellency the Persian Minister, the Russian Chargé d'Affaires, Lord and Lady Sandhurst, The Rt. Hon. and Mrs. W. P. Schreiner, Lord and Lady Sydenham, and their Majesties' suite.

Sir John Hewett, G.C.S.I., C.I.E., addressing the King, said :—

MAY IT PLEASE YOUR MAJESTY: The Governing Body of the School of Oriental Studies, London Institution, desire to express to your Majesty their humble duty on the occasion of the visit which your Majesty has paid us to-day in order to declare these buildings open. Your Majesty has already conferred prestige on the School by becoming its Patron, and this further mark of your interest in its welfare will afford great incentive and encourage- ment to the Governing Body in the task before them.

The creation of a great School of Oriental Studies in the Capital, adequate to the needs of an Empire which includes nearly four hundred million Orientals, has been long contemplated and too long delayed. Teaching in Oriental languages has indeed been given in London, both at University College and at King's College, for many years past and by scholars of high distinction, but this teaching has been on a scale limited by narrow resources.

Our School has been founded in general accordance with the recommendations of a Departmental Committee of the Treasury, presided over by Lord Reay, and of a Departmental Committee of the India Office, presided over by the late Lord Cromer, and, during Lord Cromer's illness, by Lord Curzon of Kedleston. We have had many helpers, but to these three statesmen our School owes a greater debt than to any others. With the rest of the nation, we mourn the death of Lord Cromer, in whom our Institution has lost a devoted friend and wise counsellor. It is sad that, though he lived to see the School at work, he passed away before its formal opening.

The Senate of the University of London have consented to transfer to the School the Oriental Departments of University and King's Colleges, and steps are being taken to carry out the terms of the Article of the Royal Charter granted to us which provides that, subject to compliance with the University Statutes, the School shall be a School of the University of London. We regard the inheritance of University traditions as a valuable and important factor in our constitution; and we hope to work in cordial harmony and co-operation with the older Universities, whose Oriental Schools, particularly those at Oxford and Cambridge, have won so high and deserved a reputation. Under the terms of our Charter these Universities are represented on our Governing Body.

The main block of the beautiful buildings which your Majesty has consented formally to open for the purposes of this School was originally designed for the London Institution, a Literary Society founded at the beginning of the last century, which had a long and interesting history. It was with the concurrence of the Proprietors of the London Institution that an Act of Parliament was passed in 1912 transferring their site and buildings to your Majesty's Commissioners of Works for the purposes of the School of Oriental Studies. Parliament also voted a sum of £25,000 for the restoration of these buildings and for the erection of our new block of seventeen class-rooms on vacant ground adjacent to the main block. Your Majesty's Government, the Government of India, and the London County Council have made substantial grants to the School. We consider ourselves especially fortunate in having our home in the centre of the City of London, and we are indebted to the Lord Mayor and the Corporation and to several of the great City Companies for generous support. But while our buildings are unique in character and admirably situated, we are still short of the income necessary to carry on the School on the footing for which it is designed; we trust that this deficiency may quickly be made up from private liberality, and, if necessary, by further aid from public sources.

The main objects of the School may be expressed as follows:—

First, to provide a place where our young men who will presently be engaged in governing or garrisoning the Oriental and African parts of the Empire may learn the languages and study the literature, the religions, and the customs of the peoples with whom they will so soon be brought into contact, and their influence over whom will largely depend upon their familiarity with indigenous character, ideas, and institutions.

Secondly, to offer a training to those who are about to proceed to the same countries to take part in commercial enterprise or other avocations, or for purposes of study and research.

Thirdly, to furnish to the Capital of the Empire a meeting-ground and focus for scholars from the East of various nationalities, where, on their visits to this country, they may be assured of a sympathetic welcome, and find at hand, if they desire them, opportunities for study among those engaged in kindred pursuits.

We wish more especially to emphasize the importance of this School as a centre of Indian studies, and its creation as in some measure a recognition of the great position which India occupies in the Empire.

We take your Majesty's gracious presence as a sign that your Majesty is fully cognisant of and impressed with the importance to the Empire of the study of Oriental and African languages and civilizations on a scale which Great Britain, alone among great countries of the world interested in the East, has not hitherto regarded as necessary; and we have planned that our School shall be at least equal to the Oriental Schools in foreign capitals, and adequate to imperial needs. We propose to teach the languages of eight hundred million people. The imports and exports of the United Kingdom alone with the peoples of whom we are to teach the languages amount to between two and three hundred millions sterling annually. But the magnitude of our scheme cannot be expressed in terms of money or of the mere number of languages taught. Our teaching is only a means to an end. The greatness and solidarity of this vast Empire in its internal and its external relations rest on the comprehension of and the just and sympathetic dealing with, men infinitely varied in race, religion, speech, character, and upbringing. We believe that the training given in our School will materially contribute to the fuller realization of the nation's ideals in the distant parts of your Majesty's dominions, and to the prosperity and the efficient working of the Empire as a whole. If, with the approval of your Majesty's Government, we are starting our new career at this crisis, it is because we are deeply convinced that the task we have to fulfil, both in view of the War and of the period which will immediately follow, could no longer be safely neglected or delayed.

We desire to express to Her Majesty the Queen our humble duty and sincere pleasure at her presence here to-day. We are well aware of the great interest which Her Majesty has shown in the higher education of women, and we hope that, especially in view of the part which women doctors and other women workers play in the East, Her Majesty will take a special interest in this School. We already have women teachers and women students, and equal opportunities will be given in every way to men and women alike.

We desire humbly to thank your Majesties for your presence to-day to sanction and encourage our great undertaking.

The King, on rising to reply, said :—

MY LORDS, LADIES AND GENTLEMEN,—I thank you for your loyal and dutiful address.

I am glad to be the Patron of the School of Oriental Studies, and it gives me particular gratification to take part to-day in the ceremony of opening this fine building in which the School is henceforth to carry on its work.

I cannot sufficiently emphasize the wide scope and vast importance of that work. The School will afford fresh opportunities of study to those services which have been the pioneer of progress and the instrument of good government in India and Egypt. It will furnish with a fuller technical equipment the pioneers of commerce and industry who in each successive generation undertake the duty of upholding the honoured fame of British trade in the East. Its work will serve to develop the sympathy which already so happily exists between my subjects and those of my Far Eastern Ally, Japan. But more than this is to be looked for from the School.

If it happily succeeds in imparting to the pupils sent out as teachers of unselfish government and civilized commerce a clearer comprehension of the thoughts and lives of the diverse races of the East, the good effects of that success will extend far beyond the immediate and tangible results. The ancient literature and the art of India are of unique interest in the history of human endeavour. I look to the School to quicken public interest in the intellectual tradition of that great continent and to promote and assist the labours of the students in these departments of knowledge, to the mutual advantage of both countries.

The School is about to open its doors in the midst of an unparalleled crisis in the world's history. For more than two years the peoples of my dominions with loyalty and devotion have vied with each other in offering their blood and treasure for the prosecution of a righteous war. The sense of common sacrifice and common endeavour has drawn us all nearer to one another in feeling and sympathy. Meanwhile we believe that the peaceful labours of this Institution in spreading accurate and scientific knowledge of Eastern life and thought will foster the spirit of loyalty and patriotism and knit together still closer the many nations of my Empire.

I am very conscious of how much we owe to those distinguished scholars and statesmen whose undaunted efforts have largely aided in establishing this School. I deeply regret that one of the most illustrious, Lord Cromer, has not been permitted to see the completion of his share in the work. Had he lived his wise judgment and unrivalled experience would have been of priceless value in council. I recognize and appreciate the debt of gratitude which this School owes to the public-spirited benefactors who have contributed so liberally to its endowment fund. In so doing they have rendered a service to the Empire, and I trust that the beneficence of the community will endow the School with funds adequate to all the demands which may be made upon its teaching capacity.

I now declare the School of Oriental Studies open. May God bless its labours in the advancement of learning, unity, and good government among my people of every race and language.

The Rt. Hon. Earl Curzon of Kedleston, K.G., G.C.S.I., G.C.I.E., Chairman of the General Committee, spoke as follows:—

Your Majesty has taken part, if I may say so, in a memorable ceremony. It marks the end of one period and the beginning of another. For years there have existed means of following Oriental studies, both at King's College and at University College in London, quite apart from the larger efforts which have been made at the old academic institutions of Oxford and Cambridge. But now, for the first time, those efforts are to be co-ordinated, unified, and centralized in the Metropolis of the Empire. Henceforth we shall feel that we are not behind the similar institutions that exist at Paris, at Petrograd, and—if I may say it with bated breath—at Berlin. (Laughter.) Henceforward I hope we shall not be behind those rivals or those enemies in our equipment for that which is an essential part of the duty of the Empire. (Hear, hear.) We place representatives of Oxford and Cambridge upon our Governing Body, and we hope to work in the closest and most cordial co-operation with them. (Hear, hear.)

It is nearly ten years ago since the Committee was formed, under the chairmanship of Lord Reay, which laid down the plan of this School of Oriental Studies. May I add a word to what your Majesty said of Lord Cromer? I cannot exaggerate the debt which this Institution, no less than the Empire at large, owes to that eminent man. (Hear, hear.) He devoted to this purpose all the enthusiasm, assiduity, and organizing capacity which characterized everything he did. Nothing was too small for him to deal with, nothing was too big for him to grasp. His friends and the public will always regard this Institution as one of the lesser monuments to his memory. It will serve—although no such service is needed—to keep alive the memory of that great man, who was a true friend of all Eastern peoples, as well as a great servant of the State. (Hear, hear.)

EAST AND WEST

And now as to the objects of this Institution. I do not look upon it merely as an educational centre, where administrators and soldiers, merchants and missionaries, will learn the languages, study the history, and absorb the customs of the East. That, indeed, is its primary object. We hope to send forth those persons in every sphere better equipped for the work that they are about to undertake. That work ought to appeal to the City. Nobly as the City has responded to the appeal, splendidly as some of the City Companies have given, I hope that their generosity is not yet exhausted. (Hear, hear.) I confront you with the striking and lamentable fact that, while we are aiming at £14,000 a year, we have at present only £10,500, of which not more than £7,500 can be regarded as permanent, the remainder being subscriptions for a short term of years. What an opportunity there is in the midst of a great war to show that your resources are not exhausted, and to prove the power and vitality of the City by contributing to this great Imperial object !

But in my view this School ought to have much more than a merely instructional or utilitarian value. I hope as time passes this place will become a sort of clearing-house of ideas between East and West—a bridge between the mind and character of Great Britain and those Oriental peoples with whom she is brought into such close contact. The gap that exists between the psychology of the East and West is often spoken of as though it were unplumbed and impassable. My belief is that with every year that passes it becomes less wide and less deep. Bridges are constantly being thrown over it by the common relations of travel, of trade, of diplomacy, of public service, and private business. Let this Institution be an additional bridge. A real understanding between East and West can only be achieved by a knowledge of the character, the life, and thought of those whose physical environment may be so entirely different, and great indeed will be the disappointment of many of us if this place does not bring into closer union what we may describe as the soul of the Eastern and Western world. (Hear, hear.)

THE KING'S TRAVELS

May I say that there can be no happier augury for the success of such a scheme than that your Majesty should have graced this opening ceremony. (Hear, hear.) Your Majesty is the most travelled Sovereign since the days of the Roman Emperor Hadrian. There is hardly one of the countries the languages of which are going to be taught here by Dr. Denison Ross and his capable staff which your Majesty has not visited, and of which you cannot speak with personal knowledge. Circumstances have thrown a good deal of my life into contact with the East, and this I can

truly say, that the intimate acquaintance which your Majesty has
acquired with those parts of the world, the sympathy which has
characterized every utterance of yours when you have spoken,
have been assets of immense and incalculable value to the Empire
of which you are the head. I hope that all future Sovereigns of
the British Empire will follow your example in this respect, and
that we shall all remember that, though the central tabernacle of
this Empire is set up here in London, its outer courts are thronged
with countless hosts who will continue to look to us in the future,
as they have done in the past, for administrative guidance, for
inspiration, and for example.

As to what the future of those countries and those peoples
will be—what degrees of autonomy or self-government will be
either conceded to them or won by themselves, what will be the
link that unites them to the centre in the future—none of us can
say. But never let it be said that the country which started
them forward on the career of constitutional development, of
industrial and commercial expansion and moral progress, shrank
from the task because it became more difficult or because the end
was lost in cloud and mist. Rather may an Institution like this,
which your Majesty has opened to-day, be as a wayside inn on
the road which East and West will travel together hand in hand
in an ever closer and more fraternal union.[1] (Cheers.)

At the conclusion of the ceremony the King and Royal party
made a tour of the School and inspected the class-rooms and
lecture halls.

[1] On February 26, 1917, the following letter from Lord Curzon appeared in
the *Times* and elsewhere :—

"My remarks as Chairman of the Committee at the opening of the new
School of Oriental Studies in Finsbury Circus by His Majesty the King suffered
from a very regrettable omission—due not to inadvertence, but to forgetfulness—
which I should like, with your permission, to rectify. After mentioning the
services of Lord Cromer as first Chairman of the Committee, I had meant to say
how great is the debt that the new institution owes to our Hon. Secretary,
Mr. P. J. Hartog, C.I.E., Registrar of the London University, without whose
indefatigable and tactful labours during the past seven years the scheme could
not have reached fruition. And, further, I had intended to mention the contribution to the same result of our architect, Professor F. M. Simpson, F.R.I.B.A.,
who adapted and added to the fine classical structure of the London Institution
with equal regard to utility and taste."

PAPERS CONTRIBUTED

PRE-T'ANG POETRY

BY A. D. WALEY

THE following poems have never been translated before.[1]
I have added to my translations only such comments as
are indispensable. I hope in a subsequent essay to discuss the
importance of pre-T'ang poetry, and to give references to the
sources which I have used.

I wish to take this opportunity of thanking Mr. S. H. Ting
for the kind and intelligent assistance he has given me in many
difficulties.

The Orphan

To be an orphan,
To be fated to be an orphan,
How bitter is this lot!
When my father and mother were alive
I used to ride in a carriage
With four fine horses.
But when they both died,
My brother and sister-in-law
Sent me out to be a merchant.
In the south I travelled to the "Nine Rivers"[2]
And in the east as far as Ch'i and Lu.[3]
At the end of the year when I came home
I dared not tell them what I had suffered—
Of the lice and vermin in my head,
Of the dust in my face and eyes.
My brother told me to get ready the dinner,
My sister-in-law told me to see after the horses.
I was always going up into the hall
And running down again to the parlour.
My tears fell like rain.
In the morning they sent me to draw water
I did not get back till nightfall.

---

[1] Since this was written, a translation of the four poems by T'ao Ch'ien (p. 46) has appeared in Germany.

[2] i.e. Kiu-kiang in Kiangsi.　　　[3] Shantung.

My hands were all sore
And I had no shoes.
I walked the cold earth
Treading on thorns and brambles.
As I stopped to pull out the thorns,
How bitter my heart was!
My tears fell and fell
And I went on sobbing and sobbing.
In winter I have no great-coat;
Nor in summer, thin clothes.
It is no pleasure to be alive.
I had rather quickly leave the earth
And go beneath the Yellow Springs.[1]

The April winds blow
And the grass is growing green.
In the third month—silkworms and mulberries,
In the sixth month—the melon-harvest.
I went out with the melon-cart
And just as I was coming home
The melon-cart turned over.
The people who came to help me were few,
But the people who ate the melons were many.
All they left me was the stalks—
To take home as fast as I could.
My brother and sister-in-law were harsh,
They asked me all sorts of awful questions.[2]
Why does every one in the village hate me?
I want to write a letter and send it
To my father and mother under the earth,
And tell them I can't go on any longer
Living with my brother and my sister-in-law.

Anon., first century B.C.

Cock-crow Song

In the eastern quarter dawn breaks, the stars flicker pale.
The morning cock at Ju-nan mounts the wall and crows.

---

[1] Hades.

[2] The phrase 亂 曰, which follows this line, is a formula for introducing the last part of a song and simply means " In conclusion ".

The songs are over, the clock[1] run down, but the feast is
    still set,
The moon grows dim and the stars are few; morning has come
    to the world.
At a thousand gates and ten thousand doors the fish-shaped
    keys turn;
Round the Palace and up by the Castle, the crows and magpies
    are flying.

Anon., first century B.C.

The Golden Palace

We go to the Golden Palace:
We set out the jade cups.
We summon the honoured guests
To enter at the Golden Gate.
They enter at the Golden Gate.
In the Eastern Kitchen the meat is sliced and ready—
Roast beef and boiled pork and mutton.
The Master of the Feast hands round the wine.
The harp-players sound their clear chords.

The cups are pushed aside and we face each other at chess:
The rival pawns are marshalled rank against rank.
The fire glows and the smoke puffs and curls;
From the incense-burner rises a delicate fragrance.
The clear wine has made our cheeks red;
Round the table joy and peace prevail.
May those who shared in this day's delight
Through countless autumns enjoy like felicity.

Anon., first century B.C.

Fighting South of the Castle.

They fought south of the Castle,
They died north of the wall.
They died in the moors and were not buried.
Their flesh was the food of crows.
"Tell the crows we are not afraid:
We have died in the moors and cannot be buried.
Crows, how can our bodies escape you?"

[1] A water-clock.

The waters flowed deep
And the rushes in the pool were dark.
The riders fought and were slain :
Their horses wander neighing.
By the bridge there was a house.[1]
Was it south, was it north ?
The harvest was never gathered.
How can we give you your offerings ?
Faithfully you served your Prince,
Though all in vain.
I think of you, faithful soldiers,
Your service shall not be forgotten.
For in the morning you went out to battle
And at night you did not return.

Anon., c. 124 *B.C.*

The Eastern Gate.

A poor man determines to go out into the world and make his fortune.
His wife tries to detain him.

I went out at the eastern gate :
I never thought to return.
But I came back to the gate with my heart full of sorrow

There was not a peck of rice in the bin ;
There was not a coat hanging on the pegs.
So I took my sword and went towards the gate.
My wife and child clutched at my coat and wept :
"Some people want to be rich and grand :
I only want to share my porridge with you.
Above, we have the blue waves of the sky ;
Below, the yellow face of this little child."
               "Dear wife, I cannot stay.
               Soon it will be too late.
               When one is growing old
               One cannot put things off."

Anon., first century B.C.

[1] There is no trace of it left. This passage describes the havoc of war. The harvest has not been gathered : therefore corn-offerings cannot be made to the spirits of the dead. For this campaign against the Huns, see Wieger, *Textes Historiques*, i, 478.

The following five poems belong to the series known as the Nineteen Old Poems (古 詩 十 九 首), attributed to Mei Shēng 枚 乘, second century B.C.

I

Green, green,
The cypress on the mound.
Firm, firm,
The boulder in the stream.
Man's life lived within this world
Is like the sojourning of a hurried traveller.
A cup of wine together will make us glad,
And a little friendship is no little matter.

Yoking my chariot I urge my stubborn horses.
I wander about in the streets of Wan and Lo.[1]
In Lo Town how fine everything is!
The "Caps and Belts"[2] go seeking each other out.
The great boulevards are intersected by lanes,
Wherein are the town-houses of Royal Dukes.
The two palaces stare at each other from afar,
The twin gates rise a hundred feet.
By prolonging the feast let us keep our hearts gay,
And leave no room for sadness to creep in.

II

Of this day's glorious feast and revel
The pleasure and delight are difficult to describe.
Plucking the lute they sent forth lingering sounds,
The new melodies in beauty reached the divine.
Skilful singers entoned the high words,
Those who knew the tune heard the trueness of their singing.
We sat there each with the same desire
And like thoughts by each unexpressed:
"Man in the world lodging for a single lifetime
Passes suddenly like dust borne on the wind.

[1] This poem was obviously written when the capital was at Lo-yang, i.e. during the Eastern Han dynasty, which started in 25 A.D. It cannot, therefore, be by Mei Shēng, who died under the previous dynasty.

[2] High officers.

Then let us hurry out with high steps
And be the first to reach the highways and fords:
Rather than stay at home wretched and poor
For long years plunged in sordid grief."

III

Turning my chariot I yoke my horses and go.
On and on down the long roads
The autumn winds shake the hundred grasses:
On every side how desolate and bare!
The things I meet are all new things,
Their strangeness hastens the coming of old age.
Prosperity and decay each have their season.
Success is bitter when it is slow in coming.
Man's life is not metal or stone,
He cannot far prolong the days of his fate.
Suddenly he follows in the way of things that change.
Fame is the only treasure that endures.

IV

The dead are gone and with them we cannot converse.
The living are here and ought to have our love.
Leaving the city-gate I look ahead
And see before me only mounds and tombs.
The old graves are ploughed up into fields,
The pines and cypresses are hewn for timber.
In the white aspens sad winds sing;
Their long murmuring kills my heart with grief.
I want to go home, to ride to my village gate.
I want to go back, but there's no road back.

V

Cold, cold the year draws to its end,
The crickets and grasshoppers make a doleful chirping,
The chill wind increases its violence.
My wandering love has no coat to cover him.
He gave his embroidered furs to the Lady of Lo,[1]

---

[1] The Lo Shēn 洛 神, who is the subject of Ts'ao Chib's famous "Lo Shēn Ballad", which was illustrated by Ku K'ai-chih in a roll which now belongs to Mr. Charles Freer of Detroit. Her name is here used generically to mean "the beautiful women of the capital".

But from me his bedfellow he is quite estranged.
Sleeping alone in the depth of the long night
In a dream I thought I saw the light of his face.
My dear one thought of our old joys together,
He came in his chariot and gave me the front reins.
I wanted so to prolong our play and laughter,
To hold his hand and go back with him in his coach.
But when he had come he would not stay long,
Nor stop to go with me to the inner chamber.
Truly without the falcon's wings to carry me
How can I rival the flying wind's swiftness?
I go and lean at the gate and think of my grief,
My falling tears wet the double gates.

Li Ling (*second century B.C.*)

Parting from Su Wu

The good time will never come back again:
In a moment our parting will be over.
Anxiously, we halt at the road-side;
Hesitating, we embrace where the fields begin.
The clouds above are floating across the sky:
Swiftly, swiftly passing; or blending together.
The waves in the wind lose their fixed place
And are rolled away each to a corner of Heaven.
From now onwards long must be our parting,
So let us stop again for a little while.
I wish I could ride on the wings of the morning wind
And go with you right to your journey's end.

Li Ling 李 陵 and Su Wu 蘇 武 were both prisoners in the
land of the Huns. After nineteen years Su Wu was released.
Li Ling would not go back with him. When invited to do so, he
got up and danced, singing:

> I came ten thousand leagues
> Across sandy deserts
> In the service of my Prince,
> To break the Hun tribes.
> My way was blocked and barred,
> My arrows and sword broken.

My armies had faded away,
My reputation had gone.

＊　　＊　　＊　　＊　　＊

My old mother is long dead.
Although I want to requite my Prince,
　　How can I return?

Ch'in Chia

Ch'in Chia 秦 嘉 (first century A.D.) was summoned to take up an appointment at the capital at a time when his wife was ill and staying with her parents. He was therefore unable to say good-bye to her, and sent her three poems instead. This is the last of the three.

Solemn, solemn, the coachman gets ready to go;
"Chiang, chiang," the harness bells ring.
At break of dawn I must start on my long journey;
At cock-crow I must gird on my belt.
I turn back and look at the empty room:
For a moment I almost think I see you there.
One parting, but ten thousand regrets:
As I take my seat, my heart is unquiet.
What shall I do to tell you all my thoughts?
How can I let you know of all my love?
Precious hairpins make the head to shine,
And bright mirrors can reflect beauty.
Fragrant herbs banish evil smells,
And the scholar's harp has a clear note.
The man in the Book of Odes[1] who was given a quince
Wanted to pay it back with diamonds and rubies.
When I think of all the things you have done for me,
How ashamed I am to have done so little for you!
Although I know that it is a poor return,
All I can give you is this description of my feelings.

Ch'in Chia's Wife's Reply

My poor body is, alas, unworthy:
I was ill when first you brought me home,
Limp and weary in the house.

---

[1] Odes, v, 10.

Time passed an'd I got no· better;
We could hardly ever see each other:
I could not serve you as I ought.
Then you received the Imperial mandate:
You were ordered to go far away to the city.
Long, long must be our parting:
I was not destined to tell you my thoughts.
I stood on tiptoe gazing into the distance,
Interminably gazing at the road that had taken you.
With thoughts of you my mind is obsessed:
In my dreams I see the light of your face.
Now you are started on your long journey,
Each day brings you further from me.
Oh that I had a bird's wings
And high flying could follow you!
Long I sob·and long I cry:
The tears fall down and wet my skirt.

Satire on Paying Calls in August

When I was young, throughout the hot season
There were no carriages driving about the roads.
People shut their doors and lay down in the cool:
Or if they went out, it was not to pay calls.
Nowadays,—ill-bred, ignorant fellows,
When they feel the heat, make for a friend's house.
The unfortunate host, when he hears some one coming,
Scowls and frowns, but can think of no escape.
"There's nothing for it but to rise and go to the door,"
And in his comfortable seat he groans and sighs.

The conversation does not end quickly:
Prattling and babbling, what a lot he says!
Only when one is almost dead with fatigue
He asks at last if one isn't finding him tiring.
(One's arm is almost in half with continual fanning:
The sweat is pouring down one's neck in streams.)
Do not say that this is a small matter:
I consider the practice a blot on our social life.
I therefore caution all wise men
That August visitors should not be admitted.

By Ch'ēng Hsiao 程曉, *third century A.D.*

The Campaign against Wu

(Two Poems)

I

My charioteer hastens to yoke my carriage,
For I must go on a journey far away.
"Where are you going on your journey far away?"
To the land of Wu, where my enemies are.
But I must ride many thousand miles,
Beyond the eastern road that leads to Wu.
Between the rivers bitter winds blow,
Swiftly flow the waters of Huai and Ssŭ.
I want to take a skiff and cross these rivers,
But alas for me, where shall I find a boat?
To sit idle is not my desire:
Gladly enough would I go to my country's aid.

II

He abandons the campaign

In the north-west there is a floating cloud
Stretched on high, like a chariot's canvas-awning.
Alas that I was born in these times,
To be blown along like a cloud puffed by the wind!
It has blown me away to the south-east,
On and on till I came to Wu-hui.
Wu-hui is not my country:
Why should I go on staying and staying here?
I will give it up and never speak of it again—
This being abroad and always living in dread.

By Wei Wĕn-ti 魏文帝 *188–227 A.D. (first Emperor of the Wei dynasty).*

The Ruins of Lo-yang

By Ts'ao Chih 曹植 (192–233 A.D.), third son of Ts'ao Ts'ao. He was a great favourite with his father till he made a mistake in a campaign: In this poem he returns to look at the ruins of Lo-yang, where he used to live. It had been sacked by Tung Cho.

I climb to the ridge of Pei Mang Mountain
And look down on the city of Lo-yang.
In Lo-yang how still it is!

Palaces and houses all burnt to ashes,
Walls and fences all broken and gaping,
Thorns and brambles shooting up to the sky.
I do not see the old old-men:
I only see the new young men.
I turn aside, for the straight road is lost:
The fields are overgrown and will never be ploughed again.
I have been away such a long time
That I do not know which street is which.
How sad and ugly the empty moors are!
A thousand miles without the smoke of a chimney.
I think of the house I lived in all those years:
I am heart-tied and cannot speak a word.

The Cock-fight

Our wandering eyes are sated with the dancer's skill,
Our ears are weary with the sound of "kung" and "shang".[1]
Our host is silent and sits doing nothing:
All the guests go on to places of amusement.

*　　*　　*　　*　　*　　*　　*　　*

On long benches the sportsmen sit ranged
Round a cleared room, watching the fighting-cocks.
The gallant birds are all in battle-trim:
They raise their tails and flap defiantly.
Their beating wings stir the calm air;
Their angry eyes gleam with a red light.
Where their beaks have struck, the fine feathers are scattered;
With their strong talons they wound again and again.
Their long cries enter the blue clouds;
Their flapping wings tirelessly beat and throb.
"Pray God the lamp-oil lasts a little longer,
Then I shall not leave without winning the match!"

By Ts'ao Chih.

Regret

When I was young I learnt fencing
And was better at it than "Crooked Castle".[2]

---

[1] Notes of the scale.

[2] 曲 城, Ch'ü-ch'ēng. Obviously the birthplace of a famous swordsman, but I have not identified him. There was a place of this name in Shantung.

My spirit was high as the rolling clouds,
And my fame resounded beyond the world.
I took my sword to the desert sands,
I drank my horse at the Nine Moors.
My flags and banners flapped in the wind,
And nothing was heard but the song of my drums

War and its travels have made me sad,
And a fierce anger burns within me;
It's thinking of how I've wasted my time
That makes this fury tear my heart.

By Yüan Chi 阮 籍, *210-263 A.D.*

Taoist Song

I will cast out Wisdom and reject Learning,
My thoughts shall wander in the Great Void (*bis*).
Always repenting of wrongs done
Will never bring my heart to rest.
I cast my hook in a single stream;
But my joy is as though I possessed a kingdom.
I loose my hair and go singing;
To the four frontiers men join in my refrain.
This is the purport of my song:
"My thoughts shall wander in the Great Void."

By Chi K'ang 稽 康, *223-262 A.D.*

A Gentle Wind

A gentle wind fans the calm night;
A bright moon shines on the high tower.
A voice whispers, but no one answers when I call;
A shadow stirs, but no one comes when I beckon.
The kitchen-man brings in a dish of lentils:
Wine is there, but I do not fill my cup.
Contentment with poverty is Fortune's best gift:
Riches and Honour are the handmaids of Disaster.
Though gold and gems by the world are sought and prized
To me they seem no more than weeds or chaff.

By Fu Hsüan 傅 玄, *died 278 A.D.*

Day Dreams

When I was young I played with a soft brush,
And was passionately devoted to reading all sorts of books.
In prose I made Chia I[1] my standard;
In verse I imitated Ssŭ-ma Hsiang-ju.[1]
But then the arrows began singing at the frontier,
And a winged summons came flying to the city.
Although arms were not my profession,
I had once read Jang-chü's war-book
I shouted aloud and my cries rent the air:
I felt as though Tung Wu were already annihilated.
The scholar's knife cuts best at its first use,
And my dreams hurried on to the completion of my plan.
I wanted at a stroke to clear the Yang-tze and Hsiang,
And at a glance to quell the Tibetans and Hu.
When my task was done I should not accept a barony,
But, refusing with a bow, retire to a cottage in the country.

By Tso Ssŭ 左 思, *third century A.D.*

The Desecration of the Han Tombs

At Pei-mang how they rise to Heaven,
Those high mounds, four or five in the fields!
What men lie buried under these tombs?
All of them were Lords of the Han world.
"Kung" and "Wēn"[2] gaze across at each other:
The Yüan mound is all grown over with weeds.
When the dynasty was falling, tumult and disorder arose,
Thieves and robbers roamed like wild beasts.
Of earth[3] they have carried away more than one handful,
They have gone into vaults and opened the secret doors.
Jewelled scabbards lie twisted and defaced:
The stones that were set in them, thieves have carried away.

---

[1] For these famous writers see Giles' *Biographical Dictionary.*
[2] Names of two tombs.
[3] In the early days of the dynasty a man stole a handful of earth from the Imperial tombs and was executed by the police. The Emperor was furious at the lightness of the punishment. Yün-mēn 雲 門 said to Mēng Ch'ang-chün 孟 嘗 君 (died B.C. 279): "Does it not grieve you to think that after a hundred years this terrace will be cast down and this pond cleared away?" Mēng Ch'ang-chün wept.

The ancestral temples are hummocks in the ground:
The walls that went round them are all levelled flat.
Over everything the tangled thorns are growing:
A herdboy pushes through them up the path.
Down in the thorns rabbits have made their burrows:
The weeds and thistles will never be cleared away,
Over the tombs the ploughshare will be driven,
And peasants will have their fields and orchards there.
They that were once lords of a thousand hosts
Are now become the dust of the hills and ridges.
I think of what Yün-men said
And am sorely grieved at the thought of "then" and "now".

By Chang Tsai 張 載, third century A.D.

Bearer's Song

When I was alive, I wandered in the streets of the capital:
Now that I am dead, I am left to lie in the fields.
In the morning I drove out from the High Hall;
In the evening I lodged beneath the Yellow Springs.[1]
When the white sun had sunk in the Western Chasm
I hung up my chariot and rested my four horses.
Now, even the mighty Maker of All
Could not bring the life back to my limbs.

By Miu Hsi 繆 襲, second century A.D.

Four Poems by T'ao Ch'ien 陶 潛, 365–427 A.D.

I

Substance, Shadow, and Spirit

High and low, wise and simple, all busily hoard up the moments of life. How greatly they err! Therefore I have to the uttermost exposed the bitterness both of Substance and Shadow, and have made Spirit show how, by following Nature, we may dissolve this bitterness.

Substance speaks to Shadow

Heaven and Earth exist for ever:
Mountains and rivers never change.
But herbs and trees in perpetual rotation
Are renovated and withered by the dews and frosts:

---

[1] Hades.

And Man the wise, Man the divine—
Shall he alone escape this law?
Fortuitously appearing for a moment in the world
He suddenly departs, never to return.
How can he know that the friends he has left
Are missing him and thinking of him?
Only the things that he used remain:
They look upon them and their tears flow.
Me no magical arts can save,
Though you may hope for a wizard's aid.
I beg you listen to this advice—
When you can get wine, be sure to drink it.

Shadow replies

There is no way to preserve life.
Drugs of immortality are instruments of folly.
I would gladly wander in Paradise,
But it is far away and there is no road.
Since the day that I was joined to you
We have shared all our joys and pains.
While you rested in the shade, I left you a while:
But till the end we shall be together.
Our joint existence is impermanent:
Sadly together we shall slip away.
That when the body decays fame should also go
Is a thought unendurable, burning the heart.
Let us strive and labour while yet we may
To do some deed that men will praise.
Wine may in truth dispel our sorrow,
But how compare it with lasting fame?

Spirit Expounds

God can only set in motion:
He cannot control the things he has made.
Man, the second of the Three Orders,
Owes his precedence to Me.
Though I am different from you,
We were born involved in one another:
Nor by any means can we escape
The intimate sharing of good and ill.

The three Emperors were saintly men,
Yet to-day, where are they?
P'ēng[1] lived to a great age,
Yet he went at last, when he longed to stay.
And late or soon, all go:
Wise and simple have no reprieve.
Wine may bring forgetfulness,
But does it not hasten old age?
If you set your heart on noble deeds,
How do you know that any will praise you?
By all this thinking you do Me injury:
You had better go where Fate leads—
Drift on the Stream of Infinite Flux,
Without joy, without fear:
When you must go, then go,
And make as little fuss as you can.

II

Moving House

My old desire to live in the southern village
Was not because I had taken a fancy to the house,
But I heard it was a place of simple-minded men
With whom it were a joy to spend the mornings and evenings.
Many years I had longed to settle here:
Now at last I have managed to move house.
I do not mind if my cottage is rather small
So long as there's room enough for bed and mat.
Often and often the neighbours come to see me,
And with brave words discuss the things of old.
Rare writings we read together and praise:
Doubtful meanings we examine together and settle.

III

Reading the Book of Hills and Seas

In the month of June the grass grows high,
And round my cottage the thick-leaved branches sway.
There is not a bird but delights in the place where it rests:
And I too love my thatched cottage.

---

[1] 彭 祖, the Chinese Methuselah, who lived from 2255 B.C. to the seventh century B.C.

I have done my ploughing;
I have sown my seed.
Again I have time to sit and read my books.
In the narrow lanes there are no.deep ruts:
Often my friends' carriages turn back.
In high spirits I pour out my spring wine
And pluck the lettuce growing in my garden.
A gentle rain comes stealing up from the east,
And a sweet wind bears it company.
My thoughts float idly over the story of King Chou,
My eyes wander over the pictures of hills and seas.
At a single glance I survey the whole universe.
He will never be happy whom such pleasures fail to please!

IV

New Corn

Swiftly the years, beyond recall.
Solemn the stillness of this fair morning.
I will clothe myself in spring clothing
And visit the slopes of the eastern hill.
By the mountain stream a mist hovers,
Hovers a moment, then scatters,
There comes a wind blowing from the south
That brushes the fields of new corn.

Inviting Guests

I sent out invitations
To summon guests.
I collected together
All my friends.
Loud talk
And simple feasting;
Discussion of philosophy,
Investigations of subtleties.
Tongues loosened
And minds at one.
Hearts refreshed
By discharge of emotion!

By Ch'ēng-kung Sui 成公綏, *third century A.D.*

Climbing a Mountain

High rises the eastern peak
Soaring up to the blue sky.
Among the rocks, an empty hollow,
Secret, still, mysterious!
Uncarved and unhewn,
Screened by nature with a roof of clouds.
Times and seasons, what things are you,
Bringing to my life ceaseless change?
I will lodge forever in this hollow
Where springs and autumns unheeded pass.

By Tao-yün 道 韞 *(c. 400 A.D.), wife of General Wang Ning-chih. The General was so stupid that she finally deserted him.*

Tzŭ-yeh

Popular songs of Soochow, fourth century A.D.

I

At the time when blossoms
Fall from the cherry-tree,
On a day when yellow birds
Hovered in the branches,
You said you must stop,
Because your horse was tired:
I said I must go,
Because my silkworms were hungry.

II

I have brought my pillow and am lying at the northern
window,
So come to me and play with me a while.
With so much quarrelling and so few kisses
How long do you think our love can last?

Plucking the Rushes

A boy and girl are sent to gather rushes for thatching
Green rushes with red shoots,
Long leaves bending to the wind—
You and I in the same boat
Plucking rushes at the Five Lakes.

We started at dawn from the orchid-island:
We rested under the elms till noon.
You and I plucking rushes
Hadn't plucked a handful when night came!

Anon., fourth century.

Song of the Men of Chin-Ling

Marching back into the capital

Chiang-nan is a glorious and beautiful land,
And Chin-ling an exalted and kingly province.
The green canals of the city stretch on and on,
And its high towers stretch up and up.
Flying gables lean over the bridle-road;
Drooping willows cover the Royal Aqueduct.
Shrill flutes sing by the coach's awning,
And reiterated drums bang near its painted wheels.
The names of the deserving shall be carved on the Cloud
    Terrace,[1]
And for those who have done valiantly rich reward awaits.

By Hsieh T'iao 謝 朓, fifth century A.D.

The Scholar Recruit

Now late
I follow the time's necessity:[2]
Mounting a barricade I pacify remote tribes.
Discarding my sash I don a coat of rhinoceros-skin;
Rolling up my skirts I shoulder a black bow.
Even at the very start my strength fails:
What will become of me before it's all over?

By Pao Chao 鮑 昭, died 466 A.D.

The Red Hills

Red hills lie athwart us as a menace in the west,
And fiery mountains glare terrible in the south.
The body burns, the head aches and throbs:
If a bird light here, its soul forthwith departs.
Warm springs
Pour from cloudy pools,
And hot smoke issues between the rocks.

---

[1] The Record Office.   [2] i.e. "enlist".

The sun and moon are perpetually obscured ;
The rain and dew never stay dry.
There are red serpents a hundred feet long
And black snakes ten girths round.
The sand-spitters shoot their poison at the sunbeams :
The flying insects are ill with the shifting glare.
The hungry monkeys dare not come down to eat ;
The morning birds dare not set out to fly.
At the Ching River many die of poison :
Crossing the Lu one is lucky if one is only ill.
Our living feet walk on dead ground ;
Our high wills surmount the snares of Fate.
The Spear-boat General[1] got but little honour ;
The Wave-subduer[2] met with scant reward.
If our Prince still grudges the things that are easy to give,[3]
Can he hope that his soldiers will give what is hardest to give?[4]

By Pao Chao.

Lo-yang

A beautiful place is the town of Lo-yang :
The big streets are full of spring-light.
The lads go driving out with harps in their hands ;
The mulberry-girls go out to the fields with their baskets.
Golden whips glint at the horses' flanks,
Gauze sleeves brush the green boughs.
Racing dawn, the carriages come home,
And the girls with their high baskets full of fruit.

By the Emperor Ch'ien Wĕn-ti, sixth century.

The Waters of Lung-Tou (the North-West Frontier)

The road that I came by mounts eight thousand feet ;
The river that I crossed hangs a hundred fathoms.
The brambles so thick that in summer one cannot pass ;
The snow so high that in winter one cannot climb.
With branches that interlace Lung Valley is dark ;
Against cliffs that tower one's voice beats and echoes.
I turn my head and it seems only a dream
That I ever lived in the streets of Hsien-yang.[5]

By Hsü Ling 徐 陵, 507–583 A.D.

[1] Hou Yen 侯 嚴, first century B.C.   [2] Ma Yüan 馬 援, first century A.D.
[3] Rewards and titles.   [4] Life.   [5] 咸 陽, i.e. Ch'ang-an, the capital.

THIRTY-EIGHT POEMS BY PO CHU-I 白居易

Translated by A. D. WALEY

OF these poems all but three are now translated for the first
time. Versions of Nos. 8, 11, and 14 were published by
Pfizmaier (Denkschriften der Kais. Akad. d. Wissensch. in Wien,
vol. xxxvi), but they were so incorrect that I need make no
apology for translating these three poems again.

I hope elsewhere to discuss the poet's life and works. Here
I will only give the few dates and indications which are
necessary as a preface to the poems.

He was born in 772, became a courtier at the capital, was
exiled to the South in 815, owing to his persistent attacks on the
Government, was recalled five years later, and rose to a foremost
place in the State. In 822 he became Governor of Hangchow,
and in 825 Governor of Soochow. He died in 846. At Court in
the early days he had became acquainted with the handsome
Yüan Chēn. The friendship lasted till the latter's death in 831,
and plays an important part in the poems.

I have unfortunately not had the assistance of an annotated
edition. Recently I received from Japan a short selection of the
poems, with a few head-notes, but these are singularly irrelevant.
I have therefore had to supply my own commentary, rummaging
for it in native dictionaries and encyclopædias.

NOTE ON THE METRE OF THE TRANSLATIONS

Any literal translation of Chinese poetry is bound to be to
some extent rhythmical, for the rhythm of the original obtrudes
itself. If one translates literally, without thinking about the
metre of the version, one finds that about two lines out of three
have a very definite swing, similar to that of the Chinese lines.
The remaining lines are just too short or too long, a circumstance
very irritating to the reader, whose ear expects the rhythm to
continue. I have therefore tried to produce regular rhythmic
effects similar to those of the original. Each character in the
Chinese is represented by a stress in the English ; but between
the stresses unstressed syllables are of course interposed. I have
not used rhyme, because it is impossible to produce in English
rhyme effects at all similar to those of the original, where the

same rhyme sometimes runs through a whole poem. Also, because the restrictions of rhyme necessarily injure either the vigour of one's language or the literalness of one's version. I do not, at any rate, know of any example to the contrary. What is generally known as "blank verse" is the worst medium for translating Chinese poetry, because the essence of "blank verse" is that it varies the position of its pauses, whereas in Chinese the stop always comes at the end of the couplet.

As in the case of the pre-T'ang poems translated in another article, I have been greatly indebted to the intelligent assistance of Mr. Ting.

早 朝 賀 雪。寄 陳 山 人

1. An Early Levée: addressed to Ch'ên, the Hermit (IX, 9)[1]

At Ch'ang-an—a full foot of snow ;
A levée at dawn—to bestow congratulations on the Emperor.
Just as I was nearing the Gate of the Silver Terrace,
After I had left the suburb of Hsin-ch'ang,
On the high causeway my horse's foot slipped ;
In the middle of the journey my lantern suddenly went out.
Ten leagues riding, always facing to the north ;
The cold wind almost blew off my ears.
I waited for the bell outside the Five Gates ;
I waited for the summons within the Triple Hall.
My hair and beard were frozen and covered with icicles ;
My coat and robe—chilly like water.
Suddenly I thought of Hsien-yu Valley
And secretly envied Ch'ên Chü-shih,[2]
Who in warm bed-socks dozes beneath the rugs
And need not get up till the sun has mounted the sky.

禁 中 寓 直 夢 遊 仙 遊 寺

2. Being on duty all night in the Palace and dreaming of the Hsien-yu Temple (V, 12)

At the western window I paused from writing rescripts ;
The pines and bamboos were all buried in stillness.
The moon rose and a calm wind came ;
Suddenly, it was like an evening in the hills.

---

[1] These references are to *Po Shih Wên Chi* 白 氏 文 集, "The Works of Mr. Po."

[2] Chü-shih 居 士, i.e. retired scholar.

And so, as I dozed, I dreamed of the South-West
And thought I was staying at the Hsien-yu Temple.[1]
When I woke and heard the dripping of the Palace clock
I still thought it was the murmur of a mountain stream.

過 天 門 街

3. Passing T'ien-mēn Street in Ch'ang-an and seeing a distant view of Ch'ung-nan Mountain (XIII, 14)

The snow has gone from Chung-nan; spring is almost come.
Lovely in the distance its blue colours, against the brown of
 the streets
A thousand coaches, ten thousand horsemen pass down the Nine
 Roads.
Turns his head and looks at the mountains—not one man!

初 與 元 九 別 云 云

4. The Letter (IX, 9)

Preface.[2]—After I parted with Yüan Chēn I suddenly dreamt one night that I saw him. When I awoke I found that a letter from him had just arrived and, enclosed in it, a poem on the *paulovnia* flower.

We talked together in the Yung-shou Temple;
We parted to the north of the Hsin-ch'ang dyke.
Going home I shed a few tears
Grieving about things, not sorry for you.
Long, long the road to Lan-t'ien;
You said yourself you would not be able to write.
Reckoning up your halts for eating and sleeping—
By this time, I suppose, you've crossed the Shang Mountains.
Last night the clouds scattered away;
A thousand leagues, the same moonlight scene.
When dawn came I dreamt I saw your face;
It must have been that you were thinking of me.
In my dream I thought I held your hand
And asked you to tell me what your thoughts were.

---

[1] 仙 遊 寺, where the poet used to spend his holidays.
[2] This is the 題 or "title" of the poem; but it is so long that we should be inclined to call it a preface rather than a title.

And *you* said, " I miss you bitterly,
But there's no one here to send to you with a letter."
When I awoke, before I had time to speak,
A knocking on the door sounded "Doong, doong!"
They came and told me a messenger from Shang-chou
Had brought a letter, a single scroll from you!
Up from my pillow I suddenly sprang out of bed
And threw on my clothes, all topsy-turvy.
I undid the knot and saw the letter within;
A single sheet with thirteen lines of writing.
At the top it told the sorrows of an exile's heart;
At the bottom it described the pains of separation.
The sorrows and pains took up so much space
There was no room left to talk about the weather!
But you said that when you wrote this letter to me
You were staying for the night to the east of Shang-chou;
Sitting alone, lighted by a solitary candle,
Lodging in the mountain hostel of Yang Ch'ēng.
Night was late when you finished writing the letter;
The mountain moon was slanting towards the west.
Across the moon, what is it lies aslant?
A single tree of purple *paulovnia* flowers—
Paulovnia flowers just on the point of falling
Are a symbol to express "thinking of an absent friend".
Lovingly you wrote on the back side,
To send in the letter, your "Poem of the Paulovnia Flower".
The Poem of the Paulovnia Flower has eight rhymes;
Yet these eight couplets have cast a spell on my heart.
They have taken hold of my this morning's thoughts
And carried them to yours, the night you wrote your letter.
The whole poem I read three times,
Each verse ten times I recite.
So precious to me are the fourscore words
That each letter changes into a bar of gold!

[Yüan Chēn had been "degraded" to Chiang-ling 江 陵
(modern, King-chow). Lan-t'ien 藍 田 and Shang-chou 商 州
were places on the way from the capital (Ch'ang-an) to
Chiang-ling in Hupeh. The Hsin-ch'ang suburb was south
of Ch'ang-an.]

喜 陳 兄 至

5. Rejoicing at the arrival of Ch'ên Hsiung (VI, 20)

(Circa 812 A.D.)

When the yellow bird's note was almost stopped,
And half formed the green plum's fruit,
Sitting and grieving that spring things were over
I rose and entered the Eastern Garden's gate.
I carried my cup and was dully drinking alone:
Suddenly I heard a knocking sound at the door.
Dwelling secluded, I was glad that some one had come;
How much the more, when I saw it was Ch'ên Hsiung!
At ease and leisure, all day we talked;
Crowding and jostling, the feelings of many years.
How great a thing is a single cup of wine!
For it makes us tell the story of our whole lives.

金 鑾 子 晬 日 [1]

6. Golden Bells (IX, 7)

(Written in 812 A.D.)

When I was almost forty
I had a daughter whose name was Golden Bells.
Now it is just a year since she was born;
She is learning to sit and cannot yet talk.
Ashamed, to find that I have not a sage's heart:
I cannot resist vulgar thoughts and feelings.
Henceforward I am tied to things outside myself:
My only reward, the pleasure I am getting now.
If I am spared the grief of her dying young,
Then I shall have the trouble of getting her married.
That plan for retiring and going back to the hills
Must now be postponed for fifteen years!

念 金 鑾 子

7. Remembering Golden Bells (X, 8)

Ruined and ill, a man of two score;
Pretty and guileless, a girl of three years.
Not a boy, but still better than nothing:
To soothe one's feelings, from time to time a kiss!

---

[1] First birthday.

There came a day, they suddenly took her from me;
Her soul's shadow wandered I know not where.
And when I remember how just at the time she died
She lisped strange sounds, beginning to learn to talk,
Then I know that the ties of flesh and blood
Only bind us to a load of grief and sorrow.
At last, by thinking of the time before she was born,
By thought and reason I drove the pain away.
Since my heart forgot her, many days have passed
And three times winter has changed to spring.
This morning, for a little, the old grief came back,
Because, in the road, I met her foster-nurse.

納 粟 詩

8. **The Grain-Tribute** [1] (I, 24)

[Written *c.* 812, during one of the poet's periods of retirement.
When the officials come to receive his grain-tribute, he remembers
that he is only giving back what he had taken during his years
of office.   Salaries were paid partly in kind.]

There came an officer knocking by night at my door,
In a loud voice demanding grain-tribute.
My house-servants dared not wait till the morning,
But brought candles and set them on the barn-floor.
Passed through the sieve, clean-washed as pearls,   .
A whole cart-load, thirty bushels of grain.
But still they cry that it is not paid in full:
With whips and curses they goad my servants and boys.
Once, in error, I entered public life;
I am inwardly ashamed that my talents were not sufficient.
In succession I occupied four official posts;
For doing nothing—ten years' salary!
Often have I heard a saying of ancient men
That "Good and ill follow in an endless chain".
And to day it ought to set my heart at rest
To return to others the corn in my great barn.

[1] Cf. Pfizmaier, p. 10.

道 州 民

9. The People of Tao-chou[1] (III, 14)

(Written in 809 A.D.)

In the land of Tao-chou
Many of the people are dwarfs:
The tallest of them never grow to more than three feet.
They were sold in the market as dwarf slaves and yearly sent
    to Court;
Described as "an offering of natural products from the land
    of Tao-chou".
A strange "offering of natural products"; I never heard of
    one yet
That parted men from those they loved, never to meet again!
Old men—weeping for their grandsons; mothers for their
    children!
One day Yang Ch'ēng came to govern the land;
He refused to send up dwarf slaves in spite of incessant
    mandates.
He replied to the Emperor, "Your servant finds in the Six
    Canonical Books,
'In offering products, one must offer what is there, and not
    what isn't there.'
On the waters and lands of Tao-chou, among all the things
    that live
I only find dwarfish *people*; no dwarfish *slaves*."
The Emperor's heart was deeply moved and he sealed and
    sent a scroll,
"The yearly tribute of dwarfish slaves is henceforth annulled."
The people of Tao-chou,
Old ones and young ones, how great their joy!
Father with son and brother with brother henceforward kept
    together;
From that day for evermore they lived as free men.

---

[1] See Yang Ch'ēng, Giles 2363 and 2364. The poet blends the story of 楊 成 (second century B.C.) with that of 陽 城, died 805 A.D. In another poem Po Chü-i compares his friend Yüan Chēn to Yang Ch'ēng. Both had been degraded to provincial posts and both distinguished themselves by their clemency. There is little doubt that the present poem also refers to Yüan Chēn.

The people of Taò-chou
Still enjoy this gift,
And even now when they speak of the Governor
Tears start to their eyes.
And lest their children and their children's children should
    forget the Governor's name,
When boys are born the syllable " Yang " is often used in
    their forename.

廢 琴 詩
10. **The Old Harp** (I, 6)

Of cord and cassia-wood is the harp compounded:
Within it lie ancient melodies.
Ancient melodies—weak and savourless,
Not appealing to present men's taste.
Light and colour are faded from the jade stops:
Dust has covered the rose-red strings.
Decay and ruin came to it long ago,
But the sound that is left is still cold and clear.
I do not refuse to play it, if you want me to:
But even if I play, people will not listen.

    *   *   *   *   *   *

How did it come to be neglected so?
Because of the Ch'iang flute and the Ch'in flageolet.[1]

五 絃
11. **The Harper of Chao**[2] (II, 8)

The singers have hushed their notes of clear song:
The red sleeves of the dancers are motionless.
Hugging his lute, the old harper of Chao
Rocks and sways as he touches the five chords.
The loud notes swell and scatter abroad:
" Sa, sa," like wind blowing the rain.
The soft notes dying almost to nothing:
" Ch'ieh ch'ieh," like the voice of ghosts talking.
Now as glad as the magpie's lucky song:
Again bitter as the gibbon's ominous cry.

---

[1] Barbarous modern instruments.
[2] Cf. Pfizmaier, p. 35.

His ten fingers háve no fixed note:
Up and down—" kung," " chih," and " yü ".[1]
And those who sit and listen to the tune he plays
Of soul and body lose the mastery.
And those who pass that way as he plays the tune,
·Suddenly stop and cannot raise their feet.

    *   *   *   *   *   ·*

Alas, alas that the ears of common men
Should love the modern and not love the old!
Thus it is that the harp in the green window
Day by day is covered deeper with dust.

縛 戎 人

12. The Prisoner (III, 18)

(Written in 809 A.D.)

Tartars[2] led in chains,
Tartars led in chains!

Their ears pierced, their faces bruised, they are driven into
the land of Ch'in.[3]

The Son of Heaven[4] took pity on them and would not have
them slain.

He sent them away to the south-east, to the lands of Wu and
Yüeh.[5]

A petty officer in a yellow coat took down their names and
surnames:

They were led from the city of Ch'ang-an under escort of an
armed guard.

Their bodies were covered with the wounds of arrows, their
bones stood out from their cheeks.

[1] Tonic, dominant, and superdominant of the five-note scale. 徵 should, I think, be pronounced " chih ", not " chi ". K'ang Hsi gives the pronunciation 陟 里 切 知 上 聲. The first clause suggests "chi", but the second corrects this to " chih " in the rising tone. This is the current pronunciation. Giles gives " chi ", Couvreur "tcheu", i.e. chih. Van Aalst also gives " chih ".

[2] 戎 人 : in other parts of the poem. the terms 虜, 蕃, and 吐 蕃 are used. The Tibetan conquerors of E. Turkestan are meant. I have chosen the word Tartar for convenience.

[3] i.e. Ch'ang-an, the capital.

[4] The Emperor.

[5] i.e. the districts of Soochow and Shao-hsing.

They had grown so weak they could only march a single stage a day.

In the morning they must satisfy hunger and thirst with neither plate nor cup:

At night they must lie in their dirt and rags on beds that stank with filth.

Suddenly they came to the banks of the Kiang and remembered the Chiao-ho:[1]

With lowered hands and levelled voices they sobbed a muffled song.

Then one Tartar lifted up his voice and spoke to the other Tartars,

"*Your* sorrows are none at all compared with *my* sorrows."

Those that were with him in the same band asked to hear his tale:

As he tried to speak the words were choked by the anger that blazed in his heart.

He told them: "I was born and bred in the town of Liang-yüan.[2]

In the frontier wars of Ta-li[3] I fell into the Tartars' hands.

Since the day the Tartars took me alive forty years have passed:

They put me into a coat of skins tied with a belt of rope.

Only on the first of the first month might I put on my Chinese dress.

As I put on my coat and arranged my cap, how fast the tears flowed!

I made in my heart a secret vow I would find a way home:

I hid my plan from my Tartar wife and the children she had borne me in the land.

I thought to myself, it is well for me that my limbs are still strong:

And yet, being old, in my heart I feared I should never live to return.

---

[1] 交河, "The Junction of Rivers," the ruins of which town stand near Turfan, at the modern village of Yarkhoto (for photos see Stein, *Desert Cities of Cathay*). During the previous century Chiao-ho-ch'êng had been the headquarters of the Chinese military protectorate of E. Turkestan; but at the time when this poem was written the whole Tarim basin and even parts of the Chinese provinces Kansuh and Shansi were occupied by the T'u-fan 吐 蕃 (Tibetans).

[2] 凉 or 梁 原, north of Ch'ang-an, near Chung-pu 中 部.

[3] The period Ta-li, 766–780 A.D.

The Tartar chieftains shoot so well that the birds are afraid
to fly :
From the risk of their arrows I escaped alive and fled
swiftly home.
Hiding all day and walking all night, I crossed the Great
Desert :[1]
Where clouds are dark and the moon black and the sands
eddy in the wind.
Frightened I sheltered at the Green Grave,[2] where the frozen
grasses are few :
Stealthily I crossed the Yellow River, at night, on the thin ice.
Suddenly I heard Han[3] drums and the sound of soldiers
coming :
I went to meet them at the roadside, bowing to them as
they came.
But the moving horsemen did not hear that I spoke the Han
tongue :
Their captain took me for a Tartar-born and had me bound
in chains.
They are sending me away to the south-east, to a low and
swampy land :
No one now will take pity on me ; resistance is all in vain.
Thinking of this, my voice chokes and I ask of Heaven above,
Was I spared from death only to spend the rest of my years
in sorrow ?
My native village of Liang-yüan I shall not see again :
My wife and children in the Tartars' land I have fruitlessly
deserted.

---

[1] The Gobi Desert.

[2] 青 塚. The Grave of Chao-chün 昭 君, a Chinese girl who in 33 B.C.
was " bestowed upon the Khan of the Hsiung-nu as a mark of Imperial regard "
(Giles). Hers was the only grave in this desolate district on which grass would
grow. One tradition places it near Ta-t'ung Fu on the north frontier of Shansi :
according to another story she was buried on the banks of the Amur, in
Manchuria. But our poet evidently thinks of her grave as being on the western
frontier, for if the fugitive had been coming into China from the north he would
not have crossed the Yellow River. According to a poem by Li Po, Chao-chün
was carried off to Khotan 于 闐. I fancy Po Chü-i's geographical conceptions
were rather vague. Several of his poems deal with this story, e.g. " The Green
Grave " and " Chao-chün's Village ". There is a Nō play on the subject by
Komparu Ujinobu (1315-1401), see Yōkyoku Hyōshaku, ix; 63.

[3] i.e. Chinese.

When I fell among Tartars and was taken prisoner, I pined
    for the land of Han:
Now that I am back in the land of Han, they have turned
    me into a Tartar.
Had I but known what my fate would be, I would not have
    started home!
For the two lands, so wide apart, are alike in the sorrow
    they bring.
Tartar prisoners in chains!
Of all the sorrows of all the prisoners mine is hardest to bear!
Never in the world has so great a wrong befallen the lot of
    man—
A Han heart and a Han tongue set in the body of a Turk."[1]

夢 仙 詩
13. The Man who Dreamed of Fairies (I, 4)

[This poem is an attack on the Emperor Hsien-tsung,
806–20 A.D., who 好 神 仙 "was devoted to magic". A Taoist
wizard told him that herbs of longevity grew near the city of
T'ai-chou. The Emperor at once appointed him prefect of the
place, "pour lui permettre d'herboriser plus à son aise" (Wieger,
Textes, iii, 1723). When the censors protested, the Emperor
replied, "The ruin of a single district would be a small price to
pay, if it could procure longevity for the Lord of Men."]

There was once a man who dreamt he went to Heaven:
His dream-body soared aloft through space.
He rode on the back of a white-plumed crane,
And was led on his flight by two crimson banners.
Whirring of wings and flapping of coat-tails!
Jade bells[2] suddenly all a-tinkle!
Half-way to Heaven, he looked down beneath him,
Down on the dark turmoil of the world.
Gradually he lost the place of his native town:
Mountains and water—nothing else distinct.

---

[1] I use the word Turk as a translation for 吐 蕃 simply for convenience and
do not commit myself to any ethnological theory. The Japanese commentator
writes, "Just now (1895) I regret to say that a European heart and tongue in the
body of a Japanese is no uncommon sight."

[2] Read 鑾.

The Eastern Ocean—a single strip of white;
The hills of China—five specks of green.
Gliding past him a host of fairies swept
In long procession to the Palace of the Jade City.
How should he guess that the children of Tzŭ-mēn [1]
Bow to the throne like courtiers of earthly kings?
They take him to the presence of the mighty Jade Emperor:
He bows his head and proffers loyal homage.
The Emperor says: "We see you have fairy talents:
Be of good heart and do not slight yourself.
We shall send to fetch you in fifteen years,
And give you a place in the Courtyard of Immortality."
Twice bowing, he acknowledged the gracious words;
Then woke from sleep, full of wonder and joy.
He hid his secret and dared not tell it abroad,
But vowed a vow he would live in a cave of rock.
From love and affection he severed kith and kin.
From his eating and drinking he omitted savoury and spice.
His morning meal was a dish of coral-dust;
At night he sipped an essence of dewy mists.
In the empty mountains he lived for thirty years
Daily watching for the heavenly Coach to come.
The time of appointment was already long past,
But of wings and coach-bells—still no sound.
His teeth and hair daily withered and decayed;
His ears and eyes gradually lost their keenness.
One morning he suffered the Common Change,
And his body was one with the dust and dirt of the hill.
Gods and fairies! If indeed such things there be,
Their ways are beyond the striving of mortal men.
If you have not on your skull the Golden Bump's protrusion,
If your name is absent from the rolls of the red Terrace,
In vain you learn the "Method of Avoiding Food';
For nought you study the Book of Alchemic Lore.
Though you sweat and toil, what shall your trouble bring?
You will only shorten the five-score years of your span.
Sad, alas, the man who dreamt of fairies!
For a single dream misled his whole life.

[1] i.e. the Immortals.

兩 朱 閣

14. The Two Red Towers (IV, 3)

(A Satire against Clericalism, c. 809 A.D.; cf. Pfizmaier, p. 50)

The Two Red Towers

North and south rise facing each other.

I beg to ask, to whom do they belong?

To the two Princes of the period Chēng Yüan.[1]

The two Princes blew on their flutes and drew down fairies
　　from the sky,

Who carried them off through the Five Clouds, soaring away
　　to Heaven.

Their halls and houses, towers and pavilions they could not
　　take with them;

So these were turned into Buddhist temples, planted in the
　　world of men.

In the tiring-rooms and dancers' towers all is silent and still;

Only the willows like dancers' arms, and the pond like
　　a mirror,

When the flowers are falling at yellow twilight, when things
　　are sad and hushed,

One does not hear songs and flutes, but only chimes and bells.

The Imperial Patent on the Temple doors is written in letters
　　of gold;

For nuns' quarters and monks' cells ample space is allowed.

For green moss and bright moonlight—plenty of room provided;

In a hovel opposite is a sick man who has hardly room to
　　lie down!

I remember once, when at P'ing-yang[2] they were building
　　a great man's house,

How it swallowed up the housing space of thousands of
　　ordinary men.

The Immortals[3] are leaving us, two by two, and their houses
　　are turned into temples;

I begin to fear that the whole world will become a vast
　　convent!

---

[1] 785–805 A.D.

[2] In Shansi. Perhaps the place-name is here used to mean a person, as we
might say " Cambridge " meaning the Duke of Cambridge. It is such points as
this that an annotated edition would elucidate.

[3] Hsien Tsung's brothers?

新 豐 折 臂 翁

15. The Old Man with the Broken Arm (III, 10)

(A Satire on Militarism, c. 809 A.D.)

At Hsin-fēng[1] an old man—four score and eight;
The hair on his head and the hair of his eyebrows—white as
the new snow.
Leaning on the shoulders of his great-grandchildren, he walks
in front of the inn;
With his left arm he leans on their shoulders; his right arm
is broken.
I asked the old man how many years had passed since he
broke his arm;
I also asked the cause of the injury, how and why it
happened.
The old man said he was born and reared in the District of
Hsin-fēng;
At the time of his birth—a wise reign; no wars or discords.
" Often I listened in the Pear-tree Garden to the sound of flute
and song;
Nought I knew of banner and lance; nothing of arrow or bow,
Then came the wars of T'ien-pao[2] and the great levy of men;
Of three men in each house, one man was taken.
And those to whom the lot fell, where were they taken to?
Five months' journey, a thousand miles—away to Yün-nan.
We heard it said that in Yün-nan there flows the Lu River;
As the flowers fall from the pepper-trees, poisonous vapours rise.
When the great army waded across, the water seethed like
a cauldron;
When barely ten had entered the water, two or three were
dead.
To the north of my village, to the south of my village the
sound of weeping and wailing;
Children parting from fathers and mothers; husbands parting
from wives.
Every one says that in expeditions against the Min tribes,
Of a million men who are sent out, not one returns.

[1] 新 豐 in Shensi, near Lin-t'ung.
[2] 742-755 A.D.

At this time I, that am now old, was aged twenty-four,
My name and fore-name were written down in the rolls of
  the Board of War.
In the depth of night, not daring to let any one know,
I secretly took a huge stone and dashed it against my arm.
For drawing the bow and waving the banner now wholly
  unfit;
I knew henceforward I should not be sent to fight in
  Yün-nan.
Bones broken and sinews wounded could not fail to hurt;
I was ready enough to bear pain if only I got back home.
My arm—broken ever since: it was sixty years ago.
One limb although destroyed—whole body safe!
But even now on winter nights, when the wind and rain blow
From evening on till day's dawn, I cannot sleep for pain.
              Not sleeping for pain
              Is a small thing to bear,
Compared with the joy of being alive when all the rest are
  dead.
For otherwise, years ago, at the ford of Lu River
My body would have died and my soul hovered by the bones
  that no one gathered.
A ghost, I'd have wandered in Yün-nan, always looking for
  home,
Over the graves of ten thousand soldiers, mournfully hovering."
              So the old man spoke,
              And I bid you listen to his words.
              Have you not heard
That the Prime Minister of K'ai-yüan,[1] Sung K'ai-fu,[2]
Did not reward frontier exploits, lest a spirit of aggression
  should prevail?
              And have you not heard
That the Prime Minister of T'ien-Pao, Yang Kuo-chūng[3]
Desiring to win imperial favour, started a frontier war?
But long before he could win the war people had lost their
  temper;
Ask the man with the broken arm in the village of Hsin-fēng.

---

[1] 713-742.

[2] Sung Ching 宋璟.

[3] Cousin of the notorious mistress of Ming-huang, Yang Kuei-fei.

Note on the Satires

Fēng Pan (eighteenth century) says: "Po's satires are open and direct and therefore move the reader deeply. His predecessors had always disguised their meaning so as to convey a suitable warning without running any risks themselves. Po, on the other hand, is perfectly explicit, and the excellence of his satires lies in their very directness. It is impossible to read them without being stirred."

The three following poems (Nos. 16, 17, and 18) were written on the poet's journey to his place of exile.

臼 口 阻 風 十 日

16. Kept waiting in the boat at Chiu K'ou ten days by an adverse wind (XV, 21)

White billows and huge waves block the river crossing:
Wherever I go, danger and difficulty; whatever I do, failure.
Just as in my worldly career I wander and lose the road,
So when I come to the river-crossing I am stopped by contrary
    winds.
Of fishes and prawns sodden in the rain the smell fills my
    nostrils;
With the stings of insects that come with the fog, my whole
    body is sore.
I am growing old, time flies, and my short span runs out,
While I sit in a boat at Chiu K'ou, wasting ten days!

舟 中 讀 元 九 詩

17. On Board Ship: Reading Yüan Chēn's Poems (XV, 22)

I take your poems in my hand and read them beside the candle;
The poems are finished: the candle is low; dawn not yet come.
With sore eyes by the guttering candle still I sit in the dark,
To the sound of waves that strike the ship driven by a head-
    wind.

望 江 州 及 初 到 江 州 二 首

18. Arriving at Hsün-yang (XV, 27)

(Two Poems)

I

A bend of the river brings into view two triumphal arches;
That is the gate in the western wall of the suburbs of Hsün-yang.
I have still to travel in my solitary boat three or four leagues—
By misty waters and rainy sands, while the yellow dust thickens.

II

We are almost come to Hsün-yang : how my thoughts are stirred
As we pass to the south of Yü Liang's[1] tower and the east of
P'ēn port.
The forest trees are leafless and withered—after the mountain
rain ;
The houses of men are low hidden among the river mists.
The horses, fed on *ku-chiang*,[2] are too weak to carry their load ;
The cottages, built of thatch and wattle, let the wind blow on
one's bed,
In the distance I see red-wheeled coaches driving from the town-
gate ;
They have taken the trouble, these civil people, to meet their
new Prefect !

山 中 獨 吟

19. Singing in the Mountains (VII, 20)

There is no one among men that has not a special failing :
And my failing consists in writing verses.
I have broken away from the thousand ties of life,
But this infirmity still remains behind.
Each time that I look at a fine landscape,
Each time that I meet a loved friend,
I raise my voice and recite a stanza of poetry,
And am glad as though a god had crossed my path.
Ever since the day I was banished to Hsün-yang,
Half my time I have lived among the hills.
And often, when I have finished a new poem,
Alone I climb the road to the Eastern Rock.
I lean my body on the banks of white stone ;
I pull down with my hands a green cassia branch.
My mad singing startles the hills and valleys :
The apes and birds all come to peep.
Fearing to become a laughing-stock to the world,
I choose a place that is unfrequented by men.

---

[1] Died 340 A.D. Giles 2526.
[2] 菰 蔣, "a species of aquatic grass" (Giles).

贈 寫 眞 者

20. To a Portrait Painter who desired him to sit (XVII, 10)

You, so bravely splashing reds and blues!
Just when *I* am getting wrinkled and old.
Why should you waste the moments of inspiration
Tracing the withered limbs of a sick man?
Tall, tall is the Palace of the Unicorn,[1]
But my deeds have not been frescoed on its walls.
Minutely limned on a foot of painting silk—
What can I do with a portrait such as *that*?

自 江 州 至 忠 州

21. On being removed from Hsün-yang (XI, 2)

And sent to Chung-chou, a remote place in the mountains of Pa 巴
(Ssech'uan)

Before this, when I was stationed at Hsün-yang,
Already I regretted the fewness of friends and guests.
Suddenly, suddenly, bearing a stricken heart
I left the gates, with nothing to comfort me.
Henceforward, relegated to deep seclusion
In a bottomless gorge, flanked by precipitous mountains.
Five months on end the passage of boats is stopped
By the piled billows that toss and leap like colts.
The inhabitants of Pa resemble wild apes;
Fierce and lusty, they fill the mountains and prairies.
Among such as these I cannot hope for friends,
And am pleased with anyone who is even remotely human!

截 樹

22. Pruning Trees (VII, 14)

Trees growing—right in front of my window;
The trees are high and the leaves grow thick.
Sad, alas! the distant mountain view,
Obscured by this, dimly shows between.
One morning I took knife and axe;
With my own hand I lopped the branches off.

---

[1] 麒 麟 閣, one of the "Record Offices" of the T'ang dynasty, where meritorious deeds were illustrated on the walls.

Ten thousand leaves fell about my head ·
A thousand hills came before my eyes.
Suddenly, as when clouds or mist break
And straight through, the blue sky appears;
Again, like the face of a friend one has loved
Seen at last after an age of parting.
First there came a gentle wind blowing;
One by one the birds flew back to the tree.
To ease my mind I gazed to the south-east;
As my eye wandered, my thoughts went far away.
Of men there is none that has not some preference;
Of things there is none but mixes good with ill.
It was not that I did not love the tender branches;
But better still, to see the green hills!

病 中 友 人 相 訪

23. **Being visited by a friend during illness** (X, 12)

I have been ill so long that I do not count the days;
At the southern window, evening—and again evening.
Sadly chirping in the grasses under my eaves
The winter sparrows morning and evening sing.
By an effort I rise and lean heavily on my bed;
Tottering I step towards the door of the courtyard.
By chance I meet a friend who is coming to see me;
As though I had risen specially to greet him.
They took my couch and placed it in the setting sun;
They spread my rug and I leaned on the balcony-pillar.
Tranquil talk was better than any medicine;
Gradually I perceived that my spirits were coming back.

夜 泊 旅 望

24. **On the way to Hangchow: Anchored on the River at
Night** (XX, 5)

Little sleeping and much grieving, the traveller
Rises at midnight and looks back towards home.
The sands are bright with moonlight that joins the shores;
The sail is white with dew that has covered the boat.
Nearing the sea, the river grows broader and broader:
Approaching autumn, the nights longer and longer.
Thirty times we have slept amid mists and waves,
And still we have not reached Hang-chow!

路 上 寄 銀 匙 與 阿 龜

25. The Silver Spoon (XX, 3)

(While on the road to his new province, Hang-chow, in 822, he sends a silver spoon to his daughter A-kuei, whom he had been obliged to leave behind with her nurse, old Mrs. Ts'ao.)

To distant service my heart is well accustomed ;
When I left home, it wasn't *that* which was difficult.
But because I had to leave Miss Kuei at home—
For this it was that tears filled my eyes.
Little girls ought to be daintily fed :
Mrs. Ts'ao, please see to this !
That's why I've packed and sent a silver spoon ;
You will think of me and eat up your food nicely !

26. The Big Rug[1]

That so many of the poor should suffer from cold
        what can we do to prevent ?
To bring warmth to a single body
        is not much use.
I wish I had a big rug
        ten thousand feet long,
Which at one time could cover up
        every inch of the city.

飲 後 夜 醒

27. After getting drunk, becoming sober in the night (XX, 19)

Our party scattered at yellow dusk and I came home to bed ;
I woke at midnight and went for a walk, leaning heavily on
    a friend.
As I lay on my pillow my vinous complexion, soothed by sleep,
    grew sober.
In front of the tower the ocean moon, accompanying the tide,
    had risen ;
The swallows, about to return to the beams, went back to roost
    again ;

---

[1] I cannot find this poem in the "Works"; it is possible, therefore, that it is not genuine. The same idea is expressed in a less concise form in three authentic poems.

The candle at my window, just, going out, suddenly renewed
    its light.
All the time till dawn came, still my thoughts were muddled;
And in my ears something sounded like the music of flutes and
    strings.

題 文 集 櫃

28. On a Box containing his own Works (LXIII, 9)

I break up cypress and make a book-box;
The box well-made, and the cypress-wood tough.
In it shall be kept what author's works?
The inscription says Po Lo-t'ien.[1]
All my life has been spent in writing books,
From when I was young, till now that I am old.
First and last—seventy whole volumes;
Big and little—three thousand themes.[2]
Well I know in the end they'll be scattered and lost;
But I cannot bear to see them thrown away.
With my own hand I open and shut the locks,
And put it carefully in front of the book-curtain.
I am like Tēng Pai-tao;[3]
But to-day there is not any Wang Ts'an.[4]
All I can do is to divide them among my daughters
To be left by them to give to my grandchildren.

耳 順 吟

29. On being Sixty (LI, 23)

(*Addressed to Liu Mēng-te (Giles, 1379), who had asked for a poem.
He was the same age as Po Chü-i.*)

Between the ages of thirty and forty, one is distracted by the
    Five Lusts;
Between the ages of seventy and eighty, one is a prey to
    a hundred diseases.
But from fifty years to sixty years one is free from all ills;
Quiet and peaceful, calm and still—the heart enjoys rest.

---

[1] 樂 天, Po Chü-i's other name.
[2] i.e. separate poems, essays, etc.
[3] Who was obliged to abandon his only child on the roadside. See Tēng Yu
Giles, 1907.
[4] Giles, 2235. Is the reference to Wang's famous poem, 七 哀?

I have put behind me Love and Greed; I have done with
    Profit and Fame;
I am still short of illness and decay and far from decrepit age;
Strength of limb I still possess to seek the rivers and hills;
Still my heart has spirit enough to listen to flutes and strings.
At leisure I open new wine and taste several cups;
Drunken I recall old poems and sing a whole volume.
Měng-tě has asked for a poem, and herewith I exhort him
Not to complain of three-score, "the time of obedient ears."[1]

登 觀 音 臺 望 城
30. Climbing the Terrace of Kuan-yin and looking at the City (LV, 6)

Hundreds of houses, thousands of houses—like a chess-board.
The twelve streets like a field planted with rows of cabbage.
In the distance perceptible, dim, dim—the fire of approaching
    dawn;
And a single row of stars lying to the west of the Five Gates.

登 靈 應 臺 北 望
31. Climbing the Ling Ying Terrace and looking North (LV, 6)

Mounting on high I begin to realize the smallness of Man's
    Domain;
Gazing into distance I begin to know the vanity of the Carnal
    World.
I turn my head and hurry home—back to the Court and Market,
A single grain of rice falling—into the Great Barn.

山 遊 示 小 妓
32. Going to the Mountains with a little Dancing-girl aged 15 (LXII, 9)

(*Written when he was about 65. The girl was probably the famous Fan-su* 樊 素, *whom the poet subsequently took into his service.*)

    Two top-knots not yet plaited into one.
    Of thirty years—just beyond half.
    You who are really a lady of silks and satins
    Are now become my hill- and stream-companion!

[1] Confucius said that it was not till *sixty* that "his ears obeyed him". This age was therefore called "the time of obedient ears". 耳 順 年.

At the spring fountains together we splash and play,
On the lovely trees together we climb and sport.
Her cheeks grow rosy as she quickens her sleeve-dancing;
Her brow grows sad as she slows her song's tune.
Don't go singing the Song of the Willow Branches,[1]
When there's no one here with a heart for you to break!

夢 微 之 [2]
33. Dreaming of Yüan Chēn (LXVIII, 13)

(This was written eight years after Yüan Chēn's death, when Po Chü-i was 68.)

At night you came and took my hand and we wandered together
in my dream;
When I woke in the morning there was no one to stop the
tears that fell on my handkerchief.
On the banks of the Ch'ang my aged body three times[3] has
passed through sickness;
At Hsien-yang[4] to the grasses on your grave eight times has
autumn come.
You lie buried beneath the springs and your bones are mingled
with the clay.
I—lodging in the world of men; my hair white as snow.
A-wei and Han-lang both followed in their turn;
[Affectionate names of Li Piao-chih and Ts'ui Hui-shu.]
Among the shadows of the Terrace of Night did you know
them or not?

夢 上 山
34. A Dream of Mountaineering (LXIX, 13)

(Written when he was over 70.)

At night, in my dream, I stoutly climbed a mountain,
Going out alone with my staff of holly-wood.
A thousand crags, a hundred hundred valleys—
In my dream-journey none were unexplored,
And all the while my feet never grew tired,
And my step was as strong as in my young days.

[1] A plaintive love-song (see Yo Fu Shih Chi 樂 府 詩 集, ch. lxxxi), to
which Po Chü-i had himself written words.
[2] Wei-chih, Yüan Chēn's other name.
[3] Since you died.
[4] 咸 陽, near Ch'ang-an, modern Si-ngan-fu.

Can it be that when the mind travels backward,
The body also returns to its old state?
And can it be, as between body and soul,
That the body may languish, while the soul is still strong?
Soul and body—both are vanities;
Dreaming and waking—both alike unreal.
In the day my feet are palsied and tottering;
In the night my steps go striding over the hills.
As day and night are divided in equal parts,
Between the two I *get* as much as I *lose*.

即 事 重 題

35. (*Congratulating himself on the comforts of his life after his retirement from office. Written c. 844?*) LXV, 19

Lined coat, warm cap, and easy felt slippers,
In the little tower, at the low window, sitting over the sunken brazier.
Body at rest, heart at peace; no need to rise early.
I wonder if the courtiers at the Western Capital know of these things, or not?

聞 歌 者 唱 微 之 詩

36. **On hearing someone sing a poem by Yüan Chēn** (LXIV, 10)

(*Written long after Yüan Chēn's death.*)

No new poems his brush will trace:
  Even his fame is dead.
His old poems are deep in dust
  At the bottom of boxes and cupboards.
Once lately, when someone was singing,
  Suddenly I heard a verse—
Before I had time to catch the words
  A pain had stabbed my heart.

客 有 說

37. **Taoism and Buddhism** (LXIX, 31)

(*Written soon before he died.*)

A traveller came across the seas
Telling of strange sights.
"In a deep fold of the sea-hills
I saw a terrace and tower.

In the midst there stood a fairy temple
With one niche empty.
They all told me this was waiting
For Lo-t'ien to come."

Traveller, I have studied the Empty Gate;[1]
I am no disciple of fairies.
The story you have just told
Is nothing but an idle tale.
The hills of ocean shall never be
Lo-t'ien's home.
When I leave the earth it will be to go
To the Heaven of Bliss Fulfilled.[2]

自 詠 老 身 示 諸 家 屬
38. **Last Poem** (LXXI, 13)

.   .   .   .

They have put my bed beside the unpainted screen;
They have shifted my stove in front of the blue curtain.
I listen to my grandchildren, who are reading me a book;
I watch the servants, who are eating up my soup.
I busy my pencil, answering the poems of friends;
I feel in my pockets and pull out the medicine money.
When this superintendence of trifling affairs is done,
I lie back on my pillows and sleep with my face to the south.

---

[1] 空 門, i.e. Buddhism. The poem is quite frivolous, as is shown by his claim to Bodhisattvahood.

[2] The "tushita" Heaven, 樂 率 天, where Bodhisattvas wait till it is time for them to appear as Buddhas.

THE PHONETICS OF THE BENGALI LANGUAGE

By J. D. ANDERSON, M.A.

ALPHABET, varṇa-mālā, *bɔrno-mala*, বর্ণ-মালা ।

1. Vowels, svar-varṇa, *ʃɔr-bɔrno*, স্বর-বর্ণ ।

In Bengali, as in most Indian languages, every consonant, unless some other vowel is written with it, is pronounced with an *unwritten* "inherent" vowel, = a.

In Bengali this vowel is pronounced, not as usually *a*, but as ɔ.

The vowels, like the consonants, are theoretically supposed to be pronounced in the five parts of the mouth, thus : (1) throat, kaṇṭha, *kɔntho*, কণ্ঠ ; (2) palate, tālu, *talu*, তালু ; (3) cerebrum, mūrddhā, *muːrddha*, মূর্দ্ধা ; (4) teeth, danta, *dɔnto*, দন্ত ; (5) lips, oṣṭha, *oːʃtho*, ওষ্ঠ.

They are also divided into (1) hrasva, *hrɔʃʃo*, হ্রস্ব = *short* vowels; (2) dīrgha, *diːrgho*, দীর্ঘ = *long* vowels.

Hence, theoretically, there are ten pure vowels. Those in parenthesis are not used in Bengali.

		short					
(1) Kanṭhya, *kɔnṭṭho*	. .	a,	ɔ,	অ	ā,	*a*,	আ
(2) Tālavya, *talɔbbo*	. .	i,	ɪ,	ই	ī,	*iː*,	ঈ
(3) Murddhanya, *muːrdhɔnno*		ṛ,	rɪ,	ঋ	(ṝ),	*riː*,	ৠ
(4) Dantya, *dɔntto*	. . .	(ḷ),	lɪ,	ঌ	(ḹ),	*liː*,	ৡ
(5) Oṣṭhya, *oʃṭho*	. . .	u,	*u*,	উ	ū,	*uː*,	ঊ

There are four diphthongs : (1) a + i = e, (2) ā + i = ai, (3) a + u = o, (4) ā + u = au.

But these are not, as in other Indian languages, pronounced as *e*, *aɪ*, *o*, and *au*, but as ɔ, ɔɪ, o, and oᵘ. Their symbols are এ, ঐ, ও, and ঔ.

There are, however, other vowel sounds than those given above. These are due to the influence of Sanskrit compound consonants which have undergone phonetic decay in passing through Prākṛt.

Thus kṣa ক্ষ became khya and finally kkha; y and v compounded with a preceding consonant became mute, and either (1) *lengthened* the sound of that consonant (if initial), or (2) *doubled* its sound (if medial).

These affect (1) the sound of *subsequent* a or ā.

      (2)   ,,   *precedent* a or ā.

Examples :—

(1) As affecting a : kṣaṇ = *kh:jɔn*, kṣatri = *kh:etri*, kṣamā = *khema*, kṣati = *kheti*, vyay = *b:e:*, vyathā = *b:etha*, vyavahār = *b:ebɔhar*, vyakti = *b:ekti*, vyasta = *b:esto*, nyasta = *n:esto*.

As affecting ā : kṣālan = *kh:ælɔn*, kṣānta = *kh:ænto*, khyāta = *kh:æto*, vyākaraṇ = *b:ækɔrɔn*, nyāy˙ya = *n:ædzdzo*, śyāmal = *ʃæmɔl*, tyāg = *tæg*, vyāpār = *b:æpar*.

(2) As affecting a : akṣi = *ɔᴵkkhi*, akṣar = *ɔᴵkkhɔr*, kalya = *kɔᴵllo*, adya = *ɔᴵddo*, satya = *ʃɔᴵtto*, satva = *ʃ:ɔtto*, tatva = *tɔᴵtto*, lakṣmī = *lɔᴵkkhi:*. (A privative is not thus affected.)

As affecting ā : sākṣī = *ʃækkhi:*, mānya = *mænno*, bhāgya = *bhæggo*, kāry˙ya = *kærdzdzo*, tyāy˙ya = *t:ædzdzo*, bādhya = *bæddho*.

There are, therefore, besides the seven conventional pure vowels, the vowel *œ*, represented by -ā or by ā followed by a consonant compounded with ṣ or y ; and the vowel *e*, similarly produced by contact of a with compound consonants.

Besides the conventional four diphthongs there are (1) *ɔᴵ*, produced as above, and also by epenthesis, as when ati, normally *ɔti*, becomes *ɔᴵti* ; (2) *aᴵ*, produced by epenthesis, e.g. āji = *aɪdz*, kāli = *kaɪl*, gāli = *gaɪl*, śāli = *ʃaɪl*, āli = *aɪl*.

In certain words the *sahaj* or normal pronunciation of e becomes vi-kṛta or "distorted". Thus y˙ena = *dzenɔ*, kena = *kenɔ*, y˙eman = *dzemɔn*, teman = *temɔn*, eta = *eto*.

The vowels, when not initial, are written as follows (I give combinations with the letter k = ক): ক = ka, কা = kā, কি = kɪ, কী = kī, কু = ku, কৃ = kṛ, কে = ke, কৈ = kai, কো = ko, কৌ = kau.

Theoretically i = *ɪ*. But in initial and final syllables it often becomes *i* or even *i:* : e.g. śiva = *ʃi:b*, pitā = *pita*, dite = *dite*, nite = *nite*. But nilām = *nɪlam*, niba = *nɪbo*, dilām = *dɪlam*.

Final i is often *i*, especially the i of emphasis : e.g. *tɪni-i*, *pɔti*, *gele-i*.

So ṛ varies between *rɪ* and *ri*, the latter chiefly in monosyllables such as tṛṇ = *trɪn*.

When final a is not mute (as to rule for which see Wenger) it frequently becomes not *ɔ* but *o*, especially in the last syllable of disyllabic adjectives such as bhāla = *bhalo*, choṭa = *tʃhoṭo*, baṛa = *bɔṛo*.

Before giving the normal pronunciation of the vowels

I had better set out the consonants, so as to be able to quote complete words. The consonants, like the vowels, are classified as (1) guttural, (2) palatal, (3) cerebral, (4) dental, and (5) labial (see table, p. 82).

˙ ɔver a vowel is called a candrà-vindu, *tʃɔndrɔ-bɪndu*, and nasalizes it. It is the exact equivalent of ˜.

ং = ṁ after a vowel is called anu-nāsikā, "following nasal," and is pronounced as *η* : e.g. সংযোগ = *ʃɔηdzog*.

ঃ = ḥ after a vowel is called vi-sarga, "cessation." It is a substitute, under Sanskrit phonetic theory, for final r and s. When final it is sounded as a sharp pause. When medial it doubles the sound of the following consonant.

Thus :   dur + kha = দুঃখ = *dukkhɔ*.

nir + sār = নিঃসার = *nɪʃʃar*.

nir + sṛta = নিঃসৃত = *nɪssrɪto*.

nir + śvās = নিঃশ্বাস = *nɪʃʃaʃ*.

nir + śabda = নিঃশব্দ = *nɪʃʃɔbdo*.

dur + stha = দুঃস্থ = *dussthɔ*.

dur + sādhya = দুঃসাধ্য = *duʃʃaddhɔ*, etc.

We can now return to the normal sounds of the vowels.

(1) a.   Normal (sahaj) pronunciation = ɔ.

e.g. অবশ্য = avaśya = *ɔbɔˡʃʃɔ*.

অগ্র = agra = *ɔgrɔ*.

পত্নী = patnī = *pɔtni:*.

Final a is often pronounced *o*, as mentioned above, and sometimes also in an initial syllable, e.g. বলিতে = *bol'te*.

(2) ā.   Normal (sahaj) sound is *a*.

Examples : আকার = *a:kar*, আষাঢ় = *a:ʃarh*, প্রাণ = *pra:η*. The vi-kṛta pronunciation has been given above.

(3) i.   Normal (sahaj) sound is *ɪ*.

Examples : নাসিকা = *naʃɪka*, মিথ্যা = *mɪttha*, স্থিত = *sthɪto*, যাইত = *dza-ɪto*.

The pronunciation of i into ī, as when শিব = *ʃi:b*, has already been noticed. Note that i in the penultimate syllable of verbs is elided in Western Bengal, where it follows a consonant, and, where it follows a vowel, undergoes one of the rare cases of a genuine modern *sandhi* or coalescence.

Thus করিতে becomes *korte*, যাইতে = *dzete*, আসিতে = *aʃte*, বলিতে = *bo:lte*, কহিতে = *ko'te*, যাইয়া = *dzeje*, মরিয়া = *mɔre*. (This

Vyañjan varṇa = Bendzɔn bɔrnɔ = Consonants.

Sparśa varṇa = spɔrʃɔ bɔrnɔ = "touch letters", i.e. vargīya letters.[1]				Antahstha = ɔntɔːsthɔ, "interstitials," semivowels.	Uṣma = ũʃɔ, breath-letters, sibilants.
Surds.		Sonants.	Nasals.		
(1) क, ka, kɔ. ख, kha, khɔ.		গ, ga, gɔ. ঘ, gha, ghɔ.	ঙ, ṅa, ɐɔ.		হ, ha, hɔ.
(2) চ, ca, tʃe. ছ, cha, tʃhɔ.		জ, ja, dzɔ.[2] ঝ, jha, dzhɔ.	ঞ, ña, ɲɔ.	য, ya, jɔ. য়, y·a, dzɔ.[2]	শ, śa, ʃɔ.[5]
(3) ট, ṭa, ṭɔ. ঠ, ṭha, ṭhɔ.		ড, ḍa,[3] ḍɔ. ঢ, ḍha,[3] ḍhɔ.	ণ, ṇa, ṇɔ.	র, ra, rɔ.	ষ, ṣa, ʃɔ.[5]
(4) ত, ta, tɔ. থ, tha, d.		দ, da, dɔ. ধ, dha, dhɔ.	ন, na, nɔ.[4]	ল, la, lɔ.	স, sa, ʃɔ.[5]
(5) প, pa, pɔ. ফ, pha, phɔ.		ব, ba, bɔ.[4] ভ, bha, bhɔ.	ম, ma, mɔ.	ব, va, bɔ.[4]	

[1] The ... vargīya letters are so called because they are divided into the varga (bɔrgɔ) or "classes".

[2] These are distinguished as (1) vargīya ja and (2) antahstha ja.

[3] ḍa, ḍha, when written as ড়, ঢ়, are trilled into hard cerebral r, rh, as বড় = bɔrɔ, (আড়) = ... বড় = rʋːɽɔ.

[4] These are spelt and pronounced alike, but are distinguished as (1) vargīya ba and (2) antahstha ba.

[5] All three pronounced alike as ʃ, but are written in the ... or labial consonants, e.g. upa-shit = upɔʃht, hindusthān = hindusthān, ... = stɔmbhɔ, used of s· when ... with ... svāsthya = f:aʃthɔ, smṛti = smṛti or srīti.

N.B.—Initial এ্য- before ā, and medial এ্য after a vowel and before ā = w, e.g. শ্য়া = śaoyā = ʃɔwa, য়্যা = y·āoyā = dzawa, (ন্য়া) = neoyā = newa, বার্য়ারি = baroyāri = bɔrɔwari, ওয়ালা = oyālā = wala; w before i is written as ই, as উইল = English "will".

change requires a more careful analysis than, so far as I know,
has yet been made. In Eastern Bengal verbs are, for the most
part, pronounced as spelt.)

(4) i is always *i* or *i:*.

e.g. সীতা = *fi:ta*, সুন্দরী = *fundɔri:*, শরীর = *fɔri:r*.

(5) ṛ is *rɪ*, except in monosyllables, when it becomes *ri:*.

e.g. কৃত = *krɪto*, পৃথিবী = *prɪthɪbi:*, পৃথক্ = *prɪthɔk*, ভৃত্য = *bhrɪtto*,
তৃণ = *tri:n*. Note the unique use of ṛ after r in নৈঋতি = *nɔɪrrɪti*,
the S.W. quarter.

(6) u is always *u*.

e.g. সুখ = *fukh*, দুঃখ = *dukkho* (note doubling of subsequent
consonant by visarga, and consequent pronunciation of otherwise
muted final a), সুকুমার = *fukumar*, বুদ্ধি = *buddhi*, বুঝা = *budzha*.
Note that জুয়া = *dzuwa*; cf. the use of ওয় as a symbol for w.

(7) ū is always *u:*.

e.g. মূল = *mu:la*, মূল্য = *mu:llo*, পূর্ণ = *pu:rno*, পূর্ব = *pu:rbo*,
স্থূল = *sthu:lo*, স্থূলকায় = *sthu:lokaj*.

(8) e is normally *e*, but in its vikṛta pronunciation, as above
noted, is *ɛ*.

e.g. এখানে = *ekhane*, দেশ = *defe*, কেশ = *kef*, তেলি = *teli*.

(9) ai is pronounced as *ɔɪ*.

e.g. দৈবকাল = *bɔɪkal*, দৈবাৎ = *dɔɪbat*, etc.

(10) o is the pure *o*, as in French.

e.g. পোশাক = *pofak*, পোরা = *pora*, চট্টোপাধ্যায় = *tfɔttopœdhaj*.

(11) au is pronounced as *oᵘ*, something like the English o
in " go ".

e.g. মৌমাছি = *moᵘmatfi*, মৌন = *moᵘno*, ঔষধ = *oᵘfodh*, পৌষ =
poᵘf, পৌত্র = *poᵘtrɔ*.

Finally, note that -হ্য, -hya has become -jja in Prākṛt, and,
though written as in Sanskrit, is pronounced according to the
Prākṛt spelling, with the usual vocalic change produced by the
degeneration of y after another consonant. e.g. বাহ্য = *bœdzdzo*,
সহ্য = *fɔdzdzo*, etc. An odd result of this change is that I have
seen ন্যায্য written in a petition as নেহ্য ! That is the worst of
a language that has Sanskrit spelling with Prākṛt pronunciation.

PHRASAL ACCENTUATION

In Bengali, as in French, there is a dominant phrasal accent
of quantity, but at the *beginning* instead of at the *end* of the

phrase. The first syllable of several words pronounced rapidly together is dwelt upon. But when the first word is a personal pronoun or other comparatively unimportant word, it does not take this accent of quantity.

e.g.   আপনার বাড়ী কোথায় ?

আমি কাল দশটার সময় আসিব ।

Here the words আপনার and আমি কাল are pronounced rapidly and parenthetically, as it were, and the phrasal accent follows them. This peculiarity is reflected in Bengali verse. Each metrical unit or phrase consists of a fixed number of syllables. But it is common (for instance, in many of Rabindranath's lyrics) to precede a verse by an extra-metrical word or two.

e.g.   (আর) নাইরে বেলা নামল ছায়া

ধরণীতে,

(এখন) চল রে ঘাটে, কলসখানি

ভরে নিতে ।

N.B.—The above notes apply only to literary Bengali as pronounced in and around Calcutta. Almost every district has its own peculiarities. For instance, Nadiyā, where the Bengali is as the French of Tours, has a tendency to pronounce n as l, so that নৌকা becomes *lou̯ko*.

P.S.—I ought to add that when I say above that the merging of *y* and *v* with a preceding consonant *doubles* the sound of that consonant, I am not strictly accurate. The consonant is really prolonged, but its sound is heard as the tongue touches and leaves the teeth, etc. Thus *satya* ought perhaps to be written *ſɔt:o*, and not *ſɔtto*.

AN INSCRIPTION OF THE REIGN OF UDAYADITYA

By L. D. BARNETT, M.A., Litt.D.

THE following inscription is now edited—for the first time, as far as I am aware—from an ink-impression which my friend Pandit Shyama Shankar Har Chaudhuri, M.A., of Jhalrapatan, has kindly sent to me, together with a transcription by Pandit Gopal Lal Vyas, Curator of the Archæological Department of H.H. the Maharaja of Jhalawar's Government. The place where it was found is not stated.

The letters are of an elegant Northern type, corresponding to those shown in Bühler's *Tafeln*, v, cols. 11–13, but with some variations; and the initial *i* is peculiar. The average height of the characters in lines 1–7 is $1\frac{1}{16}$ inch; in lines 8–10 the letters are much smaller, with a height of about $\frac{3}{8}$ inch, or rather less. The language is Sanskrit, but of an ungrammatical popular kind. Thus we have the ending *-ōḥ* instead of *-ōr* in line 5, *n* for *ṇ* in *Harshukēn=* on line 6, *parava* and *varishaṁ* on lines 8–9; and the author drops into undiluted and unblushing Prakrit on line 7, *-dēvassa kēriṁ*. The word *kēriṁ* may be compared with the classical Prakrit *kēraṁ*, "for the sake of" (see Pischel, *Gramm. d. Prakr.*, § 176), and the modern case-endings such as *ker, kerā, kar*, etc. (see Kellogg, *Grammar of the Hindi Language*, 2nd ed., §§ 180, 185). The words *paṭṭakila* (lines 3, 8), *satka* (line 6), and *mūdaka* (line 9) are also of some lexical interest. *Paṭṭakila* is the modern *paṭēl*, "village headman." *Satka* means "belonging to", and is found in a few similar inscriptions of Northern India. *Mūdaka* is obscure; one is tempted to alter it to *mūṭaka*, but the latter is a dry measure (cf. Telugu *mūṭa*, "bundle," Marathi *mūṭh*, "bullock's pack-saddle").

The document refers itself to the reign of King Udayāditya, in the Samvat year 1143, and records the construction of a temple of Śambhu (Śiva) and of a well, together with a gift of a supply of lamp-oil, by Janna, son of Chāhila, a Tailika, whose mother Dhāïṇi is also mentioned as offering her homage to the god. The king is obviously the Paramāra Udayāditya of Malwa, who is several times mentioned in inscriptions, and is known from one record (noticed in *Indian Antiquary*, vol. xx, p. 83) to have been reigning in Samvat 1137.

The date is given as Samvat 1143, the 10th of the bright fortnight of Vaiśākha. On the supposition that we have to deal here with the usual Chaitrādi Vikrama era, we may calculate this date either as a *current* or as an *expired* year. On the assumption that the year is a current Vikrama year, the date given above corresponds to Monday, April 7, A.D. 1085. If, however, we take the year as expired, the date will be Sunday, April 26, A.D. 1086. The former alternative seems to be preferable.

TEXT

1. Ōm [1] Namaḥ Śivāya II Saṁvat 1143 Vaisā(śā)kha śudi 10 a-
2. dy=ēha śrīmad - Udayāditya - dēva - kalyāṇa - vijaya - rājyē ı Tē(tai)-
3. lik-ānvayē Paṭṭakila-Chāhila-suta-Paṭṭakila-Janna[kē]-
4. na Śambhōḥ prāsādam=idaṁ kāritaṁ ı tathā Chirihilla-talē Chā-
5. dā-ghau(ghō)sha-kūpikā-Vruvāsakayōḥ aṁtarālē vāpī cha ı
6. Utkīrṇṇ=ēyaṁ Pa[ṁ*]ḍita-Harshukēn=ēti II [2] Jānya-satka-mā-
7. tā Dhāïṇiḥ praṇamati II Śrī-Lōliga-svāmi-dēvassa kēriṁ
8. Tailik-ānvaē(yē) Paṭṭakila-Chāhila-suta - Paṭṭakila - Jaṁna-kēna II śrī-Sēṁdhava-dēva-para-
9. va-nimitya(tta)ṁ dīpa-tēlya [3]-chatuḥ-palaṁm=ēkaṁ mūdakaṁ krītvā tathā varishaṁ prati savi *
10. II maṁgala mahā śrī II [4]

TRANSLATION

Ōm! Homage to Śiva! Here on this day, the 10th of the bright fortnight of Vaiśākha of the Saṁvat 1143, in the auspicious victorious reign of the fortunate king Udayāditya, the Paṭṭakila Jannaka, son of the Paṭṭakila Chāhila, of the Tailika lineage, caused to be constructed this temple of Śambhu ; likewise in the grounds of Chirihilla, in the space between the small well of Chāḍā-ghōsha and (?) Bruvāsaka, a large well. This [inscription] was engraved by Pandit Harshuka. Jānna's mother Dhāïṇi performs obeisance. For the behoof of the blessed God Lōliga-svāmin, the Paṭṭakila Jannaka, son of the Paṭṭakila Chāhila, of the Tailika lineage, has purchased for the occasions of the festivals of the blessed god Sēndhava one *mūdaka* (?) containing four *palas* of lamp-oil and [assigned it to be used ?] every year. Happiness! great fortune !

---

[1] Denoted by a symbol.
[2] This *daṇḍa* is followed by a *chakra*-symbol and another *daṇḍa*.
[3] Read *taila*.
[4] This line is preceded by three decorative figures separated by *daṇḍas*, and followed by one.

METRE AND ACCENT

By J. D. ANDÈRSON, M.A.

THE primary business of a teacher is to teach. But everyone
who has had practical experience of teaching has found that
he has learned from his pupils almost as much as he has taught,
since contact with younger minds supplies a new point of view,
which imparts a fresh novelty to familiar facts. For example,
when a man is acquiring a living language, he learns the
pronunciation (not only syllabic pronunciation but the significant
tones and inflexions of the language) by sheer imitation, by
trusting to his aural memory and his power of grasping sounds
unfamiliar to him in his own tongue. But when he tries to
impart his accomplishment to others, he must needs analyse, if he
is to explain, what he has learnt. Hence teaching, if it is not
mere mechanical transmission of information, such as can be got
from a book, becomes, in effect, a species of research.

In teaching pronunciation, you may recite or read aloud, and
invite your pupils to do the like, correcting their errors as best
you can. But there will always be pupils who will not be
contented with mere imitation, and will demand some generalized
account of the kind of pronunciation you are endeavouring to
teach. You are lucky if you get such pupils, since they compel
you to search your linguistic conscience, to examine, sort, and
verify your facts, to go through the mentally exhilarating process
of theorizing about them. For example, you may be led to think
more carefully and exhaustively of the metres of the language
you teach, since a metre in any given case is the rhythmical
arrangement of prominently audible syllabic sounds, prominent in
length, or strength, or pitch, or by a combination of any two or
even three of these "accents". And since the poet composes his
metres so that they shall be recognized instantaneously by all his
readers, gentle and simple, learned and unlearned, metres are (or
should be) an excellent clue to the characteristic pronunciation of
a language.

The easiest way of explaining my meaning is to take one or
two simple examples. In most modern languages of Europe, the
dominant audible quality of spoken speech is a fixed verbal

accent of force, a stress, which falls on one syllable (or in the instance of long words, on two syllables) of a word. This is the case of our own language, and our metres consist in the arrangement of strong, of stressed syllables at more or less equal intervals. In the Germanic languages generally this fixed stress is the dominant audible quality. It may, of course, be reinforced or varied by duration (quantity) or changes of pitch. But it is the strong syllables that beat the rhythm of verse.

But there are also languages in which the accent is phrasal and not verbal, and falls on some determinate syllable of a number of words pronounced rapidly together. A word will or will not carry an accent according to its position in a phrase. The most familiar example of this type of languages is French, in which the phrasal accent is final; it precedes and announces a pause. The preceding syllables in the phrase are "atonic", pronounced rapidly and in a more or less level tone of voice. (The fact that the accent can be transferred from the ultimate to the penultimate or even earlier syllable for purposes of emphasis, does not affect the normal rule.) Out of this rule of pronunciation springs the French system of metre. For example, a normal Alexandrine consists of two phrases (hemistiches) of six syllables, the last or last but one of which bears an accent, chiefly of duration, but often also of stress and pitch as well. In French verse, the accent precedes and announces the cæsura or the end of the line. Here is one reason why to a French beginner in English, English verse sounds harshly monotonous; why to an Englishman the infinite variety of pitch and quantity in French verse is obscured by the regular recurrence of the phrasal accent.

If I venture to quote these two familiar instances of the interrelation of metre and ordinary pronunciation of everyday speech, it is because the same peculiarity may be found in Eastern languages. For instance, many Indian languages have a verse form which is "quantitative", consisting of feet or *mātrās* closely resembling those of Greek and Latin scansion. But in language teaching we have to be continually on our guard against the terminology we inherit from the Classics, whether in matters of grammar, etymology, or metre. For example, any Bengali will tell you that his native verse, abounding in words borrowed unaltered from Sanscrit, is "quantitative" verse, composed of *mātrās* or feet resembling those of Sanscrit. But examine

Bengali verse with a native scholar, and you shall presently find him admitting that the *mātrā* in Bengali, instead of consisting of two or more short or long syllables, consists in fact of a single *akṣara*, a consonant with its accompanying vowel; in short, of a single syllable.

Go further, and you will find that a Bengali verse consists of a fixed (an even) number of syllables, divided by a cæsura. For example, the *payār* metre (the common narrative or heroic verse of Bengal) contains 8 + 6 syllables, separated by a cæsura. It is not necessary that any one of these should be long or short, stressed or unstressed, high or low in pitch, according to its position in the verse, with one exception. That exception is that the *first* syllable in each hemistich (and not the *last*, as in French) is accented. The accent is predominantly one of length, of duration, though (to an English ear at least) there seems to be also an accent of force, a stress.

Now, observe, we have here a reversal of French metre. We have a fixed number of rapidly but clearly pronounced atonic syllables *following* an accented syllable. This is a form of verse which cannot be written in English. It would be impossible to put together words so as to get an initial long or strong syllable followed by so many as seven or five atonic syllables. The fixed word-stresses of our language would come in and break the rhythm. Yet a Bengali poet trusts to *all* his readers, learned or unlearned, to pronounce his verse rhythmically. The inevitable conclusion is that the pronunciation of spoken Bengali has as its dominant audible quality some trick of speech which lends itself to "syllabic" or phrasal verse. It may be said, roughly, that French verse and Bengali verse consist of phrases in which there is a fixed, even number of syllables, of which the last in the one case, and the first in the other, bears the phrasal accent, mainly an accent of quantity.

From this crude analysis of Bengali verse, we would expect, then, that spoken Bengali would consist of a number of rapidly pronounced phrases of which the first syllable is accented. Such in fact is the case, with the exception that sometimes an initial syllable or two may be pronounced in a parenthetical, "extra-metrical," and atonic fashion before you come to the real beginning of the phrasal unit. This peculiarity of the Bengali speech may be heard in what is sometimes called in Calcutta "chee-chee English". It is English in which our fixed verbal stresses tend to be replaced by an initial phrasal stress.

This peculiarity has an ethnological as well as a linguistic interest. So far as its vocabulary is concerned, Bengali is a sister of adjacent Hindi, and the common mother of both is Maithili Prakrit. In short, the people of Bengal have borrowed a Western vocabulary, as the French have taken most of their words from Latin. The dictionary of Bengal is that of the Hindu religion, and came to them with Hindu missionaries from the West. But the phrasal pronunciation is, no doubt, indigenous, a true shibboleth, which may possibly give a clue to racial origin.

Here is a matter where a School of Oriental Languages in the West may be of use to Bengali students of their own language, as being able to supply a *comparative* study of their speech. If we can discover, in or near to Bengal, languages which have the dominant audible quality of Bengali, we may make a shrewd guess as to the ethnical relationships of modern speakers of Bengali.

Indigenous Bengalis (the upper classes are mostly the descendants of immigrants from the west) may, in the persons of their ancestors, once have spoken some Tibeto-Burman speech in the north of the country, and some Dravidian tongue in the south. The characteristic phrasal accent of Bengali may be due to one or other of these. It may, on the other hand, be an inheritance from some aboriginal speech which has perished and has been forgotten. So far as I know, the subject has never been studied, though I once met a learned Bengali who had spent many years in the Central Provinces and was inclined to think that the typical pronunciation of Bengali has a Dravidian origin. In the north of Bengal, the matter can, to some extent, be made the subject of actual experiment. At the foot of the Garo Hills are many Tibeto-Burman or Boḍo tribes who are rapidly substituting Bengali or Assamese vocabulary for their own. It would be interesting to see whether they retain their tribal accentuation, and whether this is akin to the phrasal pronunciation of Bengali.

Let it be observed that it is not necessary to confine the study of pronunciation to the aboriginal castes and classes, since in these matters the old proverbial saying of "ipsis Hibernicis Hiberniores" applies. When Englishmen settled in Ireland, they communicated their vocabulary to the Irish, but themselves picked up the local accentuation and many local habits of speech and idiom. So has it been in Bengal. Frenchmen are justly proud of being a " Latin " race, because they possess a Latin vocabulary. Yet their idioms and phrasal pronunciation are doubtless Celtic, in spite of the remarkably few Celtic words that now survive in their copious and beautiful language. So are Bengalis proud of the fact that they possess more *tatsamas* (unaltered Sanscrit words) than any other modern Indian people. They are still a little apt to resent the suggestion that there are non-Sanscritic elements in their speech, elements which it should be a duty and pleasure to trace so far as is now possible. That is a matter in which men of other races and other tongues can help, since sheer familiarity is an obstacle to the recognition of buried survivals in speech and pronunciation.

Anthropologists tell us that language is an unsafe guide to ethnological origins. That is true, no doubt. Yet when Pater Schmidt, of Vienna, tackled the speech of the Khasis in Assam (long supposed to be as unique and isolated as that of the Pyrenean Basques) and traced it into Southern Burmah, Annam, and finally right across the Pacific to Easter Island, he made a discovery which had an ethnological as well as a linguistic importance.

It is the hope of lighting upon discoveries of this kind, if not of such unusual interest and importance, that gives a new charm to the teaching and learning of languages, and especially in a country like India, where languages and racial origins are far more numerous than in Europe, and have to some extent, hitherto, been preserved by the social structure of the vast population. The learning of Indian languages has, for Englishmen, a practical value. But the languages can also be studied in a scientific, a disinterested spirit, and here, it is only fair to say, the Germans have set us an example which might be followed with more perseverance and assiduity than we have yet shown. If I have ventured to cite the case of Bengali, it is simply because my official lot was cast among Bengalis, and it was my duty to learn something of their speech. No doubt other and even more interesting instances are · known to students of other Indian languages.

NOTES

English Words in Indian Script

Most students of Indian tongues have been puzzled by English words transliterated into Indian scripts. I was reading a Bengali petition with a pupil yesterday. The petition was headed by the mysterious word *sokaj*. There was no context to help us to decipher its meaning, and dictionaries were, of course, of no avail. It was only when we read the word aloud to a third person who knows no Bengali, that we elicited the ingenious suggestion that *sokaj* is an attempt to write the English words "show cause" in Eastern script.

The petition contained one or two other puzzles of transliteration. The petitioner had been travelling by *reloye*. It was *thard trene* that he made his journey, or rather intended to do so. For he missed his train, and, as he says, *ukta treṇ phel haoyāy yathā samaye hujur ādālate hājir haite pāri nāi*. There are two English words in that sentence!

15.[1] 眞 寂 "pure and still ".

眞 is used here as in Taoist phraseology, to indicate spiritual purity of nature, and cannot very well be translated "true " or "genuine " (眞 實), as Diaz takes it, followed by Legge and Saeki. A better definition is that formulated by Diaz himself when he comes to explain the word 虛, namely : 純 無 錯 雜. We may observe in passing that the whole of this exordium strongly recalls the language of the *Tao Té Ching*, especially in chapters 4 and 25. Nearly all that is said here of the Trinity might apply equally well to Tao. Diaz goes on to remark that 眞 is the fundamental *attribute* (本 德) of God, and 寂 his fundamental *condition* (本 情). But perhaps this is over-refinement. Other renderings are appended ; the second and third seem to me faulty because they interpret 眞 as an adverb modifying 寂.

> Legge : "true and still."
> Havret : "souverainement paisible."
> Moule : "in perfect repose."
> Saeki : "true and firm."

15–16. 窅 然 靈 虛 "profoundly immersed in spiritual vacancy ".

Cf. Chuang Tzŭ, 逍 遙 遊 : 窅 然 喪 其 天 下 焉 "[the Emperor Yao] was plunged in abstraction, and the Empire existed for him no more " (H. A. Giles' translation). According to the commentary, 窅 in that passage is to be read not yao^3 but $mien^2$, so the latter should presumably be the pronunciation here as well. The idea conveyed by 虛 appears to be analogous to our "absolute" or "unconditional ".

> Legge : "incomprehensible in His intelligence and simplicity."
> Havret : "inaccessible et pur esprit."
> Moule : "inaccessible, in spiritual purity."
> Saeki : "who is ever Incomprehensible and Invisible."

---

[1] The numbers refer to the pages in Havret's facsimile of the inscription.

16. 惣 玄 樞 而 造 化 "that which controls the hidden axis of the Universe, creating and evolving".

惣 is a rare character, pronounced hu^1 or $k'u^1$, which K'ang Hsi's Dictionary defines by the word 擊 "to strike". In the present context, however, there is no reason to doubt its being a calligraphic form of 揔, which is itself a variant of 總. This is a word peculiarly applicable to the Supreme Being, as one that implies complete control. Legge can hardly be right in reading 摳 instead of 樞. The expression "grasping the axis" is quite a common one in Chinese literature, as may be gathered from the following quotations :—

梁 蕭 述 初 賦 : 悟 幻 有 之 遷 榦 得 環 中 之 妙 樞 "Realizing the fleeting nature of our illusory existence, and attaining the mystic centre in the circle of phenomena".

白 居 易 對 策 : 王 者 之 道 秉 其 樞 執 其 要 而 已 "The whole duty of a king is to grasp the axis and hold fast to the essential".

王 融 策 秀 才 文 : 朕 秉 籙 御 天, 握 樞 臨 極 "Clutching the chart [a symbol of sovereignty], I am charioted by the heavens ; grasping the axis, I approach the confines of space".

李 白 詩 : 執 樞 相 管 轄 "Holding the axis, to wield control".

王 曾 有 物 混 成 賦 · 今 我 后 掌 握 道 樞 恢 張 天 紀 "Now our Sovereign, holding the axis of Tao in his grasp, greatly enlarges the scope of the divine regulations".

The same conception is present to the mind of Ssŭ-k'ung T'u, though he does not actually use the word 樞, where he says : 超 以 象 外 得 其 環 中 持 之 匪 强 "Proceeding beyond the domain of objectivity and reaching the centre of the circle, there hold fast without violence" (詩 品, 雄 渾). 造 化 is, as Havret remarks, another phrase borrowed from Taoism. "Creating" alone is not enough, however ; the idea of evolution is there as well.

Legge : "who, with His hands operating in the mysterious (abyss of space), proceeded to create."

Havret : "détenant en ses mains une mystérieuse puissance, et auteur de la création."

Moule : "the holder of the mysterious source of life and the Creator."

Saeki : "who, holding the Secret Source of Origin, created all things."

17. 判 十 字 以 定 四 方 "He divided the figure of ten and established the four quarters of the universe".

This is a whimsical way of saying that God created the *whole* of the universe, unlike the gods of paganism who, as Diaz points out, are identified only with certain parts of it, such as the mountains, the sea, and so forth. There is no direct allusion to the cross of Christ, though we may assume that the writer had it in his mind. It is curious that the significance of the cross as a Christian symbol should nowhere be explained in this inscription. It would seem that the Nestorians were afraid of exposing themselves to profane derision if they were to lay stress on the Crucifixion as the central fact of Christianity.

18. 匠 成 萬 物 然 立 初 人 "having fashioned all things, [God] made the first man ".

I cannot help feeling doubtful about 然 as a synonym for 成, which is the meaning assigned to it by Havret. No such usage is mentioned by K'ang Hsi. On the other hand, 然 for 然 後 is certainly awkward, and interferes with the parallelism of the sentence. Might it not be possible to take 然 in its original sense of 燃 and translate " endowed with the spark of life"? The metaphor 燃 燈 is, I believe, sometimes applied by Buddhists to the birth of Śakyamuni.

19-20. 閒 平 大 於 此 是 之 中
　　　 隙 冥 同 於 彼 非 之 內

Having observed that this is a most difficult sentence to translate, Legge proceeds to give an utterly impossible rendering of it. Havret comes somewhat nearer the mark, but is misled by Diaz, who takes 平 大 together as a compound expression. The key to the whole passage, which has been strangely missed by all previous translators, lies in the word 於. This does not mean "in", but goes closely with 大 and 同: "greater *than*," "same *as*." The only real difficulty is with 閒, here used as a verb. It might be considered simply as a synonym of 隙 "to introduce". But the objection to this is that, according to the story of Genesis, Satan introduced not happiness but misery into the Garden of Eden. The clue, I think, is to be found rather in such a phrase as 閒 語, literally "inserted words", suggestions, insinuations. The 辭 源 quotes the 史 記 : 侯 生 乃 屏 人 閒 語 "Hou Shêng rejected men's artful insinuations". My proposed rendering, then, is :—

"[Satan] cunningly held out hopes of happiness greater than that to be found in this [i.e. Adam's] state of righteousness.

But introduced darkness similar to that existing in his own state of sin."

Legge : "a breach wide and great was made in its judgments of what was right, and it [man's nature] was drawn as through an opening into the gulph of (Satan's) perversities."

Havret : "ouvrant une brèche dans cette grandeur morale, au milieu de cet heureux état, il y introduisit la ressemblance de la confusion."

Moule : "disturbed the great (moral) equilibrium in (man's) goodness by the introduction of the likeness of confusion (which was) in his own wickedness."

Saeki : "the perfect attainment of goodness on the one hand and the entire exemption from wickedness on the other became alike impossible for him [i.e. man]."

(To be continued.)

SUMMARIES OF LECTURES DELIVERED AT THE SCHOOL

MALAY

By C. O. BLAGDEN, M.A., University Reader in Malay

Abstract of a public lecture given at the School by Mr. Blagden on February 7th, 1917.

THE Malay language is one of the leading vernaculars of the world, and has been growing in importance of late years owing to the development of trade and particularly of the rubber-planting industry. It is an easy language to acquire a smattering of, as it involves few difficulties of phonetics, accidence, or syntax in the form of it which is current as a *lingua franca*. But this jargon bears the same relation to the real Malay language as the Pidgin English of the China ports does to our own English. The real Malay is the speech of the Malays themselves. It is a leading member of a vast family of languages, commonly styled the Austronesian, or Malayo-Polynesian, or Oceanic, family, which is of Asiatic origin, but has an almost entirely insular domain. It includes Madagascar, Indonesia, with a part of Formosa, Micronesia, Melanesia, and Polynesia, as well as the greater part of the Malay Peninsula, a portion of the coast of New Guinea, the Mergui Archipelago off the coast of Tenasserim, and a small tract in Eastern Indo-China, which was probably the original centre of dispersion of the whole family. Its extreme points in Polynesia are (inclusively) the Sandwich Islands, Easter Island, and New Zealand. With the exception of the languages of Northern Halmahera and a few Papuan ones in or near New Guinea, all the numerous native languages of this extensive area are related together and to Malay.[1]

The Indonesian division includes chiefly the Malay Peninsula, Sumatra, Borneo, the Philippines (with part of Formosa), Java, Celebes, and a number of lesser islands. The race here is a series of cognate blends, brown in colour, and as a rule more or less

---

[1] The languages of the aborigines of the Malay Peninsula, though not belonging to the Austronesian family, are now generally classed in one that is distantly related to it and has been named the Austroasiatic family.

Mongoloid in type, of a stature averaging (in the men) about 5 ft. 3 in., with hair that is usually straight, not wavy. In the other divisions the races are decidedly different, and the common mother-tongue cannot have belonged originally to the ancestors of all these races, but was imposed by one of them on the rest. Among the Indonesians, the Malays must be distinguished from the Javanese, Dayaks, Filipinos, etc.; these are cousins of the Malays, but they are not Malays any more than Frenchmen are Italians. The homeland of the true Malay and of his language is the eastern half of Central Sumatra. The western portion is occupied by the Minangkabau people, who speak a language very closely related to Malay. To the south of these two there are tribes speaking dialects which seem to fall more or less midway between Minangkabau and the Standard Malay. The latter, however, is the language which has spread far and wide. Coming from the eastern coastlands of Central Sumatra, the Malays colonized the Malay Peninsula not less than about seven centuries ago, but even now they have not occupied the whole of the interior; there are still relics of aboriginal, less civilized races in it, whose ancestors were there before the Malays came over from Sumatra. Further, the Malays settled along the shores of Borneo (especially in the north-west, west, and south), subduing or assimilating the Dayaks of that island, but only along the coastline. They also established themselves in many other places as traders, and their comparatively simple language became in time the *lingua franca* of trade of the whole Archipelago, south of the larger islands of the Philippine group.

The particular form of Malay currrent at Batavia and its immediate neighbourhood is adopted by the Dutch as a general medium of intercourse with their native possessions in these regions, and is tending to spread, as an auxiliary language, throughout the whole of that area. But except in certain places it has not superseded the local languages; Javanese, and the rest, continue to be the vernaculars used by the natives amongst themselves. In the Malay Peninsula the purest form of Malay is spoken in the southern half, up to about latitude 4° N., which is roughly the boundary of the old fifteenth century kingdom of Malacca. That kingdom, though it only existed for a little over a century, seems to have had a great influence; it extended its sway over the coastline of half of the Peninsula and the opposite shore of Sumatra (especially Indĕragiri, Kampar, and Siak) just at a time when Malay was beginning to be a language of literature. Consequently the Malay of literature has ever since then been based on Malacca Malay.

Just inland of Malacca is a group of small states which were colonized by Minangkabau people within the last four centuries or so. Their descendants still speak their own dialect, and when they attempt to speak Standard Malay their accent is generally very marked.

In the north of the Peninsula, beyond latitude 4° N. or thereabouts, the local Malay dialects differ considerably from the Standard: this is particularly the case in Kĕdah, Patani, and Kĕlantan, and also to some extent in Tringganu and parts of Perak and Pahang. Of course, even in the south, as in all countries, there are slight local differences in pronunciation, and a few local words are used which would not be readily understood elsewhere.

The form of Malay which does duty as a *lingua franca* is apt to be much influenced by the various local languages with which it has to compete, and has adopted many loanwords from them; so in Java, words from Javanese, Sundanese, and Balinese, etc. But even the Malay of the Malays themselves contains a considerable percentage of loanwords, for the race has been in contact with strangers for centuries. These words are mainly from Sanskrit, Persian, and Arabic, and point to two successive eras of foreign influence; the first Indian, introducing Hinduism and Buddhism, the second Muhammadan, mainly from Southern Arabia. A certain number of Javanese and Tamil words have also come in, as well as a few from Hindustani and Chinese, and (since the sixteenth century) from Portuguese, Dutch, and English. The flow of Arabic words into Malay is still going on, being entirely at the option of individual scholars, whose piety or pedantry may prompt them to make an unnecessarily large use of them. Malays, being all Muhammadans, are, of course, familiar with a number of Arabic words in common use in their prayers. But a good many other Arabic words have been quite assimilated to Malay and are not, as a rule, pronounced in the Arabic fashion, which indeed Malays find it very hard to follow. In spite of all this foreign element, the Malay language remains fundamentally Indonesian in its phonetics, morphological structure, and syntax;

the amount of the foreign element must not be overrated, for though the foreign words are often important, and some of them are very frequently used, their percentage to the whole vocabulary is very small.

The chief difficulties in learning Malay consist in remembering a large number of words, for it has a large vocabulary; in the correct use of its morphological system of affixes, i.e. a limited number of syllables having no separate existence but capable of being prefixed or suffixed in certain cases to the simple, unextended word (which otherwise suffers no change); and in a thorough grasp of the syntactical structure of the language.

COMMERCIAL AND POLITICAL CONNEXIONS OF ANCIENT INDIA WITH THE WEST

By L. D. BARNETT, M.A., Litt.D., Lecturer in Sanskrit

Abstract of a public lecture given at the School by Dr. Barnett on
February 14th, 1917.

THERE is not much evidence of regular commerce by sea between India and the Near East previous to about 700 B.C. The Bible (1 Kings x, 11 ; 2 Chron. ix, 21) speaks of Solomon (c. 1000 B.C.) as importing by sea gold and wood of *almuggim* or *algummim* trees from Ophir, likewise peacocks, the Hebrew name for which, *tukki*, comes from the Tamil *tōgai*, together with other things that were brought by the fleet of Tarshish. But Ophir cannot be located with certainty in India; *almuggim* or *algummim* are an unknown quantity (2 Chron. ii, 8, speaks of *algum* trees in Lebanon!); so perhaps these statements may be anachronisms. There is better evidence for an overland trade route. On the Black Obelisk of Shalmaneser II (B.C. 860–825) are the figures of an Indian elephant and a rhinoceros brought as tribute to him by an Armenian tribe ; and the Ṛig-veda (VIII, lxxviii, 2) mentions a golden *manā*, possibly the Assyrian *maneh*.

Soon after 700 B.C. oversea trade was active. A coinage of bronze knives struck according to a Babylonian standard was brought to China c. 675–670, and it was followed by a native currency of small bean-shaped coins like the earliest mintages of Lydia and Ægina. India must have been a half-way house on this route. Indian cedarwood has been found in the palace of Nebuchadnezzar at Birs Nimrud (early sixth century) ; and teak seems to have been used in a temple rebuilt by the latter and Nabonidus, c. 550 B.C. Rice (ὄρυζα, from Tamil *ariśi*) and peacocks (ταώς, from Tamil *tōgai*) were imported into Greece in the fifth century. The Buddhist legend of the Bāvēru-jātaka (c. 400 B.C. in its present form, but older in substance) tells of Indian traders who for the first time brought a peacock by ship to Babylon. Furthermore, the two primitive types of the Indian alphabet, the Brāhmī and the Kharōshṭhī, which were derived from the Aramaic script, apparently before 700 B.C., probably were framed in the first instance to meet the needs of trade with Babylon and the neighbourhood. After the decline of Babylon the Indian trade passed to other centres, such as Seleucia and Gerrha, opposite Bahrein, and were mainly into the hands of Arabian merchants for some centuries.

Political contact began when Darius, son of Hystaspes (reigned 521–485 B.C.), annexed the Indus Valley from Kalabagh to the Arabian Ocean, including Sindh and perhaps some districts east of the Indus. It formed the twentieth satrapy of the Persian Empire. When Alexander the Great arrived, however, its eastern boundary was the Indus. The presence of the Persians on the borders seems to have had considerable influence on Indian civilization; besides traces of Achæmenian coin-systems, we find in India copies of Persian architectural ornament, the lion and the Persepolitan bell, under the Maurya dynasty (c. 320–185 B.C.); and Dr. Spooner's recent researches at Patna, the ancient Pāṭaliputra, suggest the possibility that the palace of the Maurya emperors there was closely modelled on that of Darius at Persepolis.

Through the Persians the Greeks came to know something of India. Scylax of Caryanda, an admiral of Darius, wrote a record of his voyage down the Indus. The historian Hecatæus of Miletus (549–486 B.C.) mentioned several places and peoples of India. Herodotus gives some details about the Indian satrapy of Darius (iii, 97 ff.) and the troops which it supplied for the expedition of Xerxes (vii, 86; ix, 31). Ctesias of Cnidus, who went to Persia about 416 B.C. and became court physician under Darius II and Artaxerxes Mnemon, wrote among other works an account of India, largely fabulous.

In 326 B.C. Alexander the Great crossed the Indus and penetrated across the Panjab as far as the Bias. There, however, he was compelled to retire, and though he left Hellenic garrisons in the Panjab and Sindh, no trace of his presence is visible in the culture of India. Several Greeks of the period wrote on India, notably Nearchus, Onesicritus, Megasthenes, the ambassador of Seleucus Nicator at the court of Chandragupta Maurya at Pāṭaliputra, c. 300 B.C., whose fragments are very valuable, Patrocles, Deimachus, Timosthenes, and Dionysius. Of Megasthenes' writings large fragments have been preserved; of most of those of the others, little or nothing.

For some generations there was a constant struggle in the North-West between the native Indian states and the Hellenistic principalities that had sprung up on the track of Alexander's march. Then began the great invasions of the Scythian or Turki hordes—the Śakas (from *c.* 174 to 160 B.C.) and the Kushans (about a century later ?)—who established powerful kingdoms on Indian soil. The "Gandhara" school of plastic art, which derived its models from Hellenistic sculpture but thoroughly assimilated them to Hindu ideals, seems to have arisen about the time when the Kushans settled in India. There was at the same time a notable development of trade between India and the Hellenistic centres, notably Mesēnē, Characēnē, and Elymais, as much of the commerce of China, chiefly in silk, passed through Balkh and Herat to the head of the Persian Gulf, and thence either overland to Syria or by sea to Leukē Kōmē. This international commerce is reflected in the coinage of the first Kushan emperor Kanishka and his successor Huvishka : it is a gold coinage (apparently the first gold minted in India since the beginning of the second century B.C.), adorned with figures of Hindu, Buddhist, Elamite, Zoroastrian, and other deities, and its ratio to silver is 1 : 12.

Augustus Cæsar successfully stimulated trade with India and the Far East, chiefly through the port of Alexandria. It was probably in connexion with his commercial policy that he was visited by Indian embassies (Dio Cassius, *Hist. Rom.*, liv, 9 ; Strabo, xv, i, 4 and 7 ; Florus, *Epit.*, ii, 34 ; Sext. Aurel. Victor, *Epit. de Cæs.*, i ; Orosius, *Hist.*, vi, 21, 19).

In literature some attention was given to India by Polybius in his *History* (*c.* 144 B.C.), and Artemidorus of Ephesus in his *Geography* (*c.* 100 B.C.). After these writers come Strabo's *Geography* (completed *c.* 19 A.D.), the anonymous *Periplus of the Red Sea* (a little after 50 A.D. ?), Pliny's *Natural History* (77 A.D.), and Ptolemy's *Guide to Geography* (*c.* 150 A.D.). Strabo has no personal knowledge of India, but has preserved some valuable materials from other writers. The author of the *Periplus* accurately describes from personal experience the routes to the western and south-western coasts of India, and the trade carried on through them, but he does not seem to have travelled along the eastern coast. Pliny gives some further information regarding trade.

About the beginning of the second century A.D., or a little

later, a few Christian legends, chiefly from the Apocryphal Gospels, began to appear in disguise in Buddhist stories; later they were transplanted into the tale of Kṛishṇa. As regards the alleged borrowing of certain outward forms by Christianity from Buddhism, see R. Garbe, *Indien und das Christentum*, p. 118.

The orations of Dio Chrysostom (*c.* 100 A.D.) make several references to India, mostly worthless. He tells us, however, that some Indians were present in Alexandria at the public spectacles. Ptolemy's *Introduction to Geography* (*c.* 150 A.D.) contains many geographical details, but is marred by his ignorance of the contours of India; he imagined that the coastline ran from Broach almost due eastwards. Arrian's *Indica* (*c.* end of first century) contains little or nothing that is new. Bardesanes' book on the *Indian Gymnosophists* (*c.* 200) does not seem to have been very illuminating, though it has a few interesting details.

The direct trade of the Roman Empire with India, founded by Augustus, reached its acme between 50 and 100 A.D., and then began to decline. It was mainly concerned with the importation of Oriental luxuries and treasures into the West. After the reign of Caracalla, who in 215 massacred the Alexandrians and the traders in their port, thus destroying the local Hindu colony, the trade almost disappeared as the Roman world sank deeper into bankruptcy; but under the Byzantine emperors it revived slightly for a time, as a small amount of industrial products began to be imported, chiefly from the south-western coast of India, and then again disappeared.

About 200 A.D., according to Eusebius (*E.H.* v, 9–10), Pantænus, the head of the Catechetical School in Alexandria, set out on a mission to evangelize India, and on his arrival found the Gospel of St. Matthew had been brought thither by the Apostle Bartholomew. The strange story of Metrodorus and his visit to India also may be mentioned (Rufinus, *Hist. Eccl.*, i, 9; Cedrenus, *Hist. Compend.*, i, p. 516 f.). Embassies from India are recorded to have visited the emperors in 336–7 (Eusebius, *De Vita Const.*, iv, 50), in 361 (Amm. Marc. XXII, vii, 10; Sext. Aur. Victor, *Epit. de Cæs.*, xv), and in 530 (Joh. Malala, *Chronogr.*, p. 477).

From about the fourth century A.D. Indian astronomy, forsaking its former principles, founded itself on Greek models, probably as a result of Western trade. About 500 A.D. a number of Brahmans are said to have visited Alexandria (Photius, *Bibl.*, ed. Bekker, vol. ii, p. 340). The *Christian Topography* of Cosmas (a little before 550 A.D.) among other matters contains an account of the routes to India and Ceylon and their trade, and refers to Christian communities in Kalyana, the Malayalam country, and Ceylon, who were in communion with the Church of Persia. It is usually stated that these were Nestorians; but reasons have been adduced to show that they were Catholic until the Synod of Diamper in 1599 (J. Panjikaran, *The Syrian Church in Malabar*, Trichinopoly, 1914).

THE LANGUAGE OF SOUTHERN RHODESIA

By Alice Werner, Lecturer in Swahili and Bantu Languages

Abstract of a public lecture given by Miss Werner at the School on February 21st, 1917.

THOUGH the development of the mining industry consequent on European occupation has brought natives of several different tribes into Southern Rhodesia, there appears to be virtually but one indigenous language in this territory. The Zulu spoken by the Matebele and the Sesuto of Sebituane's people, who settled on the Zambezi about the middle of last century, are comparatively recent intrusions.

This language is sometimes called "Mashona", "Chino", "Chiswina", and "Chizwina" (*sw* and *zw* appear to be attempts at the peculiar labial sibilant also found in Ronga and the other Delagoa Bay dialects); but none of these names are to be recommended. The people called "Mashona" or "Maswina" strongly object to these appellations, which seem to be opprobrious terms applied to them by their Matebele conquerors. Moreover, the name Chiswina seems to be confined to the Salisbury District, while elsewhere there are countless local designations: Chimanyika (Umtali), Chiungwe (Rusapi), Chikaranga (Victoria), Chirozwi, etc. (*Chi-* is the prefix indicating "language", corresponding to *Se-* in "Sesuto", *Lu-* in "Luganda", etc.)

The most satisfactory name would seem to be "Karanga". Mrs. C. S. Louw (*Manual of the Chikaranga Language*, Bulawayo, 1915), says: "In the district of Victoria"—in the south-east, on the head-waters of the Sabi—"the natives call it Chikaranga". But there seems reason to follow Father Torrend in taking this name to include all the sub-tribes. The Bechwana, when they came in contact with these people in the north-west, called them "Makalàka" (= Makalanga or Makaranga), and the fact that the Great Zimbabwe, which was the King's Kraal, or chief tribal centre, lies in the Victoria district seems to indicate that their headquarters were formerly here. It was the Paramount Chief of the Makaranga who was vaguely known to sixteenth-century geographers as the "Emperor of Monomotapa".

Karanga is so nearly akin to Nyanja (which covers a large area north of the Zambezi) that the differences may be set down as merely dialectical. It includes Chindau (spoken in Gazaland, just east of the Portuguese border), of which Mr. Daniel Jones has made a careful phonetic study.[1] Its affinities appear to be rather with the languages north of the Zambezi than with the more southern ones ; it has not, like Zulu, adopted the suffixed locative, or the Hottentot clicks, and the "laterals" (usually written, in Zulu and Sesuto, *hl, dhl, tl, tlh*) occur, if at all, only to a limited extent. But this point cannot be determined without a full examination of the language by an exact phonetician. The three books before me, that of the Rev. H. Buck (Penhalonga), of Father Biehler, S.J. (Chishawasha, Salisbury District), and Mrs. Louw (Victoria) not only deal with different parts of the country but use different systems of orthography, so that it is impossible to gather from them what variations of sound are due to dialectical divergence, or, in some cases, exactly what sounds are intended. Mrs. Louw's book is by far the most satisfactory from a phonetic point of view.

East of the area covered by Karanga comes the Delagoa Bay group of languages included by M. Junod under the name Thonga (so written to mark the aspirated *t* and also to distinguish them from the Tonga (= Chopi) of Inhambane, the Tonga(= Toka) of the Middle Zambezi, and the Tonga of West Nyasa). They are more nearly allied to Zulu than is any other language, except the Xosa of Cape Colony ; but they also have links with Karanga (notably the labial sibilant already mentioned) and with the languages beyond them to the north.

One interesting point about Karanga, which deserves further investigation, is the occurrence of words identical or cognate with Swahili forms, which seem to be absent from intervening languages. Thus we have *sona* = "sew" (Swahili *shona*, but Nyanja *tsoka, soka,* Yao *tota*); *tswimbo,* "stick"; *dikiti,* "melon"; *ganda,* "skin," "husk," etc. ; and others. This is not the place to attempt giving a complete list, still less to draw any inferences from this phenomenon.

A different interest attaches to a few stray Arabic words. *Ndarama,* "gold," "money," is evidently (as pointed out long ago by

---

[1] *The Pronunciation and Orthography of the Chindau Language.* University of London Press, 1911.

Meinhof) from *dirham*, and must have spread in both directions from the Arab settlements on the Lower Zambezi, as it is also found in Nyanja. (Here it means either with the addition of " white ", " silver ", with the addition of " red ", " gold ", or simply " money ". Curiously enough, it is not used in Swahili.)

Mari, " money," " property " = مَالٌ, is also found in Zulu as *i-mali* and in Swahili as *mali*. It may be a question whether the Zulus borrowed it from the Makaranga or *vice versa* ; it might have reached the former through the medium of the coast tribes, though M. Junod says the Thonga have taken it from Zulu. An interesting point in the latter language is the occurrence of the forms *isi-kati*, " time," *um-kati*, " point of time." The Swahili *wa-kati* is so evidently derived from وَقْت, the initial و being treated as a prefix, that one is tempted to think of the Zulu words as having the same origin (prefixes being variable); but it might be possible to establish a connexion with the Bantu root KATI, " middle," " interval," or " space between ". It seems to be accepted that, in primitive languages, conceptions of space precede conceptions of time.

THE IMPORTANCE OF HINDUSTANI

By A. Yusuf Ali, LL.M., Lecturer in Hindustani and Hindi

Abstract of a public lecture given at the School by Mr. Yusuf Ali on
Wednesday, March 7th, 1917.

ACCORDING to the Arabic proverb "the words of kings are the kings of words". His Majesty the King in his speech at the opening of the School said, "The ancient literature and the art of India are of unique interest in the history of human endeavour." He added that we must develop this "intellectual tradition". One of the finest functions of the School would be to establish, in Lord Curzon's words, "a clearing house for ideas between the East and the West."

Hindustani has been, and is, a fine vehicle for this purpose. But what is Hindustani? The frontiers of the Aryan languages of India are not easy to define, but if we take Urdu and Hindi together, we shall find a vast area and population within the circle of ideas covered by these languages. Scientific definition differentiates between Western Hindi, Eastern Hindi, Behari, and Rajasthani, but these terms are not used in that sense in the mouths of the people, and the census results do not coincide with the figures of Sir George Grierson's monumental Linguistic Survey. For our purpose we may speak of Urdu and Hindi, which are structurally one language and are prevalent in the United Provinces, the Eastern Panjab (where the Delhi Division is solidly Hindustani), Bihar, the northern part of the Central Provinces, and a great part of Rajputana and Central India, while Urdu is the language of the Muhammadans of Hyderabad and of most parts of India. In this way we get a Hindustani area roughly of 500,000 square miles, and a population of 113 millions, but a higher estimate of population, 136 millions, is defensible. For the influence of Hindustani extends beyond those whose mother tongue it is. Linguistically it has a most interesting history, and sociologically it represents many different social systems and circles of ideas (illustrations given).

But apart from these external considerations, it has many intrinsic merits both as a language and a literature. It is flexible, and is growing daily. It is perfectly catholic in its adoption of foreign words, phrases, ideas, and literary standards, while it has well-developed traditions of its own (illustrations).

Its literary wealth can be considered in the following aspects :—

1. *Religious Literature.*—Kabir, Dadu, Nanak (the Granth of the Sikhs is mainly Hindi), Malik Muhammad Jaisi's Padmáwat (Sufi ideas), the Ramayan of Tulsi Das, the Satsaiya of Behari Lal, and the Brij Bhasha Love Poems—these are among the most valuable contributions, in any language, to the world's religious literature. The modern literature of the Arya Samaj, of the Quadiani Musalmans, of the so-called Wahabi sects, and of Orthodox and Sufi Islam, is in Hindi or Urdu, while the Marsiyas of Lucknow have added a new chapter to Shia Islamic literature.

2. *Folk Literature, Epics, Witty Sayings, Pahelis, etc.*— Dhondu Khan's Ballads (Bulandshahr). Ahir songs, Eastern Districts of the United Provinces. Alha and Udal epics. Nazir's *genre* poetry, like the Dutch School of painting. (Illustrations given and extracts read from Nazír's poem on the *kakri* (cucumber).)

3. *Dramatic Literature.*—The Drama of Behar, with a long history and tradition behind it. Oudh (Indar Sabha in the Court of Wajid Ali Shah). Vast mass of modern Hindustani drama, produced by Hindustani Companies in Upper India, as well as Parsi Companies (from Bombay and Calcutta).

4. *Lyrics, Ghazls, Qasídas.*—Bahadur Shah, the last of the line of Moghal Emperors, has left a touching poem on the fall of his dynasty. Dard and Ghálib have left some fine Ghazls and Qasídas.

5. *Satires.*—Sauda, died 1780. Syed Akbar Ali, a living author.

6. *Serious appeals to religious or social instincts.*—The poet Háli in poetry. Maulána Phulwári in sermons. Maulvi Nazír Ahmed in oratory. Philosophical poems and writings, such as those of Iqbál, may be classed under this head.

7. *Essays.*—Sir Syed Ahmed Khan, Maulána Shibli No'máni, Khwája Ghulám-us-Saqlain.

8. *History.*—Maulvi Zakaullah. Maulána Shibli No'máni.

9. *Novels.*—Pandit Ratan Nath Sarshár. Sharar. Azád.

10. *Medicine, Arts, Sciences, Music, etc.* — Besides all this, there is the ever-extending influence of modern journalism, with daily, weekly, and monthly papers (also papers published twice a week and thrice a week). The *Makhzan* of Lahore is well

known for its fine contributions to Urdu poetry, while the *Zamána* of Cawnpore can take rank with illustrated magazines in any language.

MODERN TENDENCIES. — Urdu has been adopted as the language for the proceedings of the All-India Moslem League. Hindi has been recommended as the common language and script of India by the Hindu Sabha. There are lively and even bitter controversies as to the relative merits of Urdu and Hindi. These controversies resolve themselves into a phase of the Hindu-Muhammadan question. But, as Sir Charles Lyall has pointed out, the Urdu language was really created by the Hindus to facilitate their intercourse with the Muhammadans, who spoke and wrote Persian for centuries after they settled in India. There need be no sharp line of demarcation between Urdu and Hindi as actually spoken. The script question will give rise to some difficulties, but they need not be insuperable. The All-India Urdu Press Conference, which recently met, showed the existence of a vigorous body of opinion in which both Hindus and Muhammadans were represented.

Lord Chelmsford's reference to the vernaculars and their value in Indian education points the way to a greater utilisation of Urdu in the formation and development of national education and national character in Upper India. The Universities in India must sooner or later tackle this question of the vernaculars.

The possibilities of a future " Academy " for Hindustani, or at least for Urdu, will have to be considered seriously if the standard of purity for literary Urdu is to be preserved, on the one hand from the chaos of unregulated anomalies, and on the other from the pedantic tendencies of authors who live in their studies and despise the fresh breezes of actual life in the world at large. Such an academy can not only systematise the words and structure of the language, but can render inestimable services towards their deeper study and the study of ideas, of the collective psychology, and of the social systems that lie behind them.

Who shall say that what Kabir, Tulsi Das, Malik Muhammad, and Nazir accomplished in the past, no product of the blended civilisation of Britain, Islam, and India will be able to achieve in the future ?

THE STUDY OF ARABIC

By T. W. ARNOLD, C.I.E., M.A., Litt.D., Lecturer in Arabic

Abstract of a public lecture given at the School by Dr. Arnold on Wednesday, March 14th, 1917.

THE Lecturer first emphasised the importance of the study of Islam in view of the large number of Muhammadans in the British Empire, amounting (at the lowest estimate) to 90½ millions, and implying a problem of great importance to the statesman, the politician, the educationalist, and to all persons concerned with the larger problems of the globe. Whatever the total Muhammadan population of the world may be, and, in the absence of trustworthy religious statistics, or even of any form of census whatsoever in many of the countries concerned, it is impossible to say exactly what it amounts to,—(on the most careful reckoning, it is probably something between 200 and 230 millions)—the 90½ millions of Muhammadan British subjects form a large proportion of the whole, and have an importance beyond what mere numbers imply, because of the superior culture of large sections among them. He showed by illustrations how religious considerations enter more largely into the daily life of Muhammadan people than in Christian society; the religion of Islam claims to speak with authority in the domain of law, politics, and social organisation, as much as in the sphere of theology and ethics; the wisest and most carefully considered plans of statesmen and reformers run a risk of being wrecked upon the rock of fanaticism. In the world of Islam the foundations of society have been set in religion, in a manner that is hard to understand for the average European Christian who has entered on the inheritance of ancient Greece and Rome, and the institutions of the barbarian invaders who swept the Roman Empire away. Islam has accordingly been well described as a Church-State—not a State-Church, i.e. a church upheld by, and consequently dependent on, the state,—but a state whose very constitution is ecclesiastical, in which the church comes first and the state rests upon it. Much of this, no doubt, represents an ideal, and Islam has not been strong enough to wipe away the differences of race and tribe, or to overcome all influences inherited from an ancient past ; and the history of Islam, like the history of Christianity, is largely the record of the failure of an ideal to attain realisation. But the marvel of the Muslim world is the large extent to which Islam has succeeded in imposing its special characteristics on the widely differing races that make up the Muhammadan world. And here comes in the importance of Arabic. Without Arabic, Islam has no meaning ; again and again in the Qur'ān is emphasis laid on the fact that the Word of God has been revealed in the Arabic language, and from one end of the Muslim world to the other, whatever may·be the living speech of the people — Hausa, Hindustani, Javanese, Malay,

Persian, or Turkish—prayers are repeated in لِسان الملائكة ; the faithful greet one another in familiar Arabic phrases, and in the Arabic original must the sacred text be read. It is true there is often little real comprehension of the meaning of the words repeated,—in countries where Arabic is not the mother-tongue of the inhabitants ; but for any understanding of the thoughts that sway the lives of Muhammadan peoples, of the beliefs that they hold most sacred, the principles of theology and ethics on which they are nurtured, we must go to Arabic ; in the countries referred to above (India, etc.) it may be a foreign tongue, but

it is studied by all the learned, and the learned (العلماء) constitute whatever clergy Islam possesses, and from them the unlettered multitudes derive their knowledge of their faith. But, on the other hand, so large a part of the Muslim world thinks and speaks in Arabic, that it fittingly takes rank among the living languages of the world,—living, not only in its influence on the minds of men, but living in the continuity and vigour of its literary expression, and capable of adapting itself to the changes and developments of each successive age.

The Lecturer then gave illustrations of the lack of serious effort in many of the English books on Islam to arrive at an understanding of what is the meaning of their faith to such a large proportion of the inhabitants of the empire, to realise what are their aims and ideals, what the sentiments that animate them. He quoted the accusation brought against the English, about seventy years ago, by a Professor of Arabic when delivering his inaugural lecture in a country—Holland—which has realised much more than we have the responsibilities of ruling over Muhammadan subjects, though the Muslims in the Dutch possessions are numerically so much smaller than in ours; Professor Veth then pointed out how little the wealthy English universities had done for the study of Arabic and of Islam, and laid the blame for it on the preponderating clerical influences in these universities, that cramped the growth of independent research. Much scholarly work, of the highest order of excellence, has been done since then, to wipe away this reproach. But there is still a certain amount of literature on Islam in the English language that is vitiated by the influence of an active clerical intolerance. The Lecturer then gave examples from popular textbooks on Islam and biographies of Muhammad, and continued: This is not the way in which a Dutch, a French, a German, or an Italian scholar writes, and we in this country are singularly unfortunate in the meagre supply of good books on the subject of Muhammad and his faith, and the Muhammadan world generally; even in a great series like that of the Hibbert Lectures, avowedly devoted to the sympathetic exposition of the various religions of the world, Islam is the only one that receives intolerant and harsh treatment. Instances might be multiplied—in the careless utterances of politicians, the ignorance, often the insulting ignorance, of our daily press —but enough has been said to emphasise the need of a more sympathetic knowledge of Islam in this country, and (what is more to the immediate purpose) of a wider knowledge of Arabic among our fellow-countrymen.

An impartial observer might suppose that there is hardly any nation in Europe that has a stronger incentive to learn Arabic than the English, with their abundant opportunities and their close connection with the Muhammadan world—their position in Egypt, where Arabic is a living tongue, where the press pours out an increasing stream of publications, reprints of the great literature of the past, as well as the writings of living authors;—in the Sudan and those vast tracts of Central Africa that are administered by English officials, where Arabic is so devoutly studied, though it is not the mother-tongue of the people;—in Aden and the littoral of the Persian Gulf where our officials again meet Arabic as the living speech of the inhabitants;—in India, with its large Muhammadan population, where there is a learned tradition that has for centuries maintained a high level of scholarship, and, though the knowledge of Arabic is not wide-spread, there are plenty of enthusiastic scholars whose learning in certain branches of study is often profound.

It seems strange that living under such favourable conditions for acquiring a knowledge of Arabic, so few Englishmen whose work carries them to the East care to do so. I have not in mind so much professional students, members of academic bodies; but what this country needs is more amateurs, men who take up the study of the language for the love of it, out of a feeling of personal interest unconnected with any professional occupation. In the history of oriental studies in this country, some of the most honoured names are those of amateurs, at whose feet professional scholars have been glad to learn, whose writings have formed definite steps of progress in the history of human knowledge. I need only remind you of such names as Sir William Jones, Colebrooke, Sir Henry Rawlinson, Sir Brian Hodgson, and you will doubtless think of many others. As for Arabic, despite the general neglect of the study of it in England, we can boast of some (though, alas! few) of the greatest names in Arabic scholarship; it may seem strange to call Lane an amateur, but I use it as a term of honour for the student who pursues his particular branch of learning apart from any academic centre,—not professionally, but with disinterested devotion, from the pure love of knowledge. Now Lane's works—his great Lexicon and his *Manners and Customs of the Modern Egyptians*—are monuments of erudition that are unsurpassed in any language of Europe. In the present generation, we have the outstanding figure of an eminent administrator, Sir Charles Lyall, whose profound knowledge of early Arabic poetry outrivals that of any German professor, and who adds to accurate scholarship a power of interpretation and of poetic insight and expression such as no living orientalist in Europe possesses. I might mention the names of a number of lesser lights, but what we need—what this School of Oriental Studies might aim at producing—is a larger circle of students working at and interested in Arabic. We need first to enlist the interest of the young man before he goes out to the East; next, persuade the older man who has retired, to continue the study he has begun; and then—a more difficult task—arouse for Arabic something of the enthusiasm that attracts so many persons in this country to the study of Egyptology. The last may seem too wild a dream, but this School may at least attract officials and others working in the East, who come home for a periodical holiday. Many of such men who have acquired a smattering of Arabic fail to realise the wealth of interest that further study will bring them; nor do they recognise the opportunities they have for pioneer work on the dialects of living Arabic speech, in the midst of which they spend so many years of their lives. It is a disgrace to us as a nation that at the present time, when our victorious troops are entering Baghdad, there is no English grammar or reading-book of the Arabic dialect of Mesopotamia; we have nothing in English to correspond to the work of Meissner, or Sachau, or Socin, or Weissbach, or Yahuda; yet, for any one of these German scholars who has visited Mesopotamia and collected materials, there must have been a dozen Englishmen with equal opportunities. Syria is no doubt more remote from English interests, yet none of the many hundreds of Englishmen who have lived in or visited Syria has done the work for which we are indebted to Littmann, Oestrup, Pourrière, Seidel, and Wetzstein. Algeria and Morocco are specially the province of the French, and we may well hold Englishmen excused for having made little contribution to a field of scholarship where such excellent and abundant work has been done by those whose interests are more closely bound up with these countries. But we might have expected more to have been done for the Arabic of the littoral of the Persian Gulf by those who have occupied Aden for nearly eighty years. For Egyptian Arabic we have a notable exception; though excellent work was done by Spitta Bey, Vollers, and Nallino, by far the best work on the grammar of modern Egyptian is that of Mr. Willmore; in no other is there so clear a recognition of the distinctive features of this dialect, with such a wealth of illustration.

The work of Mr. Willmore has removed from English scholarship the disgrace of having neglected the study of the living forms of Arabic speech. But in so vast a field for activity it stands .alone, and that, too, where Englishmen have had such unequalled opportunities. Moreover, to collect from the lips of the people examples of the living speech makes no such great demand on linguistic ability · or training. as does the study .of a classical language with a rich literature. For Arabic the .same kind of work has to be done as has been accomplished in this country with such interesting results by the Dialect Society. It has only recently come to be recognised that the various Arabic dialects are not debased forms of classical Arabic, but have lived an independent life of their own, preserving often (especially in their morphology) early characteristics which can be traced back beyond the time when reverence for the Qur'ān caused the dialect in which it is written to become the established medium for literary expression.

The amazing fact is that these many forms of Arabic dialect should have maintained a continuous life, side by side with so powerful a literary tradition. In Syria, for example, Von Kremer maintained that almost every town and village had a separate dialect: this is no doubt an exaggerated statement, but it is easy to distinguish four main divisions of the Syrian dialect: (a) that spoken in the great cities of the interior, such as Damascus and Aleppo; (b) that spoken in the coast towns; (c) the speech of the inhabitants of the mountain tracts; and (d) the language of the Bedouins of the Syrian desert. In Baghdad it is possible to distinguish even between the forms of speech that prevail in different quarters of the city, and as many as six dialects may be enumerated. On the left bank of the river there are two distinct Sunnī groups at opposite ends of the city, one in the Haydarkhāna quarter near the fort, the second at the other end of the city, near Bāb-al-Shaykh. In the centre of the city there is the Jewish quarter, preserving an ancient Arabic dialect, and near the river the quarter of the Christians, whose speech approximates to the dialect of Mosul. The Haytāwiyīn are Shiahs of mixed Bedouin origin, while the Bedouins on the right bank are quite distinct again, with a vocabulary of their own. Even the commonest objects may be called by different names, e.g. the little wooden tripod on which is put the earthen vessel for cooling water is called اِسْكَمْلِي on the left bank, and كُرْسِي on the right. Apart from the historical basis for the differences between the dialects spoken by Jews, Christians, Bedouins, and other Muhammadans, there are the various foreign influences that have profoundly modified the daily vocabulary; Persians, Afghans, Indians, Kurds, and Turks have variously affected the common speech of the quarters of the city they frequent or have settled in. The study of the Arabic dialects, therefore, is hedged about with peculiar difficulties, and there is room for the labour of any number of investigators.

Whether any of these dialects will succeed in developing any independent literature of their own, remains to be seen. Attempts have been made on behalf of Egyptian Arabic for more than a century, but they have been sporadic only; a few enthusiasts have produced books in the Egyptian dialect, but they have been frowned upon by the learned, and have received little encouragement from those to whom they were addressed.

The student of Arabic literature must then turn from the dialects to the classical language. And what an attraction there is in this literature of thirteen centuries that touches on every theme of human thought and activity! There is hardly any subject within the whole range of human interests to which some part of Arabic literature has not made its contribution; and it possesses characteristics peculiar to itself which vindicate for it a very special place among the literatures of the world,—and this, expressed through the medium of a language of a marvellous subtlety.

It is not my purpose to put before you a sketch of the history of Arabic literature, which in the brief time at my disposal could only be set out in the most meagre detail. But I return to the thought with which I began this lecture—namely, the importance of a knowledge of Arabic literature to this country, as part of an empire that contains so vast a Muhammadan population. In the immediate future we shall be closely concerned with Muhammadan questions; one of the many problems that will face us after the war is over will be the relations of the powers of Europe to the Muhammadan world. Germany will certainly not neglect it, and she does not look to her clergy for enlightenment as to the spirit and meaning of Islam. Her scholars arouse interest in Islam and spread knowledge by a ceaseless stream of publications. A German Colonial Congress recently took up the question of relations with the Muslim population of the German colonies as a subject for special investigation, and separate societies, such as the Deutsche Gesellschaft für Islamkunde of Berlin and the Orientalische Gesellschaft of Munich, have been recently established to emphasise the need of a closer study of Islam and Muhammadan questions. This country, in spite of its larger interest in the Muslim world and the vaster Muhammadan population within the British Empire, has not given serious attention to Islam. It should be part of the service which this School of Oriental Studies will do for the state, to train administrators who are to work among Muhammadan peoples in such a way that they may learn to appreciate whatever is excellent in Muslim culture, and approach Muhammadan problems with intelligent sympathy. If the last two generations of English officials had only known something of the historic past of the Muhammadans they governed—more of their ideals and of the sentiments that appeal to them—much trouble might have been prevented, and the task that lies before the coming generation would have been rendered so much the easier. Especially in connection with educational policy may be seen the harmful results of this contemptuous disregard of that historic past of Islam, which has bequeathed to the present generation of Muslims the circle of ideas in which they live, and in which they find the inspiration of their noblest actions. The scornful ignorance of Macaulay's famous minute on education in India is typical of such detached theories of administration. We are apt to forget that the development of a people proceeds upon lines largely determined by its past history, and a violent breach with this historic evolution either results in a loss of stable equilibrium and a certain mental confusion (men's minds become bewildered through the break with the ancient landmarks, and run into extravagances, or fall a prey to violent reactions), or else, in the case of peoples on a lower level of culture, they suffer a profound depression in the presence of a civilisation and a circle of ideas for which their intellectual antecedents have not prepared them. Illustrations might be given of either of these unhappy results among Muslim peoples who have come under British rule. An acquaintance with Arabic literature would have enabled English administrators to recognise that they were dealing with the heirs of a great civilisation to whom had been bequeathed ideas of law, ethics, and social order, that have played a great part in the world, and are still capable of acting as regenerative forces. These ideals should be fostered and encouraged ;—but to know them, and to enter into the point of view of those who can be swayed by them, we must learn Arabic. Through this knowledge, it is possible to attain to an appreciation of Islamic civilisation, and touch the hearts of Muslim peoples.

Had there been some such knowledge and some intelligent recognition of the civilising influences to be found in Arabic literature, modern education in Egypt might have been developed on healthier and more fruitful lines. The Government of the Sudan has taken warning from this mistake, and has devised a system of education in which Muslim culture fills an important place, and Arabic is of course assiduously studied. It is to be hoped that the same wise principles of education will be followed in Nigeria, the latest part of the Muhammadan world to come under British rule.

I have spoken of the importance of the study of Arabic for the administrator who lives in the midst of a Muhammadan population, but it is in this country also that there is need of a wider knowledge of the Arabic language, need of persons who. will read the great collections of Arabic books that remain, untouched upon the shelves of so many libraries in this land. A body of opinion is needed to counteract the common, ignorant, and hostile judgment of Islam and Muhammadan civilisation, which is so unfitting in a people responsible for the good government of vast Muhammadan populations. If we expect them to accept our guidance in the arts of peace and civilised life, we must show generous feeling enough to recognise their virtues and excellences. On the basis of such recognition, a common activity towards noble aims becomes possible; for nations only come to respect one another when they have learned to understand each other's ideals. In the midst of much that is sordid and ugly in daily life and intercourse, ideals become obscured, and they can be seen more clearly in literature than in the market-place. Now, the student of Arabic who cares to learn what the ideals of the Muslim world are, comes in touch with a circle of thoughts which excite admiration and sympathy. I cannot attempt here to analyse these in full. But among them is included a theory of an organised system of human society, with a detailed body of laws and institutions,—a corporate life, in which the functions of the various sections of society are defined and developed; in the intellectual sphere, an ardent love of learning, and a thirst for knowledge that has left no field of human investigation untouched; in the moral sphere, a stern sense of duty, more akin to that of our Puritan ancestors (it is true) than that of the present generation, implying a serious outlook upon life and its responsibilities,—and permeating all this, a sense of the Divine Presence, ever recognised in the commonest acts of daily life, and adding a dignity to human life, where (as Doughty has put it) "religion is a devout and genial remembrance", and the believer faces the varying changes of fortune with a calm resignation to the Will of God. This is part of the ideal of our Muslim fellow-subjects, and it is in order that we may the more recognise and appreciate this, that I have ventured to commend to you the study of the Arabic language.

REVIEWS OF BOOKS

THE GAEKWAD'S ORIENTAL SERIES. Edited by C. D. DALAL and Pandit R. ANANTAKRISHNA SHASTRY.

In recent years the revival of Sanskrit studies has been materially aided by the enlightened patronage of some of the native princes of India. To this goodly company belongs H.H. the Maharaja Gaekwad of Baroda, under the auspices of whose Government a number of works have been published, in addition to which there has lately begun to appear, under the title of " The Gaekwad's Oriental Series ", an attractive collection of Sanskrit, Prakrit, and Gujarati writings, under the editorship of Mr. C. D. Dalal and Pandit R. Anantakrishna Shastry. Two of these, the Kāvya-mīmāṃsā of Rājaśekhara and the Nara-nārāyaṇānanda of Vastupāla, have already been published, and we take the present opportunity to offer a few remarks on the former of them.

Rājaśekhara is a writer of considerable note. He is best known as the author of four dramas in Sanskrit and Prakrit; but he seems to have composed likewise a poem styled Hara-vilāsa, a work on literary criticism called Kavi-vimarśa, and a geography entitled Bhuvana-kośa. As he flourished in the early part of the tenth century A.D., when the classical period of literature was coming to an end, he was able to survey it to its full extent, and he has embodied his mature studies in his Kāvya-mīmāṃsā, or " anatomy of poetry ". This work comprises eighteen chapters (possibly there once was more of it, but if so the rest has not survived the ravage of time and the ants), in which he treats of the theory of æsthetics, the principles of literary education, and the technique of poetical composition. It thus far surpasses in interest the usual manuals of poetry, which limit themselves to cut-and-dried rules illustrated by elegant extracts, while Rājaśekhara discusses the fundamental principles of æsthetics and education, and eschews scholastic details. In form his book is somewhat reminiscent of the Kauṭilīya Artha-śāstra : we find lively arguments, in which the views of "eminent authorities" are quoted, and often countered or modified by dicta of "Yāyāvarīya", who is Rājaśekhara himself.

After a brief introduction and a summary classification of literature, our author proceeds to evolve out of his inner consciousness a history of the origin of poetry. Like Plato, he clothes his ideas in the garb of myth. In order to obtain a son, he tells us, Sarasvatī, the goddess of poetry and literature, performed austerities on the Himalaya. Brahma accordingly granted her the desired boon, and she gave birth to "Kāvya-purusha", the Spirit of Poetry, who at once expressed himself in metrical speech, which was hitherto unknown. His body con-sisted of words and meanings, his face of Sanskrit, his arms of Prakrit, his thighs of Apabhraṃśa, his feet of Paiśāchī, his breast of mixed dialect, his soul of sentiment, his hair of metre. One day, in order to prevent him from following her into the presence of Brahma, who had invited her to his court to settle a literary dispute, Sarasvatī resolved to create for him a bride who by her fascinations should restrain him. She therefore created " Sāhitya-vadhū ", the " Lady of Style ", and charged her to follow him and try to hold him back, while a chorus of holy men should sing their praises. So they travelled to Eastern India, and there she danced and made music, assuming a certain dress and mode of adornment, which ever since then has been followed by the women of those lands; it was called *Raudra-māgadhī*, and was duly hymned by the obedient chorus of holy men. The costume worn by Kāvya-purusha on this occasion set the future fashion for the men of those regions. The music and dance performed by her were the origin of the *Bhāratī vritti*; his answer, declining to submit to her charms, founded the *Gauḍīyā rīti* or poetical style of Bengal. So they travelled on, in the Pañchāla land founding in the same way the Pañchāla-madhyamā costume, the *Sātvatī vritti*, and the *Pāñchālī rīti*, in Avantī the *Āvantī vritti*, in the South the *Kaiśikī vritti* and the *Vaidarbhī rīti*. In the South the process of fascination, which had been gradually progressing in Pañchāla and Avantī, finally attained complete success, and was expressed in the *Vaidarbhī rīti*. Then the pair were wedded by the Gandharva-rite at Vatsagulma in Vidarbha.

After this comes a discussion of the psychology of the poet and the critic, in which we learn a tradition that Kumāradāsa and Medhāvi-rudra were born blind; and this leads to a study of the relative importance of natural genius and training, a classification of types and poets, and an analysis of *pāka*, or poetical ripeness. Then comes a survey of Grammar in relation to poetical practice (we are told, for example, that the Vidarbhas love case-endings, the Gaudas compounds, the Southerners *taddhitas*, the Northerners *kṛit*-stems), after which our author plunges into controversy against the purists who object to poetry, either because of its fictitious themes, or of its dubious morality, or of its mention of coarse and unedifying objects. Next he deals with style in general, classifying language according as it is used by Brahma, Śiva, Vishṇu, the Ṛishis, and various classes of godlings, etc.; with the sources of the subject-matter of poetry; and with its themes and their modes of treatment. Chapter x gives an interesting description of the personal character, the household, and the daily life of the poet as it should be (not quite the "simple life"), and also contains the traditions that King Śiśunāga of Magadha forbade his harem to use the four cerebral consonants and *ś*, *sh*, *h*, and *ksh*, that Kuvinda of Śūrasena similarly prohibited harsh consonantal combinations, that Sātavāhana of Kuntala allowed only Prakrit, and that Sāhasāṅka of Ujjayinī tolerated only Sanskrit; and it also sketches the court of a king who patronizes literature and art. Three chapters are devoted to the analysis and exemplification of the gentle art of "borrowing", *haraṇa*, which is an important branch of Indian literary craftmanship, and this brings us to five sections in which the work approximates somewhat to a *Gradus ad Parnassum*, classifying and exemplifying the conventional modes of treating classes, substances, and qualities, and including a section of considerable interest on Indian geography.

The Kāvya-mīmāṃsā is a really valuable book. Not only does it furnish many new quotations from vanished authors and many scraps of miscellaneous information; it also takes us into the inner life of a brilliant and successful man of letters, showing him to us at work and at play amidst all the furniture of his study. He talks to us with graceful ease about the principles of his art, the origins of style, the development of poetical conventions from the actual experiences related by Vedic sages, the manner of recitation and pronunciation current in the various parts of India, and so forth, always urbane and judicious, with nothing of the pedantry of the ordinary Hindu writers on the

Ars Poetica, whose manuals are dreary dissections of the Kāvya-purusha's dead body. Beyond question his is the most precious work of its kind that has been published for many years.

L. D. BARNETT.

EEN ONBEKEND INDISCH TOONEELSTUK (GOPĀLAKELICANDRIKĀ), TEKST MET INLEIDING. Door W. CALAND. Verhandelingen der Koninklijke Akademie van Wetenschappen te Amsterdam, Afdeeling Letterkunde, Nieuwe Reeks, Deel xvii, No. 3. Amsterdam : Johannes Muller. Februari, 1917.

In his latest work Professor W. Caland has abandoned the field of minute investigation of the ritual literature of ancient India for the not less exacting, if very different, task of editing from a single manuscript in the collection of the late Professor Kern, now at Leiden, a hitherto unknown Indian drama, the *Gopālakelicandrikā*, of Rāmakṛṣṇa. Such an attempt is clearly hazardous, however good the single manuscript may be, and the work would doubtless not have been undertaken by Professor Caland had there been any hope that further manuscript material would be available. But the work is not noticed in the *Catalogus Catalogorum*, nor apparently in any list of manuscripts published since the date of the third part of Aufrecht's invaluable work, and, while there may well exist copies in some of the many unexamined collections still in India, Professor Caland may be excused for not delaying the work on the chance of this being the case. As is inevitable, in the result certain passages of the text present corruptions which cannot be remedied by any application of sound critical methods, but the care and skill of the editor have gone far to remove the most of those errors which can with reasonable certainty be eradicated. In this regard, indeed, the only criticism which can be offered is that the editor might have been more decided in his treatment of obvious corruptions, and have banished readings which cannot be correct to the footnotes, while inserting the necessary correction in the text. Thus in the scene with the Gopīs the MS. presents us in a speech of Kṛṣṇa's with the words *mayebhā raṁsyatha kṣiyāḥ* (p. 124, l. 35), with the usual doubt as to *p* or *y* in the last word ; the editor suggests *kṣipā = kṣapā*, but the true reading is plainly *kṣapāḥ*, the accusative of time ; *ibhā* is more difficult ;

the editor suggests *mayeha*, but in the context *ibhā* may perhaps stand. The same passage presents the strange locution *manorathasiddhaṁ gariṣyāmi*; the editor suggests *kariṣyāmi*, but in a MS., which is certainly copied from an original in South Indian characters, there can be no hesitation in placing *kariṣyāmi* in the text in place of the impossible reading. On the same ground in Kṛṣṇa's speech (p. 123, l. 17) there can be no doubt as to reading *namaḥ kuruta* for *namo 'kuruta*, which is contradicted by the stage direct following, *sarvās tathaiva cakruḥ*.

The play as a drama must be regarded as of slight merit, and it owes the chief interest to the question of its real character, which is discussed with care and discrimination by Professor Caland in the introduction to his edition. The fact that no Prākrit occurs, being deliberately rejected as unsuitable by the poet on the ground that the play is not meant for a *sādhāraṇarāja* audience, but for *Haribhaktavaryas*, is perhaps not so important as Professor Caland is inclined to think, for it shares this peculiarity not only with the *Hanumannāṭaka*, to which the editor refers, but also with the *Vasantatilaka*, a Bhāna by Varadācārya, and in several other dramas of the late period of this work the use of Prākrit is either not observed or reduced to negligible proportions. But other points occur which are not found normally in Sanskrit plays. Some of the stage directions are expressed by past tenses, the perfect or the past participle, and a mysterious Sūcaka is once mentioned (p. 76) as addressing the *sāmājikas* and describing the advent of Kṛṣṇa. This term has hitherto been known only from Hemacandra's reference, where it is taken as denoting the Sūtradhara, a sense which does not suit its use in this play. Are we then to assume that the play was really a puppet play, or that it was performed by children, the words being spoken for them by the Sūcaka, a procedure which can be paralleled from the performances at Mathura recorded by Growse, or finally is the drama no more than a mere literary exercise ? The material for any certain decision of these questions is scanty, but it appears that the evidence all tells strongly in favour of the last of these views. The play might no doubt have in some shape been performed before an audience of Hari worshippers, but not, it is clear, exactly as it stands, and this consideration is supported by the whole nature of the play, which is rather obviously an effort in dramatic form to cove the same ground as is so much more ably covered by the author of the *Gītagovinda*.

The date of the author is wholly uncertain, but it is doubtless late. His father's name is taken by the editor as Devajīti, but the form is extraordinary, and the verse in which it occurs, and which shows him to have been a follower of Rāmānuja, runs *çrīdevajītidvijaḥ*, which must be resolved into *çrīdevajī -iti dvijaḥ*, giving thus the modern name Devajī. The only other Rāmakṛṣṇa who is as yet known as a dramatist is the son of Āhlāda, the author of the *Prabhāvatīpradyumna*. The author's language accords with a late date; it is deficient in originality and his syntax is often lax.

In place of a translation, which could not be satisfactorily prepared on the basis of the present text, Professor Caland has given an interesting and valuable analysis of the play. To one suggestion exception may perhaps be taken; the author is described by himself with an excessive licence of self-praise as a *kulajo hi Daṇḍino Bhavabhūter uta Bhāraveḥ kaveḥ*, and on this Professor Caland remarks (p. 6, n. 1) that it supports the view of Professor Pischel that Daṇḍin was a dramatist and author of the *Mṛcchakaṭikā*. But no such conclusion is legitimate; *kaveḥ* does not serve to discriminate between Bhāravi as a poet in opposition to Daṇḍin and Bhavabhūti as dramatists; it is rather intended to emphasize the claim of the author to the rank of a Kavi himself, and the collocation of names suggests the conclusion, which is justified by the general standard of the work, that the writer was by no means very well versed in the subject of which he claimed to be a master.

A. BERRIEDALE KEITH.

PROPOSED INDEX TO THE SUNNI TRADITIONS

1. All who have been engaged in the study of the collections of Arab traditions know how difficult it is, among these vast complications, to trace, even approximately, references to any given subject. The arrangement of subject matter in the various collections has been made from very different points of view, yet none of the methods which have been followed serves effectively to guide our researches.

2. This difficulty might be remedied by condensing the matter into a summary in which all repetitions would be avoided. But, to say nothing of other objections to which such a *résumé* would be open, it would be almost impossible to take into account the many variants which occur and are often of great importance.

3. It will be impossible to make the best use of the collections of traditions until we have at our disposal an alphabetical index containing every characteristic word, under which will be found the kindred words necessary for rapid reference. Naturally such an index must be of considerable dimensions and its compilation must occupy several years.

4. Further it will be necessary to index under the following headings : (*a*) The *isnad*; (*b*) Proper names found in the *matn* : (*c*) Geographical names ; (*d*) Citations of verses of the Koran. On the other hand, the indexing of the proper names which figure in the *isnad* presents difficulties which would outweigh its practical value, so that it would seem better to put off such an undertaking until a suitable method should have been found.

5. The indexes must embrace, besides the six so-called canonical collections, the *Mosnad* of Darimi, the *Mosnad* of Ahmad, the *Mowatta*, and the ancient traditions found in the commentaries of Qastallani Nawawi and Zorkani.

6. With regard to works already published, the following editions might serve as a basis for the indexes : the edition of Bokhari by Krehl, continued by Juynboll ; the edition of Moslim, with the commentary by Nawawi (Cairo, 1283, 5 vols.) ; the edition of Abu Daud in two volumes (Cairo, 1280) ; the edition of

Tirmidhi in two volumes (Cairo, 1292); the edition of Al Nasai, with the commentary by Soyuti (Cairo, 1312, 2 vols.); the edition of Ahmad in six volumes (Cairo, 1313); the edition of the *Mowatta* with the commentary by Zorkani (Cairo, 1279, 4 vols.); the edition of Qastallani in two volumes (Bulaq, 1288).

The works of Darimi and Ibn Maja not having yet been satisfactorily edited, Professor Snouck Hurgronje has most kindly offered to undertake their publication provided that the manuscripts on which they are founded are available as a basis for critical edition.

7. The six so-called canonical collections, as well as from those of Darimi, will have to show the chapter and the number of the *bāb* or of the tradition, following the method of scholars who quote Bokhari. Quotations from the other works should indicate volume, page, and line.

8. The system of transcription as used in the *Encyclopédie de l'Islam* might be employed.

9. Dr. Juynboll announces that he is willing to start on the abstract of the fourth part of Bokhari. I myself will undertake the first part of the same author. We shall no doubt find fellow-students who will be good enough to enter into collaboration with us.

10. The completion of the whole work will take at least ten years. In the meantime Semitists, who may wish for information on any of the works quoted, may apply to the Compilers, as soon as the required indexes exist in manuscript.

I shall be glad to receive the opinions and advice of Semitists on the undertaking outlined above.

(Signed)   A. J. WENSINCK.

LEIDEN, *July 16, 1916.*

[The above is a translation of a communication which appeared in the *Journal Asiatique,* Onzième Série, tome vii, and is published by the kind permission of the Editors of that journal.]

Printed by Stephen Austin & Sons, Ltd., Hertford.

BULLETIN

OF

THE SCHOOL OF ORIENTAL STUDIES, LONDON INSTITUTION

PAPERS CONTRIBUTED

THE SOUNDS OF BENGALI

By J. D. ANDERSON, M.A., Lecturer in Bengali

IN the first issue of our Bulletin the Director was good enough to allow me to insert a very diffident and tentative attempt to record the characteristic sounds of Bengali in the script of the International Phonetic Association, and to reduce them to some sort of rule for the benefit of students. Writing at a long distance of time and space from Bengal, I was not so rash as to suppose that my assertions were beyond question. On the contrary, I hoped and wished to provoke discussion on a subject which has only recently become the subject of serious study. I was not surprised, therefore, when a valued colleague (not himself a Bengali) told me that some Bengali friends of his were convinced that my attempt was a failure and my statements incorrect. This criticism, however, was not of much help to me, since it did not give details.

Meanwhile, Mr. Suniti-kumar Chatterji has, after a sound training in European phonetic methods, been doing notable work, it seems, in recording and explaining the phonetic facts of his native speech. He has won the Premchand Roychand Student-ship with a thesis on the Sounds of Bengali. He has also written a valuable article in the Journal of the Vaṅgīya Sāhitya Pariṣad on that singularly interesting work, the "Crepar Xaxtrer-Orthbhed", a Roman Catholic Catechism composed about 1734 by the Padre Assumçaon. This is written in Eastern Bengali in Roman characters according to Portuguese spelling, and is an invaluable record of the pronunciation of Dacca at the beginning of the eighteenth century.

In the January number of the Calcutta *Modern Review* Mr. Chatterji has an article on Bengali Phonetics, in which he makes a detailed examination of my own quite tentative notes on the sounds of Bengali. If I had known that there existed so competent a student of the subject I would not have put pen to paper. It is obvious that a careful and complete record of Bengali sounds can best be made at Calcutta and by a student whose native language is Bengali. Since I wrote, too, Mr. Jñānendra Mohan Dās has published his admirable Abhidhān, which, among other valuable features, gives the pronunciation of most of the words in his dictionary. I may perhaps be allowed to say, with modest surprise and gratification, that these two authorities bear me out in all (or nearly all) of my conclusions. In one matter I may claim to have pointed out something which had never before been noted in print, namely, the characteristic initial phrasal accent of Bengali. I was much pleased (and relieved) to find that Mr. Chatterji writes of this accent that "in standard Bengali it is always initial". And, elsewhere, "Mr. Anderson has given a correct exposition of the phenomena of Bengali accentuation. This initial phrase-stress, which seems to ignore all other syllables, is very marked in the standard colloquial, and the widespread practice of umlauting, as well as the development of holophrastic expressions (e.g. *ko'jjacco* for *kothā jāitecha, ne : s gejā* for *laiyā āsis'diyā jā*) are unquestionably due to this strong initial phrase stress."

I could wish that Mr. Chatterji had written "phrase accent" rather than "phrase stress", since "stress" is now taken to mean an accent of force, such as the English and German word-accent, whereas the Bengali phrase accent is, I venture to think, mainly an accent of duration. These accents are very difficult to fix, since the same syllable may bear an accent of pitch, or of duration, or of force, or any two or even three of these, and an observer is apt to note that quality which is prominently audible in his own language. Sir Rabindranath Tagore once told me that the accent by which the rhythm of his verse is regulated is undoubtedly accent of duration, and that to this extent his metres are "quantitative".

If I have written these few words, it is simply to draw attention to the work being done by such men as Mr. Suniti-kumar Chatterji, Mr. Bijay Chandra Majumdar, Mr. Ramendra Sundar Trivedi, and Mr. Jñānendra Mohan Dās. I will not pretend that I was not pleased to find my own tentative notes confirmed by so competent an authority as Mr. Chatterji. But I must candidly admit, in conclusion, that a careful study of his article has convinced me that, in my old age, I am become a "Bāṅgāl", i.e., that my present pronunciation is not that of my native Calcutta but of the eastern districts in which I spent most of my official life. I will also confess, while I am about it, that I was not aware of this, and rashly claimed that I was recording the facts of standard (i.e. Calcutta) Bengali!

A HINDU "PARADISO": SABARA-SANKARA VILASA, I, 54-85

Translated by L. D. BARNETT, M.A., Litt.D., Lecturer in Sanskrit

PREFACE

IN the following pages is presented a translation of a passage from Shaḍakshari Dēvar's famous Kanarese poem Śabara-śaṅkara-vilāsa. Some of the more tedious passages I have omitted; enough remains to show how the pious Śaiva conceives his Paradise. Certainly Shaḍakshari's visions of heaven are very unlike those of Dante and Milton. But they have much value as documents both of religion and of poetry.

Of the three chief Dravidian languages, Tamil, Kanarese, and Telugu, none is a finer vehicle of thought and feeling than the Kanarese. Naturally musical, sonorous, flexible, and graceful, it came early under the influence of Sanskrit, and soon developed a rich and beautiful literature of its own. Of its many brilliant poets none is more famous than Shaḍakshari Dēvar, who has left two poems, the romance Rājaśēkhara-vilāsa and the Śabara-śaṅkara-vilāsa, the latter a version of the epic theme from the Mahābhārata handled with consummate skill by Bhāravi in his Sanskrit work Kirātārjunīya. In respect of time Shaḍakshari is quite late: the colophon of his Rājaśēkhara-vilāsa is dated in the Śaka year 1577[1] and the cyclic year Jaya, corresponding to A.D. 1654. Coming thus almost at the end of the literary succession, Shaḍakshari had at his disposal the accumulated riches of nearly a thousand years of poetical creation, and he used them with a lavish hand.

In preparing this translation I have used two native editions with Kanarese commentaries, viz.:—

A.—An edition printed and published at Bellary in 1886.

B.—An edition printed at Madras and published at Bellary in 1887.

---

[1] This is how I understand the chronogram *ratna-samudra-bāṇa-bhū*. The use of *ratna* for "seven" is unusual, but is justified by the "seven jewels" of the *chakravarti*. If we take it in the usual sense of "nine", the two dates will not tally.

As there are often discrepancies in these editions between the readings given in the text and those presented in the commentary, I have in such cases denoted the former by A 1 and B 1 and the latter by A 2 and B 2. On the whole B represents a textual tradition different from that of A, and generally much superior to it.

TRANSLATION

[54] On the summit of the mountain of lustrous gold (Mēru) which was thus radiant there shone in its majesty the city of the Cities' Foe,[1] with a gateway of gold, where stood together[2] a castle of most brilliant jewels, a moat with depths reaching down to the Primeval Tortoise, an ocean[3] of nectareous waters, a rampart of sapphire, and bastions of diamond. [55] The exceeding fair city of the Cities' Foe was brilliant with rows of bright palaces of princes of the Goblin Band adorned by golden towers of beautiful shape, together with lofty banners (bearing the device) of the Bull fluttering so as to strike against the expanse of the sky, and with parks radiant with nectar-filled lakes and celestial trees. [56] Brilliantly beautiful was the high-road of that city, in which were the ringing sounds of musical instruments surrounding[4] the lords of the regions of the universe coming to do service to Bhava,[5] the tinkling of bells on the necks of the gods' elephants brilliant in splendour as they walked in ordered festival, the clamour of goblins issuing to wanton in sleepless play, and the rattling of anklets of celestial damsels quivering in high-flung sport. [57] Seated on a swan, adorned with three eyes, resplendent with golden cord, tall golden rod, noose, and rosary of elæocarpus berries, surrounded by seven crores of splendid Bhairavas like himself, accompanied by that jewel of damsels, Brāhmī, the great Bhairava named Asitānga stands ceaselessly on the eastern road of this Kailāsa. [58] Fiery-eyed, bearing sword, pike, bright *khaṭvāṅga*,[6] and *dhakka* drum,[7] having a body like lustrous gold, riding on a bull, terrible of tusk,

---

[1] Namely Śiva, the destroyer of Tripura or the Three Cities of the demons.

[2] Reading with B *gottalaṁgaḷuṁ ghaḷis'* ; A has *gottaḷaṁgaḷ aggaḷis'*.

[3] Reading with B *°samudraṁ* ; A 1 has *°saṁruddhaṁ*, A 2 *°samṛiddhaṁ*.

[4] Read *°parivṛita°* with A ; *parikṛita*, B.

[5] Another title of Śiva.

[6] A kind of club, on which see Gopinatha Rao's *Elements of Hindu Iconography*, vol. i, p. 7.

[7] A sort of drum shaped like an hour-glass.

infinite, the Bhairava Ruru, accompanied by (his consort) the brilliant Māhēśvarī, together with twelve crores of Bhairavas, for ever cheerfully stands in splendour guarding the south-eastern gate of Hara's city. [59] Bearing a parrot-pike,[1] bolt, and spear, radiant as the sun, riding a beautiful peacock, attended by ten crores of Bhairavas, with his mistress Kaumārī[2] showing exceeding splendour, having three stately eyes, undefiled by love, the Bhairava Chaṇḍa well guards with ease the southern gate. [60] Mounted on a Garuḍa, holding a disc and conch-shell, with *kaumōdakī* and *śārṅga*[3] displayed, accompanied by Nārāyaṇī, the Bhairava called Krōḍa, who stood at the south-western gate, with five crores of exalted Bhairavas duly attending him, surrounded by crowds of witches, was likewise fair to the eye. [61] Wearing braided locks like the edges of a fresh cloud, appearing with four arms in which were seen club and conch, shield and sword, and with six crores of warriors, accompanied by the lady Vārāhī, with a buffalo as vehicle, the Bhairava Unmatta gladdened the eye on the gate-house at the stately western side of the Trident-bearer's city. [62] Mounted on a furious elephant, holding spear, bow, bolt,[4] and javelin, with a body[5] flashing forth golden beams, accompanied by the lady Śaśi,[6] resplendent, with three crores of valiant Bhairavas like himself appearing on his left side, the Bhairava Kapālin stood in splendour with them cheerfully keeping guard at the north-western gateway. [63] Seated on a crow as vehicle, with bell, pike, skull, and *dhakke* drum[7] shining in his grim hands, with twelve banded crores of Bhairavas waiting upon him in a crowd, the Bhairava named Bhīshaṇa, whose body is smoke-coloured, together with Chāmuṇḍī stood there attached to the northern side. [64] Mounted on a rat, holding in his hands club, shield, board, and great sword, with a body glittering like gold, having an eye in his forehead, with eight crores of bright Bhairavas equal in power to himself appearing (beside him), the husband of Mahākālī, brilliant in arts, adorned with ashes, the Bhairava named Saṁhāra stands in

[1] Apparently a pike with a head curved like a parrot's beak.
[2] B wrongly gives *Kāmāriy*.
[3] These are respectively the mace and the bow of Vishṇu, whose other emblems are also borne by Krōḍa.
[4] Reading °*pavi*°: A 1 has °*parivi*°, A 2 °*phavi*°, B °*pari*°.
[5] Read *oḍaliṁ* with A 2 and B 2: A 1 has *oḍaviliṁ*, B 1 *oḍaviṁ*.
[6] So B and A 1; *Śachiy* A 2.
[7] See above, p. 5, n. 7.

majesty joyfully on the north-eastern side with his associate troop.[1]

In the capital city of Śiva, which showed its loveliness within the bounds of the guardianship of the Eight Bhairavas, mighty beings of valour, who were thus constantly manifest, and which, possessing an exceeding brilliance which not even the King of Serpents[2] could fully describe, an exceeding charm, an immense majesty, a most mighty beauty, was auspicious to the eye and ravishing to the mind.

[65] On the eastern side appears in vast bulk the Ṛig-vēda, white as the moon, in the form of a gateway one hundred thousand yōjanas in extent; on it is seen Nandikēśvara holding a golden wand, surrounded by four hundred millions of goodly goblins, while Brahman and others duly wait for the appointed time (of admission). [66] The Yajur-vēda, bearing the form of a gateway of the height of one hundred thousand yōjanas in measurement, glittered on the southern side, radiant in blue colour; there, surrounded by countless potent goblins born from the hair (of Śiva), equipped with sword, bow, arrows, and shield, the lord Vīrabhadra, resplendent with his mistress, stands in brilliance. [67] The great Sāma-vēda stands in splendour on the western side in the form of a gateway, perfectly white, having a height measured by one hundred thousand yōjanas; and at the corner of it appears the mighty Nīlalōhita, brilliant of body, attended by many troops of associate Rudras. [68] Again the Atharva-vēda, famous for its contents, stands on the north in the form of a vast gateway, having a height measured by one hundred thousand yōjanas, and the colour of gold; Mahākāla, attended by troops of goblins, adorned by valour, terrible with weapons, stands duly in its portal, associated with majesty. [69] While on all four sides of the encircling bright golden ring-wall[3] of the crowd of graceful towers on the rows of ruby pavilions the splendour of the glittering portals of the gateways displayed itself in unison, in the centre there appeared the Trident-bearer's hall of state, measuring a crore of yōjanas. [70] A right goodly sight was the Lord's assembly-hall, in which were united emerald altars, ruby architraves, sapphire columns, bright pavements of moonstone, goodly beams of coral,

---

[1] Or "associated with might".　　　　[2] Śesha, who has a thousand tongues.
[3] Reading °śālada with B; A 1 has °gālada, A 2 °kālada.

rafters of precious stones, daises radiant with topazes, cupolas
bright with pearls, and doors of brilliant diamonds. [71] The
Cosmos of the Lotus-born (Brahman) is visible in the circle of the
mighty [1] radiance of His most lofty palace, after the manner of
an elephant reflected in a mirror; like a glow-worm in front of
the rays of the rising Lover of the Lotus (the Sun) appear the
masses of jewels on the Serpent-kings' hoods in presence of His
palace.[2]

On the north-eastern side Puissance in the form of a lion, on
the south-east pure Righteousness in the shape of a bull, on the
south-west Wisdom in the form of the spirit of peace, and on the
north-west Passionlessness in the character of majesty, trampling
under foot on the east, south, west, and north respectively
Unrighteousness in the form of a goblin, Ignorance monstrous of
limb, Passion hideous in guise, and Impuissance deformed of
body, (these eight qualities), thus on eight sides wearing eight
forms, were occupying a blessed great dais adorned with wishing-
stones, which struck the eye by being a crore of *yōjanas* in
breadth and of the like height, in the midst of this radiant great
hall of assembly, in which was contained a circle of vast lustre
shining so as to eclipse the brightness of crores of fires, suns, and
moons; and brilliant in the midst of these—

[72] There appeared a lotus-throne containing sun, fire, and
moon, of which the Serpent-king was the stalk, the magic powers
of *animan* and the rest [3] in patent action formed eight bright
petals, Vāmā and the other Powers [4] bore the character of a
pericarp, and the Vidyēśas [5] were seen gathered together in the
guise of its lustrous filaments.

Incarnate in beauty upon this lotus-throne, upon a high couch
consisting of the great Bindu [6] shining in ruddy lustre like a bed
of safflower,

---

[1] Reading °*mahā*° with A; but °*bhavad*°, the reading of B, may be right,
though it is tame.
[2] Reading *tat-sabhā*° with A1 and B; A2 has *tat-prabhā*°, which is more
vigorous.
[3] These are the eight *aiśvaryas* or *siddhis*; for a list see Kittel's *Kannada
Dictionary*, s.v. *siddhi*.
[4] The Śaktis or Energies of the Supreme Being, conceived as his female
consorts.
[5] Beings belonging to the divine hierarchy of Śaiva theology.
[6] Literally, the dot on the mystic syllable *ōm*, representing the phase of
indeterminate illumination assumed by Śiva in the process of cosmic revelation
when His power of activity arises into consciousness.

[73] Appeared Śaṅkara, the moving force in sentient and insentient being, without second, without sin, known through the Upanishads, the seat of arts, remote from beginning and end, noble, spiritual, surpassing the universe, embodied in the universe, ocean of mercy, foundation of the world's origin, maintenance, and dissolution, giver of great enjoyment and salvation, whose feet are adored by the Lotus-eyed (Vishṇu) and other immortals. [74] Brilliant was Maheśvara with the splendour of the crescent-moon borne on the locks of His ruddy braided hair, upon which was the Heavenly River (Ganges), of the eye in the midst of His brow, of earrings formed of bright snake-kings, of long arms, of cloak of skins, of the graceful stain [1] ravishing the mind, of hands displaying (the gestures denoting the gift of) boons and security, the trident, and the deer, and of the Mountain's Daughter (Umā) who was seen never departing from his lap. [75] Remover of the three classes of distress,[2] three-eyed, adorned with snakes, sinless, void of ignorance, plastered with bright ash,[3] peerless in majesty, He that is above the world appeared to the eye.

[76] With jewelled crown bearing a crescent moon, jewelled ornaments, a face lovely as the moon's orb, a gauze robe like the beams of the new dawn, and the lustre of Her brilliant body combining, the All-blessed Lady (Umā) fair of limb, adorning Her throne that was the lap of the Gracious One, was radiant in stately beauty, so as to put to shame a crore of Ratis.[4] [77] The Mountain's Daughter appeared to the sight with the radiance of her brilliant flower-like eyes showing like clear moonlight, while the goodly lustre of the jewels in the masses of ornaments worn by her, displaying a magnificence like that of red sunshine, poured itself forth freely in gushing luxuriance over the eight regions of space and the troop of Spell-spirits[5] lovingly worshipped Her lotus-feet. [78] The Lord of Bhavānī displayed Himself while the brilliant Gāyatrī,[6] in whom is contained the

---

[1] The stain on the throat made by the poison swallowed by Śiva in order to save the world.

[2] These are the troubles caused by oneself (*ādhyātmika*), those caused by external beings (*ādhibhautika*), and those due to supernatural influences (*ādhidaivika*).

[3] Reading *bhāsita-bhasmālēpaṁ* with B; A gives *bhṛita-sita°*.

[4] Rati is the bride of Kāma, the Love-god.

[5] *Mantra-dēvatā*, the spirits presiding over the mystic formulæ.

[6] The Gāyatrī or Sāvitrī is the peculiarly holy verse, *Rig-vēda*, iii, 62, 10. Here two goddesses have been created out of the two names of the same verse.

whole series of Vēdas, holding in her hand a golden yak-tail fan, zealously waved it, and great Sāvitrī, venerated by the company of Powers, stood there holding a golden spittoon, and a troop of goddesses, Speech and others,[1] joyfully held His jewelled slippers.

Moreover,[2] Maheśvara, attended by trooping goblins with widespread festal splendour and great clamour and worshipped by Brahman and Hari with their consorts, was like the heavens, covered with masses of cloud accompanied by spreading lightnings and mighty thunders and always adorned with the Moon and Sun; accompanied by the Mountain's Daughter with Kārttikēya on her lap and brightened by (the presence of) gods radiant with charming power, He was like a park, containing multitudes of trees conspicuous with crowded spreading boughs and brilliant with flowers lustrous from afar with nectarous sap; having His feet covered with many (flowers of) the coral-tree, pure *punnāga* (*Rottleria tinctoria*), and *kadamba* (*Nauclea cadamba*), and (enjoying) the sports performed by Śarabhava (Kārttikēya) bearing a spear, who is peerless in the congregation of the gods, He was like a forest, where the ground is occupied by troops of many lion-broods, bears, and bull-elephants, and where flocks of powerful *śarabhas*[3] brilliant with high spirit roam about in abundance; bestowing perfect enjoyment on them who in truth ever seek Him and happy fortune on them who fall at His feet, and attended by bands of redeemed souls whose natural powers are infinite, changeless, and universal, He was like the ocean, bestowing the pleasure of (the company of) Śrī upon Achyuta (Vishṇu) as He sleeps upon the folds of His ever-attendant Serpent, excellent with good waters pervaded throughout by endless mountains, and filled with lines of pearls; though *vishadhara*, bearing (the mark of) poison,[4] yet He possessed charming (*chira*) radiance [but, unlike a cloud, *vishadhara*, He possessed constant (*chira*) radiance]; though lord of the worlds, *bhuvana-pati*, He was the site of animate matter, *ajaḍāśraya* [but, unlike the Ocean, *bhuvana-pati*, He was not a receptacle of water, *ajaḍāśraya*]; though extinguishing the pride of·Nara,[5]

---

[1] Reading with B *poṁḍavakeyaṁ Vāṇy-ādi-dēvī-samutkaram*; A is senselessly corrupt.

[2] Here begins the first of a tedious series of passages full of words conveying double meanings. Each epithet has to be translated twice in·order to give the twofold sense, or nonsense.

[3] A mythical beast with eight legs.   [4] See above, p. 9, n. 1.

[5] Reading *Nara-garva-nirvāpakan* with B and A 1; A 2 has *sarvāpahakan*.

[Brahman, *and secondarily* Arjuna[1]], yet He was *arjuna-ruchi*, white of radiance [*and secondarily* delighting in Arjuna]; though loving *Sāmajapa*, the prayers of the Sāma-vēda [*and secondarily* fond of lordly elephants], yet He was *pañchānana-prathita*, worshipped as five-faced[2] [*and secondarily* famous as a lion[3]]; though Sadyōjāta,[4] yet He was without birth [*and secondarily* fond of the moon]; though characterized by being bodied of ether [*and secondarily* by having the person of Umā at His left side], yet He had a body radiant in golden hue [*and secondarily* in native beauty]; though having no enemy born to Him [*and secondarily* though a foe to Vishṇu's son[5]], yet He was an enemy to the city of countless foes [*and secondarily* to the cities of the earth's foes[6]]. . . . [7]

Moreover, now, with Gāyatrī[8] and the rest of the supreme Powers standing in a row with their bodies curved in pride, knowing their turns, and with outstretched arms waving pure white yak-tail fans so brilliant as to seem like snakes springing up in eagerness to assail the radiance of the autumnal moon[9]; with Kalāmālinī, her lotus-hands joined together, displaying in graceful clasp to the face of Fortune a jewel-mirror shining like the full moon; with Rōhiṇī[10] stirring up a breeze with a fan of flowers, as if to refresh Kambala and Aśvatara[11] when faint and hungry with singing; with the bride of the Sun[12] flashing a swinging light consisting of a jewel-lamp while singing in

[1] Arjuna, who by his pious austerities won the favour of Śiva, is the hero of our poem.

[2] Śiva is often worshipped as Pañcha-mukha, an image with five faces, and this cult first appears in the *Taittirīya Āraṇyaka*, x, 43–7, whence the present punning antithesis to the Sāma Vēda. Compare, further, Gopinatha Rao's *Elements of Hindu Iconography*, vol. ii, pt. i, pp. 64, 97 f., 366 f., 375–9, 384, 388, 404.

[3] The lion is the natural enemy of the elephant.

[4] This is the name of one of the five phases of Śiva mentioned above. It means "born on the same day", whence the punning antithesis to the two epithets that follow.

[5] The Love-god, Kāma.

[6] The demons.

[7] As probably the reader has already had enough of this tedious word-jugglery, I omit the rest of the paragraph and verse 79.

[8] See above, p. 9, n. 6.

[9] The moon's spots are supposed to represent a hare, a proper prey for a snake.

[10] The favourite wife of the Moon-god.

[11] Two celestial minstrels.

[12] Saṁjñā, the daughter of Viśvakarman.

auspicious strains; with the goddess Fortune offering homage as
she bore a radiant pearl parasol like a lotus of a thousand petals
held in her hand; with Sarasvatī[1] striking up her music, which
conveyed to the ear rich melody of inexhaustible sweetness with
an abundance of the soft strains of the *pañchama*[2] accompanied
by the tender sounds of the goodly charming lute; with Varuṇa's
wife[3] standing gracefully holding a golden jar full of sweet cool
fragrant water; with Pulōma's daughter[4] and other ladies
radiant as they held spittoons of rubies; with the damsel Rati[5]
joyfully adorning the soles of His feet with garlands of half-
opened flowers exhaling a fragrant scent delighting[6] a swarm of
young black bees which was settling down buzzing in eager desire
for the juicy perfume; with the Mother-goddesses[7] standing in
a company holding spears, skulls, swords, axes, and other weapons
in their hands; with the Yōginīs standing with their lotus-hands
laid upon their foreheads, receiving His command; with the
Powers of Spells standing in front with summoning cries; with
Anasūyā[8] and other wives of saints chanting blessings; with the
Goddesses of Scripture singing hymns of praise in union with
fervent sound upon His naturally numerous virtues[9]; with
Rambhā[10] and other celestial dancers standing ravishingly as they
scattered with flowerlike hands handfuls of flowers amidst the
fluttering of golden curtains, as though the very Goddess of
Grace stood incarnate in their several forms, and freely displaying
a most skilful fourfold dance[11] amidst the applause of all the
spectators in front of them; with Mukunda[12] appearing in
splendour on His left side and reciting the Thousand Names of

---

[1] The wife of Brahman and goddess of literature and poetry.

[2] The fifth note of the gamut.   [3] Kālikā.

[4] Śachī, the wife of Indra.

[5] The wife of the Love-god, Kāma.

[6] B here reads *taniyaḷṭa*; A 1 has *taḷṭa*, A 2 *taḷṭu*.

[7] Namely, Brāhmī, Māhēśvarī, Kaumārī, Vaishṇavī, Vārāhī, Indrāṇī, and
Chāmuṇḍī.

[8] The wife of the saint Atri.

[9] I have translated here rather loosely, and perhaps incorrectly; actually
B 1 gives *sahaja-saṃdaṇiya gaṇamaṃ*, while A 1 has *sahaja-saṃdaṇam āda gaṇamaṃ*,
and A 2 *sahaja-sad-guṇamaṃ*, so that it would seem as if the true reading were
sahaja-saṃdaṇiya guṇa-gaṇamaṃ, as I have rendered.

[10] A beautiful Apsaras and favourite dancer in the court of Indra.

[11] B states that these four kinds of dance are *hāva*, *vibhrama*, *bhāva*, and *vilāsa*
(see *Daśa-rūpaka*, 48–51, 61, 63); Kittel's Dictionary divides *nartana* into music,
song, gesture, and dance.

[12] Vishṇu.

Śiva; with the Four-faced One[1] on His right laying down his
rules[2] with ceaseless voice; with the Lotus-born One[3] conning
the Rudra-sūkta, Rathantara, etc.; with the lords of the regions
of space performing their various offices; with exalted ascetics
praising Him with excessive tears of joy and intense horripilation;
and with clasped hands folded on their brows, having a feeling of
choking in their throats owing to the influence of their profound
devotion; with the ushers Bhīma and Kaṅkāla uplifting their
golden wands, and with cries of "ho, halt! approach! go! stand
aside!" repressing the excessive clamour of the crowd of gods,
Siddhas, Sādhyas, Gandharvas, and others in their banded throngs,
and stationing them in their proper places; with Nandikēśvara
announcing the proper offices, coming in due time and wearing
with grace his earrings; with the lordly Bull standing in
equanimity, an incarnation of the Good Law; with the saint
Bhṛiṅgi in strange apparel of many kinds merrily dancing,
displaying contortions, and arousing laughter; with impassioned
Garuḍas, Gandharvas, and celestial musicians singing in concert;
with the Vīra-pramathas[4] duly standing together in their ranks;
with crowds of gods standing massed together in densely serried
rows—the magnificent Supreme Court displayed itself as
possessing infinite wondrousness, perfect beauty, intense loveliness, and utterly unprecedented charm, a thing inconceivable of
comprehension.

Moreover—

[80] Singing Kinnaras,[5] merrily dancing Apsarases,[6] Chaṇḍa-
kīrtis,[7] coming forward and singing, ascetics fittingly renouncing
the flesh at His feet with cries of "hurrah! victory!" and lords
of the ageless [gods] joyfully bowing before the priceless Blessed
Being and offering gifts, displayed themselves delightfully in the
palace of the Trident-bearer. . . .[8]

---

[1] Brahman.
[2] This also means "holding a crane"; the swan or crane is the vehicle of
Brahman.
[3] Another title of Brahman; here, however, the two titles are made into two
distinct deities.
[4] Goblins attached to the service of Śiva.
[5] A class of demigods represented with the heads of horses.
[6] Celestial dancing-women and courtesans.
[7] A class of familiar spirits attendant on Śiva.
[8] I have omitted another long passage of prose and verse 81, which are full of
tiresome and uninstructive word-jugglery.

And here, while the loveliness of His body, which was most
charming, incomparably splendid, having a brilliance surpassing
ten million times gold refined in the fire, abounding and on all
sides multiplying, was displaying itself; while the elephant-hide
·[worn by Him] was radiant like a glistening golden robe; while
the brilliant plaster with which He was smeared[1] shone like the
unguent of Kashmir[2]; while His rings of jewel-studded serpents
showed lovely as ear-jewels of glittering gold; while the ornament
consisting of a festoon of skulls worn by Him glistened like an
ornament of shining gold; while the poison in His neck,
combining with the scent natural to His body, glittered[3] like a
streak of musk worn by Him; while the eye of fire gleaming on
His brow, on which rested a spirit of calm, appeared like a
forehead-ornament of red ochre; while the skull [held by Him],
enveloped in the ruddy hue of the red lotus of His hand, shone
assuming the exact semblance of a bowl of rubies; radiant with
brilliant indivisible supreme authority, convincing the mind that
in Him alone resides the proper characteristics of supreme felicity,
unique in their manifestation, by which He rules unfailingly the
three worlds; a mine of the series of gems of all auspicious
qualities; a skilful artist in creating the sections of the casket of
the universe; exalted above the influence of the three Modes[4];
a jewel-ornament on the hair-parting of the lady who is the
Triad of Vēdas; a home of sport of unsurpassable auspicious
arts; making the sprout of the universe blossom forth on the
creeping-plant of His Powers[5]; a noble swan[6] on the lotus of the
Ōm; having His pure body void of birth, age, pain, and death;
the great Physician who dispels the maladies of bodied life from
His worshippers; the celestial tree for the desires of votaries;
devoid of beginning and end; free from ignorance; omniscient;
eternally satisfied; independent; possessed of unfailing and
unending Powers; unique in majesty; giver of enjoyment and
salvation; composed of infinite Being, Thought, and Bliss;

---

[1] The burnt cow-dung with which Śiva and His votaries are smeared.

[2] Saffron paste.

[3] Reading *mereyeyum* with A 1; A 2 has *moreyum*, B *moreyeyum*.

[4] The three *Guṇas* or principles of material Nature.

[5] The empirical universe arises from the Supreme Śiva by the agency of His Powers or Śaktis.

[6] *Parama-haṁsa*, besides meaning this, is also the title of a class of saint. The syllable *ōm*, or the *praṇava*, as the primal revelation of the Supreme, is the essence of all mystic knowledge, and of the universe itself.

dwelling in the secret place of all beings' hearts; transcending speech and thought; superior to all; worshipped by all; accompanied by Umā; like a bud of salvation, like a seed of spirit, like the essence of truth, like the site of eternity, like an ocean of bliss, like the supreme bound of perfection, like a sea of grace, like the majesty of righteousness, like a bound of loveliness, like the greatness of blessedness, like a fulness of brilliance, like a treasure of peace, emperor of all deities, unbounded in majesty, unique, did He appear.

Moreover—

[82] Now fondling Kumāra, now gazing in a rapture of tenderness at the face of Aparṇā,[1] now showing courtesy to the noble goblins, now listening to the sounds of the goddesses as they sang, now warmly applauding the new dance performed by brilliant Rambhā,[2] appeared He whose ornaments are the serpents. [83] "Withdraw, Nirṛiti[3]! push not, O Wind! duly present thine offering, Lord of Wealth! be still, Death! babble not, Lord of the World[4]! Pāka's Foe,[5] come and do reverence! Mādhava,[6] sit down here! Beloved of the Lotus-lake,[7] make room for the Lord of Night[8]!"—with these words did Mākāḷa[9] there chide them together at that time. [84] The Wind ceaselessly with joy presented as offering sweet scents, the Prince of Snakes piles of gems, the Ocean rows of noble pearls, the Giver of Fortune[10] a vast mass of gold, the Lotus-born[11] fittingly a quantity of new treasures, the Chieftain of the Celestials[12] rows of garlands of the *mandāra* tree, bowed before His feet, and joyfully sang his lauds. [85] Śaṅkara revealed Himself, His feet brightly illumined by the lustre of the jewels studding the tremulously radiant diadems of Lady Fortune's Lover,[13] the Lotus-born,[14] Jambha's Foe,[15] and other gods—a mine of compassion, a foundation of inconceivable majesty, embodied of the Supreme Light, crowned with the beauty of the Moon's digit.

---

[1] A title of Umā or Pārvatī ; see *Kumāra-sambhava*, v. 28.
[2] See above, p. 12, n. 10.
[3] The malignant goddess presiding over the south-western quarter.
[4] Brahman, who is conceived as always reciting the Vēda.
[5] Indra.   [6] Vishṇu.
[7] The Sun.   [8] The Moon.
[9] Mahākāla, a demon attendant on Śiva.
[10] The god Kubēra.   [11] Brahman.   [12] Indra.
[13] Vishṇu.   [14] Brahman.   [15] Indra.

NOTES ON THE NESTORIAN MONUMENT AT SIANFU

By Lionel Giles, M.A., D.Litt.

(Continued.)

DR. JOHN STEELE has very kindly sent me some criticisms on the Notes which I contributed to the first number of the *Bulletin,* and I propose to deal with these before proceeding further.

15. Dr. Steele thinks that "although Taoist phraseology is introduced into the Inscription, it is always in a polemical spirit, and not with a desire for syncretism. If that is so, then 眞 寂 would mean 'the true impassive (One)', asserting this against the 無 爲 predicated of Tao". And he adds that the same remark would also apply to 靈 虛.

This is a suggestion worth considering. But on p. 25, as we shall see, 眞 is undoubtedly used in the Taoist sense of spiritual purity.

17. "I should retain the reference to the Christian symbol . . . It seems to me that in the spirit of Taoism the Nestorians regarded the Cross as an elemental symbol which entered into the evolution of the Cosmos."

I presume, then, that Dr. Steele would substitute the word "Cross" for "figure of ten" in the translation. To this there is no particular objection except that, as I pointed out, the true significance of the Cross is purposely obscured throughout the inscription.

18. 匠 成 萬 物、然 立 初 人

"It is not possible to establish a parallelism between the two parts of this sentence, 成 and 立 not corresponding. This makes your suggested reading for 然 unnecessary. Moreover, 然 corresponds syntactically with the various occurrences of 而 in the neighbouring passages."

I confess I cannot follow Dr. Steele here. There seems to me to be perfect correspondence between 成 "created" and 立 "set up". And surely my critic cannot have studied the formation of the four preceding clauses. Each consists, not of eight, but of seven characters, and they fall naturally into two pairs, each of which is perfectly symmetrical within itself. To extend the parallelism further, so as to include our present sentence, would entirely spoil the balance of the whole.

19, 20. 閒 平 大 於 此 是 之 中
         隙 冥 同 於 彼 非 之 內

"There seems to me to be nothing abstruse in this couplet. Its first line sums up what precedes, and its second is explained in what follows—

Repose and peace abounded in this (state of moral) good ;
Schism and obscurity consorted in that (state of moral) evil."

The simplicity of this new rendering is certainly very attractive at first sight, but I am not sure that it will stand the test of closer examination. Reading the context, I cannot but feel that the first clause of the sentence so construed comes awkwardly at a point when the writer has just begun to describe the wiles of Satan. Secondly, the rather forced translation of 閒 as "repose" destroys the obvious similarity of meaning between that character and 隙. Moreover, the phrase 閒 平 would seem to be unknown to Chinese literature, as it is not given in the *P'ei Wên Yün Fu.* The meaning assigned to 同 is also, I think, open to objection. On the other hand, 隙 "schism" is certainly supported by the mention of the 365 sects in the next sentence. Dr. Steele thinks that my translation would require 其 instead of 彼, if Satan is regarded as the agent. But 彼 is used as the recognized "opposite" (對) to 此, and refers generally to the state of sin existing among the fallen angels in hell.

*   *   *   *

20. 競 織 法 羅 "Rivalling one another in weaving the web of false doctrines."

The word 法 may have been chosen, as Havret thinks, in order to convey an indirect censure on Buddhism ; but elsewhere it is repeatedly used in the sense either of religion in general (p. 42, 法 非 景 不 行) or more specifically of the Christian religion (p. 40, 永 輝 法 界 ; p. 44, 大 法 主 ; 法 流 十 道 ; pp. 71, 78, 法 主, which was apparently the recognized title of the Patriarch of the Assyrian Church [1]). In any case, "laws" is not a good equivalent.

[1] See *Un Traité Manichéen retrouvé en Chine*, p. 85, n. 4.

Legge : " striving to weave the nets of their several ways."

Havret : " tissant à l'envi les filets de leurs lois."

Moule : " vying with one another in weaving the web of doctrines."

Saeki : " they strove to weave nets of the laws wherewith to ensnare the innocent."

20, 21. 或 指 物 以 託 宗 " One sect pretended that Matter was the ultimate principle of the universe."

託 ＝ 假 託. Thus we have the common phrase 託 名 " to give a false name". I am inclined to think that 宗 does not mean " an object of worship" here, but is to be taken as equivalent to 宗 原. Havret's translation is not in accord with his note, in which he approves the explanation of P. Diaz : 尊 之 若 主. He goes on to say that Taoism is principally aimed at in this passage ; but I would refer it rather to sceptics of the type of 王 充 Wang Ch'ung. The teachings of Lao Tzŭ, at any rate, were anything but materialistic.

Legge : " Some set up (material) things as the objects of their worship."

Havret : " Les uns, désignant les créatures, s'appuyaient sur elles comme sur leur principe."

Moule : " Some, pointing to created things, have trusted to them as their Lord."

H. A. Giles : " Some of these took material objects as their gods."

Saeki : " Some, pointing to natural objects, pretended that they were the right objects to worship."

21. 或 空 有 以 淪 二 " Another divested Being of its reality, thus obliterating the duality of Nature."

These words have generally been understood as directed against the Buddhist doctrine of Māyā or Cosmic Illusion, but 淪 二 seems to point rather to the Taoist doctrine of the Identity of Contraries as propounded by Chuang Tzŭ, the logical consequence of which is that the distinction between good and evil disappears, so that no place remains for the Christian conception of God as the Supreme Principle of Goodness. We must refer back to p. 17 : 鼓 元 風 而 生 二 氣 " (God) stirred the primordial ether (or Chaos, known to the Chinese as 渾 淪) and produced the dual forces of Nature ". The expression 淪 二 will therefore simply denote a reversion to Chaos—in a moral rather than a physical sense. Havret's interpretation of 二 as heterodoxy or superstition is a little too far-fetched to carry conviction. Though the ordinary meaning of 淪 is "to sink" or "be submerged", it should be noted that the verbs 託, 邀, and 矯 in the corresponding clauses are all transitive.

Legge : "some insisted on empty space without the (ethereal) duality."

Havret : "les autres, supprimant la réalité de l'Etre, se plongeaient dans la superstition."

Moule : "some have been plunged in error by denying the reality of existence."

H. A. Giles : "others maintained the illusory nature of all things, and were swept into devious paths."

Saeki : "others denied the reality of existence, and insisted on ignoring the duality."

或 禱 祀 以 邀 福 "One resorted to prayers and sacrifices in order to procure happiness."

This cannot be said to apply to Confucianism pure and simple (see Havret's note), but only to ancestor-worship.

或 代 善 以 矯 人 "Another made a parade of virtue in order to impose on mankind."

A rather ungenerous sneer at the Confucianists with their lofty moral code. Unfortunately, as Diaz carefully explains later on, the Roman Catholic Church recognizes no merit in virtue that is not founded on faith. And Protestantism in this particular is equally stern and unbending (see Nos. 11 and 13 of the Thirty-nine Articles of Religion).

21, 22. 智 慮 營 營、 恩 情 役 役
茫 然 無 得、 煎 迫 轉 燒

"But all their restless activity of mind and heart was thrown away and they achieved nothing, being consumed by their own feverish zeal."

Diaz is the only commentator who seems to have understood the reflexive force of 轉. His paraphrase, 其 心 煎 迫 轉 相 燒 害, is wrongly translated by Havret : "Excités par la chaleur de leurs passions, ils se portaient mutuellement de cuisantes blessures." 相 does not mean "mutually", but simply emphasizes the action of the verb on the object (i.e. "themselves", understood). Sectarian strife, or persecution, is not hinted at here ; and, indeed,

China has a much better record to show in that respect than Christian Europe. We find 焦迫, but not 煎迫, in the *P'ei Wên Yün Fu*; the meaning, however, must be much the same. The phrase indicates the anxiety of each sect to propagate its own creed.

Wylie: "Their intellects and thoughts continually wavering, their minds and affections incessantly on the move; they never obtained their vast desires, but being exhausted and distressed they revolved in their own heated atmosphere."

Legge: "With their wisdom they anxiously tasked themselves, labouring with their fondest feelings; but all in vain. The heat of their distress was turned into a scorching flame." .

Havret: "Les pensées de la sagesse (humaine) étant en travail incessant, les passions du cœur (des partis) sans cesse en mouvement, dans cette activité fébrile qui restait sans effet, poussé à bout par ces soucis dévorants, et même consumé . . ."

Moule: "The thoughts of wisdom never rested, the passions of the heart were ever in motion. Wearied without attaining, driven on by the heat (of their passions) men were burnt the more."

H. A. Giles: "Wise concern for the future was lost in the confusion; all feelings were worn out; and all was vague without attainment. The fire that oppressed men became a scorching flame."

Saeki: "(Thus) the intellect and the thoughts of men fell into hopeless confusion; and their mind and affections began to toil incessantly; but all their travail was in vain. The heat of their distress became a scorching flame."

22. 積昧亡途、久迷休復 "The darkness was intensified and they lost their way, and after long perplexity gave up all thought of returning to the true path."

This is a very vexed passage, and it may be said at once that Havret makes out a good case for his new interpretation. 休復 certainly has the sense of "happy return" in the *I Ching*, 復 diagram. On the other hand, 亡 can hardly bear any other meaning here than its original one of "lose", while 昧 and 迷 are very awkward if regarded as transitive verbs. I therefore think that 休 must mean "renounce" or "reject", as in the common phrases 休致, 休妻. There is no authority for taking it as a simple negative, except with a verb in the imperative mood.

Legge: "They made the darkness greater and lost their way; and after going long astray, they ceased any further search (for the truth)."

Havret: "On accumulait les ténèbres dans cette voie de la perdition, et l'on éternisait cet éloignement du retour vers le bien."

Moule: "They gradually darkened the road of perdition, and prolonged their wandering from the happy (road of) return."

H. A. Giles: "Amid the encircling gloom they lost their way; and after long wandering they failed to return."

Saeki: "Self-blinded, they increased the darkness still more; and losing their path for a long while they went astray and became unable to return home again."

三 一 分 身 "The Second Person of the Trinity."

The controversy that raged round these words for many years was finally laid in 1912 by the publication of *Le Traité Manichéen*, where it was conclusively shown that 分 must be a participle and not a transitive verb. My only object now is to do justice to the unduly neglected commentary of P. Diaz, in which the correct interpretation is given: 三 一 分 身 者 乃 天 主 第 二 位 也

24, 25. 設 三 一 淨 風 無 言 之 新 敎 "He founded the new religion of the Triune Holy Ghost, which does not deal in words."

The author of the inscription may have been thinking of the *Tao Té Ching*, 2: 行 不 言 之 敎 "(The Sage) conveys instruction without words"; or 43: 不 言 之 敎, 無 爲 之 益, 天 下 希 及 之 "Conveying lessons without words, reaping profit without action —there are few in the world who can attain to this". The sentiment is not altogether appropriate to Christianity, though a somewhat feeble justification has been found for it in 1 Cor. ii, 13: "Which things also we speak, not in the words which man's wisdom teacheth, but which the Holy Ghost teacheth." Havret and others have mistaken the meaning of 無 言. I base my rendering on Diaz, who says: 其 敎 弗 係 于 口, 弗 希 多 言, 特 貴 善 行 也 "It is not a religion of the lips, nor does it value many words, but only sets store by virtuous conduct".

Legge: "He appointed His new doctrines, operating without words by the cleansing influence of the Triune."

Havret: "Il fonda la nouvelle religion que la Trine unité, Esprit très pur, n'exprime pas au moyen de paroles."

Moule: "He founded the new teaching, unexpressed in words, of the most pure Spirit of the Triune."

H. A. Giles: "He established the new doctrine, which cannot be expressed in words, of the Triune Holy Ghost."

Saeki: "Establishing His New Teaching of Non-assertion which operates silently through the Holy Spirit."

25. 制 八 境 之 度、錬 塵 成 眞 "He set up the standard of the Eight Moral Conditions, purged the world of sensuality and made it pure."

八 境 is one of the many recondite expressions affected by the author of the Inscription. That it denotes the Eight Beatitudes (Matt. v, 3–10) is practically certain. Diaz has no doubt on the subject; and it is surprising to find Legge attributing this "discovery" to a native convert of his own day. The Chinese are fond of numerical categories, and the writer may have wished to provide a Christian counterpoise to the "Noble Eightfold Path" of Buddhism. It may be added that the phrase 八 境 does occur in a poem of Su Tung-p'o, but not with the figurative sense required in this passage. Note that 眞 must again be used in the Taoist sense of "purity" as opposed to 塵 "defilement".

Legge: "He defined the measures of the eight (moral) conditions, purging away the dust (of defilement) and perfecting the truth (in men)."

Havret: "Il institua les règles des huit fins, pour purifier les facultés et perfectionner les saints."

Moule: "He laid down the rule of the eight conditions, cleansing from the defilement of sense and making (men) saints."

H. A. Giles: "He enunciated the Eight States, that worldliness might be refined away, and purity achieved."

Saeki: "Setting up the standard of the eight cardinal virtues, He purged away the dust from human nature and perfected a true character."

啓 三 常 之 門 "He threw open the portals of the Three Virtues."

In view of the meaning of 五 常, it is hardly possible to doubt that 三 常 indicates the three theological virtues of Faith, Hope, and Charity. This is the interpretation adopted by Diaz, and generally followed by subsequent translators. 三 常 occurs also in the Manichæan treatise, and is translated by Messrs. Chavannes and Pelliot "les trois permanences" (p. 56), these referring probably to the three essential attributes of the Almighty, namely, his Light, his Strength, and his Goodness. Each sect, of course, would apply the term in the way best suited to its own particular doctrine. Professor Giles has found a passage in the History of the Northern Chou dynasty, where it means "three constant practices: (1) the appointment of wise men by the sovereign, (2) the reliance on wise men by the officials, and (3) the respect for wise men by the people".[1] But to introduce this purely political wisdom into an exposition of Christian doctrine would surely be the height of incongruity. Professor Saeki goes still further astray, for he mistranslates the sentence "widely opening the three constant Gates", and proceeds to identify these imaginary Gates with the Sanskrit *Trividha Dvara*, i.e. purity of body, speech, and thought.

26. 懸 景 日 以 破 暗 府 魔 妄 於 是 乎 悉 摧 "He suspended a luminous sun, irradiating the abode of darkness; and lo! the machinations of the Devil were defeated."

It is really impossible to give a satisfactory translation of the above, for the simple reason that the Chinese is made purposely vague and indefinite. The writer wished to hint at the Crucifixion without committing himself to crude statements of fact which might startle the uninitiated; and the plasticity of the Chinese language enabled him to accomplish the feat successfully. The objections to translating, with Professor Giles, "He was hung up like a luminous sun," are (1) that the construction is extremely awkward. It is safe to say that such a rendering of the words would never occur to any one unacquainted with the Gospel story; (2) it destroys the parallelism with 棹 慈 航, which certainly cannot mean "He was rowed like a boat of mercy"; (3) it is inconsistent with the aim of the Nestorian missionaries, who did their best to conceal Christ's death on the Cross, if not from their own converts, at any rate from the people at large. Diaz has the following commentary: "*Ching jih*, a sun large and bright, means the Sun of Our Lord during His Passion. After Our Lord's death, His Holy Spirit was parted from His body, being bright and refulgent like the sun. The urgent task of

---

[1] *Adversaria Sinica*, ii, p. 55.

redeeming the world having been completed, He became as it were a sun, both shining and great. *An fu*, the abode, in the underworld, of the holy men of antiquity. When Our Lord had undergone suffering and death, His Holy Spirit descended to this abode of the Saints, its darkness being now irradiated with light." The meaning, of course, is largely symbolical, as in John i, 5 and xii, 46, though there was an old tradition, Mr. Moule tells me, which was doubtless known to the Nestorians, that a visible light shone from the Cross. 暗 府 is "limbo", and not hell in the strict sense. Diaz explains that there are four distinct cavities (四 重 大 窌) lying like strata one above the other. The lowest of these is "hell", the place of eternal punishment for devils and the souls of the damned. The next in order is purgatory, where members of the Church Patient are purified of their sins until they are fit to enter Heaven. In the two upper cavities there is neither joy nor suffering. The lower of these two is reserved for unbaptized infants who, being still infected with original sin, can never enter Heaven ; the other was the temporary abode of the Patriarchs and other holy men of the Old Testament until they were released by the coming of Jesus Christ. This last is the 暗 府 of our text.

棹 慈 航 以 登 明 宮 含 靈 於 是 乎 旣 濟 " He rowed the Bark of Mercy, conveying its occupants up to the Palace of Light; and lo! the souls of the departed were brought across to salvation."

It is evident that 登 must be a transitive verb, as Diaz takes it, for the actual Ascension is described in the next sentence. Yet nearly all the translators have gone wrong here. 含 靈 are the souls in limbo, not, as Legge says, " all intelligent beings "; and 明 宮 is the Holy City or New Jerusalem, which " had no need of the sun, neither of the moon, to shine in it : for the glory of God did lighten it " (Rev. xxi, 23).

Legge : " The vessel of mercy was set in motion to convey men to the palace of light, and thereby all intelligent beings were conveyed across (the intervening space)."

Havret : " Conduisant à la rame la barque de la miséricorde, il s'éleva aux demeures lumineuses ; dès lors quiconque possède une âme a trouvé son salut."

Moule : " He moved the boat of mercy, that He might go up

on to the shores of the palaces of light: all who have souls then found means of salvation."

H. A. Giles: " He rowed the boat of mercy, in order to reach the bright palace ; and in it souls are conveyed thither."

Saeki: " He then took an oar in the Vessel of Mercy and ascended to the Palace of Light. Thereby all rational beings were conveyed across the Gulf."

27. 亭 午 昇 眞 " Ascended at full noon to the Domain of Purity."

This is a phrase of Taoist origin. Cf. 白 日 昇 天 (or 昇 仙), which occurs several times in the 列 仙 傳. Mr. Moule translates very well : " He ascended at midday to the spiritual sphere." There is no mention of the Resurrection on the Tablet, a necessary consequence of the silence concerning the Crucifixion.

Legge : " At noonday He ascended to His true (place)."

Havret : " Il monta en plein midi, homme deifié."

H. A. Giles : " He ascended to heaven at noon of the day."

Saeki : " He returned at noon to His original position (in Heaven)."

28. 印 持 十 字 融 四 炤 以 合 無 拘 " As their seal of office they bear the Figure-of-Ten, which diffuses its influence wherever the sun shines and unites all without distinction."

Another most artfully worded sentence, which should be compared with the one already discussed on p. 17. The word 印 has much puzzled the commentators. In itself it does not mean a symbol or badge, and yet that is obviously the sense required here. I think that a comparison must be intended between the minister of Christ who carries the Cross on his person and the Chinese magistrate whose official seal is the outward token of his authority. The *P'ei Wên Yün Fu* gives two examples of the phrase 持 印, both from inscribed tablets. The seal also forms the subject of a simile in *Un Traité Manichéen*, p. 563: 其 怜 愍 者 . . . 如 國 王 印 璽 所 印 之 處 无 不 遵 奉 " Pity . . . is like unto a king's royal seal, which wherever it is affixed ensures universal obedience ". Diaz seems to think that the Cross was actually used as a seal, and takes 印 as a verb co-ordinate with 持: 恆 印 恆 持 十 字. I do not know whether there is any evidence to support this view

四 炤 (another form of 照) is one of the numerous synonyms of 四 方, the four cardinal points, others being 四 合, 四 下, 四 極, 四 相, 四 至, 四 處, and 四 邊. A rather curious example of its use occurs in the *Shan Hai Ching*: 招 搖 之 山 有 木 焉、其 狀 如 穀 而 黑 理、其 華 四 照、其 名 曰 迷 穀、佩 之 不 迷 "On the Chao-yao Mountains there is a shrub which is like a cereal in appearance, but has black markings, and the petals of its flowers are turned towards the four points of the compass. It is called *mi-ku* (stray-corn), because he who carries it with him cannot go astray".

Legge: "(His ministers) bearing with them the seal of the Cross, diffuse a harmonizing influence wherever the sun shines, and unite all together without distinction."

Havret: "Le signe de la croix que l'on tient comme sceau, éclaire les quatre points cardinaux, qui sont ainsi unis sans exception."

Moule: "The figure of ten, which is held as a badge, enlightens the four quarters so as to unite (all) without exception."

Saeki: "(His ministers) carry the Cross with them as a Sign. They travel about wherever the sun shines, and try to re-unite those that are beyond the pale."

29, 30. 不 畜 臧 獲 均 貴 賤 於 人
　　　 不 聚 貨 財 示 罄 遺 於 我

> "They keep no slaves, male or female, but hold all men, whether of high or humble station, in equal esteem. They amass no property or wealth, but set an example of poverty and renunciation in their own persons."

The parallelism between these two clauses is very precise, which makes it all the more astonishing that they should have been so badly translated. Havret was the first to bring out the antithesis between 人 and 我, quite common in Chinese, which Legge so unaccountably failed to perceive. On the other hand, he mistranslates both 臧 獲 and 罄 遺.

Legge: "They do not keep or maltreat slaves, male or female. They make no distinction between noble and mean among men. They do not accumulate property or wealth, but give all they have to our (communities)."

Havret: "Ils n'entretiennent pas d'esclaves ni de captifs, faisant le même cas de la noblesse et de [*vilitatem*] parmi les hommes; ils n'amassent ni trésors ni richesses, montrant en eux-mêmes l'exemple du dévouement et de la générosité."

Moule: "They do not keep slaves or captives, making no distinctions of rank among men; they do not amass goods and wealth, displaying devotion and generosity amongst themselves."

Saeki: "They keep neither male nor female slaves. Putting all men on an equality, they make no distinction between the noble and the mean. They neither accumulate property nor wealth; but giving all they possess, they set a good example to others."

30. 齋 以 伏 識 而 成
    戒 以 靜 愼 爲 固

> " Their purity of heart is perfected by seclusion and medita-
> tion; their self-discipline is strengthened by silence and
> introspection."

齋 and 戒 go closely with 成 and 固 respectively, and are therefore best taken as nouns indicating a state of mind or moral condition. The primary meaning of 齋 is 齊 一 心 志 "reducing the will to a uniform simplicity". This process was found to be facilitated by abstention from animal food, and thus the word acquired its narrower sense of "fasting", which is not applicable here. Diaz is clearly wrong in making 戒 equal to 誡, and seeing an allusion to the Ten Commandments. Professor Saeki seems to understand the word in a similar sense, though his translation is far from clear. The 辭 源 says: 湛 然 純 一 之 謂 齋、蕭 然 警 惕 之 謂 戒 "Transparent purity and simplicity is called *chai*, reverent circumspection and vigilance is called *chieh*". 伏 cannot be a verb, as Legge takes it, for several reasons: (1) it spoils the parallelism of the sentence; (2) it yields but poor sense; and (3) "to subdue knowledge" is a very un-Chinese expression. 識 (read *chih*⁴) is interchangeable with 誌, meaning "to impress upon one's mind". Cf. 論 語, xv, 2, 多 學 而 識 之 "to learn much and meditate on it"; vii, 2, 默 而 識 之 "the silent treasuring up of knowledge". For 愼 cf. 中 庸, i, 3, 君 子 愼 其 獨 也 "The higher type of man is watchful over himself when he is alone".

. Legge: "They fast to subdue (the pride of) knowledge and become perfect; they keep the vigil of stillness and watchfulness to maintain (their minds) firm."

Havret: "La purification s'obtient par la retraite et le recueillement ; la circonspection tire sa fermeté du silence et de la vigilance."

Moule : " Purification is perfected by seclusion and meditation ; self-restraint grows strong by silence and watching."

Saeki : "They observe fasting in order that they may subdue 'the knowledge' (which defiles the mind). They keep the vigil of silence and watchfulness so that they may observe 'the Precepts'."

31: 眞 常 之 道 妙 而 難 名
　　功 用 昭 彰 強 稱 景 敎

> "Mystic and hard to name is the pure and eternal Way ; but its merits shine forth so brilliantly in operation that we call it perforce the Luminous Religion."

Plagiarism here reaches a pitch which can only be styled effrontery. The sentence has been cleverly compounded from several passages in the *Tao Té Ching*, which incidentally throw some light on the meaning. All previous translators have taken 眞 in the sense of "true"; and Dr. Steele would presumably translate 眞 常 as "the truly eternal". But if 常 然 眞 寂 on p. 15 is "eternally pure and still", it seems more probable that 眞 常, applied to the Christian *Tao*, means "pure and eternal". Cf. *T.T.C.*, ch. xxi, where we read that 其 精 甚 眞 "the spiritual essence (of *Tao*) is exceedingly pure"—for you cannot very well say that an essence is *true*. 常 道 occurs, of course, in the opening sentence of ch. i, where it is opposed to "the Tao that can be expressed in words". The general idea is taken from ch. xxv : 吾 不 知 其 名、字 之 曰 道、強 爲 之 名 曰 大 "Its name I know not. To designate it, I call it Tao. Making an effort to describe it, I call it Great". (景, by the way, also means "great".) Cf. also ch. xxxii (道 常 無 名) and ch. xv. Finally, in ch. xxxv it is said of Tao : 用 之 不 足 旣 "In its *use* it is inexhaustible".

Legge : " This true and unchanging system of doctrine is mysterious and difficult to name. To display its manifest operation, we make an effort and call it the Illustrious Religion."

Havret: " La Doctrine vraie et constante est admirable, et dès lors difficile à définir ; ses mérites resplendissant par sa pratique, nous sommes contraints de la nommer la Religion illustre."

Moule : " The true and eternal doctrine is wonderful and hard to name. Since its merits and use are manifest and brilliant, we are forced to call it the Illustrious Religion."

Saeki : " This ever True and Unchanging *Way* is mysterious, and is almost impossible to name. But its meritorious operations are so brilliantly manifested that we make an effort and call it by the name of ' The Luminous Religion '."

31, 32. 道 非 聖 不 弘
聖 非 道 不 大

" The True Doctrine without an inspired Sovereign will not
. spread far; an inspired Sovereign without the True
Doctrine will never become great."

According to Professor Saeki, " these are perhaps the most difficult expressions in the whole inscription "; but the grounds for this assertion are not at all clear. The construction is of the simplest, and the only possible stumbling-block is the rendering of 聖. Diaz rightly refers it to the Ruler (國 主), and he is followed by Legge as well as by Professor Saeki himself (in his note). Havret, on the other hand, simply translates the word " sage ", while Mr. Moule introduces the somewhat misleading term " prophet ". The passage is really nothing more than a delicate piece of flattery leading up to a recital of the favours bestowed on the new religion by successive Chinese emperors.

(To be concluded.)

HAUSA SPEECH, ITS WIT AND WISDOM

Lecture delivered at the School by J. WITHERS GILL, Lecturer in
Hausa, on December 5th, 1917

READERS of the *Arabian Nights, The Assemblies* of El Hariri,
and contemporaneous Oriental literature of a similar stamp,
bécome familiar with a type of humanity characteristic of the
locality and epoch in which those romances of Eastern life are
laid. This characteristic type is a combination of merchant and
divine, who is a great traveller and purveyor of news. He is
always dignified, a gossip and a busybody in a gentlemanly way,
and distinguished no less for his punctilious performance of all
the external observances of the creed of Islam than for his
assiduity in his commercial operations. To my mind residence in
the country occupied by the Hausa people cannot fail to prompt
the thought that between this typical personality and the average
man of Hausaland there is a striking kinship in character, if not
in race.

The historical antiquity of the Western Sudan to which
Hausaland belongs geographically is well known. Its records
can be found in the pages of Arab historians. Hoary tradition
amplifies the written records of its long and turbulent past, in
the course of which its varied populations, nomad and settled,
have been shifted by unceasing warfare and inundated by the
waves of Muslim conquest, the last ripple of which extended to
the southern confines of the land now peopled by men of Hausa
origin. In the eleventh century occurred the first invasion of
Arab adventurers from Egypt via Darfur and Bornu, and from
this event dates the Islamizing of the country. For centuries the
influence and intellect of the East have slowly filtered in, and the
country owes all its law and its learning to proselytizing Islam.
It is impossible to hold a low estimation of the organized plan of
government or of the high industrial, fiscal, and legal systems
current in Hausaland. Much of this organization is doubtless
due to the dominating influence of the Filani, who became the
governing class in each Hausa State some hundred years before
the British occupation. Their influence, however, was more in

the guise of spiritual leaders forming an exclusive aristocracy than that of political leaders rallying a nation. The Fulah of hybrid Levantine origin, with facial characteristics, customs, and beliefs of a Semitic type, had neither part nor lot with the negroid Hausa of African origin; and he left the Hausa industrial system much as he found it, confining himself to conquest and administration. With him also came the bravery, the discipline, the cultivated mind of the Orient as well as the institution of slavery. Apart from the governing element the bulk of the Filani people are nomadic cattle-owners: and nomads neither make history nor can they impose their language upon settled peoples.

In this environment the Hausas represented the commercial classes; the producers and distributors; the artisans, the farmers, and the merchants. The typical Hausa is a persistent traveller and tradesman, the chief medium of the commercial life of that part of the Sudan which stretches from Tripoli to the Gold Coast. When Britain herself was emerging from the tribal stage Kano, the leading Hausa city, was a celebrated entrepôt for merchandise from north, south, east, and west, and the historical centre of the industrial life of the Western Sudan. This position still endures under the changes incidental to modern progress by which the outlet of trade has been shifted from north to south, as the animal transport of the tenth century has been replaced by the railway and motor transport of the twentieth century. Just as in the past the Hausa was the middleman in the distribution of the country's products and the industrial requirements it imported from adjacent territories, so the present economic advance which is bringing European commerce to Nigeria is in the hands of the Hausas also.

By the impetus of trade the Hausa has imposed, and still continues to impose, his language, and often also his creed, on the inhabitants of unislamized districts with whom he comes into contact. In a marked degree he is a pioneer of the modern European idea of civilization, for his influence becomes a solvent of racial prejudice; knowledge spreads; new ideas—religious, social and domestic—ferment; and that kind of material progress which clears the road for the later development of moral and intellectual progress becomes a possibility. Since the British occupation of Hausaland one of the most elementary acts of policy towards the pagan tribes of Nigeria has been to open and maintain in safety trade routes for the Hausa merchant. By this method the first practical step is taken towards widening the horizon of communities so permeated with savagery, fetishism, and tribal isolation that I may borrow Sir Alfred Lyall's apt and picturesque description of similar tribes in India and describe them as "pot-bound" communities.

If this be the position occupied by the Hausa inhabitant of Sudanese Africa it follows that the language of these people is well worthy of study, not so much from the academic point of view of the comparative study of the cognate tongues of Northern and Western Africa, but mainly because the work of the political or military officer in Nigeria will certainly be unproductive without a knowledge of the *lingua franca* of a country which our Sessional Calendar correctly describes as "one of the richest and most cultivated languages in Africa". Indeed, not to know the language of Hausaland emphatically disqualifies all Government officials there for any real or lasting work. Similar ignorance on the part of the trader is also a practical disability. Still more is this the case since the recognition in official schemes of native education that the *lingua franca* of the country—the tongue in which the inhabitants think—is not to be displaced by English. This piece of far-sighted statesmanship, born probably of our experience in India, is the more striking as statesmanship with regard to the governing of the coloured races of Africa has in the past been sadly to seek. If there is one thing more than another that makes alien administration bearable to the indigenous proletariat and maintains a healthy, national aspiration among them, it is the fostering of their language, and such literature as it possesses, by the governing class; and the conduct of administration in a tongue that fits in with native ways of thought and native modes of expression. Successful administration by an alien whose thoughts, morals, and motives move on a different plane from the peoples he rules is built, not on the personal ideas of the administrator, but on his knowledge of the nature of the humans he is called upon to govern. He must think Hausa before he can rule Hausas and reach the acme of his profession that "what is best administered *is* best". Before he can think Hausa, however, he must learn to speak Hausa. That is, he must get outside the associations and implications of his own Western language and bring himself within the limitations of native mentality. He must abolish the laconisms of Western speech in favour of the circumlocution dear to the oriental mind.

With this brief demonstration of the geographical distribution and practical value of the Hausa language let me pass on to its special characteristics. In the classification of languages Hausa belongs to the Hamitic group, that group of African languages which we call Libyo-Sudanian, which includes Berber and the tongues of the negroid races of the Western Sudan.

Studying the real life of the language in the only way it can be studied, namely, from its colloquial forms, Hausa is negroid in character with all the structural characteristics of primitive languages strongly in evidence. It has a copious vocabulary— copious not in the sense that there is much that is superfluous— and in spite of the centuries old internecine warfare and rivalry just alluded to, has maintained its individuality. Neither conquest nor immigration has had more effect upon it than to add some specialized word to its vocabulary. As the horizon became enlarged and life more complex, words were borrowed and incorporated, but the structure of the language did not change. The Fulah domination left the language intact, and the Arabic importations redress the poverty of its vocabulary with terms of precision which concern law, religion, and the operations of the market. In this respect it is in strong contrast to the overwhelming influence of Hausa over pagan dialects which it practically submerges, and is further evidence of the strength, utility, and endurance of the Hausa speech.

Very little need be said on the subject of the so-called Hausa literature. Strictly speaking, it does not exist save in a few religious songs of comparatively late origin which show strong Arabic influences. In these manuscripts the Arabic alphabet is employed phonetically with all the diacritical marks *in situ*, and with such modifications as illustrate very clearly phonetic looseness due to careless articulation—the inability of the negroid to pronounce shibboleths. Thus more effort is required to pronounce *th* than *ch*, and the throat-sound <u>*kh*</u> is more difficult than *k*. Therefore,

ث represents *ch* in Hausa.

„   *h* or the simple *k*.

ظ represents *d* hard.

ض   „   *l.*

There is no difference between *aliph* and *ain*.

The gutturals *k* and *g*, which are hard to pronounce, must have assistance in articulation by the addition of the semi-vowels *w* or *y*.

Similarly, in pronunciation ف becomes a pure labial *p* or *b* through imperfect articulation. Laziness or physical limitations ensure that all Semitic throat-sounds are carelessly articulated.

Hausa written in Arabic script serves to emphasize these limitations and to illuminate the fact that Arabic is generally unsuitable as a medium for transcription. Indeed, the average Mallam (i.e. educated man, *mu'allim*) finds it difficult to read unless he knows the writer and is familiar with his peculiarities. Whether it is due to this fact or not that Hausa written in Arabic script is called "Ajami", that is, foreign or strange, and as such, with true Arab exclusiveness to be despised, it is undoubtedly true that the vast majority of the Mallams (educated people) of the Moslem parts of Hausaland invariably employ Arabic itself for what has to be written down. To the educated classes Arabic holds a place similar to that held by Latin in the Middle Ages amongst European scholars. It is possible that Hausa may have a longer literary history than that which is known to us, as it is a matter of current report that the Filani at the time of their conquest destroyed all Hausa documents. In any event, however, Arabic does not appear to be a satisfactory means of committing it to writing.

These conditions have determined the policy, in the educational schemes at the various schools for natives, of training lads to write their language in Roman characters. Hausa phonetically written in English is therefore taking the place of Hausa phonetically written in Arabic, and it is consequently probable that the use of Arabic script in writing Hausa will in course of time become moribund.

As the natural consequence of this educational policy a standard of orthography became necessary, and one has now been fixed by the educational authorities to which it is hoped existing grammars and dictionaries may in time conform.

In Hausa we find the characteristic features which distinguish primitive from inflectional languages. Grammatical relations are shown by reduplication, prolongation, prefixes and suffixes, and by an important use of pronouns. These relations bear no resemblance to the Semitic characteristics of Arabic with its triliteral roots of three consonants, where grammatical work is performed by transposition of vowels.

Reduplication, for instance, for the sake of emphasis, which is one of the most natural and primitive of word-formations, is very common in Hausa, either in the form of pure reduplication or by the repetition of the first syllable, as *gani*, to see, *gangani*, to spy, *buga*, to beat, *bubuga*, to beat severely. Practically speaking this latter use is common to all verbs that admit of it.

The method common to many primitive tongues of forming a predicate by the addition of a pronoun is also frequent. Again, the majority of the prepositions are nouns. Nouns are not inflected except for the plural; case-formation is made by the aid of prepositions.

Similarly, verbs are not inflected except for participles and moods, as *tura*, to push; *ture*, push with an object; *turo*, push towards; *turu*, to be pushed; *turawa*, pushing; *turuwa*, being pushed.

The distinctions of the verb tense in the active voice are made entirely by pronouns, as

Su teffi, they go.
Sun teffi, they went.
Suna teffia, they are going.
Suka teffi, they had gone.
Sukan teffi, they would go.

In what corresponds to the passive voice the verb tense distinction is made by the inflection of a prefixed impersonal pronoun with the personal pronoun as a suffix, e.g., *suka halbesu*, they shot them, *akahalbesu*, they had been shot.

Prolongation or shifting of the accent, though in many instances a concession to euphony, is also largely used to express complete changes of meaning, as *kai ne sariki*, you are a chief; *kai sariki ne*, are you the chief?

Imitative or onomatopœic words are of great frequency,

especially as regards names of animals or birds. *Tsuntsu*, a bird, is onomatopœic in its resemblance to the *susurrus* of a bird in flight. *Agwagwa*, duck, *tolotolo*, turkey, *gurgura*, to gnaw, are good examples of imitative words. The in-breathing action is also imitative in *sha*, to drink, *hansari*, to snore, *hamma*, yawn. Again, *chi*, to eat, is similarly imitative, and the word is not only used to express mastication of food, but is used in every sense of devouring or achievement. Thus, to assume royal rank or to overcome an enemy is expressed by *chi*. The logical analogy is followed out in cases where rank is temporary when *dandana*, to taste, is used : thus, *chiniki chin juna* (auction), the business of eating or overcoming each other; *chi sarauta*, to assume royal rank as in the case of the king; *dandana sarauta*, to have rank for a time or a taste of power, as in the case of the Lord Mayor.

In gender formation one meets with the consonantal change from *n* masculine to *t* feminine, common to Hamitic languages. Particularly is this illustrated in the possessive pronouns, thus *naka*, your, *nasa*, his, in agreement with a masculine noun ; *taka*, your, *tasa*, his, in agreement with a feminine noun. Examples, *doki nasa*, his horse, *mata tasa*, his wife.

In its phonetic structure, that is the sounds of which the language is composed, Hausa tends invariably to euphony. It belongs to the childhood of a language only recently become fossil poetry. The influence of intonations on the phonetic quality of the language is profound.

The vocabulary is, as I have said, copious, and reflects character and environment. There are six dialects, namely, Daura, Katsina, Sokoto, Kano, Zamfara, and Zaria, but for all practical purposes these have been reduced through centralization to two, viz. Kano and Sokoto, between which there are striking differences in word-formation and grammatical forms.

Language being the expression of thought by means of speech-sounds, the range of expression in Hausa is wide and full of picturesque imagery from ideas and things common to the everyday life of the people. The sentence structure is simplicity itself, for there is no need to give expression to abstract philosophical ideas. The spoken tongue is utilitarian and serves for daily necessities. For the claims of science, metaphysics, and religion, as also for literary use, the educated Hausa relies on

Arabic. For wit, humour, imagination, and such poetry as is within his ken, Hausa speech is sufficient for his needs.

As in the Bantu languages and in the inchoate dialects of Polynesia, consonantal endings in Hausa are of great rarity; where found the words are generally Arabic or an imitative interjection.

In the incorporation of Arabic words the Arabic article *al* becomes part and parcel of the word in Hausa—thus *alkali*, a judge (here is an example of the imperfect articulation previously alluded to whereby the heavy Arabic *d* in *alkadi* becomes softened to *l*). Other examples are :—

addini, worship, الدين

alada, custom, العادة

annabi, prophet, النبي

ladabi, respect, الادب

and there are many more all showing this incorporated article. There is no alteration in grammatical structure in such word-borrowing.

As in Arabic, there is no general rule for noun plurals save one that must presuppose irregularities, inconsistencies, and anomalies.

Adjectives are frequently formed by adverbial prefixes to nouns and verbs (as *anfani*, use, *da anfani*, useful). For the definite article the demonstrative pronoun is used, either separately or as an abbreviated suffix; in rare cases by the word order in a sentence.

In the formation of nouns of agency extensive use is made of nominal prefixes *ma* and *mai*, the latter having plural *masu*. In this word-forming process verbs, substantives and adjectives are used in profusion with either of these prefixes, as *mai yaudara*, knave (*yaudara* = to deceive); *mai-tsiyachi*, pauper (*tsiyachi* = poverty); *mai-girma*, great man (*girma* = large).

The high standard of industrialism found amongst Hausa peoples naturally entails a wide vocabulary relating to agriculture, arts, and crafts. With the light shallow humus of the country agriculture with them is something very different from merely tickling the ground with a hoe before it will laugh with a harvest. Intensive cultivation is assiduously practised and the skill with which natural difficulties are overcome and the materials to hand are utilized has never ceased to prompt the admiration of the modern exponent of scientific farming. And we find the same high standard in craftsmanship. Few people holding the grade in the scale of civilization held by the Hausas can, I imagine, show such a complete vocabulary for the flora of their country. Practically every tree, bush, and flower has not only its own name in the vernacular but is used as material for industry in all its processes from fertilization of the soil up to the fixing of dyes.

The incorporation of English words in the language shows a quaint re-casting in a foreign mould, thus "doctor" becomes *likita*, "headman" *heliman*. The latter even has been heard in the native plural as *helimanyoyi*.[1] And this brings me to the subject of word-borrowing and its implied consideration of the question to what extent such additions are useful to widen a limited range of expression. Word-borrowing from Arabic has, as I have shown, supplemented Hausa vocabulary usefully in correspondence with the evolution of the intellectual and industrial development of the people. When applying the same test to words and phrases imported from other tongues I have picked out a few examples which illustrate the extent to which the etymology of incorporated words is sometimes almost grotesque in origin.

European countries having colonies adjacent to Hausaland have their white administrators described by some insignificant peculiarity that happens to appeal particularly to the native. Thus the French are called *Masuche shut up*, the people who say "shut up": because a certain French mission once passed through the country and "shut up" appeared to be all the English they knew. Similar experiences are common to every land. In China Tommy Atkins used to be described as "I say man". In Japan the French as the people who say "dis-done"; while in German

---

[1] An alternative illustration of looseness in incorporating foreign sounds is afforded by the borrowed word *sully*, which is mispronounced English for "shilling", and appears thus written phonetically in Arabic on the currency notes.

East Africa the Germans are called "the people of fifteen"—the whip being the special form of frightfulness by which the prophets of Kultur imposed their will and fifteen strokes being the minimum number administered. A comical instance of word-borrowing is to be found in one of the administrative provinces of Nigeria in a tax called the "Adenkia" tax. This is a kind of income-tax assessed upon a town in its aggregate amount, wherein the individual contributions to make up this total are to be fixed by the chief according to the wealth and standing of each contributor. This division of the total assessment is outside the scope of the European official and is left to the native rulers. One of them on one occasion asked his political officer how he was to make up this tax, and received the reply "I don't care", whereupon that special form of tax became known everywhere as the "Adenkia" or "don't care" tax. For years there figured on the map of one of the Protectorates a town called "Passinodaia" which no one could ever find. One inquisitive Revenue officer traced the history of this mythical city and found that in the early days of British occupation a surveyor suffering from tropical inertia had compiled his map from information supplied by his labourers. Pointing to some rising ground he asked what town was there, and received the reply in negro lingo "Passon no dere", meaning that nobody dwelt there. Misunderstanding his informant he promptly dotted on his map a town called "Passinodaia". I mention these examples as instances of the trivial episodes that lead to importations in language which harden as time goes on into permanent adjuncts.

A didactic form of speech common to most oriental languages is speaking in parables. By means of imagery and example this method assists in conciseness of expression, panders also to the love of circumlocution, and fills up the gaps in a language badly adapted for the expression of abstractions. By means of some apt allusions to a concrete fact or experience that has become common knowledge this method is frequent in dialectics to "point the moral". In proverbial sayings Hausa is very rich, and the colloquial speech is freely garnished with phrases in which "the wit of one man becomes the wisdom of many". These throw singularly informing sidelights on the character and customs of the people.

I have described the typical Hausa as a traveller, merchant, artisan, and tradesman. Industrial activity is the distinguishing characteristic of the race. It will not be surprising, therefore, to find among them a high sense of the dignity of labour. For the aristocratic haughty temperament with its correlating contempt for manual labour one must go to the governing Filani. In Hausa families of high rank it is the rule that the younger members should learn a trade, and this carries no indignity.

This characteristic appears in very many sayings expressing contempt for "wasters", "spongers", and such-like feckless folk. For instance—"A waster has no use for digging tools"[1]; "Inheriting an estate is a worry to a loafer"[2]; "It is 'cadging' that kills the dog, not hunger,"[3] for people throw stones at it. "A waster is like sand, even if you knead it it glides away."[4]

The mastery of the unspoken word and the wisdom of caution is emphasized in many ways, as, for example, "Whoever gets into 'hot water' has his own mouth to thank"[5]; "What the mouth binds the hand cannot untie"[6]; "Speech is a straw plucked from the thatch, once drawn out it cannot be put back."[7]

The advantages of knowledge are expressed by "Lack of knowledge exceeds the night in darkness"[8]; and the danger of a little knowledge is *kunkummi-kunkummi*, being the method of tying up a captured slave by stringing his wrist to his neck.[9]

The penalties of incurring obligations are shown in "Whoever takes pay from a leper must shave him"[10]; and "Whoever takes a present from a king must fight for him".[11]

The immemorial connexion between oriental courts of justice and bribery gives rise to many a sharp saying, such as "Wealth is the medicine for abasement"[12]; "An empty hand cannot carry fire"[13]; "One must not enter the judgment hall if his hand is

---

[1] Raggo ba shi chin abin ginna.
[2] Gadon gida wohalla ga raggo.
[3] Kwadayi ka kashen kare ba yuuwa ba.
[4] Dan banza rairai ne ko andankulashi sai shi wache.
[5] Wanda ya debo da zafi bakinsa za ya sa.
[6] Abinda baki ya daure hanu ba ya iya kwanche ba.
[7] Magana chiram bunu che en ta fita ba ta komowa.
[8] Resshin sani ya fi deri dufu.
[9] Karamin sani kunkummi.
[10] Kowa ya chi ladan kuturu ya yi masa aski.
[11] Kowa ya chi goron sariki ya yi masa yaki.
[12] Dukia maganin kankanchi.
[13] Hanun wofi ba ka iya dauka wuta ba.

dry "[1]; "The gate of safety for a poor man is the king, not the judge."[2]

The reciprocal duty of hospitality is enjoined in the following hyperbolical saying : "Should a man kill his mother for you, on the day he visits you you must kill yours for him."[3]

On the ethical side of life Hausa colloquial sayings are equally illuminating. Deliverance from remorse for the consequences of some ill-considered act is prayed for in the common aspiration "God save us from 'had I known'".[4] The phrase "Had I known" is also used in the sense of over-caution, e.g., "'Had I known' is a horse which never goes to war"[5]; "'Had I known' is the back of the head, it must be left behind."[6]

The Hausa law of retaliation is Semitic, an eye for an eye and a tooth for a tooth. So it is a laudable act if a man does you a good turn to return it, and equally praiseworthy is it to return evil for evil. Thus—"Returning evil to the evil-doer is praiseworthy."[7] "If a man makes it day for you, you shall not make it night for him."[8]

Amongst the philosophical sayings are, "However pleasant the world is, death is on the way"[9]; "The world is like a rolling crow, now you see white, now black"[10]; "The world is the steps to a roof, one is in front of another"[11]; "Whom does the world worry? The impatient man."[12] Again, of life they say with a shudder, "We know the beginning, we know the end, but it is the in-between which frightens us."[13] A strikingly typical periphrasis for "tradition" is found in the phrase *kunne ya tsere kaka*, the ear outsteps the ancestor.

Credulity is rebuked in the sardonic maxim, "Leave off buying love potions; the only successful medicine with a woman is money."[14]

[1] Kadda ka shigo gidan sheria da'hanun wofi.
[2] Kofar geara wa talaka Sariki ne, ba alkali ba ne.
[3] Mutum en ya yenka maka uwatasa, kai randa ya zo ka yenka masa taka.
[4] Allah ya tsaremu da da na sani.
[5] Da na sani doki ba ya taba zua yaki.
[6] Da na sani keya ne akanberta abaya.
[7] Rama chiuta ga mai-chiuta ibada ne.
[8] En mutum ya yi maka deri, kai ka yi masa rana.
[9] Komi dadin dunia lahira ta fito.
[10] Dunia birgima hankaka en ka ga fari ka ga bekki.
[11] Dunia matakin soro woni gabba ga woni.
[12] Wa ta dame dunia marashankuri shi ke.
[13] Mun sani nafari mun sani na karshe amma tsaka tsaka shi mu ke tsoro.
[14] Beri bini zeze maganin mata sai kudi.

An obstinate or stingy man is compared to a species of wood remarkable for its hardness, qualified by the words *mataurin hanchi*, which means "tough in the nose". How many of us have acquaintances to whom *mataurin hanchi* would apply! East Anglians have the epithet "snortly", which is the exact counterpart. The Dutch phrase "he has a Frisian head" implies the same simile.

Cantabit vacuus-coram latrone. In a society in which a rich man who is not powerful is the legitimate prey of the king there are naturally several sly allusions to the advantages of poverty, as "The poor man is the king's friend".[1] The shrewdness of the following maxim is also remarkable—"To add a 'tip' to the lawful wage is the beginning of the end of trouble."[2]

Proverbs common to every race such as, "Curses come home to roost,"[3] "Familiarity breeds contempt," "A burnt child dreads the fire," etc., have of course their counterpart in Hausa. Some of the most suggestive of Hausa sayings, however, are those which cannot be reproduced here. The bluntness and grossness of speech characteristic of a primitive society, which has not yet attained to the ultra-refinement of manners and language that serves to disguise the grossness of civilized communities, is much in evidence. Such sayings are only quotable when veiled in the decent obscurity of a learned tongue, and it would be fruitless to give them here in such a guise. One loses the opportunity of a peculiarly interesting insight into Hausa character by this deprivation.

The influence of Muslim ideals is seen in the many translations into the vernacular of the higher precepts of that creed, such as the traditional saying of Mohammed that truth lies in the middle, by which he enjoined the balanced judicial mind on the dispensers of Mohammedan law, and is thus rendered, "The better task is to find a middle course."[4] Also in the moral maxims, "Preserve thy feet from straying too far, lest they carry you to a place whence there is no departing"[5]; "Keep thy hands preventing unwise acts."[6] The latter is a typical instance of Hausa circumlocution.

---

[1] Talaka abokin sariki.
[2] Bayeswar tukuichi ma lada ya fara karshen wohalla.
[3] Faifai ya komo ma-shekia (husks return to the winnower).
[4] Aiki mafikeou arabbashi.
[5] Akiyaye kaffafunka dayawan teffia kadda su teffi wurinda ba ateffia ba.
[6] Akiyaye hanunka hanan ba shi da hankali.

Failing adequate Hausa literature one is thrown back on the folk-tales of the people, and it is from the story-teller who is to be found in every concourse of his fellows that the richness of the language is to be gauged. In every corner of a crowded Hausa market-place, on every camping-ground, will be found men gathered under the glamour of the native teller of yarns, who holds them spellbound by his recitals of stories of magic, tragedy, or love.

Food, women, and war are staple subjects of interest to all, and though the wit is subtle and charged with innuendo, with little delicacy of expression, yet one strikes occasionally a real vein of poetical thought and now and then a tale of pure romance. Here and there in a tale bristling with lust and obscenity one will come across a gem of true poetry in parenthesis. For instance, in, the description of the girl of his heart, my pet *raconteur* in praise of her graceful carriage said that "the stem of her body swayed like sugar-cane in the breeze"[1]—a particularly graceful simile. Again, in a tale of torrid indelicacy a guilty couple in a hut were pictured as waking "when dawn came with its dancing motes of gold and silver which lit up the room".[2] Again, most realistic is the terse distinction between two favourite stringed instruments —the *molo* which gives a subdued plaintive note and the *goge* which is played like a violin—"the voice of the *molo* is tears, the voice of the *goge* is delirium."[3]

The colloquial vocabulary is rich in the language of anathema, terrific curse words of great potency, the use of which will bring one occasionally within the reach of the law. Not unnaturally these are some of the first phrases caught up by children in the tenacious stage of infancy. I have one vivid recollection during a strenuous vaccination campaign of a small child venting on the operating doctor a torrent of appalling abuse that would have put to shame the fo'c'sle of a tramp steamer. Fortunately the doctor did not understand a word.

Quaint phrases also, which by the power of association cause chords of memory to vibrate, abound. Take the phrase *khalkhal banza* as descriptive of a woman of loose character. Literally the word means "useless anklets", but the phrase

---

[1] Goran jikinki kaman takanda tana rawa.
[2] En assuba ta yi da zinaria da azurfa sai su haske daki suna motsi.
[3] Maimurian molo kuka maimurian goge hauka.

irresistibly recalls the ghostly stillness of a Moslem city at night, save of course in the fasting month of Ramadan. A silence, not voiceless like the stillness of an African forest, but one where in every hush there is an echo, and in every fleeting breeze a whisper, of mystery intangible but sentient; and in the midst of it the silence is broken by the tinkle of the night-walker's anklets as her stealthy footsteps steal along the gloomy streets. The speaking Biblical phrase of "keeping one's garments" as being a test of faithfulness is reflected in the term applied to a profligate girl—*Ba ta kai bantenta ba* (she has not kept her loin-cloth).

Another instance is one of historical association.

The commonest exclamation in Hausaland expressive of joy, satisfaction, or encomium is *Madila*. It is so often assumed that this has some connexion with *Allah* that it may be well to note that it owes its origin to the triumph of a successful imposture over maleficent influences as related in one of the traditional records of Solomon.

An old legend of King Solomon says that to the work of the building of the Temple he harnessed all the energies of the *Djinni*—those mythical demons familiar to all readers of the *Arabian Nights*. But before the completion of the work Solomon died, and as control of the *Djinni* would disappear with his authority his body was propped up by his staff so that the working *Djinni* should believe they were still under the task-master's eye. It was not until their work was nearly completed that the all-edacious ubiquitous white ant of Africa had eaten out the core of the staff which supported Solomon's corpse, so that it fell to the ground and the harassed *Djinni* realized the imposture which had kept them at work. From the Arabic phrase[1] with which they expressed their disgust is derived the popular exclamation referred to.

The phrase "I hold the ring"[2] is used as a synonym for "I know better". The reference is to the control exercised by the camel-driver in holding the nose ring of his animal. Probably the power conferred by the holding of a king's signet ring is also implied.

A highly interesting use is made of the word *rua*, meaning

---

[1]  مادلَّهم على موته.   [2] Na dauke zobe.

water or rain. A matter that is not your particular business is alluded to as not your *rua*, not your water. To allay fear or suspicion is to say they have no *rua* for anxiety. It is an expansion of the oriental metaphor for both liberality and freedom of action which comes from the far Arabian desert where rainfall is all-important, so that generosity becomes synonymous with moisture and the dry hand is an empty hand. In that topsy-turvy country to be under a cloud is to be blessed, because a cloud holds life-giving properties.

The Moslem creed admits of no spiritual ambition, for everything is governed by its inelastic law. Therefore, for linguistic references in the domain of spiritualities one has to search amongst the unislamized Hausa populations, of whom there are still some numbers. In common with peoples of similar grade of development all over the world, these people practise many solemn, weird, and obscene rites to invigorate those mysterious natural powers which stimulate the fecundity of the body, of cultivated lands, and of the wild game in the jungle and the fish in the streams. The manifestations of energy in nature are personified. To be on the knees of the Gods is not to be, like Moslems, in the hands of a blind and indifferent destiny, but in the hands of powers capable of being cajoled by gifts or scolded by vituperation into changing their purpose. An integral part of these animistic beliefs is that foods and drinks have values relative to the strength they afford to the spiritual part of a man which is called *kurua*. *Kururua* is onomatopœic for "echo", that intangible something which strikes the senses from outside. By contraction it becomes *kurua*, the term applied to what we mean by soul or spirit of man—the intangible something that strikes the senses from within. It was in an attempt—only, I may interpose, successfully accomplished hitherto by the Moslem missionary—to stop the seasonal beer-drinks amongst these people that I was accused of arresting spiritual development. For it was pointed out that beer had much soul-matter, as evidenced by its effects. I don't know how this argument would affect the efforts of an enthusiast for teetotalism, but it effectually stopped mine.

A considerable portion of the Mallams, educated under the old native regime, devote their talents to the work of doubtful utility of writing charms against all conceivable evils and misfortunes.

To a people nourished on mystery who, in spite of their fatalistic creed, believe in genii, ghosts, goblins, and those terrific things that "gò bump in the night", protective charms are eagerly sought for. These consist sometimes of a quotation from the Quran, more or less appropriate; sometimes an astrological formula; sometimes some meaningless rubbish written in Arabic. You may have them wrapped in leather to carry about as a permanent amulet. You may also have a charm written on a board. Wash off the ink from the latter and drink the decoction, and lo! the cure is complete. Or you may have a love potion that will cause the object of your admiration to follow you like a pet dog. Or if your desires wander from self-protection to vengeance on someone who has wronged you, you may steal a portion of your victim's shirt, impregnated through the sudoriferous work of Africa with your victim's soul, and the weaver of unholy spells will concoct for you a medicine that will bring him untold injury.

I hope that I have succeeded in interesting you in a living language of some individuality and· of much historical interest, which is spoken by a large population in the Western Sudan, and which in the economic advance now in progress in West Africa will, I anticipate, spread far beyond its present geographical limits.

As a last word I think I shall be forgiven for straying so far from my subject if, at the present momentous time, I end with a brief reference to the regiments of men of the Hausa race who have fought in the Cameroons and are now fighting in German East Africa for the cause of the British Empire. Fostered by their devotion to, and their belief in, the rigid justice of British rule, they are animated by the same spirit that sends our own sons to pay the price of Empire. It is no feeble tribute to an alien coloured race to say that in their case that price is equally willingly, and equally proudly, paid.

INDO-ARYAN VERNACULARS

By Sir George Grierson, K.C.I.E.

[The following pages form a portion of what has been written by me for the section of the *Grundriss der Indo-arischen Philologie und Altertumskunde*, dealing with the Indo-Aryan Vernaculars. The work was not completed when the War broke out, and as there is no immediate prospect of their publication as originally intended, I gladly accept Sir Denison Ross's suggestion, and offer them as they stand for preliminary publication in the *Bulletin* of the School of Oriental Studies.]

A. GENERAL INTRODUCTION

Chapter I : General View of the Indo-Aryan Vernaculars

1. The languages spoken at the present day in British India are usually divided into three main groups, viz. (1) Aryan languages, (2) Dravidian languages, and (3) others. The last group is mainly composed of Muṇḍā and Tibeto-Burman forms of speech, whose habitats are, respectively, the central hill country of Hindōstān and the mountains that form the northern and the north-eastern boundaries of India proper. The Dravidian languages are principally spoken in the Deccan, although sporadic dialects of this group are found even so far north as the Ganges Valley and in Balūcistān. The Aryan languages cover, roughly speaking, the whole of the northern plain of India, penetrating, in the case of the Pahārī dialects, into the lower ranges of the Himālaya. Closely related to them is another group of languages found in the wild mountainous country lying to the south of the Hindū-kuš. These are called in this work the " Dardic " or " Modern Piśāca " languages. The Indo-Aryan languages have followed the course of the Ganges down to its mouth, and have conquered the fertile plains on both sides of the Brahmaputra as far as Sadiyā, near which place that river enters the Assam valley on its journey from Tibet. The entire course of the Indus, from the frontier of India proper to the sea, recognizes their sway, and on the east and west coasts of the Peninsula they have pushed far to the south, displacing Dravidian languages—on the one hand, Kandh, Gōṇḍ, and Telugu, and, on the other, Kanarese.

2. Throughout the present work I shall call these Aryan languages the "Indo-Aryan Vernaculars", it being understood that by this term is meant the Tertiary Prakrits or Vernaculars of the present day, and not the ancient Aryan vernaculars of India, such as the Primary Prakrits (including Vedic Sanskrit), or the Secondary Prakrits, such as Pāli or Prakrit κατ' ἐξοχήν [1] They have been called "Gauḍian",[2] a name derived from the Gauḍa or Gaur tribes of northern Hindōstān, and having no connexion with the other Gauḍa of Bengal. This word Gauḍa is often opposed in Sanskrit writings to Draviḍa, or South India, and hence there is a certain appropriateness in calling the great rival of the Dravidian tongues by the name "Gauḍian"; but the term has not found general acceptance, and is liable to misconstruction owing to the twofold meaning of the word "Gauḍa". It has therefore been considered advisable to adopt, instead of this very convenient word, the somewhat unwieldy periphrasis of "Indo-Aryan Vernaculars".[3]

3. According to the Census of 1911, the population of India, excluding Burma, may be taken as about 303 millions. Of these about 230 millions speak Indo-Aryan vernaculars, 63 millions Dravidian, and the rest other languages. According to the Linguistic Survey of India, the total number of speakers of the Indo-Aryan vernaculars is about 226 millions. The difference is mainly due to the fact that the Survey is based on the figures of earlier censuses. Further, and more important, differences in the figures given for the separate languages are explained by differences in classification, and in such cases it may be taken that the Survey figures are the more correct, although, necessarily, not absolutely accurate for 1911.

These Indo-Aryan Vernaculars fall, as we shall see, into three

---

[1] The terms "Primary", "Secondary", and "Tertiary" Prakrits are explained in Chapter II.

[2] e.g. by Hoernle, in his Comparative Grammar of the Gauḍian Languages.

[3] The term "Indo-Aryan" distinguishes those Aryans who settled in India from those Aryans who settled in Persia and elsewhere, just as "Aryo-Indian" signifies those inhabitants of India who are Aryans, as distinguished from other Indian races, Dravidians, Muṇḍās, and so on. "Gauḍian," meaning non-Dravidian, therefore connotes the same idea as "Aryo-Indian". These two words refer to the people and their language from the point of view of India, while "Indo-Aryan" looks at them from the wider aspect of European ethnology and philology. See Encyclopædia Britannica, 11th ed., 1910, art. "Indo-Aryan Languages".

main divisions, the grouping of which is based on linguistic considerations, and also coincides with the geographical distribution of the various languages. These divisions are :—

	NUMBER OF SPEAKERS.	
	According to Census of 1911.	According to Linguistic Survey.
A. The Midland Language—		
1. Hindī	41,522,377	38,013,928
B. Intermediate Languages—		
a. More nearly related to the Midland Language:		
2. Panjābī	15,876,758	12,762,639
3. Rājasthānī[1]	14,076,106	17,551,326
4. Gujarātī[2]	10,673,732	13,336,336
5. Eastern Pahār̤ī, Khas Kurā, or Naipālī[3]	208,932	143,721
6. Central Pahār̤ī[4]	3,765	1,107,612
7. Western Pahār̤ī	1,452,494	853,468
b. More nearly related to the Outer Languages:		
8. Eastern Hindī	22,738,445	24,511,647
C. Outer Languages—		
a. North-Western Group :		
9. Lahndā	4,853,119	7,092,781
10. Sindhī	3,669,935	3,069,470
b. Southern Language :		
11. Marāṭhī	19,802,620	18,011,948
c. Eastern Group :		
12. Bihārī	34,601,981	37,180,782
13. Oṛiyā	10,162,321	9,042,525
14. Bengali	48,367,915	41,918,177
15. Assamese	1,533,822	1,447,552
Total . . .	229,544,322	226,043,912

4. These fifteen languages form the subject of the present work. In addition we shall consider the Dardic or Modern Piśāca languages. Of these only Kāšmīrī came fully under the operations of the Census of 1911, the number of speakers recorded being 1,180,632. According to the more accurate results of the Linguistic Survey, these figures should be corrected to 1,195,902. The Modern Piśāca languages are the following :—

[1] Including the mixed Khāndēśī dialect.
[2] Including the mixed Bhīl dialects.
[3] Nearly all the speakers of this language inhabit Nēpāl, a country which was not subject to the Census of 1911, and to which the Linguistic Survey did not extend. The figures here given refer only to temporary residents in India.
[4] In the Census nearly all the speakers of Central Pahār̤ī were classed as speaking Hindī.

    a. Kāfir, or Western, Group.
- 1. Bašgalī.
- 2. Wai-alā.
- 3. Veron.
- 4. Aškund.
- 5. Pašai.
- 6. Tirāhī.
- 7. Gawar-bati.
- 8. Kalāšā.

    b. Central language.
- 9. Khōwār.

    c. Dard, or Eastern, Group.
- 10. Šiṇā.
- 11. Kāšmīrī.
- 12. Maiyã.
- 13. Gārwī.

5. Returning to the Indo-Aryan vernaculars proper, it can be gathered from the names of the various groups that the Midland language occupies the centre of the northern Indian plain, corresponding to the ancient *Madhyadēśa*, while the Outer languages lie round it in a band on the west, south, and east. Between this Outer band and the Midland language lie the Intermediate languages, representing the latter shading off into the former. There is no hard and fast geographical frontier between each language, for, unless separated by some physical obstacle, such as a wide river or a range of mountains, languages of the same family are not separated by boundary-pillars, but insensibly merge into each other. For instance, Panjābī is classed as an Intermediate language, and the adjoining Lahndā as an Outer language, and yet it is impossible to say where Panjābī ends and Lahndā begins. We shall now proceed to consider these languages in detail.

6. The term "Hindī" is very laxly employed by European writers. It is a Persian word, and properly means "of or belonging to India", as opposed to "Hindū", a person of the Hindū religion.[1] In this sense it can be used to mean any

---

[1] Cf. Amīr Xusrau in Elliot, *History of India as told by its own Historians*, iii, 539. "Whatever live Hindū fell into the king's hands was pounded into bits under the feet of elephants. The Musalmāns, who were Hindīs (country-born), had their lives spared."

Indian language. By Europeans the name is sometimes reserved for the High Hindī to be described below, but it is more often employed as a vague term to designate all the rural dialects of the four languages—Bihārī, Eastern Hindī, Hindī, and Rājasthānī—spoken between Bengal and the Panjāb. In this work the term " Hindī "[1] is restricted to the modern vernacular of the ancient *Madhyadēśa* in its narrowest sense, i.e. of the greater part of the Gangetic Dōāb and of the plains country immediately to its north and south. Its centre may be taken as the city of Āgrā. From this it extends on the north to the Himālaya and on the south to the valley of the Narmadā. On the west it goes beyond Delhi, and on the east to about Kānhpur (Cawnpore). On its west lie Panjābī and Rājasthānī, and on its east lies Eastern Hindī. As also was the case in ancient times, the language of this tract is by far the most important of any of the speeches of India. It is not only a local vernacular, but in one of its forms, "Hindōstānī,"[2] it is spoken over the whole of the north and west of continental India as a *lingua franca* employed alike in the court and in the market-place by everyone with any claim to education. Hindōstānī is properly the dialect of Hindī spoken in the upper part of the Gangetic Dōāb, and in the days of the early Muɣul sovereignty of India it was the common speech of the *bāzār* of Delhi, which is situated close to this tract on the right bank of the Jamnā. From Delhi it was carried all over India by the Muɣul armies. It first received literary cultivation in the sixteenth century in Southern India, and received a definite standard of form a hundred years later at the hands of Walī, of Aurangābād in the Deccan.[3] It was then taken up in the north by both Musalmāns and Hindūs. The former enriched its vocabulary with a large stock of Persian (including Arabic) words, but this Persianization was carried to an extreme by the pliant Hindū Kāyasths and Khattris employed in the Muɣul administration and acquainted with Persian, rather

[1] In the Linguistic Survey the term "Western Hindī" is employed instead of "Hindī", in order to distinguish it from the altogether different "Eastern Hindī". The word "Western" is here dropped, as being hardly necessary for the class of readers for whom this work is intended.

[2] Not "Hindūstānī", as often written by Europeans. See C. J. Lyall, *Sketch of the Hindustani Language*, Edinburgh, 1880, p. 1.

[3] The South being a Dravidian country, the soldiers and rulers who came from various parts of Northern India and conquered it did not acquire the local language, but adhered to their own *lingua franca* picked up in the Delhi bāzār.

than by Persians and Persianized Muɣuls, who for many centuries used only their own languages for literary purposes.[1] This Persianized form of Hindōstānī is known as *Urdū*, a name derived from the *Urdū-ĕ muʻalā*, or royal military *bāzār* outside Delhi palace, where it took its rise. As a literary language Urdū is also called *Rēχta* ("scattered" or "crumbled") from the manner in which Persian words are scattered through it, and a further form of this is *Rēχtī*, or the language of verse written by women, and expressing the sentiments, etc., peculiar to them.[2] We have seen that Hindōstānī literature began in the Deccan. The language is still used by Musalmāns of that part of India, and there retains many old and provincial forms belonging to the upper Gangetic Dōāb, which have fallen into disuse in the language of the north. This southern dialect is called *Dakhinī* Hindōstānī. The present form of literary Hindī, or *High Hindī*, is a reversion to the type of the non-Persianized vernacular of the Upper Dōāb, brought into use by the teachers at the College of Fort William in Calcutta in the early years of the nineteenth century. It was desired to create a Hindōstānī for the use of Hindūs, and this was recreated by taking Urdū, the only form then known, as a basis, ejecting therefrom all words of Persian or Arabic origin, and substituting in their place words borrowed from, or derived from, the indigenous Sanskrit. Owing to the popularity of the *Prēm Sāgar*[3] of Lallū Lāl, one of the first books written in this newly devised speech, and also owing to its supplying the need for a *lingua franca* which could be used by the strictest Hindūs without their religious prejudices being offended, it received cultivation in Benares and is now the recognized vehicle for prose written by those inhabitants of Upper India who do not employ Urdū.

Up to the date of the introduction of printing into India by the English the only Urdū literature was in verse. During the same period Hindū poets generally used their own local dialects for the same purpose. These are still used for Hindī poetry, High Hindī being almost entirely confined to prose. High Hindī poetry has only come into existence during the last twenty years

---

[1] Lyall, op. cit., 9.

[2] The two principal writers in this style were Rangīn and Jān Sāhib. Their works are valuable for students of the women's dialect.

[3] A translation of the tenth book of the Bhāgavata Purāṇa.

and has not yet won general acceptance. Poetry in the Hindī dialects is based on Indian traditions and written in Indian metres. On the other hand, nearly all Urdū poetry is an imitation of the Persian and employs Persian metres. Urdū prose, like High Hindī, came into general use under English influence, and began in the compilation of textbooks for the College of Fort William.

7. Urdū is written in a modified form of the Persian character. The general use of this form of writing the language dates from the time of Ṭōḍar Mal, Akbar's celebrated Finance Minister, and a Hindū (†1589). Up to this time all revenue accounts had been kept in some character of the Nāgarī type, and he ordered them in future to be written in Persian. He thus forced his co-religionists to learn the court language of their rulers. The study of Persian, and a familiarity with its character, thus became necessary for its pecuniary advantages.[1] Other forms of Hindī are generally written in the Nāgarī character or in the closely allied Kaithī. Owing to the number of Arabic words present it is most inconvenient to write Urdū in Nāgarī, while High Hindī written in the Persian character is found, as a matter of practical experience, to be illegible.

8. The other dialects of Hindī are Bāṅgarū, Braj Bhākhā, Kanaujī, and Bundēlī. *Bāṅgarū*, or *Hariānī*, is the language of the Bāṅgar, or the highland of the south-eastern Panjāb, immediately to the west of the Jamnā. It is a mixed dialect, partly Hindī, partly Panjābī, and partly Rājasthānī. *Braj Bhākhā*, the language of the Vraja or the Cowpen country, celebrated as the scene of the early life of Kṛṣṇa, is spoken round Mathurā and in part of the Central Gangetic Dōāb. It is the form of Hindī mainly used in literature of the classical period, and is hence considered to be the *dialectos præcipua*, and may well, save in one respect,[2] be considered as typical of the Midland language. It has a copious literature of high merit, mainly devoted to illustrating the legends regarding and the religion directed to Kṛṣṇa. *Kanaujī* or *Antarbēdī* is the language

---

[1] Blochmann, *Āīn-ĕ Akbarī*, tr., 352.

[2] The one exception is the fact that the termination of strong masculine nouns with *a*-bases ends in *ā*, not in *au* or *ō*, thus agreeing with the vernacular Hindōstānī of the upper Dōāb and with Panjābī, both of which owe it to the influence of the Outer languages.

of the ancient holy Antarvēdi or Central Gangetic Dōāb, the chief city of which was for very many centuries Kanauj (Kanyākubja). It has extended north of the Ganges up to the Nēpāl Tarāī. It differs but little from Braj Bhākhā, and like it has a copious literature. *Bundēlī* is the language of Bundēlkhaṇḍ, lying south of the Braj Bhākhā country, and reaching to the valley of the Narmadā. It also has a literature of considerable merit.

9. The Intermediate languages, as their name implies, are of a mixed character, representing the Midland language shading off into the Outer languages. In those to the west of the Midland the shading off is very gradual, the influence of the Midland language being very strong near the centre, and gradually fading away as we approach the circumference. On the other hand, the eastern Intermediate language, Eastern Hindī, belongs rather to the Outer type, and is not so strongly influenced by the Midland language.

10. *Panjābī* lies immediately to the north-west of Hindī and occupies the central Panjāb. The eastern Panjāb is occupied by Hindī, and the western by Lahndā, an Outer language. Nowhere do we see the gradual change of the Midland to the Outer languages more clearly than in the case of Panjābī. This is due to the very composite nature of the speech. We shall see that the north-western Outer languages (including Lahndā) are strongly influenced by the Dardic or Modern Piśāca languages of the extreme north-west, and traces of this Dardic influence extend over the whole Panjābī area,[1] growing weaker and weaker as we go eastwards, just as the influence of the Midland language grows weaker and weaker as we go westwards. This linguistic condition leads us to the conclusion that (much as we know from history was the case in Rājputānā) this mixed language, mainly Outer, but partly Dardic, once extended over the whole Panjāb, and that the inhabitants of the Midland, through pressure of population or for some other reason, gradually took possession of the Panjāb, and partly imposed their own language upon the inhabitants. In no other way can the nature of the mixed language of the Panjāb be explained. One result of this mixture is that it is quite impossible to give any definite boundary-line between Panjābī and Lahndā, and if, for

---

[1] Such, for instance, as the plural of the personal pronouns.

convenience sake, we take the degree of 74° East longitude as an approximate conventional frontier, it is to be clearly understood that much that is very like Lahndā will be found to its east, and much that is very like Panjābī to its west. Panjābī has a national character akin to the Mahājanī of Rājputānā and to the Śāradā of·Kašmīr. It is known as *Laṇḍā* [1] or " clipped ", and is a most imperfect means of writing. It has only two or three characters for the initial vowels, and none for the non-initial. The consonants, too, are far from clear and the script varies from place to place. It is seldom legible to anyone but the writer, and not always to him. According to tradition, Aṅgada (1538–52), the second Sikkh Guru, found that the hymns of his religion when written in this character were liable to be misread, and he accordingly improved it by borrowing signs from the Nāgarī alphabet and by polishing up the forms of the existing letters. The resultant alphabet became known as *Gurmukhī*, or that which proceeds from the mouth of the Guru. This Gurmukhī alphabet is the one now used for printed texts employed by the Sikkhs of the Panjāb, and is also used by Hindūs of the same country. Musalmāns, as a rule, prefer the Persian alphabet. [2]

The standard form of Panjābī is that spoken round Amṛtsar (Amritsar), and although it varies slightly from place to place, it has only one real dialect, the *Ḍōgrī* spoken in the State of Jammū and, with slightly varying inflexions, in the District of Kāṅgrā. It has a character of its own called *Ṭakkarī* or *Ṭākarī*, the name of which is probably derived from that of the Ṭakkas, a tribe whose capital was the famous Śākala. [3] Panjābī has a small literature, mainly consisting of ballads and folk-epics. The contents of the Sikkh *Granth*, though written in the Gurmukhī character, are mostly in old Hindī, only a few of the hymns, though some of these are the most important, being written in Panjābī. Of the languages connected with the Midland, Panjābī is the one which is most free from borrowed words, whether Persian or Sanskrit. While capable of expressing all ideas, it has a charming rustic flavour characteristic of the sturdy peasantry that uses it. In many respects it bears much

---

[1] This word has nothing to do with the word *Lahndā*, which means " West".

[2] See Grierson, "The Modern Indo-Aryan Alphabets of North-western India": JRAS., 1904, 67.

[3] See Grierson, JRAS., 1911, 302.

the same relationship to Hindī that the Lowland Scotch of the poet Burns bears to Southern English. One other point may be noted. So far as I am aware, Panjābī is the only Indo-Aryan vernacular that possesses tones, corresponding to the accents of Vedic Sanskrit or to the tones of the Tibeto-Chinese languages.[1]

11. Directly south of Panjābī lies *Rājasthānī*. Just as Panjābī represents the expansion of Hindī to the north-west, so Rājasthānī represents its expansion to the south-west. In the course of this expansion, Hindī, passing through the area of Rājasthānī, reaches the sea in Gujarāt, where it has become *Gujarātī*, another of the Intermediate languages. Rājasthānī and Gujarātī are hence very closely connected, and are in fact little more than variant dialects of one and the same language.[2] We shall therefore consider them together. Rājasthānī has many traditional dialects, which fall into four well-marked groups—a northern, or *Mēwātī*; a south-eastern, or *Mālvī*; a western, or *Mārwārī*; and an east-central, or *Jaipurī*. Each of these has numerous sub-dialects. Mārwārī is typical of Western Rājasthānī and Jaipurī of Eastern Rājasthānī. Mēwātī ranges with Jaipurī, and represents Jaipurī shading off into Hindī, while Mālvī represents Gujarātī and Rājasthānī also shading off into Hindī. Mārwārī and Jaipurī are sharply distinguished by two important characteristics. In Jaipurī the postposition of the genitive is *kō*, and the verb substantive is derived from the old √*ach*, while in Mārwārī the genitive termination is *rō* and the verb substantive is *hai*, is. Gujarātī has no definite dialects, but Northern Gujarātī differs in many important points from that of the South.

---

[1] These were first noted by T. Grahame Bailey. See his *Panjābī Grammar as spoken in the Wazīrābād District*, Lahore, 1904. For particulars, see § 152 below. I believe that no one has hitherto noted that the Vedic *udātta* corresponds to a Tibeto-Chinese "high" tone, while the *visarga* corresponds to the "entering" or "abrupt" tone, like it, also, being the result of the partial or total elision of a final consonant.

[2] The differentiation of Gujarātī from the Mārwārī dialect of Rājasthānī is quite modern. There is a poem by Padmanābha of Jhālōr, a town only 80 miles from Jōdhpur, the capital of Mārwār, entitled the *Kānhaḍadēva-prabandha*. It was written in 1455–6 A.D. At the beginning of the year 1912 there was a lively controversy in Gujarāt as to whether it was in Gujarātī or Mārwārī. Really it is in neither, but is in the mother language, which in later years differentiated into these two forms of speech. Cf. Tessitori, JRAS., 1913, p. 553, and his "Notes on the Grammar of Old Western Rājasthānī, with special reference to Apabhraṁśa and to Gujarātī and Mārwārī", in IA. xliii–v (1914–16), reprinted in one volume, Bombay, 1916.

12. There are many traditions of migration from the Midland into Rājputānā and Gujarāt, the first mentioned being the foundation of Dvārakā in Gujarāt, at the time of the war of the Mahābhārata. According to Jain tradition, the first Caulukya ruler of Gujarāt came from Kanauj,[1] and in the beginning of the ninth century A.D. a Gurjara-Rājpūt of Bhīlmāl or Bhīnmāl, in Western Rājputānā, conquered that city.[2] The Raṭhaurs of Mārwār say that they came thither from Kanauj in the twelfth century.[3] The Kachwāhās of Jaipur claim to come from Ayōdhyā,[4] while another tradition makes the Caulukyas come from the Eastern Panjāb.[5] The close political connexion between Gujarāt and Rājputānā is shown by the historical fact that the Gahlōṭs of Mēwāṛ came thither from Saurāṣṭra.[6] That many Rājput clans are descended from Gurjara immigrants is now admitted by most scholars,[7] and also that one of their centres of dispersion in Rājputānā was in, or near, Mt. Ābū.[8] They appear to have entered India with the Hūṇas and other marauding tribes about the sixth century A.D., and rapidly rose to great power. They were in the main a pastoral people, but had their chiefs and fighting men. When the tribe became of consequence the latter were treated by the Brāhmaṇs as equivalent to Kṣatriyas and became called Rājaputras or Rājpūts, and some were even admitted to equality with the Brāhmaṇs themselves,[9] while the bulk of the tribe which still followed its pastoral avocations remained as a subordinate caste under the title of Gurjaras, or, in modern language, Gūjars.

---

[1] V. Smith, JRAS., 1908, 768.
[2] Id., 1908, 789 ; 1909, 56.
[3] Tod, *Rajasthan, Annals of Mewar*, ch. ii.
[4] Ib., *Annals of Amber*, ch. i.
[5] Ib., *History of the Rajput Tribes*, ch. viii.
[6] Ib., *Annals of Mewar*, ch. i.
[7] V. Smith, *Early History of India*[2], 377. See also the following : Tod, *Rajasthan*, Introduction ; Elliot, *Memoirs on the History, Folklore, and Distribution of the Races of the North-Western Provinces of India*, ed. Beames, i, 99 ff. and index ; Ibbetson, *Outlines of Indian Ethnography*, 262 ; Jackson, in *Gazetteer of the Bombay Presidency*, i, pt. i, app. iii, Account of Bhīnmāl, esp. pp. 463 ff. ; V. Smith, "The Gurjaras of Rājputānā and Kanauj," JRAS., 1909, 53 ff. ; D. R. Bhandarkar, " Foreign Elements in the Hindū Population," IA. xl (1911), 7 ff., esp. 21 ff.
[8] V. Smith, *Early History of India*[3], 412, and IA. xl (1911), 86.
[9] D. R. Bhandarkar, JASB. v (N.S.), 1909,185. Cf. contra, Mohanlal Vishnulal Pandia, ib. viii (N.S.), 1912, 63 ff.

13. So powerful did these Gurjaras or Gūjars become that no fewer than four tracts of India received their name. Three of these are the Gujrāt and Gujrānwālā Districts of the Panjāb and the province of Gujarāt, and Al-Birūnī (970–1031 A.D.)[1] mentions a fourth identified by D. R. Bhandarkar as consisting of the north-eastern part of the Jaipur territory and the south of the Alwar State. According to D. R. Bhandarkar these latter Gūjars came thither from that part of the Himālaya called Sapādalakṣa, corresponding to the modern districts of Kumaun and Garhwāl with the country to their west, and from these at least Eastern Rājputānā was peopled. Whether those that centred round Mt. Ābū in Western Rājputānā belong to the same invasion, or whether they came independently, via Gujarāt and the north-west, is not as yet clear. Here it will suffice to state that the Central Pahāṛī of Kumaun and Garhwāl (i.e. of Eastern Sapāda-lakṣa) agrees with Eastern Rājasthānī in having the genitive postposition kō and the verb substantive derived from the √ach, while in the Western Pahāṛī of the Simla Hills (i.e. of Western Sapādalakṣa) the termination of the genitive is the Western Rājasthānī rō, while one of the verbs substantive (ā, is) is probably of the same origin as the Western Rājasthānī hai. We thus see that the grammatical shibboleths of Eastern Rāja-sthānī agree with Central Pahāṛī, while those of Western Rājasthānī agree with Western Pahāṛī. We now come to Gujarātī. Here the genitive termination is nō, and the verb substantive belongs to the √ach group. West of Western Pahāṛī, in the Himālaya, we come to the northern (Pōṭhwārī) dialect of Lahndā. Here also the genitive termination is nō, but the verb substantive differs from that of Gujarātī. On the other hand, Gujarātī agrees with all the Lahndā dialects in one very remarkable point, viz. the formation of the future by means of a sibilant.[2] Hence we find that right along the Lower Himālaya, from the Indus to Nēpāl, there are three groups of dialects agreeing in striking points with the three dialects Gujarātī, Mārwāṛī, and Jaipurī.

14. Three characters, all of the Nāgarī type, are current in Gujarāt and Rājputānā. The Nāgarī character itself is used by

---

[1] Sachau's tr., i, 202. Cf. D. R. Bhandarkar in IA. xl, quoted above.
[2] Pṭh. *kuṭṭsī*, G. *kuṭśē*, he will strike.

the Nāgar[1] Brāhmaṇs of Gujarāt, and is also read and understood over the whole area of both these languages. In Rājputānā books are printed in it, but in Gujarāt people other than Nāgar Brāhmaṇs employ a variety of the Kaithī character. This Kaithī character is current over the whole of the Ganges Valley as a kind of script hand, instead of Nāgarī, for letters and documents of small importance ; but in Gujarāt it is used not only for written communications but also universally for printed books and newspapers. In Mārwāṛ the mercantile classes employ a character called *Mahājanī*, allied to the Laṇḍā of the Panjāb and to the Śāradā of Kaśmīr.[2] Mārwāṛīs are the bankers (*mahājana*) of India, and have carried this character all over India for their banking accounts.

15. Rājasthānī has a large literature, about which very little is known.[3] The greater part of it consists of bardic chronicles but Mārwāṛī has also a considerable poetical literature. Most of the Mārwāṛī poets wrote in the Braj Bhākhā form of Hindī, which when so used is locally known as *Piṅgal*. When poems were written in Mārwāṛī itself the language was called in contradistinction *Ḍiṅgal*. Gujarātī has an old poetical literature dating from the fourteenth century A.D. The first, and still the most admired, poet was Narsiṁha Mehtā (B. 1413), and before his time there were writers on Sanskrit grammar, poetics, etc. The Prakrit grammarian Hēmacandra flourished in the middle of the twelfth century. He described the Nāgara Apabhraṁśa, and thus it can be said of Gujarātī, and of Gujarātī alone, that we have an almost unbroken line of descent from the Vedic language down to the vernacular of the present day.

16. We can now consider the three *Pahāṛī* languages. The word "Pahāṛī" means "of or belonging to the mountain", and is used as a convenient name for the three groups of Indo-Aryan vernacular languages spoken in the lower ranges of the Himālaya

---

[1] According to Nagēndranātha Vasu, JASB. lxv, pt. i, 1896, 114 ff., these Brāhmaṇs gave their name to the alphabet. In Al-Bīrūnī's time the Nāgara alphabet was used in Mālwā, which is close to Gujarāt. Sachau's Eng. tr., i, 173.

[2] It is worth noting in this connexion that Old Mārwāṛī in some respects agrees with Kāšmīrī, e.g. in possessing a genitive postposition *handō*.

[3] A Bardic and Historical Survey of Rājputānā has lately been set on foot by the Government of India, under the superintendence of the Asiatic Society of Bengal. It is in charge of Dr. L. P. Tessitori, who has already discovered a number of important works. See JASB. xiii (N.S.), 1917, pp. 195 ff., and reports and texts published, under Tessitori's editorship, by the ASB.

from Nēpāl in the east to Bhadrawāh in the west. Going from
east to west, these three groups are *Eastern Pahārī, Central
Pahārī*, and *Western Pahārī.*

17. *Eastern Pahārī* is commonly called "Nepālī" or "Nai-
pālī" by Europeans, but this name is hardly suitable, as it is not
the principal language of Nēpāl. In that State the principal
languages are Tibeto-Burman, the most important being Nēwārī,
the name of which is also derived from the word "Nēpāl".
Other names for Eastern Pahārī are "Pārbatiyā" or "the Hill
language", and "Khas Kurā" or "the language of the Khas
tribe". We shall shortly see that the last name is not in-
appropriate. Eastern Pahārī being spoken in a mountainous
country has no doubt many dialects. Into one of these, Pālpā,
spoken in Western Nēpāl, the Serampore missionaries made
a version of the New Testament, and as Nēpāl is independent
territory to which Europeans have little access, that is our one
source of information concerning it. The standard dialect is
that of the valley of Kāṭhmaṇḍō, and in this there is a small
printed literature, all modern.[1] The dialect of Eastern Nēpāl
has of late years been adopted by the missionaries of Darjīling
as the standard for a grammar and for their translations of the
Bible. Eastern Pahārī is written and printed in the Nāgarī
character.

18. *Central Pahārī* is the name of the language of the British
Districts of Kumaun and Gaṛhwāl and of the State of Gaṛhwāl.
It has two main dialects, *Kumaunī* and *Gaṛhwālī.* A few
books have of late years been written in Kumaunī and one or
two in Gaṛhwālī. So far as I have seen, both these dialects are
written in the Nāgarī character.

19. *Western Pahārī* is the name of the large number of connected dialects spoken in the hill country of which Simla, the
summer headquarters of the Government of India, is the political
centre. These dialects have no standard form, and beyond a few
folk-epics, no literature. The area over which they are spoken

---

[1] Eastern Pahārī, as an independent language, is of very modern origin, the
Indo-Aryan migration from the west into Nēpāl dating only from the sixteenth
century A.D. The language is strongly influenced by the surrounding Tibeto-
Burman dialects, and has changed considerably within living memory. It appears
to have superseded another Indo-Aryan language akin to the Maithilī dialect
of Bihārī, now spoken immediately to the south of Nēpāl. A specimen of this
old dialect was published by Conrady in 1891. It is a drama, entitled the
Hariścandranṛtya.

extends from the Jaunsār-Bāwar tract of the United Provinces, and thence, in the Province of the Panjāb, over the State of Sirmaur, the Simla Hills, Kulu, and the States of Maṇḍī and Cambā, up to, in the west, the Bhadrawāh Jāgīr of Kašmīr. It has numerous dialects, all differing considerably amongst themselves, but nevertheless possessing many common features. We may take as typical, *Jaunsārī*, of Jaunsār-Bāwar; *Kiŭṭhalī*, the dialect spoken in the hills round Simla; *Kulūī*, of Kulū; and *Cameālī*, of Cambā. Western Pahāṛī is written in the Ṭakkarī or Ṭākarī alphabet, already referred to as the alphabet used for the Ḍōgrī dialect of Panjābī. It has most of the disadvantages of Laṇḍā, being very imperfectly supplied with signs for the vowels. Medial short vowels are usually altogether omitted, and medial long vowels are represented by the characters which are also used for initial vowels whether long or short. In the case of Cameālī, the character has been supplied with the missing signs, and books have been printed in it that are as legible and correct as anything in Nāgarī.

20. It has long been recognized that all the Pahāṛī languages are at the present day closely allied to Rājasthānī, and we have seen above that Central Pahāṛī (to which we may here add Eastern Pahāṛī) more nearly agrees with the eastern dialects of that language, especially with Mēwātī and Jaipurī, while Western Pahāṛī agrees rather with Western Rājasthānī. We have also seen that the areas of Central Pahāṛī and Western Pahāṛī together coincide with the ancient Sapādalakṣa. I shall now state what I believe to be the origin of these languages.[1] The bulk of the agricultural population of the modern Sapādalakṣa consists, in the west, of Kanēts, and in the east, of members of the Khas tribe.[2] The Kanēts are divided into two clans, one called Khasiyā, which claims to be of pure, and the other called Rāo (= *Rāja* or *Rājpūt*), which admits that it is of impure birth. The chiefs of the country all claim to be of Rājpūt descent. We thus see that the whole of

[1] The whole question is worked out in detail in vol. ix, pt. iv, of the LSI. dealing with Pahāṛī. It is impossible here to give more than the general results and a few of the principal references. Those desiring the full proof must refer to the volume of the LSI.

[2] Cf. Cunningham, "Archæological Survey Reports," xiv, 125 ff.; Ibbetson, *Outlines of Panjāb Ethnography*, 268; Atkinson, *Himalayan Districts of the North-Western Provinces of India*, ii, 268–70, 375–81, 439–42, and index; Stein, tr. *Rājataraṅgiṇī*, note to i, 317; ii, 430, and index.

modern Sapādalakṣa is either peopled with, or contains, many
people who call themselves Khas or Khasiyā. That these represent
the Khaśas, Khaṣas, or Khaśīras of the Mahābhārata cannot be
doubted. Like the Piśācas, they were said to be descended from
Kaśyapa, the founder of Kaśmīr. They are frequently mentioned
in the Rājataraṅgiṇī, and in the Mahābhārata they are often
referred to as a people of the north-west, and even as closely
connected with the Kaśmīras and Piśācas (vii, 399). They were
Aryans, but had fallen outside the Aryan pale of purity
(viii, 2055 ff.).[1] The Harivaṁśa (784, 6440), the Purāṇas, Law-
books, etc., all agree in placing them in the north-west.[2] Stein
(l.c.) shows that in Kalhaṇa's time their seat was, roughly, the
valleys lying immediately to the south and west of the Pīr
Pantsāl range, between the middle course of the Vitastā on the
west and Kāṣṭavāṭa (the modern Kishtwar) on the east. That
they eventually spread eastwards over the whole of Sapādalakṣa
is shown by their existence there at the present day They must
have conquered and absorbed the previous inhabitants, who were
probably non-Aryan Muṇḍās.[3] In later years (about the sixteenth
century A.D.) they advanced into Nēpāl, and there, mixing with
the Tibeto-Burmans and Muṇḍās whom they found there, became
the Khas or ruling tribe of that country.[4]

21. We have seen that these Khaśas are, in Sanskrit literature,
frequently associated with the Piśācas. They must have spoken
a language akin to the Modern Piśāca languages, for traces of the
latter are readily found over the whole Sapādalakṣa tract,
diminishing in strength as we go eastwards.[5] The Gujaras,
modern Gūjars, seem to have first appeared in India about the

---

[1] In the Śatapatha Brāhmaṇa (I, vii, iii, 8), the Bāhīkas, with whom the
Khaśas are associated in Mahābhārata, viii, 2055 ff., are still within the pale, and
worshippers of Agni.

[2] Cf. Viṣṇu Purāṇa (Wilson-Hall), I, xxi; Bhg. P., II, iv, 18; IX, xx, 29;
Mārk. P., lvii, 56; Manu, x, 44; Bharatanāṭyaśāstra, xvii, 52.

[3] Cf. Imperial Gazetteer of India (1907), i, 386.

[4] Hodgson, "Origin and Classification of the Military Tribes of Nepal,"
JASB. ii (1833), 217 ff.; Vansittart, "The Tribes, Clans, and Castes of
Nēpāl," JASB. lxiii (1894), pt. i, 213 ff.; S. Lévi, Le Népal, i, 257 ff., 261-7,
276 ff.; ii, 216 ff., and index.

[5] Such are the tendency to drop an initial aspirate (ōṇū for hōṇū, to
become); to disaspirate sonant aspirates (bāī for bhāī, brother); to harden sonants
(jawāp for jawāb, an answer; ōkhaṭī for ōkhadhī, medicine); to change c to ts and
j to z (tsazarō for cajarō, good); to change t to ts (khēts for khēt, a field); to drop
medial r (katā for kartā, doing); to change a sibilant to χ (χuṇṇā for śuṇṇā, to
hear), or to h (brás or brāh, a rhododendron); and many others.

fifth or sixth century A.D.[1] D. R. Bhandarkar has shown (l.c.)
that they occupied Sapādalakṣa. There they amalgamated with
the Khaśa population that they found *in situ*. In Western
Sapādalakṣa they became the Rāo sept of the Kanēts, but were
not admitted to equality of caste with the older Khasiyā Kanēts.
In East Sapādalakṣa they became altogether merged in the great
mass of the Khas population. These Gurjaras were those who
took to cultivation, or who adhered to their pastoral pursuits.
The fighting men, as we have seen, became Rājpūts. From
Sapādalakṣa, Gurjaras migrated to Mēwāt, and thence settled over
Eastern Rājputānā. In later years, under the pressure of
Musalmān rule, many Rājpūts remigrated to Sapādalakṣa, and
again settled there. In fact, there was continual intercourse
between Sapādalakṣa and Rājputānā.[2] Finally, as we have seen,
Nēpāl was conquered by people of the Khas tribe, who of course
included many of these Gurjara–Rājpūts.[3] In this way the close
connexion between the three Pahāṛī languages and Rājasthānī is
fully explained.

22. Finally, as shown by V. Smith,[4] certain of the Gurjaras
who had settled in Eastern Rājputānā again migrated towards
the north-west, and invaded the Panjāb from the south-east.
They left a line of colonists extending from Mēwāt, up both sides
of the Jamnā valley, and thence, following the foot of the
Himālaya, right up to the Indus. Where they have settled in
the plains they have abandoned their own language, and speak
that of the surrounding population, but as we enter the lower
hills we invariably come upon a dialect locally known as Gujarī.
In each case this can be described as the language of the people

[1] Tod, *Rajasthan*, introduction; Elliot, *Memoirs*, etc., as quoted above, i, 99,
and index; Ibbetson, op. cit., 262 ff.; Jackson, *Gazetteer*, as above, i, 463;
V. Smith, *The Gurjaras*, etc., as above, 53 ff.; "The Outliers of Rājasthānī," IA.
xl (1911), 85 ff.; D. R. Bhandarkar, "Foreign Elements in the Hindū Population,"
IA. xl (1911), 7 ff., esp. 21 ff.

[2] It is worth noting that the Rājā of Gaṛhwāl claims descent from Kaniṣka,
who is said to have come to Gaṛhwāl from Gujarāt or Western Rājputānā;
Atkinson, op. cit., 449.

[3] I have not considered here the question of Western Rājasthānī and Gujarātī.
Gujarāt may well have been conquered by Gurjara tribes coming from the north-
west. The Western Rājpūts had their centre of dispersion near Mt. Ābū, but
whether the Gurjaras of Ābū came from the east or from the west I cannot say.
All that can be said is that the agreement between Western Pahāṛī and Western
Rājasthānī is very striking.

[4] In *Outliers*, etc., as above.

nearest the local Gūjars, but badly spoken, as if by foreigners. The farther we go into these sparsely populated hills the more independent do we find this Gūjar dialect, and the less it is influenced by its surroundings. At length, when we get into the wild hill-country of Ṣwāt and Kašmīr, we find the nomad Gūjars (here called Gujurs) still pursuing their original pastoral avocations and still speaking the descendant of the language that their ancestors brought with them from Mēwāt. But this shows traces of its long journey. It contains odd phrases and idioms of the Hindōstānī of the Jamnā valley, which were picked up *en route* and carried to the distant hills of Dardistān. We thus see that there are two classes of Gūjar languages in the sub-Himālaya. There is first the mixed languages of the Gurjaras who conquered the Khaśas of Sapādalakṣa, some of whom migrated later to Mēwāt; and there is also the Gujurī of Ṣwāt and the Kašmīr hills, which is the language carried by some of these last back to the Himālaya.

23: The preceding Intermediate languages all lie to the west of Hindī. To its east, separating it from Bihārī, lies another Intermediate language, *Eastern Hindī*. While the western Intermediate languages are on the whole more nearly related to Hindī than to the Outer languages, only showing prominent traces of the latter as we go farther from the centre of dispersion, Eastern Hindī is a fairly uniform language which bears on its face clear marks of connexion both with the Midland and with the Outer languages. As a rule, we may say that in declension it agrees most closely with the Outer languages to its east. In the conjugation of the verb it is more eclectic, sometimes showing forms connected with the Midland, and at other times other forms which are typical of the Outer band.[1] Eastern Hindī has three main dialects, viz., *Awadhī*, which may be taken as the standard, spoken in Audh; *Baghēlī*, spoken in Baghēlkhaṇḍ; and *Chattīs-garhī*, spoken in Chattīsgarh, i.e. the plain lying to the south-east of Baghēlkhaṇḍ and forming the upper basin of the Mahānadī River. Awadhī is often called *Baiswārī*, or the language of the Baiswār Rājpūts, but this name properly belongs to that form of Awadhī which is spoken in the south-west of the dialect area. Another name for Awadhī is *Kōsalī*, from Kōsala, the ancient name of the country in which it is spoken. Awadhī and Baghēlī

[1] See LSI. vi, 2 ff.

hardly differ, and form practically one dialect. Chattīsgaṛhī, which is isolated by a range of mountains, is more independent. Eastern Hindī is generally written and always printed in the Nāgarī character, but for less important or less formal documents the Kaithī character is usually employed. Some of the oldest MSS. were also written in Kaithī. Eastern Hindī possesses a great literature, dating from at latest the fifteenth century. Tulasī Dāsa, the greatest poet of mediaeval India and author of the so-called Hindī Rāmāyaṇa, wrote in an old form of Awadhī, and since his time Awadhī has been the dialect most employed for poetry dealing with the history of Rāma, while the Braj Bhākhā form of Hindī has been reserved for poetry dedicated to Kṛṣṇa.

24. We now come to the Outer languages. Besides differences in matters of detail we may here draw attention to one characteristic in which they all agree in showing a marked contrast to the language of the Midland. This is, that while Hindī has a grammar that is essentially analytic, the Outer languages are passing from that stage and are now again becoming synthetic like their Sanskritic ancestors. It is true that in most of them the declension of nouns is still analytic, but in all, the conjugation of the verb, owing to the use of pronominal suffixes, is strongly synthetic. As regards the Intermediate languages, we may say that the western ones (Panjābī, Rājasthānī, Gujarātī, and Pahāṛī) agree in this respect with the Midland, while Eastern Hindī agrees with the Outer languages.

The Outer languages fall, as shown in the list in § 3, into three groups. The first, or north-western group, consists of Lahndā and Sindhī. The character of both these languages is complicated by the fact that they are strongly influenced by the Modern Piśāca languages lying immediately to their north.

25. *Lahndā* is the language of the Western Panjāb. As explained under the head of Panjābī, there is no distinct boundary line between it and Lahndā, which, more even than elsewhere in India, insensibly merge into each other, 74° E. long. being taken as the conventional boundary-line. The influence of Modern Piśāca languages on Lahndā will be understood when we consider that the country in which it is spoken includes the ancient land of Kēkaya, and that while the Prakrit grammarians give extremely contradictory lists of the localities in which Paiśācī Prakrit was spoken, they all united in agreeing about one,

and only one, locality—Kēkaya.[1] Lahndā is known by several other names, such as *Western Panjābī*, *Jaṭkī*, *Uccī*, and *Hindkī*. The word "Lahndā" itself means "(sun)-setting", and hence "the west". As applied to a language it is merely a conventional abbreviation of the Panjābī *Lahndē-dī bōlī*, or "the language of the west", spoken from the point of view of the Eastern Panjāb. "Western Panjābī" has the disadvantage of suggesting that Lahndā is a dialect of Panjābī, whereas it is nothing of the sort. "Jaṭkī" means the language of the Jaṭṭ tribe, which is numerous in the central part of the Lahndā tract; but Lahndā is spoken by millions of people who are not Jaṭṭs, and millions of Jaṭṭs of the Eastern Panjāb do not speak Lahndā. "Uccī," the language of the town of Ucc (Uch or Ooch of the maps), is really another name for the Mūltānī dialect of Lahndā. "Hindkī," the language of the Hindūs (i.e. non-Paṭhāns), is the name given to Lahndā in the west of the Lahndā tract, in which Musalmān Paśtō-speaking Paṭhāns also dwell.

Lahndā has four dialects: a central, spoken in the country south of the Salt Range, and considered as the standard; a southern or *Mūltānī*, spoken in the country round Mūltān; a north-eastern or *Pōṭhwārī*, spoken in the eastern and western Salt Range and to the north as far as the borders of Kaśmīr; and a north-western or *Dhannī*, spoken in the central Salt Range and northwards up to the northern extremity of the District of Hazārā, where it meets Śiṇā. Both Śiṇā and Kāśmīrī are Modern Piśāca languages.

Beyond ballad and other folk-songs Lahndā has no literature. Its proper written character is the Laṇḍā or "clipped" character mentioned in connexion with Panjābī, but, owing to its illegibility, this is being superseded by the Persian, or, amongst Europeans, by the Roman character.

26. *Sindhī* is the language of Sindh, the country on each side of the River Indus, commencing about lat. 29° N. and stretching thence down to the sea. In the north it merges into Lahndā, to which it is closely related. Sindh included the ancient Vrācaḍa country, and Prakrit grammarians recorded the existence of both a Vrācaḍa Apabhraṃśa and a Vrācaḍa Paiśācī.[2] Sindhī has five recognized dialects, *Vicōlī*, *Siraikī*, *Lārī*, *Tharēlī*, and *Kacchī*.

---

[1] Grierson, ZDMG. lxvi, 75.
[2] Fischel, Pr. Gr., 27, 28; Grierson, JRAS. 1902, 47.

The first is spoken in Central Sindh. It is the standard dialect, and that employed in literature. Siraiki is merely a form of Vicōli and is no real dialect. The only difference consists in its pronunciation being more clearly articulated and in slight variations of vocabulary. In Sindhi the word "Sirō" means the "head" of anything, and "Siraiki" hence comes to mean "up-stream", or "northern" from the point of view of the Lāṛᵘ, or Lower Sindh. Siraiki is considered by Sindhis to be the purest form of the language, or, as a local proverb says, "a learned man of the Lāṛᵘ is an ox in the Sirō." In this connexion it must be remembered that, as a name of a locality, "the Sirō" or "up-stream country" is a relative term, and that its meaning varies according to the locality of the speaker. The lower down the Indus a man lives, the larger the extent of the Sirō, and, from the point of view of an inhabitant of the Lāṛᵘ, the term practically includes also the Vicōlō, or Central Sindh. Lāṛī is the language of the Lāṛᵘ already mentioned, and is considered to be rude and uncouth, but it retains many old forms, and displays one important feature of the Modern Piśāca languages—the disaspiration of sonant consonants—which no longer exists in Vicōli. Tharēli and Kacchi are both mixed dialects. The former is spoken in the Tharᵘ, or desert, of Sindh, which forms the political boundary between that province and the Mārwāṛ country. It is a transition form of speech representing Sindhi shading off into Rājasthānī-Mārwāṛī. Kacchi, on the other hand, is a mixture of Sindhi and Gujarātī, spoken in Kacch. Sindhi has received very little literary cultivation, and few books have been written in it. Its proper alphabet is Laṇḍā, which, as usual, varies from place to place, and is hardly legible. The Gurmukhī and Nāgarī characters are also employed, but the Persian alphabet, with several additional letters for sounds peculiar to the language, is the one in general use.

27. South of the Kacchi dialect of Sindhi the Outer band of the Indo-Aryan vernaculars is broken by Gujarātī. Although Gujarātī is one of the Intermediate languages, it bears, more especially in its northern forms, numerous traces of the old Outer language once spoken in Gujarāt before it was occupied from the Midland.[1] South of Gujarātī we come to the southern Outer

[1] Such are, e.g. the existence of a broad å, sounded like the a in "all"; the change of ai to ä; of k to c, and of c to s; the frequent confusion between dentals and cerebrals; an oblique case in ā; and a past participle formed with the letter l.

language, *Marāṭhī*,. the great daughter of Māhārāṣṭrī Prakrit. Marāṭhī covers the north of the Deccan. plateau and the strip of country between the Ghāṭs and the Arabian Sea. It is also the language of Berar, the ancient Vidarbha, and of a good portion of the country to its east. It stretches across the middle of the Central Provinces, and, in a very corrupt form, occupies most of the State of Bastar, where it merges into Oṛiyā through the Bhatrī dialect of that language. To its south it has Dravidian languages, and to its north, in order from west to east, Gujarātī, Rājasthānī, Hindī, and Eastern Hindī. The first three are connected with the Midland, and Marāṭhī does not merge into them, a sharp border-line existing everywhere between the two forms of speech. In the east it shows several points of agreement with the neighbouring Chattīsgaṛhī dialect of Eastern Hindī, while it shades off. gradually into Oṛiyā, the former of which is closely related to, while the latter is actually a member of, the Outer band.

28. Marāṭhī has three main dialects. The standard dialect, commonly called *Dēśī Marāṭhī*, is spoken in its greatest purity in the country round Punā. Varieties of this are spoken in the Northern and Central Kōṅkaṇ, and are hence often called Kōṅkaṇī, but the true *Kōṅkaṇī*, spoken in the Southern Kōṅkaṇ in the country near Goa, is a dialect quite different from these. The third dialect is the Marāṭhī of Berar and the Central Provinces, which differs from the standard chiefly in matters of pronunciation. *Halbī* is a mongrel mixture of Marāṭhī and Dravidian tongues spoken in Bastar. Marāṭhī is usually written and printed in the Nāgarī character, a modification of which, known as *mōḍī* or "twisted", and invented by Bālājī Avajī,[1] Secretary to the famous Sivajī (1627–80), is used by some for current correspondence. The Kanarese alphabet is generally employed for writing Kōṅkaṇī, but amongst the numerous native Christians who speak that dialect the Roman character is often used. Marāṭhī has a copious literature, and many poetical works of great value are written in it. As Beames (Cp. Gr., i, 38) says, it is one of those languages which may be called playful. It delights in all sorts of jingling formations, and has struck out a larger quantity of secondary and tertiary words, diminutives and the like, than any of the cognate languages. Compared

[1] See B. A. Gupte, IA. xxxiv (1905), 27.

with the analytical Hindī, the synthetic Marāṭhī has a rather complicated grammatical system, and in this and other respects Hindī bears to Marāṭhī much the same relation that, in Europe, English bears to German. In one important particular Marāṭhī differs from all other Indo-Aryan vernaculars. It retains many traces of the ancient Vedic tone-accents, here converted into weak stress-accents; while the pronunciation of most of the other languages is based on a new system of stress-accents falling, as far as possible, on the antepenultimate of each word.[1]

29. Coming to the Eastern Group of the Outer languages, the first that we have to deal with is *Bihārī.* This is spoken over a considerable area, including nearly the whole of the Bihār and Cutiā Nāgpur Provinces, as well as the eastern part of the United Provinces of Āgrā and Audh. The eastern boundary may be taken as the River Mahānanda in the District of Puraniyā (Purnia of the maps), and in the west it extends to Benares and beyond. Its northern boundary is the Himālaya and its southern the northern border of the district of Siṁhabhūmi (Singhbhūm) in Cutiā Nāgpur. In the centre of the Bihārī area lie the districts of Paṭnā and Gayā, which together roughly correspond to the ancient kingdom of Magadha, and we may here note that Bihārī still shows the two most important characteristics of Māgadhī Prakrit.[2]

30. Bihārī has three main dialects—Māithilī, Magahī, and Bhojpurī. *Maithilī* or *Tirahutiā*, the language of the ancient Mithilā and of the modern Tirhūt, is spoken over the greater part of North Bihār, its standard form being that of the north

---

[1] See Turner, "The Indo-Germanic Accent in Marāṭhī" : JRAS. 1916, 203 ff.

[2] These are the change of *s* to *ś*, and the termination *ē* of the nominative of *a*-bases. In writing at the present day, *ś* is invariably written for both *ś* and *s*, though in modern times the pronunciation is *s*, not *ś*. The change of pronunciation is due to political reasons. See *Languages of India*, 72. In Bengali the *ś*-sound is retained. In Old Bihārī poetry, when, for metrical reasons, it is necessary to lengthen the final vowel of the nominative singular, this is done by making the word end in *ē*. Thus Vidyāpati Ṭhakkura (A.D. 1400) has *sinānē* for *snānam*, *paragāsē* for *prakāśaḥ*, *pārē* for *pāram*, *dhīrē* for *dhīram*, and hundreds of others, which will be found in any edition of the poet's works. In Hindī poetry such words would end in *au*, not in *ē*. The Old Eastern Hindi of Tulasī Dāsa, corresponding to Ardhamāgadhī Prakrit, occupies an intermediate position, and uses both *ū* (for *au*) and *ē*, as in *parivārū* for *parivāraḥ*, and *sayānē* for *sajñānaḥ*. It should be noted that both these *ē* and *ū* terminations are used indifferently both for the nominative and for the accusative, thus following the example of Apabhraṁśa, in which (Pischel, *Grammatik der Prakrit Sprachen*, p. 247) the accusative has the same form as the nominative.

of the district of Darbhangā, and has a small literature going back to the fifteenth century. *Magahī* is the dialect of the districts of Paṭnā and Gayā and the neighbourhood, and also extends south over the northern plateau of Cutiā Nāgpur. It is the modern representative of the ancient Māgadhī Prakrit, the language of ancient Magadha.[1] It closely resembles Maithilī both in grammar and vocabulary, but has no formal literature. Maithilī and Magahī have a most complex verb, the conjugation of which is determined not only by the subject, but also by the person and degree of honour of the object. *Bhojpurī*[2] differs considerably from Maithilī and Magahī. It is spoken in the western portion of the Bihārī area and also covers the southern plateau of Cutiā Nāgpur. It has abandoned the conjugational complexities of the other two dialects and is a simple, direct form of speech. These differences of dialect correspond to ethnic differences. Maithilī is the language of a people under the domination of a powerful sept of Brāhmaṇs, who lay great stress on ceremonial purity. According to the proverb, three Tirahutiā (or Maithil) Brāhmaṇs will have thirteen cooking places, so particular are they to avoid pollution of their food. Tirhūt is one of the most congested parts of British India, the inhabitants of which have little intercourse with the outer world. Magadha is the country of the Bābhans, admittedly descended from outcaste Brāhmaṇs (probably Buddhists), and lies on the highway between Upper India and the fertile plains of Bengal. It forms the political gate of the latter province, has suffered many disastrous invasions from Musalmān armies, and has long lost the spiritual impress given to it by the Buddha. Its peasantry, oppressed for centuries, is illiterate and unenterprising. Bhojpurīs, on the contrary, are a longboned stalwart fighting race, whose members have spread all over India as mercenary troops or in similar pursuits. They are the fighting men of Eastern India, and their dialect is a handy, if rough, article, made for current use, and not hampered by grammatical subtilties.

---

[1] Pischel (*Prakrit Grammatik*, p. 25) considered that there is no connexion between Magahī and Māgadhī Prakrit. With all respect for this great scholar, I am unable to agree with him on this point.

[2] The dialect is named from the ancient town of Bhōjpur, on the southern bank of the Ganges, in the District of Shāhābād. For the history of Bhōjpur and its traditional connexion with the famous Bhoja of Mālwā, see Shāhābād Gazetteer. (1906), 132. For an account of the character of the Bhojpurīs, see ib. 21.

31. Three written characters are in use in Bihār. Kaithī is in universal employment by everyone except Maithil Brāhmaṇs. In its use it closely corresponds to our script hand, while Nāgarī is used for printed books. Maithil Brāhmaṇs have a special character of their own, closely allied to that of the neighbouring Bengali.

32. *Oṛiyā*, *Oḍrī*, or *Utkalī* is the language of Orissa, or, as natives of India call it, Ōḍra or Utkala. It is bounded on the east by the sea, and in other directions somewhat extends beyond the borders of that province. It varies slightly from place to place, but has no recognized dialectic forms, except that in the south-west there is a mixture of Oṛiyā, Marāṭhī, and Dravidian forms of speech which is called *Bhatrī*, through which Oṛiyā merges into Marāṭhī. Oṛiya has a fairly large literature, mainly devoted to the worship of Kṛṣṇa. It has a written character of its own, described in the chapter on alphabets.

33. *Bengali*[1] is the language of Bengal proper, i.e. of the Gangetic Delta and of the country immediately to its north and east. It has a large literature dating from the fourteenth century[2] A D., which has been spoilt, since the commencement of the nineteenth century, by a fashion of borrowing Sanskrit words in order to enrich its vocabulary, to an extent that can hardly be conceived by one not familiar with the language. A page of a Bengali book of the early nineteenth century is, so far as its vocabulary is concerned, almost pure Sanskrit, disguised to a certain extent by modern terminations and also by an alphabet differing from the familiar Nāgarī. In this way the literary tongue is quite different from the ordinary speech of general conversation. There are three main forms of the colloquial language, a western, a northern, and an eastern, each with numerous local varieties. As the literary language can scarcely be said to be founded on the colloquial, there is no literary form of the colloquial to give a steadying impulse and prevent the fission into numerous sub-dialects. The standard form of the western dialect is that spoken round Hugli (Hooghly). The northern dialect is spoken in the country north of the Ganges, and has no special standard. It is a curious fact that it agrees

---

[1] This is an English word, derived from "Bengal". The Indian name is Bāglā or Baṅgabhāṣā.

[2] See Dineś Candra Sēn, *History of Bengali Language and Literature*, Calcutta, 1911.

in some respects with the cognate Oṛiyā, which is separated from
it by the whole width of Western Bengal. The standard of the
eastern dialect is the form of Bengali spoken in the neighbourhood
of Ḍhākā (Dacca), but it varies very widely from place to place.
One well-marked variety is spoken in the west end of the Assam
Valley and in the adjoining parts of Northern Bengal, and is
commonly known as Raṅgpurī, from the town and district of
Raṅgpur. Another variety, spoken in the neighbourhood of
Chittagong, has developed so many peculiarities of pronunciation
that it is almost a new language. Bengali agrees with Māgadhī
Prakrit in changing every *s* to *ś*. Old Bengali poetry also frequently retains the Māgadhī Prakrit nominative in *ē*, as in *iṣṭadēvē*
for -*dēvaḥ*, *nayanē* for *nayanam*, *nirikkhʸanē* for *nirīkṣaṇam*,
and so on,[1] and traces of this termination are visible in the prose
of the present day. Bengali has a written character of its own,
allied to Nāgarī, which is described in the chapter on alphabets.
Here it will be sufficient to say that, while it is admirably
adapted, like Nāgarī, for spelling all the borrowed Sanskrit words
of the literary language, it can only represent certain of the
sounds of the spoken language by the most clumsy periphrases.
Thus, it has to represent the sound of *wā* by writing *ōyā*, as the
letter corresponding to the *va* of Nāgarī is confounded in the
literary language with *ba*.

34. *Assamese*, or, as its speakers call it, *Aχamīyā*, is the
Indo-Aryan language of the Assam Valley, in which there are
also several Tibeto-Burman languages spoken by tribes who have
not yet accepted Hinduism. We may trace Māgadhī Prakrit from
Magadha in three lines. To the south it has become Oṛiyā, to the
south-east it has become first Western and then Eastern Bengali,
and to the east it has become first Bengali and then Assamese.
Although closely related to Bengali, Assamese, owing to its
isolated position, and to the presence of Tibeto-Burman influence,
has struck out on lines of its own, and differs from Bengali, both
in grammar and in pronunciation. It has also a good literature,
specially strong in historical works. It has no true dialects, and
its written character is the same as that of Bengali, with some
useful additions for representing sounds unprovided-for by that
alphabet in its own home. Under the guidance of the earlier
Christian missionaries, Assamese acquired a system of spelling

---

[1] Such words can be found on every page of OBg. poetry.

which is much more phonetic than that of Bengali; but of late years the revival of the study of Sanskrit has promoted a return to the unphonetic spelling and to the abuse of Sanskrit borrowed terms which has done so much harm to the Bengali literary dialect.

35. We now come to the *Dardic* or *Modern Piśāca* languages. I have given them the latter name because they are spoken in what was the original nidus of the Piśācas of Sanskrit literature. The alternative name, "Dardic," is also given as more convenient, and as having been used by previous writers (see LSI. viii, ii, p. 1). Piśācas usually appear in Sanskrit literature as demons, but the name also represents an old tribe inhabiting the extreme north-west of India.[1] From this country as a nidus they travelled down the Indus[2] and across the north of Gujarāt into the hill country of Central India. If the Indo-Aryan vernaculars are any test, they not only found their way down the west coast of India as far as the Southern Kōṅkaṇ, but also covered a great part of the Panjāb and the lower ranges of the Himālaya up to the borders of Nēpāl.[3]

A form of Prakrit spoken by Piśācas is recorded by Hindū grammarians under the name of Paiśācī. Konow (l.c.) maintains that this language, which was used for literature and was described by Hēmacandra, was the language of the Piśācas of Central India.[4] But it does not follow that this Piśāca Prakrit was identical with the language originally spoken by the Piśācas

---

[1] See Grierson, "Piśāca = 'Ωμοφάγος," JRAS. 1905, 285 ff. ; *The Piśāca Languages of North-Western India*, Introduction ; "Piśācas in the Mahābhārata," in *Festschrift für Vilhelm Thomsen* (1912), 138 ff. ; on the other hand, Konow, "The Home of Paiśācī," ZDMG. lxiv, 112 ff., maintains that Piśāca Prakrit was an Aryan language as spoken by Dravidians of Central India. The whole subject is again discussed in Grierson, "Paiśācī, Piśācas, and Modern Paiśācī," ZDMG. lxvi, 49 ff. Paiśācī Prakrit and the Pāli of the Buddhist scriptures have much in common, and my own opinion is that the latter was originally a kind of literary *lingua franca*, based on Māgadhī Prakrit, which developed in the great university of Takṣaśilā, situated in the heart of Kēkaya, the nidus of the former. Its development is exactly paralleled by that of literary Hindī, the original home of which was Delhi, but which took its present form in Benares far to the East. See my "Home of Literary Pāli" in *R. G. Bhandarkar Commemoration Volume*, 117 ff.

[2] Cf. the Kaikēya and Vrācaḍa Paiśācī Prakrits of the Indus Valley (Pischel, Pr. Gr., 27).

[3] ZDMG. lxvi, 76, 77.

[4] He is, however, contradicted by Mārkaṇḍēya, xix, 9, in which some words are quoted from the Bṛhatkathā, the work supposed to be Hc.'s authority, as examples of Kēkaya-paiśācikī, i.e. of the Paiśācī of North-Western India.

of the north-west. The Piśāca Prakrit of Hēmacandra is a purely
Indian language, although differentiated from other Prakrits by
important peculiarities that still survive in the Modern Piśāca
languages of the north-west; and it is quite possible, nay probable,
that the Piśācas in the course of their journey to Central India
lost those peculiarities of their language which were essentially
non-Indian, and which are below classed as Eranian or Burušaskī,
while retaining those peculiarities by which Piśāca Prakrit is now
known.

36. The Modern Piśāca languages are not purely Indian.
They have several typical phonetic rules which markedly
differentiate them from Indo-Aryan vernacular.[1] Again, while
in other respects they are generally in agreement with the
Indo-Aryan vernaculars, they occasionally present Eranian
characteristics.[2] Indeed, so striking are some of these that
Konow[3] considers that one of these languages, Bašgalī, is the
modern representative of an Eranian language, the oldest traces
of which are found in the names of the Mitani chiefs and other
chieftains known from cuneiform inscriptions. In consideration
of the fact that some Eranian characteristics are wanting in all of
them,[4] my own opinion is that the Modern Piśāca form a group
of languages neither purely Eranian nor purely Indian, and that
they probably left the parent Aryan stem after the Indo-Aryan
languages, but before all the typical Eranian characteristics that
we meet in the Avesta had developed. R. G. Bhandarkar's
opinion, though differently expressed, is much to the same effect.
He says,[5] "perhaps this (Paiśācī Prakrit) was the language of an
Aryan tribe that had remained longer in the original seat of the
race . . . and emigrated to India at a very late period and
settled on the borders. Or it might be that the tribe came to

---

[1] Such e.g. are the very un-Indian treatment of the letter r; the change of
śm and *sm* to *ś* and *s*, respectively, of *ty* and *tm* to *t*, and of *t* to *l* or *r*; the not
infrequent retention of intervocalic consonants and hardening of sonant consonants; a weak sense of the difference between cerebrals and dentals; the
tendency to aspirate a final surd; the frequent palatalization of gutturals,
cerebrals, dentals, and *l*; and the regular retention of a short vowel before
a simplified double consonant.

[2] e.g. the treatment of the vowels; the non-development of cerebral letters;
the preservation of numerous consonantal compounds; the change of *d* to *l*, of
dv to *d*, and of *ṣk* (*šk*) to *c*.

[3] JRAS. 1911, 45. I differ here, see ib. 195.

[4] e.g. the Avesta change of *sm* to *hm*, and the preservation of *s*.

[5] *Wilson Philological Lectures on Sanskrit and the Derived Languages*, 94.

India along with the others, but living in the mountainous
countries on the border in a state of rude independence, it
developed peculiarities of pronunciation . . . Since under this
supposition they could not have come into very close contact with
their more civilized brethren of the plains, their language did not
undergo those phonetic modifications which Sanskrit underwent"
in becoming Prakrit. Finally, the fact that Modern Piśāca agrees
in certain points with Ṭalcah languages[1] tends to show that the
speakers entered their present seats, not from the plains of India,
but directly from the Pāmīrs, while the speakers of the most
ancient forms of true Indo-Aryan entered the plains of India from
the west. If this is the case, they formed a wave of Aryan
immigration distinct from that of the main body.

37. Under the shadow of the Hindū-kuš lie the two small
chieftainships of Hunza and Nagar. Their inhabitants have a
language of their own, which is not Aryan, and which has not yet
been connected with any other language family. This language,
or an old form of it, must once have been spoken over the whole
Modern Piśāca area and also in the west of Baltistān, where
a Tibeto-Burman language is now spoken. This non-Aryan
language is called Burušaskī, the Boorishki of Biddulph, and the
Khajuna of Leitner. Stray words from its vocabulary can be
found in nearly all the Modern Piśāca languages. Thus, cōmar,
the Burmese word for "iron", is used in every Modern Piśāca
language except Kāšmīrī, and žukun, an ass, buš, a cat, bring,
a bird, appear in Siṇā under the forms of žakūn, būšī, and bring
respectively. It is probably owing to the influence of this
language that we find the peculiar treatment of the letter r in
Modern Piśāca (cf. § 287). In all these languages it shows
a remarkable tendency to become a palatal letter.[2] This tendency
cannot be considered as original in Modern Piśāca itself, for it is
not confined to it alone, and is really typical, not of any group of
mutually related languages, but rather of a tract of country,
i.e. the whole of the Modern Piśāca area and also of the
immediately adjoining Baltistān; for in the Tibeto-Burman
Baltī the same change occurs, though it does not appear in other
Tibeto-Burman dialects more to the east, such as Purik or

---

[1] *Piśāca Languages,* 5.
[2] *Piśāca Languages,* 20.

Ladakhī.[1] Both Tibeto-Burman Bálti and the Aryan Modern Pisáca must therefore have borrowed this peculiarity from a common source, and that can only have been their predecessors in the country. It is impossible to point out instances of such a change in Burusaskī itself, as there is no other known language with which comparison can be made. It is an isolated language, with no known relative.

38. The speakers of Modern Pisáca inhabit the wild mountain country lying between the Kābul River and the lower ranges of the north-western Himālaya on the south, and the Hindū-kuš and the Mustāγ Range on the north. They fall into three groups, the Kāfir, Khōwār, and the Dard. Most of the speakers of the languages of the *Kāfir* group dwell in the wild and inhospitable country of Kāfiristān, which is not within the sphere of influence of British India, being subject to the Amīr of Afγānistān. Our knowledge of them is therefore limited. We know *Basgalī* best, as a good grammar has been written by Davidson, and we have a dictionary by Konow. The speakers dwell in the Basgal Valley of Kāfiristān. South of them live the Wai Kāfirs, who speak *Wai-alā*, which is closely related to Basgalī. *Verōn*, also called *Prēsun* or *Wasī-veri*, is spoken by the Prēsuns who live in an inaccessible valley to the west of Basgalī, and differs considerably from it. The speakers are quite unapproachable, and the entire body of information concerning it is based on the language of one Prēsun shepherd who was enticed from the wilds of his native valley to Citrāl for the purposes of the Linguistic Survey of India. Verōn, as its position suggests, possesses more Eranian peculiarities than the others, such as the frequent change of *d* to *l*; but on the other hand, it sometimes agrees in phonetic details with the Dard group where the other Kāfir languages differ from it.[2] Regarding *Askund*, or the language of the "Bare Mountain", nothing is known except the name and its meaning, together with the fact that it is spoken to the south-west of the Prēsun country. *Pasai*, a name which is possibly derived from "Pisáca", is the speech of the Dēhgāns of Layman, and of the country to the east of it as far as the River

---

[1] LSI. II, i, 34. The only parallel that I have been able to find in an Oriental language is the Chinese sound, which in Southern Mandarin is pronounced like an English *r*, but in Pekin as *ž* (Mateer, xviii).

[2] e.g. the aspiration of a final surd, the change of *ng* to *n*, and the elision of medial *m*.

Kunar. It is also called Laymānī or Dēhgānī. It has two well-marked dialects, an eastern and a western. In the eastern dialect *s* is always changed to χ, a change which also occurs not only in the neighbouring dialects of the Eranian Paštō, but also in the Gādī dialect of Western Pahāṛī. *Tirāhī* is the language of people who once inhabited the Tirāh country, but who, in comparatively modern times, migrated to Ningnahār, both in Afγānistān. All that we know of it is a short vocabulary by Leech.[1] *Gawar-bati*, or Gawar-speech, is the language of the Gawars, a tribe living in the Narsat country, at the junction of the Bašgal and Citrāl Rivers. *Kalāśā* is the language of the Kalāśā Kāfirs, who live in the Dōāb between the same two rivers. Gawar-bati and Kalāśā are both spoken in territory within the sphere of British influence, and we have more information about them than about most of the other Kāfir languages. Biddulph[2] has given a vocabulary of Gawar-bati under the name of *Narisati*, and Leitner's *Dardistan* is largely taken up with information about Kalāśā. All the Kāfir languages are strongly influenced by the neighbouring Paštō.[3] Pašai, the most southern member of the group, also shows traces of the influence of the Indo-Aryan languages of the Western Panjāb, and Kalāśā, on the other hand, is, as might be expected, influenced by Khōwār, the language regarding which we now proceed to speak.

39. *Khōwār*, the language of the Khō or Kō tribe, occupies a linguistic position midway between the Kāfir and the Dard group of the Modern Pišāca languages.[4] It is the language of Upper Citrāl and of a part of Yāsīn, and is also called *Citrālī* or *Catrārī*. Being spoken in a tract under the British sphere of influence, we have a fair amount of information concerning it. There is a great deal about it in Leitner's *Dardistan*, under the name of " Arnyia ", and we have grammars by Biddulph (*Tribes of the Hindoo Koosh*, cxxi) and O'Brien.[5]

40. The principal genuine language of the *Dard* group is

---

[1] JASB. vii, 783.

[2] *Tribes of the Hindoo Koosh*, cxvi.

[3] e.g. there can be little doubt but that they owe the presence of the cerebral *ṇ* to the influence of Paštō.

[4] See E. Kuhn, *Die Verwandtschaftsverhältnisse der Hindukush Dialekte*, in Album Kern, 29 ff.

[5] Published in 1895. This work would have been more valuable if the author had consulted his predecessors, Biddulph and Leitner.

Śiṇā,[1] the language of the Śiṇ tribe, inhabiting the country
north of Kaśmīr, including Gurēz, Drās, Cilās, and Gilgit. Full
accounts of this great tribe and of its language will be found
in Biddulph's *Tribes of the Hindoo Koosh* and in Leitner's
Dardistan.[2] The people of Gurēz still call themselves Dards,
a name which has survived from the name of the great nation,
the "Derdai" of Megasthenes [3] and the Daradas or Dāradas of
the Mahābhārata. There are several dialects of Śiṇā, the most
important of which are *Gilgitī* of the Gilgit valley, *Astōrī* of the
Astōr valley, *Cilāsī* of the Indus valley from near Astōr to
Tangir, *Gurēzī* of the Gurēz valley, and the two *Brōkpā*, or
Highland, dialects of Drās and of Ḍah-Hanū. The last-named
is spoken in a couple of isolated villages in Baltistān, surrounded
by speakers of the Baltī dialect of Tibetan. It differs so widely
from even the Brōkpā of Drās that Drās and Ḍah-Hanū people
have to use Baltī as a *lingua franca* when they communicate
with each other. The name "Dard" has been extended by
Europeans to include all the Aryan languages spoken south of
the Hindū Kuś, and is the basis of the word "Dardic" used
alternatively as a name for Modern Piśāca.

41. *Kāśmīrī* or *Kāśir^u* is the language of the valley of
Kaśmīr. Its basis is a tongue closely allied to Śiṇā, and some
of its most common words, such as the personal pronouns or
words indicating close blood-relationship, are almost identical
with the corresponding words in that language. But at an early
date it developed a literature under Sanskrit influence, and both
its vocabulary and its accidence have been strongly affected by
that language or its descendants, especially the Lahndā of the
Western Panjāb spoken immediately to its south. In the
fourteenth century A.D. the valley was invaded by the Musalmāns,
and it remained under their rule till the year 1814, when it was
conquered by the Sikkhs. During these five centuries the bulk
of the population became converted to Islām, and a large number
of Persian and (through Persian) Arabic words was added to the

---

[1] Mr. Grahame Bailey informs me that the word is pronounced with a cerebral
ṇ and with the accent on the last syllable. The presence of the cerebral ṇ is
surprising, as I have never come across that letter either in the language itself or
in the closely related Kāśmīrī.

[2] See also, for important information regarding Brōkpā, or Highland, dialects,
Shaw, "Stray Arians in Tibet," JASB. xlvii, pt. i, 26 ff.

[3] McCrindle, *Ancient India as described in Classical Literature*, 51.

vocabulary. Those Kāšmīrīs who became Musalmāns naturally borrowed most freely from this foreign source, but the speech even of those few who remained faithful to Hinduism is also infected by it. Kāšmīrī has a respectable literature, and has received study at the hands of its own speakers. A grammar, on the model of the Kaumudīs of India and named the *Kašmīra-šabdāmṛta*, was written about the year 1875 A.D. by Īśvara Kaula,[1] who for the first time gave the language a fairly consistent system of spelling. His system is gradually being adopted, but with most writers the spelling of Kāšmīrī is still in a state of chaos. Kāšmīrī varies slightly from place to place. It has one important dialect, *Kašṭ*ₐwārī*, spoken in Kašṭₐwār (Kishtwar of the maps) to the south-east of the valley on the Upper Cināb. There are also a number of local dialects of small importance, such as *Dōḍī*, *Rāmbanī*, and *Pōgulī*, spoken in isolated villages south of the valley, in the hills between it and the Cināb, where the latter passes through Jammū territory. Kāšmīrī is the only one of the Modern Piśāca languages which has a written character. Musalmāns, who form the bulk of the population, employ a modification of the Persian character. Hindūs prefer the Śāradā character, and in this most old Kāšmīrī works are written, but of late years the Nāgarī has begun to come into general use. Although Kāšmīrī cannot be called a pure example of the Modern Piśāca languages, it is the only one for which we have ample materials for study. It will hence be frequently referred to in the following pages.

42. *Maiyā* may be taken as a corrupted form of Śiṇā. The River Indus, after leaving Baltistān, flows pretty nearly due west through the Cilās country till it receives the River Kandiā. From this point the joint Indus-cum-Kandiā turns to the south, and passes through a wild hill-country known as the Indus Kōhistān till it debouches on to the plains of the Panjāb. In this Kōhistān several dialects are spoken, all based upon Śiṇā, but much mixed with the Lahndā spoken to its south, and with Pašto. These dialects are collectively known as Kōhistānī, and Maiyā, the most important of them, may be taken as the typical example. Others, such as the *Cilis* and *Gaurō*, are described by Biddulph in *Tribes of the Hindoo Koosh*. None of these dialects has any known literature or written character. The Kōhistān

---

[1] Published by the ASB., under the editorship of the present writer, in 1898.

was for long under the domination of the Afγāns, and the main
language of the country is still Pᵃṣ̌tō, Kōhistānī being spoken
only by a few tribes who, while they have accepted Islām from
their conquerors, still adhere to their ancient tongue.

43. Another Kōhistān, that of the valleys of the Rivers Ṣwāt,
Panjkōrā, and Kunar, lies immediately to the west of the Indus
Kōhistān. Here also Pᵃṣ̌tō is the main language, but, exactly
as in the case of the Indus Valley, there are a certain number
of tribes who still speak languages that are based on Ṣ̌iṇā, with
an admixture of Pᵃṣ̌tō and Lahndā. As a typical example we
may take *Gārwī*, spoken in the north of this second Kōhistān.
Other dialects which may be mentioned are *Tōrwālī* or *Tōrwālāk*,
spoken south of Gārwī, and *Baṣ̌kārik* of the upper part of the
Ṣwāt and Panjkōrā valleys. Both of these last-named are
described by Biddulph in the work already mentioned. Both
Maiyā̃ and Gārwī are mixed forms of speech, and their names
will seldom be met with in the following pages.

44. Very little is known about the Modern Piśāca languages
except Baśgalī and Kāśmīrī. None of them really falls strictly
within the definition of Indo-Aryan vernaculars, and hence they
will not directly form an object of study in this work. But
nevertheless they have exercised such strong influence over the
true Indo-Aryan vernaculars of the Himālaya, the Panjāb,
Gujarāt, and the west of Central India, that some consideration
of their peculiarities is a necessity, and accordingly, when such
a necessity occurs, our main reliance will be placed upon the
forms observable in the two languages just mentioned.

45. We have seen that the Modern Piśāca languages are
divided into three groups — a western, a central language
(Khōwār), and an eastern. It is important to note that the
western group is much more nearly related to the eastern group
than either is to Khōwār, a language which according to
geographical position separates them as if it were a wedge
between the two.[1] In order to show the independent position
occupied by Khōwār I give the following short list of words
partly based on Leitner. Beside the Khōwār terms are shown
the corresponding words in two western languages, Baśgalī and

---

[1] This was first shown by Leitner in *The Bashgeli Kafirs and their Language*,
reprinted from the Journal of the United Service Institution of India, No. 43,
Lahore, June 10, 1880.

Kalāšā, and two eastern ones, Šiṇā and Kāšmīrī. Although Khōwār occupies this independent position, it certainly belongs to the Modern Piśāca languages, and has borrowed nothing of importance from the Γalcah languages to its north.

.ENGLISH.	WESTERN GROUP.		EASTERN GROUP.		KHOWAR.
	Bašgalī.	Kalāšā.	Šiṇā.	Kašmīrī.	
Bad	digar	khāca	kacō	kacᵘ	šum
Behind	ptior	pištō	phattū	patᵃ	ācī
Black	žī	krūna	kinō	krehunᵘ	šā
Bone	attī	atī	atī	aḍijᵘ	kol
Cow	gåo	yak	yō	gāv	lešū
Deep	guru	gūt	gutūmō	gūtulᵘ	kulum
Dog	krūi	šeon	šū	hūnᵘ	rēnī
Eye	acē	ēc	ǎcī	achⁱ	γac
Finger	angur	anyō	ǎgūi	angᵘjᵘ	camūt
Head	šai	šiš	šiš	šēr	sor
Heavy	gāno	agūroka	agūrū	gŏbᵘ	kāyī
High	drgr	hūtala	utallō	wŏtulᵘ	žang
Horse	ušp	haš	ašpō	—	istor
Husband	mŏš	berū	barō	bartā	māš
Is	assē	hā	hanū	chuh	asur, šěr
Rise	uštā	ušti	uthē	wŏth	rupe
Silver	aru	rūa	rūp	rŏp-	droχum
Son	puṭr	putr	puc	pūtᵘ	jau
Sour	cēnai	cūkra	curkō	tsŏkᵘ	šut
Star	rašta	tarō	tarū	tārukᵘ	istarī
Stone	wŏtt	batt	bat	—	bŏrt
Sweet	macē	māhora	mōrō	mŏdurᵘ	širin
Tongue	dits	jip	jip	zěv	ligīnī
Was	uzzi	asō	asū	ǎsᵘ	ǎssⁱstai, ŏšoï

It must not be assumed that Khōwār is so different from the other Modern Piśāca languages as this table seems to show. The table indicates only points of difference and not the many points of agreement.

46. Finally, in regard to Modern Piśāca languages, it is note-worthy that they still possess many words in extremely ancient forms. Such are, for instance, Kalāšā *kakawak*, Veron *kakōku*, Bašgalī *kakak*, a fowl, as compared with the Vedic Sanskrit *kr̥kavākr̥-*; Khōwār *droχum*, silver, which preserves the Greek δραχμή unaltered to the present day, although even in Sanskrit it became changed to *dramma-*; Skr. *kṣīra-*, milk, Bš. *kašīr*, white (§ 290); Skr. *svasār-*, Kh. *ispusār*, a sister.

(*To be continued.*)

THE RUSSIAN SEIZURE OF BARDHA'AH IN 943 A.D.

By Professor D. S. MARGOLIOUTH

IT appears from those who have written the history of Russia
that neither native nor European authorities know anything
about it before the latter half of the ninth century, and that the
tenth century is nearing its end before anything like firm ground
is reached. Their name is by this time quite familiar to the
Arabic chroniclers, and Ibn al-Athir even takes the trouble to
record the commencement of the conversion of the Russians to
Christianity; according to him in the year 375, i.e. 985–6 A.D.,
the Byzantine emperors being besieged found it necessary to
invoke the aid of the king of the Russians, and offered him their
sister in marriage. She declined to marry one who was not of
her religion, whence this Russian king adopted Christianity, and
that was how the religion began to be propagated in his country.
The date of the first conversion of a Russian king given by
Morfill on the authority of a Russian chronicle is within two
years of that assigned by Ibn al-Athir; the former 988, the
latter apparently 986; and Ibn al-Athir is here following
a contemporary record. The name *Rūs*, i.e. Russians, was
already familiar to Ibn al-Athir's readers and indeed those of the
authority whom he excerpts owing to their being mentioned
by the popular poet Mutanabbi in his most celebrated poem,
describing the victory won by the Hamdanide Saif al-daulah in
954 over a force mustered by the Byzantine general called the
Domesticus, wherein according to the poet so many tribes and
tongues were represented that a staff of interpreters was
required. The only nation which he mentions besides *Rūm*,
i.e. the Byzantine Greeks, is *Rūs*; and as he declares that he
himself fought in the battle, mounted on a charger presented to
him by his patron, Saif al-daulah, he probably deserves credit
when he asserts that Russians took part in the fight. He
doubtless singles them out for mention because some eleven years
before they had attracted the attention of the Islamic world by
that seizure of Bardha'ah in Adharbaijan with which this paper
is to deal. But the name *Rūs* or *Russ* was already known to
geographical students in Islamic countries by the accounts of the

people which the writers on this subject had given in works dating from the latter half of the third Islamic century. These accounts have been collected and translated into various European languages; the most detailed in some ways is that of one Ibn Faḍlan, contemporary of the Caliph Muqtadir (908–32), preserved by the geographer Yaqut; it is a traveller's tale, and deals mainly with the funeral rites, which it describes elaborately; the value of this account appears to be very slight. One that is of somewhat greater interest is to be found in the geographical work of Ibn Rusteh, an author who may be roughly dated 900 A.D. Although this description has already been rendered into English in a work by Thomsen, it will be of use for our present purpose to paraphrase it afresh, in order to compare with it what those who mixed with the Russians some half a century later learned from them about their ways and the country whence they came.[1]

He starts by saying that they live in an island surrounded by a lake and that this island takes three days to traverse. Its soil is so moist that if a man sets foot upon it the earth shakes. They have a king called the Khaqan of the Russians, and they raid the Slavs, sailing in ships until they come out to their territory, whence they take them captive, and bring them to the Khazars and Bulgars, to whom they sell them. They have no cultivated territory of their own; they live entirely on what they fetch from the lands of the Slavs. When a son is born to one of them, the father presents him with a drawn sword which he lays down in front of the child, saying, " You shall inherit no property from me; your sole possession is to be what you earn for yourself with this sword." They have no agriculture nor villages, their sole occupation is trading with various furs which they sell their customers, taking in exchange coin which they tie up in their sacks. They are very cleanly in their dress, and the men wear gold bracelets; they are kind to their slaves, and dainty in their apparel, as is suitable for merchants; they have large cities, are given to good living, and are liberal to their guests; they are indeed bountiful to all strangers who take refuge with them, and allow none of their guests to suffer harm or injustice; where any such attempt is made they take the guest's part and protect him. They have swords called after

[1] *Bibliotheca Geogr. Arab.*, vii, 145.

Solomon, and if any part of the nation appeal for aid they all respond, and unite in meeting the enemy until the enemy is defeated.   If one citizen brings an action against another, the king acts as judge; if he can settle the dispute, well and good; if they cannot agree to his sentence the matter is referred to their swords, and whichever sword is the sharper wins; the families of the disputants thereupon come out armed and fight; whichever gains the upper hand has the right to settle what is to happen to the other party.   They have native physicians, who exercise despotic power over their kings; if the physician orders the king to sacrifice to their Creator men, women, or cattle, the king is bound to obey, and the physician takes the human being or the beast, throws a rope round the neck of the victim, and hangs it on a beam until it dies, asserting that this is a sacrifice to God. They are of great valour, and if they invade the territory of any tribe they will not turn back until they have either destroyed the tribe, or carried their women into captivity and made slaves of the men.   They have enormous frames, are goodly in appearance, and bold; their enterprises whether in war or trade are all conducted in ships, not on the backs of beasts.   They wear trousers so ample that as much as a hundred yards goes to the material of a pair; they are gathered up and tied above the knee. They regularly go about armed and in groups owing to the insecurity of life and property which there is among them; for if a man have a little money it is likely to excite the cupidity of his intimate associate, who will when he gets the chance kill him in order to obtain possession of it.   When a grandee among them dies, they dig for him a grave like a vast mansion, and bury in it with him his clothes, the gold bracelets which he wore in his lifetime, a quantity of food with jugs of wine, and coined money; in his grave they bury, too, his favourite wife, on whom the door of the grave is closed so that she dies there.

This account clearly verges on the fabulous; in that of Istakhri, for burial, burning is substituted; according to him, in the case of the wealthy their slave-girls voluntarily throw themselves on the pyre.

Burning is also mentioned in this context by Mas'udi, who gives the date 332 (943) for his account of the Russians in his work *The Golden Meadows*, which was finished in 336.   He distinguishes the Russian from the Hindu practice, as being obligatory, whereas in the case of the Hindus it is voluntary. He mentions it in connexion with the Russians who according to him shared the town of Itil on the Lower Volga with the Jews, whose creed had been adopted by the Khazar king, some Christians, and some Sclavs, who, like the Russians, were pagans. What is surprising is that Mas'udi knows of an invasion of the Moslem countries on the south-west coast of the Caspian by a Russian fleet some time after the year 300 (912), but he cannot exactly remember when. According to him the Russians had in his time exclusive command of the navigation of the Black Sea, and possessed five hundred vessels, each with a crew of a hundred men; they got into the Caspian by sailing up that arm of the Volga which discharged into the Black Sea and then sailing down the arm which discharges into the Caspian; they had, on the occasion of which he could not fix the exact date, harassed the provinces Tabaristan and Jurjan, which border the Caspian, and advanced into 'Adharbaijan as far as Ardabil; they had landed at Baku in the country called Shirwan. After a successful raid they occupied some islands near Baku, and thence carried on war against the Moslem shipping. On their way home the Russians were attacked on the bank of the Volga, by a force of Moslems who were inhabitants of the Khazar country, who inflicted a severe defeat upon them. Since that time, he says, there had been no raids on the part of this nation. It is hard to explain how Mas'udi, who lived in Egypt, came to hear of this raid, whereas Miskawaihi, who was in close contact with the inhabitants and even princes of the raided regions, knows nothing of it, but introduces the Russians for the first time in 332. If Mas'udi had not dated his account of the matter in the very year wherein Miskawaihi places the expedition which is to be described, we might suppose that Mas'udi was referring to it. That supposition is excluded, and indeed a later chronicler of Tabaristan, of the seventh century, gives the date 297 = 910 as that of a Russian expedition. "This year sixteen ships filled with Russians came to Abasgun and the adjacent coasts, and carried off or slew many Moslems. The Governor of Sari sent news of this to the Samanid ruler of Khorasan. Next year (299 = 911) the Russians returned in greater force, burned Sari and Panjah-hazar and carried off many prisoners. Then they sailed to Chashma-Rud, in Dailaman; but while some of them were on land a number of the people of

Gilan descended to the seashore, burned their ships, and slew those who had landed. Shirwanshah, King of the Khazars, hearing of this, intercepted such of their ships as had escaped, and destroyed them and their crews; thenceforth the marauding raids of the Russians were stopped." [1]

This account seems to be a careless extract from Mas'udi, since its author confuses the King of Shirwan, according to Mas'udi a Moslem named 'Ali b. al-Haitham, with the King of the Khazars, who was a Jew. He differs from Mas'udi in placing the expedition before 300; and according to him there was a yet earlier Russian invasion of these regions in the days of Hasan b. Zaid, a ruler of Tabaristan who died 270 = 884. If there is any truth in this statement this would be the first appearance of the Russians on any stage. Mas'udi, however, seems to regard the expedition which he describes as the first time they entered into relations with the Moslems, since he makes the inhabitants of the Caspian coasts absolutely unaccustomed to such piratical enterprises, the sea having previously been used only by merchant men and fishing vessels. The King of the Khazars, whose river they had to ascend, gave the Russians permission on condition of sharing their booty to the extent of one half. Of course there is no arm of the Volga which discharges into the Black Sea: possibly Mas'udi had heard of the Don, and supposed there was connexion between those rivers. His story cannot of course be mythical, yet it is surprising that Miskawaihi, who gives a fairly detailed account of the affairs of Adharbaijan and the adjoining provinces for the thirty-six years which preceded the expedition to which we are coming, and was in touch with the princes of those regions, should apparently know nothing of it. Ibn Isfandiyar's story of an expedition in the middle of the ninth century is much less plausible. In any case since Mas'udi's account is vague, whereas Miskawaihi's is detailed, we are justified in regarding the expedition which he describes as the first entry of the Russians into oriental politics.

In the year 332 of the Hijrah, beginning September 4, 943 A.D., a Russian fleet crossed the Caspian, and seized the city Bardha'ah in the province Adharbaijan. This province was for the time being in the power of the Salar Marzuban b. Mohammed b. Musafir, who had become possessed of it in 941

---

[1] E. G. Browne, *Ibn Isfendiyar*, p. 199.

after a complicated series of events which need not now concern us. We are told that this prince was an adherent of the sect called *Baṭiniyyah,* which is usually applied to some form of Shi'ism. The Caliphate was at this time undergoing the worst of the throes which resulted two years later, in the establishment of the Buwaihid empire; hençe it was an opportune time for any external enemy to attack an outlying portion of the old dominion of the Caliphs. The expedition, of which, as will be seen, a fairly detailed account has been preserved, bears some resemblance to the first historical appearance of the Teutons in the time of Marius; we see for the first time on the scene a nation destined to play a part of tremendous importance later on. The account which I shall now translate is from a MS. which is on the eve of publication,[1] being the chronicle of Miskawaihi, who was contemporary with the events recorded and was in the service of the Buwaihid princes; it will be seen from the narrative, that he heard about it from persons who had actually witnessed the events. The excerpt which Ibn al-Athir, whose chronicle is here based on Miskawaihi, gives of the expedition is very meagre; and I fancy that much attention has not hitherto been called in Europe to this appearance of the Russians in a field where even in our time they were till recently struggling.

ACCOUNT OF THE EXPLOITS OF THE RUSSIANS AND THEIR ISSUE.

They are a mighty nation with vast frames and great courage. They know not defeat, nor does any of them turn his back till he slay or be slain. It is the practice of the individual among them to carry his armour, while bearing suspended upon his person an artisan's outfit, axe, saw, hammer and the like. He fights with spear and shield; he wears a sword, and has hung upon him a lance and an instrument resembling a poniard. They fight on foot, especially these invaders. For, indeed, after sailing the sea which washes their country [2] they crossed to a vast river called the Kur, which has its source in the mountains of Adharbaijan and Armenia, and flows into this sea. It is the river of Bardha'ah, which they compare to the Tigris. When they reached the Kur they were met by Marzuban's [3] officer who served as his governor of

---

[1] i.e. the printed text. The Gibb Trust has already published the facsimile. See vi, p. 100 fol.

[2] The Caspian.

[3] Marzuban b. Mohammed b. Musafir was supreme throughout Adharbaijan.

Bardha'ah at the head of three hundred Dailemites and about
the same number of Su'luks and Kurds. He also summoned the
people of the place to arms, and was joined by some 5,000
volunteers anxious to fight these invaders. They were, however,
under a delusion, not knowing the strength of the Russians, whom
they expected to behave like Greeks or Armenians. When they met
them in battle not more than an hour elapsed before the Russians
made a fierce onslaught which routed the army of Bardha'ah; the
volunteers and the rest of the troops turned their backs with the
exception of the Dailemites, who stood their ground, and were
killed to a man, except such of them as were mounted. The
Russians then pursued the fugitives to the town, whence every
one, soldier or civilian, who had a mount to carry him fled,
leaving the town to be entered and seized by the Russians.

I was informed by Abu'l-'Abbas Ibn Nudar and a number of
careful inquirers how the Russians when they hurried into the
town made a proclamation to the following effect to the citizens:
"There is no dispute between us on the matter of religion; we
only desire the sovereignty; it is our duty to treat you well and
yours to be loyal to us." The armies, however, came against them
from all sides, only to be routed by the Russians, who made
sorties. When the Moslems charged the Russians, the people of
Bardha'ah cried out *Allah Akbar*, and flung stones at the
Russians. The latter had charged the people of Bardha'ah to
restrain themselves and not interfere between them and the
Sultan,[1] but though this advice was accepted by the respectable
classes, the common people and the rabble, would not restrain
themselves, but gave vent to their feelings by attacking the
Russians when the followers of the Sultan charged them. After
a time they issued a proclamation that none of the original
inhabitants were to remain in the town, after three days from
the day of the proclamation. All who had mounts to carry
them, their womenfolk and their children, left the place. These,
however, were a small minority; when the fourth day came the
majority were still there; so the Russians put them to the
sword, slaughtering countless numbers. After the massacre they
bound over ten thousand men and lads with their womenfolk,
their wives and their daughters; they proceeded to place the
women and children in a fortress within the city called locally

---

[1] i.e. the Moslem government.

Shahristan, where they had taken up their quarters, lodged their troops and entrenched themselves. They then gathered the men into the Public Mosque, set guards at the doors and bade the men ransom themselves.

ACCOUNT OF A SOUND SCHEME SUGGESTED BY ONE OF THEM, WHICH THEY DECLINED TO FOLLOW, IN CONSEQUENCE WHEREOF THEY WERÉ MASSACRED AND THEIR GOODS AND FAMILIES WERE PILLAGED.

There was in the place a Christian clerk of sound judgment named Ibn Sam'un, who acted as negotiator between the parties, and made an arrangement with the Russians, whereby each man should be ransomed for twenty dirhems. The wiser among the Moslems acceded to this arrangement, but the others disapproved, holding that it was Ibn Sam'un's purpose to equalize the Moslems with the Christians as payers of poll-tax.[1] Ibn Sam'un, therefore, broke off negotiations; the Russians delayed their massacre hoping to get this trifling amount from their intended victims. When it was not forthcoming they put them to the sword, and indeed slew them to the last man except a few who got away in a narrow conduit which conveyed water to the Mosque, and such as purchased their lives with hoards which they happened to possess. It happened in some cases that a Moslem arranged with a Russian to buy his life for a certain sum, and went with the Russian to his house or shop. When he produced his hoard, and it turned out to be more than the sum which he had covenanted to pay, the Russian would not let him keep it, not even if it were many times more than the amount, but kept raising his demands till he had ruined the man; only when the Russian was convinced that nothing remained to him, no gold, silver, bedding or clothing, would he let him go, giving him a piece of stamped clay to serve as a safe-conduct. Thus the Russians possessed themselves of a vast amount of property. They retained the females and lads, on whom they gratified their lusts, and whom they enslaved.

When the terrible nature of the calamity was realized, and the Moslems in the different countries heard about it, they called

---

[1] Probably this is corrupt for a word meaning "ransom", since a single payment could not well be called "poll-tax", and the Islamic law assesses at different rates the lives of different religious communities.

for a general expedition. Marzubán b. Mohammed mustered his troops, and called for a general enlistment. Volunteers joined him from all directions. He marched at the head of 30,000 men, but in spite of the numbers that he had gathered, he was unable to make head against the Russians or to produce any effect upon them. Morning and evening he used to attack them, and regularly retire defeated. The war continued to be waged in this style for many days and the Moslems were always the vanquished.

When the Moslems found themselves unable to deal with the Russians, and Marzuban began to realize the situation, he had recourse to strategy. It so happened that when the Russians had got into Bardha'ah[1] they indulged excessively in the fruit of which there are numerous sorts there.[2] This produced an epidemic among them, as theirs is an exceedingly cold country, where no tree grows, and the little fruit which they have is imported from distant regions. When their numbers began thereby to be reduced, Marzuban, seeking for a stratagem, bethought him of laying an ambush for them at night. He, therefore, arranged with his army that they should make a hurried attack ; when the Russians charged, he with his followers should let themselves be routed, thereby encouraging them to hope that they would be able to annihilate the Moslem army ; when the Russians got beyond the place where the ambush lay, Marzuban with his followers should return to the charge and shout to the ambush a cry on which they had agreed ; when the Russians had thus got between the two forces, the Moslems would have them in their power.

The morning after this scheme had been arranged, Marzuban, with his followers, advanced, and the Russians came out to meet them. Their commander was mounted on an ass, and his followers came out and ranged themselves in order of battle. The usual procedure occurred. Marzuban, with the Moslems, took to flight, and were pursued by the Russians till they had got beyond the place of the ambush. Only the Moslems continued their flight.

Marzuban afterwards narrated how, when he saw his followers

---

[1] The text has Maraghah, but it is not stated that they overran all Adharbaijan; this seems, therefore, to be a scribe's error.

[2] Moses of Khorene mentions olives and cucumbers.

act thus, and his earnest entreaties to them to renew the fight were unavailing, owing to the terror of the Russians which had seized their hearts, he recognized that if this went on the Russians on their return would not fail to notice the ambush, which would in consequence be destroyed. So, he said, I turned round myself with my personal attendants, my brother, my staff, and my retainers, having made up my mind to die a martyr's death. Thereupon most of the Dailemites were shamed into doing the like; we charged, cried out to the ambush, which issued forth behind the Russians, fought them in brave style, and killed seven hundred of them, including their commander; the remainder made their way into the fortress in the town where they had established their quarters and whither they had moved a quantity of food and stores, and where they housed their captives and their treasures.

While Marzuban was besieging them, with no other plan than to reduce them by protracted siege, news reached him that Abu 'Abdallah Ḥusain b. Ṣa'id b. Ḥamdan[1] had entered Adharbaijan and reached Salmas, where he had united forces with Ja'far b. Shakkuyah, the Kurd who was at the head of the Hadayan[2] hordes. Marzuban was therefore compelled to leave one of his officers to fight the Russians with five hundred Dailemites, fifteen hundred Kurdish horsemen, and two thousand volunteers; he himself proceeded to Auran,[3] where he met Abu 'Abdallah. An insignificant engagement ensued, when there was a heavy snowfall; the followers of Abu 'Abdallah, most of whom were Arabs, became disorderly, and deserted him; he, in consequence, made for one of the fortified cities, but was met on the way by a dispatch from his cousin Naṣir al-daulah, informing him of the death of Tuzun, in Baghdad, and the desertion of Tuzun's troops to himself, and of his determination to descend with them to Baghdad, in order to fight Mu'izz al-daulah, who had entered and taken possession of the city after Tuzun's

---

[1] He had been Naṣir al-daulah's minister of public security there in 326 (i, 404).

[2] In Ibn Ḥauqal, ed. de Goeje, p. 156, the name is spelt Hadnaniyyah. They are said (ibid. 239) to be quartered at Ushnuh, near Urmiah. In the list of Kurdish tribes given by Sir Mark Sykes, *The Caliph's Last Heritage*, pp. 553-92, neither of these names figures; the nearest would appear to be Danan, but its location is very different.

[3] This place is not mentioned by Yaqut. Azan, near Salmas, on the modern maps, seems likely to be meant.

departure upstream.   He therefore ordered Abu 'Abdallah to evacuate Adharbaijan and rejoin him, which he did.

The followers of Marzuban continued to attack and besiege the Russians till the latter grew weary.   The epidemic became severe in addition.   When one of them died they buried with him his arms, clothes, and equipment, also his wife or some other of his womenfolk, and his slave, if he happened to be attached to him ; this being their practice.[1]   After their power had come to an end the Moslems disturbed their graves and brought out a number of swords, which are in great demand to this day for their sharpness and excellence.   When their numbers were reduced they left by night, the fortress in which they had established their quarters, carrying on their backs all they could of their treasure, gems and fine raiment, and burning the rest. They dragged with them such women, boys, and girls as they wanted, and made for the Kur, where the ships in which they had issued from their homes were in readiness with their crews, and three hundred Russians whom they had been supporting with portions of their booty.   They embarked and departed, and God saved the Moslems from them.

From persons who witnessed these Russians I heard wonderful stories of their prowess and contempt of the Moslem forces gathered against them.   Thus there was a story current in the region which I heard from many persons how five Russians were assembled in a garden in Bardha'ah, one of them a beardless lad of fair countenance, the son of one of their chieftains, with some captive women.   When the Moslems knew of their presence they surrounded the garden, and a large number of Dailemite and other troops came together to fight these five.   They tried hard to get a single prisoner out of the number, but it was not possible, for none of them would capitulate, and they could not be killed before they had slain many times their number of the Moslems.   The beardless lad was the last survivor.   When he perceived that he was going to be captured he mounted a tree that was near him and kept slashing away at his vital parts with his scimitar till he fell dead.

It can obviously be no accident that this nation makes its appearance in the annals of the West and of the East at about

---

[1] This is recorded by the other authorities on the early Russians.

the same time; Mr. Morfill apparently quotes as the first example
of the name *Russian* in a European author the form *Rosisti* used
of a language which he quotes for one of the River Dnieper in
a work by the Emperor Constantine Porphyrogenitus dated 950;
as we have seen the events recorded by Miskawaihi took place
some seven years before that date. Like the geographers he is
decidedly vague as to the place whence they came; it appears to
have been somewhere on the northern shores of the Caspian.
This, he thinks, and not the Black Sea bounded their country.
Nor does he tell us whether this was a private venture on the
part of the invaders, or whether it was organized by the national
government; the nature of the enterprise suggests the latter
rather than the former. The complete absence of names is
especially vexing, since these would have given some linguistic
clues; thus a great deal is made out from the name quoted by
Constantine as Russian opposed to Slavonic: the word is said by
Morfill to be Scandinavian, and this confirms the tradition of
a Scandinavian invasion of the Russian territory near the end of
the ninth century; Russian territory meaning Novgorod and the
surrounding country, which is certainly far removed from the
Caspian.

The summary which follows later in Miskawaihi's history
states that the Russians had at the time no religion; the
detailed account is less trenchant, merely saying that the
invaders made no attempt at proselytizing, and only aimed at
sovereignty; which last detail has the appearance of being
etymological, since the word *Rus* in Arabic suggests a familiar
group of words which signify headship. That resemblance
cannot well be held to have suggested the form *Rus* in lieu of
Russ, since we find the former in the geographies which are some
decades of years earlier, and Constantine's form *Rosisti* has the
long vowel, which perhaps may come from the tribal name
mentioned in Ezekiel, which some have connected with the
Russians. The account of Ibn Rusteh implies that they had
a religion, involving human sacrifices; as the medicine men, who
according to him were all-powerful in the country, were clearly
priests.

The detail given by Miskawaihi that the Russian soldier
besides his weapons habitually carried about with him various
artisan's tools, is similar to what is stated by Ibn Faḍlan; even

in our own time the carrying powers of the Russian soldier are
said to be exceedingly great. When their accoutrements are
compared in the summary to those of the Dailemites, the author
appears to refer in the first place to their being infantry; at
times we find that in spite of the incessant disputes between
the Dailemites and the Turkish elements in the armies of the time,
the Dailemites could not dispense with the Turks, who provided the
cavalry. The Dailemites were also exceedingly hardy, and when
battles had to be decided by a question of endurance of privation
it was found that the Turks gave way long before the Dailemites.
A contemporary who describes how he once passed himself
off as a Dailemite at the court of Abu'l-Qasim Baridi, who for
a time was in possession of Basrah, states that in order to do so
he purchased a couple of mules and a set of javelins with armour
and a soldier's kit; and that he arranged his hair in the style of
the Jil and the Dailemites, which he does not further explain.
The other details which this person gives of the mode wherein he
passed for a Dailemite illustrate their manners rather than their
equipment. One of the requisites was to consume quantities of
garlic, taking nothing to mollify the consequences for the breath ;
the other was to catch and kill flies in the presence of the
governor, which apparently was not in accordance with the usual
etiquette.

The statement about the funeral ceremonies is similar to that
of Ibn Rusteh, though it appears to imply rather less ;
Miskawaihi states from personal knowledge that the warrior's
sword was buried with him, but as he says nothing of jewels or
money being unearthed he can scarcely be cited as evidence for
this practice; on the other hand, he agrees that the wife of the
deceased warrior was buried with him, and the fact that the
swords were unearthed afterwards shows that burial and not
burning was the custom with this division of the nation. The
custom is, of course, recorded of other primitive races ; and indeed
of the Scythians, who are thought to be remote ancestors of the
Russians ; Mr. Morfill quotes a description of the opening of
a tomb in this region, which confirmed the account given by
Herodotus of the practice.

It is characteristic of the objective and judicial attitude
assumed by the historian Miskawaihi that he uses few or no
harsh words about these invaders. It appears from his chronicle

that owing to the absence of any central authority, the province Adharbaijan had been the prey of a number of adventurers, and so little co-operation was there between the Islamic rulers, that while the person in possession of the province was endeavouring to recover the city from these powerful invaders, he found himself attacked in the rear by a Moslem prince. He holds that the citizens who took an active part against the invaders after they had accepted this foreign domination were the mob, not the educated class; and he attributes the failure of the Christian negotiator to obtain reasonable terms after the inhabitants had definitely sided with their former ruler against the Russians, to an unreasonable suspicion on the part of the Moslems. In what language this Christian clerk communicated with the Russian invaders is not stated; we may suspect that it was Greek.

It is not clear that Bardha'ah ever recovered from what it underwent during this period. The notices of the place which have been collected from Armenian historians are all earlier than the Russian invasion: they are not consistent with regard to the names either of the province to which it should be assigned or of the people who lived there: an attempt was made by a bishop to unite them (ecclesiastically) with the Armenians. In Yaqut's time, i.e. about 1200 A.D., it was a village of no consequence. If it was on the River Kur, as Miskawaihi states, that region appears to have entered Russian possession in the year 1813. At the beginning of the nineteenth century it is described as a wretched village, the inhabitants having been forced to emigrate by the constant wars of Georgians, Russians, and Persians.

FURTHER POEMS BY PO CHU-I, AND AN EXTRACT FROM HIS PROSE WORKS, TOGETHER WITH TWO OTHER T'ANG POEMS

Translated by ARTHUR WALEY

"Pour bien connoître en quoi consiste la beauté de la Poésie Chinoise, il faudroit posséder leur langue ; et comme la chose n'est pas aisée, aussi ne peut-on guères en donner qu'une idée fort superficielle."—*Du Halde*, Tom. iii, p. 290.

INTRODUCTION

IN *170 Chinese Poems* [1] I have given an account of Po Chü-i's life and translations of over sixty of his poems.

Here are twenty-two further poems, of which all but one are now translated for the first time. The exception is No. 19, of which Pfizmaier gives a very inaccurate version in Denkschr. d. K. Akad. d. Wiss. zu Wien, xxxvi (1888), p. 239.

The poems are followed by a rather dull ghost-story. It is the remote ancestor of the tales translated by Professor Giles under the title "Strange Stories from a Chinese Studio".

P'u Sung-ling, 蒲 松 齡, the author of the "Strange Stories", was born 850 years later than Po Chü-i. Their style is not dissimilar, though the later writer is generally more allusive. I conclude my article with two characteristic T'ang poems, one by Li Po (李 白), the other by Tu Fu (杜 甫). These will enable the reader to estimate the immense originality of Po Chü-i, who almost alone of T'ang poets, avoided the pedantry of obscure literary allusion.

1. Lazy Man's Song

(*Circa 810 A.D.*)

I have got patronage, but am too lazy to use it ;
I have got land, but am too lazy to farm it.
My house leaks ; I am too lazy to mend it ;
My clothes are torn ; I am too lazy to darn them.
I have got wine, but am too lazy to drink ;
So it's just the same as if my cellar were empty.
I have got a harp, but am too lazy to play ;
So it's just the same as if it had no strings.

[1] Constable, 1918.

My wife tells me there is no more bread in the house;
I want to bake, but am too lazy to grind.
My friends and relatives write me long letters;
I should like to read them, but they're such a bother to open.
I have always been told that Chi Shu-yeh [1]
Passed his whole life in absolute idleness.
But he played the harp and sometimes transmuted metals,
So even *he* was not so lazy as I.

2

(*Circa 812.*)

Illness and idleness give me much leisure.
What do I do with my leisure, when it comes?
I cannot bring myself to discard inkstone and brush;
Now and then I make a new poem.
When the poem is made, it is slight and flavourless,
A thing of derision to almost every one.
Superior people will be pained at the flatness of the metre;
Common people will hate the plainness of the words.
I sing it to myself, then stop and think about it . . .

*   *   *   *   *   *

The Prefects of Soochow and P'ĕng-ts'ĕ [2]
Would perhaps have praised it, but they died long ago.
Who else would care to hear it?
No one to-day except Yüan Chēn,
And *he* is banished to the city of Chiang-ling,
For three years an usher in the Penal Court.
Parted from me by three thousand leagues
He will never know even that the poem was made.

3. Parting from the Winter Stove

On the fifth day after the rise of Spring,
Everywhere—the season's gracious attitudes!
The white sun gradually lengthening its course,
The blue-grey clouds hanging as though they would fall;
The last icicle breaking into splinters of jade;
The new stems marshalling red sprouts.
The things I meet are all full of gladness;
It is not only *I* who love the Spring.

[1] Also known as Chi K'ang, a famous quietist.
[2] Wei Ying-wu, 8th cent. A.D., and T'ao Ch'ien, 365–427 A.D.

To welcome the flowers I stand in the back garden;
To enjoy the sunlight I sit under the front eaves.
Yet still in my heart there lingers one regret;
Soon I shall part with the flame of my red stove!

4. Winter Night

(Written during his retirement in 812.)

My house is poor; those that I love have left me;
My body is sick; I cannot join the feast.
There is not a living soul before my eyes,
As I lie alone locked in my cottage room.
My broken lamp burns with a feeble flame;
My tattered curtains are crooked and do not meet.
"Tsek, tsek" on the door-step and window-sill
Again I hear the new snow fall.
As I grow older, gradually I sleep less;
I wake at midnight and sit up straight in bed.
If I had not learned the "art of sitting and forgetting",[1]
How could I endure this utter loneliness?
Stiff and stark my body cleaves to the earth;
Unimpeded my soul yields to Change.[2]
So has it been for four long years,
Through one thousand and three hundred nights!

5. Visiting the Hsi-lin Temple

(Written during his exile.)

I dismount from my horse at the Hsi-lin Temple;
I throw the porter my slender riding-whip.
In the morning I work at a Government office-desk;
In the evening I become a dweller in the Sacred Hills.
In the second month to the north of Kuang-lu
The ice breaks and the snow begins to melt.
On the southern plantation the tea-plant thrusts its sprouts;
Through the northern sluice the veins of the spring ooze.

*   *   *   *   *   *   *

This year there is war in An-hui,
In every place soldiers are rushing to arms.

[1] Yen Hui told Confucius that he had acquired the "art of sitting and forgetting". Asked what that meant, Yen Hui replied, "I have learnt to discard my body and obliterate my intelligence; to abandon matter and be impervious to sense-perception. By this method I become one with the All-Pervading".—*Chuang Tzŭ*, cap. vi.

[2] "Change" is the principle of endless mutation which governs the Universe.

Men of learning have been summoned to the Council Board;
Men of action are marching to the battle-line.
Only I, who have no talents at all,
Am left in the mountains to play with the pebbles of the stream.

6. Hearing the Early Oriole

(Written in exile.)

The sun rose when I was still lying in bed;
An early oriole sang on the roof of my house.
For a moment I thought of the Royal Park at dawn
When the Birds of Spring greet their Lord from his trees.
I remembered the days when I served before the Throne
Pencil in hand, on duty at the Ch'ēng-ming;
At the height of spring, when I paused an instant from work,
Morning and evening, was *this* the voice I heard?
Now in my exile the oriole sings again
In the dreary stillness of Hsün-yang town . . .
The bird's note cannot really have changed;
All the difference lies in the listener's heart.
If he could but forget that he lives at the World's end,
The bird would sing as it sang in the Palace of old.

7. Dreaming that I went with Li and Yü to visit Yüan Chēn

(Written in exile.)

At night I dreamt I was back in Ch'ang-an:
I saw again the faces of old friends.
And in my dreams, under an April sky,
They led me by the hand to wander in the spring winds.
Together we came to the village of Peace and Quiet;
We stopped our horses at the gate of Yüan Chēn.
Yüan Chēn was sitting all alone;
When he saw me coming, a smile played on his face.
He pointed back at the flowers in the western court;
Then opened wine in the northern summer-house.
He seemed to be saying that neither of us had changed;
He seemed to be regretting that joy will not stay;
That our souls had met only for a little while,
To part again with hardly time for greeting.
I woke up and thought him still at my side;
I put out my hand; there was nothing there at all.

8.

[Having completed the fifteenth volume of his works, the poet sends it to his friends Yüan Chēn and Li Chien, with a jesting poem.]

(*Written in 817.*)

My long poem, the " Eternal Grief ", is a beautiful and moving
  work :
My ten " Songs of Shensi " are models of tunefulness.
I cannot prevent Old Yüan from stealing my best rhymes ;
But I earnestly beg Little Li to respect my ballads and songs.
While I am alive, riches and honour will never fall to my lot :
But well I know that after I am dead, the fame of my books
  will live.
This random talk and foolish boasting forgive me, for to-day
I have added volume fifteen to the row that stands to my
  name.

9. Invitation to Hsiao Chü-Shih [1]

(*Written when Governor of Chung-Chou.*)

Within the Gorges there is no lack of men :
They are people one meets, not people one cares for.
At my front door guests also arrive :
They are people one sits with, not people one knows.
When I look up, there are only clouds and trees ;
When I look down—only my wife and child.
I sleep, eat, get up or sit still :
Apart from that, nothing happens at all.
But beyond the city Hsiao the hermit dwells ;
And with *him* at least I find myself at ease.
For *he* can drink a full flagon of wine
And is good at reciting long-line poems.
Some afternoon, when the clerks have all gone home,
At a season when the path by the river-bank is dry,
I beg you, take up your staff of bamboo-wood
And find your way to the parlour of the Government House.

---

[1] Nos. 10, 11, 12, and 13 were written when the poet was Governor of a remote part of Ssechuan, in the extreme west of China.

10. **To Li Chien**

The province I govern is humble and remote ;
Yet our festivals follow the Courtly Calendar.
At rise of day we sacrificed to the Wind God,
When darkly, darkly dawn glimmered in the sky.
Officers followed, horsemen led the way ;
They brought us out to the wastes beyond the town,
Where river-mists fall heavier than rain,
And the fires on the hill leap higher than the stars.

Suddenly I remembered the early levées at Court
When you and I galloped to the Purple Yard.
As we walked our horses up Dragon Tail Street
We turned our heads and gazed at the Southern Hills.
Since we parted, both of us have been growing old ;
And our minds have been vexed by many anxious cares.
Yet even now I fancy my ears are full
Of the sound of jade tinkling on your bridle-straps.

11. **The Spring River**

Heat and cold, dusk and dawn have crowded one upon the
    other ;
Suddenly I find it is two years since I came to Chung-chou.
Through my closed doors I hear nothing but the morning and
    evening drum ;
From my upper windows all I see is the ships that come
    and go.
In vain the orioles tempt me with their song to stray beneath
    the flowering trees ;
In vain the grasses lure me by their colour to sit beside
    the pond.
There is one thing and one alone I never tire of watching—
The spring river as it trickles over the stones and babbles
    past the rocks.

12. **After Collecting the Autumn Taxes**

From my high castle I look at the town below
Where the natives of Pa cluster like a swarm of flies.
How can I govern these people and lead them aright ?
I cannot even understand what they say.

But at least I am glad, now that the taxes are in,
To learn that in my province there is no discontent.
I fear its prosperity is not due to me
And was only caused by the year's abundant crops,
The papers that lie on my desk are simple and few;
My house by the moat is leisurely and still,
In the autumn rain the berries fall from the eaves;
At the evening bell the birds return to the wood.
A broken sunlight quavers over the southern porch
Where I lie on my couch abandoned to idleness.

13. The Little Nun at Lung Hua Monastery

(*Written circa 820.*)

Delicate eyebrows, very black hair—
This little novice of only fourteen.
At night she is scared by the stillness of the neighbouring
    forests;
On spring days she longs for a second meal.
They tell me she dawdles and does not get through her tasks;
That she gets up late and is behindhand with her prayers.
But to me she seems like a child of the Fairy Queen
In the Palace of Flowers, waiting for her wedding-day.

14. Good-bye to the People of Hangchow

(*824 A.D.*)

Elders and officers line the returning road;
Wine and soup load the parting table.
I have not ruled you with the wisdom of Shao Kung;[1]
What is the reason your tears should fall so fast?

My taxes were heavy, though many of the people were poor:
The farmers were hungry, for often their fields were dry.
All I did was to dam the water of the lake[2]
And help a little in a year when things were bad.

---

[1] A legendary ruler who dispensed justice sitting under a wild pear-tree.
[2] Po Chü-i built the dam on the Western Lake which is still known as
"Po's dam".

15. Written when Governor of Soochow

(*825 A.D.*)

A Government building—not my own home.
A Government garden—not my own trees.
But at Lo-yang I have a small house
And on Wei river I have built a thatched hut.
I am free from the ties of marrying and giving in marriage;
If I choose to retire, I have somewhere to end my days.
And though I have lingered long beyond my time,
To retire now would be better than not at all.

16. Getting up early on a Spring Morning

(*Part of a poem written when Governor of Soochow in 825.*)

The early light of the rising sun shines on the beams of my
    house;
The first banging of opened doors echoes like the roll of a drum.
The dog lies curled on the stone step, for the earth is wet
    with dew;
The birds come near to the window and chatter, telling that
    the day is fine.
With the lingering fumes of yesterday's wine my head is still
    heavy;
With new doffing of winter clothes my body has grown light.

17. Losing a Slave-girl

Around my garden the little wall is low;
In the bailiff's lodge the lists are seldom checked.
I am ashamed to think we were not always kind;
I regret your labours, that will never be repaid.
The cagèd bird owes no allegiance;
The wind-tossed flower does not cling to the tree.
*   *   *   *   *   *
Where to-night she lies none can give us news,
Nor any knows, save the bright, watching moon.

18. To a Talkative Guest

The town-visitor's easy talk flows in an endless stream;
The country host's quiet thoughts ramble timidly on.
"I beg you, sir, do not tell me about things at Ch'ang-an;
    For you entered just when my harp- was tuned and lying
    balanced on my knees."

19. The Pine-tree in the Courtyard

Below the hall
The pine-trees grow in front of the steps,
Irregularly scattered—not in ordered lines.
Some are tall and some are low:
The tallest of them is six roods high;
The lowest is not more than ten feet.
They are like wild things
And no one knows who planted them.
They touch the walls of my blue-tiled house;
Their roots are sunk in the terrace of white sand.
Morning and evening they are visited by the wind and moon;
Rain or fine—they are free from dust and mud.
In the gales of autumn they whisper a vague tune;
From the suns of summer they yield an icy shade.
At the height of spring the fine evening rain
Fills their leaves with a load of hanging pearls.
At the year's end the time of great snow
Stamps their branches with a fret of glittering jade.
Of the Four Seasons—each has its own mood;
Among all the trees none is like another.
Last year, when they heard I had bought this house,
Neighbours mocked and the World called me mad—
That a whole family of twice ten souls
Should move house for the sake of a few pines!
Now that I have come to them, what have they given me?
They have only loosened the buckles of my care.
Yet even so, they are "profitable friends"[1]
And fill my need of "converse with wise men".
Yet when I consider how, still a man of the world,
In belt and cap I scurry through dirt and dust,
From time to time my heart twinges with shame
That I am not fit to be master of my pines!

20. A Mad Poem addressed to my Nephews and Nieces

(Circa 840.)

The World cheats those who cannot read;
I, happily, have mastered script and pen.

---

[1] See Analects of Confucius, 4 and 5, where three kinds of "profitable friends" and three kinds of "profitable pleasures" are described; the third of the latter being 多 賢 友 "plenty of intelligent companions".

The World cheats those who hold no office;
I am blessed with high official rank.
  The old are often ill:
I at this day have not an ache or pain.
  They are often burdened with ties;
But *I* have finished with marriage and giving in marriage.
No changes happen to disturb the quiet of my mind;
No business comes to impair the vigour of my limbs.
Hence it is that now for ten years
Body and soul have rested in hermit peace.
And all the more, in the last lingering years
What I shall need are very few things.
A single rug to warm me through the winter;
One meal to last me the whole day.
It does not matter that my house is rather small;
One cannot sleep in more than one room!
It does not matter that I have not many horses;
One cannot ride in two coaches at once!
As fortunate as me among the people of the world
Possibly one would find seven out of ten.
As contented as me among a hundred men
Look as you may, you will not find one.
In the affairs of others even fools are wise;
In their own business even sages err.
To no one else would I dare to speak my heart,
So my wild words are addressed to my nephews and nieces.

21. Illness

(Written circa 842, when he was paralysed.)

Dear friends, there is no cause
For so much sympathy.
I shall certainly contrive from time to time
To take my walks abroad.
All that matters is an active mind:
What is the use of feet?
By land one can ride in a carrying-chair;
By water, be rowed in a boat.

22. Resignation

Keep off your thoughts from things that are past and done;
For thinking of the past wakes regret and pain.
Keep off your thoughts from thinking what will happen;
To think of the future fills one with dismay.
Better by day to sit like a sack in your chair;
Better by night to lie like a stone in your bed.
When food comes, then open your mouth;
When sleep comes, then close your eyes.

Record of a Strange Experience

About 36 miles south-east of Hsia-kuei-hsien in Hua-chou there is a village called Yen-nien. South-west of the village stands what was once a private chapel; but now no priest lives there. In the autumn of the 18th year of Yüan Ho (813 A.D.), in the seventh month, my cousin Hao came from Hua-chou to visit me, by the road which passes the chapel. When he reached the chapel-door he saw a number of women and girls of various ages sitting and talking in the chancel, so loudly that their conversation was audible at the door.

Being hot and thirsty with riding he determined to go inside and rest for a little, and ask for something to drink. Finding that his attendant, Hsiao Shih-ch'ing, was not in sight, he dismounted and tied his horse's bridle to the door-post. When he looked up, the women had all disappeared! He thought they had retired into the inner room, but when he looked there he found no one. Then he thought perhaps they were behind the altar-wall; but when he looked there, again he found no one. He then examined the walls all the way round the building and found that there was no breach or gap anywhere. He went back to the place where he had first seen them conversing: the dust on the floor had not been disturbed, there was not a footprint anywhere.

Then he knew that the people he had seen were not human beings. He was too much frightened to wait for his servant. Mounting his horse he galloped straight to my house and told me what had happened. I too was astonished and questioned him about what he had heard the apparitions say. He was able to remember a good deal, more than I have space to repeat. Most of it was about an old man called Wang Yin. As far as could be made out from what they said, they seemed to be drawing up a list of Wang's misdeeds.

The place is about a mile and three-quarters from my house, so one day we went there together. We discovered that there had actually lived in the village an old man called Wang Yin, who made up his mind to live in a building which lay a few hundred paces east of the chapel. He repaired the garden walls and house, built a threshing-floor, planted trees, and the day after his operations were completed, immediately moved in. He had not been in the house an hour when he fell dead. By next day his wife was dead, and in a very short time two of his sons with their wives and one grandson were also dead. There only remained one son, called Ming-chin, who was so unnerved that he did not know what to do. However, thinking that the site was in some way unlucky, he pulled down the house, felled the trees, removed in the night, and eventually came to no harm.

Such an episode as this convinces me that there may after all be some truth in the story of how the ghosts of the assembled Sages were overheard in the temple plotting the death of Ts'ao Ts'ao,[1] and in the story of the lady who was sent to burn Mi Chu's house.[2]

In the autumn of the next year my cousin and I, in the course of an excursion, again visited the place. There was nothing left of Wang's house except the garden walls. The well had collapsed and the fire-place was in ruins. No one from the village dared to settle there.

Ihu! To what agency must we attribute these occurrences? To Destiny—or to Chance? Was the site inauspicious for human habitation or had the Wang family committed some secret crime for which the spirits had determined it must pay the penalty?

To these questions I can find no answer, but have inscribed the story on the wall of the shrine, that it may await the discrimination of the curious.

---

[1] 155–220 A.D., founder of the Wei dynasty.

[2] Mi Chu (3rd cent. A.D.) was going home one day when a mysterious lady stopped him on the road and told him she was a spirit sent by Heaven to burn his house. Following her advice, he hurried on ahead and had just time to save his furniture before his house burst into flames.

A Poem by Li Po

<table>
<tr><td>愁</td><td>荷</td><td>南</td><td>泳</td><td>泳</td></tr>
<tr><td>殺</td><td>花</td><td>湖</td><td>小</td><td>小</td></tr>
<tr><td>蕩</td><td>嬌</td><td>采</td><td>明</td><td>曲</td></tr>
<tr><td>毋</td><td>欲</td><td>白</td><td>秋</td><td></td></tr>
<tr><td>人</td><td>語</td><td>蘋</td><td>月</td><td></td></tr>
</table>

This is translated by Judith Gautier, *Livre de Jade* (2nd ed.), p. 29, a follows :—

Fleur Défendue

Sous la claire lune d'automne, l'eau agitée secoue ma barque.
Solitaire, je vogue sur le lac du Sud, et je cueille des lotus
    blancs. Oh! qu'elle est belle, la blanche fleur du lotus !—
Qu'elle est délicate et délicieuse ! Un ardent désir me dévore
    de lui avouer la passion qu'elle m'inspire—
Hélas une tristesse mortelle submerge mon cœur—l'embarcation
    s'en va à la dérive, sur les eaux narquoises, qui s'en font un
    jouet.

The same poem is translated by Anna von Bernhardi (Mitth. d. Sem. f. Or. Sprachen, 1916, p. 123)—

    Auf dem grünen Wasser leuchtet die Herbstsonne ; [reading 日, not 月] auf dem südlichen See pflückt er die weissen Blüten. Die Lotosblumen wollen ihm hold zusprechen, aber Kummer tötete den Schiffenden.

Notes

    Title : The Lü-shui 泳水 was a tributary of the Hsiang 湘 River in Hunan. The "Ballad of Lü-shui" was the name of an ancient harp-tune. Li Po has taken this as the title of his poem. The Nan-hu must have been a small lake in the vicinity. The lady (the *er* of the German version is certainly a mistake) on an autumn night when the moon is shining on the Lü River, goes to the Southern Lake to pluck white p'in-flower or "frog-bite". These were common marsh-flowers plucked by women in the autumn as love-charms. Suddenly she sees some lotus-flowers. Judith Gautier identifies the 白蘋 with the 荷花, but the contrast between them is in reality the whole point of the poem.

    "The lotus-flowers are so beautiful that they almost speak." There must here be an allusion to the well-known story of the Emperor Ming Huang (685–762 A.D.). One day when he was walking in his garden he saw some white lotus-flowers just coming into bloom. Pointing to his favourite concubine, Yang Kuei-fei, he exclaimed, " Here I have a flower that is better than those lotuses, for she is a living flower that can speak 解 語 花."

The lady in the boat is grieved at the sight of the lotuses because they are not like ordinary speechless flowers, but actually challenge comparison with the "living and speaking beauty" of a woman. But there is a further point. P'in-flowers are used as a charm to retain the affections of absent lovers. From the fact that the lady was gathering such flowers we may infer that she was parted from her lover and was afraid he might not be faithful. The sight of the lotuses reminds her that there are other women more beautiful than she is, just as the lotus is more beautiful than the common frog-bite.

I would therefore translate as follows :—

"Ballad of Lü Water.
On Lü Water shines the autumn moon;
On the South Lake she plucks white p'in-flowers.
But the lotus-flowers are so beautiful that they seem to speak ;
And the lady of the floating boat is stricken with grief."

I do not think that anyone familiar with T'ang 絕 句 will consider this interpretation too elaborate.

A Poem by Tu Fu [1]

Kao Hsien-chih 高 仙 芝 was the son of a Korean who had served with distinction in the Chinese army. Hsien-chih himself became a general at the age of 20, and later, Assistant Military Protector of Turkestan 安 西 副 都 護. In 747 A.D. (*vide* Chavannes, *Les Turcs Occidentaux*, p. 152) he distinguished himself by leading a Chinese army over the Hindu Khush and obtaining the submission of the king of Little Pu-lü 勃 律 (modern district of Gilgit). He encountered no military opposition, and the feat was one of diplomacy rather than of arms. In 749 he returned to the capital, Ch'ang-an, bringing with him a Tartar charger of the kind known as 青 驄 馬. In 750 he was back again in Turkestan, and in 751 was heavily defeated by the Arabs on the banks of the River Talas. " Le désastre éprouvé par Kao Sien-tche sur les bords de la rivière Talas marque la fin de la puissance des Chinois dans les pays d'occident " (Chavannes,

[1] This poem has not been translated before.

loc. cit., p. 298).   The poem I am about to translate was written by Tu Fu (712–770 A.D.), one of the most celebrated of Chinese poets.   It deals nominally with Kao Hsien-chih's Tartar horse, but the inner meaning of it (as all the commentators agree) is something of this kind : " Why has this able and distinguished general so long been allowed to live in retirement ?   Why is he not encouraged to repeat his former victorious exploits ? "   This could not have been written in the interval between Hsien-chih's two campaigns, for he was only at the capital for a few months. It must therefore have been written after his defeat in 751. This took place in the autumn, so that he could not have been in Ch'ang-an till the spring of 752.

Of the defeat Tu Fu apparently knew nothing.   Such incidents were naturally concealed as far as possible.   Our own knowledge of the Talas battle is chiefly derived from Ssŭ-ma Kuang's History and from Arabic sources.   The Old T'ang History does not mention it at all ; the new history names it, but does not say which side was victorious !   The Government were doubtless in possession of fuller information and had good reasons for keeping Kao on the retired list.

But his opportunity soon came.   When the revolt of An Lu-shan broke out in 755, Kao Hsien-chih was summoned to defend the dynasty.   In the same year the failure of the Imperial armies necessitated " penal measures ", and Kao was executed.

高都護驄馬行
安西都護胡青驄，
聲價欻然來向東。
此馬臨陣久無敵，
與人一心成大功。
功成惠養隨所致，
飄飄遠自流沙至。
雄姿未受伏櫪恩，
猛氣猶思戰場利。
腕促蹄高如踏鐵，
交河幾蹴層冰裂。
五花散作雲滿身，
萬里方看汗流血。
長安壯兒不敢騎，
走過掣電傾城知。
青絲絡頭為君老，
何由卻出橫門道。

A Song of Kao Hsien-chih's Blue Colt

The Military Protector of An-hsi's Tartar " blue colt "—
Suddenly the noise of its reputation came flying from west to east.
It was said the enemy could not stand when this horse approached
     their ranks ;

By resolution as firm as its master's it had won the great fight.

When the battle was over it was carefully tended and allowed to
go where it would ;

Swiftly it came from a far country over deserts of shifting sand.

But its dauntless frame would not receive the kindness of stabled
ease ;

Its bold spirit was brooding still on the contests of the battlefield.

Its ankles are slender, its hoofs are high ; hard as though shod
with iron ;

Hoofs that have riven the packed ice on the frozen river of
Turfan.

Its five-flower mane scatters in the wind and covers its flanks like
a cloud ;

Only after the passage of a thousand leagues does its skin exude
blood.

The stoutest lads of Ch'ang-an dare not mount its back ;

That its gallop is swifter than the lightning's flash all the City
knows.

With blue tassels tied to its neck you are letting it grow old ;

Shall it never again find cause to issue by the road of the
Western Gate ?

Notes

(1) Ch'ing ts'ung 青 驄, " blue piebald-horse," is apparently
an abbreviated form of 青 海 驄, " piebald horse of Lake
Kokonor." Parker, in *A Thousand Years of the Tartars* (ch. 4,
The Tukuhun Sien-pi of Kokonor) quotes the following passage :
" There is a small island in Kokonor, and every year when the lake
is frozen a number of fine mares are driven on to the island : the
foals are collected the following winter. A number of splendid
Persian mares were obtained by the Tukuhun for this purpose,
and their young obtained great repute for swiftness as ' Kokonor
colts '." The phraseology used by Tu Fu in his account of this
Tartar charger is borrowed, after the manner of T'ang poets, from
various early sources : (*a*) The 天 馬 歌, " Song of the Heavenly
Horse," Han dynasty. (*b*) Ts'ao Ts'ao's 曹 操 (155–220 A.D.)
poem 龜 雖 壽, " The tortoise, though long-lived . . ." (*c*) Yen
Yen-chih's 顏 延 之 (384–456 A.D.) 赭 白 馬 賦 " Poetical
Description of a bay and white horse".

(2) 未 受 伏 櫪 恩 " has not yet received (i.e. does not desire
to receive) the favour of lying down in the stable". Cf. Ts'ao

Ts'ao's poem, referred to above, " An old charger may lie down in the stable, but it would like to be galloping a thousand li. A brave warrior, though he be growing old, still preserves a stout heart."

(3) "River of Turfan." Literally Chiao-ho 交河, "The Joined Rivers," near Turfan and at that time headquarters of the military government of Turkestan, near the modern village of Yarkhoto. Sir Aurel Stein, in *Desert Cities of Cathay* gives two photos of the ruins of old Chiao-ho.

(4) 五花, "five-flower," explained as being a decorative method of cutting the horse's mane. It often means no more than "many-coloured".

(5) "The descendants of the Heavenly Horse sweat blood instead of water."

(6) The meaning is, " Just as Kao's horse cannot be ridden by the boys of Ch'ang-an, so his master is too strong and autocratic a character to use in a governmental capacity. The civilian authorities are frightened of him."

(7) 傾城知. The commentators tell us that 傾 is in the sense of 舉. The usual meaning of 傾城 is, of course, "beautiful woman."

(8) "You are letting it . . .": the 君 primarily refers to the horse's master, but it also refers to the Emperor's 君 treatment of his general.

(9) 橫門 "Hēng-mēn" was the chief western gate of Ch'ang-an, and travellers going in the direction of Turkestan would leave the city by it.

SWAHILI POETRY

By Miss ALICE WERNER, University Reader in Swahili and the
Bantu Languages

SWAHILI stands alone among the Bantu languages in
possessing a literature, which originated before the people
came in contact with Europeans and has probably been in existence for several centuries. The Arabs, who settled on the east
coast of Africa from the seventh century onwards, brought with
them their alphabet and their prosody; and their descendants
who, intermarrying with the daughters of the land, evolved the
Swahili language, have preserved both to this day, though not
without modifications. The use of the Arabic alphabet to
express Swahili sounds involves considerable difficulties, and
though some of these have been surmounted by expedients
similar to those adopted in writing Turkish, Persian, Malay, etc.,
the reading even of an ordinary letter is by no means always
a simple matter.

When the Arabic alphabet was first applied to the Swahili
language it is at present impossible to say. The earliest
settlement seems to have been that on the island of Pate
(A.D. 689). The colonists brought with them not only their
written character, but a certain amount of literary culture, and
the way in which Arabic metres have been adapted to the
Swahili language (not only by scholars, but in popular songs)
shows that they must have been naturalized for a very long
period. I am not aware whether the date of any existing poetry
has been satisfactorily determined. The lyrics attributed to
Liongo Fumo,[1] which are exceedingly archaic in language, date,
if genuine, either from the sixteenth or possibly from the
thirteenth century.[2] The Portuguese records hardly, if at all,

---

[1] These are very numerous. I possess a copy of a manuscript belonging to
Mzee bin Mahadhoo of Shela (I believe Captain Stigand has another), as well
as a series taken down from the recitation of a blind scholar at Witu, also named
Mzee (bin Bisharo'l-Ausii). These are quite distinct from the poem printed in
Steere's *Swahili Tales* (pp. 454–68).

[2] Liongo seems to be a historical person who has attracted to himself one of
the many versions of the Balder Myth (see appendix to the last volume of *The
Golden Bough*); he was invulnerable to everything but a copper needle applied
in one particular spot. But there is some uncertainty as to his date. Some

mention the existence of the Swahili language, though the few
words preserved by Sir Thomas Herbert (1627) show that it,
or at all events something very similar, was spoken in the
Comoro Islands three hundred years ago. All known documents of any antiquity appear, like the "Chronicle of Kilwa",
to be written in Arabic.

A tantalizing reference occurs in the second volume of the
Asiatic Researches,[1] where Sir William Jones, describing a visit
paid in 1783 to "the island of Hinzuan or Johanna", says that
Sayyid Ahmed, a native of that island, "gave Captain
Williamson, who wished to present some literary curiosities to
the library at Dublin, a small roll containing a hymn in Arabic
letters, but in the language of Mombaza [*sic*], which was mixed
with Arabic; but it hardly deserved examination, since the study
of languages has little intrinsic value, and is only useful as the
instrument of real knowledge, which we can scarce expect from
the poets of the Mozambique."

It is greatly to be regretted that the father of Comparative
Philology should, unlike his successors, have thought so lightly of
barbarous idioms, for a Swahili hymn, written down before
1783, would be a document of great interest to-day. I have made
ineffectual efforts to trace the MS.—neither the Library of
Trinity College, Dublin, nor that of the Royal Irish Academy
appears to know anything of it.

Krapf sent to Europe two MSS of long poems (*tenzi*) which
lay for a long time in the library of the German Oriental Society;
the one, *Utenzi wa Shufaka* (295 stanzas), was published by the
late Dr. Büttner (in his *Anthologie der Suaheli - Litteratur*,
1894), with a German translation; the other, *Chuo cha Herkal*
(i.e. the Emperor Heraclius), was edited by Professor Meinhof and
appeared in the *Zeitschrift für Kolonialsprachen*, 1912. Two
other poems, the *Utenzi wa Mi'iraji* and the *Utenzi wa
kutawafukwe Muhamadi*, were published in Büttner's collection;
they were sent to him by Mr. D. J. Rankin, late British Consul,

---

say that he fought against the Wasegeju and the Portuguese (who were in
alliance in 1589); others, whose authority seems fairly good, that Liòngo's
principality of Shaka (or rather that of his brother, for Liongo was not the
actual chief) was conquered by Omar bin Muhammad, fifth Sultan of Pate,
variously stated to have died in A.H. 745 (A.D. 1344) and to have reigned from
A.H. 740-95.

[1] p. 88 of the octavo edition.

Mozambique. The first relates the Prophet's night journey on Borak to Jerusalem, Hell and Paradise, the second (264 -stanzas) his death. This last is exceedingly popular in East Africa, especially among the women, many of whom know passages of it by heart.

The only complete Swahili poem published in this country, so far as I am aware, is the *Inkishafi* (" Revelation "), of which two texts appear in Captain Stigand's *Grammar of the Dialectic Changes in the Kiswahili Language*, one edited and annotated by the author, the other (to which is appended a metrical translation) by the Rev. W. E. Taylor, formerly of Mombasa; and author of *African Aphorisms*.

In his preface to the last-named work, Mr. Taylor states that he possesses a collection of Swahili poems in MS. It is much to be desired that this veteran scholar should be enabled to give to the world the fruits of his long study and experience and make generally accessible at least some of the work of Sikujua, Muyaka, and Muhammad bin Ahmad'l-Mámbasii beyond the fragments quoted in his book. Bishop Steere, in his *Swahili Tales*, printed the opening stanzas of an *Utenzi* on the history of Job (*Ayubu*), which is now about to be published in the *Harvard African Studies*, from a complete text obtained by me at Lamu.

Though, as we have said, the metres used were introduced by the Arabs, the accentuation and intonation of the two languages are so different that they have necessarily been handled with great freedom, and there may be some which cannot be directly traced to Arabic originals. Nothing shows so well the extent to which this imported art of versification has really taken root in the languages as the constant recurrence, in the enormous body of orally current popular songs, of two or three stanza forms which are also found in Italian folk-poetry and doubtless derived from the same source. Of these some specimens will be given presently.

I am at a loss to know why Büttner should have said, " Das Versmass ist meist jambisch oder trochäisch, dem ganzen Typus der Suahelisprache angemessen." In my experience, very few, if any poems, as read by a native, could be scanned in this way, and it is exceedingly difficult to write Swahili verse in either of these metres, without continually violating the rules of accentuation.

Steere comes nearer the truth when he says (*Swahili Tales*, Preface, p. xi) that "Swahili verse is generally marked by a sort of anapæstic accent", but the best account of the matter I have seen is that given by P. Sacleux,[1] which I make no apology for quoting in full :—

"La versification Swahilie a pour base le nombre des syllabes et des accents d'une part, la rime ou l'assonance de l'autre. L'accent, dont il est ici question, est, non pas l'accent tonique propre à chaque mot pris isolément, mais l'accent oratoire qui attribue la hauteur et la durée ordinairement à l'avant-dernière syllabe de chacun des mots principaux.

"Les vers communément employés sont de 6, 8, 10, 12, 14, et 16 syllabes : ceux de 10 syllabes avec une césure après la 4e, ceux de 12 avec la césure après la 6e . . . Il y a deux accents dans les vers de 3, 4, 6, et 8 syllabes, trois dans ceux de 10 syllabes, 4 dans ceux de 12 et 14.

"Le nombre de syllabes n'est pas toujours de rigueur, surtout quand le vers est un peu long. Il suffit, en ce cas, que les accents rhythmiques soient observés."

The accents marked in the specimens given by this writer (pp. 328–330) agree with the way in which I have always heard verse read or recited by natives; and the conclusion I am led to adopt is that the verse is measured by beats rather than by syllables, and, in the latter, recognizes no distinction between long and short. It has thus departed considerably (as was only to be expected from the genius of the language) from the strict canons of Arabic poetry.

Swahili verse is always rhymed, though the rhymes may not always be such as would be admitted in English. The "identical rhyme" (the French *rime riche*) is very common, and many rhymes might more properly be described as "assonances", though it is usually the consonant (not, as in Spanish, the vowel) which is identical. Rhymes are always (or with very few exceptions) double ; as it is a universal rule in Swahili that the accent falls on the penultimate, it could hardly be otherwise. The single rhymes necessitated by the use of European tunes in mission hymn-books (such as the Mombasa *Nyimbo na Himdi*) are obtained, either by most unwarrantably displacing the accent, or, more rarely, by making use of

[1] *Grammaire des Dialectes Swahilis* (Paris, 1909), p. 327.

monosyllabic particles (such as *tu*, "only," "merely") or words
like *kuu*, *juu*, which, though really of two syllables, are apt to be
pronounced as if containing a single long vowel. For instance,
the Swahili version of "The Son of God goes forth to war"
opens thus :—

> Mwaná wa Mngu átoká
> Kwenénda vítaní,
> Berámuyé amétweká,
> Tumúandámení.

It has been argued that such violation of the accentual laws
is quite permissible, because the thing is constantly done in
native verse. Thus, the Rev. W. E. Taylor says (*African
Aphorisms*, p. 88) : " The rhythmical accents " (in an " old nursery
song" which he quotes) " are marked according to the native air,
thus showing how greatly the tonic accent may be altered for
musical purposes." But the difficulty of reading some of the
lines as marked suggests a doubt as to whether this writer has
sometimes failed to distinguish between stress and pitch, and so
taken a rising intonation for a " rhythmical accent ". It is quite
true that, in singing, an accent is frequently placed on a syllable
which would not be stressed in ordinary speech ; but in these
cases the effect is quite different from that produced by the
hymns intended for English " common metre " tunes. In the
popular " Kiti cha maguu mané ", the last syllable of the last
word is accented. Further on in the same song occurs the line :

> Jóngóó huváa pete, si uróngo.

Here the stress falls about equally on the three syllables of the
first word ; the next stress is on *vaa* (two syllables pronounced
as one long one), and *pete*, which would normally have the accent
on the first syllable, has none at all, both *e*'s being made very
short. In another song, *kinyama* ("a little animal" or "a small
piece of meat", probably, in this case, the latter) has all three
syllables stressed when it stands in an emphatic position at the
end of the line ; elsewhere it has its normal accent :

> Chákulá madósha, kinyáma óndóshá.

But this musical accent does not belong to our subject, as it is
distinct from the question of metre, and I have very rarely, if
ever, met with any verses which, when merely read, not sung,
require the accent placed otherwise than in ordinary speech.

There are in existence a number of long poems called *Tenzi*
(pl. of *Utenzi*[1]), which may be classed as epic and didactic, since
a native authority says that an *Utenzi* deals either with " matters
of war or matters of religion ", and they seem almost always
to be narratives. *Shairi* (شَعْر) is applied to most other poems,
whether short lyrics or longer pieces of a didactic or religious
character. For longer poems, the favourite metres are three, all
used in four-line stanzas, of which three lines rhyme together,
while the fourth is a continuous rhyme running through the
whole poem. The first of these, exemplified in the *Utenzi wa
Mi'iraji*, has four beats and (generally) fourteen syllables to
a line, e.g. :

> Ai Muhammádi, ni uwóngo yáke khabári,
> Usiku umóya wafikía mbáli safári !
> Mbingu ukazíisha ukáona Móla jabbári
> Uzidie sháni, uwóngo, hasháye túma.

The second is used in the *Inkishafi*, published by the Rev. W. E.
Taylor, in the appendix to Captain Stigand's *Dialect in Swahili*.
The lines consist of eleven syllables, and the rhythm is marked
by Mr. Taylor (p. 84) as follows :—

> Aimi wa wapi ‖ wákazíndíwā,
> Zílūzo za mató ‖ wásizá-ngówá !
> Wásiriye woté ‖ kúwa máhúwá;
> Léo ni waúshi ‖ wáliúshíyé.

Here, again, it is difficult to resist a suspicion that the final
syllables of *mato, wote*, etc., are distinguished, not by a rhythmic
stress, but by a rising inflection, and that the line is really one of
four beats, which a native would read :

> Aimi wa wápi, wákazindíwa.

The metre of this poem is similar to that of an alphabetical
acrostic, written out for me by Muhamadi Kijuma of Lamu,
which begins,

> Andika mwandishi ‖ khati utuze.

But the greater number of *tenzi* are written in a shorter line,
having two beats only.

---

[1] In the Lamu dialect (in which most of these poems are written), *Utendi,
tendi*. From the verb *tenda*, "do," "act."

Jiburíli akegéma,
Tabíbu kamtezáma.
Baadáye akaséma
Watu wákimsikía.

This is from the *Utenzi wa Shufaka*, of which more presently.
The *Utenzi wa Ayubu*, the *Kutawafukwe Muhamadi*, the *Hadithi
ya Liongo*, and many others, are in the same stanza.

The shorter lyrics exhibit a variety, not so much of metre as
of stanza-forms, some of which strikingly recall those found in
Italian popular poetry—e.g. the *rispetto*—which is probably to be
explained by a common derivation. These *mashairi* are written
or improvised both by men and women, though the accomplishment is not so common as it was at Mombasa, twenty or
thirty years ago. There is an immense body of verse in
circulation, not easy to classify definitely into "literary" and
"popular" sections; some poems which may originally have been
written are now handed on by the numerous people who sing and
recite them from memory, while others, orally transmitted, may
have been committed to writing at a later stage. Some specimens
of these, collected chiefly at Jomvu,[1] may be given here:—

Maskini, njiwa wangu   Ah! woe is me, my little dove
Alikwenda na Waarabu,   Is stolen away and sold!
Guu lakwe ni la fetha.   Her foot, it was of silver,
Bawa lakwe la thahabu.   Her wing of beaten gold.
Usinione kukonda,   Think not 'tis sickness wastes
         me—
Roho ikatika taabu.   My heart is dead and cold.[2]

Somewhat different in character is:

Kwamba wanipenda,   If you (really) loved me
Enda mbiombio,   (You would) run quickly.
Limenipendeza,   It is pleasing to me,
Shada lakinukajio.   The flower which smells sweet.

---

[1] A few miles from Mombasa on the creek leading to Rabai.

[2] Literally: "Poor (me)! my pigeon went away with (has been carried off
by) the Arabs. Her foot was of silver, her wing of gold. Do not think that
I have grown thin (from any ordinary cause: if I look ill, it is that) my life is
cut off by trouble." A different version, seemingly obtained at Zanzibar, or on
the adjacent coast, is printed in Velten's *Prosa und Poesie der Suaheli* (Berlin,
1907), p. 426.

Wanipa maji matupu	(But) you have given me nothing but water
Kunisonga moyo.	To compress my heart.[1]

A curious metre, recalling the Italian street-song *Margarì*, is the following :—

Sijikele—
Heri, mama, kakaa,
Mwingi shere,
Waume wakuhadaa.
Enda bure,
Watama la kitambaa.

It is not easy to get a satisfactory translation of this, but its general drift seems to be a warning addressed to a girl against male perfidy—and, by a very curious coincidence, the fourth line is an almost exact equivalent to " L'uom è traditore " in the song above referred to. To get the cadence of these lines, one has only to read them aloud with the stress of ordinary speech— i.e. on the penultimate syllable of every word.

At the *Kibunzi* or New Year's festival (not the variable Moslem New Year, but a fixed celebration in August, supposed to be derived from the Persians), the little boys of the Koran schools go round the town carrying their writing-boards (*mbao*) decorated in various colours, and singing a song of which several versions are current. One is printed by Büttner (*Anthologie aus der Suaheli-Litteratur,*[2] p. 184) ; another, obtained at Jomvu, is as follows :—

Si zetu, si zetu	(The matters are) not ours, not ours
Za mwalimu wetu :	(But) of our teacher.
Na panga na ngao	(We go) with swords and shields
Na kalamu zetu.	And our pens.
Tupite kwa juu,	Let us pass by (the road) above;
Twenende kwa pwani,	Let us go by the beach
Tupige makofi	And box the ears (of)
Mabanyani !	The Banyans.

[1] A common saying, cf. Taylor's *African Aphorisms*, § 299, pp. 52-3. To offer a guest " bare water ", i.e. with no admixture of lime-juice, etc., or instead of tea, and without any accompanying food, is considered the extreme of stinginess and inhospitality.

[2] Berlin (E. Felber), 1894.

Steere (*Handbook of the Swahili Language*, p. 76), says:
"Formerly no inquiry was made as to any one killed or hurt on
this day, and it is still (1870) the custom to go armed and to be
on the guard against private enemies. It used to be a favourite
amusement to throw any Indians that could be caught into the
sea, and otherwise ill-use them, until the British Government
interfered for their protection."

Probably this is alluded to in the song, as dictated by some
small schoolboys at Jomvu. The old headman (*mzee*) of the
village, however, said this was not the correct version, and gave
a very different turn (perhaps with a view to edification) to his
own, which concludes:

Tupigwe makofi
Ni Mabanyani.
"We get our ears boxed by the Banyans."

In this case *mwálimu* and *kálamu* keep their Arabic
accentuation the better to fit the metre: ordinarily they are heard
as *mwalímu* and *kalámu*.

With regard to rhymes, Steere says: "There is a sort of
rhyme made by the final syllable, which is generally the same
in each line throughout the piece . . . The rhyme is to the
eye more than to the ear, as all the final syllables being
unaccented, the prominent sounds often destroy the feeling of
rhyme. I suppose this system of identical endings is copied
from the Arabic, of which the accentuation is very different." [1]

An examination of the specimens already given and those
presently to be given will show that this cannot be accepted
quite without qualification. We find numerous examples of
double rhymes quite satisfactory from any point of view—
as in the old Zanzibar jingle:

Beit-il-ajaib imenipendeza.   The Sultan's Palace is my
         delight,

Imejengwa pale chini ya gereza.   Built yonder below the Fort on
         the height,

Imetiwa rangi juu, imepambwa   Adorned with colours and silver
     feza,   white;—

Na Bwana Khalidi anacheza-   Prince Khaled plays in its
     cheza.   chambers bright.

---

[1] *Swahili Tales* (Preface), pp. xi-xii.

While elsewhere we get assonances like *kasema—yatima—mana, amini—jirani—watunzeni, kituo—ayaonayo—ziliyo*, etc., etc. (all from the *Kutawafu*). These would be amply accounted for on the supposition that the identity of final syllables is what constitutes the rhyme, and it is interesting to see how the genius of the language has overridden the restrictions of Arabic prosody.

It is not the case that " the final syllable is generally the same in each line throughout the piece "—indeed, Steere himself, in the passage quoted, goes on to give exceptions to this rule. We find, however, in most poems of any length, that the last line of the four-line stanza is on one rhyme through the whole poem. Thus the *Utendi wa Mwana Kupona* (published in the *Harvard African Studies* for 1917) has the rhyme *-ia, -ya*, sometimes *-ea, -oa, -ua* : perhaps it might be more correct to say *-a*, as, being preceded by a vowel, it constitutes a distinct syllable. This is a very common arrangement : the *Shufaka*, the *Kutawafu*, and several others in my possession are all on this rhyme. The *Utenzi wa Mi'iraji* is on the rhyme *-ma*, and a poem attributed to Liongo, of which I have a copy, on the rhyme *-nga*.

The subject-matter of the *Tenzi* is a point of some interest. The authors of the *Shufaka*, of the *Kutawafu*, and of the *Ayubu* all state that they have found in Arabic books what they are about to relate to their readers, e.g. (*Shufaka*, 44, 45) :

Mbwene hadithi ajabu	I have seen a wonderful story
Yaandishiwe maktubu	Drawn up in writing
Kusoma kwa kiarabu ;	To read in Arabic—
Maana yakinielea.	The meaning being clear to me.
Niyawenepo chuoni,	When I saw it in the book
Moyo wangu hatamani	My heart desired
Kubadili kimangani [1]	To translate it out of the Arabic,
Kwa kisawahili kuioa.	And write it in Swahili.

But it is nowhere said that they have translated *Arabic poems*, and, since none of the authorities I have consulted seem to be aware that any such poems exist, the natural conclusion seems to be that the story only was taken from the books in question,

---

[1] *Manga*, on the Swahili coast, means " Arabia, especially the region of Muscat" (Krapf). *Jiwe la Manga* is a black and very hard stone, brought over in ballast by Maskati dhows and used as millstones, etc. By an easily understood confusion and transference of ideas, the Yaos and other inland peoples of Nyasaland use *Manga* to mean "the coast " (i.e. the East African littoral).

the poetical treatment, such as it is, being entirely due to the Swahili bards themselves.

I heard, indeed, of an Arabic poem on the Mi'iraj, which is read and explained on the night of that festival by those who are competent to do so and possess a copy. In 1913, when it fell on July 2, I was invited to the house of Sharif Maulana, at Mambrui, to hear the reading, but had no opportunity of inspecting the MS. (He " lined it out", like an old-fashioned Scots precentor, giving the substance of each verse in Swahili.) So far as I was able to follow, the composition (whether prose or poetry) did not seem to be identical with the text published by Büttner.

The *Ayubu* raises some interesting questions. As might be expected, it follows the account given in the Koran, or rather, since the allusions in xxxviii, 41, 43 are scarcely intelligible by themselves and must refer to something previously known,[1] to the tradition current in Muhammad's time, which differs considerably from the Hebrew Book of Job. These two hints (the miraculous fountain in which Job bathed, and his rash vow to beat his wife if he got well) are elaborated at great length in the Swahili poem. The reason given in the latter for Job's vow is neither of those assigned by the commentators according to Rodwell's note [2]: in the absence of further information we may, perhaps, assume that the poet took a line of his own, and one far more favourable to the character of Job's wife, whom he calls Rehema, saying that she was a granddaughter of Joseph and inherited his beauty. He dwells, in a quaintly pathetic way, on her devotion to Job, whom his neighbours expelled from the town on discovering the repulsive character of his illness—how she nursed him and, when they were without food, went out to work by the day, bringing home in the evening a little bread for him and herself. The women who employed her, discovering whose wife she was, drove her from their doors, and, returning home disheartened, she met Satan on the road. He tempted her to desert Job, but she would not listen to him for one moment. She did not, however, apparently, know who he was. Job, when

[1] But see Maulvi Muhammad Ali's translation of these passages and note on them. (*The Holy Qurán . . . with English translation and Commentary*, Woking, 1917, p. 887.)

[2] " . . . on whom he had sworn that he would inflict an hundred blows because she had absented herself from him when in need of her assistance or for her words " (p. 122).

he heard of her adventure, enlightened her on this point and
warned her to have no dealings with him if she met him again.
Rehema went out next day and obtained a little food by selling
some of her beautiful hair to the women of the town, and, on her
way back, again met the Tempter in another shape, "a man
comely beyond compare and clothed in glorious apparel." He
entered into conversation with her and questioned her about her
husband ; but when he said :

" What sort of man is Job ? and why are you doing (good) to him ?
    Come to me (who am) a king, that you may get supreme
        power,"

she hastened on, without answering him. Job, on hearing of it,
told her angrily that, if she ever did it again (*ambapo wataradidi*)
he would beat her, and she replied :

" It is well, my lord, if I do it again, do you strike me a hundred
    blows " (*bate mia*).

And it is Rehema who, after his recovery, reminds him of his
vow, from which he has to be released by the intervention of
Gabriel and the suggestion that he should hit her once with
a palm-frond having a hundred leaflets.

There is a poem on Joseph, in the same metre as the above, of
which I possess an incomplete copy written, to judge by the
condition of the paper, a good many years ago. I have also
a more modern version of the same (in nearly 800 stanzas) by
a living and very prolific writer, Muhammad bin Abubakar
(Muhamadi Kijuma) of Lamu, who informed me that he had used
both the Koran and the Old Testament as his sources. I have
not yet been able to compare it with the available portions of the
older poem (or poems, for a detached leaf, in a different hand,
while evidently part of a poem on Joseph, may or may not belong
to the one above referred to), but believe it would be quite in
accordance with the literary traditions of the East if he should
prove to have borrowed freely.

The story of the hero Miqdad is told in a composition of 166
stanzas, which is described, not as *Utenzi*, but *Hadithi ya
Miqdadi na Mayasa*, for which, also, I have vainly endeavoured
to discover an Arabic original. Indeed, no one conversant with
Arabic literature whom I have consulted seems even to recognize
the story, which may belong to some local tradition imported by

the early settlers from Oman. I found that a Sharif living at
Bomani (a village not far from Mambrui) had a copy of this
poem and, some time later, had it written out for me by
Muhamadi Kijuma. I have no information as to its date or
authorship. It dispenses with the lengthy introduction
usually found in the *Tenzi* (ascriptions of praise to Allah,
invocations of the Prophet and the Companions, etc.), and, after
a single preliminary stanza, plunges into narrative : "One day
Muhammad and his friend Miqdad were walking outside the city
of Mecca. While walking, they were caught in the rain and
sought shelter in a cave." Thereupon the Prophet suggests that
Miqdad should while away the time by telling a story, and his
friend replies by relating how, his wife Mayasa having attended
an entertainment given by their friends, they had been hard put
to it to return the hospitality, and he finally decided to provide
the wherewithal by raiding caravans. He did so twice, and then
met with a young warrior, Abdallah, who engaged him in single
combat and so impressed him by his valour and generosity that
they made friendship and told each other their names and histories.
After this, Miqdad helped Abdallah to carry off the latter's cousin
Salima, whom he had loved since their childhood, but who had
been betrothed by her father to a stranger. The consequence is
a feud, in which Abdallah and Salima's father kill each other :
this business being finally settled, Miqdad collects his plunder
and returns to Mayasa.

A poem on Liongo, in 234 stanzas (exclusive of some verses
attributed to the hero, which are embodied in it), seems to be
classed with the above, as it is also called *Hadithi* in the MS.,
though (unless I am much mistaken) sometimes spoken of as
Utendi.[1] Both this and the *Miqedadi* are certainly less archaic
in language than the *Mashairi ya Liongo* published by Steere,
but this may perhaps be accounted for by prolonged oral transmission, which led to their being gradually modernized, like the
English folk-songs not committed to writing till the latter part

---

[1] My MS. comes from Lamu, in the region to which Liongo belongs ; his
principality of Shaka was near the present town of Kipini. The Rev. W. E.
Taylor speaks (*Dialects of Swahili*, p. 95) of an "Utenzi of (i.e. about) Liongo",
but he gives no clue to the identity of this *Utenzi*. Elsewhere, no doubt by an
oversight, he twice mentions (pp. 81, 94) a MS. of "the Utenzi of Liongo
Fumo" in the British Museum, but this MS. (the only Swahili one in the
library) is that of the Mashairi ya Liongo, mentioned in the text, as, indeed,
Mr. Taylor points out (p. 94, n.).

of the nineteenth century. The Liongo legend and its literature
are of sufficient interest to call for separate treatment: a few
points may be mentioned here. The story in prose (as told by
Hamisi wa Kayi) is to be found in Steere's *Swahili Tales*
(pp. 438 et seqq.), and some remarks on it in the Preface (p. vi);
see also the notes at the end of the tale (p. 450) in the new
edition. The same book contains a long poem, *Mashairi ya Liongo*
(pp. 452-69), partly attributed to Liongo himself, partly the
work of one Sheikh Abdallah, written as a kind of commentary
on the original verses, which are of a gnomic character. The
verses in the MS. mentioned above (p. 113, note) are dance-
songs, those dictated by Mzee bin Bisharo martial or gnomic
lyrics; a longer poem, obtained at Lamu and ascribed to him
(beginning: *Pijiani basi, Pembe ya jamsi . . .*), appears to be
an epithalamium. Besides the above—which I hope to transcribe
and edit in course of time—I have a single leaf of a MS.,
badly written and much worn, containing the stanzas embodied
in the *Utendi*, as mentioned above.

Among the remaining MSS. in my possession, the most
important are:—

Kisa (قصَة) *cha Sayidina Isa* (356 stanzas)—a life of
Christ following the accounts in the Qurân and Muslim tradition.
I have not been able to ascertain when, or by whom, it was
written, but am informed that it is "old".

The alphabetical acrostic referred to on p. 118, said to have
been composed by a blind Sharif (Omar bin Amiu) of Siu, who
recovered his sight on completing it.

A shairi of thirty-five stanzas headed "Lamu" and seemingly
written to celebrate a wedding. It begins: *Alika kama harusi.*

A series of poems addressed to each other by the heads of
contending factions at Lamu, about 1812.

A curious little dialogue between a *kanu* (civet cat?) and
a fowl, supposed to represent, respectively, a powerful man (*mtu
bora*) and one of low estate (*mtu dhaifu*). This was sent me
from Lamu by Muhammad b. Abubakar, who obtained it from
the Watikuu (Swahili of the northern mainland) and says it
is "old".

Utendi wa Mkonumbi (150 st.), by Muhammad himself,
celebrating a fairly recent event—a kind of faction-fight arising

out of the *Chama* dance (see Journal of the Royal Anthropological Institute, vol. xlvii, p. 415).

Another composition of Muhammad's may be worth noting as a curiosity—the *Utendi wa Nana Werner*, addressed to the present writer, in accordance with what, I believe, is a common practice among native teachers who possess the least degree of skill in *kutunga mashairi*. On what principle it is called an *Utendi*, I have never been able to discover.

The enormous number of short poems and popular songs taken down from recitation within a comparatively short time and restricted area suggests that a rich yield may be expected from this, as yet, but superficially worked mine. Whatever may be thought of the poetical quality of these specimens—and, such as it is, it does not show to advantage in a translation—they at any rate indicate the great potential capacity of Swahili as a literary language. It must not be forgotten that, though the number of people who speak it as their mother tongue is not very large, it serves (without displacing their own vernaculars) as an instrument of culture to other Bantu tribes: there is a great demand for Swahili books among (e.g.) Giryama and Pokomo who have learnt to read. There are hardly any native Swahili prose-writers at present, the existing printed texts having, if I mistake not, been mostly written down by Europeans, but a beginning has been made—as, for instance, in the *Habari za Wakilindi* of Abdallah bin Hemed Liajjemi, published by Archdeacon Woodward at Msalabani in 1907. Through the kindness of Mr. A. C. Hollis, I possess two manuscript chronicles of Lamu and Pate, the latter of which appeared, with a translation, in the Journal of the African Society for 1914-15. The collections of Büttner and Velten contain some narratives actually written down, not dictated, by natives, and Amur bin Nasr's sketch of his own life[1] is a document of some interest. But, as a rule, their written prose composition (as distinguished from oral narrative) is far inferior to their verse.

[1] Büttner, *Anthologie*, pp. 149-75.

REVIEWS OF BOOKS.

CATUḤṢATIKĀ. By ĀRYA DEVA, edited by MAHĀMAHOPĀDHYĀYA HARAPRASĀD SHĀSTRĪ. Memoirs of the Asiatic Society of Bengal, iii, pp. 449–514. Calcutta, 1914.

The treatise in Four hundred verses of Ārya Deva has been previously known through a few quotations in Mādhyamika commentaries. Haraprasād Śāstrī has discovered and published a very good, but incomplete, MS. (eleventh century) of the commentary of Candrakīrti on that text. Deva, a disciple or a friend of Nāgārjuna, explains at length the doctrine of the Nihilistic school, the doctrine of universal voidness. Burnouf complained that books dealing with Voidness are really void (*vides en effet*); but this remark, true as it is of the Sūtras (revealed books), is not fair as concerns treatises, like the Catuḥṣataka, or commentaries, like Dharmakīrti's commentaries. There are many quite interesting details in our book. Let us give two examples.

The point is that everything in this world is impure (*aśuci*) this universal impurity is not ascertained by common people, for the very reason that it is universal. Candrakīrti says (p. 459): "A certain king was told by the astrologer that rain will fall; anybody who will drink the water of this rain will become mad. The king had a well covered for his own sake. The rain fell. All the people (cf. 1. 5 and read *sarvajanas*) drank the water and became mad. Being all in the same condition they thought that they were all sane (*svastha*) and that the king was mad. Then the king, realizing the fact, drank the water, lest 'they should mock me or destroy me, believing I am mad'. If one man only was bound to certain necessities of human nature (*yady eka eva mūtrī syāt*), he would be avoided like a leper. Now that all men are alike in this respect, there is no idea of impurity. . . ."

Another point. Feelings, love and aversion, have their origin, not in reality, but in imagination (*kalpanā, vikalpa*). Thus it happens that the same object pleases a certain man and displeases another. "A man had two wives; one had her mother with her, the other not. When the mother saw her daughter, she was pleased. When the co-wife saw her, she was displeased. But the servant remained quite indifferent. . . . A certain meditative man (*dhyāyin*) had his mind troubled and believed: 'There is

9

a skull (or a dish) fixed on my head." Then another man let
another skull fall, saying: "This has just fallen from your
head." The ascetic realized the fact and was healed, because his
imagination was dispelled." (p. 473.)

Haraprasād Śāstrī states that the Tibetan translators of the
Catuḥśataka are Mañjunātha and Thivanimmathappa; according
to the Pekinese Tanjur (Mdo, xviii), Sūkṣmajana and Ñi ma grags
(= ni mma thap pa). The commentary has been translated by
the same translators (Tanjur, Mdo, xxiv), but Haraprasād has
Ratnavajra. He might be mistaken: Sūkṣmajana was the son of
Sajjana, son of Mahājana, son of Ratnavajra. Where many
names occur in a colophon it is often difficult to unravel the
tangle.

The complete title of Deva's treatise is *Bodhisattvayogācāra
Catuḥśataka* (not *Catuḥśatikā*). The phrase *Yogācāra*, "practice
of Yoga, meditative and spiritual endeavour," belongs to both
Vehicles. The word *bodhisattva* implies that the author deals
with the Yoga as practised by a "future Buddha" (= bodhisattva),
that is a follower of the great Vehicle. Later—for instance in
Tibetan and Brahmanic works—the phrase *Yogācāra* was used as
a synonym of *Vijñāna[mātra]vādin* or *Cittamātravādin*, "main-
tainer of the existence of consciousness (or thought) alone," one
of the two branches of the great Vehicle, a change which seems
to be due to the importance of the Vijñānavādin treatise
Yogacaryābhūmi (Mdo-ḥgrel, vol. xiv and foll.).

The "treatise in four hundred verses" is really in 400 verses,
not in 375, as stated by Haraprasād Śāstrī. Dr. F. W. Thomas
kindly informs me that, in the India Office's copy, the chapters
vii, viii, xi, xii all contain twenty-five verses (not 23, 24, 14, 14).
If there is not a material error in the figures given by Haraprasād,
the discrepancy is interesting.

                                                    L. V. P.

———

BIBLIOTHECA BUDDHICA, XIX. TIBETAN TRANSLATION OF
    DHARMAKĪRTI'S SAMTĀNĀNTARASIDDHI AND VINĪTADEVA'S
    SAMTĀNĀNTARASIDDHIṬĪKĀ, with the gloss of Ṅag-dbaṅ-
    bstan-dar. pp. xvii, 129. Published by Th. de Stcherbatskoï,
    Petrograd, 1916.

Buddhists do not admit the existence of a permanent living
principle, and where we should say "soul" (*ātman*), or

"individual" (*puruṣa, pudgala*), or "living being" (*jīva*), they use the phrase *saṃtāna*, "series," or *cittasaṃtāna*, "series of thoughts." The title of the treatise of Dharmakīrti means: "Demonstration of the existence of other souls."

· Dharmakīrti belongs to the school *Vijñānavādin* or *Vijñaptimātravādin*, "Maintainers of the existence of thought alone." Visions, sensations, etc., of a waking man are like visions in a dream: there is not an object (*ālambana*). Now, if it be so, how are we to establish the existence of other men, the existence of Buddha? The Vijñānavādinas could not well admit the extreme consequences of their idealistic theories and they were bound to find a loophole. As usual in Buddhist books, the *pūrvānta*, "prima facie view," is stated with great strength.

"The maintainers of the existence of exterior things urge that, for the maintainers of the existence of consciousness alone, there are not other beings. They say: For a man who denies the existence of exterior things and maintains that thought is without an object, the existence of other living beings is not established through immediate evidence (*pratyakṣa*), for every knowledge is its own object and there is not an exterior object. And, as there are neither bodily nor vocal actions, the existence of other living beings cannot be established through induction (*anumāna*). For we know the existence of living beings besides ourselves owing to the significative character of gestures and words, and, in the system of 'consciousness alone', there are not such gestures and words. As concerns 'revelation' (*āgama*), it is included in the category (*skandha*) of 'matter' (*rūpa*), for Revelation is either of the nature of 'voice' or of the nature of 'scripture': both are inexistent according to you. . . ."

The answer was certainly more difficult to frame, and it is more difficult to translate. We shall only remark that the author deals first with the Sautrāntikas, who believe in the existence of exterior things as being known through inference— we only know our own ideas and sensations; but the occasional character of these sensations can only be explained by assuming the existence of exterior agents—and with the Vaibhāṣikas who, like the earlier Buddhists, believe that "the eye sees its object".

Much remains obscure in the position of the Vijñānavādinas. It is rather surprising that Dignāga and Dharmakīrti, while strictly adhering to the dogma of "consciousness alone", were able to build a consistent system of logic. No reader of the Nyāyabindu would suspect that the author, who skilfully states the conditions of correct "evidence" and correct "inference", denies elsewhere the existence of a "cogniser" and of a "thing cognised".

L. V. P.

NoËl Peri. Hārītī, la mère-de-démons. Bulletin de l'École Française d'Extrême-Orient, xvii, No. 3, Hanoi, 1917. pp. 102.

Hārītī is an important figure in the Buddhist pantheon, notwithstanding her demoniac origin. Formerly a deity of smallpox, a killer of babies, she was converted by Buddha, when the Master, by stealing the beloved one amongst her five hundred children, made her understand that human mothers also are fond of their babies. Much has been written on this deity, and the long overdue English translation[1] of the studies of M. A. Foucher ("La Madone Bouddhique, les images indiennes de la Fortune," dans Monuments et Mémoires publiés par l'Académie des Inscriptions et Belles-Lettres, xvii, 2, Mémoires concernant l'Asie Orientale, i) will before long, we hope, reveal the strange destinies of the ogress transformed into a "giver of children" and a tutelary saint of the Order. M. Noël Peri, who has a thorough knowledge of the Chinese sources, gives an exhaustive account of all the versions of the story (pp. 1–43), of the documents relative to the worship, monastic, popular, and tantric (pp. 44–65, 65–81, 81–102)— a very meritorious work indeed. But the most important part of this "mémoire" is the discussion of the relations between Hārītī and Avalokiteśvara. It is well known that, in China, Avalokita is a woman (Kouan-yin 觀 音); the iconographic representations of this saint give to a casual observer the impression of a Madonna. How has the sex of the Bodhisattva been changed? A problem which has puzzled a number of scholars, and which M. Noël Peri explains in a satisfactory way (pp. 67–72).

---

[1] The translation by Miss L. Thomas and Dr. F. W. Thomas was printed in August, 1914. [London, Humphrey Milford, 1917 (= 1918).]

CRITICAL NOTES TO SAUNDARANANDAKĀVYA

Haraprasād Sāstrī has deserved well of Buddhist studies by publishing (*Bibl. Indica*, 1910), together with valuable introduction and notes, the *editio princeps* of the Saundaranandakāvya of Aśvaghoṣa. It was by no means an easy task. There is an old and good MS., but it has many lacunæ; and the modern copy, on which Haraprasād had to depend for the bulk of the work, is thoroughly bad. We need not apologize for presenting a few corrections and conjectures. Some of them are given by the editor himself in his notes; a few (marked *B*.) are due to M. A. Baston (French translation of the two first chapters of the poem, *Journal Asiatique*, 1912, i, 79–100). There remain a number of difficult or corrupt passages on which I have unfortunately nothing definite to say.

I have not given up the hope of translating the Saundarananda, but, as the realization of such hopes is always, and especially now, a matter of incertitude, I should like to make a remark of some importance. Both the editor and M. A. Baston assume that Aśvaghoṣa's poem is a Mahāyānika work: I do not see any evidence in favour of this view. Whether the author of the Buddhacarita, the Saundarananda, and the Sūtrālaṃkāra (translated by E. Huber from the Chinese, Paris, 1908), is also the author of the Mahāyānaśraddhotpāda, is by no means evident. If it be the case, that does not in the least alter the fact that there is not any tinge of Mahāyānism in the Saundarananda. If preaching and working at the salvation of others is, as says Haraprasād Śāstrī (p. xi), the "distinctive creed" of Mahāyāna, then Buddhism has been Mahāyānist from the cradle.

I

2*a*. aśiśriyad yaḥ satatam? 2*c*. āśiśrāya?

5*d*. tapasām āśramo 'bhavat (see 18).

7*c*. asaṃkīrṇaiḥ *or* asaṃkīrṇaḥ.

8*b*. bhāvanair?

19*d*. śriyaś ca?

21. Cf. Raghuvaṃśa, xii, 9. bhrātṛvyasya . . . śriyaṃ na · viṣehire.

23*d*. gautamaḥ.

28*a*. kalaśaṃ.

30*d*. śīghravāhān.

31*c.* tadāśramamahīpāṃśum ?

32*c.* tān uvāca.

35*c.* śarādhmātā mahātūṇā (*B.*).

38*b.* śūnyacaitasaiḥ ?

46*c.* atiṣṭhipan.

50*d.* acīkhanan, wanting in Whitney's list.

56*b.* acīkaran.

II

1*b.* kulakramāt (*B.*).

2*a.* yaḥ sasajje (*B.*).

10*d.* asthitān (*B.*). sthitān is probably correct.

13*a.* arākṣīt is correct.

23*a.* Whitney akṛśat.

24. Cf. Buddhac. ii, 42.

43*d.* nikriyā.

46*d.* °caryāṃ.

45. ?

49*c.* vītakrodhatamomāyā. Māyā = Lakṣmī.

55*c.* saddharma°.

65*d.* °aṅganāsv anāsthaḥ.

III

2*a.* tapasitān ?? *c.* prekṣya sa viṣaya°. *d.* tapa iti ?

5*c.* dhyānaviṣayam.

10*c.* varāṇasā°.

14*c.* °taraṅgacalam. *d.* cātyatārayat.

17*c.* ?

18*b.* niyatamatir ?? *d.* svajanasvadeśa[‿ ‿]mitravastuṣu.

19*d.* duḥkhasukhayoḥ.

21*a.* avekṣya. *c.* śeṣam api ca janam.

22*c.* ?

26*c.* tatprasavam ?

27*b.* °siddhaye. *d.* sa suto ?

29*d.* dadhrire.

30*d.* upāsakaḥ ?

31*c.* kṛśadhano.

32*d.* With a scansion °māhilā ??

33*c.* ślakṣṇam api ca na.

34*b.* gṛddhamānasaḥ.

35*b.* saghṛṇo 'py acintayat ?

39*a.* gṛhiṇa.

40*a.* viṣayeṣu.

41*c.* tatra ca susukha° ?   *d.* kṛtayuge manor iva.

42*b.* ‿‿‿‿ —‿‿ —‿‿.   With a scansion °pūru° ?
    c. abhavad abhaya°.

IV

2*c.* vaiśravaṇaṃ.

5*d.* sā sundarī śrīḥ puruṣas tu nandaḥ ?

12*d.* bhūṣaṇaṃ.

22*b.* sākṣibhūtam.

25*a.* niṣpraṇayaś.

36*a.* anāśyāna°.

37*b.* jagāda.

38*a.* tataḥ stana°.

43*a.* adarśanaṃ tūpagataś.

V

2*d.* kṛtvāñjaliṃ.

3*a.* buddhastubhas . . . janasya ? ? buddhas tatas tatra ?

15*c.* kleśānukūlān viṣayān sitaṃ ca ?

18*d.* saṃkleśapakṣāṇ ?

24*d.* aratibhyaḥ.

25*b.* kriyābhyaḥ.

29*b.* śoko.

31*a.* savidyo.   *c.* tathānapekṣo.

45*b.* citram.

53*a.* tanu° ?

VI

16*a.* rūpeṇa bhāvena ca madviśiṣṭā.

19*d.* janavatsalena ? ?

25*d.* cūtayaṣṭiḥ.

38*c.* pṛṣṭhatas.

48*d.* ka iva.

VII

2*a.* liṅgaṃ tataḥ śāstrvidhipradiṣṭam.   *d.* hrīyamāṇo.

3*c.* yugadīrghabāhū.

4*c.* niśaśvāsa.

10*d.* hṛdayaṃ.

17*b.* dviguruṇā is good for the meaning, but wrong for the
    metre.   *vai* guruṇā ?

20*a.* baddhāsanaḥ.   *c.* saktaḥ.

23*b*. vanaṃ sapuṣpaṃ ?

26*d*. yato (reading of the MSS.) gives sense.

28*b*. vaśiṣṭhaś (cf. Buddhac. iv, 76).

29. Buddhac. iv, 76 (jalaprabhavasaṃbhavāṃ = jhasagarbha-yoniṃ).

30. Buddhac. iv, 16.

32*c*. srucaṃ.

34–5. Buddhac. iv, 19, 20.

37*c–d*. sarpān hriyaṃ na roṣe na tapo rarakṣa.

38. Buddhac. xii, 12.

42*d*. cittoddhava° ?

43*a*. āttasenaḥ.

45. Buddhac. iv, 79.

51. Buddhac. ix, 59, 60.

VIII

2*b*. bhramam.

7*c*. kare kareṇa.

10*a*. sadṛśaṃ hṛdi ?

25*d*. na ratir.

34*a*. svajanāḥ.   *d*. rabhasās tatra nimittam aṅganāḥ.

35*a*. vacanena karonti varṇanām ?

39*d*. dṛptatarāś.

42*c*. caiva yantraṇām.

44*b*. vaka[-] mīnaripuṃ.

47*a–b*. atha sūkṣmam atipriyāśayāl laghu tāsāṃ hṛdayaṃ na paśyasi.   *d*. calitam.

59*b*. bhaikṣam . . . citramauliḥ.

IX

1*d*. visaṅga° ?

5*c*. idaṃ tat.

6*b*. naditaṭānokahavac.

7*a*. annapānāsanayāna°.

12*b*. viruddhā.

14*a*. śayyāsana°.

16*b* and xi, 55*a*. asvanta = a-sv-anta ? asvastha ? ?

18*c*. jarāḥ.

23*b*. °dvipān arīn.

34*a*. daivikaṃ.   *c*. balavān (see Buddhac. iv, 82).

35*a–b*. raktacetasaḥ śarīrasaṃjñe tava yaḥ . . .   *c–d*. bhayād bhayaṃ hi.

36a–b. śarīre na vaśo 'sti kasyacin nirasyamāṇe.

39a. yathā prarohanti tṛṇāny ayatnatah.

41c. tathānapekṣya.

49b. vimokṣadharmābhyupa°.

X

1b. bhāryāṃ.

10d. pitṛbhyo 'mbha.

26d. rājāyate.

29a. tathānye.

42b. °karonti.

44a. yathā prabhāte.

49a. athāpsaraḥsv eva ?

53d. savṛkṣa°.

54c. vimokṣyāmi.

61d. na cāpy.

62b. kadācid dhi labheta ?

XI

5a. sa vṛttena.

13a. duṣkaraṃ sādhv anāryeṇa.

18d. yat tvāṃ (cf. Buddhac. iv, 65).

20d. MSS. tad rajaḥ ?

25a. dṛpto ?

27d. tyaktavān.

32b. nāpi kāmaiḥ satṛṣṇasya (see 37).

41. Cf Buddhac. xiv, 18.

43–4. Buddhac. xi, 13, 14.

46d. atyajan.

48 ?

50. Cf. Divyāvadāna, p. 194.

51b. ? d. devānāṃ sukha° ?

52d. dhṛtir bhavati nāsane (Div., p. 193, sva āsane dhṛtiṃ na labhate).

54c. yac ca (correction not necessary).

60c. niyamadhyānādibhiḥ.

61a–b. "Being inside the net, the foolish fishes in the tank are aware (jānanti) of the misfortune produced by destruction, live comfortably in the water; just so the meditative (dhyāyinas) persons in the heaven . . ." We want "unaware" (ajānanto). "The inhabitants of heaven" (divisthāyinaḥ) would give

good sense, but *dhyāyinas* is supported by Śatuḥ-
śataka, p. 473.

XII

3*b*. parihāsakṣamo ?

7*c*. tathānityatayā.

17*c*. Cf. Buddhac. xii, 16.

26*d*. dharmonmukha p°.

27*b*. draṣṭur āvṛtiḥ. · *c-d* ?

28*b*. viruddhā.

33. · Cf. Buddhac. xiii, 60.

39*b*. yataḥ ?

43*d*. akṣayaś ca ?

XIII

7*c*. mantrakāle ?

13*a*. śuddhaḥ.

15*a*. bhaikṣa°.

17. Cf. Abhidharmakośa, iv, Atthasālinī, p. 220.

18*d*. pareṣv āyattavṛttinā.

27. śīlanaṃ sevanād api / sevanaṃ . . . ?

29*c*. sthānam athānyeṣu.

33*c*. yatra.

44. nāpaneyaṃ tataḥ kiṃ cit prakṣeptavyaṃ na kiṃcana /
   draṣṭavyaṃ bhūtato bhūtaṃ yādṛśaṃ ca yathā ca yat//
   Compare Sumaṅgalavilāsinī, p. 12. The same verse,
   with a variant (*d*) *bhūtadarśī vimucyate*, is quoted in
   Mādhyamika books. The present passage gives us
   the best definition of the phrase *nimittagrahaṇa*.

48*b*. ārditam.

56*c*. bhava hi ?

XIV

6*d*. ?

12*b*. abhyañjyate. Cf. Mahāniddesa, p. 241, where the same
   similes are given.

13*a*. samatikramaṇārtham.

16*d*. mahaughasya t°.

21*a*. hṛdi yatsaṃjñinaś. *d*. guṇavatsaṃjñin-tāṃ.

24*c–d*. Cf. Aṅguttara, iv, 85.

35*a–b*. āsanagatasthānaprekṣitavyāhṛtādiṣu.

39*d*. viṣameṣu.

45*b*. tiṣṭhati ?

48*d*. ?

XV

1*a*. Cf. xiv, 49.
17*b*. maitrīṃ.
18*d*. natir might be correct.
21*b*. pātrībhāvopaghātāt tu.
22*b*. svaptum arhasi (see xvi, 78).
23*c*. See xvi, 49.
25*c–d*. ? ?
31*c*. svajanaḥ.
54*d*. apekṣate.
63*a*. niḥśaucaṃ.

XVI

4*c*. niḥsaraṇa°.
5*b*. prativedhya.
7*b*, 14*d*. avchi.
23*b*. ? *c*. avetya.
27*d*. kṣemaṃ.
38*d*. lokapravṛttāvaratiḥ ?
49*b*. kālo.
53*a*. yan niyataṃ nimittam. *d*. vāyunā vahnir ?
54*a*. niyatam.
64*d*. vāyvātmake.
66*a*. dhamann akāle.
76*c–d*. kaṇṭhe manasvīva yuva vapuṣmān acākṣusair aprayu-
tair viṣaktaiḥ ?
77*a*. doṣato.
83. Cf. Majjhima, i, p. 120. *d*. ?
85*c*. yātrā°.

XVII

4*a*. ṛjuṃ samagram ?
9*a*. manaḥśamāya.
15*b*. niḥsaraṇa°.
16*a*. sa rūpiṇam.
18*c*. ahetukaṃ ca kṣayi.
21*b*. naiśvaryam.
24*a*. ?
28*d*. jñānamukhasya ?
30*b*. yathābhūtam. *c*. °āśrayāṃ.
33*d*. śāstra°.
36*a*. tvaksnāyu°.

38*d.* yogāyudhāstrair.

43*a.* kāmāgnidāhena.

45*d.* cittāmbhasaḥ.

52*a.* sukhe 'pi.   *b.* parāṃ.

56*a.* niśrityā.   *b.* ?

57*c–d.* ?

59.   Cf. Buddhac. ix, 16.

60.   See iii, 14.

68*c.* pāram ivāplavākāt ?

XVIII

1.   Cf. Divya, p. 555.

2*a.* jñānasamāptikāle ?   See Buddhac. xiii, 51.   It seems that four pādas are missing between 2*b* and 2*c*.

4*b.* ?

10*b.* dharmacaryā = brahmacarya.

14*a.* urvyādikān.   *b.* kaṃ cit.   *c.* saktir.

16*a.* udayaṃ vyayaṃ ca ?

17*b.* niḥsāram asattvavantam ?   *c.* ?

19*a.* aniśritaś.

20*c.* °candana°.

22*a.* śiṣṭa° ?

28*b.* raṇaśauṇḍaśūraḥ.

34*b.* svalaṃkṛtaḥ ?

44*c.* °devātā° ?

49*d.* Buddhac. xv, 117.

50*b.* sudeśikasyeva.

51*b.* °mānasaḥ.   *c.* tathāvabudhyate.

52*b.* ceyaṃ.

53*b.* prasādādhigamena.   *d.* na tarhi bhaktāv abhiyogam ? ?

55*c.* madhyamo.

56*a.* mataḥ sa uttamo.   *c.* svagataṃ.

64*b.* mokṣe param ?   *d.* cāmīkaram iva ?

L. V. P.

THE DEVELOPMENT OF JAPAN.   By KENNETH SCOTT LATOURETTE. Macmillan.   1918. $1·50.

Mr. Latourette is a Professor of History at an American University (Denison), and what first occurs to one on opening his book is the reflection that such works rarely issue from

English universities. One can recollect some of an immense list of popular English works—of which a typical title would perhaps be Jolly Japan—works in ascending degrees of futility, written in a patronizing or a sentimental spirit, and staggering under a load of inaccuracies; but it is an unpleasant fact that, apart from the early standard works of such scholars as Chamberlain and Aston, the recent sound and thoughtful studies of Modern Japan are the work of American students, as, for example, Mr. W. W. McLaren's *Political History of Japan during the Meiji Era*, Mr. P. S. Reinsch on *Intellectual and Political Currents in the Far East*, and Dr. Gulick's studies of Japanese character and politics. To set against these we have only Mr. Robert Porter's *Full Recognition of Japan*, which is a compilation and not an inquiry, and Mr. Gubbins on the history of the early years of Meiji, where the author, by reason of his official career, was not able to make full use of his large stores of learning and experience.

. A book like Mr. Latourette's is the more welcome at such a time as the present, when it grows very clear that one of the few hopes for some measure of international amity is the fullest mutual understanding between nations. The only cure, the only possible alleviation, of national jealousies, hatreds, and suspicions, is the free and steady flow of information from one state to another, but it must be information that is accurate and untainted.

Mr. Latourette's book certainly satisfies those conditions. Its first ten chapters, which survey briefly, but with skilful compression, the history of Japan from the beginnings down to the war with Russia, are lucid and accurate. The survey of the following period—in particular the account of Japan's relations with America and the growth of her policy in China, where more acutely controversial ground is covered—is clear and conscientious. In fact, were it not an ungrateful criticism, one would be tempted to say that the author's evident desire to be unbiassed has led him by reaction to assume in some passages the rôle of an apologist for Japan. This, however, is a good fault, and does not by any means imply that the general tone of his treatment, for instance, of such difficult questions as that of immigration, is in any way prejudiced.

The reviewer, having recommended this book as quite the

best short study of modern Japan known to him, a happy medium in style between the popular and the scholarly, may be permitted one or two minor criticisms.

In dealing with the problem of Japanese expansion, it seems important to discuss the racial capacity for settling territories which differ from Japan in climate, configuration, etc. On p. 150 the author states that the vigorous policy of colonization of the Hokkaido was a success. The evidence available tends to show that the measure of success is dubious. Neither in the Hokkaido nor in Manchuria and Korea can the best elements of the Japanese population be said to predominate ; and it is still to be demonstrated that the Japanese are capable of settling, as opposed to exploiting, lands where a great deal of severe pioneer work has to be done, and where conditions of food and shelter are different from those prevailing in their own country. Certainly it is at present the case that, with some notable and praiseworthy exceptions, the Japanese immigrant population in Korea and Manchuria contains an unduly high proportion of peddlers, small shopkeepers, and those whose occupation is in general parasitic rather than productive.

The Index contains no entries under P, so that the reader will look in vain for the Treaty of Portsmouth, Perry, Pan-Asiatic, Portugal, and Pescadores.

The Bibliography omits reference to Mr. Murdoch's standard works on Japanese history, which, despite their obvious faults of temper, are unrivalled examples of bold and individual treatment.

G. B. SANSOM.

THE ENCYCLOPÆDIA SINICA. By SAMUEL COULING, M.A. Two parts (633 pages). Shanghai: Kelly & Walsh. 1917.

Mr. Samuel Couling in bringing out this work has rendered a distinct public service, and has laid the foundations of what will no doubt be some day an exhaustive repertory of Chinese lore. He is himself the first to admit the magnitude of the task he has undertaken, and the great value of this first issue of the *Encyclopædia Sinica* lies in the fact that it forms a working basis for subsequent editions.

Though all the best living authorities and the best available literature on this vast subject have been consulted, no one at all versed in Sinology could fail to find omissions in the headings and in the articles themselves. We are convinced that Mr. Couling will welcome any additions and corrections to which attention may be called, and we have therefore no hesitation in occupying this review chiefly with criticism and supplementary data. And in so doing we do not want to detract in any way from the praise which all scholars will no doubt bestow on this arduous undertaking.

From the point of view of the general public the work is a veritable handbook to China, and affords entertainment from cover to cover.

One of the greatest difficulties which beset the compiler of an encyclopædia such as this is the preservation of a due proportion in the length of the articles, and many instances might be pointed out of obscurer personages receiving longer notices than some who are better entitled to fame.

A very large place is occupied by the accounts of the various missionary activities in China, and although no one can ignore the debt that Sinologists owe to the missionaries of various European nationalities, nor wish to disparage in any way the work they so nobly carry out, we cannot help feeling that the accounts of missions play rather a disproportionately large part in a work which is primarily intended to " interpret and open up China to the foreign reader ". No doubt this disproportion will disappear in future, when the bulk of the work will be considerably increased.

From a general standpoint the following suggestions may be acceptable.

Under the article Moso on p. 5 reference should be made to the admirable monograph on this tribe by J. Bacot (*Les Mo-So,* Leyden, 1913).

On p. 25 Father Amiot's large dictionary of the Manchu language is not mentioned.

On p. 137 the crocodile should be mentioned.

On p. 159 reference should be made under Ney Elias to the *Turikh-i-Rashidi,* to which he wrote a long and learned introduction.

On p. 297 it might be mentioned that the School of Oriental Studies now possesses an almost complete copy of the second edition of the *Ku Chin T'u Shu Chi Ch'eng,* presented by the

China Association.   Incidentally this famous encyclopædia might fittingly have a cross reference under T'u Shu.

On p. 461, in connexion with the earliest use of block printing for books, mention should be made of a dated Chinese Buddhist work printed in 868 A.D., brought from Central Asia by Sir Marc Aurel Stein.

On p. 555, for Bod-jul, the Tibetan name for Tibet, read Bod-yul.

On p. 581 the bibliography of Uighur is very incomplete. The following works should be mentioned :—

Kudatku Bilik, by Dr. W. Radloff (St. Petersburg, 1891).

Uigurica, by F. W. K. Muller.   In two parts.   K.P.Akad., 1910.

K Voprosu ob Uigurach, by Dr. W. Radloff.

Verzeichniss der Chinesischen und Manchurischen Bücher und Handschriften der Königlichen Bibliothek zu Berlin, by J. Klaproth.

Recherches sur les langues tartares, by M. Abel Rémusat.

Under the same heading it is stated that Yule held that the Uighur alphabet was "more probably derived from the Sogdian". The Sogdian language was only discovered long after Yule's death.   The fact, however, is quite correct, as it has now been clearly shown that the Uighur alphabet—the origin of the Mongol and Manchu scripts—was borrowed from the Sogdian, which in its turn came from the Aramaic alphabet.   These Central Asian scripts, therefore, all derive from the Aramaic and not from the Nestorian Syriac, the view for long held by European scholars.   (See *Journal Asiatique*, 1911, R. Gauthiot; 1913, Ross and Gauthiot.)

On p. 590, under Visdelou, no mention is made of this author's famous and invaluable supplement to d'Herbelot's *Dictionnaire Orientale*.

In connexion with the Five Language Mirror, on p. 301, an excerpt dealing with birds, published in the Memoirs of the Asiatic Society of Bengal, 1909, should be mentioned.

THE EDITOR.

The following notes on painting and poetry are by Mr. Arthur Waley, of the British Museum.

In Mrs. Ayscough's article on Painting, as indeed throughout the book, insufficient attention is paid to transliteration. Thus, at the bottom of p. 419 (col. 1) 太 is transliterated Ta. On the same page (col. 2, middle) 寬 is transliterated *kuan* (for *k'uan*), while 仇 is transliterated *Chiu* (for *Ch'iu*).

The translation of Hsieh Ho's Canons is quite inadequate. In No. 1 氣 is not translated at all, whereas the whole contrast is between "outer form" and "inward spirit". No. 5 is translated by Mrs. Ayscough "Perspective should be correctly conceived". The Chinese is 經營位置, literally "planning and placing". To speak of "perspective" introduces irrelevant associations. No. 6 傳模移寫 is rendered "Representation should be in conformity with the style selected". Surely it means "tracing and copying". Ku K'ai-chih, when describing the proper way to "trace" a picture, uses the cognate word 摹. Chang Yen-yüan (10th cent.) says: 傳模移寫乃畫家末事 "Tracing and copying are of course an inferior part of the painter's art".

The article on Poetry is by Mrs. Couling. For Tung Fang-so read Tung-fang So; for Ssŭ K'ung-t'u read Ssŭ-k'ung T'u. For 搏 (p. 442, bottom of col. 2) read 搏. For 樂賦 read 樂府. The account given of Han poetry is very inadequate: even Ssŭ-ma Hsiang-ju is not mentioned. The statement that most of Han Yü's poetry is "in lighter vein" is astonishing. It is strange, in a short article on Chinese poetry, to mention such a complete nonentity as Kao Chü-chien 高菊磵, while the names of Ch'ēn Tzŭ-ang, Li Shang-yin, Su Tung-p'o, and Lu Yu are wholly omitted. Incidentally the last syllable of Kao Chü-chien's name is written "nien" by Mrs. Couling, a mistake copied from Giles's *Chinese Poetry*, where it is presumably a misprint. I think also, it must have been a translation of the poem which reminded Mrs. Couling "of Heine", for the original could scarcely have done so.

The statement (p. 444, col. 1) that most Chinese poems "are exceedingly terse" is presumably due to acquaintance with anthologies of short poems. In the complete works of any poet the short poems form a very small proportion.

In the bibliography "d'Hervey Saint Denys' *Poésies Modernes*" is mentioned. Can the *Poésies des Thang* be meant?

Mr. Z. L. Yih, of Shanghai, adds the following notes :—

There are some terms which deserve to be briefly explained, if not accompanied by an article, e.g., processions (迎神賽會),

which happen in time of drought, etc. ; rubbings (碑 帖), in which every Chinese archæologist is interested ; charitable institutions, such as family charities (義 莊), charity schools (義 塾), institutions for respectable, poor widows (清 節 堂), homes for curing opium-smokers (戒 煙 局). Two industries connected with the religion of China should also be mentioned, the incense-making trade and the lead-paper (錫 箔) trade.

The term 城 隍 廟, "City Temple," should be mentioned under "Temple", as every Chinese city has a City Temple. Its importance is evident when we consider the popular theory that the spirit of a dead man is under the jurisdiction of the spirit-magistrate whose Yamen is the City Temple. Just as when he was alive he was under the jurisdiction of the living magistrate.

The characters in drama seem to require more explanation. Thus the "hero" 生 is divided into "old" and "young", and again into military and civil. The woman's part is divided into "virtuous woman" 正 旦, "fast woman" 花 旦, and "old woman" 老 旦; while serving-women are called 青 衣 旦. The 淨 always has a bass voice and is usually of villanous character. 丑 is a clown; 末 an insignificant part.

An article on military equipment might with advantage be inserted. Many of the weapons used in China were similar to mediaeval European implements; but others (such as the 棍 "stick" and 畫 戟 "painted spear") were quite different.

OBITUARY NOTICE

ÉDOUARD CHAVANNES

Né en 1865 ; Professeur au Collège de France (1893) ; Membre de l'Académie des Inscriptions et Belles Lettres (1903) ; mort le 27 janvier 1918. Il laisse une veuve, un fils, officier aviateur décoré de la croix de guerre, et deux filles.

LA mort d'Édouard Chavannes est sans doute le coup le plus cruel qui pût atteindre les études chinoises. ·Nous n'essaierons pas d'apprécier son œuvre, aussi ample qu'elle est variée ; mais peut-être réussirons-nous à donner quelque idée de l'homme et du savant.

Édouard Chavannes appartient à la lignée des grands travailleurs d'autrefois, tout entiers à leurs recherches et à leurs élèves. Mesurant son champ dès l'aube, labourant sans répit comme sans hâte, engrangeant le blé mûr, il compta les années par des livres solides et élégants. Avec une facilité de travail tout à fait au-dessus de l'ordinaire, jointe à la préoccupation presque scrupuleuse de l'exactitude, la discrétion et la modestie, la légéreté de touche et l'horreur de toute prétention, étaient ses qualités maîtresses. Prenez, par exemple, la publication des documents chinois rapportés d'Asie Centrale par M. A. Stein : une énorme tas de menus fragments, les plus anciens MSS. chinois connus, documents officiels des petits postes militaires qui tenaient la "marche d'Ouest" sous les Han (1er siècle av. J.-C.). Édouard Chavannes était seul capable de débrouiller ce chaos ; il le fit, avec la rapidité et la sureté qui étaient son secret. Mais voyez comme il s'exprime dans la Préface : "Quelle méthode fallait-il suivre pour la publication de ces documents ? J'aurais pu me borner à ne donner que ceux dont le sens était sûr ; j'aurais négligé ceux dont la lecture était douteuse ou dont la traduction était hypothétique . . . Il m'a paru que cette méthode trop prudente n'était pas la bonne ; mieux valait, fût-ce au prix de nombreuses erreurs, livrer au monde savant la totalité des trouvailles de M. Stein. Ce qui importe, en effet, c'est que les travailleurs aient accès à tous les matériaux que j'ai eus moi-même entre les mains, et qu'ils puissent, par des efforts répétés, améliorer les résultats que j'ai obtenus . . . J'ai simplement fait ce que j'ai pu, et je me réjouirai de toutes les rectifications qui seront proposées . . ."

Semblable modestie unie à tant de science donne la mesure d'un homme.

La réserve et le tact d'Édouard Chavannes sont aussi bien visibles dans le même ouvrage. Il décrit ces petites garnisons perdues entre la Chine et l'Ouest, leur mission, leur recrutement, leur ravitaillement, leurs armes. Les détails épars dans les archives disparates qu'il a dépouillées fournissent tous les traits du tableau. Mais l'auteur veut aussi nous dire ce qu'on peut savoir du moral de ces soldats. L'homme l'intéresse. Ici les deux mille fiches sont muettes, mais d'autres sources nous renseignent sur le "matériel humain" dont disposait la hardie politique des Han. Ce sont des poésies militaires de l'époque des T'ang, jusqu'ici sans point d'appui fixe dans l'histoire, et qui s'expliquent maintenant par les documents d'archives qu'elles complétent à leur tour. Édouard Chavannes en présente quelques specimens :

> Il est bien malheureux, l'habitant de la frontière :
> En un an, il a trois fois dû suivre l'armée ;
> Trois de ses fils sont allés à Touen-houang.
> Les deux autres se sont rendus dans le Long-si.
> Tandis que ses cinq fils sont ainsi partis pour combattre au loin
> Leurs cinq femmes sont enceintes.

Le studieux sinologue n'ajoute rien à ces vieilles et émouvantes paroles. Sans trahir son rôle de témoin, il fait revivre les modestes héros des fiches du Turkestan. C'est de la meilleure histoire, qui dépasse la pure érudition sans rien sacrifier à la littérature.

S'il est un domaine où la littérature usurpe volontiers sur l'histoire, c'est sans doute la province mal délimitée que réclame la science des religions. Si nous voulons savoir ce qu'il faut faire et comment il faut le faire, prenons le mémoire sur le mont sacré T'ai-chan, "monographie d'un culte chinois."

L'auteur ne prétend vérifier aucune théorie ; pour un peu, on dirait qu'il n'y met rien du sien, excepté l'ordre et la lumière ; sinologue, il découvre, publie, date et traduit des textes ; historien, il les classe et les interprète. Son impartialité et sa réserve font la parfaite sécurité du lecteur qui, désormais, en sait autant que lui, ou presque autant que lui, sur le culte des lieux hauts en Chine. Certains écrivains auraient trouvé là matière à dix Rameaux d'or.

Les sinologues, qui ne sont pas toujours de bons confrères, furent, dés ses débuts qui étaient ceux d'un maître, d'accord pour reconnaître dans Édouard Chavannes les dons éminents du vrai sinologue. Il semble bien que personne autant que lui n'a contribué, au cours de ces trente dernières années, au progrès, non seulement des études sinologiques, mais, au propre, de la connaissance du Chinois. La difficulté du Chinois n'est pas dans l'incertitude ou le "flou" de la pensée : les Chinois sont des réalistes qui savent ce qu'ils veulent dire, et c'est sans doute pour cela que la Chine, qui a tant d'historiens, n'a pas, comme l'Inde, des philosophies ; elle n'est pas non plus dans des tours raffinés de syntaxe ; elle est surtout dans le nombre des expressions toutes faites, autant d'allusions littéraires, qui réjouissent le lecteur averti et déroutent quiconque ne connaît pas à fond ses auteurs. Aussi une bonne partie du travail des sinologues est du pur *guesswork*. Voir les Beal, les de Harlez, et tant d'autres. Un des grands mérites d'Édouard Chavannes, m'assuraient J. J. de Groot et Paul Pelliot presque dans les mêmes termes, est d'avoir substitué à l'exégèse par divination une méthode d'exactitude. La clef des énigmes est dans les livres, dans les classiques, dans les dictionnaires et encyclopédies. Le sinologue ne peut pas être l'homme *unius libri*. Il faut de larges lectures et une mémoire infaillible ; il faut surtout une sagacité innée. Les profanes sont à même d'apprécier le progrès marqué par Édouard Chavannes ; soit qu'ils comparent les anciennes traductions fragmentaires de Se-ma-t'sien avec *l'opus magnum* du maître français, soit qu'ils étudient quelque traduction de textes bouddhiques où le contrôle est aisé.

L'œuvre d'Édouard Chavannes embrasse toute la Chine, encore que l'étude des relations de la Chine avec les "Pays d'Occident" y occupe une place d'honneur. Il "attaquait" Se-ma-t'sien en 1890 avec le traité sur les sacrifices Fong et Chang ; en 1891, ses études de Normalien portaient un fruit dans la traduction d'un ouvrage de Kant ; de 1895 à 1898, parurent les quatre volumes de Se-ma-t'sien, l'Hérodote de la Chine. En même temps, Édouard Chavannes rouvrait la carrière ouverte par Rémusat et Stanislas Julien ; par ses soins, l'histoire des pélerins bouddhiques s'est enrichie, en 1894, des monographies d'Itsing sur les "Religieux éminents qui cherchèrent la Loi en Occident" ; en 1895, de l'Itinéraire d'Ou-k'ong ; en 1903, des Voyages de Son-Yun, sans parler d'une foule de notes—on

sait que la méthode " pour déchiffrer les noms indiens transcrits en
Chinois " a été renouvelée, depuis que nous sommes à même de
restituer l'ancienne prononciation et les consonnes disparues.
La publication des Inscriptions chinoises de Bodh-Gayā (1896)
donna lieu à une passe d'armes entre Édouard Chavannes et
Schlegel ; le vieil et rébarbatif Hollandais fut aussi inférieur
en érudition qu'en courtoisie.   Édouard Chavannes devait le
remplacer à la direction du Toung Pao.   A la Chine religieuse
appartient le livre sur le T'ai-chan (泰 山), dont le titre
" monographie " ne doit pas donner le change.   Ce copieux
mémoire jette des lumières nouvelles sur plusieurs aspects du
paganisme chinois, une forme très complexe du culte de la
nature.   Les deux volumes de la *Mission archéologique dans
la Chine septentrionale* (1909), importants pour l'histoire de
l'art, sont aussi très riches en archéologie au sens le plus large
du mot.   Le Bouddhisme et le folklore trouvent également leur
part dans les trois volumes qui contiennent *Cinq cents contes
et apologues extraits du Tripiṭaka chinois* (1910–11).   Enfin, et
peut-être la partie de son œuvre pour laquelle Édouard Chavannes
avait le plus de prédilection, de nombreuses publications, in-folios,
livres ou articles, consacrées à la plus grande Chine et à l'Asie
Centrale, fondements d'une discipline nouvelle : *Inscriptions
chinoises de l'Asie centrale* (1902) ; *Documents sur les Tou-kiue
(Turcs) occidentaux* (1903) ; *Les pays d'Occident d'après le
Wei-Lio* (1905) ; *Les documents chinois de la mission Stein*
(1913), etc.

Au cours de ces vingt dernières années, les philologies
orientales ont brisé le cadre, un peu étroit, de ce qu'on appellera,
sans trop d'inexactitude, l'humanisme.   Le temps n'est plus où le
programme du " lettré " ou du " mandarin " enfermait toutes les
ambitions du sinologue.   Édouard Chavannes avait acquis, par
des séjours prolongés en Orient, la connaissance de la langue
parlée et de la langue classique, sans laquelle il n'est pas de
sinologie possible.   L'École Normale l'avait trop profondément
marqué pour qu'il perdît jamais le souci de l'art.   Il était un
humaniste.   Mais les sources littéraires lues plus attentivement,
les sources épigraphiques en grande partie nouvelles, l'exploration
du Bouddhisme chinois, les reliques enfin que les Stein et les
Pelliot ont exhumées des sables du Turkestan, ont singulièrement
élargi le domaine du sinologue et aiguisé sa vision.   En même

temps que cet énorme afflux d'informations révèle les civilisations mi-occidentales qui relièrent la Chine à l'Inde et au Vieux Monde et fait apparaître des influences et des compénétrations insoupçonnées, il soulève les problèmes les plus compliqués de linguistique et d'archéologie. Pour résoudre ces problèmes, il faut les connaissances les plus variées, et il est bien caractéristique que, parti de Mithra, Franz Cumont soit devenu le collaborateur d'Édouard Chavannes et de Pelliot ; il faut des chercheurs qui aient le goût de l'aventure et qui soient garantis contre les spéculations aventureuses. Édouard Chavannes a consacré le meilleur de ses forces à équipper de tels chercheurs et à leur montrer la voie. Il fut un des créateurs de l'École Française d'Extrême Orient, cet excellent laboratoire ; il attirait au Collège de France de nombreux "lettrés", futurs collaborateurs de nos "savants" ; il formait des hommes comme le pauvre E. Huber et Paul Pelliot ; il publiait, pour Londres et Pétersbourg, les documents découverts par les missions anglaise et russe. La science qui, dit-on, n'a pas de patrie, et son pays lui sont également redevables.

Ses confrères directs paieront un juste tribut à sa mémoire. Mieux que nous ne saurions le faire, et avec plus d'autorité, ils expliqueront comment, exempt de hâte, libre de toute arrière-pensée personnelle, il a construit des ouvrages où il n'y a ni vains ornements, ni parties caduques. Ils diront que ses livres, qu'ils renouvellent de vieux problèmes ou qu'ils soient neufs d'objet et de manière, sont, pour les sinologues d'aujourd'hui et de demain, des guides sûrs et des amis. Aucun orientaliste ne les étudiera sans profit. Pour être austères—car Édouard Chavannes n'a jamais écrit pour le public, et, si ce n'est quelques discours académiques, sur "les Prix de Vertu en Chine", par exemple, on chercherait en vain dans sa longue bibliographie une page de vulgarisation—pour être austères, ces livres n'en sont pas moins aimables. On y respire partout une fleur de courtoisie et de probité ; on y prend contact avec un des esprits les plus distingués de ce temps.

Louis de la Vallée Poussin.

[*Mars, 1918.*]

Printed by Stephen Austin & Sons, Ltd., Hertford.

BULLETIN

OF THE

SCHOOL OF ORIENTAL STUDIES, LONDON INSTITUTION.

PAPERS CONTRIBUTED

THE KADUS OF BURMA

By R. GRANT BROWN

THE people distinguished by the name of Kadu,[1] because they speak a language differing from those of their neighbours, live mostly in the Katha district of Upper Burma, and inhabit a tract of country lying roughly between 95° and 96° E., and 24° and 24° 30′ N. The number of persons returned in the census of 1901 as speaking the language was 16,300. In 1911 only 11,069 were so returned.

But for their language the Kadus would be indistinguishable from the Burmese, and would be called Burmans. Those I have seen appeared to contain a larger proportion of persons with narrow faces and pointed chins than the Burmese, but a Burman officer who had lived among them for some years was of opinion that Kadus could be recognized by their rounder faces. I merely mention this as showing the value of such impressions. Statements that one race indigenous to Burma is taller or shorter or otherwise different in type from another are usually to be received with caution. It is not that there is a uniform type, but that there

---

[1] Stress the last syllable, and pronounce *a* as in *among*. This is the rule for nearly all Burmese dissyllables of which the first syllable ends in *a*, e.g., Katha, Ganan, Kabaw, Taman, Kala.

are so many types within the same so-called race (which generally means merely a group of persons talking the same language) that none can be selected as specially belonging to it. The same may be said of cranial measurements. So far as my experience goes these are useless for the purpose of classifying stocks in Burma. The indexes show great extremes, but when a mean is taken of any particular " race " it is mesatocephalic. Where this is not the case it will probably be found that the number of measurements recorded is not sufficiently numerous for any useful conclusion to be based on them.

The following passages are from "The Origin of the Burmese", published in the Journal of the Burma Research Society, June, 1911 :—

" The term ' Burmese ', as commonly used, means those persons who speak the Burmese language and follow Burmese customs, and are not known to be of other than Burman descent. Such a person may belong to any race on the face of the earth, but he is nevertheless a Burman. Of course, an individual with black skin or flaxen hair would not be described as a Burman ; but then there are no such persons who also fulfil the above conditions. Anyone with such obviously un-Burman characteristics would probably wear trowsers (if he is a man) and call himself an Anglo-Indian or Englishman. On the other hand, a Zerbadi,[1] if he professes the Muhammadan religion, would never be called a Burman, though he may look like one, speak only Burmese, follow Burmese customs in all respects except as regards his religion, and have but a small fraction of Indian blood in his veins. The term, in short, does not describe a race, but merely a community.

" The last statement might be made, with more or less degree of truth, of all so-called races. Another way of putting it would be to say that all races are more or less mixed. The races of which they are composed were mixed, and so were the races from which these races were formed, and so on. With this process going on indefinitely we might expect all mankind to merge into one another, and to be no more capable of classification than the sand on the sea-shore. This, however, does not happen, because communities which live in one part of the world, follow the same customs, speak the same language, and inter-marry tend to become uniform and to develope a type of their own, no matter how diverse their origin may have been. The most mixed community has only to refrain long enough from intermarriage with other communities, and it will develope a type as distinct as that of the Jews.

[1] A person of mixed Indian and Burman descent.

" The Burmese follow the ordinary rule. Though they have lived as one people for only a few generations, it is quite possible that they have already imperceptibly begun to develope a type of their own which may after many hundreds of years entitle them to be described as a race, provided they refrain from intermarrying with, or incorporating, the members of other communities.

" As compared, indeed, with the majority of the inhabitants of the two great countries, India and China, on each side of them, the Burmese are of quite a distinct type. They differ in features and complexion from the former, and in complexion from the latter. But this difference fades away when we compare them with the numerous peoples immediately surrounding them and living under similar conditions. Chins and Nagas on the one hand and Talaings on the other, though the last-named people belong to a different language-group, are indistinguishable from Burmans when living as Burmans in the plains. Put a Siamese or a Malay into Burmese dress, and he will in most cases look like a Burman. Where he does not it will be easy to argue that the fact is due to some foreign admixture. Individual Malays, for instance, may be found who are quite unlike Burmans in appearance, but this may easily be because they are of Arab descent. Even if we go further afield to Java or the Philippines, the type differs but little.

" This absence of distinct types is due, I think, not so much to homogeneity as to the fact that all these communities are of mixed blood, and that the type most suitable to the environment tends to predominate ; while the admixture has at the same time gone on within comparatively narrow limits. This again is owing to the willingness of the Tibeto-Burman, Indonesian, and other groups covering the area in question to intermarry with each other instead of carrying on wars of extermination or, as in India, forming exclusive castes, while their habits are certainly not less migratory than those of the rest of mankind. In fact the tendency mentioned above, under which all mankind might conceivably become of one general type, with great variations between individuals but no division into groups, has actually been at work in these countries, with results perplexing to those who think it their duty to search for a "true" physical type for each community speaking a separate language. The fact is that it is only where barriers have been erected between communities, whether by nature or by man, that distinct types have been evolved or preserved.

" There is no reason to suppose that the position is materially altered by our pushing our inquiries back in point of time. People are too apt, while admitting the obvious fact that most Burmans in Lower Burma are not Burmans at all but Talaings, to assume that at some remote period of time (usually a period just before the dawn of history) there was a pure Burmese race. Such an assumption is altogether gratuitous, and is made improbable by analogy. There is no reason whatever for supposing that there was a Burmese race a thousand or two thousand years ago any more than there is now, if by "race" is meant a people of homogeneous descent inhabiting a wide area of country. It is quite possible, however, that the Burmese language in an earlier form was confined to a clan, all the members of which were related to one another; and that the clan, growing more and more powerful, subdued or incorporated within itself other clans speaking languages allied to its own, or even belonging to a totally different language-group. Such evidence as there is points on the whole to something of this kind having happened. It is obvious that Burmese was once spoken over a very much smaller area than now. The downfall of the Talaing kingdom, with its resulting conversion of the Talaings to the Burmese language and customs, took place only a century and a half ago. In Upper Burma, which is supposed to be the home of the Burman, most of the country north of Mandalay was held, not so many centuries ago, by the Shans, who imposed their language on the people; without, however, being able to eradicate altogether the earlier languages, of which Kadu seems to have been the chief. Of Kadu history we know nothing, but, judging from analogy, it is likely enough that the Kadus themselves were but another clan who grew more powerful than their neighbours and eventually founded a Kadu kingdom. Tradition mentions other tribes, such as the Thet, the Sak,[1] and the Pyu, as having existed side by side with the Burmese and been gradually incorporated with them. That curious and interesting people, the Taungthas, who dwell in the plains in the west of Pakokku district, have a primitive civilization of their own, speak a dialect of Chin, and say they come from Mount Pôppa on the other side of the Irrawaddy, may well be the remnant of a tribe which once occupied the present Myingyan district, and attained a civilization almost rivalling the Burmese before it or part of it was expelled. Thus even in historical times the Burmese-speaking people were confined to a comparatively small area, and it is reasonable to suppose that, before they were strong or civilized enough to make history, the area must have been smaller still.

---

[1] As will be seen later, I have since discovered that Sak (or Asak—the prefix a is frequently dropped) is the Kadus' own name for themselves. The name Thet looks suspiciously like the modern Burmese form of the same word. A word written sak in Burmese is pronounced thet. If this is the case the tradition really means that the three great races of Burma north of the delta were the Burmese, the Kadu, and the Pyu. The last has been conjectured to be the people speaking the language of the fourth text of the Myazedi inscriptions at Pagan, dealt with by Mr. Blagden in the Journal of the Royal Asiatic Society for April, 1911. So far as I know this is pure conjecture, but at any rate the language is not Kadu, and it appears to be unlike any now spoken in Burma.

"It may now be asked how far these other tribes were allied to the Burmese in language, and therefore presumably in race; for, though language is often most misleading as a test of race, it also is often the only test we have. As to this it would be rash to offer an opinion. The Chins, the Kadus, and some smaller communities speak languages classed with Burmese as Tibeto-Mongolian. On the other hand the Talaings and the Karens belong to totally different groups. It is impossible to say to which of these categories the extinct languages of Burma belong. It is consequently impossible to say whether the bulk of the people who appear at the dawn of history as Burmans came from one direction or many.

"Various parts of Tibet and China have been suggested as the 'original' home of the Burmese. So far as I know these suggestions are pure conjecture except in so far as they are founded on similarity of dialect, and the only serious attempt at comparative etymology bearing on this subject is Mr. Houghton's in the article referred to in the last number of this Journal.[1] He found, as far as I remember, that the dialects of Western Tibet most closely resembled Burmese, and inferred that the Burmans came from there.

"No one seems to have suggested that the Burmese might have been evolved in Burma, and indeed there are good arguments to be found against such a theory, though the assumption that any given people must have come from some part of the world other than that in which it is found is not always justified. The tide of conquest and migration tends to run from cold and barren to warm and fertile areas, and nothing could have been more natural than the settlement of Burma from the highlands of Tibet. The same may be said of those parts of Western China where, as in the case of the Lolos, the languages show a manifest affinity with Burmese. On the other hand it does not seem necessarily to follow that, because the Tibetan dialects most closely allied to Burmese are now found in the west of Tibet, the ancestors of the Burmese also came from that part of the country. The western Tibetans may have migrated from the east.

"Whether the Burmese entered the country now called Burma as a single clan, or whether they had already welded other tribes with their own into a single nation, it is impossible to say. Here again we can only judge from analogy : and from what we know of Tibeto-Burman peoples in a primitive state their genius is against combinations for military or other purposes. Such combinations may have existed before the advent of civilizing influences from India, but we have no record of any on a large scale. On the whole it seems unlikely that they existed in the absence of some form of Indian or Chinese civilization.

[1] "Outlines of Tibeto-Burman Linguistic Palæontology": Journal of the Royal Asiatic Society, 1896.

"Nor is it at all necessary to assume a military invasion in order to account for the presence of Tibeto-Burman tribes in the country, allowing that they have come from outside. Bloodthirsty as some of these tribes and their neighbours appear to be, we often find them remarkably well-disposed towards strangers, welcoming them and passing them on to desirable lands. Though I do not wish to suggest that the conditions now existing among the tribes in the Hukong valley must have existed among the former inhabitants of Burma, we are yet able to realize from those conditions the fact that a peaceful invasion is not incompatible with a low degree of civilization, both in the invaders and in the existing occupants of the country. In the west of the Hukong valley we have the curious spectacle of a great number of petty chiefs, all independent of each other, living as a rule at peace with their neighbours and making little or no attempt to extend their power over large areas. The population is very mixed, various dialects belonging or cognate to the Kachin, Shan, and Naga languages being spoken. From time to time it receives accretions by immigration, which is not opposed; and there is record of communities having passed right through the tract to settle beyond it. For instance, the little State of Singaling Kamti, in the Upper Chindwin District to the south of this region, was settled about a hundred years ago by wanderers from Kamti Long, or Great Kamti, fàr to the north-east of it. They had apparently been allowed to pass through the Hukong valley without opposition from its inhabitants. Again, the headman of the little village of Maukkalauk, in the south of the same State, told me that he and his people had come from the neighbourhood of Nengbyeng, in the heart of the Hukong valley, and that they had arrived there, when his father was a boy, from Assam. They now talk Kachin, wear Kachin dress, and follow Kachin customs, but this is merely because they settled among Kachins at Nengbyeng. In Assam they are said to have worn white clothes and to have spoken some language which they have entirely forgotten and of which they do not even know the name. The history of this tiny community not only proves the possibility of peaceful migration among uncivilized peoples, but is a striking example of the rapidity and thoroughness with which a community may change all the characteristics (other than physical) which are generally supposed to indicate its race." [1]

So far as can be ascertained the only attempt hitherto made to study the Kadu language is the compilation by a police-officer of a vocabulary published in the *Upper Burma Gazetteer* (pt. I, vol. i, p. 691), and in Mr. Bernard Houghton's " Kudos of Katha and their Vocabulary " in the *Indian Antiquary* for May, 1893

[1] See also *Upper Chindwin District Gazetteer*, pp. 18–20, as quoted on pp. 248–9, Burma Census Report, and on p. 328, Indian Census Report, 1911.

(p. 129). Mr. Houghton, after a careful comparison with other vocabularies, came to the conclusion that the language belonged to the Kachin–Naga branch of the Tibeto-Burman family, and that its nearest relative was Sak, a language spoken by a small tribe in Arakan two hundred miles away across a mountain range inhabited by various tribes of Chins. I have now discovered that the Kadu name for themselves is actually Asak (the prefix a is frequently dropped or added in these languages), a fact of which Mr. Houghton was unaware.

Gazetteers and Census Reports, while quoting Mr. Houghton, all agree in treating the Kadus and their language as mere hybrids. "Who the Kadus were originally remains uncertain, but now they are little more than Burmese and Shan half-breeds with traces of Chin and possibly Kachin blood. If they ever had a distinct language it is now extinct or has been modified so much by all its neighbours as to be little better than a kind of Yiddish" (*Upper Burma Gazetteer*, pt. I, vol. i, p. 569). The opinions recorded are summarized in the statement in the last Census Report that "the Kadu language is a hybrid of such doubtful ancestry that it is difficult to assign it definitely to any group in the classified scheme of languages " (Burma Report, p. 192).

An investigation of an unknown language naturally begins with the numerals, and it must be admitted that the Kadus use the Shan numerals from four upwards, and for two and three in counting. Except the numerals, however, I have been unable to find any Shan words in the language, though the Kadus and the Shans are in close contact with each other ; and a village headman who spoke both Shan and Kadu told me there were none. Burmese words are frequently used, either for things or ideas introduced by a higher civilization or because they are considered more elegant, but even this fact does not justify a description of the language as hybrid. As to the numerals, a parallel exists in Japan, where the Chinese numerals are preferred by the educated classes, though the native equivalents are still in use among the country people.

The report goes on to quote the following from my gazetteer of the Upper Chindwin District. " The people who now talk the Kadu language live mostly in the Katha district, and those in the Upper Chindwin dwell along the border of Katha and come little into contact with the district officials. From what little is known of their language it appears to be, like the Taman, cognate to Burmese. There are traditions of their presence in the south of the district, and, as already stated, the Kadus or Kantus are mentioned in the Yazagyo chronicle as one of the peoples formerly living in the Kale valley or its neighbourhood. If this is correct there is no particular reason for supposing that they have died out there. They doubtless adopted the Burmese language and customs and call themselves Burmans. This process has occurred in the last two generations among the people who formerly spoke Ingyè, which, though the Ingyès are mentioned in the *yazawin* as a separate race, appears to be merely a dialect of Kadu, and is still spoken by two aged women of Teintha and Obo, on the river bank just above Kindat. These women say that in their childhood most of the people of these villages spoke Ingyè. Ingyè was also, two generations ago, the language of Ahlaw, Patha, and Maw in the Kabaw valley, and of Minya on the Chindwin above Paungbyin ; while Yuwa, Tatkôn, Ingôn, Wayôntha, and other villages are said to have once spoken it. These Ingyès appear to be the only people in the district who have no tradition of having migrated from elsewhere, and there is every reason to suppose that the language was in wide if not general use before the advent of the Shans. It is not unlikely that there was a Kadu domination, just as there was afterwards a Shan and a Burman domination ; and that Kadu was the language of one of the tribes which came into Burma long ago and eventually formed what is now the Burmese people."

With reference to the last sentence the author of the report says : " It seems more probable that in their origin they were a tribe intermediate between the Chin and Kachin branches of the western Tibeto-Burman invasion." This may well be, though I am not aware of any evidence as to when the Chins came to Burma. I did not mean to suggest that the people who introduced the Kadu language into Burma (if it was not evolved there) necessarily entered that country at the same time as those who introduced the Burmese language. The migrations may have been separated by many centuries. My point is brought out more fully and perhaps more clearly in "The Linguistic Survey of India" on p. 22 of the Burma Research Society's Journal of December, 1911. "The languages now commonly spoken in the Upper Chindwin are Burmese and Shan. It is obvious that the

Burmese is the result of the Burmese domination, which did not exterminate the inhabitants, but caused them, with the powerful aid of Buddhism and universal education, to adopt the Burmese language and customs. It seems to me highly probable that the presence of the Shan language is, in exactly the same way, the result of the Shan domination which preceded the Burmese, and that the language most generally spoken before Shan was Kadu, itself, perhaps, imposed by the Kadus on many tribes other than their own. It is also reasonable to suppose that the people who introduced the Burmese language into Burma was but one tribe out of many, and that its particular language or dialect has by degrees mastered the rest, and also the languages of quite different stocks, such as the Talaing. The Kadus may very well have been another of the tribes who eventually formed the Burmese people."

Since the passages quoted above were written I have been stationed for a few months in the Katha district, and have been able to make some investigation into the Kadu language in the course of a tour to Banmauk, the headquarters of a subdivision lying in lat. 24° 25', long. 95° 50'. The result is seen in the vocabulary, text, and notes annexed to this paper. It disposes of the theory that Kadu is a hybrid language (or, as described in the Katha Settlement Report, "a jargon of Burmese, Shan, and Kachin words" of recent origin), and shows it to be a language with a distinct vocabulary belonging to the Tibeto-Burman family and closely resembling Burmese in structure and sound-system.

The characteristics of the family are described by Sir George Grierson in vol. III, pt. i, of "The Linguistic Survey of India". There is a tendency towards monosyllabism, an absence of inflections, a fixed order of words, and a wealth of particles, or, as Dr. Sweet named them, "form-words," as distinguished from "full words" expressive of ideas. The arrangement of words in a sentence is subject, object, verb, and this, with a larger use of form-words,[1] distinguishes the family from the Tai and Chinese members of the Indo-Chinese group, in

---

[1] These characteristics also appear in Japanese, the structure of which altogether shows a close resemblance to that of Burmese, though the particles tend to coalesce and are on their way to become inflections. On translating into Burmese the Japanese text on p. 252 of Chamberlain's *Handbook of Colloquial Japanese* (ed. 1888) I found I was able to write the Burmese word under the Japanese word or syllable corresponding to it without making the order unnatural. On the other hand I have been unable to find any language spoken between Japan

which the order is subject, verb, object. The vocabulary is
richly varied, and there is a tendency to coin a separate word for
every individual concrete conception, but on the other hand a
difficulty, common to all languages spoken by people in a primitive
state of civilization, in forming words for abstract ideas. Some
of the languages, including Burmese, use generic particles with
numerals, saying, instead of "two carts and four bullocks",
"carts two vehicles and bullocks four animals". (This practice
exists in Kadu and Japanese.) The classification of words into
nouns, adjectives, verbs, etc., with which we are familiar is not
applicable to these languages. The verb is properly a noun, and
instead of saying "I strike" one says "by-me striking".[1]

I have said that Kadu closely resembles Burmese in structure
and sound-system. The vocabularies, however, have few roots
in common, if borrowed words be excluded. This seems to be
characteristic of the Tibeto-Burman family of languages. It may
be partly due to the tendency, mentioned by Sir George Grierson,
to coin a separate word for each individual conception, a practice
which must, sooner or later, result in numerous synonyms. This
again may be due to a primitive state of civilization, but I am
inclined to think that the chief reason is a difference in mentality
between East and West. The tendency for the same words or
roots to represent the same things in all allied languages in Europe
can hardly be due to civilization: the roots must have come down
from a time when conditions were primitive. Among the races
we are discussing fertility in inventing words is much more
conspicuous than a realization of the convenience of using one
word for one thing. Even villages often have several different
names, used by different villagers according to their fancy. The
result is that whereas the word "dialect", as distinguished from
language, conveys in Europe a conception of similarity in

and Burma in which the same order is maintained. Even Korean, which is said
to be the language most closely allied to Japanese, follows a different order.

When the above was written I was unaware that this close relationship between
Burmese and Japanese had been noticed by anyone. But see "A Comparison of
the Japanese and Burmese Languages", by Percival Lowell, Journal of the Asiatic
Society of Japan, 1891, p. 583, and "Burmese, Japanese, Chinese, and Korean",
by E. H. Parker, id., 1893, p. 136.

[1] To me it seems that words signifying actions in these languages are neither
verbs nor nouns. Instead of "he has lied" one says "he lie finish". In this
connection the remarks of B. Laufer on the prefix a- on pp. 779-80, Journal of the
Royal Asiatic Society, October, 1915, are much to the point.

vocabulary and structure with divergence in sound-system, in these countries it conveys rather similarity in structure and sound-system with divergence in vocabulary. It is in the Naga Hills, perhaps, that this characteristic is shown most clearly. It is said that the inhabitants of neighbouring valleys are often unintelligible to each other. This is not because (like men from Norfolk and Devon) they pronounce the same words in different ways, for such words as they have in common are probably pronounced alike; but because their vocabularies are largely different. Thus, whereas Aryan languages are classified to a great extent according to their vocabularies, it seems necessary when dealing with the Tibeto-Burman group (and probably others) to adopt quite a different classification, the main tests being structure and idiom. Viewed in this light Kadu and Burmese, despite their widely different vocabularies, may perhaps be regarded as being as closely allied as, say, English and Dutch.

The appendices contain a comparative vocabulary drawn from the lists of Tibeto-Burman words in the Linguistic Survey of India with the addition of Kadu, Burmese, Sak, and (since Kadu has been alleged to be a Shan hybrid) Shan; some of the standard sentences in the same work in Kadu and Burmese; a part of the standard text (the parable of the Prodigal Son); and some notes, mainly grammatical. In the sentences and text the Burmese word is written underneath the Kadu. It will be seen that the order is the same throughout except in two instances, where the upper line of the English equivalents represents the Kadu order and the lower line the Burmese. It was thought desirable to give the Burmese because the information was obtained through the medium of that language, and because anyone who studies Kadu in the future is likely to do so through the same medium. Below the text is written either the corresponding English word or a reference to a note. A literal translation from Kadu or Burmese into English is made impracticable by the great difference in structure and the fact that many particles have nothing corresponding to them in our language.

For the benefit of the ever increasing number of readers with a knowledge of phonetics (without which equipment no one ought now to begin a career in the East) I have also included a table of Kadu sounds kindly prepared for me by Mr. Daniel Jones, Lecturer in Phonetics at London University College.

The languages in the vocabulary have not been selected because they happened to contain more words in common with Kadu than the others in the Survey, but usually because they seemed typical of their groups. A few roots are more or less common to all the Tibeto-Burman languages. Some others are common to Kadu and one of the languages selected, the remainder having quite different roots. Nearly every group (excluding Shan) has some root in common with Kadu which none of the others have, or have only in a form considerably modified. The Kadu words šəwaʽ (37, tooth) and šaʽ (55, son) may be compared with Burmese θwaʽ, θaʽ; šədaʽ (63, moon), wan· (64, fire), and u· (71, fowl) with Kachin *shatta, wan*, and *u*; šənɑ· (34, nose), ʈi· (70, dog), and taŋʽ (81, beat) with Tibetan *snam, khyi*, and *t'ang*; kənɑʽ (38, ear) and ʈemʽ (67, house) with Naga *khana* and *shim*; pʽuʽ (46, silver) with Lahu *p'fu* in the Lolo group; šəbu· (68, horse) with Chin *shipu*; and mouᵗ (142, ox) with Kaw *maw*. Thus Kadu has special affinities with members of the Tibeto-Burman family lying as far apart as Western Tibet, Assam, and China. Clearly it is not "a jargon of Burmese, Shan, and Kachin", but a member of the Tibeto-Burman family of legitimate and respectable descent.

The alphabet of the International Phonetic Association is used for Kadu and Burmese. My reasons for using it are explained in *The Use of the Roman Character for Oriental Languages* in the Journal of the Royal Asiatic Society for July, 1912, and *The International Phonetic Association* in that of the Burma Research Society for June of the same year (vol. II, pt. i). An explanation of the symbols is supplied.

There are various dialects of Kadu, the two principal ones in the Katha district being the Mawteik, here recorded, and the Ganan. I made some investigation of the latter. So far as it went it showed that the full words (see above) are in most cases the same as in the Mawteik dialect, while the form-words are nearly always different. There is seldom any difference in pronunciation of full words where the roots are obviously identical. The Ganans understand the Mawteik Kadus to some extent, but only, it seems, because the latter are nearer civilization, so that the Ganans pick up their language. A Mawteik man, on the other hand, told me that his people could not understand the Ganans at all. One can quite believe this, seeing the differences in the form-words, which make up a great part of the language. Yet the difference between spoken and written Burmese is almost as great, there being but few frequently used particles in common. If dialects become distinct languages when mutually unintelligible, there are two Burmese languages, the written and the spoken.

The vocabulary and text were obtained mostly from Veterinary Assistant Maung Po Hnyin, an intelligent Burmese-speaking Kadu.

SOUNDS

A key to the pronunciation of the Burmese words in the vocabulary, etc., is given below.

Vowels

SYMBOL.	NEAREST SOUND IN ENGLISH, N. ENGLISH, OR FRENCH.	EXAMPLE IN BURMESE.
i	mach*i*ne	ni`, near
	*i*t	ı', box
	many F. été N.E. day	ne⁻, sun
ε	m*e*n	pε`, pea
a	N.E. pat F. patte	a', hand over
ɑ	f*a*ther	lɑ⁻, come
ɔ	s*aw*	k'ɔ⁻, call
o	N.E. h*o*me	o`, pot
u	r*u*de	u⁻, intestines
ʊ	p*u*t	pʊ', rub
ə	*a*mong	əp'e⁻, father

Diphthongs

ei	r*ei*n	ein⁻, house
ai	b*y*	lai^k, follow
aʊ	*ou*t	aʊ^k, below
oʊ	*ow*n	oʊn`, coconut

Consonants

p	F. *p*as	poʊn⁻, form
p'	*p*ay	p'oʊn`, dust

SYMBOL.	NEAREST SOUND IN ENGLISH, N. ENGLISH, OR FRENCH.	EXAMPLE IN BURMESE.
t	F. *t*out	tɛ·, very
t‘	*t*ea	t‘ɛ·, plough
k	F. *c*as	ko‘, nine
k‘	*c*ome	k‘o‘, steal
g	*g*et	gʊn‘, cotton-wool
ŋ	so*ng*	ŋa·, I
θ	*th*in	θin·, learn
ð	*th*is	nwɑ·ðɑ‘, beef
s	¹	sɑ‘, eat
s‘	*s*ore	s‘ɑ‘, salt
ʃ	*sh*ow	ʃɑ·, search
j	*y*es	je‘, day

b, d, h, l, m, n, w, z as in English.

Checks

Scotch and Cockney no*t*	aᵗ, pin. An unexploded *t*
———	aʊᵏ, below. An unexploded *k*
———	ne’, day. An unexploded glottal stop

All these sounds[2] appear, as far as I can judge, in Kadu, but the diphthongs are comparatively rare. The sound which I have represented by *e* before a final (e.g. eŋ) is not the vowel in *men*, for which I have used ɛ, but an equally lax sound between that and the vowel in *pin*. It is probably the second vowel in *pity*.

The o is pronounced with a minimum of lip-rounding, the lips being in a neutral or natural position.

There remain only the sound which I have represented by ţ, and its corresponding sonant ḑ. These are very near the Burmese tj in tjɑ‘ (tiger), and dj in ın‘dji̅· (coat), but there seems no doubt that they are single sounds. The tongue rests against the teeth in pronouncing them.

Burmese has only two tones, the level (·) and the falling (‘). With the following exceptions one or other of these is inherent, and is marked, in every syllable. Syllables ending with a *t*

---

¹ An unvoiced z (ᴢ), the ordinary sound of *s* in German *so*, used by some English people for the z in *zeal*.

² Except perhaps θ and ð. I did not come across them, but omitted to ask whether they existed.

check ('), or a *k* check (ᵏ), may be given any tone at the speaker's pleasure. Those ending with a glottal check (') have a falling tone when pronounced deliberately, but in conversation this is neglected in unstressed syllables. The tone has therefore not been marked.

I have only been able to find the same two inherent tones in Kadu as pronounced by Maung Po Hnyin, but he often uses a rising tone in questions, just as we do in English. This trick is quite unknown in Burmese. Otherwise the Burmese rule generally applies to Kadu, but not always. A final ɑ, for instance, has apparently sometimes no inherent tone. Possibly this is due to a third tone which has disappeared. Again, there is an inherent tone in pouᵗ-, stoop, and pouᵗ, belly.

TABLE OF KADU SOUNDS

		Labial.	Dental.	Palatalized dental.	Palatal.	Velar.	Glottal.
Consonants.	Plosive . .	p, p', ᵖ, b	t, t', ᵗ, d	ţ, ḍ		k, k', ᵏ, g	ʔ
	Nasal . .	m	n			ŋ	
	Lateral . .		l				
	Fricative .		s, s', z, ʃ				h
	Semi-vowel	w			j	(w)	
Vowels.	Close . .	{ (u) (ʊ)			Front. Mixed. Back. i u ɩ ʊ		
	Half close .	(o)			e o		
	Half open .	(ɔ)			ɛ ə ɔ		
	Open . .				a ɑ		

Sounds with double articulation appear twice in the above table, the secondary articulation being shown by the symbol in brackets.

English.	Kadu.	Burmese.	Sak. Hodgson, Misc. Essays, vol. ii, p. 34.	Balti (Tibet). L.S.I. III, i, 140.	Gurung (Nepal). L.S.I. III, i, 254.	Bara (Assam). L.S.I. III, ii, 132.	Angami Naga (Assam). L.S.I. III, ii, 246.
14. I	ŋa‾	ŋa‾	—	nga	nga	ang	a
17. We	ma'le‾	ŋa'do'	—	nga-ya	nheo-jaga	zang, zang-fur	he-ko, hë-na, a-vo, u-ko
20. Thou	naŋ‾	nin‾	—	khiang	ki	nang	no
23. You	heneŋ‾	nin‾do'	—	khye-tang	ki	nang-sur, nang-sar	ne-ko
26. He	hiŋ‾	θu‾	—	kho	o-cha	bi	po
29. They	heneŋ‾	θu‾do'	—	khong, kho-tang	kya-mae	bi-sur	u-ko, lu-ko, ha-ko
32. Hand	təhu‘	leᵗ	takú	lak-pa	yo	akhai	bi, dze
33. Foot	ta‾	tʃí‾	atar	rkang-ma	bhali-pu	afa, atheng	phi
34. Nose	ɔne‘s	hnɛkʼaʊŋ‘	amí	snam-tshul	na	ganthang	nhicha
35. Eye	meᵏ	mjɛ̀siʼ	ángsí	mik	mi	megan	mhi
36. Mouth	s'edʊn‘	pəzaᵗ	athawá	kha	sung	khuga	me
37. Tooth	s'ewa‘	θwa‘	akaná	so	sa	hathai	hu
38. Ear	kənɑ‘	na‘	kúmi	sna	nha	khama	nie
39. Hair (of body)	mʊn ku‾	{ emwe‘ / 'biɲè's / awe	akhú	go-real	mui	khenai	ta
(of head)	helaŋ'hu'						
40. Head	helaŋ‘	gaʊŋ		go	kra	khara	tsu
41. Tongue	s'ədi‘	ʃa‾	—	lche	le	sila	melu, mewu
42. Belly	poʊᵏ	baiᵏ	—	lto-a	pho	udoi	va, vadi
43. Back	kəs'aŋ‾	tjɔ‘	—	shul	gho	bikhung	che, naku
44. Iron	s'eŋ‾	θan‾	—	lchakhs	pae	shurr	thezhü
45. Gold	nʊn‘	ʃwe‾	—	ser	mhara	darbi	(no word)
46. Silver	p'u‘	ŋwe‾	—	shmul	chandi	rupa	rakajö
47. Father	ɔwe‾	'ə de', 'b de	abá	ata	a-ba	fa	po, pu

#	English							
55.	Son	sɑˉ	ɑ	—	bɯ, bɯ-tshɑ	jhɑ	fˢɑ, zˢlɑ	nâ
56.	Daughter	sˢæᵏ	θɑmiˋ	—	bo-ngo	jhɑ-me	fˢɑ zu	nâ-pfü
57.	Slave	sˉuˉ	tjɯnˉ	—	byis-bɯ; sɡo-yɑl	ghe-bɯ	sɑkhɑu, bɑndiɑu	de-mɑ
62.	Sun	səmeᵗ	meˉ	sɑmí	nyi-mɑ	dluŋɑ	sɑn	tinaki, naki
63.	Moon	sˢədɑˋ	lɑʔ	thɑttá	lzod	lɑni	nokɑ-buri	krö
64.	Star	uˉnuˉʃiˉ	tjiˉ	thɑgeingthi	skɑr-mɑ	sɑrɑ ; musɑrɑ	hɑthor-khi	themi
65.	Fire	wɑnˉ	miˋ	bá-in	me	me	ɑt	mi
66.	Water	weˋ	jeˉ	o	chhu	kui	dui	dzü
67.	House	ʃemˋ	einˉ	kyin	nɑng, khɑng-mɑ	dhi	nu, nâ	ki
68.	Horse	sˢəhuˉ	mjinˋ	sɑpú	rstɑ	tɑ	gorɑi	kirr, kwirr
70.	Dog	ʃiˉ	kˋwe	kú	khyi	nɑki	suimɑ	tefüh
71.	Cat	hɑnˋʃiˉ	tjɑʊŋˉ	heing	bi-lɑ	nɑwɑrɑ	mɑo-zi	nɯnâ, niɑnâ
72.	Fowl (or cock)	uˉ	tjeᵗ	—	bˢyɑ-po	nɑgɑbhɑle	dɑu-zˢlɑ	vödzü
73.	Duck	(Burmese word used)	bɛˋ	—	bɑtik	hɑnsɑ	(Assamese word used)	tophɑ
76.	Bird	uˉɖesˢɑˉ	hŋeᵗ	wási	bü-u	nemyɑ	dɑn	perɑ
77.	Go	nɑnˉ	θwɑˋ	—	chhɑ-chɑs	hyɑd	thang	vo
78.	Eat	jouᵗ	sɑˋ	—	zɑ-chɑs	chɑdu	zɑ	chi
79.	Sit	tˉouŋˋ	tˋɑiŋˉ	—	duk-chɑs	tidu	zâ, jû	bɑ
80.	Come	liˉ	lɑˉ	—	ong-chɑs	lɑgo	fɑi	vor
81.	Beat	tɑŋˋ	jaiᵏ	—	tˢɑng-chɑs	dhon	bɯ	vit
83.	Die	ʃiˋ	θeˉ	—	shi-chɑs	sil	thoi	sɑ-
84.	Give	iˉ	peˋ	—	min-chɑs	pin	hu	tsü, khashi
132.	Good	meˋ	kɑʊŋˋ	—	lˢɑgh-mo	sɑbɑ	gʰɑm	ke-vi
133.	Better than (you)	mɑleˋ meˋ mɑˉ (nɑŋˉ) tˉɑ meˉ (mɑˉ)	θɑˉ kɑʊŋˋ (dɛˉ) (ninˉ) tˋɛᵗ kɑʊŋˋ (dɛˉ)	—	lˢɑgh-mo	sɑbɑ	gʰɑm-sin	ki . . . vi
134.	Best	mɑleˋ doʊnˋ	əkɑʊŋˋ zoʊnˋ	—	chok-bɑtsek lˢɑgh-mo	sɑbɑ	boinu-sɑri gʰɑm-sin	ke-vi-thɑ
142.	Bull	moʊtˉ wɑˉ	nwɑˋ diˋ	—	ghlɑng chik, ghlɑng-to chik	bɑ-sɑt lhyɑ ghri	boldi mokɑu	thudo po, pedâ po
148.	Cow	moʊtˉ pɑˉ	nwɑˋ mɑˮ	thɑmk	bɑ-chik	mhe ghri	mɑsɑu	thu-krü-po

STANDARD WORDS FROM LINGUISTIC SURVEY OF INDIA—*continued.*

English.	Tangkhul Naga (Manipur & Burma). L.S.I. III, ii, 480.	Kachin. U.B.G. 660.	Siyin Chin. U.B.G. 682.	Lahu (Shan States). U.B.G. 670.	Kaw (Shan States). U.B.G. 692.	Shan. U.B.G. 626.
14. I	i	ngai	kema	nga, ngwa	—	kao-hka
17. We	ithum	antê, anhteng (hai)	koma	nyi	—	hao-hka
20. Thou	na	nang	noma, nangma	nwa, naw	—	maü
23. You	na, nathum	nante, nan hteng	nama	nwa	—	hsu
26. He	a	shi	ama	iu-wa, pa	—	man
29. They	athum	shante, shihteng (hai)	amate	no-hu	—	hkao
32. Hand	pang	kya, lata	hkut	la pu	a-la	mü
33. Foot	phai	—	piang	kü pu	a-kö	tin
34. Nose	natang	lati	na	na-hkaw	na-mè	hku lang
35. Eye	mik	mi, myit	mitang, mit	mè-shi	ne nö	mak ta
36. Mouth	khamor	ning-kop, tin-gup	kam	mawk-kaw	ka mè	hsup
37. Tooth	ha	wa	ha	ch'i	hsö	hkio
38. Ear	khana	na	bil	na paw	na baw	hu
39. Hair (of body) (of head)	asam	kara	sam	so kè maw	o du sakaw	hkon
40. Head	kui	paw	lu	a top-ko	o du	ho
41. Tongue	male	salet, shing-de	lei	ha-tè	me la	lin
42. Belly	wuk	kan	—	po-pe	ma	tawng
43. Back	khumkor	—		—		—
44. Iron	mari	hpri	chi, hki	hso, shi	hsum	lek
45. Gold	sina	gya	hkam (shan)	shi	hsu	hkam
46. Silver	lupa	kumpraw, kumprong	ngun (shan)	p'fu	tu	ngün
47. Father	ava	kawa	pa	a- na	ada	paw

English	shano (prai)	nunsha (kasha, kanu)	nu-me (ji-yi)	yami (n), zami (o-min-ma)	ya mi ya (nga mi ya)	hpu-ying (mè)
52. Woman	shano	nunsha	nu-me	yami (n), zami	ya mi ya	hpu-ying
53. Wife	prai	kasha, kanu	ji-yi	o-min-ma	nga mi ya	mè
54. Child	noshino	ma, kasha	tapa, naosing no	mö lawkaw, müt-mi	lagu la	luk awn
55. Son	noshino mayarno	kasha, lakasha	ta tapa	ha pa	nga li	luksai
56. Daughter	noshino ngalava	shiyisha, numkasha	tantu tanuliem in tiang, sal.	mo ko	nga bu	luk-ying
57. Slave	ro			ami	a-kye lawka, or ya ka	hka
62. Sun	chimik	chen, zan	ni	yika	nam ma	kang wan
63. Moon	kachang	shat-ta	tha	yè	ba la	lön
64. Star	sira	shat-kan	ashi	müan, maw	agö	lao
65. Fire	maį	wan	me, mi	kö, hpü	mi za	lpai
66. Water	tara	hka, in-sin	tui	mé-nyi	i-su	nam
67. House	shim			ko-ga	yung	hön
68. Horse	sigui	kum-rang	shipu	a-pè	mawng	ma
70. Dog	fa	gwi	wi		a-kü	ma
71. Cat	lami	la mi, la myao	ngiao		a-mi	miao
72. Fowl (or cock)	harva	u			ya	kai
73. Duck	vano	u pyet			a-gu	pet
76. Bird	vano	u	wuchiem	nga	i-yaw	nok
77. Go	kava, kachat	sha	pai	kai	haw hsa	kwa, pai
78. Eat	kashai, phakaza	tung, dung	ne, nia	ch'a	saw gaw	kin
79. Sit	kapam	hsahsa	to	mö da	lai yaw	nang
80. Come	khara		hom pai	la	ti yaw	ma
81. Beat	kasho		va (t), sat			yen
83. Die	kathi	si, si hsa..	thi, shi	she	hsi mè	tai
84. Give	kami					
182. Good	kapha	ka-kya, krau	hpa	hka, d'a pè	ye-mu	li
133. Better	phakamai	shang ka-kya	hpa-sang, zaw	a-kö-kha, d'a pè tè	akyaw ta mu se	yen-hken li
Better than you						
184. Best	phamaikapa	ka-kya tunsa	hpa bil	hsu-hsim-hsi-lka,	akyaw ta mu se	li (na) hse pön

STANDARD SENTENCES FROM LINGUISTIC SURVEY OF INDIA

. (The whole sentence in English is given first with its number
in the Linguistic Survey ; then the same sentence in Kadu ; then
the equivalent in English of each Kadu word, or, if there is no
exact equivalent, a reference to the notes which follow ; then
a literal translation of the Kadu sentence into Burmese. Except
in the sentence numbered 234 the order of the words is the same
in Burmese as in Kadu.)

220. What is your name ?

KADU.	naŋ⁻	naˑmɛˑ	meŋ⁻	kɔˑ	la`
	H	*name*	*C*	*call*	*C*
BURMESE.	nin’	naˑmɛˑ	bɛ’ nɛ’	k‘ɔˑ	ðə lɛ`

221. How old is this horse ?

K.	mə	s‘əbuˑ	əs‘aᵏ	maˑ	nɛˑ	ŋaˑ	ban`	la`
	This	*horse*	*age*	*C*	*C*	*J*	*B*	*C*
B.	diˑ	mjɪn`	əθɛᵗ	bɛ’	lauᵏ	ʃi’	bə	lɛ`

222. How far is it from here to (Indaw) ?

K.	mə	hɛᵏ	aŋdɔˑ		maˑ	nɛˑ	saˑ	la`
	This	*F*	*Indaw*		*C*	*C*	*far*	*C*
B.	diˑ	gɑ’	ɪndɔˑ (goˑ)		bɛ’	lauᵏ	we`	ðə lɛ`

223. How many sons are there in your father's house ?

K.	naŋ⁻	əwaˑ	ʈem`	beˑ	s‘aˑ	hrɔ`waˑ	maˑ	nɛˑ	ŋaˑ	la`
	H	*father*	*house*	*F*	*son*	*C*		*C*	*J C*	*C*
B.	nɪ"	əp‘e’	eɪnˑ	hmaˑ	θa`	bɛ’	.	lauᵏ	ʃi’ ðə	lɛ`

229. He is grazing cattle on the top of the hill.

K.	kəjaˑ	paɪŋ`	beˑ	.	mouᵏ	puˑ	maˑ
	Hill	*top*	*F*		*or*	*graze*	*B*
B.	tauŋ⁻	deɪᵏ	hmaˑ	nwa`	tjauŋ`	dɛˑ	

230. He is sitting on a horse under that tree.

K.	ʊn`	p‘ʊn⁻	taˑ	beˑ	s‘əbuˑ	sauᵏ	peˑ	t‘oʊm`	maˑ
	That	*tree*	*F*	*F*	*horse*	*F*	*F*	*sit*	*B*
B.	hoˑ	əpɪnˑ	auᵏ	hmaˑ	mjɪn`	bɔˑ	hmaˑ	t‘aɪŋˑ	dɛˑ

231. His brother is taller than his sister.

K.	heŋ⁻	əmu`	heŋ⁻	əte`	t‘aˑ	toʊm`	maˑ
	He	*elder brother*	*he*	*elder sister*	*than*	*big*	*B*
B.	θu’	əkoˑ	θu’	əma’	dɛᵗ	tji`	dɛˑ

232. The price of that is two rupees and a half.

K. mə beŋˈnaˑ mʊnˋ kəleŋ˳ paᵏ. kəleŋ˳ tˈeˑ
   This   *thing*   *price*   *A*   *rupee*   *A*   *quarter*
B. diˑ haˑ əpˈoˋ hnə tjaᵗ hnə maᵗᵗ

233. My father lives in that small house.

K. ŋaˑ əwaˑ unˋ ʈemˋ sjaˑ beˑ nemˋ maˑ
   I   *father*   *that*   *house*   *small*   *F*   *remain*   *B*
B. ŋaʔ əpˈɛˑ hoˑ emˑ ŋɛˑ hmaˑ neˑ dɛˑ

234. Give this rupee to him.

K. mə pˈuˋ paᵏ aˑ heŋˑ njeŋˋ iˑ jaŋˑ
   This   *silver*   {*piece A*
 one piece}   *he*   *F*   *give*   *B*
B. diˑ ŋweˑ tə djaᵗ θuˑ goˑ peˋ lɑɪᵏ

236. Beat him well and bind him with ropes.

K. heŋˑ deˑ lɔŋˑ hanˋ tanˋ banˋ naˋ jaŋˑhaˑ hopˋ pɛˑ
   He   *F*   *many*   ²   *beat*   *B*   *B*   *rope*   *tie*   *put*
B. θuˑ goˑ mjaˋ mjaˋ jaɪᵏ piˋ dɔˑ tjoˋ chiˑtˈaˋ

237. Draw water from the well.

K. jəhomˑ beŋˋ wɛˋ sʊnˑ pɛˋ
   well   *F*   *water*   *draw*   *put*
B. jeˑdwɪnˋ gaʔ jeˑ kˈaᵗ tˈaˋ

240. From whom did you buy that?

K. naŋˋ ʊmˋ beŋˋnaˑ həmɛˋ hɛᵏ miˋ laˋ
   H   *that*   *thing*   *C*   *F*   *buy*   *C*
B. ɲinˑ hoˑ haˑ bə duʔ ʃiˑgaʔ weˑ ðə lɛˋ

THE PRODIGAL SON

KADU. təmiˑsˈaˑ hə waˑ beˑ sˈaˑ kəleŋˑ huˋ ŋaˑ
   man   *A*   *one*   *F*   *son*   *A*   *A*   *J*
BURMESE. luˑ tə jaʊᵏ Lmiaˑ θaˋ hnə jaʊᵏ ʃiʔ

maˑ· sˈaˑ sˈjaˑ hɛᵏ əwaˑ baˑ naŋˑ banˋ na əwaˑ
B·   *son*   *small*   *F*   *father*   *F*   *go*   *A*   *A*   *father*
dɛˑ. θaˋ ŋɛˑ gaʔ əpˈeˑ sˈiˑgoˑ θwaˋ biˋ dɔʔ əpˈeˑ

ŋaˑ jmˋ lüˑ tˈaˑ guˑ neˑ əmweˑ(B.) iˑ jʊpˋ jaˋ
I   *F*   *get*   *B*   *B*   *B*   *inheritance*   *give*   *B*   *B*
tjʊnˑdɔˑ hnɪnʔ jaʔ. tˈaɪᵏ θə laʊᵏ əmweˑ peˋ baˑ loʔ

---

¹ The Kadu words "two rupees and two quarters" have been translated
literally. The Burmese would say "two rupees and a half".
² This seems to be an adverbial particle.

seŋˉ maˉ. əwaˉ hɛᵏ haʊŋˋ deˉ manˉ iˑ maˉ.
ask B *father* I *goods* : F *divide* *give* B
taʊŋˋ deˉ əpʼeˉ gaʼ pjıˈsiˋ goˉ weˉ. peˋ deˉ.

panˋ nuˉ ə maᵏ ṭiˉ sˈa sˈjaˉ hɛᵏ heŋˉ haʊŋˋ deˉ
Afterwards B *long* B *son* *small* F *he* *goods.* F
nauᵏ mə tjaˉ gınˉ θaˋ əŋɛˉ gaʼ θuˋ ouᵏsaˉ goˉ

laˉsˈʊmˉ banˋ naˋ saˉ beŋˋ tʼeınˉ beˉ naŋˉ maˉ.
{ *take all* / *all take* } B B *far* D *village* *to* *go* B
aˋloʊnˋ juˉ biˋ dɔʼ weˋ dɛʼ pjiˉ goˉ θwaˋ deˉ.

aŋˉ beŋˋ tʼeınˉ beˉ sɔ-gaˋ (B.) nınˋ beŋˋ jamˋ banˋ heŋˉ
that *village* *at* *dissolute* B D B *he*
hoˉ juaˉ hmaˉ sɔ-gaˋ neˉ deʼ ətʼwɛt θuʼ

haʊŋˋ deˉ sʊmˉ gʊmˋ nap maˉ.
goods F *be finished* *so as to* *spend* B
ouᵏsaˉ goˉ koʊnˉ aʊŋˉ θoʊnˋ deˉ.

NOTES

A.—NUMERALS

For the numbers two to ten the Shan numerals are used in counting. The native words have fallen into disuse, just as the native Japanese numerals have been supplanted by the Chinese in the towns of Japan, and will probably soon be obsolete altogether. The word for "one" in counting is nuˉ.

When numerals are used with nouns a class-name is employed, as in Burmese, Shan, and cognate languages. Here there is bewildering confusion. The class-name varies with different numerals. This is explained in most cases, but not all, by the Shan class-name being used with the higher numbers. But the numerals also vary with the class-name, especially in the case of "one", which takes no less than four different forms (nuˉ, waˉ, aˉ, naˉ) with different class-names. The order is also different. The word for "one", whatever it may be, is placed after the class-name, whereas all the other numerals are placed before the class-name. The fact that the latter is the Shan order suggests that the former is the proper Kadu order. Some examples are given below. Though the Shan words for two and three are always used in counting, the Kadu words (kəleŋˉ, sˈʊmˋ) are employed with nouns.

A man	təmiˉsʻɑˉ hɔˉ wɑˉ, həwɑˉ
A dog	ʈiˉ nuˉ wɑˉ
A mat	hamˋ tuˉ wɑˉ
This one thing	əbeŋˉnɑˉ teŋˉ nuˉ
Two men	təmiˉsʻɑˉ kəleŋˉ huˋ
Two dogs	ʈiˉ kəleŋˉ nuˉ
Two mats	hamˋ kəleŋˉ tuˋ
Three men	təmiˉsʻaˉ sʊmˉ huˋ
Four men	təm̃iˉsʻaˉ sʻiˉ kɔˉ

B.—Verbal Particles

Verbal root iˉ, give.

English	Burmese	Kadu
Gives / Gave / Was giving	peˋ dɛˉ	iˉ mɑˉ
Has given	peˋ biˉ	iˉ banˋ
Will give	peˋ mɛˉ	iˉ guˉ
May (will probably) give	peˋ leɪnʼ mɛˉ	iˉ jaŋˉ guˉ
Act of giving	peˋ dɑˉ	iˉ bɪnˋ
Give	peˋ	iˉ, iˉ jʊ"
Before giving	mə peˋ gɪnˉ	ə iˉɖiˉ
While ,,	peˋ doʊnˋ	iˉ doʊnˋ
After ,,	peˋ biˋ hmɑʼ	iˉ siˋ banˋ na
Without ,,	mə peˋ bɛˋ	ə iˉ jʊnˋ
So as to give	peˋ aʊŋˉ	iˉ guˉ
If (he) {gives / gave}	peˋ jɪnˉ	iˉ banˋna gɑˋ
Though ,,	peˋ beˉdɛʼ	iˉ banˋ jiˉdɑˋ
As ,,	peˋ ðəloˉ	iˉ jaŋˋ neŋˉ jɑˉ
That ,,	peˋ dɛˉloʼ	iˉ jɑˋ
Because ,,	peˋ loʼ / dɛʼ ətʻwɛt	iˉ deˉ / iˉ beŋˋ jamˋ banˋ
As soon as ,,	peˋ peˋdjɪnˋ	iˉ iˉ tʃaŋˋ (Burmese ?)
Does not give / Has not given / Was not giving / Will not give	mə peˋ buˋ	ə iˉ jɑˋ
Does (he) give?	peˋ ðə lɑˋ	iˉ lɑˉ
Has (he) given?	peˋ biˉ lɑˋ	iˉ {banˋ lɑˉ / ban gɑˉ}
Will (he) give?	peˋ mə lɑˋ	iˉ {guˉgɑˉ / gə lɑˉ}

ENGLISH	BURMESE	KADU
Doesn't (he) give ?	mə peˋ bu- laˋ	ə iˉ jaˋ gaˉ
Don't give	mə peˋ hnɪnˀ	ə iˉ sˋaˉ
Ought to give	peˋˎtaɪᵏ tɛˉ	iˉ mɛ maˉ
Have ,,	peˋ jaˀ deˉ	iˉ tˋaˉ maˉ
Make give	peˋ zeˉ deˉ	iˉ zeŋˋ maˉ
Is giving	peˋ neˉ deˉ	iˉ nemˋ maˉ
(No equivalent) [1]	peˋ laɪᵏ tɛˉ	iˉ jaᵏ maˉ
Wants to give	peˋ djɪnˉ deˉ	iˉ gaᵏ maˉ
Can give	peˋ hnaɪŋˉ deˉ	iˉ njeŋˉ maˉ
Will give again	peˋ oʊnˋ meˉ	iˉ joʊᵏ guˉ
Knows how to give } Is in the habit of giving }	peˋ taᵗ tɛˉ	iˉ haˉ maˉ
As much as (he) gives	peˋ ðə laʊᵏ	iˉ guˉ nɛˉ

Verbal nouns are formed in Burmese by prefixing ə to the root. In Kadu the root alone is used.

C.—INTERROGATIVE PARTICLES

ENGLISH	BURMESE	KADU
What ?	baˉ lɛˋ	həmaŋˉ gaˋ
What is it ?	baˉ pˋjɪᵗ θə lɛˋ	həmaŋˉ ŋaŋˉ laˋ
What is there ?	baˉ ʃiˀ ðə lɛˋ	həmaŋˉ ŋaˉ loˋ
Who ?	bə duˉ lɛˋ	həmeˋ gaˋ
Which ?	bɛˉ haˉ lɛˋ	maˉ beŋˋ gaˋ
Is there a dog ?	kˋweˋ ʃiˀ ðə laˋ	ʈiˉ ŋaˉ laˉ
Is it a dog or a man ?	kˋweˋ laˋ luˉ laˋ	ʈiˉ gaˉ təmiˉsˋə gaˉ
How many dogs are there ?	kˋweˋ bɛ-hnə kaʊŋˉ ʃiˀ ðə lɛˋ	ʈiˉ maˉ naɪᵏ nuˉ ŋaˉ laˋ
How ?	beˀ nɛˀ	{ maˉ neɪnˉ gaˋ { meŋˉ gaˋ
How many houses are there ?	eɪnˉ beˀ hnə eɪnˉ ʃiˀ ðə lɛˋ	maˉ naɪᵏ ʈemˋ ŋaˉ laˋ
How often ?	bəˀ hnə kˋaˉ lɛˋ	maˉ naɪᵏ panˋ gaˋ
How much ?	beˀ laʊᵏ lɛˋ	maˉ nɛˉ gaˋ

D.—QUALIFYING WORDS

The rule in Burmese is that words qualifying nouns, if substantival in meaning, are prefixed to the noun. If they denote qualities they are usually prefixed to the noun with the addition of a particle, but some common adjectives are placed after the noun. The Kadu practice is very similar.

---

[1] See *Half the Battle in Burmese*, p. 115.

Examples

ENGLISH	BURMESE	KADU
Road	lan˙	lam˙
Cart-road	hlɛʻˌlan˙	lɛ˙ (B.) lam˙
You	nɪn⁻	naŋ⁻
Your road	nɪn’ lan˙	naŋ⁻ lam˙
Maung Tin's road	Maʊŋ⁻ Tɪn⁻ lan˙	Maʊŋ⁻ (B.) Taŋ⁻ˡ lam˙
The road Maung Tin made	Maʊŋ⁻ Tɪn⁻ loʊᵏ tɛ’lan˙	Maʊŋ⁻ Taŋ⁻ˡ ʊm⁻ beŋ˙ lam˙
Broad road	{ tjɛ⁻ dɛ’ lan˙ { lan˙ djɛ⁻	paᵏ peŋ˙ lam˙ lam˙ paᵏ

E.—FORMATION OF PLURAL

The only plural affixes appear to .be daᵏ with nouns and ɟi˙ with ·verbs. The plural pronouns, unlike Burmese, have. their own words.

Examples .

ENGLISH	BURMESE	KADU
Man	lu⁻	təmi⁻sʻa⁻
Men	lu⁻ do̤’	təmi⁻sʻa⁻ daᵏ
Dog	kʻwe˙	ţi⁻
Dogs	kʻwe˙ inja˙	ţi⁻ daᵏ
I	ŋa⁻	ŋa⁻
We	ŋa⁻ do’	ma˙ le⁻
You (sing.)	nɪn⁻	naŋ⁻
You (plur.)	nɪn⁻ do’	həneŋ⁻
He	θu⁻	hɪŋ⁻
They	θu⁻ do’	həneŋ⁻
(He) has gone	θwa˙ bi⁻	naŋ⁻ ban˙
(They) have gone	θwa˙ dja’ bi⁻	naŋ⁻ ɟi˙ ban˙

F.—PARTICLES OF POSITION, ETC.

ENGLISH	BURMESE	KADU
At the house ˎ	eɪn⁻hma⁻	ţeɪn˙ be⁻
To	go⁻	ba⁻
From	ga’	{ beŋ˙ { heᵏ
On	bɔ⁻ hma⁻	saʊᵏ pe⁻
In	dɛ˙ hma⁻	nɔ˙ be⁻
Under	aʊᵏ hma⁻	kədom˙ be⁻ ta⁻ be⁻
For ˎ ᾿	bo’	jɪn˙
The house (object of ˑ verb)	go⁻	de⁻

¹ This is the old Burmese pronunciation, still surviving in Arakan. Intermediate forms tæ⁻ŋ, tɛŋ⁻, teŋ⁻ are found in dialects.

G.—"Yes" and "No"

For "yes" and "no" the verb used in the question is usually repeated, as in Burmese and, I believe, Irish. If the question contains no verb the equivalent of "that is so" (tʃiˉ maˉ, B. houᵏ keʼ) or its negative is used. Familiarly the sounds-eʼ, eŋʼ (B. eʼ, inʼ) are used for "yes", and a double inarticulate sound for "no".

H.—"You"

The various words used in Burmese for "you", according to the rank of the person addressed, have nothing corresponding to them in Kadu. All are represented by naŋˉ. This is identical with the old-form (still used in Arakan) of the Burmese ninˉ, which is now considered extremely rude.

J.—"To be"

As in Burmese, there are two words for "to be", with different senses. "There is" is ŋaˉ maˉ, while "it is" is ətʻaˉ maˉ.

K.—"And"

"And" between nouns is jauᵏ. Between verbs, as in spoken Burmese, it has no equivalent.

L.—Race Names

The following are the Kadu names for themselves and the races surrounding them.

    1. Kadu   əsaᵏ

As mentioned above, this is evidently the same word as the name of a tribe in Arakan speaking a cognate language, and as the traditional name of one of the great races inhabiting Burma, the others being the Burmese and the Pyu.

    2. Burmese   kədounʼ

The origin of this word is unknown. If discovered it may throw light on the relation between the two races.

    3. Shan   kəbɔʼ

This is the name of a valley, or rather a long and narrow plain, in the west of the Upper Chindwin district, on the border of Manipur. It is said to have once been thickly populated, but now has few villages, the population having probably been exterminated during the Burmese invasions of Manipur and Assam, when it

belonged to Manipur. The language of some at least of the
existing villages was until recently Indyè,[1] a dialect of Kadu.
I am not aware of any Shan villages, though as the country to
the north is inhabited, or at least dominated, by Shans, there may
possibly be some. What the connexion is, therefore, between this
tract of country and the Shans it is difficult to see, but the identity
of the name can hardly be accidental. The Burma Government
spelling is Kabaw, but the tract is referred to in most books and
records as the Kubo Valley, the Indian pronunciation kʌbo being
followed.

    4. Kachin   haˑhaŋˋ

I have been unable to discover any tribe of Kachins of this
name, or anything that would throw light on the word.

    5. Taman   tˀɔmanˉ

This name is used by the Burmese, and by the Tamans
themselves. The language, which is a distinct member of the
Tibeto-Burman group, is now spoken only by a few families on
the Chindwin and Ūyu Rivers to the north-west of the Kadu
country. See "The Tamans of the Upper Chindwin" in the
Journal of the Royal Anthropological Institute, July–December,
1911.

    6. Chinese   haᵏkˀɛˉ

One naturally identifies this name with that of the Hakkas,
who speak one of the great languages of the Chinese family.
But the Hakkas, while overrunning a great part of China, seem
to be absent from the provinces bordering on Burma. This name
also may be the key to valuable information on the relations
between the Kadus and other races.

    7. Chin   tʃɪnˋ

This is identical with the Burmese name, but not necessarily
borrowed. Indeed, the Burmese may have borrowed the Kadu
appellation, the Kadus having probably been in earlier contact
with the Chins.

    8. Indian   kəlɑˋ

The same remarks apply. Tradition points to the first Indian
settlers having come through the Kadu country. The kingdom
which had its headquarters at Tagaung, on the Irrawaddy north

---

[1] See p. 8. The word is there written Ingyè in accordance with the system
prescribed by the Government of Burma.

of Mandalay (east of the present Kadu country), was probably
Burmese though ruled over by Indian princes, but there is
a tradition that it was founded from the city of Peikthano in
Mahamyaing, a part of the Upper Chindwin district to the south-
west of the tract where Kadu is now spoken, and this city, traces
of which still exist, may well have been an Indo-Kadu capital.
The tradition is referred to on p. 259 of the Burma Census
Report, 1911.

.The popular derivation of *kala* from the Burmese words ku`,
cross, and la·, come ("comers across the sea"), may be dismissed
at once as fanciful. The difference in tone is alone sufficient
ground for rejecting it. According to Stevenson's dictionary the
word is the Pali *kula*, race. I do not know whether there is any
evidence for this. If there is none the word is at least as likely
to be the familiar Indian *kāla*, black. (Cf. B. nəga`, from *nāgu*,
snake.) The fact that it is written with a *u* in Burmese proves
nothing, as many Burmese spellings are due to false derivations.

NOTE ON URDU ORTHOGRAPHY

By A. YUSUF ALI, C.B.E., M.A., LL.M.

IT is not my intention in this note to discuss the question of Urdu Orthography in any comprehensive manner. All I, wish to do is to draw attention to two points in Urdu Orthography in regard to which European printing presses can render us a great deal of service.

My first point may be summed up in a general plea for uniformity of Urdu spelling. My second point urges the necessity of supplementing certain Urdu letters by modified forms to represent distinct sounds. This especially refers to vowel sounds.

As to uniformity: the question chiefly arises with reference to the treatment of compound verbal forms or compound forms of other words involving suffixes.

I take up a book lithographed in India, and on a single page I find the following forms :—

رہی گی ۔

ہو جائیں گے ۔

رہیگا ۔

ترقی کرتاجائے گا ۔

دودھ پلانے والا حیوان ۔

دیکھتے دیکھتے ۔

کردی جائے ۔

Now spacing, as between words, is not a strong point in lithographed books. Fortunately it is to be found with reasonable accuracy in printed books, especially those printed in Europe. But in compound forms no uniform law is yet established. And yet a few general principles can easily be formulated which will govern all cases.

Why should anyone ever write or print دیکھتے دیکھتے ? They are two distinct words, and their grammatical duplication does not justify their orthographical blending. In کردی جائے we have a compound verbal form, in which we have three distinct verbs combining to produce a definite phrase; each of these must be printed separately. In کرتا جائیگا we have two distinct verbs, viz. کرتا and جائیگا; but the latter is itself a compound form with a suffix. But as the suffix has no meaning by itself we join it on to the word which it modifies.

I would express the rule in two propositions as follows:—

I. In compound forms' of verbs or other words, where the component parts are distinct words, they should be written and printed separately.

II. Where there is a mere suffix or prefix with no independent meaning of its own, it should be joined on to the word which it modifies.

The seven examples which I started with quoting would, under these rules, be correctly written and printed as follows:—

رهیگی ۔

هو جائنگے ۔

رهیگا ۔

ترقی کرتا جائیگا ۔

دودھ پلانے والا حیوان ۔

دیکھتے دیکھتے ۔

کر دی جائے ۔

The principle of treating all postpositions and (Persian) prepositions as independent words may not perhaps command universal assent, but the analogy of all advanced languages will leave no doubt that that is the correct principle to follow. Thus we should write:—

Correct.	Incorrect.
گھاٹ پر *not* گھاٹپر	
دوپہر سے ,, دوپہرسے	

(The reason for treating دوپہر as a compound word will be referred to below.)

لڑکے کو *not* لڑکیکو	
بہ دستور ,, بدستور	

The position of the genitive particle, کا, کی, کے, is not quite so clear; but on the whole, I think it may be assimilated to that of the postpositions and prepositions. Thus:—

صاحب کا *not* صاحبکا

We may now state the third rule as·follows :—

III.·Postpositions· .and prepositions should be written and.
printed as independent words. .

· 'There are a large number of ,compound nouns·or adjectives ịn
Urdu, of which· the corresponding.·forms would be written in
English with·a hyphen.' : Thus :—'

کن‌بھٹا   _Kan-phaṭa_, slit-eared.

نیل‌کنٹھ   _Nīl-kanṭh_, blue-throated. ·· ·

کام‌چور   _Kám-chór_, one given to scamping work.

دوپہر   _Do-pahar_, noon.[1]

In such cases the correct principle is to write the two words
together, without spacing between them; but without running the
letters of the one on to the other, as in the following incorrectly
written forms :—

کنپھٹا
نیلکنٹھ
کامچور

This gives us our fourth rule :—

IV. Compound words, formed by the juxtaposition of one
word ·with another, usually nouns and adjectives, should be
written and printed with. no spacing between them, but without
running the letters of the one, on to the other.

Next, as to the supplemental shapes of Urdu letters. There
are three vowel sounds in Urdu ,which we represent by the .letter
ي, viz. :

$\bar{\imath}$ as in دهلي , _Dihlī._

_é_   „ لڑکے کو , _Laṛké ko._

_ai_ ·(diphthong) ·„   ہے , _Hai._·

       پیسا , _Paisa._

In the final ي we already use the three distinct shapes to
denote the three sounds, viz. :

ي (deep and round, as in دهلي).

ے (turned back,   „   لڑکے).

ے(shallow and long, left-hand end·not turned up, as in ہے, _is_).

---

[1] If we wish ·to say "two pahars", we must write the two wordß دو پہر
separately.

But the practice is by no means uniform. The most accurate writers use the three forms, but a lazy practice has grown up in lithographic presses of using the first and second forms only, and expressing the third sound by the second form, although the third sound has nothing whatever in common with the second sound. I urge that the triple distinction should be carefully and uniformly observed, and that European printing presses should cast types accordingly.

A corresponding distinction should be introduced in writing the medial ي. Fortunately the question does not arise in connexion with the initial ي.

The distinction I propose has reference to the writing of the dots of the ى. It has the merit of not confusing anyone who is not used to the system.

For the $\bar{\imath}$ sound I would write the ordinary Arabic medial ى with the two dots written side by side. Thus :—

هيرا *Hīra*, a diamond.

كهير *Khīr*, a rice pudding.

For the *é* sound, to rhyme with *ray*, I would write a short horizontal straight line to represent the two dots. Thus :—

بهيـرى *Bhéri*, a sheep.

هيرا *Héra*, he pursued.

For the *ai* (diphthong) sound I am indebted to Sir E. Denison Ross for the suggestion that the two dots should be written one on the top of the other. Thus :—

پيسا *Paisa*, a pice (a coin).

كهير *Khair*, a tree, the *Acacia catechu*.

There are not a few words which have a different meaning according to the sound of the medial letters, e.g. :

بير *Bír*, a hero, warrior.

بير *Bér*, a kind of berry, *Zizyphus jujuba*.

بير *Bair*, enmity, hatred.

A proper distinction in writing is therefore necessary for accuracy.

Similarly the letter و represents three vowel sounds in Urdu, which can all be accurately represented by slight modifications. The sounds are :—

$\bar{u}$ as in بھوت , *Bhūt*, a ghost.

$ó$ „   گهوڑا , *Ghóra*, a horse.

au (diphthong) „   جو , *Jau*, barley.

I represent the $\bar{u}$ sound by the simple Arabic و; for $ó$ I slightly curve the lower end of و, thus ڡ, but do not complete the loop; for au I loop the end of و, thus ٯ. In this way we can distinguish—

جو *Jo*, which (relative pronoun),

and جو *Jau*, barley,

also تهوک *Thók*, heap,

from تهوک *Thūk*, spittle,

and so on.

Fortunately no question of medial or initial shapes arises for this letter.

The letter ن represents two sounds in Urdu, viz.:

1. n as in نو *'nau*, nine.
2. A nasal sound like French n in *bon*, as in کریں *Karen*, let us make.

The final nasal is represented by the ں without the dot, but a medial nasal cannot be so represented. For example, there is nothing to distinguish between—

کنور *Kunwar*, a raja's son,

from کنور *Kanwar*, a boil on the temple.

I suggest that the nasal n should have a hollow dot $°$, which it would be optional to omit in final nasals. Thus :—

گنوار , *Ganwár*, a peasant.

اینٹ , *Înt*, a brick.

هم هیں , *Ham hain*, we are.

The two shapes of ھ, ہ for an h that is joined on with a preceding consonant and one that is not so joined on, are clearly distinguished in European printing, but not yet universally in lithographed books. Thus:—

بھائی *Bhái*, brother, not بہائی

بہائی *Bahái*, a follower of the religious sect of Baha-ullah, not بھائی .

Finally, may I suggest that European presses that print Urdu should discard the antiquated four dots for cerebral and hard letters and adopt the mark ط as in all lithography and writing ?. Thus :—

ٹُوٹنا *Túṭna*, to break, not توٹنا

گھڑی *Ghaṛi*, a watch, not گهڑي

ہڈّی *Haḍḍi*, a bone, not ہڈّي

LONDON, FEBRUARY 25, 1919.

THE MATTA-VILĀSA AND "BHĀSA"

By L. D. BARNETT, M.A., D.Lit., Lecturer in Sanskrit.

I

IN 1912 Pandit Ganapati Sastri, the learned editor of the Trivandrum Sanskrit Series, began to publish a group of thirteen plays, all apparently by the same author, which now fill numbers 15–17, 20, 22, 26, 39, and 42 of the series, and for which he claims Bhāsa as author. As Bhāsa was considerably earlier than the great Kālidāsa, who speaks of him in the prelude of his *Mālavikágnimitra* as a poet of established reputation, and as no works of Bhāsa have hitherto been known to survive, this discovery has naturally aroused much interest, and the erudite Pandit's ascription of the plays to Bhāsa has been generally accepted.

The plays themselves bear no author's name. But one of them bears the title *Svapna-vāsavadatta* or *Svapna-nāṭaka*, and is on the same legend as a play of the same name and on the same subject as one which a witty verse in the *Sūkti-muktāvalī* mentions as a work of Bhāsa. Beyond these references of Kālidāsa and the Sūkti-muktāvalī and an ambiguous description of his technique in the preface of Bāṇa's *Harsha-charita* (early in the seventh century A.D.), nothing is known of Bhāsa; and as probably half a dozen other poets have written plays on the same theme as the *Svapna-vāsavadatta*, we shall do well to hesitate before subscribing to the theory of Pandit Ganapati Sastri.

The Pandit, however, has some other arguments in favour of his view. He points out that in classical plays, such as those of Kālidāsa and his successors, the prelude begins with a *nāndī* or opening verse or verses, after which the stage-manager (*sūtradhāra*) enters and begins to speak, but that these plays of "Bhāsa" usually begin with the stage-direction "after the *nāndī* the stage-manager enters", and the latter then recites an opening verse. This, together with the fact that in these plays the prelude is called *sthāpanā*, whereas in the classical drama it is termed *prastāvanā*, are in the Pandit's opinion proof that these plays are pre-classical; and as Bāṇa in his *Harsha-charita* tells us that

Bhāsa's plays were *sūtradhāra-kṛitārambha*, i.e. had "beginnings" performed by the stage-manager, these plays therefore are plays of Bhāsa. This, of course, is a *non sequitur*. Again, the rhetorician Vāmana (eighth century ?) quotes in the commentary of his *Kāvyālaṅkāra-sūtra* three verses from these plays; but he does not mention the name of their author. Daṇḍin, who was not much later than Kālidāsa, cites in his *Kāvyādarśa* (ii, 226) a verse (*Limpatīva*, etc.) which occurs in two of these plays; but it must be admitted that it is a stock line, which recurs in several other authors, and Daṇḍin says nothing about its authorship or source. Again, the rhetorician Bhāmaha, in his *Kāvyālaṅkāra*, iv, 40–4, seems to refer to one of these plays, the *Pratijñā-yaugandharāyaṇa*; but Bhāmaha does not mention the author of the latter, and in any case Bhāmaha is later than Kālidāsa, whose *Mēghu-dūta* he criticizes (i, 42–4). The *Artha-śāstra* ascribed to Kauṭilya contains a verse (*Navam śarāvam*, etc.) which occurs in the *Pratijñā-yaugandharāyaṇa*; but this again proves nothing, for the verse is an old tralatitious one. Finally, whilst we must admit that some of the verses in these plays are strikingly similar to some stanzas of Kālidāsa and other classical poets, and that one play, the *Chārudatta*, seems to be the original of the *Mrich-chhakaṭika* attributed to Śūdraka, these facts are very far from establishing the authorship of Bhāsa. The dramas are and must remain anonymous; and all that can be said in regard to their date is that their style seems to be fairly early, and that the *Bharata-vākya* or final benedictory verse in six of them mentions a king Rājasiṁha as reigning.

II

In 1917, however, the Pandit published as No. 55 of the Trivandrum Sanskrit Series a little play which throws some light on the authorship of these dramas. This is the *Matta-vilāsa*.

The Matta-vilāsa is a *prahasana* or farcical sketch in one act. It depicts in a lively and caustic style the adventures of a drunken Kāpālin, or Śaiva religious mendicant, bearing a human skull in lieu of an alms-bowl, who with his wench wanders through the purlieus of Conjevaram to visit a tavern. Here he loses his skull-bowl, and while frantically searching for that precious object he comes upon a Buddhist friar. The latter is a somewhat frail son of the Church, for he confesses to a regret that the Law of the Buddha forbids him the company of the fair sex and the enjoyment of strong liquor; he even ventures to conjecture that these prohibitions have been interpolated in the Law by spiteful elders, and asks himself where he can find an uncorrupted text of the scriptures, which he may publish for the benefit of his brethren. The Kapālin and his wench, seeing the friar's alms-bowl, argue with vinous obstinacy and ingenuity that it is the skull-bowl which they have lost, and the friar, who at first is attracted by the charms of the damsel and the liquor which he sees her and the Kapālin swilling, nevertheless resists their demand, and a scuffle ensues, in which the Kapālin and the woman are knocked down. The Kapālin shrieks for aid, and a Pāśupata, a follower of a more respectable form of the Śaiva religion, appears on the scene. To him the Kapālin appeals, charging the friar, whom he names Nāgasēna,[1] with the theft of his bowl, while the friar mumbles the Sikkhā-pada. After some wrangling they agree to go to the police-court. Then comes in an Unmattaka, or crazy devotee. From him, after some clowning, the lost bowl is recovered, and all ends happily.

More interesting than the play itself is the question of its authorship and date. On this point there can be no doubt. The prelude informs us that the author is a Mahārāja of the Pallava dynasty, named Mahēndra-vikrama-varman, son of Siṁha-vishṇu-varman; and the scene is laid in Kāñchī, the modern Conjevaram. We may therefore identify him with the king of that name, who is known to us from the inscriptions, which give him also the titles of *Guṇa-bhara, Avani-bhājana, Matta-vilāsa,* and *Śatru-malla,* and mention a farce *Matta-vilāsa* by him.[2]

The present little play exactly suits these data. Its scene is laid in Conjevaram, the capital of the Pallava kingdom; it bears the title *Matta-vilāsa*; it alludes to his titles *Avani-bhājana, Guṇa-bhara,* and *Matta-vilāsa* on p. 1; and in its final benedictory verse it prays that "the world . . . may be well ruled by *Śatru-malla,* who by his power stills his foes". This king flourished about A.D. 620; and the play may with certainty be assigned to that period.

[1] Nāgasēna is the name of the famous Buddhist divine who is the protagonist of the *Milinda-pañhā*.

[2] See *South Indian Inscriptions,* vol. i, pp. 29–30; *Epigraphia Indica,* vol. iv, p. 152; *Archæological Survey of the Director-General of Archæology,* 1903–4, pp. 270 ff.; G. Jouveau-Dubreuil, *The Pallavas,* pp. 37 ff., etc.

Now the *Mattu-vilāsa* shows exactly the same features of technique as the plays attributed to Bhāsa, except that the author is named in the prelude : it opens with the stage direction "after the *nāndī* the stage-manager enters", and the latter recites the introductory verse ; the prelude is styled *sthāpanā* ; and there are several points of likeness in the style. As Mahēndra-vikrama-varman lived in the seventh century and Kālidāsa probably was about a hundred years earlier, these features in the plays of " Bhāsa " are therefore no evidence for a date earlier than that of Kālidāsa ; and we are fully justified in holding that both the *Mattu-vilāsa* and the plays of " Bhāsa" are products of a south-eastern school of drama which had not accepted the rules of technique which later became universal (probably through the increasing influence of Kālidāsa and his school), and that the works of " Bhāsa " are really anonymous products of some humble poet of the seventh century, who did not introduce his name into his preludes because it carried no weight. Hence it is perhaps not unreasonable to conjecture that the king Rājasiṁha mentioned in the final verses of the plays of " Bhāsa " is the Pāṇḍya Tēr-Māran Rājasiṁha I (*c.* A.D. 675).

By LIONEL GILES, M.A., D.Litt.

(*Continued.*)

33. 占 青 雲 而 載 眞 經
　望 風 律 以 馳 艱 險

"[Raban] consulted the omens in the sky and carried with him the true Scriptures; he observed the winds in their relation to the musical tubes, and quickly passed through difficulties and dangers."

占 being defined in the dictionary as 視 兆 以 知 吉 凶, the plain sense of the passage is that Raban tried to forecast the weather by means of divination before starting on his journey; our translators, however, probably because they had an uneasy feeling that this was not quite the right thing for such an eminent Christian to do, have one and all fought shy of this obvious rendering. It is not necessary, of course, to assume that Raban actually did resort to such practices, for we have already seen that the author of the inscription suits his language to the taste of his audience; the second clause, indeed, alludes to a form of divination which is peculiarly Chinese. Here, again, no translator seems to have grasped the technical meaning of 風 律. These are co-ordinates, as may be gathered from the following passages: *Li Chi*, 樂 記, ii, 17: 八 風 從 律 而 不 姦 "The eight winds are not unregulated but stand in harmonious relation to the twelve musical notes." The eight winds are the winds blowing from the eight points of the compass. *Shi Chi*, ch. 25: 書 曰 七 正 二 十 八 舍 律 歷 天 所 以 通 五 行 八 正 之 氣 "The Book of History says: It is by means of the Seven Regulators, the 28 Stellar Mansions, the Musical Tubes, and the Calendar, that divine communication is established with the emanations of the Five Elements and the Eight Directions in space."[1] 魏 志, ch. 29 (注): 昔 京 房 雖 善 卜 及 風 律 之 占 卒 不 免 禍 "Ching Fang of old, though his skill in divination extended to the interpretation of the Eight Winds and the Twelve Musical Notes, was unable in the end to escape

[1] This is not in the work as known to us to-day.

misfortune." The *locus classicus* for the Eight Winds is
Huai-nan Tzŭ, iii, f. 5 vᵒ – 6 rᵒ. Their names, together with the
corresponding musical tubes, etc., are given in tabular form by
Chavannes, *Mém. Hist.*, iii, p. 302.

The common phrase 青雲, in spite of the extraordinary
range of colour covered by 青, has always puzzled me a little;
and the parallelism here has suggested to me the idea (unsupported
by any real evidence, I must admit) that it may originally have
been an ellipsis for 青天白雲 "blue (sky and white) clouds."

Wylie: "Observing the azure clouds, he bore the true Sacred
books; beholding the direction of the winds, he braved difficulties
and dangers."

Legge: "Guiding himself by the azure clouds, he carried
with him the True Scriptures. Watching the laws of the winds,
he made his way through difficulties and perils."

Havret: "[O-lo-pen], attiré par la nuée brillante, apporta les
saints livres; et percevant l'harmonie des zéphirs, affronta les
difficultés et les périls (du voyage)."

Saeki: "Auguring (of the Sage, i.e. Emperor) from the azure
sky, he decided to carry the true Sūtras (of the True Way) with
him, and observing the course of the winds, he made his way
(to China) through difficulties and perils."

37. 理有忘筌

This expression from Chuang Tzŭ has passed into proverbial
use, but with a meaning that is not in the original. There is, of
course, as Mr. Moule remarks, no question of ingratitude here,
but that is because the allusion is *not* to the common proverb.
Reference to Chuang Tzŭ's text shows that the state of mind
which leads to "forgetting the fish-trap" has his unqualified
approval. 筌者所以在魚得魚而忘筌 . . . 言者所以
在意得意而忘言吾安得夫忘言之人而與之言哉
"The object of a fish-trap is the fish; when the fish is caught,
the trap may be forgotten. The object of words is to convey
ideas; when these are grasped, the words may be forgotten.
Would that I could hold converse with a man who succeeds in
forgetting his words!" It is clear, then, that 忘筌 in the
Nestorian Inscription is to be regarded as an amplification of
the preceding clause 詞無繁說, being in fact only an elegant
way of saying 忘言.

In the British ·Museum collection of MSS. from Tunhuang, S. 556, I have quite recently come across rather an interesting variant of this saying: 若 亡 筌 取 魚 則 可 以 言 道 矣 "If you can catch fish *without a trap*, then you may speak of Tao." The order of the words shows that 亡, not 忘, is the correct reading in this context.

其 敎 ... 宜 行 天 下 所 司 卽 於 京 義 寧 坊 造 大 秦 寺 一 所

To my mind, there is not the least room for doubt that the quotation from the Edict comes to an end ·at 天 下. Havret places the stop after 司 and translates: "Convenit peragrare caelo subjacens quod regimus," which is quite impossible to get out of the Chinese. 天 下 所 司 could only mean "what the Empire rules", not "the Empire which we rule". But, as a matter of fact, 所 司 is a common term for "the authorities". It is used thus by 錢 大 昕 in a document reproduced by Havret himself (Stèle Chrétienne, pt. ii, p. 394 (D): 太 宗 詔 所 司 于 義 寧 坊 造 寺 一 所. See also *Chiu T'ang Shu*, ch. 43, f. 16 r°: 則 受 之 以 授 於 所 司, and *Yüan Shih*, ch. 18, f. 2: 詔 軍 民 各 隸 所 司. Other instances could be multiplied. Mr. Moule, following Wylie, would even extend the text of the Edict down to 東 扇. But the use of 卽, as Professor Saeki has pointed out, is conclusive against such a view. And I may add that it is hard to conceive of T'ai Tsung connecting the fortunes of his house in any way with the favouring influence of the Nestorian creed !

38. 靑 駕 西 昇

I should like to have a clearer notion of what these words exactly mean. At present there is some diversity of opinion as to whether the vehicle in question was a "green car" (Legge) or a "black ox" (Saeki). On the one hand, Lao Tzŭ is usually represented in art as riding away on the back of a buffalo; but the word 昇 seems to imply that he was transported miraculously through the air.

Two passages may be quoted in this connexion which seem on the whole to show that 駕 here is not used metaphorically, but really means "chariot". (1) The biography of Lao Tzŭ in Liu Hsiang's *Lieh Hsien Chuan*, ch. 1, f. 3 v°: 後 周 德 衰 乃 乘 靑 牛 車 去 入 大 秦 "Afterwards, when the virtue of the Chou dynasty began to decay, he mounted a chariot drawn by a black ox and went away to Ta-ch'in."

(2) 關 中 記： 老 子 度 關 令 尹 喜 勑 門 吏 曰 若 有 老 公 從 東 來 乘 青 牛 而 文 車 者 勿 聽 度 關 "When Lao Tzŭ passed that way, the Warden of the Frontier gate, Yin Hsi, charged the gatekeeper, saying: 'If there should be an aged man coming from the East and riding in a painted chariot drawn by a black ox, do not allow him to pass through.' "

As in the similar case noted above, it may be that 青 駕 is a condensed form of 青 牛 文 駕. At all events, we shall hardly be tempted to translate the words "azure ox" with Wylie.

41. 火 綄 布

The second character has much puzzled the commentators. Diaz reads 綄 "to wrap round", a tampering with the text which is really unnecessary, since 綄 also means "to wrap". Legge merely says: "'Asbestos cloth' is indicated by three characters, of which the second is unexampled in that meaning." Mr. Moule thinks that the character, as written, is 綄 "a rare word with the sound *mao*" (so rare that it is not to be found in K'ang Hsi!), but favours the emendation proposed by Diaz.

Now, the ordinary term for asbestos cloth is 火 浣 布, i.e. cloth which when dirty may be washed in fire. But there is little or no meaning in "cloth which may be wrapped in (or round) fire", even if the words could bear such an interpretation, which seems to me doubtful. According to K'ang Hsi, however, 綄 has a second meaning which has been overlooked, namely 繻 繒 美 綄 "the beautiful sheen or gloss of fine silk." The three words would then be "fire-gloss-cloth", or cloth which regains its original gloss through fire. This, as we read in the 異 物 志, is exactly what happens: 若 塵 垢 污 之 便 投 火 中 則 更 鮮 明 也 "when soiled with dust or dirt, it is thrown into the fire and comes out fresh and bright again." And the *Wei Chih* says that when the dirt is burnt off, the asbestos comes out brilliantly white (燦 然 潔 白). Thus, if my surmise is correct, the expression is practically synonymous with 火 浣 布. For information on asbestos derived from numerous Chinese sources see Wylie, *Chinese Researches*, pt. 3, p. 141.

返 魂 香

There is an entry under this head in the *Pên Ts'ao*, ch. 34 *ad fin.*, where it is described as a 海 藥 "foreign drug." 李 珣

Li Hsün says: "According to the *Han Shu*, soul-restoring incense was imported from western countries in the time of Wu Ti [140–87 B.C.]. The 內傳 says: 'In 聚窟洲 Chü-k'u-chou, in the Western Sea, there grows a soul-restoring tree, in form like a 楓 *féng* (*Liquidambar*) or 柏 *po* (*Thuja*), whose flowers and leaves diffuse a fragrant scent for a hundred *li*. The incense is prepared by placing the root in a cooking-vessel and boiling the water so as to yield a decoction, which is then refined in the same way as lacquer. It has six names, to wit 返魂 "soul-restoring"; 驚精 "vital-essence-exciting"; 囘生 "life-rendering"; 振靈 "spirit-stirring"; 馬精 "horse-essence"; 却死 "death-dispelling." When a person has died of the plague, if this incense is burned in a dish and he is exposed to the fumes, he will revive. Hence it is called soul-restoring.'"

李時珍 Li Shih-chên says: "It is stated in the 博物志 *Po Wu Chih* of 張華 Chang Hua that in the time of Wu Ti the kingdom of 月氏 Yüeh-chih in the west sent as tribute across the Weak Water three lumps of this incense, as large as swallows' eggs and black like mulberries. There happened at the time to be a great pestilence at Ch'ang-an, and the envoys from the west asked permission to burn a lump of the incense in order to ward off sickness in the Palace. The patients who smelt it forthwith rose up from their sick-beds, and the scent lasted for several days, being perceptible at a great distance. Victims of the plague who had not been dead for more than three days all returned to life after being fumigated with the incense. Thus it was evidently a divine drug· with life-restoring properties. Although the story is a weird one and open to suspicion, yet it cannot be dismissed as a pure fiction, for it is quite possible that such supernormal phenomena may exist."

Similar virtues are ascribed to the 兜水 (or 末 or 門) 香 by 陳藏器 Ch'ên Ts'ang-ch'i, and in the 十洲記 *Shih Chou Chi* there is also an exaggerated account of the tree and the incense, which are said to grow on a mountain in Chü-k'u-chou.

The following note in Diaz's commentary is enlightening: "Soul-restoring incense is a rare perfume derived from an extremely fragrant-smelling tree, the oil from which is able to cure wounds, and causes sores to heal quickly and leave no scar. Its real name is 巴爾撒木香 *pa-érh-sa-mu* (balsam, or the famous balm of Gilead), and when men are severely wounded it is used as a remedy, generally with wonderful effect. The name "soul-restoring" indicates its speedy efficacy in an exaggerated way, so as to enhance its reputation; for it is not really able to bring a man's soul back into his body."

On Ricci's world-map of 1602, of which the Royal Geographical Society possesses a somewhat later re-issue, we find a legend about a perfume called 巴 爾 娑 摩 *pa-érh-so-mo*, in Peru. "This is an oil which flows from a tree when the latter is slit with a knife. Smeared on corpses, it keeps them from decaying. This perfume is also found in Judaea." Balsam is said by Pliny (*Nat. Hist.*, xii, 54; Bohn's version, vol. iii, p. 147) to have been "bestowed by nature only upon the land of Judaea", so that its mention in the Nestorian inscription as coming from Ta-ch'in is a valuable piece of testimony in favour of Hirth's identification of Ta-ch'in with Syria, which may perhaps be added to a future edition of his *China and the Roman Orient*. The fact that this substance was commonly used for embalming dead bodies doubtless accounts for the idea that it had the power of restoring life.

明 月 珠

"Bright-moon pearls" are mentioned by Huai-nan Tzŭ (who says that they come from 蠪 蜄 oysters) and a number of other writers, some of whom give more imaginative accounts of their origin. See 格 致 鏡 原, ch. 32, f. 2.

42. 寇

The form in which this appears on the tablet puzzled some of the earlier translators, including even Hirth. It was Legge, I think, who first identified the character. Within the last month or two I have found this same form occurring twice in one of the Tunhuang MSS. of the T'ang dynasty. Were the genuineness of the monument still in dispute this might be some evidence in favour of it.

45. 先 天 末 下 士 大 笑

"At the close of the *Hsien-t'ien* period inferior scholars loudly derided us."

The allusion is to *Tao Té Ching*, chap. 41 : 下 士 聞 道 大 笑 之. If, as is highly probable, the "inferior scholars" here denote the Taoists, it is amusing to note that this contemptuous description of them is taken—purposely, no doubt—from their own sacred canon.

Strictly speaking, the *Hsien-t'ien* period began in the 8th moon of 壬 子 (September 6, 712) and ended with the 10th moon of 癸 丑 (November 22, 713), so that 先 天 末 would seem to indicate the autumn of the latter year. As a matter of convenience, however, a year is usually known by its last *nien-hao*, in which case *Hsien-t'ien* would be 712 and *K'ai-yüan* 713. Both Legge and Saeki speak of the year 712 as having "two names", 太 極 under Jui Tsung and 先 天 under Hsüan Tsung. This is not quite correct. 太 極 lasted only to the end of the 4th moon, when the name was changed to 延 和. There are three *nien-hao*, therefore, included in 712.

有 若 僧 首 羅 含 大 德 及 烈 並 金 方 貴 緒 物 外 高 僧

"Then there came the head priest, Lo-han (Abraham) and the venerable Chi-lieh, together with other eminent priests who had renounced the world, noble scions of the West."

若 in this context may possibly be taken in the sense of 乃, for which K'ang Hsi quotes 國 語: 必 有 忍 也 若 能 有 濟 "there must be forbearance, then help will be possible." But 有 若 seems to me rather to be analogous to the introductory formula 粵 若, which occurs in the *Shu Ching*.

大 德 is a regular title indicating a certain grade or status in the Buddhist priesthood. I have found it several times in colophons to the Tunhuang MSS., e.g. S. 513 (dated 676): 詳 閱 太 原 寺 大 德 神 符 "carefully perused by the venerable Shên-fu of the T'ai-yüan Monastery." The office appears there to be higher than that of 寺 主 "Abbot," but what it was in the Nestorian Church is doubtful. Professor Saeki has "Bishop".

並 is translated "ambo" by Havret, and referred to Lo-han and Chi-lieh, which is surely a mistake.

金 方 as a synonym for 西 方 or the West in a vague sense occurs several times in Chinese literature, notably *Hou Han Shu*, ch. 58 *ad fin.*: 詡 變 令 圖 再 全 金 方 "[Yü] Hsü and [Fu] Hsieh by their admirable strategy twice saved the Golden Regions." And 錢 起 Ch'ien Ch'i in a farewell poem to the leader of an expedition to the West laments that the road thither is so long: 金 方 路 極 行 人 遠.

48. 龍 髯 雖 遠 弓 劍 可 攀
　　日 角 舒 光 天 顏 尺 尺

"Though the dragon's beard is out of reach, the bow and sword
　may be grasped ;

The majestic brows radiate light, and the celestial countenances
　are close at hand."

The legend alluded to in the first line will be found in Liu
Hsiang's *Lieh Hsien Chuan*, ch. 1, 黃 帝: 有 龍 垂 胡 髯 下
迎. 帝 乃 昇 天 群 臣 百 僚 悉 持 龍 髯 從 帝 而 升 攀 帝
弓 及 龍 髯 拔 而 弓 墜 群 臣 不 得 從 "A bearded dragon
flew down to meet the Emperor, who thereupon ascended to heaven.
His ministers and attendants all caught hold of the dragon's beard
so as to rise with him. But while they were clutching this and
the Emperor's bow, the beard was pulled out and the bow fell to
earth, so that the ministers were unable to follow their master."

The allusion was recognized by Diaz, who has the following
note: "Although the story is an extravagant one, Ching-ching
has ventured to borrow it for the purpose of illustration. This
miracle, performed by an ancient Emperor who had cultivated
Tao, is compared with the present action of Hsüan Tsung, who
had the portraits of the five Emperors painted and placed in the
Christian Church, so that all men might behold their faces and
thus come into intimate contact, as it were, with their splendour"
(如 親 炙 其 光).

The curious expression 日 角 has been entirely misunderstood
by all the translators except Professor Saeki, and even he tells
us nothing about its origin. It occurs first, so far as we know,
in the *Hou Han Shu*, ch. 1A, f. 1r°: 光 武 隆 準 日 角 "(The
Emperor) Kuang Wu had high cheek-bones[1] and sun-like
temples." The commentary by 鄭 康 成 says: 日 角 謂 庭 中
骨 起 狀 如 日 "By *jih chio* is meant the appearance of the
bones in the temples rising up like the sun." According to the
南 史, Wu Ti of the Liang dynasty also had 日 角 龍 顏, and
again 日 角 龍 庭. Thus the words came to be used in a general
way for the Imperial countenance. It is noteworthy that
兩 太 陽 "the two suns" and 鬢 角 兒 "hair-tuft horns" are
colloquial terms still used to designate the temples.

All this, of course, does not really explain the derivation of the
phrase. But a fresh light has quite recently been thrown on the

[1] One commentator says that 準 means "nose".

question by Mr. E. T. C. Werner's "Note on Head-flattening" in the first number of the *New China Review*. Here it is pointed out that "the heads of the earliest mythical rulers taper . . . . not to one point, but to two. This is the case in the representations of Fu Hsi, Shên Nung, Nü Kua, and many apotheosized beings, who are depicted with heads looking almost as if they had been cut into from above by an axe, in the middle of the skull. Going still further back, we find in the representation of P'an Ku, the earliest 'emperor' of all, the alleged progenitor of the Chinese people, not merely two points or bumps, as in the case of Shên Nung, etc., but two actual horns". Mr. Werner has a work in the press, we are told, in which the significance of these horns will be explained.

Legge: "Although the dragon (i.e. imperial) beard in them was too far off, the bow and sword could be touched with the hand; when the sun's horns (= rays) shed on them their light, the celestial countenances seemed to be within about a cubit (from the spectator)."

Havret: "Draconis barba quamvis distet, arcus gladiusque possunt attingi. Solare cornu diffundit splendorem, augustique vultus pede propiores."

Saeki: "We feel as though 'we were in a position to hang on to the Imperial bow and sword, in case the beard of the Dragon should be out of reach'. Although the solar horns (i.e. the August and Majestic Visages) shine forth with such dazzling brilliance, yet the gracious Imperial faces are so gentle that they may be gazed upon at a distance less than a foot."

51. 於 是 天 題 寺 牓 額 戴 龍 書
    寶 裝 璀 翠 灼 爍 丹 霞
    睿 扎 宏 空 騰 凌 激 日

"Thereupon the Emperor indited a tablet for the monastery, which bore on its face the Dragon handwriting. It was adorned with gems of lustrous kingfisher blue, and shone with the rosy radiance of sunset clouds. The wisdom of the inscription was as boundless as space, and the loftiness of its sentiments challenged the sun."

It will be seen from the appended versions that translators have rather tended to hide under a cloud of words their failure to extract any particular meaning from the Chinese. The passage becomes more intelligible, I think, if we take the second line as describing the beauty of the tablet as a work of art, and the third as referring to the words of the Imperial inscription.

Wylie: "Thereupon the emperor composed mottoes for the sides of the church, and the tablets were graced with the royal inscriptions; the accumulated gems emitted their effulgence, while their sparkling brightness vied with the ruby clouds: the transcripts of intelligence suspended in the void shot forth their rays as reflected by the sun."

Legge: "On this the celestial inscriptions appeared on the walls of the monastery, and its lofty front bore the dragon-writing. The precious lines were like the shining feathers of the kingfisher, and splendid as the ruby hues of the clouds about the sun. The tablets of wisdom filled each empty space, and their radiance rose up as if to provoke the sun."

Havret: "Super haec Imperator composuit templi tabellam fronte gerentem draconis scripturam. Pretiosa decoratio emicabat coloribus fulgore fulgens rubrae nubeculae; sapientis scriptura extensa spatio, impetu insiliebat irradiantis solis."

Moule: "Then the Emperor composed and wrote in his dragon hand a motto tablet for the monastery. This precious ornament (shone like) a gem or a kingfisher, and was bright with the vermilion glow of sunset clouds. The writing of the Wise one pervaded space, rising and leaping up in emulation of the sun."

Saeki: "Thereupon the monastery names, composed and written by the Emperor himself, began to appear on the monastery gates; and the front tablets to bear the dragon-writing. The monastery was resorted to by (visitors) whose costumes resembled the shining feathers of the kingfisher bird, whilst all (the buildings) shone forth with the splendour of the sun. The Imperial tablets hung high in the air, and their radiance flamed as though vying with the sun."

54. 每 於 降 誕 之 辰 錫 天 香 以 告 成 功

"Every year upon his birthday he sent a gift of celestial incense, wherewith to report his meritorious deeds to Heaven.".

Legge and Saeki are undoubtedly right in making 降 誕 the birthday of the Emperor and not of Christ. The public celebration of the Imperial birthday was first instituted in the reign of Hsüan Tsung. According to the *Chiu T'ang Shu*, ch. 8, f. 19, "On the *kuei-hai* day of the 8th moon of the 17th year of *K'ai-yüan* [Sept. 2, 729], which was his birthday, the Emperor gave a banquet to the Government officials at the foot of the 花 萼 樓 Flower-calyx Belvedere [in Ch'ang-an]. The officials memorialized the Throne, asking that the 5th day of the 8th moon might be kept every year as the 千 秋 節 Thousand Autumns Festival. The princes, dukes, and others of lower rank presented a gold mirror and a 承 露 囊 dew-containing bag [probably a skin full of choice wine]; and all the departmental Governors in the Empire ordered a three days' holiday with feasting and merry-making. Thus a precedent was established for future observance."

(*To be continued.*[1])

[1] I had intended to bring these notes to a close in the present number, but my material has outgrown the limits originally assigned.

INDO-ARYAN VERNACULARS

(*Continued.*)

By Sir GEORGE GRIERSON, K.C.I.E.

CHAPTER II : HISTORICAL

47. We have completed our geographical survey of the Indo-Aryan Vernacular and their dialects. It has been seen that they have been divided into three families, a Midland, an Intermediate, and an Outer. We shall now consider the mutual relationship of these families, and it will be more convenient to consider their growth downwards from the source than to follow their course upstream. The treatment must necessarily be historical, but the portion dealing with those stages which preceded that of the Indo-Aryan Vernacular lies outside the frame of the present work, and my account of them will be as brief as is consistent with gaining a clear idea of the whole subject.[1]

48. The earliest documents illustrating the language of the Indo-Aryans that we possess are the hymns of the Ṛg Vēda. These hymns were composed at widely different times and in widely different localities, some in Arachosia and some in the country near the Jamnā, but, owing to their having undergone a process of editing by those that compiled them into their present arrangement, they now show few easily recognizable traces of dialectic differences.[2] On the other hand, it is certain that even at that early period "there must have existed a popular language which already differed widely in its phonetic aspect from the literary dialect",[3] and that this folk-language varied so

---

[1] It is necessary to explain that this chapter was originally drafted in the year 1898. It was then deemed advisable to postpone the publication of the work till the Linguistic Survey of India should be near completion. In the meantime, I utilized the draft for the preparation of pp. 51–63 of *The Languages of India*, published in 1893. The chapter has now been rewritten, but so much of the original as had not become out of date was retained. Hence, much of what follows will also be found in the above work, which, however, goes into the matter in much greater detail.

[2] Cf., however, von Bradke, ZDMG. xl, 673 ff. ; Wackernagel, *Altindische Grammatik*, xiii, xix, xxxv.

[3] Macdonell, *History of Sanskrit Literature*, 24 ; cf. Wackernagel, xvi ff., xxv.

greatly from place to place that Indo-Aryan speakers of one locality were unintelligible to Indo-Aryan speakers of another.[1] In the process of editing the hymns much of the original dialectic variations have disappeared, and there has even been, as has always been the tendency in literary India, a disposition to use exceptional forms as bases for generalizations[2]; but, nevertheless, the hymns, even as we possess them, form an invaluable record of the Aryan language of ancient India, especially of that of the Eastern Panjāb and of the Upper Gangetic Dōāb, where they were compiled.

49. It is impossible to trace the origin of these ancient dialects in detail, but one general theory must be stated, which not only has the authority of a distinguished philologist, but is also supported by a leading Indian ethnologist.[3]

50. On purely linguistic grounds, Hoernle[4] considered that at some former period of its history North India was divided between two great forms of speech which he calls the "Śaurasēnī tongue" (Western) and the "Māgadhī tongue" (Eastern) respectively. He further suggested that at a still earlier period the limits of the Māgadhī tongue included a much wider extent of country. He finds isolated traces of Māgadhī characteristics in the far west. These increase in number as we proceed east, till at last in the east itself they predominate so as to constitute the Māgadhī tongue. These circumstances, he maintains, seem to disclose the fact that at some time in the remote past the Māgadhī tongue must have reached up to the extreme north-western frontiers, and have been the only language of North India; but that in course of time it gradually

---

[1] Hillebrandt, *Vedische Mythologie*, i, 89, 114, 136.

[2] Cf. von Bradke, 669 ff.; Wackernagel, xii.

[3] See Risley, *Report of the Census of India* (1901), i, 511, repeated in the *Imperial Gazetteer of India* (1907), i, 302 ff. According to him, the earlier Aryan invasion suggested by Hoernle, and mentioned below, was one of a tribe or tribes who brought their women with them. The later invaders represent the Indo-Aryan population of the Midland, which presents the ethnological type that might be expected to result from the incursion of a fair long-headed race that entered India by a route which prevented women from accompanying them, into a land inhabited by dark-skinned Dravidians, whose women they took for themselves. It is thus seen that Risley postulates two sets of invaders, one bringing their women and settling at first in the Central and Western Panjāb, and the other coming without their women and settling at first in the Midland. It is evidently immaterial to his argument which was the first and which the second, but he assumes that the first was that with women.

[4] *Gaudian Grammar*, xxx ff.

receded more and more to the south and east before the advancing tide of the Śaurasēnī tongue, leaving, however, here and there in the deserted territories traces of its former presence. With this Māgadhī tongue Hoernle associated Pᵃṣ̌ṭō and Kāfirī, and concludes, "It would appear from this that Māgadhī Prakrit and the Pᵃṣ̌ṭo and Kāfirī were once in close connexion, perhaps one language, and that at some time in the remote past they became separated by the Śaurasēnī Prakrit tongue, like a wedge cleaving them asunder and gradually pushing the Māgadhī further and further away towards the East."

51. I have quoted at length this eminent scholar's theory, and now proceed to state my own opinion which is founded upon it. In the first place, it must be remarked that, since Hoernle wrote, it has been proved that Pᵃṣ̌ṭō is an Eranian language, and hence can hardly have been closely connected with the Indo-Aryan Māgadhī tongue. As regards Hoernle's Kāfirī, by which he means Bašgalī, one of the Modern Piśāca languages, the case is somewhat different. In some respects Modern Piśāca differs widely from the North-Western Indo-Aryan Vernaculars, i.e. Lahndā and Sindhī, while in other respects it closely agrees with them. Reference has already been made to this point (*ante*, §§ 10, 24, 25), and I have stated my opinion that the points of agreement are due to the intermingling of the ancient speakers of the old form of Paiśācī Prakrit with the Indo-Aryans of the north-west— in other words, that they are due to very ancient borrowing by the latter. Otherwise I am unable to account for the existence of Eranianisms in Modern Piśāca that are wanting in Lahndā and Sindhī. On the other hand, it is evident that Kāšmīrī, a Modern Piśāca language, either has borrowed freely from the North-Western Indo-Aryan Vernaculars, or else is a connecting link between the two groups. Possibly, when we know more about Modern Piśāca, it may be. shown that I am wrong, and that Hoernle's instinct was justified in suggesting that the old Prakrit of the north-west, i.e. Hoernle's old Māgadhī tongue, and the ancestor of Modern Piśāca were once in close connexion or perhaps one common language.[1] My mind is entirely open on the point.

---

[1] Three interesting points are on Hoernle's side. One of them is the optional change of *r* to *l* in Cūlikāpaiśācika. The same change was obligatory in Māgadhī Prakrit; cf. *Mahābhāṣya* (Kielhorn, i, 2, l. 8), *hē 'layō* for *hē arayaḥ*, in the speech of the Asuras, which is often said to be Māgadhī Prakrit, but can be better explained as Cūlikāpaiśācika Prakrit. The second is the change of *sm* to *s*

52. I nevertheless believe that the North-Western Indo-Aryan Vernaculars, whether of common origin with Modern Piśāca or not, are much more closely related to Hoernle's Māgadhī tongue than even he supposed.[1] In other respects also his contention seems to me to be entirely justified, and, so far back as we can trace the linguistic history of Northern India, we find a "Māgadhī Prakrit tongue" occupying the north-west, south, and east, with a wedge of Śaurasēnī in the Midland, which it embraces on three sides. Now, the Aryan invasion of India was a process extending over several centuries. The Vēda itself shows this. There are, for instance, hymns that treat of Divōdāsa of Arachosia as a contemporary, and there are others that tell of his descendant, Sudās, who dwelt in the Panjāb, and in whose days the martial exploits of his ancestor had already become legendary.[2] This invasion may have been gradual, or, as Risley (op. cit.) suggests, there may have been two different Aryan invasions at widely separated periods. For our present purposes, it is immaterial which was the fact. If it was gradual, then the first comers differed from the latest as widely as if there had been separate invasions instead of a continuous one. Sudās's hymn-writers tell us how he conquered the Pūrus, another Aryan tribe far to the east, on the Jamnā, whom they called *mṛdhravāc*, of barbarous speech.[3] Again, we have a valuable reference to the struggle between the Aryans of the Western and those of the Eastern Panjāb, in the contest between the Western Brāhmaṇa Vasiṣṭha and the Eastern Kṣatriya Viśvāmitra.[4] Similarly, the war of the Mahābhārata between the Kurus and the Pāñcālas gives us hints as to the state of affairs at a later stage of history. Since Lassen's time it has been recognized that the latter were older settlers than the former, and it is an interesting fact that, broadly speaking, their allies belonged to the South Midland and Pāñcāla, or East Midland, while the Kurus had allies from the north-west, the south, and the east.

(Kś. *aśi*, "we," etc.). See Hoernle, Gḍ. Grammar, 280, n. 1. The third is the frequent use of *ñ* both in Paiśācī Prakrit and in Māgadhī Prakrit (Hēmacandra, iv, 305, etc. ; cf. Hoernle, Gḍ. Grammar, 11).

[1] This point is discussed in detail in an Appendix to this chapter.

[2] Hillebrandt, 104 ff., 109.

[3] Ib. 114.

[4] Hillebrandt, 110, also maintains that there was a second invasion of Aryans from the west. It is worth noting that Viśvāmitra called Vasiṣṭha a Yātudhāna, or Rākṣasa, a form of abuse that the latter strongly resented (Ṛv. vii, 104, 15).

This would illustrate a later stage of the struggle. The Pāñcālas of the East Midland would be the representatives of the "Māgadhī Prakṛit tongue", opposed to the Kurus coming of the West Midland and Eastern Panjāb. The fact that the Kurus are described as having allies in the extreme east can hardly affect the question. We can accept the original authors of the old Bhārata lay (*circ.* 400 B.C.) as authorities for the centre and west of Northern India, but references to settled kingdoms in the Far East must be ascribed to later writers. Political considerations affected the conduct of the nations immediately to the east of Pañcāla, viz. Eastern and Western Kōsala, Vatsa, Kāśī, Vidēha, and Eastern and Western Magadha.[1] Some of these sided with one party and the others with the other. Making these subtractions, we find that the war was one between the Brahmanical Kurus of the West Midland and the Anti-Brahmanical Pāñcālas to their east.[2]

53. It is to be noted that the Rāma legend belonged to Eastern India, while the Mahābhārata (originally with Kurus, not Pāñcālas, for its heroes) belonged to the Midland. Nevertheless, the connexion of the east with the north-west was close. The progenitors of Rāma, the Ikṣwākuides, whose home was in Kōsala, east of the Midland, belonged originally to the extreme North-west (Ram. II, lxviii, 17), hailing from the Ikṣumatī, close to the Śatadru. Moreover, it was from this country, not from the Midland, that Daśaratha took his wife Kaikēyī.[3] Lassen points out that in the Śatapatha Brahmaṇa the Kurus were connected with the Bahlīkas of the land beyond North-Western India, and that their allies, the Sauvīras, Madras, and Kaikēyas, though Aryans, are called Mlecchas. He maintains that the Pāñcālas were earlier immigrants, and even suggests that they had been so long in India that their colour had changed from fair to dark.[4]

54. It was in the West Midland that the Vedic hymns were collected and edited, and it is hence reasonable to assume that they represent in the main the language of that part of Northern India. Here, also, in later times was the centre of Brahmanical

---

[1] The kingdom of Magadha was, as a whole, hostile to the Midland ; see Jacobi, *Das Rāmāyaṇa*, 104.
[2] Pargiter, JRAS., 1908, 334 ff., and map ; Grierson, ib., 602 ff.
[3] Jacobi, op. cit., 69.
[4] LIA². i, 720, 742, 743, 791.

culture, here arose classical Sanskrit,[1] and here a non-classical
speech developed in the mouths of the people from the ancient
vernacular of which we find the literary form in the Vedic hymns,
and which was the ordinary language of mutual intercourse.[2] In
the literary circles of the Brāhmaṇas, the language of later Vedic
literature, i.e. that of the sūtra period,[3] continued as the polite
language and the language of literature, and was fixed by the
labours of grammarians culminating in Pāṇini (circ. 300 B.C.).
This language, so fixed, was known by the name of "Sanskrit"
(Saṃskṛta, purified[4]), while the language of the common people,
the lōka of Patañjali,[5] was called "Prakrit" (Prākṛta, natural,
unsophisticated). In Patañjali's time correct Sanskrit was spoken
in its purified form only by poor learned Brāhmaṇas who had been
specially taught grammar.[6] Other Brāhmaṇas spoke incorrect
Sanskrit,[7] while the uneducated people spoke a form of Prakrit.
As the language of literature, Sanskrit held a monopoly in the
west; but in the east of Northern India, where the Brahmaṇical
influence was not so strong, and which was the centre of anti-
brahmanical reform, Prakrit was also used for this purpose.[8]

55. From this definition of the term "Prakrit", it follows that
the vernacular dialects, the literary form of which is preserved in
the Vedic hymns, were essentially Prakrit, and as such they may
be called the *Primary Prakrits* of India. The vernaculars that
developed from them and which continued developing in various
phases, alongside of the Sanskrit whose growth had been arrested
or retarded by the grammarians of the Brahmanical schools, may be
called the *Secondary Prakrits*, while the final development—the
modern vernaculars of the present day—may be called the
Tertiary Prakrits.[9] It is with these Tertiary Prakrits that we
are immediately concerned.

---

[1] Wackernagel, xxxiv.

[2] The earliest examples of this are to be found in the inscriptions of Asōka
(circ. 250 B.C.), and in the Mahābhāṣya (circ. 150 B.C.), R. G. Bhandarkar, *Wilson
Lectures*, 280.

[3] Wackernagel, xxxii, xxxiii; Liebich, *Pāṇini*, 47 ff.

[4] See Thomas, JRAS., 1904, 471, 748.

[5] e.g. Kielhorn, i, 259, l. 14.   [6] JRAS., 1904, 480.

[7] Jacobi, *Rāmāyaṇa*, 114; Muir, *Sanskrit Texts*, ii², 158; Wackernagel, xxxviii,
n. 6.

[8] Cf. Sylvain Lévi, Bull. Soc. Ling., 8, pp. viii, x, xvii, quoted in Wackernagel,
xxxix, n.

[9] The Primary Prakrits plus their literary form as conserved in the Vēda
correspond to Wackernagel's "Altindisch", and the Secondary Prakrits plus *their*
literary form to his "Mittelindisch".

56. It stands to reason that no distinct border-line can be drawn between the Primary Prakrit, or Prakrits, and the secondary Prakrits,[1] or between the Secondary Prakrits and the Tertiary. If we exclude sporadic traces in the Vēda, the Secondary Prakrits first appear to us in literature in the inscriptions of Asōka (third century B.C.), and here we find them in their first phase, but in a state of full development. We know, on the other hand, that the transition from the Secondary to the Tertiary Prakrits was so gradual that, at or about the approximate border-line, it is impossible to state to which stage the language belongs. At the same time there is no difficulty in recognizing the main characteristics of each stage. In the primary stage the language is synthetic, and has no objection to harsh combinations of consonants. In the secondary stage, the language is still synthetic, but diphthongs and harsh combinations of consonants are eschewed—so much so that, in its latest artificial literary phrase—the Māhārāṣṭrī Prakrit—it arrives at a condition of almost absolute fluidity, becoming a mere emasculated collection of vowels hanging for support on to an occasional consonant more lucky or more hardy than its brethren. This weakness brought its own nemesis, and in the Tertiary stage we find the hiatus between contiguous vowels abolished by the creation of new diphthongs, declensional and conjugational terminations, consisting merely of vowels, worn away, and a new kind of language taking shape, no longer synthetic, but analytic, and again reverting to combinations of consonants under new forms, which had existed three thousand years before, but which two thousand years of attrition had worn away. Nay, more, in the Outer Indo-Aryan Vernaculars we see the analytic form of language again disappearing, and in the process of being replaced by a new synthetic form comparable, in its principles, with that of Primary Prakrit.[2]

---

[1] It is quite certain that even in the Vedic period the popular speech of at least some classes of the people already contained many words in the same stage of development as Pāli, i.e. as the earliest phase of Secondary Prakrit. Cf. Wackernagel, xviii, xxv.

[2] It is always the Midland which has been behindhand in the race of development. Śaurasēnī Prakrit is less developed than Māhārāṣṭrī Prakrit, just as the Modern language of the Midland is less developed than any of the Outer languages, including Marāṭhī. Is this because the inhabitants of the Midland represent the latest Aryan immigrants (see above), or is it due to the influence of literary Sanskrit—itself a Midland language? Opportunity may here be taken to warn against one common error. It has often been stated that because (e.g.) Śaurasēnī

57. We know that the Primary Prakrit had dialects, and it therefore follows that there must also have been dialects of the Secondary Prakrits even in their earliest phase, but we do not obtain any certain information on the point till we come to the Asōka inscriptions already mentioned. In them we find that the then existing Aryan vernaculars did include at least three main dialects, an eastern, a western, and a north-western.[1] As to whether there was at that time a southern dialect we do not know.[2]

58. The particular phase which the Secondary Prakrits had reached at this time was that of which Pāli is the literary representative. As vernaculars they continued their course of development, and, in various dialects entered the phase of Prakrit κατ' ἐξοχήν. When we speak of "Prakrit" without qualification, we mean this latter phase of the secondary Prakrits, when they had developed beyond the phase of Pāli, and before they had reached the analytic stage of the Indo-Aryan Vernaculars.

59. These Prakrits became, in later times and under the influence of religious and political causes, the subject of literary study. Poems and religious works were written in them, and they were freely used in the drama. Grammars of the various dialects were written by contemporaries or by men who lived a comparatively short time after they had become dead languages. Here again we see the same Indian proclivity to turning tendencies into, or even to use exceptional occurrences as the basis

Prakrit is less developed than Māhārāṣṭrī, it is therefore earlier in point of date. Such an argument is fallacious. It is a well-known fact that different languages of a common origin do not all develop at the same rate of progress. To take an example from the Romance languages, Italian is much less developed than French. To use Indian terms we might almost say that Italian is in the Pāli stage, while French is in the Prakrit stage. Nevertheless, they are contemporary.

[1] Cf. as the latest authority, Michelson, AJP. xxx (1909), 284, 416, xxxi (1910), 55 ; JAOS. xxx (1909), 77, xxxi (1911), 223; also Grierson, JRAS., 1904, 725. The eastern dialect in the days of Asōka was the official imperial language, and was understood even where it was not spoken as a vernacular (JAOS. xxx, 77).

[2] The Brahmagiri (Siddapura) Edict is written in a mixture of eastern and western forms (Bühler, EI. iii, 135). But this, being in a Dravidian country, is not decisive. Cf., however, the close connexion between Māhārāṣṭrī and Ardha-Māgadhī Prakrit. Wackernagel (xxi) considers that there were probably in Vedic times an eastern and a western dialect. The eastern, which was the language of the earlier Aryan immigrants, was then spoken on the banks of the Ganges. The literary language of the Vēda would, in the main, correspond to the western dialect. We cannot trace in the Vēda any marks of a dialect of the extreme north-west, but we can deduce nothing from their absence.

of, general rules.[1] The Prakrit spoken was bound by only one universal rule—the convenience of the speakers—but the grammars and the literature based upon them altered this speech in important particulars. The writers omitted what they considered to be vulgar, reduced wild luxuriance to classical uniformity, and thus created artificial products suited for the artificial literature which has ever been popular in India. For instance, the laws of the development of the language created a tendency to drop medial consonants. The grammarians made this a universal rule for certain consonants, so that, e.g.,[2] *mata-, mada-, maya-, mrga-,* and *mrtu-,* all became *maa-,* and *kāka-, kāca-,* and *kāya-,* all became *kāa-.* Such a language must have failed to fulfil the main purpose of any language—that of conveying intelligible thought—and could never have existed as a general means of communication. That there was a *tendency* to drop such medial consonants is certain, but various automatic devices came at the same time into being which preserved intelligibility at the cost of that consistency on which the grammarians set so great store. One of these was to arrest the phonetic development of a word at that particular point at which its further development would have led to its confusion with another word. As an example take the word *kāka-* given above. The ordinary course of development would have been *kāka-* > *kāga-* > *kāa-.* We have proofs from the Indo-Aryan Vernaculars that development in the mouths of most Indians stopped at *kāga-.* The genius of the vernacular felt that *kāa-* would lead to confusion, and resisted the tendency towards phonetic indolence that urged it to drop the *g.* It has accordingly retained *kāga-* unchanged down to the modern Hindī, where it still appears under the form of *kāg,* in spite of the efforts of the long series of Prakrit grammarians. Other Indians, it is true, gave way to the tendency, but saved the cause of intelligibility by the use of pleonastic suffixes, of which a great variety were to hand. So, in the case of *kāa-* (< *kaga-*), they distinguished the meaning of " crow " by appending the suffix *uaa-* (< *ukaka-*), and the word became *kāuaa-,* which is the parent of the Hindī *kauwā.* As for *kāca-,* it never lost its original form, for

---

[1] We must, however, credit the grammarians with expressly warning us that their rules are not universal ; cf. Hc. i, 2 ; see also R. G. Bhandarkar, op. cit., 77, n., "all these rules are general, not universal."

[2] Fischel, Prakrit Grammar, § 12.

the order of development would have been *kāca-* > *kāja-* > *kāa-*. But *kāja-* was already appropriated by *kajja-* or *kāja-* < *kārya-*, and hence the development of *kāca-* was stopped from the very first, and we have still *kāc* in modern Hindī, usually but unnecessarily described as a tatsama (see below). *Kāya-* alone really became *kāa-* in the latest stage of the Secondary Prakrits.[1] In short, too much stress cannot be laid on a fact which seems to have been ignored by many writers, that no language in the world has ever developed homogeneously on regular lines, as if it were a mathematical problem. At no stage is it possible to draw a line at which it will be found that all the words in use have arrived at the same stage of development. The most that we can say is that the *majority* have arrived at that stage, while, on the other hand, the development of many words has been retarded, or even hastened, by various causes such as desire for intelligibility, religious tradition, or political prejudice.[2]

60. Before dismissing this part of the subject, it is necessary to warn the reader that he must not expect to find the Secondary Prakrits or the Indo-Aryan Vernaculars, to be each shut up in a watertight compartment. There has always been much reciprocal borrowing among them, so that in one Prakrit or Indo-Aryan Vernacular we often find words belonging to another. This was mainly due to the fact that there appears always to have been in India some particular dialect which was used as a κοινή—at one period of history one, at another, another. This depended largely on political and literary factors. In early times Sanskrit, so far as any Aryan language was spoken, was the universal language of polite society all over Northern India, and thus brought the influence of the West Midland to bear on the most distant vernaculars. In Asōka's time, the κοινή was the eastern language of Magadha, as we know from numerous examples of Māgadhī in the most distant inscriptions.[3] On the other hand, in the last centuries the κοινή has been Hindōstānī, essentially a Midland language, and even in tongues so different from it as Bengali many Hindōstānī words have been incorporated and admitted to full citizenship in more or less distorted forms.

---

[1] Cf. Pischel, § 364. Regarding the changes which Prakrit has undergone in becoming literary, see ib., § 9, at end.

[2] For the last, compare the change of pronunciation of Māgadhī Prakrit *ś* to *s* in Bihārī, although *ś* is invariably written.

[3] See, for instance, Michelson, AJP. xxx, 285.

Similarly Bihārī, which has always been historically connected with Awadh, the home of Eastern Hindī, has abandoned the Māgadhī Prakrit pronunciation of s as ś, although it always preserves the ś in writing. Again, the literary Prakrits, as time went on, lost their characters as local forms of speech, and each became the universal language of a special kind of literature. Māhārāṣṭrī Prakrit monopolized the Prakrit lyrics and *kāvya*, and Śaurasēnī Prakrit and Māgadhī· Prakrit became the dialects used, not by natives of any country, but by particular classes of characters in the drama. "It is clear that a language such as Māhārāṣṭrī Prakrit, which was largely used by lyrical poets from all parts of India, would in course of time adopt words and perhaps also inflexional forms from other vernaculars than that which was its original base. On the other hand, it would naturally influence the spoken vernaculars. The language of lyrical poetry is, of course, more apt to exercise such influence than that of any other branch of literature. Every Prakrit, and especially Māhārāṣṭrī Prakrit, should therefore be expected to be more or less·of a ·mixed character, and this is undeniably the case."[1]

61. Owing to their deformation at the hands of grammarians and their followers, a veil which it is not always easy to lift, is drawn between the literary secondary Prakrits in their "Prakrit" stage and the true vernaculars of their time. We are able, however, to distinguish, as in the Asōka inscriptions, an eastern and a western Prakrit, each possessing distinctly marked characteristics.[2] The principal form of the western was Śaurasēnī, the language of the Midland and of the eastern, Māgadhī, the language of Magadha, the present South Bihār. Between these two there was a kind of neutral ground, the language of which was Ardha-Māgadhī, or half-Māgadhī, partaking of the nature of both languages. Closely connected with the last-named, but leaning rather to the eastern than to the western, was Māhārāṣṭrī, or language of the present Varbāḍa (Berar) and the country adjoining. Moreover, in the extreme north-west there was an unnamed speech,[3] which was a

---

[1] Konow, IA. xxxii (1903), 181.

[2] For this division of the Prakrits, see Konow, *Māhārāṣṭrī and Marāṭhī*, IA, xxxii (1903), 181 ff., with which I am in entire accord.

[3] Mārkaṇḍēya, xvi and comm. to xviii, perhaps calls it Ṭākkī or perhaps Pāścātya. Cf. Rāmatarkavagīśa in Lassen, ILP., App. p. 5, and Hoernle, Gḍ. Gr., 15, n. 1.

development from the particular primary Prakrit spoken on the banks of the Indus, and whose existence is vouched for by the reference to it in the next phase of the secondary Prakrits to be immediately described.

62. The phase referred to at the end of the preceding paragraph is that known as "Literary Apabhraṃśa". The word *apabhraṃśa* means "corrupted" or "decayed". Applied to a language it means, from the point of view of the philologist, "developed." The secondary Prakrits became fixed and stereotyped for literary purposes by the grammarians, but the vernaculars on which they were founded continued to develop, and, as compared with the literary Prakrits, they were looked upon as corrupt. By the time the literary Prakrits had become dead languages, the Apabhraṃśas also received literary cultivation, and in their turn fell into the hands of the grammarians. The earliest of these to deal with them of whom we have literary remains was Hēmacandra (twelfth century A.D.), and in his time they were dead languages.[1] The writers in literary Apabhraṃśa treated it as based upon the literary Prakrit. To them it was *prākṛtō 'pabhraṃśaḥ* (Pischel, Pr. Gr., p. 30), i.e. they wrote in a Prakrit modified by the peculiarities of the contemporary vernacular, not in the true vernacular—the real Apabhraṃśa itself. Just, therefore, as is the case with the literary Prakrits, we cannot expect the literary Apabhraṃśas to give a true picture of the real vernacular. The works in Apabhraṃśa are of varying date and differ among themselves and from Hēmacandra as to the amount to which the literary Prakrit has been altered to approach the vernacular. But, nevertheless, when used with caution they impart valuable information as to what that vernacular was.

63. Turning now to the real Apabhraṃśas—the actual Aryan vernaculars of the people—they were spoken during the later centuries of the first millennium after Christ.[2] To each Prakrit there was a corresponding Apabhraṃśa. Thus there was a Śaurasēna Apabhraṃśa corresponding to Śaurasēnī Prakrit,

---

[1] See the dates fixed in § 66, *post*. Apabhraṃśas could hardly have been a living language in Hēmacandra's time, for his grammar does not deal with *one* Apabhraṃśa, but with several dialects which he mixes up together. His very rules are frequently contradicted by his own examples. He would not have done this had he been dealing with a living language known to him. In this respect, his grammar is a compilation put together from many widely differing and mutually contradictory sources (Pischel, Pr. Gr., § 28).

[2] R. G. Bhandarkar, *Wilson Lectures*, 302.

a Māgadha Apabhraṁśa corresponding to Māgadhī Prakrit, a Māhārāṣtra Apabhraṁśa corresponding to Māhārāṣṭrī Prakrit, and so on (Pischel, Pr. Gr., § 5). To these can be referred nearly all the Indo-Aryan Vernaculars. To Śaurasēna Apabhraṁśa are to be referred Hindī, Rājasthānī, and Gujarātī, the last-named being closely connected with the Nāgara form of Śaurasēna (see below). To Māgadha Apabhraṁśa belong Bihārī, Bengali, Assamese, and Oṛiyā ; to Ardha-Māgadha Apabhraṁśa, Eastern Hindī ; and to Māhārāṣṭra Apabhraṁśa, Marāṭhī. There remain the north-western group. There does not seem to have been a literary Prakrit for this part of India, but for Sindhī we can fall back on the Vrācaḍa Apabhraṁśa of the grammarians (see below). For Lahndā no corresponding Apabhraṁśa is known and we must· assume a Kaikēya (cf. the Kēkaya Paiśācī of Mārkaṇḍēya, xix) Apabhraṁśa, which was closely connected with Vrācaḍa. The Indian grammarians did not divide the literary (as distinct from the real) Apabhraṁśa in this fashion. They knew of three chief literary dialects, a Nāgara, a Vrācaḍa, and an Upanāgara. The first was the principal dialect, and seems to have been that spoken in the country now inhabited by the Nāgara Brahmaṇas of Gujarāt, a tribe long celebrated for its learning and which, according to Nagēndranātha Vasu (*vide ante*, § 14, n. 1), gave its name to the Nāgarī alphabet. Hēmacandra was also an inhabitant of Gujarāt, and the Apabhraṁśa described by him claims (iv, 446) to be based on Śaurasēnī Prakrit, although, as already remarked, much of what he teaches really belongs to other forms of the language. We may therefore assume that Nāgara Apabhraṁśa was either the same as or was closely related to Śaurasēna Apabhraṁśa. Vrācaḍa Apabhraṁśa was the form spoken in Sindh. Its peculiarities are described in Pischel, Pr. Gr., § 28.[1] It is noteworthy that, as in the Modern Piśāca languages, it makes little distinction between cerebrals and dentals. Upanāgara Apabhraṁśa was a mixture of Vrācaḍa Apabhraṁśa and Nāgara Apabhraṁśa, and was therefore probably the language of the modern Western Rājputānā and the South Panjāb.

64. Even the Apabhraṁśa of the grammarians shows clearly the artificial character of literary Prakrit, and how tendencies have there been generalized into universal rules. Apabhraṁśa is

---

[1] Cf. also Mārkaṇḍēya, Preface, 7, and xvii, xviii, and Grierson, " Vrācaḍa and Sindhī," JRAS., 1902, 47.

in a phase of development more advanced than that of the spoken languages corresponding to literary Prakrit, yet even the grammarians show that it was in a phase much older than that exhibited by these artificial monuments of false generalization. For instance, Hc. iv, 396 expressly states that Apabhraṃśa does not usually elide, but only softens, certain surd consonants, although these *must* be elided by the rules of literary Prakrit. Such a Apabhraṃśa word as *sughē* for *sukhēna* could not occur in literary Prakrit. There the word would be *suhēṇa*. No ingenuity of etymology could make the *h* of *suhēṇa* develop into the *gh* of *sughē*. The latter is the older form, and shows that the usual pronunciation of the spoken Prakrit on which the literary Prakrit was founded must have been something like **sughēṇa*, with a tendency, at most, for it to be pronounced *suhēṇa* by some lazy speakers. The literary Apabhraṃśa, therefore, though not wholly trustworthy, gives us important information not only in regard to spoken Apabhraṃśa, but also in regard to the spoken Prakrit on which literary Prakrit was founded.

65. The spoken, or real, Apabhraṃśas follow, as has been said above, the divisions of the Prakrits. Unfortunately Hēmacandra, our chief source of information regarding them, deals professedly with but one of them, the Śaurasēna (or Nāgara) Apabhraṃśa. We have little definite information regarding the others, although Mārkaṇḍeya tells us something; but for our present purposes it is permissible to assume that each Apabhraṃśa, in, say, the period between the sixth and tenth centuries after Christ, bore, as regards stage of development, the same relation to its corresponding literary Prakrit that the spoken Apabhraṃśa on which Hēmacandra based his grammar bore to literary Śaurasēnī Prakrit. Thus, the Skr. *sutaḥ*, would be *sudō* in Śaurasēnī Prakrit and *sudu* in Śaurasēna Apabhraṃśa. In Māgadhī Prakrit it would be *śudē*, and we are justified in assuming that the corresponding Māgadhī Apabhraṃśa word would be **śudi*,[1] or something of the sort. Again, the Sanskrit *paṭṭaḥ* becomes *paṭṭō* in Śaurasēnī Prakrit and *paśṭē* in Māgadhī Prakrit (Mk. xii, 7), and we may assume that the Māgadha Apabhraṃśa would be something like **paśṭi*. That this assumption is not irrational is proved by the modern vernaculars.

---

[1] That this is a justifiable assumption is shown by the fact that Mārkaṇḍeya, a late grammarian of the seventeenth century, admits the termination *i* as well as *ē* even into literary Māgadhī Prakrit (xii, 26).

Indo-Aryan Vernaculars of the Midland have the nominative of strong *a*-bases in *ō* < *au*, while in the Bengali of the East in old poetry it ends in *ē* < *ai*. The dental *s* of the Midland is written *ś* in Bihārī and pronounced *ś* in Bengali.[1] I myself have heard an ignorant Bihārī villager say *paṣṭā* instead of the Midland *paṭṭā*.

66. The various Apabhraṃśa dialects represent the concluding phase of the Secondary Prakrits, and from them are descended the Indo-Aryan Vernaculars, or Tertiary Prakrits. It is possible to fix the date at which these took their present form with some approach to accuracy. It is first necessary to trace the various meanings of the word *bhāṣā*. In Pāṇini's grammar it was used for the ordinary spoken Sanskrit of the time, i.e. for Classical, as distinguished from Vedic, Sanskrit. Patañjali extends it to include the more or less correct Sanskrit used in conversation concurrently with the Secondary Prakrits of his day.[2] As R. G. Bhandarkar (287) points out, the root from which the word is derived means " to speak ", and therefore the original meaning of the word as a proper noun was " the speech " or " the spoken language ". We see this meaning of the word in the *Śrīharṣacarita* of Bāṇa (sixth century A.D.), in which,[3] in a list of Bāṇa's companions, is mentioned his dear friend Īśāna, a *bhāṣā-kavi*, or poet in the *bhāṣā*, who is differentiated from Vāyuvikāra, a Prakrit poet. Here evidently *bhāṣā* means the common spoken language of the sixth century, as opposed to the artificial literary Prakrit. In other words Īśāna wrote in Apabhraṃśa. In this connexion we may point out that Rājaśēkhara (tenth century A.D.) mentions (*Bālabhārata*, i, 11) four literary languages, Sanskrit, Prakrit, Apabhraṃśa, and *Bhūtavacana* (i.e. Paiśācī Prakrit), as used in his time. Still later (twelfth century A.D.) Kalhaṇa[4] describes Harṣadēva of Kaśmīr (eleventh century) as *aśēṣadēśabhāṣājña*, or master of countless forms of local speech, and as a good poet *sarvabhāṣāsu*, i.e. in all languages. Kalhaṇa's very name is either an Apabhraṃśa or a Tertiary Prakrit form,[5] and here we may safely conclude that by the *dēśabhāṣās* are meant the local tertiary dialects or languages spoken over Northern India, including

---

[1] See § 29, n. 2, *ante*.
[2] R. G. Bhandarkar, 27, 286 ; Wk. xlii.
[3] Bomb. ed., p. 47, ll. 6, 7.
[4] *Rājataraṅgiṇī*, vii, 610.
[5] Stein, tr. *Rājataraṅgiṇī*, i, 13, and footnotes.

Kāśmīrī itself.[1] In a prosody entitled *Piṅgalárthapradīpa*,[2] composed in A.D. 1601, the examples of metre consist of verses selected from various older works, and several of these are in praise of princes who were contemporary with the respective writers. The dates of these princes are known, and the verses are in various languages. Bhandarkar points out that some are in Māhārāṣṭrī Prakrit, which was evidently at the time that they were written as classical as Sanskrit itself. Others were written in Apabhraṃśa, and one of these was in honour of a prince named Karṇa of Cēdī, who reigned in the first half of the eleventh century. Finally, others are in Tertiary Prakrit, and are in honour of Hammīra, who reigned in the thirteenth century. The poet Cand, who is said to be the author of the Hindi *Prithīrāj Rāsau*, died at the end of the twelfth century. From these data we gather that the Indo-Aryan Vernaculars were employed for literary purposes by at least the beginning of the thirteenth century A.D., and that Apabhraṃśa was used for similar purposes as late as the eleventh. Allowing the time necessary for any language to gain such favour as to be deemed worthy of being employed for literature, we may safely consider that the Indo-Aryan Vernaculars had developed from the secondary Prakrits by the year A.D. 1000,[3] the year in which Maḥmūd of Ґaznī (Ghazni) made the first of his fifteen invasions of India.

67. Concurrent with this long development of the Tertiary Prakrits, and down to the present time, there has existed classical Sanskrit, with all the prestige that religion and learning could give it. It, too, underwent changes in the course of time,[4] but on the whole has remained faithful to the rules laid down by Pāṇini and his successors. It gradually changed from being a polite language to becoming a school language, occupying much the same position as that taken by Latin in the Middle Ages or by Hebrew amongst the Jews.[5] Even in Vedic Sanskrit we find examples of words borrowed from the spoken Primary

---

[1] Kāśmīrī was certainly in existence in Kalhaṇa's time, and possibly so far back as the tenth century; see Stein's tr., RT. v, 397–8n (I, p. 228).

[2] Described by R. G. Bhandarkar in *Report on the Search for Sanskrit MSS. in the Bombay Presidency for* 1887–91 (Bombay, 1897).

[3] On this point cf. R. G. Bhandarkar, 302. He puts the commencement of Apabhraṃśa at the sixth or seventh century A.D.

[4] See R. G. Bhandarkar, 21, for the change from the verbal to the nominal style of Sanskrit; cf. Wackernagel, xliv. For dialectic variations, ib., li.

[5] Wackernagel, xlii.

Prakrit, and so, in later times, there are numerous instances of borrowing from the Secondary Prakrits.[1] On the other hand, the Secondary and Tertiary Prakrits have freely borrowed words from Sanskrit, although the Secondary Prakrit grammarians hardly mention the fact.[2] We have, however, the express admission of Hēmacandra (iv, 448), and we must also conclude from analogy, that, as at the present day, the more highly educated Prakrit-speaking population freely interlarded their conversation with Sanskrit words. These words, once borrowed, suffered a fate similar to that of the ancient Primary Prakrit words that came down to the Secondary Prakrits by direct descent. They became distorted in the mouths of the speakers, and finally became Prakrit in form, though not by right of origin.[3]

68. Such borrowed words as retained their Sanskrit form were called *Tatsama* (Ts.),[4] or "the same as 'that' (i.e. Sanskrit)", while the original Prakrit words, which had come by direct descent from Primary Prakrit, were called *Tadbhava* (Tbh.), or "having 'that' (i.e. Sanskrit, or, more correctly, the Primary Prakrit from one of the dialects of which Classical Sanskrit was descended) for its origin". Under the latter name the grammarians also included those Tatsamas which had been distorted in the mouths of the Prakrit-speaking population into apparently Prakrit forms. These I prefer to call *Semi-Tatsama* (sTs.). It is evident that, in the course of events, the tendency must have been for all Tatsamas to become semi-Tatsamas, and for the latter ultimately to become so degraded as to be indistinguishable from Tadbhavas.[5] Another class of vocables was the so-called *Dēśya* (Dś.) words of the Indian grammarians. It included all words that they were unable to refer to Sanskrit as

---

[1] Wackernagel, lii.

[2] Some later Prakrit writers, e.g. Rājaśekhara, borrowed Sanskrit words very freely; cf. index to Konow's edition of the *Karpūramañjarī*.

[3] It stands to reason that the modern distortion of a Sanskrit word may often have a result different from that of the gradual development of a Primary Prakrit word. This accounts for many of the so-called irregular Prakrit words noted by the grammarians. To quote an example, Hc. ii, 104, gives a number of irregular forms, *sirī* (for *śrī*), *hirī* (*hrī*), *kiriā* (*kriyā*), which are really distorted Tatsamas, not Secondary Prakrit. The true secondary form of *kriyā* is *kiā* (104). So also in the following sūtras.

[4] Regarding the subject discussed in this paragraph, see Pischel, Pr. Gr., § 8.

[5] For the use of Tss. in Prakrit, cf. R. G. Bhandarkar, 15, and Wackernagel, liv. For the origin of sTss., cf. Bhandarkar, 298. On 69 he gives an account of the so-called Gāthā dialect, which is germane to the present subject.

their origin. Some such words were included in this group simply through the ignorance of the writers who catalogued them,[1] and modern scholars can refer several of them to Sanskrit like any other tadbhava. A few others are words borrowed from Dravidian or Muṇḍā languages, but the great majority are words derived from dialects of Primary Prakrit that were not the dialect from which Classical Sanskrit was descended. They are thus true tadbhavas, although not in the sense given to that word by Indian grammarians, in whose philosophy the existence of such ancient dialects found no place. These Dēśya words were local dialectic forms, and, as might be expected, are found most commonly· in literary works whose places of origin were in countries like Gujarāt, far away from the Midland, the natural home of Classical Sanskrit.[2] For our purposes we may consider them as identical with tadbhavas.

69. We find an exactly similar state of affairs in the vocabularies of the Indo-Aryan Vernaculars.[3] Omitting foreign words, such as those borrowed from Dravidian or Muṇḍā, from Persian, Arabic, or English, their respective vocabularies may each be divided into three classes, tatsama, semi-tatsama, and tadbhava. The last class consists of words that the Indo-Aryan Vernaculars have received from the Secondary Prakrits, whether in those Prakrits they were tadbhavas descended from the Primary Prakrit, or tatsamas (including semi-tatsamas) borrowed *at that stage* from Sanskrit. From the Indo-Aryan Vernaculars point of view, their ultimate origin is immaterial, so long as they were inherited from Secondary Prakrit. The tatsamas and semi-tatsamas of the present day are loan-words, borrowed from Sanskrit in modern times by the modern vernaculars themselves, not by their secondary progenitors. To take an example. The Indo-Aryan Vernacular *ājñā*, a command, is borrowed direct from Classical Sanskrit. Its semi-tatsama form, which we meet in the same Indo-Aryan Vernaculars, is *āgyǎ*, and one of its tadbhava forms is the Hindī *ān*, derived from the secondary Prakrit *āṇā*. So also, *rājā*, a king, is a tatsama, but *rāy* or *rāo*, a gentleman, is a tadbhava. It is not often that such complete sets of three or two are in use at the

---

[1] Pischel, Pr. Gr., § 9 ; R. G. Bhandarkar, 107, 131.

[2] Śaurasēnī Prakrit, which developed in the Midland, is naturally that Prakrit which is freest from Dś. words ; cf. Pischel, § 22.

[3] For Tss. and sTss. in Indo-Aryan Vernaculars, see·Beames, Cp. Gr. ii, 11 ; Hoernle, Gḍ. Gr.; xxxviii ; Bhandarkar, 131.

same time. Frequently only a tatsama or a tadbhava occurs by itself.[1] Sometimes, as in the case of *rājā*, we find the tatsama and the tadbhava forms of a word both in use, but each with a. different meaning. Thus, the Sanskrit *vaṃśa* has the two meanings of "family" and "bamboo", and connected with it we find the Hindī semi-tatsama *bans*, a family, and the Hindī tadbhava *bā̃s*, a bamboo.[2]

70. It will therefore be understood that the Indo-Aryan Vernaculars tatsamas are really foreign words, and as little belong to the modern languages as do the few Latin words now in use in French or Italian. They are merely an addition to the vocabulary, and in no way affect the grammatical structures of the languages that employ them. They thus, like borrowed foreign words in all languages, rarely change their forms in the processes of grammatical accidence. For instance, the tadbhava Hindī *ghōṛā*, a horse, has an oblique case *ghōṛē*, because it is a tadbhava, but *rājā*, a king, does not change in the oblique case, because, and only because, it is a tatsama. Grammatical changes are intimately connected with the history of a language, and the borrowed tatsamas of the Indo-Aryan Vernaculars form no part of its history. Now, in all Indo-Aryan Vernaculars, the verb must

---

[1] Many Primary Prakrit words which have survived unchanged into the Indo-Aryan Vernacular, and which are hence Tbh., are liable to be confused with Tss. Thus, the Primary Prakrit *kara-* remained *kara-* in the Secondary Prakrit, and is still *kar(a)* in Hindī. As *kar(a)* is also a pure Sanskrit word, it is generally looked upon as a Ts. in Hindī, but it can equally correctly be looked upon as a Tbh. In a book called *Ṭhēṭh Hindī-kā Ṭhāṭh*, by Ayōdhyā Siṅgh Upādhyāy, from which the author designedly excludes all Ts. words, many honest Tbh. words have also been excluded owing to this misapprehension. Nevertheless it, and another work by the same author, *Adhkhilē Phūl*, are invaluable records of Tadbhava Hindī.

[2] For these specializations see R. G. Bhandarkar, 13. He quotes :—

TATSAMA	TADBHAVA
vēdanā, any pain.	M. *vēṇ*, the pains of childbirth.
garbhiṇī, a pregnant female.	M. *gābhaṇ*, only used with respect to the lower animals.
tāpa-, heat.	M.G. *tāv*, especially the heat of fever ; Kś. exhaustion.
hṛdaya-, heart.	M. *hiyyā*, courage.
piṇḍa-, a ball.	P.G. *paṇḍ*, the body.
cēlaka-, an attendant.	H. *cēlā*, a disciple ; Bg., *cēlē*, a boy.
√*gavēṣ-*, search.	M. √*gavas-*, find.
rājā, a king.	IAV. *rāy* or *rāo*, any respectable gentleman.
kṣaṇa-, a moment.	(Prakrit *chaṇa*) ; M., *saṇ*, a festival.
kubja-, a hunchback.	M. *khujā*, a dwarf ; *kubᵃḍā*, hunchbacked.
And several others.	

change its form in the processes of conjugation, while the noun is not necessarily changed in the processes of declension. Hence, nearly all tatsamas are nouns, and hardly any, except in manifest instances of false analogy, are treated as verbs. If it is necessary to use a tatsama to express a verbal idea, it must be done with the help of another tadbhava verb. For instance, the word *darśan*, seeing, is a tatsama, and if we wish to use it in the phrase "he sees", we cannot say *darśanē*, but must employ the periphrasis *darśan karē*, he does seeing. On the other hand, in all the modern vernaculars, nouns need not necessarily be declined synthetically. They can all be also declined analytically.[1] Hence tatsama nouns, necessarily declined analytically, are common, and in the high literary styles of most of the Indo-Aryan Vernaculars very common ; and, although there are sporadic exceptions to the broad rule, it may be laid down as a general law that Indo-Aryan Vernacular nouns may be either tatsama (including semi-tatsama) or tadbhava, but that Indo-Aryan Vernacular verbs must be tadbhava.

71. The extent to which tatsamas are used in the Indo-Aryan Vernaculars differs for each. Everywhere in the common speech even of educated people they are few in number, but in some languages, such as Bengali, they flood the literary language to such an extent that it is unintelligible to anyone who has not been specially taught to understand it. In the literary Bengali of the commencement of the nineteenth century, when, under English auspices, there was a general revival of learning, actual counting shows that 88 per cent of the vocabulary of a book called the *Puruṣa-parīkṣā* was composed of tatsamas. Of late years an improved literary taste has tended to reduce the proportion in this language, but literary Bengali is still so overloaded with Sanskrit words that it is not understood by the common people. In Hindī the High Hindī of Benares has been showing signs of succumbing to the same fate, but a body of enlightened writers is doing its best to stem this flood of borrowed terms.[2]

---

[1] There are a few exceptions to this. In Kṣ. and M., for instance, under the influence of analogy, borrowed nouns can be declined synthetically, but the above holds true as a general rule.

[2] The late Sudhākara Dvivēdī (*Rāmakahānī*, p. 7) gives an amusing instance of the difference between literary and colloquial Hindī. A friend wrote to him a letter as follows :— *āp-kē samāgamārtha maĩ gata-divasa āp-kē dhāma-par padhārā. Gṛha-kā kapāṭa mudrita thā, āp-sē bhēṭ na huī. Hatāśa hō-kar parāvarttita huā,*

72. Besides Sanskrit other Indian languages have exercised influence on the Indo-Aryan Vernaculars. The Dravidian and Muṇḍā languages have had most influence in the Ganges Valley and on Marāṭhī. The contributions from Dravidian languages have not been unimportant from the earliest times.[1] In the Tertiary Prakrits such borrowed words are often given a contemptuous meaning, e.g. the Dravidian *pillai*, a son, becomes the Indo-Aryan Vernacular *pillā*, a cub. In phonology, if the cerebral letters were not directly borrowed from Dravidian, their development was at least encouraged by Dravidian example. These letters are an essential feature of Dravidian languages. The peculiar development of the letter *l* in Indo-Aryan languages has also probably been due to Dravidian influence. We may also note the softening of the Indo-Aryan medial surd consonants.[2] This would have occurred in the course of natural development, but it is also permissible to look upon it as encouraged by Dravidian, in which it is a very prominent feature. Again, we may also mention as probably due to Dravidian influence the double pronunciation of the palatals in Marāṭhī and in the languages of the north-west, such as Pa͟sťō and Kāśmīrī, the frequent change of *c* and *ch* to *s*, and the eastern change of *s* to *h*.[3] In certain languages of the Outer circle, viz. Sindhī and Bengali, and also in Kāśmīrī, in semi-tatsamas a final short *i* or *u* is not dropped as in the Midland, but

i.e. "Yesterday I went to your house to see you. The door of the house was shut, and I did not meet you. I returned home disappointed". Shortly afterwards Sudhākara met the writer of this letter, who, not knowing that it had been received, said : *kal maĩ āp-sē milnē-kē liyē āp-kē ghar-par gayā-thā. Ghar-kā darwāzā band thā, āp-sē bhě͟ť nahĩ huī. Lācār hŏ-kar lauṭ āyā.* This, in conversational Hindī, has exactly the same meaning as the letter in Sanskritized literary style, yet both came from the same man. As Sudhākara observes, the feeling of a pen in the hand of such a person makes him Sanskrit-drunk, and prevents him from using his own mother tongue.

[1] Cf. the list of Dravidian words said to be borrowed by Sanskrit on pp. xiv ff. of Kittel's *Kannaḍa-English Dictionary*. See also *Linguistic Survey of India*, iv, 278.

[2] Most common and longest preserved in the folk-speech, i.e. Ap.

[3] See Konow in *Linguistic Survey of India*, iv, 279 ff., for details. R. G. Bhandarkar (81) attributes the development of Pāli and Prakrit to the mispronunciation of Sanskrit words by alien (i.e. Dravidian) races. I am unable to agree to this. The development, as a whole, exactly followed the same course as that of the Romance languages from the Latin dialects. See Brandreth, "The Gaurian compared with the Romance Languages," JRAS., 1879, 287, and 1880, 335. At the same time I readily admit that Dravidian had some influence on their development.

is only half pronounced—the mere colour, so to speak, of the vowel being given to the last consonant. Thus, the tatsama *mūrti*, an image, becomes the semi-tatsama *mūrat* in the Midland Hindī, but is pronounced *mūratⁱ* in the Outer Bihārī. This is also a peculiarity of Dravidian.

73. In inflexion, the Dravidian influence is still more apparent. Inflexions have not been borrowed, but those systems of Aryan inflexion which were most consonant with Dravidian practice are the ones that have survived in the struggle for existence. Such are the formation of cases by the use of post-positions added to an oblique form of the noun; the selection of particular Aryan words as postpositions[1]; the adjectival treatment of certain cases, such as the genitive, the ablative,[2] and the dative[3]; the use of two distinct forms for the accusative case, one of which is always employed when the noun is a rational being; the paucity of forms of the finite verb, and the extension of the use of participles to form tenses; the steady increase in the use of the absolute—i.e. the conjunctive participle of the Indo-Aryan Vernaculars—which is freely employed in secondary sentences; the increased employment of the periphrastic future in later Sanskrit, which is exactly paralleled by Dravidian use[4]; the employment of such forms as the Sanskrit *kr̥tavān* (purely Aryan) to form a past tense, which is exactly parallel to the purely Dravidian *śeydavan*. The order of words in the Indo-Aryan Vernacular, in which the governed word precedes the governing and the verb is placed at the end of the sentence, is also in agreement with Dravidian principles.[5]

74. The influence of Muṇḍā languages on the Indo-Aryan Vernaculars is not so evident. These languages appear to have been superseded on the Gangetic plain of India by Dravidian before the Aryans had occupied that tract. At present they are

[1] e.g. *kr̥tē* > *kahŭ* > *kō* for the accusative-dative, as compared with the Dravidian *ku*.

[2] In Old Gujarātī.

[3] In Kāśmīrī.

[4] So exact is the parallel that both in Sanskrit and Dravidian the verb substantive is not added to the third person, although it is added to the other two persons.

[5] It is to be noted that the Modern Piśāca languages, which apparently did not fall to the same extent under Dravidian influence, differ altogether from the Indo-Aryan Vernaculars in this respect. In them the order of words is nearly the same as in English or as in Modern Persian. For the whole of this subject, see *Languages of India*, 62, and Konow in *Linguistic Survey of India*, iv, 279 ff.

confined to the forest country of Central India, although traces of them can be recognized as surviving below the Tibeto-Burman languages of the Central Himâlaya as far west as Kanâwar in the Panjâb.[1] As Muṇḍā survivals in the Indo-Aryan Vernaculars we may perhaps note the occasional counting by scores. While the Indo-Aryan Vernacular numeral system is essentially decimal, the word kōṛī, perhaps itself a Muṇḍā word, is commonly used for "score", and the uneducated people of the Ganges valley use this in the formation of the higher numerals. Thus "fifty-two" would be expressed as "two-score twelve", dō kōṛī bārah. This counting by twenties is a Muṇḍā peculiarity. The Muṇḍās were strongest in the eastern Gangetic plain, and apparently exercised another kind of influence on the eastern dialects of Bihārī (Maithilī and Magahī). In these dialects the conjugation of the verb is much complicated by changes depending on the number and person of the object. These changes are Aryan in their origin, and have parallels in the north-western Indo-Aryan Vernaculars, but the system is that of the Muṇḍā verb.[2]

75. Indo-Chinese languages come into contact with the Indo-Aryan Vernaculars in Assam, in Eastern Bengal, and in the Himâlaya. In the first two a few Tibeto-Burman and Ahom words have been borrowed. In Assam, Tibeto-Burman influence has also been at work in obscuring the distinction between cerebral and dental letters, and in encouraging the retention of pronominal suffixes added to nouns, which has fallen into disuse in other Indo-Aryan Vernaculars except in the north-west. Tibeto-Burman languages employ pronominal prefixes very freely. In the Eastern Pahāṛī of Nēpāl, Tibeto-Burman languages have affected the grammar more than the vocabulary, and the whole conjugation of the verb bears many traces of their influence.[3] Another more general fact may possibly be due to Tibeto-Burman example. This is the so-called bhāvē prayōga of Indo-Aryan Vernacular transitive verbs. In Classical Sanskrit the past participle of an intransitive verb may be used impersonally, as in mayā gatam, it was gone by me, i.e. I went. But this idiom

---

[1] LSI. III, i, 273 ff.

[2] Cf. Konow, LSI. iv, 9.

[3] e.g. the use of the agent case for the subject of all tenses of the transitive verb and the creation of a new impersonal honorific conjugation.

is incorrect with transitive verbs. We cannot say *mayā
māritam* for "I struck". But this very idiom, with transitive
verbs, is the rule in Tibeto-Burman languages, and is common in
all Indo-Aryan Vernaculars except those of the Eastern Group.
If this extension, or, possibly, survival of the *prayōga* in popular
speech, although excluded from Classical Sanskrit, is due to
Tibeto-Burman influence, it must come from very early times,
when the Aryans met, if they ever did meet, Tibeto-Burmans on
their way into India.

76. **Far** more important than the Dravidian, Muṇḍā, or Indo-
Chinese additions to the vocabulary are those which are due to
Persian influence. The Persian is not the Eranian language of
pre-Musalmān times, although that also has furnished a small
quota,[1] but the Arabicized Persian of the Muɣul conquerors of
India. Through this Persian, Indo-Aryan Vernaculars have also
received an important contribution of Arabic and some few Turki
words. The influence of the religion of Islām has opened
another door for the entry of Arabic, and a few words have been
imported on the west coast from Arab traders; but in the main
the Arabic element in all the Indo-Aryan Vernaculars came in
with Persian, and as a part of that language. The pronunciation
of the Persian and Arabic words so imported is still that of Muɣul
times, and not that common in Persia at the present day. Thus
in India people say *šēr*, not *šīr*, for "tiger", and *gōšt*, not *gūšt*,
for "flesh".[2] The extent to which Persian has been assimilated
varies much according to locality and to the religion of the
speakers. Everywhere there are some few Persian words which
have achieved full citizenship and are used by the most ignorant
rustic, and we find every variation between this and the Urdū of
a highly educated Musalmān writer of Lakhnau (Lucknow), who
uses scarcely a single Indo-Aryan word except the verb at the
end of the sentence. Under all circumstances it is the vocabulary,
and but rarely the syntax, which is affected. The additions to
the vocabulary are, as in the case of tàtsamas, nearly confined to
nouns substantive (see § 70). Only in the Urdū of Musalmāns
do we find the Persian order of words in a sentence, and there

---

[1] e.g. the Sanskrit and Prakrit *sāhi*, a king, not derived from the Musalmān
Persian *šāh*, but preserving the *i* of the Old Persian *χšāyatiya-*; see Stein,
"Zoroastrian Deities on Indo-Scythian Coins," *Oriental and Babylonian Record*,
August, 1887.

[2] Hence the spelling "Hindōstān", not "Hindūstān", is correct in India.

has been no other introduction of Persian construction, except that which is actually borrowed as a construction with Persian words. Nor are Arabic words inflected except by purists, but they have to conform to the grammatical system of their host. So strong is the native instinct against the use of foreign constructions, that Hindū writers class a dialect as Urdū, not on the basis of its vocabulary, but on that of the order of words employed.[1]

77. Other languages have also contributed to the Indo-Aryan Vernaculars vocabularies. The principal of these are Portuguese and English. As examples of Portuguese we may quote *kamrā* (camera),· a room; *mārtōl* (martello), a hammer; and *nīlām* (leilão), an auction. English words are very numerous. Such are *jaj*, a judge; *isṭanṭ*, an assistant; *ḍigrī*, a decree; *inc*, an inch; and so on. Many words when borrowed are distorted into some Indian word of somewhat similar sound, and with more or less allied meaning. Thus a railway "trolley" becomes "*ṭhēl*"-*gāṛī*, or "push"-cart, a "signal" becomes "*sikandar*", and "signalman", "*sikandar-mān*", or "the pride of Alexander". The free use of English words has greatly increased of late years among the educated. I have heard an Indian veterinary surgeon say "*kuttē-kā saliva bahut antiseptic hai*", i.e. "a dog's saliva is very antiseptic", and the 1911 Census Report for the United Provinces (p. 284) quotes *is position-kā incontrovertible proof dē saktā hū̃, aur mērā opinion yeh hai ki defence-kā argument water-hold nahĩ kar saktā-hai*, "I can give incontrovertible proof of this position, and it is my opinion that the argument of the defence cannot hold water." It will be observed that not only all the verbs but also the grammar and word-order of this are purely Indian. Only the nouns are borrowed. The expression "to hold water" has become "to do water-hold", and includes an Indian Tatpuruṣa compound not in the original. This kind of "pidgin" language is used not only to Englishmen, but also by educated natives when talking amongst themselves.

78. The two main additions to Indo-Aryan Vernaculars vocabulary are, however, tatsamas and Persian (including Arabic) words. The tatsamas owe their origin to educated Hindūs, and the Persian words to educated Musalmāns and to Hindūs educated

---

[1] e.g. a well-known Hindī work, written in the last century, was called *Kahānī Thēṭh Hindī-mē̃*, or "Tales in Pure Hindī". This does not contain a single Persian word, and yet Hindū writers class it as Urdū on account of the order of the words. The author was a Musalmān.

on Musalmān lines (*vide ante*, §§ 6, 7). Their use, therefore, follows religion rather than language. We may, however, state that, so far as the literary forms of speech go, those of the east and south generally prefer ṭatsamas, while those of the West Midland and of the north-west prefer Persian (including Arabic). This is well shown by the following table, which is based on Beames, Cp. Gr., i, 40 :—

| Lahndā. | Panjābī. | Hindī. | Eastern Hindī. | High Hindī. | Bihārī. | Bengali. |
| Sindhī. | Gujarātī. | | Marāṭhī. | | | Oṛiyā. |

Here the north-western Indo-Aryan Vernaculars, Lahndā and Sindhī, spoken mainly by Musalmāns, are strongly infected by Persian and Arabic. In the extreme east, where the literary classes are mainly Hindū, tatsamas largely predominate in Bengali and Oṛiyā. The other languages occupy intermediate positions : as shown, Hindī has to occupy two places ; for the literary Hindī of Āgrā, in the west, has much fewer tatsamas, and uses Persian words more freely than the High Hindī of Benares in the east. Urdū, which is extremely Persianized, has to be left out of consideration, as it is the literary *lingua franca* of the whole of Northern India. Assamese, owing to its isolated position, has fewer tatsamas than Bengali, and occupies in this respect a quite independent position. It is therefore omitted from the table.

79. There remains the history of the Modern Piśāca languages. Regarding these nothing certainly historical can be established, except that in the time of Asōka, a language possessing phonetic characteristics similar to those of Modern Piśāca was spoken in the same locality.[1] The Shāhbāzgaṛhī and Mansehrā inscriptions are decisive on this point. We have no certain data as to where the Paiśācī Prakrit in the form described by Hēmacandra was spoken, but if, as is possible, it was the language of the Piśācas of Central India (*vide ante*, § 35), it cannot be expected to throw much direct light on the Paiśācī Prakrit of the north-west, although it throws much more than is admitted by some scholars.[2] In some respects Modern Piśāca agrees with the

---

[1] See Grierson, "Linguistic Relationship of the Shāhbāzgaṛhī Inscription" : JRAS., 1904, 726.

[2] The Paiśācī Prakrit of Vararuci differs from Hēmacandra's Standard Paiśācī Prakrit in important particulars, and has, like Hēmacandra's Cūlikāpaiśācika, a closer relationship with the north-west ; cf. Grierson, *The Piśāca Languages of North-Western India*, 6.

Eranian Γalcāh languages of the Pāmīrs,[1] and some general
Eranian peculiarities have been pointed out in § 36, *ante*. Again
we see points of agreement with the so-called Tuχārī,[2] one of
the newly discovered Central Asian languages, and J. Bloch[3]
has traced points of phonetic connexion between them and the
dialect of the Dutreuil de Rhins fragments. All indications,
therefore, point to a relationship with the Aryan languages
spoken beyond the Hindūkush—Eranian or Semi-Eranian—or
possibly even with the "North Aryan" language of Professor
Leumann. One important point of agreement with the
Shāhbāzgarhī dialect is the fact that consonants which in Prakrit
are doubled, are not doubled in Modern Pisāca. Thus, the
representative of the Sanskrit *śabda-* is Kāśmīrī *sada-*, not *sadda-*,
as it would be in the Prakrits of India proper. It is well known
that the same is the case in Shāhbāzgarhī and Mānsehrā although
every scholar that has hitherto written regarding these inscriptions
has assumed that the non-doubling is due to a supposed imper-
fection of the Kharōsṭhī alphabet,[4] and has taken upon himself to
supply the doubled consonants on the analogy of the Prakrits just
mentioned. I venture to consider this to be a mistake. The
character could have represented double consonants, had the
writer desired it, just as it successfully represented other
consonantal combinations, and it is a dangerous act to assume
their existence when the modern languages of the same tract do
not know them.[5] Reference has already been made to the
possibility that Māgadhī Prakrit had a common origin, not only
with the ancestor of North-Western Indo-Aryan Vernaculars but
also with the ancestor of Modern Pisāca (*ante* §§ 50, 51), and I
do not refer to the subject again.

80. In dealing with the Indo-Aryan Vernaculars we shall
naturally compare them in the following pages with the Secondary
Prakrits from which they are derived, and not directly with
Sanskrit. The relationship between Sanskrit and Prakrit will
nowhere immediately concern us. That has been completely

---

[1] e.g. Khō-wār *ispa*, Waχī *spā*, our.

[2] Grierson, "Étymologies Tokhariennes" : *Journal Asiatique*, 1912, 339.

[3] "Le Dialecte des Fragments Dutreuil de Rhins": *Journal Asiatique*, 1912, 331.

[4] It is of course well known that other compound consonants occur in Kharōsṭhī.

[5] Cf. Grierson, JRAS. 1913, 141 ff., for many other examples.

discussed in Pischel's Prakrit Grammar, a work with which the reader will throughout be assumed to be familiar. But in regard to the Modern Piśāca languages, we have no Prakrit to which we can immediately refer them, or, at least, the materials available from the Paiśācī Prakrit are too scanty to do more than to suggest lines of inquiry, instead of giving certain proof. We shall, therefore, as a rule be compelled to compare Modern Piśāca directly with the Primary Prakrit, of which Sanskrit is the only literary form that we possess, or with the language of the Avesta in regard to points of contact with Eranian.

APPENDIX TO CHAPTER II

Connexion between North-Western Indo-Aryan Vernacular and. Eastern Indo-Aryan Vernacular. See § 52, n. 1.

81. As Hoernle has already shown the close connexion between Marāṭhī and East Indo-Aryan Vernaculars, and the point requires no proof, I do not refer to it here, and shall as a rule confine myself to North-Western and Eastern Indo-Aryan Vernaculars, only citing Marāṭhī and the Intermediate Vernacular when necessary for illustration. As Kāśmīrī, although a Modern Piśāca language, often shows clear relationship to the North-Western Indo-Aryan Vernaculars, I shall also occasionally quote it.

82. *Phonetics.*—In Kāśmīrī and Sindhī, a final short *i* or *e* are very slightly pronounced, so as to be hardly audible.[1] The same is the case in Bihārī. Thus Kṣ. *ạchⁱ*, S. *akhⁱ*, an eye; S. *aṅārᵘ*, charcoal; Bihārī *ắkhⁱ*, an eye; *aṅgōr* (for *aṅgārᵘ*, with epenthesis), charcoal; *dēkhathᵘ*, let him see.

83. As in Bihārī *aṅgōr* above, this very short final vowel is often elided, but epenthetically affects preceding vowels, especially in Lahndā. Thus, Lahndā *vāhir̤*, a heifer, for **vāhar̤ⁱ*; *vắhur̤*, a bull-calf, for **vāhar̤ᵘ*, and many others.[2] So in Bengali and Oṛiyā there are words like *bāgun*, the egg-plant, for **vaṅganᵘ*, *āgun*, fire, for **aganᵘ*.

84. All over the north-west, it is well known that *e* is frequently confounded with *i*, and *o* with *u*. Thus Sindhī *iharō*, pronounced *eharō*, such; *mihitⁱ*, pronounced *mehetᵉ*, a mosque, *ǧālⁱ*, pronounced *ǧālᵉ*, a word; *ukhirī*, a mortar, but Prakrit

---

[1] So also in Dravidian languages.

[2] This is also common in Kāśmīrī, but the final short vowel is also preserved.

*_okkhaliā._ So, in Bihārī we have both _uk^{a}rā_ and _ok^{a}rā,_ ˙him, and many similar forms. In Assamese _ō_ is always pronounced _u_; thus _ŏṭh,_ a lip, pronounced _āṭh._ Even an original _u_ is written _ō,_ as in _ōpajā,_ begotten, pronounced _upažā._

85. The change of _u_ to _i_ is common in Sindhī and the Eastern Indo - Aryan Vernaculars, but rare in the Midland. Thus, S. _mukiṭ^u_ (_mukuṭam_), a crown; _kuṭim^u_ (_kuṭumbaḥ_), a family; Sindhī _bārī,_ Bengali, Oṛiyā, Assamese, _bālī,_ sand (Prakrit _vāluā_); Bengali _tanik,_ a little for Apabhraṃśa Māgadhī Prakrit *_taṇukki_; Apabhraṃśa _undaru_ or _unduru,_ Eastern Indo-Aryan Vernacular _īndir,_ Marāṭhī _undir,_ but Rājasthānī _ǎdarō,_ a rat.

86. All over the north-west and also in Gujarātī and Rājasthānī, the diphthong _ai_ (derived from _aï,_ not the Sanskrit _āï_) shows a tendency to became _ä, ē,_ or even _ǎ_ like the _ǎ_ in the German " Mann ". This also occurs in special cases in Hindī, but in the above localities it is universal. Thus the Hindī _maî,_ I, is represented by Lahndā _mǎ;_˙ Hindī _baiṭhā,_ seated, but Gujarātī, Rājasthānī _bēṭhō_; W. Rājasthānī _mǎ,_ written _mai,_ in; Sindhī _bēr^u,_ the˙jujube, Prakrit _vaïrō._ A similar change, but rarer, occurs in Eastern Indo-Aryan Vernaculars, as in Bihārī _mẽ,_ I; _bēr,_ a jujube.

Again _au_ (for _aü_) in the same tracts becomes _å_ or _ō._ Thus Hindī _kaun,_ Gujarātī _kǎn_ (LSI, IX, ii, 345, and R. G. Bhandarkar, 299), who?; Hindī _kaurī,_ Gujarātī _kǎḍī,_ Sindhī _kōrī,_ a shell, Lahndā _kōṛī,_ a kind of wart; Cf. the Bengali termination _ō,_ written _a,_ as in _bhāla_ (pronounced _bhālō_), good. In Assamese every _au_ or _aü_ is pronounced _ō._ Thus _auṣadh,_ medicine, is pronounced _ōχŏdh._

87. Although neither Lahndā nor Sindhī have the sounds, the neighbouring languages of the north-west, especially the Eranian P^{a}štō, and the Modern Piśāca Kāšmīrī frequently change _c_ to _t͡s,_ and _j_ to _z_ or _dz._ Thus P^{a}štō _t͡sārī,_ Sindhī _cārī,_ a spy; P^{a}štō _dzōlī,_ Sindhī _jhōlī,_ a wallet; Kāšmīrī _t͡salun,_ to flee, Sindhī _calaṇ^u,_ to depart; Kš. _zānun,_ S. _jāṇan^u,_ to know. A similar change occurs as is well known in Marāṭhī. In Assamese _c,_ and in Bengali _ch_ (so also dialectic Marāṭhī) are pronounced _s,_ and in vulgar Bihārī and Bengali _j_ is regularly pronounced _z,_ and in Assamese as _ž_ (= _zh_).

88. Lahndā and Sindhī (like Kāšmīrī) have the palatal _ñ._ It also reappears in Eastern Indo-Aryan Vernaculars. Thus Assamese _gosāiñ_ (_guχāiñ_), a religious teacher; Bihārī _ṭhāñi_ or _ṭhāiñ,_ but Hindī _ṭhāw,_ a place.

89. Sindhī prefers the dental r to the cerebral $ṛ$, and frequently derives it from l (Trumpp, Gr. xxix ; Hoernle, Gḍ. Gr., § 16). So also the Eastern Indo-Aryan Vernaculars. Thus Hindī *siāl*, Sindhī *siār^u*, Bihārī *siār*, a jackal. In Bihārī rustics are almost unable to distinguish between r and l, and in Bengali the change is very common.

90. It is well known that in North-Western Indo-Aryan Vernaculars and in Modern Piśāca languages, the cerebral and dental letters are frequently confounded. It was the same in Vrācaḍa (Pischel, Pr. Gr., § 28). In the Thaḷī dialect of Lahndā, d regularly becomes $ḍ$. This also is the case in the East. Thus (*dakṣiṇaḥ*) Lahndā *dakkhaṇ* or *ḍakh^aṇā*, Sindhī *ḍakhiṇā*, south ; Bengali, Assamese *ḍāin*, Oṛiyā *ḍāhāṇ*, right. In Assamese cerebrals and dentals are often confounded in pronunciation (Brown, A. Gr., 9).

91. Kāśmīrī, under the influence of a neighbouring palatal sound, frequently changes $ḍ$ to j, and d to z. With this cf. Marāṭhī *nīj* < *nidrā*, sleep; Sindhī *ḡijh^u* (*gṛdhraḥ*), a vulture ; Prakrit *dhīā*, Bengali *jhī*, Oṛiyā *jhiā*, Assamese *jī*, a daughter.

92. In North-Western and Eastern Indo-Aryan Vernaculars *mb* becomes *m̐* or *mm*, while in Hindī it becomes ˙*b*. Thus (*jambukaḥ*) Lahndā *jamū̃* or *jamū̃*, Sindhī *jamū̃*, Bengali, Oṛiyā *jām*, but Hindī *jā̃bū* ; (*nimbaḥ*) Lahndā *nim*, Sindhī *nim^u*, Bihārī, Bengali, Oṛiyā *nīm*, Assamese *nim*, but Hindī *nĩb* ; (*lambaḥ*) Lahndā *lammā*, Bihārī *lāmā*, Bengali *lām*, but Hindī *lambā*, long, and many others. Cf. Hoernle, Gḍ. Gr., 20. In the same section Hoernle points out that the development of y in the north-west is the same as in Eastern Indo-Aryan Vernaculars.

93. In Kāśmīrī and all the Modern Piśāca languages a medial r is very frequently elided (Grierson, *Piśāca Languages*, 122). This has not been specially noted in the North-West, but is very common in colloquial Eastern Indo-Aryan Vernaculars, e.g. Bihārī *kai* for *kar^i*, having done ; Coll. Bengali *mailām* for *marilām*, I died.

94. The change of $ś$ or s to h is one of the typical peculiarities of the North-West. Examples are (*busam*) Sindhī *buh^u*, chaff; (*upaviśati, uvaisai*) Sindhī *bihē*, he sits. The same change is common not only in Modern Piśāca languages, but also in vulgar Gujarātī, as in *hamaj^avū* for *samaj^avū*, to understand, etc. Except in sporadic instances, we do not meet this again till we

reach Eastern Indo-Aryan Vernaculars. Thus, (*paśuḥ*) Bihārī *pōhē*, cattle; (*gōśālam*) Bihārī *gōhāl*, a cowhouse. In Assamese a compounded *s* and *ś* always become a voiceless guttural spirant, transliterated by χ; thus $\chi \bar{a}stra$ for *śāstra*, scripture; χ^a, for *sa*, a hundred; $\chi a \dot{n}gr\bar{a}m$ for *saṅgrām*, a fight.

95. While Hindī has only a dental *s*, those Outer Indo-Aryan Vernaculars that do not change *s* to *h* often change an original *s* to *ś*. In Marāṭhī *ś* is used before palatal vowels and *s* before non-palatals, irrespective of derivation. In Bihārī *ś* is always written, and *s* is always pronounced. In Bengali and Oṛiyā every sibilant becomes *ś* in pronunciation. With this may be compared the changes that sibilants (compounded and uncompounded) undergo in Māgadhī Prakrit. We thus see that while Hindī prefers a dental *s* all Outer Indo-Aryan Vernaculars treat sibilants with great freedom.

96. In all Outer Indo-Aryan Vernaculars there is a strong tendency to omit aspiration. In Modern Piśāca languages all sonant aspirates are disaspirated (cf. § 352). So Ḍērāwāl Lahndā *giddā* for *ghiddā*, taken as if from *grddhaḥ* in the sense of *grhītaḥ*; (*vyāghraḥ*) Sindhī *vāgh^u* or *bāg^u*, a tiger. This change occurs sporadically in all Indo-Aryan languages. *Jh* becomes *j* or *z* in Assamese, as in Bengali *jhī*, Assamese *jī* (*zī*), a daughter. So Hindī *jhāl*, pungency, but Assamese *jāl* (*zāl*); Hindī *bujh-*, extinguish, but Bengali, Marāṭhī, Gujarātī, Rājasthānī *buj-*; Bengali, Marāṭhī, Gujarātī *sājh* or *sāj*, evening. We thus see that the disaspiration of this sonant occurs only in Outer and Intermediate Indo-Aryan Vernaculars.

Similarly for *ḍh*. Hindī *paṛh-*, Bengali *paṛ-*, read; Hindī *caṛh-*, Bengali, Rājasthānī *caṛ-*, mount; Hindī *kōṛh*, leprosy, Bengali *kuṛ*, Marāṭhī, Gujarātī *kōṛ*, leprosy; Hindī *dāṛhī*, Oṛiyā *dāḍī*, Bengali *dāṛī*, a beard.

Dh is often disaspirated in Rājasthānī, as *bād-*, bind; *ādō*, half; *lād-*, get; *dūd*, milk. So Kāśmīrī *dŏd*, Bengali *dud*, milk; Marāṭhī, Gujarātī *gid*, a vulture; Sindhī *dhūŏ*, smoke.

For *bh* we have Sindhī *bīkh^a*, alms; *bukh^a*, hunger; Rājasthānī *bhī* or *bī*, also; Ḍērāwāl Lahndā *bai*, a brother; Hindī *jībh*, but Assamese *jibā*, the tongue.

Turning to the surd aspirates, *kh* is usually preserved, except in Marāṭhī, and occasionally in the other Outer Indo-Aryan Vernaculars. Thus, M. *sik-*, learn; *bhuk*, hunger, and others.

6

So Bengali *pukur*, a pond ; Assamese χ*ukānā*, Marāthī *sukā*, Sindhī *sukō*, Lahndā *sukeā*, dry.

As for *ch*, in Assamese it always becomes *c* (pronounced *s*), as in *māc* (*mās*), a fish. So also Oṛiyā *kācim*, a tortoise ; Rājasthānī *cip-*, for *chip-*, conceal. Elsewhere the aspiration is generally preserved.

Ṭh is disaspirated only in Bengali *kuṭārī*, an axe ; *piṭ*, the back, etc.

Th is disaspirated only in a few words, the most important of which is Rājasthānī, Marāṭhī, Bengali, Assamese, Oṛiyā *hāt*, others *hāth*, a hand.

Ph is also rarely disaspirated. We have Bengali, Assamese, Oṛiyā *bhāp*, vapour ; Assamese *pelitē*, Bengali *phelitē*, to throw.

From the above we see that disaspiration is confined to Outer and Intermediate Indo-Aryan Vernaculars. That of surd consonants is chiefly confined to the south and east, while that of sonants is also common in the north-west.

97. Sindhī, Lahndā, and Modern Piśāca Languages avoid doubling a consonant, and where Prakrit has a double consonant they have a single one, without compensatory lengthening of the preceding vowel. This is also common in the Outer and Intermediate Indo-Aryan Vernaculars, but does not occur in the Midland. Thus, Sindhī *cak*^{u}, Oṛiyā *cak*, a wheel. Elsewhere *cakk*, *cāk*, etc. There are hundreds of other examples. To quote only a few, Hindī *māg-*, Sindhī *man*, ask ; Hindī *sūkhā*, Kāśmīrī *hŏkh*^{u}, Marāṭhī *sukā*, Bengali, Oṛiyā *śukā*, dry ; Hindī *tīkhā*, Assamese *tikhā*, sharp ; Hindī *sāc* or *sacc*, Sindhī *sac*^{u}, Assamese *sācā*, true ; Hindī *sījh-*, Sindhī *sijh-*, Marāṭhī *śij*, Gujarātī, Bengali, Oṛiyā, Assamese *sij-*, be stewed ; Hindī *jūjh-*, Marāṭhī *jhujh-*, be killed in battle ; Hindī *mūṭhī*, Sindhī *muṭh*^{e}, Assamese *muṭhi*, a fist ; Hindī *kān*, Lahndā, Kāśmīrī *kan*, Sindhī *kan*^{u}, an ear ; Hindī *pān*, Lahndā *panā*, Kāśmīrī *pan*, Sindhī *pan*^{u}, a leaf ; Hindī *bhāt*, Lahndā *bhat*, Sindhī *bhat*^{u}, Kāśmīrī *bat*^{a}, boiled rice ; Hindī *rassī*, Sindhī, Gujarātī, Bengali, Oṛiyā *rasī*, a string ; Hindī *sās*, Kāśmīrī *haš*, Lahndā *sas*, Sindhī *sas*^{u}, Oṛiyā *sāśu*, a mother-in-law ; and many others.

98. *Declension and Conjugation.*—Nouns, which in Sanskrit and Prakrit form their feminines in *ā*, in the North-West often form them in *i* or *e*. Thus, Sanskrit *vārttā*, news, Sindhī *bāt*^{e}. So also in Bihārī, the feminine of the Tatsama *atyant*, excessive,

is *atyanti*, although in Sanskrit it is *atyantā*. This is the regular rule in Bihārī (Maithilī).

In the North-West certain genitive postpositions are derived from the present participle of the verb substantive. Thus, Kāśmīrī *hand*, Sindhī *sandō*. So also Western Rājasthānī *handō*. In Bengali the same participle, *haïte*, is employed to form the postposition of the ablative. It is not used elsewhere in this way.

In Hindī, the only relics of synthetic declension are the oblique cases singular and plural and a rare locative in *ē*, as in *ghāre ghare*, in each house. In all the Outer Indo-Aryan Vernaculars and in Kāśmīrī there is, on the contrary, alongside of the analytical, a respectable synthetic declension. We shall discuss only the singular number, as that is sufficient for our present purposes. In Kāśmīrī there is a dative ending in *s*, as in Marāthī, an agent case, and an ablative, all formed synthetically. Thus, *tsūr*, a thief; *tsūras*, to a thief; *tsūran*, by a thief; and *tsūra*, from a thief. For *i*-bases, it has *gur*, a horse; *guris*; *guri*; and *guri*. The ablative is also used as an oblique case. Sindhī has discarded part of this, but it still has the locative, and the agent and the oblique case. Thus, *jhang*; a forest; loc. *jhange*, ag. and obl. *jhanga*. Lahndā closely follows Sindhī, but the declension is obscured by epenthesis. Thus, *jangul* (for *jangal*), a forest; loc. *jangil* (for *jangali*); ag. and obl. *jangal* (for *jangal*). The Southern Indo-Aryan Vernacular, Marāthī, has also a synthetic declension, forming its dative in *s*, an agent case in *ē*, and a locative in *ī*, in addition to the oblique case. Thus, *ghar*, a house, dat. *gharās*, ag. *gharẽ*, loc. *gharī*, obl. *gharā*. In Eastern Indo-Aryan Vernacular, Bihārī has a synthetic agent and locative, and the genitive is also becoming synthetic. Thus, from *ghar*, ag. *gharẽ*, loc. *gharē*, gen. *ghar-kēr* (analytic) or *gharak* (synthetic). Bengali has a synthetic ag. *gharē*, gen. *gharēr*, and loc. *gharē*. There is also a synthetic instrumental as in *churitē*, by a knife (*churi*). Assamese and Oṛiyā are very similar. We thus see that all the Outer Indo-Aryan Vernacular have synthetic methods of declension that are quite wanting in the Midland.

99. In North-Western Indo-Aryan Vernaculars and Kāśmīrī pronominal suffixes are very common, but are unknown in the Midland proper. Thus, Lahndā *ghar-am*, my house; *ghar-us*, his house; Sindhī *piume*, my father; *pius*, his father. These

have fallen into disuse with nouns substantive in the other Outer
Indo-Aryan Vernaculars, except in distant Assamese, where they
have been kept alive by the example of Tibeto-Burman
pronominal prefixes (see § 75 *ante*). Thus, Assamese *bāp*,
a father; *bōpāi*, my father; *bāpek*, his father. Rājasthānī has
also preserved the pronominal suffix of the third person (*k*) as a
pleonastic suffix, as in *kataro* or *kataro-k*, how much?
(LSI. IX, ii, 35).

. The use of pronominal suffixes with verbs has been preserved
throughout all the Outer Indo-Aryan Vernaculars, and forms
a prominent feature of conjugation, while it is entirely wanting
in the Midland. It also exists in Rājasthānī and Eastern Hindī.
It is unnecessary to give examples of this here, as to do so would
only be repeating the chapter on verbs later on in this book.
Suffice it to say that the conjugation of nearly all the tenses of
the Outer Indo-Aryan Vernacular verb is synthetic, and is in
most cases modern in origin, being formed by the accretion of
pronominal suffixes. On the contrary, in the Inner languages,
the only synthetic tenses. are the two or three which have
survived from Prakrit, and these also are found in Outer Indo-
Aryan Vernacular.

The modern origin of the Outer Indo-Aryan Vernacular
synthetic conjugation is well shown by the languages of the
north-west. Thus:—

	" HE STRUCK "	
Analytic		*Synthetic*
Kāśmīrī, *tam^i mār^u*	or	*mārun.*
Lahndā, *ŭ_mareā*	,,	*mareus.*
Sindhī, *hun^a māriō*	,,	*māriǎĩ.*
Rājasthānī, *wō māryō*	,,	*māryōs* (LSI. IX, ii, 35).
Eastern Hindī —		*māres.*
Bihārī —		*mǎr^alak.*
Bengali —		*mārilek.*
Assamese . —		*mārilē.*
Oṛiyā and Marāṭhī —		*mārilā.*
But Hindī, *us-nē mārā.*		

A form of the Past Participle, of which the characteristic
letter is *l*, occurs in Modern Piśāca, North-West, South, and
Eastern Indo-Aryan Vernaculars, but not in the Midland. Thus
Modern Piśāca (Maiyã) *kuṭ-ag-il*, Sindhī *māria-l^u*, Gujarātī
mārē-lō, Marāṭhī, Oṛiyā *māri-lā*, Bihārī *mār-al*, Bengali, Assamese
mār-il, struck. There is no similar form in Hindī or Eastern
Hindī.

100. As regards vocabulary one word may be mentioned which shows the relationship between the Eastern and North-West Indo-Aryan Vernaculars in a striking manner. According to Hc. iv, 294, the Māgadhī Prakrit equivalent of the Sanskrit *vrajati*, he goes, is *vaññadi*. The Māhārāṣṭrī Prakrit form is *vaccaï* (225). Cf. Marāthī (Kōṅkaṇī) √ *vŏts*, go; but Lahndā √ *vañ*, go.

101. It will, therefore, have been seen that in many grammatical features, the North-Western Indo-Aryan Vernaculars are connected with the Southern and the Eastern Indo-Aryan Vernaculars, and agree with them in presenting the same contrasts to the Midland languages. That the North-Western languages in many respects occupy an independent position cannot be denied, and this is largely due to the influence of the neighbouring Modern Piśāca languages. Whether there was an original relationship between these two, as Hoernle suggests, it is at present impossible to say. They have many points in common, but also many points of difference. Whether the former are due to a common origin or to mutual borrowing I do not venture to say, but on the whole I at present incline to the latter opinion (see § 51, *ante*).

THE POPULAR LITERATURE OF NORTHERN INDIA

By Sir George A. Grierson, K.C.I.E.

(Lecture delivered at the School of Oriental Studies on November 6, 1918.)

THE languages of India Proper belong to two great families—in the North, the Indo-Aryan; and in the South, the Dravidian. The map here displayed shows the localities in which the former are spoken. These Indo-Aryan tongues again fall into two main groups, viz., those of the Midland—indicated on the map by red—and a number of Outer Languages, indicated by blue. These two groups differ from each other in an important characteristic, which has affected their respective literatures to no inconsiderable extent. In the Midland the languages are all analytical. Their grammars are very simple, they are cumbered by few grammatical forms, and they indicate the various relations of time and space by the aid of auxiliary words, just as we do in English. The Outer Languages, on the contrary, are synthetic. Their idioms depend chiefly on grammatical form, and, as in Latin or German, each has a more or less complicated system of declension and conjugation.

Just as the popular literature of England differs in character from that of Germany, and just as this difference is largely conditioned by the natures of the two languages; so, in India, the literatures of these two groups are sharply distinguished, and we are thus furnished with a convenient formula for dividing up the consideration of a large and somewhat complicated subject. It would be impossible, in the course of a single lecture, to deal with the whole subject of Indo-Aryan literature, and I therefore propose to-day to confine myself to the popular literature of the Midland—that is to say, of the Panjāb, of Guzarāt and Rājputānā, and of Hindōstān. To these I shall add the literature of one outer language—Bihārī; for Bihār, the country in which it is spoken, has for many centuries been politically connected with the Midland, and has taken from it its literary traditions. As a nation, its people have always looked to the West, and have turned their backs upon the Bengal lying to their East.

I do not propose to refer much to the somewhat artificial literature written by learned men for learned men, admirable though much of it is, or to go back beyond the time when the modern languages of India took their present form. I shall endeavour to confine my remarks to the literature which is popular in the best sense of the term—namely, that which is known and loved by all, literate and illiterate alike, and also that which is commonly read and admired by the average educated native of India. Even so, the subject is so vast that I can do little more than give the merest general outline, and indicate the more salient points.

Ballads, and their brethren, Bardic Chronicles, have, from early times been a prominent feature in the literature of the West of the Midland. What is perhaps the most favourite subject of all ballad poetry in India, the tale of Hīr and Rānjhā, has its birth in the Panjāb. A good translation of one of the most popular versions will be found in Mr. Swynnerton's *Romantic Tales of the Panjāb*. Suffice it to say here that it is an Indian parallel to the story of Hero and Leander, and not improbably its germ came into the Panjāb from Greece in the early centuries of the present era. Two things are remarkable about it. One is that, as in the Grecian legend, in the title of the story the name of the heroine precedes that of the hero; a circumstance, so far as I can remember, unparalleled in genuine Indian ballad-literature. The other is that, although the story runs directly counter to all the caste prejudices of the Panjāb, and though the love of Hīr and Rānjhā was illicit, they are celebrated throughout Northern India as the type of constant lovers, much in the same way as Abelard and Héloïse in modern Europe, or as Lailī and Majnūn amongst the Arabs. So celebrated is the subject that it has been put into literary form, and the version by Wāris Shāh, written some 200 years ago, is still regarded as the perfect model of the purest Panjābī language. Their love ended disastrously, as such love must end in India, in the death of both hero and heroine; but it is an interesting commentary on the sympathy with which they are regarded by the mass of the people, that a very popular continuation of the story by another hand carries them to the Isles of the Blessed, and shows them living together in happiness and peace, carrying on their old avocations amid their flocks and herds.

I cannot do more than refer to the many other ballads of the Panjāb, such as the great semi-historical cycle of Rājā Rasālū, or the pathetic tale of Mirzā and Sāhibān. Many of these will be found in Mr. Swynnerton's book already mentioned, and in Sir Richard Temple's monumental *Legends of the Panjāb*.

In Rājputānā, too, ballad poetry is very popular, and specimens can be bought in chapbooks in every bazaar, though rarely seen by Europeans. These are of a nature different from that of those just referred to. Love is not the theme, but war— the martial deeds of Rājpūt ancestors. The most famous of all is the ballad—almost an epic—of Ālbā and Ūdal, which has been carried by itinerant reciters all over Northern India. A brilliant version of the opening cantos has been written in English ballad metre by the late Mr. Waterfield, under the name of *The Nine Lakh Chain, or the Mārō feud*, and echoes of it will be found in Kipling's tales. The two heroes, Ālbā and Ūdal, were nephews of Parmāl the Chandēl, king of Mahōbā, in the latter part of the twelfth century. Their father, Jasrāj, had been cruelly murdered by the king of the neighbouring state of Mārō, and the first part of the poem deals with this, with their bringing up by their widowed mother, and with their expedition to avenge their father's death. After consummating their revenge, Ūdal falls in love with, and wishes to marry, Bijaisin, the daughter of his father's murderer. Ālbā dissuades him :—

आल्हा बोले तब ऊदनि पर भैया अक्किलि गई तुम्हार ।
ब्याह न करिहैं हम बैरी घर ऊदनि मानौ कही हमार ॥
जब सुधि करिहैं माई बाप की सोवत तुम कौं डरिहैं मारि ।
ऊदनि मारौ तुम बिजमा कौं औ धरती में देउ गिराय ॥
हाँथ जोरि कै ऊदनि बोले दादा सुनौ हमारि बात ।
अपने हाँथ से जो हम मरिहैं तौ रजपुती धर्म नसाय ॥
आल्हा बोले तब मलिखे से तुम हनि डारौ बिजैनि रानि ।
खैंचि सिरोही मलिखे लीम्ही लै कै महादेव को नाम ।
करौ जड़ाका तब बिजमा पर रानी को कूटि जनेवा जाय ॥
घायल हो कै बिजमा बोली ऊदनि सुनौ हमारी बात ।
अपने मन में जानति ती हम तुम करिहैं भोग बिलास ॥
अपने हाँथ जो तुम मरते तौ मेरो जन्म सुफल इइ जाय ।
जेठ हमारे मलिखे लागैं तिन मोहि डारो जान से मारि ॥
बाप दच्यो तब रनि बिजमा ने मलिखे तेरो बुरो इइ आय ।

मारे जेही तुम पटपर में तह गा झरहै लझरवा भाय ॥
सुनि सुनि बातैं रनि बिजमा की मोह में फँसो उदय सिंघ राय ।
वाह पकरि के रनि बिजमा की श्री घूँटे पे लौ बैठाय ॥
अब के बिकुरे तुम कब मिलिहौ सो मोहिँ हाल देउ बतलाय ।
बोली बिजिसिनि तब ऊदनि सैं मोहि घूँटे सैं देइ उतारि ॥
देही हमारी हिय नै रहिहै में नरवर में लिहौँ श्रौतार ।
बेटी कहिहौँ राजा नरपति की श्री फुलवा होय नाम हमार ॥
घोड़ा खरीदन काबिल ऐही तेहि दिन भेट हमारी होय ।
इतनी कहि के प्रान छोडि दै बिजमाँ गिरी धरति भिहराय ॥
लासि उठाय लई ऊदनि ने सो नर्बदा में दई बहाय ।
अपने अपने सब घोड़न पर छनी तुरत भये असवार ॥

I quote Mr. Waterfield's translation :—

> "With the house of our foe, I bid thee know,
> No marriage feast I keep.
> When she thinks of her father and brother slain,
> She will kill thee in thy sleep."

Ūdal entreats that she may be spared from the slaughter to which her whole family had been condemned by the brothers, but in vain ; and finally his cousin Malkhā—

> His shining sword he drew ;
> He smote so sore Bijaisin's side,
> He cleft her shoulder through.
>
> Then said she, " Ūdal, once I dreamed
> To spend our lives in fere ;
> And sweet to me e'en death had seemed
> Had thy hand made it dear.
>
> But, cruel Malkhā, woe to thee !
> Thy brother's wife hast slain ;
> So shalt thou die, with no brother by,
> Unhelped in open plain."

Cries Ūdal—

> "Here must we part ere yet we wed,
> But meeting canst none descry ? "
> "O lay me down, my love," she said,
> "Since I must a maiden die."

She then—according to the universal belief in India, that a woman at the point of death is endowed with the gift of prophecy—promises Ūdal that in their future lives they should

meet again and live happily together, and with these words
breathes her last :—

> But Udal bare her body fair
> To Narmadā's boly tide :
> He cast her into the river there,
> While the troops to the camp did ride.

With this finely contrasted picture the poet brings the
episode to a close. On the one side we have the victorious army
joyfully setting forth upon its homeward way—the hundreds of
stately elephants headed by Ālhā upon their leader Pachsāwad,
the crowded ranks of the foot-soldiers, the cavalry with its
jingling harness, and its pennants gaily fluttering in the evening
breeze. On the other, lonely and conspicuous against the western
sky, Udal—the gallant, the impetuous Ūdal—who had led them
so often to victory, standing, no brother by, on the bank of the
great river, mutely gazing on the waters that conceal all that
remains of a sweet flower of Rājpūt maidenhood.

In course of time Parmāl quarrels with his two nephews and
expels them and their mother with ignominy from Mahōbā.
They take refuge with Jaichand of Kanauj. Next, Prithīrāj
Chanhān, of Delhi, attacks Mahōbā, and Parmāl in his necessity
sends a message appealing to them to come to his assistance.
The sequel may be told in the words of Tod. They at first
refuse, although their mother, with the chivalry of a loyal
Rājpūt, urges them to return. Udal cries, " May evil spirits seize
upon Mahōbā ! Can we forget the day when in distress he drave
us forth ! Let it stand or fall, it is the same to me. Kanauj is
henceforth my home."

" Would that the gods had made me barren," cried their mother,
" that I had never borne sons who thus abandon the paths of the
Rājpūt, and refuse to succour their prince in danger ! " Her heart
bursting with grief, and her eyes raised to heaven, she continued,
" Was it for this, O Universal Lord, Thou madest me feel a
mother's pangs for these destroyers of their nation's fame !
Unworthy offspring ! The heart of the true Rājpūt dances with
joy at the mere name of strife—but ye, degenerate, cannot be the
sons of Jasrāj—some carl must have stolen to my embrace, and
from such must ye be sprung." The young chiefs arose, their
faces withered in sadness. " When we perish in defence of
Mahōbā, and, covered with wounds, perform deeds that will leave

a deathless name : when our heads roll in the field; when we embrace the valiant in fight, and, treading in the footsteps of the brave, even in the presence of the heroes of the Chauhān, make resplendent the blood of both lines, then will our mother rejoice."[1]

The rest of the story must be briefly told. They return to Mahōbā, fight bravely in its defence, but are finally overwhelmed, and die, as they had promised, on the battlefield.

The style of the poem is in striking accord with that of our own border ballads. With an irregular lilting metre it carries the narrative forward with an irresistible swing illumined here and there by touches of rare poetry. It is a matter of great regret that Mr. Waterfield's translation is buried in stray numbers of the *Calcutta Review,* and that, though incomplete, it has never been published independently. It would give to many a new chain of interest linking this country with India.

Like all poetry of its kind, it has its stock phrases and its repetitions. Let me quote one composite passage describing a

---

[1] Tod, *Rajasthan* (Calc. Ed.), i, 650. The passage thus freely translated by Tod occurs in the *Mahōbā Samaya* of the *Pṛthīrāj Rāsau* (verses 188 ff.), and is as follows :—

तब उहिल फिरि बोलिय वानिय। देझ महींबे की चक धानिय ॥
बुरे हाल काढे परिमालह। सो अब भूलि गएँ वह ष्यालह ॥
जगनक भट्ट अवड़ घर जावड़। नगर मोहबा लझें अभावड़ ॥
धर घट्टय दसराज उथप्पिय। हम कन्नवज उतन कर थप्पिय ॥
देवल दे कहि बाँझ न रष्षिय। ऊची धर्म करम मय भष्षिय ॥
साँमि साँकरइ देह न कट्टिय। हउ करतार कूँषि किम फट्टिय ॥ १५० ॥
माता दीन वचन करि रोई। तुम सब बनाफरन की षोई ॥
जंग वचन सुनि कइ नहिँ नच्चय। ते रजपूत धरम नहिँ संचय ॥

दोहा ।

साँमि साँकरइ जानि कइ। रहे अवर घर सोइ ॥
सो रानी फिर तो लहउ। कुल रजपूत न होइ ॥ १५२ ॥

कवित्त ।

आला ऊदिल मुनिव। उठे मुरझाय वीर दुझ ॥
माता मुष मन मानि मरइ। उहाँ जाइ कुटम सझ ॥
लरइ आइ सनमुष्ष। करइ अषवात धरा बझ ॥
धरइ साँमि भ्रम सीस। कटइ किरबान पान रझ ॥
साँमंत वथ्थ घल्लइ विहस। रहसि सूर समर अनिय ॥
उजियालि दुझ कुल में सुघर। जरन भेंट संभरि धनिय ॥ १५३ ॥

battle, which, in slightly varying forms, occurs over and over
again. . The heroes are, of course Ālhā and Udal, and their
opponent is Anūpī, the Māro general.

इतनी सुनि के राजा अनूपी नैना असि ज्वाल इइ जाँय ।
आन न पाँमैं मझवेवारे टटुआ टायर लेउ छिनाय ॥
बत्ती दइ देउ मेरि तोपन मैं इन पाजिन कीँ देउ उड़ाय ।
लै के घैली बारूदन की श्री तोपन मैं दइ डराय ॥
गोला दारि दये तोपन मैं सुम्मा मारैँ बारंबार ।
धुम्राँ उड़ानो इन तोपन को रन मैं सूझि पड़े अँधियार ॥
अर रर रर रर गोला कूटैं कह कह करैँ अगिनियाँ बान ।
सन नन नन नन गोली कूटैं सर रर तीरन की आवाज ॥
चारि घरी भरि गोला बरसो कोइ रजपूत न टारै पाउँ ।
तोपैं घै घै लालैँ इइ गइँ ज्वानन हाँथ धरे ना जाँय ।
चढ़ी कमनियाँ पानी इइ गइँ चुटुकिन के गै मास उड़ाय ॥
तोप रहकला पीछे कोँड़े लंबे बंद करे हथियार ।
साँगि चलन लगि दोनौ दल मैं ऊपर बरछिन की भड़ माइ ॥
कूटैं पिचिक्का जे लोइन के श्री बुबकारिन बोलैं घाय ।
बूड़ि जुलुफियाँ गइ लोइन से चरबी अंग गई लपिटाय ॥
हौदा भरि गै तब लोइन से श्री चुचुआत फिरैँ असवार ।
चारि घरी भरि बजो साँगड़ा भारी बरछिन की भड़ माइ ॥
भाला टूटि के दोना इइ गै लटुआ कटि बरछिन के जाँय ।
यही लड़ाई पाछू परि गइ अब आगे को सुनौ हवाल ॥
खैंचि सिरोही रजपूतन लइ नाँभी खैंचि लइँ तलवार ।
पैदर के संग पैदर आ भिड़ें श्री असवारन से असवार ॥
हौदा के संग हौदा मिलि गै हाँथिन अड़ो दाँत से दाँत ।
सात कोस लौ चलै सिरोही चारौ तरफ चलै तरवारि ॥
पैग पैग पर पैदर गिरि गै उन के दु दुइ पैग असवार ।
विसे विसे पर हाँथी डारे छोटे परबत की उनहारि ॥
पगियाँ डारी जो लोइन मैं मानौ ताल फूल उतराँय ।
पड़े दुसाला हूँ लोइन मैं मनौ नही मैं परो सिवार ।
ढालैं डारी हूँ लोइन मैं यारौ ककुआ सी उतराँय ॥
सुहर कटोरा पानी इइ गौ रन मैं कोइ न बूझै बात ।
तीनि लाख से चढ़ो अनुपी रहि गै डेढ़ लाख असवार ॥
जैसे भिंड़हा भेंड़न पैठे जैसे सिंह बिड़ारै गाय ।
जैसें लड़िका गवड़ी खेलैं गिनि गिनि धरैँ अगाइ पाँउ ॥
मुआ सुपारी जैसे काटै जैसे काटै तमोलिनि पान ।

रेख उठै ते छची कटि नै उन तिरियन घर कौन हवाल ॥
कोई रोवति है लड़िकन कौँ कोई पुरिखन कौँ चिल्लाय ।
कोई रोवति है तिरियन कौँ उन कौँ कौन लगैहि पार ॥
कोई रोवति है महतारिन कौँ कुंछा लये रहाँ नौ मास ।
हमरैँ जूझे छोर कूटि आय कोई पानी दिवैया नाहिँ ॥

    *   *   *   *   *

प्रान पियारे जिन के कहिये तिन रन डारि दये हँथियार ।
ऊपर मुर्दा अपने धरि लै नीचे रहे सुआई साधि ॥
हाँथी बिचली जो मुर्दन से सो मुर्दन मैँ पहुँचे जाय ।
पाँउ जो धरि देय ओहि लहासि पर छची बिना मारे मरि जाय ॥
गलियन तेगा जिन बाँधे ते जो छाँहीँ के बढ़े ज्वान ।
पैँधि कंधनी मारि लंगोटा देही अंग भभूति रमाय ॥
हमैँ न मरिऔ कोई क्विउ हम तौ जगन्नाथ कौँ जाँय ।
भिछा मँगिबे कौँ आये ते तौ लौ चलन लगी तलवारि ॥
जिन्हैँ पियारी घर मैँ तिरियाँ रन मैँ डारि दये हँथियार ।
बकुचा बाँधे हैँ ढालन के औ काँधे मैँ लीन्हैँ डारि ॥
हम तौ दवगर हैँ जैपुर के करत हैँ ढालन को बेपार ।
ढालैँ बेँचन कौँ आये हैँ तौ लौ चलन लगो तलवारि ॥

    *   *   *   *   *

गोल फूटि गौ भर्रा परि गौ लसिकर अनी बदलि जह आय ।
ऊचे खाले कायर भाजे जे रन दुलहा चले बराय ।
दुर दुर तेगन के बँधवैया उन नारेन की लीन्ही राह ॥
भिड़हा आये हैँ मझबे के सो लसिकर मैँ दये छुड़ाय ।
भेँड़ बुकरियन की गिनती नहिँ जो मनहूँ कौँ आँय चराय ॥

Then Raja Anupi, wroth was he,
    Like a coal was his red eye-ball;
"Let none of the men of Mahoba flee,
    Seize horses and cattle and all.

"The heaviest guns on their carriages bring
    And fire on the low-bred hound."
Then cannon were loaded and rammers did ring
    And matches were lighted around.

The bullets did rattle, the cannon did roar,
    The arrows whistled and flew;
The rockets hissed as their way they tore,
    And the smoke hid all from view.

None yielded a jot nor left the spot,
   As he was true Rajput born;
Till bows grew slack and guns waxed hot
   And the archers' hands were torn.

They left the cannón they could not work,
   And dashed the missiles by;
With lance and spear they faced more near,
   And the javelins fast 'gan fly.

And no Rajput would yield a foot
   When he stood his foe before,
Till spears were broken and shafts were bent
   And the howdas swam in gore.

Then every warrior bared his blade,
   And line rushed in on line:
I wis a goodly play they played,
   Drawn out for furlongs nine.

Footmen and footmen they were set,
   Horsemen 'gainst horsemen ride;
Tusk to tusk the elephants met,
   Howda by howda's side.

Full many a fair young soldier then
   His blood on the broadsword shed;
At every step were wounded men,
   A horse or an elephant dead.

Like a red, red river the blood did run,
   With turbans for lotus gay,
For tortoise and snake there were shield and gun,
   And mantles for weeds that sway.

O water than gold was more precious then,
   And none could be found that day;
Of Anupi's thirty thousand men
   One half on the greensward lay.

As the wolves the sheep, as the lion the kine,
   As the schoolboys drive the ball;
So onward pressed the Mahoba line,
   And drew their good swords all.

As the parrot pecks the woodland nut,
   As the leaf 'neath the betel knife;
So down was many a stripling cut,
   Ah woe to the widowed wife!

There was weeping for father and weeping for child,
　And weeping for wife new-wed;
And weeping for fate of mother mild,
　Whose son is before her dead.

Then some did groan for sire or son,
　Or wife to be widowed soon,
Or mother old, who has left her none,
　To give the funeral boon.

＊　　　＊　　　＊　　　＊

There is a graphic description of the cowards—

There were some who holding their breath did lie,
　A heap of slain below;
When an elephant mad rushed trampling by,
　They died without striking a blow.

There were some who swaggered with sword before,
　In street though never in tent;
Now only a string and a loincloth wore,
　Their bodies with ashes besprent.

They signed their foreheads with Rama's sign,
　With the blood-stained earth they found;
"We were begging our way to Jagannath's shrine,
　When the sword-play closed around."

And one on his back took of bucklers a pack,
　Like a Jaipur artizan;
"For selling of shield I had come to the field,
　Nor wist ere the fight began."

＊　　　＊　　　＊　　　＊　　　＊

At length they broke from the trenches and fled,
　The coward and eke the brave;
Down each ravine ran swordsmen keen,
　If only their life to save.

"These are wolves," they cried, "from Mahoba side
　Are loosed on the Maro power,
Of sheep and goats they seek no prey,
　But the flesh of men devour."

This ballad leads us naturally to the Bardic Chronicles of Rājputānā. There are many of these already known, and a search now being conducted, on behalf of the Government of India, by Signor Tessitori, one of the most brilliant of the younger generation of Italian Orientalists, is revealing more and more. The most famous is the *Prithīrāj Rāsau*, attributed to the bard Chand Bardāī, and said to have been written at the end of the thirteenth century. A brief sketch of the contents must suffice. The principal characters are all historical. Prithīrāj Chauhān, king of Delhi. already mentioned, is its hero, and the first part of the poem deals with his early knightly exploits. Then we come to the main episode, round which the whole story centres. His rival, Jaichand of Kanauj, summons all the neighbouring princes to a solemn sacrifice. at which his daughter Samyōgitā shall choose one of them as a husband. But Prithīrāj comes in disguise, and carries her off, a not unwilling bride. by stratagem and force of arms. This fatal act of Prithīrāj was the ruin of India. Samyōgitā, "like another Helen, fired another Troy." In the ensuing war, Jaichand, hard pressed, calls in to his assistance the Musalmāns who have already invaded India, and who have established themselves with some success at Lahore. Prithīrāj, lulled in the. arms of Samyōgitā, and neglectful of his princely duties, pays little heed to the threatening storm. When he awakes it is too late. The storm has burst in all its fury, and the last and longest canto of the poem describes "The Great Battle", as the poet calls it, of A.D. 1192 at Thanesar. Prithīrāj and his devoted Rājpūts are routed. He is made captive and slain, and Samyōgitā, the Rājpūt wife, ends her life upon the funeral pyre. Within ten years all Northern India, except Rājputānā and Gujarāt, had been overrun by Musalmāns, and Delhi became, and remained till it was captured by the English in the Mutiny, a Muhammadan capital.

I conclude this section of the subject with another Rājpūt lay, collected by myself in Bihār. The metrical version is by the late Sir Edwin Arnold. You will notice the meaningless refrain *hū rē jī*, or (as Sir Edwin spells it) *hu-ri-jee*, which is given where it occurs in the original. The song tells how a Rājpūt woman killed herself rather than become the wife of a Mīrzā. or Musalmān conqueror.

आठहि काठ केरि नैञा रे नैञा ।
रँगुरे ढरावल चाहू मँगिया ह रे जी ॥ १ ॥
तेहि घाटे उतरेला मिरिञा सहेबवा ।
जेहि घाटे भगबति नहाले ह रे जी ॥ २ ॥

पनिया भरति पनिभरनि बिटिया।

केकर बहिनि करें असननिया हू रे जी ॥ ३ ॥

गाँव केर गौंश्रा होरिल सिंह रजवा।

उन्हकर बहिनि करें असननिया हू रे जी ॥ ४ ॥

धाव तुह नौश्रा धाव चपरसिया।

होरिल सिंह पकड़ि ले आवऽ हू रे जी ॥ ५ ॥

पनिया भरति पनिहारिनि बिटिया।

होरिल सिंह मकनिया कहाँ बाड़े हू रे जी ॥ ६ ॥

उत्तर मुँहे उतराऽत उनका।

दुश्रारे चननवा गछिया हू रे जी ॥ ७ ॥

होरिल सिंह मुसक चढ़ाव हू रे जी

(जब रे) होरिल सिंह गहले मिरिजा पासवा।

नइ नइ करेला सलमिया हू रे जी ॥ ८ ॥

लेऽ ना होरिल सिंह डाल भर सोनवा।

भगवति बहिनिया मोहि बकसह हू रे जी ॥ ९ ॥

आगि लगऽ मिरिजा डाल भर सोनवा

मोरा कुले भगवति ना जामेले हू रे जी ॥ १० ॥

घर में सैं निकसि अँगना ठाढ़ि भइली।

अँगना ठाढ़िय भौजी रोवेली हू रे जी ॥ ११ ॥

आगि लगऽ भगवति तोहरि सुरतिया।

तोहरा कारन सामी बाग्हल हू रे जी ॥ १२ ॥

लेऽ ना भौजी धर गिहिथानवा।

होरिल छोड़ावन हम आइब हू रे जी ॥ १३ ॥

जब (ना) भगवति गहलि मिरिजा का पासवा।

नइ नइ करेलि सलमिया हू रे जी ॥ १४ ॥

जौ तुऽ मिरिजा हमरा सैं लोभिया।

होरिल सिंह के मुसुक छोड़ावऽ हू रे जी ॥ १५ ॥

जौ तुऽ मिरिजा हमरा सैं लोभिया।

हमरा जोगे चुनरि रँगावऽ हू रे जी ॥ १६ ॥

जौ तुऽ मिरिजा हमरा सैं लोभिया।

हमरा जोगे गहना गढ़ावऽ हू रे जी ॥ १७ ॥

जौ तुऽ मिरिजा हमरा सैं लोभिया।

हमरा जोगे डँड़िया फनावऽ हू रे जी ॥ १८ ॥

हँसि हँसि मिरिजा गहना गढ़ौले।

रोइ रोइ पेन्हे बेटी भगवति हू रे जी ॥ १९ ॥

हँसि हँसि मिरिजा चुनरि रँगौले।

रोइ रोइ पेन्हे बेटी भगवति हू रे जी ॥ २० ॥

हँसि हँसि मिरिआ डेँड़िया फनौले ।
रोइ रोइ फाने बेटी भगबति हू रे जी ॥ २१ ॥
एक कोस गइलि दूसर कोस गइली ।
लागि गइल मधुरि पियसिया हू रे जी ॥ २२ ॥
गोड़ तोरे लागीला अगिला कहरवा ।
बून एक पनिया पियाबह हू रे जी ॥ २३ ॥
मिरिजा गड़अवे पनिया पियह हू रे जी ॥ २४ ॥
तोरा गड़ुए मिरिजा निति उठि पिअबाँ ।
बाबा के सगरवा दुरलभ भइले हू रे जी २५ ॥
एक चिरआ पियलि दूसर चिरआ पियलि ।
तिसरे गइलि तरबोरवा हू रे जी ॥ २६ ॥
रोवेला मिरिजवा मुँह दे कमलिया ।
मोरि बुधि छरे बेटी भगबति हू रे जी ॥ २७ ॥
रोइ रोइ मिरिआ रे जलिया लगावेले ।
बाझि गइल घोँघवा सेवरवा हू रे जी ॥ २८ ॥
हँसि होरिल सिंह जलिया लगावेले ।
बाझि गइलि भगबति बहिनिया हू रे जी ॥ २९ ॥
हसेला होरिल सिंह मुँह खाइ पनवा
तीन कुल राखे बहिनिया भगबति हू रे जी ॥ ३० ॥

Of eight great beams the boat was wrought,
  With four red row-pins;—*Hu-ri-jee !*
When Mirza Saheb spied at the Ghaut
  Bhagbati bathing:—*Hu-ri-jee !*

"Oh, girls! that hither the chatties bring,
  Who is this bathing?"—*Hu-ri-jee !*
"The head of our village is Horil Singh;
  'Tis the Raja's sister!"—*Hu-ri-jee !*

"Run thou, Barber!—and, Peon! run thou;
  Bring hither that Rajpût!"—*Hu-ri-jee !*
"Oh, girls! who carry the chatties, now,
  Which is his dwelling?"—*Hu-ri-jee !*

"The dwelling of Horil Singh looks north,
  And north of the door is a sandal-tree:"
With arms fast-bound they brought him forth;
  "Salaam to the Mirza!"—*Hu-ri-jee !*

"Take, Horil Singh, this basket of gold,
  And give me thy sister, sweet Bhagbati."
"Fire burn thy basket!" he answered, bold—
  "My sister's a Rajpût!"—*Hu-ri-jee !*

Horil's wife came down from her house;
    She weeps in the courtyard:."Cursëd be,
"Oh, sister-in-law, thy beautiful brows! .
    My husband is chained for them!"—*Hu-ri-jee!*

"Now, sister-in-law! of thy house keep charge,
    And the duties therein:" quoth Bhagbati;
"For Horil Singh shall be set at large,
    I go to release him!"—*Hu-ri-jee!*

When Bhagbati came to the Mirza's hall
    . Low she salaamed to him:—*Hu-ri-jee!*
"The fetters of Horil Singh let fall,
    If, Mirza," she said, "thou desirest me."

"If, Mirza," she said, "thou wouldst have my love
    Dye me a bride-cloth;"—*Hu-ri-jee!*
"Saffron beneath and vermilion above,
    Fit for a Rajpût!"—*Hu-ri-jee!*

"If, Mirza," she said, "I am fair in thine eyes,
    And mine is thy heart, now,"—*Hu-ri-jee!*
"Command me jewels of rich device,
    Fit for a Rajpût!"—*Hu-ri-jee!*

"If Mirza," she said, "I must do this thing,
    Quitting my people,"—*Hu-ri-jee!*
"The palanquin and the bearers bring,
    That I go not afoot from them!"—*Hu-ri-jee!*

Smiling, he bade the dyers haste
    To dye her a bride-cloth;—*Hu-ri-jee!*
Weeping, weeping—around her waist
    Bhagbati bound it:—*Hu-ri-jee!*

Smiling, he bought, from the goldsmith's best,
    Jewels unparalleled:—*Hu-ri-jee!*
Weeping, weeping—on neck and breast
    Bhagbati clasped them;—*Hu-ri-jee!*

Joyously smiling, "Bring forth," he cried
    "My gilded palanquin!"—*Hu-ri-jee!*
Bitterly sorrowing, entered the bride,
    Beautiful Bhagbati;—*Hu-ri-jee!*

A koss and a half of a koss went they,
    And another koss after;—*Hu-ri-jee!*
Then Bhagbati thirsted: "Bearers, stay!.
    I would drink at the tank here!"—*Hu-ri-jee!*

"Take from my cup," the Mirza said:
"Oh, not to-day will I take!" quoth she:
"For this was my father's tank, who is dead,
And it soon will be distant!"—*Hu-ri-jee!*

She quaffed one draught from her hollowed palm,
And again she dipped it;—*Hu-ri-jee!*
Then leaped in the water, dark and calm,
And sank from the sight of them;—*Hu-ri-jee!*

Sorely the Mirza bewailed, and hid
His face in his cloth, for rage to be
So mocked: "See, now, in all she did
Bhagbati fooled me!"—*Hu-ri-jee!*

Grieving, the Mirza cast a net
Dragging the water;—*Hu-ri-jee!*
Only shells and weeds did he get,
Shells and bladder-weeds;—*Hu-ri-jee!*

Laughing, a net cast Horil Singh,
Dragging the water:—*Hu-ri-jee!*
Lo! at the first sweep, up they bring
Dead, cold Bhagbati—fair to see!

Laughing, homeward the Rajpút wends,
Chewing his betel; "for now," quoth he,
"In honour this leap of Bhagbati ends
Three generations!"—*Hu-ri-jee!*

In the same century as that in which the battle of Thānēsar, just described, was fought, a remarkable genius in Southern India revived and popularized the ancient religion of the Bhāgavatas. This may be described as a religion of faith and devotion to *One* Supreme Deity, as opposed to the doctrine of works and sacrifices to many gods which had hitherto been generally accepted, and also as an opponent to the fashionable monism of the Vēdānta. It was commonly known as the *Bhakti-mārga*, or "Path of Devotion", and rapidly spread into Northern India, then gasping in its death-throes amid the horrors of alien invasion. Such a religion, teaching as it did the fatherhood of God and His infinite love and compassion, came at this time as balm and healing to a suffering people, and we see this reflected in the next stage of literature with which we are brought into contact, viz., lyric poetry. In the bhakti-mārga the devotion of the worshipper is directed to a personal God, His personality

. becoming a concrete fact through incarnations assumed for the benefit of weak human nature. The two incarnations most worshipped were those of Rāma and Krishna, the particular form selected depending upon the personal equation of the worshipper. In either case, the real object of worship was not the incarnation itself, but the Supreme Deity behind it, so that, theoretically, it did not much matter to which of the two adoration was directed; but, as a matter of fact, selection did materially affect the religion and the literature founded on it. Speaking roughly, we may say that the West of the Midland favoured the worship of Krishna, while in the East the worship of Rāma was predominant, although this was by no means the universal rule.

To the worshipper of Krishna in the Midland he is not so much the Divine Teacher of the beautiful doctrines contained in the *Bhagavad Gītā* and similar works, as the child Krishna, or else the youthful Adonis of Vrindāvana, wandering through the forest with his flute, and captivating the herdmaidens who bore him company. Looked upon as a god, his love for the soul is to be compared with that of a man for a maid, and the soul's attitude to the Deity is pictured by the self-abandonment to Krishna of his divine mistress Rādhā. Devotion is expressed in a flood of burning words expressing the deepest religious feelings by means of images derived from sexual passion.

Rāma, on the contrary, is represented as a noble hero, without fear and without reproach, who came into the world to relieve it from sin, who suffered many things, and who now, in heaven, looks down, as they say, from his lattice window, lovingly helping all who call upon him, and knowing beforehand what each requires and what he will give. *His* love is that of a father for his children, and literature devoted to him is separated by a whole world of concepts from that devoted to Krishna.

It will easily be understood that it is Krishna-worship which lends itself the more easily to lyric poetry. It is personal. Its essence might almost be called selfish—a soul-absorbing—nay, all-absorbing—individual love cast at the feet of Him who is Love itself. It teaches the first, and great, commandment of the law; but the second—thou shalt love thy neighbour as thyself— it hardly touches. In the fifteenth and following centuries Northern India was filled with poets who excelled in the art of hymn-writing. The earlier ones wrote in Sanskrit. Such was

Jayadēva, the author of the *Gīta Gōvinda*, the Indian "Song of Songs"; but poets were quick to learn that the vernaculars were more readily adapted for expressing genuine emotion. In Bihār, Vidyāpati Thākur, one of the oldest of these Master-singers (fl. A.D. 1400) set an example that was speedily followed in both East and West. His little poems—at once love-songs and hymns—will seldom bear translation before a mixed audience, and, indeed without an intimate acquaintance with Indian thought, it would be difficult for a Western audience to see anything religious in them at all. However, I give one as a specimen, selecting it on account of the legend attached to it. Vidyāpati was said to be gifted with second sight, and, to test him, the Musalmān emperor had him seized and conveyed to Delhi. There the Emperor shut him up in a box, which he deposited close to the bathing-place on the bank of the Jamnā, and asked the poet to describe the scene. Vidyāpati's answer is said to have been the following lines. It will be seen that to the uninitiated there is nothing religious about them, but each line has an esoteric meaning which it would take too long to explain. I quote them simply as a pretty piece of poetry.

कामिनि करए सिनाने ।
हेरइते हृदय हरए पचवाने ॥
चिकुर गलए जल धारा ।
मुख-ससि डर जनि रोञए औंधारा ॥
तितल बसन तनु लागू ।
मुनिजनॅ-क मानस मनमथ जागू ॥
कुच जुग चारु चकेवा ।
निञ कुल जानि मिलाओल देवा ॥
ते सँकाए भुज पासे ।
बाँधि धरिञ घन उड़त अकासे ॥

The pretty one is bathing, and, as I gaze, the five-arrowed god of love seizeth my heart.

Her night-black locks stream in a cascade of water-drops, as though darkness were weeping in fear of the brightness of her moon-face.

Her garments, wet (and transparent), cling to her form, and so fair is the vision, that Cupid, the soul-disturber, awaketh even in the hermit's heart.

Her soft bosom is like two fair *chakwās*,[1] as though God had brought
  them together, and united each for ever to its mate:
Fain would I make my arms a fowler's net and clasp them safe. So
  would I hold them to my heart, lest they take wing and into the
  clouds of heaven fly away.

It is satisfactory to be told by the legend that, whether
impressed by Vidyāpati's power of second sight or by his poetry,
the Emperor ordered his release, and sent him home with honour.

Belonging to the same group of Bihārī poets as Vidyāpati
was another named Umāpati. His date is uncertain, but we may
provisionally put it down as about the fourteenth century.
Only one work of his has come down to us—a little Sanskrit
play entitled the *Pārijāta Harana*. In construction it resembles
one of our English operas, the conversation being written in
prose. But through it are interspersed numerous songs written,
not in Sanskrit, but in Bihārī. These latter are still well known,
and are often, and deservedly, quoted. The plot of the play is
simple. Krishna has two wives, Rukminī, the senior, and
Satyabhāmā, who was his spoilt darling. Annoyed at a favour
shown to Rukminī, Satyabhāmā, who, it must be confessed, for
all her charms is distinctly cattish in her conduct, takes refuge
in her boudoir—her pouting room—and refuses to be appeased
till Krishna has shown her a favour greater than that received
by her rival. As, thanks to the attentions of a submarine with
no soul for poetry, the whole edition of the only translation of
the play is now at the bottom of the Mediterranean, I may be
excused for giving a few of the songs contained in it. Here is a
spring-song sung by Krishna in the Raiwat grove to Rukminī.
It is rather overloaded with names of trees strange to non-Indian
ears, but in spite of this it contains some pretty fancies. As for
the Dhāk tree—*Butea frondosa*—mentioned in the opening line,
I may explain that in the spring-time it is a mass of glowing red
blossoms, and a grove of these trees flowering in the distance is
a magnificent spectacle, almost persuading the onlooker that he
is gazing on a forest conflagration.

अनगनित किंशुक चाऱ चंपक बकुल बकुऱल फुलियाँ ।
पुन कतऱ पाटलि पटलि नीकि नेवारि माधबि मल्लिश्रौं ॥

---

[1] The Brahminy duck, a snow-white bird. Under ordinary circumstances they
are believed to lie under a curse that no pair may ever pass the night together.

कर जोरि रुकमिनि कृष्ण संग वसन्त-रंग निहारहीँ ।
रितु रभस सिसिर समापि रसमय रमधि संग बिहारहीँ ॥
अति मंजु बंजुल पुंज मिंजल चारु चूम्ब बिराजहीँ ।
निज मधुहिँ मार्ताल पल्लबच्छबि लोहितच्छबि छाजहीँ ॥
पुन केलि-कलकल कतङ्ग आकुल कोकिला-कुल कूजहीँ
जनि तीनि जग जिति मदन नृप-मनि बिजय-राज सुराजहीँ ॥
नब मधुर मधुर सुमुगुध मधुकर निकर निक रस भाबहीँ ।
जनि मानिनी जन मान भंजन मदन गुरु गुन गाबहीँ ॥
बह मलय निरमल कमल परिमल पबन सौरभ सोहहीँ ।
रितु-राज रैवत सकल दैबत मुनिङ् मानस मोहहीँ ॥
जदुनाथ साथ बिहार हरखित सहस सोड़स नायिका ।
भन गुरु उमापति सकल-नृप-पति होषु मंगल दायिका ॥ ७ ॥

> Countless Ḍhāks in crimson glory
>   Golden Champaks, Bakuls rare,
> Bakuhuls in wild luxuriance
>   Blossom in the vernal air.
>
> Scattered o'er the bosky distance
>   Clusters of the Trumpet vine,
> Graceful Jasmines, snowy Mādhwis,
>   With sweet Mālatīs entwine.
>
> With her hands in homage folded,   ·
>   Rukminī beside her king
> Wanders through the woodland mazes,
>   Gazing on the charms of spring.
>
> Winter's raptures now are ended,
>   New-born transports have they found.
> Spring's delights rejoice the lovers,
>   Treading on enchanted ground.
>
> Glowing shine the dense Hibiscus,
>   Minjal, Mango wide outspread,
> Em'rald leaflets coyly flushing,
>   Drunk with nectar, ruby-red.
>
> Now the cuckoo-folk are calling,
>   All-impassioned by the sound,
> As the murmured sighs of dalliance
>   Echo in the groves around.
>
> 'Tis as though with frenzied pæans
>   Welcomed they Love back again,
> O'er the threefold world triumphant,
>   King, victorious, to reign.

Black bees, bevies buzzing busy,
  Gyrate madly in the shade,
Drunk with honey, mazed with nectar,
  Culled from flowers of the glade.

'Tis of Love they, too, are singing—
  Praises of the Heaven-born,
He, who takes the proudest maiden,
  Conquers her, and breaks her scorn.

Malaya sends fragrant breezes,
  Sandal-scented o'er the vale.
Fragrant, too, the spotless lotus,
  Fragrant flower, fragrant gale.

Twofold glamour thus enfolds them,
  The sweet spring-tide's winning smile.
Raiwat's fragrance—both conspiring
  Hearts of gods and saints to wile.

Lo, the miracle of Krishna,
  Multiplied in earthly mould.
Sixteen thousand maids, disporting,
  Krishna in their arms enfold.[1]

Wise Umāpati, the teacher,
  Singer too, and suppliant,
Prays the Monarch of all monarchs
  Blessings on us all to grant.

In another, Krishna, distressed at Satyabhāmā's absence, asks her maid the cause. This is her reply :—

कि कहब माधव तनिक बिसेसे ।
  अपनङ तनु धनि पावक लेसे ॥
अपनुक आनन आरसि हेरी ।
  चानक भरम कोप कत बेरी ॥
भरमङ निम कर उर पर आनी ।
  परस तरस सरसीरुह जानी ॥
चिकुर-निकर निम नयन निहारी ।
  जलधर-जाल जानि हिम हारी ॥
अपन बचन पिक रव अनुमाने ।
  हरि हरि तेङ परितेजय पराने ॥

---

[1] According to legend, besides Rukminī and Satyabhāmā, Krishna had more than sixteen thousand wives, by each of whom he had one daughter and ten sons. He had the power of multiplying himself, so that each wife thought that she had him to herself.

O Mādhava, can I details declare
    Of her whose wrath refuses to assuage!
With flashing eye behold th'offended fair
    Consume her body in a fire of rage.

She gazes at the mirror in her ring,
    Sees her fair face at times, and wrathful cries,
"'Tis not a face; it is the moon of spring,'
    The lover's moon, the moon of lovers' lies."

Anon forgetful, on her bosom round
    Her hand she lays, and cries with sudden start,
'Tis not my hand; a lotus have I found,
    "Come to awake new love within my heart."

When her eyes fall upon her wealth of hair,
    With broken heart lamenteth she aloud,
"Not tresses these—to tell of my despair,
    "I see before me heaven black with cloud."

Or, haply, when she speaks, her voice so sweet
    Recalls to her the Koïl's voice in spring.
Of "Hari, Hari",[1] and in this conceit
    She droops and swoons, her life abandoning.

We next have what is considered in India to be the finest example of Umāpati's poetry, a kind of Aubade addressed by Krishna to Satyabhāmā in his endeavours to appease her. The translation is as literal as the exigencies of English metre will permit, and the modernness of its thought will strike the most casual hearer. The verses might have been written at the present day in England.

अइन पुरव दिसि वहलि सगरि निसि
  गगन मगन भेल चन्दा ।
मुनि गेलि कुमुदिनि तइञो तोहर धनि
  मूनल मुख अरबिन्दा ॥ २२ ॥

कमल बदन कुबलय दुइ लोचन
  अधर मधुरि निरमाने ।
सगर सरीर कुसुम तुञ सिरिजल
  किए तुञ हृदय पखाने ॥ २४ ॥

---

[1] "Hari" is a name of Krishna. It is also said to be the cry of the *koïl*, or Indian cuckoo.

मानिनि ।
असकति कर कंकन नहि परिहसि
हृदय हार भेल भारे ।
गिरि सम गरुञ मान नहि मुंचसि
अपरुब तुञ बेबहारे ॥ २६ ॥

मानिनि ।
अबगुन परिहरि हरखि हिर धनि
मानक अबधि बिहाने ।
हिमगिरि-कुमरि चरन हृदय धरि
सुमति उमापति भाने ॥ २८ ॥

मानिनि मानह जउँ मोर दोसे ।
साँति करह बरु न करह रोसे ॥
भौँह कमान बिलोकन बाने ।
बेधह बिधुमुखि कय समधाने ॥
पीन पयोधर गिरिबर साधी ।
बाह्र पास धनि धरु मोहि बाँधी ॥
की परिनति भय परसनि होही ।
भूखन चरन-कमल देह मोही ॥ २९ ॥

In th'East the dawn is rising and the night has passed away,
The moon has set, and chanticleer proclaims the opening day.
He loudly cries, "O lotuses, the lilies of the night :
Have closed their petals; wake ye up, and open to the light."
Lady, e'en the myriad stars have vanished into space,
O why unopened keep'st thou yet, the lotus of thy face?

Thy face is a fair lotus, and thine eyes twin lilies be.
Thy lips are made of roses and thy nose of sesame.
While thus thy form is compact of tender flow'rs alone,
O tell me why thy heart is yet a heart of cruel stone.

So languid is thy body, that on thy bosom fair
Thy bodice seems too heavy for the weight that thou canst bear:
Too heavy are the bracelets that embrace thy slender arms,
Too heavy is the garland that conceals thy bosom's charms.
Yet—strange the contradiction—whilst thou canst not these sustain,
Thou bearest still a mountain of the cruellest disdain.

Sweet, forbear from dwelling upon my great offence,
And in forgiveness smiling, accept my penitence.
Let the sunshine of thy mercy clear the darkness of my pain,
Let the dawntide mark the ending of a night-time of disdain.

Disdainful One! For fault of mine,
  Altho' thy heart be sore,
I crave thy pardoning ear incline,
  Nor cherish anger more.

Disdainful One! Thy brow's a bow,
  Each glance a keen-tipped dart.
Aim them at me with care, that so
  They pierce my erring heart.

Disdainful One! Thy bosom round
  A mountain is complete.
Make me a prisoner, to it bound
  By thine arm-fetters sweet.

Disdainful One! Concede my suit,
  Show thyself kind to me.
Give me thy jewelled lotus-foot,
  My diadem to be.

One remarkable feature of the reformation was the part taken in it by women. In India they now for the first time in history came to the front. Everywhere in the Midland could be found devout and honourable women noted for their holy lives and for their devotion to God. We are reminded of the mystics of the Middle Ages in Europe, with their ecstasies and raptures, of St. Theresa, as well as of Bernard of Clairvaux and Eckhart. These Indian mystics ever dwelt in communion with the Deity, and fretted against the mortal chains that kept them from a still closer approach. Take the story of Nanda-dāsa. The Emperor Akbar, hearing of his fame as a poet, sent for him and asked him to sing one of his hymns. He sang one ending with the words *Nanda-dāsa thārhō nipaṭa nikaṭa*, "my soul, stand thou very close and near Him." The Emperor pressed him hard to show what he meant by "standing very close and near Him". Stung by the unbelieving monarch's gibe, the mystic gave the most effective possible answer; for he at once became rapt in a trance that ended in his death, and, freed from its earthly shackles, his soul actually went, as he had sung, to stand "very close and near" his Master.

To give a mere list of the sweet singers of the garden of North Indian mysticism in the fifteenth and two following centuries, would occupy a whole lecture. I have drawn attention to the prominent part taken by women. Of them alone a native work, entitled the *Mahilā-mṛidu-vāṇī*, gives a list of no less than thirty-five, all of importance, not "minor poets", but prophetesses who have left their mark on India.

The most famous of all these women was Mīrā Bāī, the queen-poetess of Rājputānā, who gave up her throne rather than join in the bloody worship of Śiva. Her devotion to Krishna may be gauged from one favourite verse of hers. Kānh, I must explain, is one of the many names of the God.

मैं तो तन मन धन जिउ दीन्हैं
कान्हा लीन्हौ मोल ।
कोइ कह अकरा कोइ कह सकरा
लीन्ह तराजू तोल ॥

Kānh have I bought, the price he asked I paid,
    Some cry "too great", while others jeer "'twas small".
I paid in full, weighed to the utmost grain,
    My love, my life, my self, my soul, my all.

Greater even than Nanda-dāsa was Sūra-dāsa, the blind bard of Agra (fl. 1550). The collection of his poems, known as the "Ocean", exceeds in length the Iliad and the Odyssey combined and yet a high level of beauty is maintained throughout. He, himself tells the story of his blindness in verses which, though manifestly metaphorical, are now universally taken by pious Indians in their literal sense. Overburdened by the sense of sin, he was in one of his deepest moods of religious depression when Krishna himself appeared, and after many words of consolation said to him, "Son, ask what thou wilt as a boon." "I said, 'Lord, I ask for the boon of perfect faith, for the destruction of the enemy—my passions—and that, now that I have seen the form of my God with mine own eyes, they, henceforth, may never see aught else.' He said, 'So let it be,' and from that day Sūra-dāsa was blind."

हउँ कही प्रभु भगति चाहत
सत्रु-नास सुभाइ ॥
दूसरउ ना रूप देखउँ
देखि राधा-स्याम ।
सुनत करना-सिन्धु भाखि
एवमस्तु सुधाम ॥

'Another verse of his has also been taken literally, and has given rise to a pretty story. After he became blind, during the absence of his amanuensis, Krishna himself came and wrote down the words that welled forth from the unsuspecting poet's lips. At length Sūra-dāsa perceived that the writer was outstripping his tongue, and was writing down his thoughts before he had uttered them. Recognizing the god, the knower of the inmost thoughts, by this, Sūra-dāsa seized him by the hand, but Krishna thrust him aside and disappeared. The poet exclaimed :

कर कटकाई जातु हउ
दुरबल आनी मोहि ।
हिरदइ सउँ जउँ जाइगे
मरद बखानउँ तोहि ॥

" Thou thrustest away my hand and departest, knowing that I am weak (and pretending that thou art but a man) ; but not till thou departest from my heart, will I confess thee to be mortal."

We have seen how, in the case of Vidyāpati, the religious side of the hymns had almost disappeared under the poetical. As time went on, lyric poetry became a style, and no longer necessarily an expression of religious passion. In the seventeenth century there arose a school of poets who wrote in the same outward form as their predecessors, but who frankly cultivated art and not devotion. Supreme among them was Bihāri Lāl; the author of the incomparable *Sat Saī*, or Seven Centuries. I call this incomparable, not only on account of its excellence, but also because there is nothing similar to it in European literature, although many examples can be found in India. The *Sat Saī* is a collection of seven hundred verses, all in the same metre. Each of these verses is an independent work of art, and has no connexion with what precedes or follows. No verse can contain more than forty-six syllables, and yet it must be a complete poem in itself. Working under such conditions, Bihāri Lāl succeeded in producing seven hundred miniature pictures, each of which is the despair of imitators or translators. He had many predecessors and followers, but none approached him in his playful fancy or in his cunning deftness in using exactly the right word in the right place. Of course, no translation of mine can do justice to him, but one or two of his pictures, even imperfectly exhibited, will appeal to every one who has lived in

India, and perhaps to Westerns too. What can be more apt than his description of the fluttering, scent-laden, evening breeze in the spring ?—

चुवतु खेद मकरंद कन
तरु तरु तर बिरमाय ।
आवतु दच्छिन देस-तैं
थक्यौ बटोही बाय ॥ ५८८ ॥

> See, from the sandal South a weary breeze,
> A wight way-worn; adust,—from pollen-quest;
> Brow-beaded,—with rose-nectar; 'neath the trees
> He lingers resting, and invites to rest.

In India little boys often wear ear-pendants shaped like a dolphin, and the standard of the god of love is also a dolphin. So, describing the child Krishna, the poet says :

मकराकृत गोपाल-कै
कुंडल सोहत कान ।
धस्यौ मनौ हिय-घर समर
ड्यौढी लसत निसान ॥ ४ ॥

> Fair indeed are the dolphin-pendants beneath his ears. Cupid has claimed his heart as a fortress, and hath hung out his ensign before the gate.

Even the most commonplace of similes Bihāri Lāl invests with fresh charms. Take, for example, the comparison of a girl's face to the moon. What could be more trite than this ? It is part of the stock in trade of every bazaar rhymster. Yet Bihārī says of Rādhā :

छप्यौ छबीलौ मुख लसै
नीलैं अंचल चीर ।
मनौ कलानिधि झलमलै
कालिंदी-कै नीर ॥ ४६० ॥

> Though hidden, her sweet face glints forth through the transparent darkness of her veil. 'Tis like the play of the moonbeams reflected in the black waters of the Jamnā.

Turning now to those Hindūs whose worship was directed to Rāma rather than to Krishna, we find ourselves on an altogether different plane of thought. Devotion there is in plenty, it is true; but it is directed to a loving, all-powerful God, who offers Himself to His worshippers as the Great Example.

According to this teaching; love to God means, first, self-abasement before Him; and, secondly, love to one's neighbour. Curiously enough the same question arose here that arose in Palestine, "who is my neighbour?" and the answer is nearly the same. Everyone, however mean, however impure, is Rāma's child if he but calls upon Him, and he thereby becomes the brother of all true believers. The stock parable takes as an example a scavenger suffering from a loathsome disease amidst filthy surroundings. The story goes that this poor pariah in his distress called on Rāma for pity, and was kicked and treated with contumely for venturing—a vile being such as he—to approach a deity so pure and holy. That night he who assaulted him saw Rāma, and on the god's body were the wounds and bruises he had inflicted on the poor scavenger. A striking parallel to the Christian, "Inasmuch as ye have done it unto one of the least of these my brethren, ye have done it unto me."

The foremost of all the poets of this group was Tulasī Dāsa (fl. A.D. 1600). He wrote little poetry of a lyric nature. His theme demanded a nobler style, and in Rāma's honour he wrote the great epic of Northern India, the so-called Hindi *Rāmāyaṇa*. I have spoken about the duty towards one's neighbour—here is a passage from the epic on the subject :—

ज़े न मित्र दुख होहिँ दुखारी ।
तिन्हहिँ बिलोकत पातक भारी ॥
निज-दुख-गिरि-सम रज करि जाना ।
मित्र क दुख-रज मेरु-समाना ॥
जिन्ह के असि मति सहज न आई ।
से सठ हठि कत करत मिताई ॥
कुपथ निवारि सुपंथ चलावा ।
गुन प्रगटइ अवगुनहि दुरावा ॥
देत लेत मन संक न धरई ।
बल अनुमान सदा हित करई ॥
बिपति-काल कर सत-गुन नेहा ।
स्रुति कह संत मित्र गुन एहा ॥
राम-चरित-मानस कि॰ चौ॰ ८ ॥

It is a sin even to look at one who is not grieved at his friend's distress. A churl, and no friend, is he who doth not look upon his own troubles as a grain of sand, even though they be whole mountains; and yet to whom a friend's burden, no heavier than a grain of sand, doth not seem weighty as Mount Mēru. The true friend restraineth from evil paths and directeth in the path of virtue. He publisheth abroad his neighbour's virtues and concealeth his faults; he giveth and taketh without distrust of mind, and is ever ready to offer help. Nay, in the time of misfortune he is a hundred times more loving than before.

I do not quote this as poetry, but as a specimen of the sane morality that runs through all this great poet's works. But he could be passionate too. What could be more fervent than these extracts from his hymns of prayer ?—

कहाँ जाउँ का-साँ कहाँ और ठौर न मेरे ।
जन्म गवाँयाँ तेरेही द्वार किंकर तेरे ॥ १ ॥
मैं तो बिगारी नाथ-साँ खारथ-के लीन्हैं ।
तोहिँ क्रपानिधि क्याँ बनै मेरी सी कीन्हैं ॥ २ ॥
दिन दुरदिन दिन दुर्दशा दिन दुख दिन दूषण ।
जब लौं तू न विलोकिहै रघुवंशविभूषण ॥ ३ ॥
दई पीठ विनु डीठ मैं तू विश्वविलोचन ।
तो-साँ तुहाँ न दूसरो नत-श्रोच-विमोचन ॥ ४ ॥
पराधीन देव दीन हीँ खाधीन गुसाईँ ।
बोलनिहारे-साँ करै बलि विनय कि झाईँ ॥ ५ ॥
आपु देखि मोहिँ देखिये जन मानिय साँचो ।
बड़ी ओट राम-नाम-की जेहि लयो सो बाँचो ॥ ६ ॥
रहनि रीति राम रावरी नित हिय झलसी है ।
ज्याँ भावै त्याँ कर क्रपा तेरो तुलसी है ॥ ७ ॥
विनय-पत्रिका १४९ ॥

Lord, look Thou upon me—nought can I do of myself. Whither can I go? To whom but Thee can I tell my sorrows? It is at Thy door, and Thine alone, that I have passed my life as a slave. Oft have I turned my face from Thee, and grasped the things of this world; but Thou art the fount of mercy; how can acts like mine be done by Thee (that Thou shouldst turn Thy face from me)? O Glory of the house of Raghu, till Thou wilt look upon me, my days will be days of evil, my days will be calamity, my days will be woe, my days will be defilement. When I looked away from Thee, I had no eye of faith to see Thee as Thou art; but Thou art all-seeing. Thou alone, and no other, art like unto Thyself; Thou who dost relieve the sorrows of the humble. God, I am not my own; to someone must I be the humble slave, whilst Thou art absolute, and master of Thy will. I am but a sacrifice offered unto

Thee; what petition can the image in a mirror make to Him who is reflected therein. First look upon Thyself and remember Thy mercy and Thy might, and then cast Thine eyes upon me and claim me as Thy slave, Thy very own. For the name of Rāma is a sure refuge, and he who taketh it is saved. Lord, Thy ways ever give joy unto the heart. Tulasī is Thine alone, and, O God of mercy, do unto him as seemeth good unto Thee.

And again :—

आधि मगन मन व्याधि विकल तन वचन मलीन झुठाई ।
एतेहुँ पर तुम सोँ तुलसी-की प्रभु सकल सनेह सगाई ॥
विनय-पत्रिका १९५ । ४ ॥

My soul is plunged in spiritual woe; my body is distracted by a sore disease; my very words are foul and false; and yet, O Lord, with Thee doth Tulasī hold the close kinship of a perfect love.

In another mood his style could be as balanced as that of the Book of Proverbs, as in the commencement of a famous description of the rainy season :—

घन घमंड नभ गरजत घोरा ।
प्रिया-हीन डरपत मन मोरा ॥
दामिनि दमकि रह न घन माहीँ ।
खल कै प्रीति जथा थिर नाहीँ ॥
बरषहिँ जलद भूमि नियराए ।
जथा नवहिँ बुध बिद्या पाए ॥
बुंद अघात सहहिँ गिरि कैसे ।
खल के बचन संत सह जैसे ॥
क्षुद्र नदी भरि चली तोराई ।
जस थोरेहुँ धन खल इतराई ॥
भूमि परत भा ढाबर पानी ।
जनु जीवहि माया लपटानी ॥
सिमिटि सिमिटि जल भरहिँ तलावा ।
जिमि सद्गुन सज्जन पहिँ आवा ॥
सरिता-जल जल-निधि महुँ जाई ।
होइ अचल जिमि जिव हरि पाई ॥
हरित भूमि तृन-संकुल
समुझि परहिँ नहिँ पंथ ।
जिमि पाखंड बाद तेँ
गुप्त होहिँ सद्ग्रंथ ॥
राम-चरित-मानस कि॰ चौ॰ १५ ॥

The sky, covered with arrogant rain-clouds, fiercely roareth (while my heart is distraught, bereft of its darling). The sheet lightning flickereth amidst the heavy clouds, fitful as the short-lived love of the wicked. The heavy vapours pour forth rain, and hang close unto the earth, like a wise man stooping 'neath his weight of wisdom. The mountains bear the never-ceasing assaults of the raindrops, standing proudly unconcerned; and even so the holy man heedeth not the words of the wicked. Each shallow streamlet, flooded to the brim, hasteneth eagerly on its way, like a vain fellow puffed up with a little wealth. The clear water that falleth on the earth is become mud (and hideth it from the sky), as the cares of this world envelop the soul (and hide it from its Creator). With here a drop and there a rill, the water filleth the lakes, like virtue entering a good man's heart; while the rushing rivers flow into the ocean and find rest, even as the soul findeth rest in faith in God.

The grass groweth green and thick upon the ground, hiding the very paths so that they cannot be traced out; and even so the disputations of the unbelievers ever hide the true path of the scriptures.

Again, he excelled in vivid description. Here are two examples. The first narrates the burning of the city of Lankā :—

लागि लागि आगि भागि भागि चले जहाँ तहाँ
धीय-कौँ न माय बाप पूत न सँभारहीँ ।
कूटे बार बसन उघारे धूम धूँद अंध
कहँ बारे बूढे बारि बारि बार बारहीँ ॥
हय हिहिनात भागे जात घहरात गज
भारी भीर ठेलि पेलि राँदि खाँदि डारहीँ ।
नाम लै चिलात बिललात अकुलात अति
तात तात तौसियत झाँसियत झारहीँ ॥

कवित्त राम॰ सु॰ १५ ॥

Fire! Fire! Fire! They flee, they run hither and thither for their lives. Mother knows not her own daughter. Father helps not his son. Girls, with their hair dishevelled, nay, their very garments torn open, blind in the darkness, children, old men, cry and cry again for "water, water!" The horses neigh, the elephants trumpet as they break forth from their stalls. In the vast mob, men shove and trample, one crushing the other as he falls beneath his feet. Calling each other's names, children shriek, lamenting distraught, crying, "My father, my father, I am being scorched, I am being burnt alive in the flames."

The following example of his descriptive power is in another tone. It tells of the babyhood of Rāma in his mother's house :—

ललित सुतहि लालति सचु पाये ।
कौसल्या कल कनक अजिर-मँहँ सिखवत चलन अँगुरिआ लाये ॥ १ ॥

कटि किंकिनी पैजनिआ पायेन बाजत रुनु-झुनु मधुर रिँगाये ।
पहुँची करनि कंठ कठुला बन्यौ केहरि नख मनि अरित जराये ॥ २ ॥

पीत पुनीत विचिच झँगुलिया सोहत स्याम सरीर सोहाये ।
दँतिया द्वै द्वै मनोहर सुख-छबि अरुन अधर चित लेत चुराये ॥ ३ ॥

चिबुक कपोल नासिका सुंदर भाल तिलक मसि बिंदु बनाये ।
राजत नयन मंजु अंजन युत खंजन कंज मीन मदु नाये ॥ ४ ॥

लटकन चारु भृकुटिआँ टेढी मेढी सुभग सुदेस सुभाये ।
किलकि किलकि नाचत चुटकी सुनि डरपति जननि पानि कुटकाये ॥ ५ ॥

गिरि घूटुरुनि टेँकि उठि अनुजनि तोतरि बोलत पूप देखाये ।
बाल-केलि अवलोकि मातु सब मुदित मगन आनँद अनमाये ॥ ६ ॥

देषत नभ घन ओट चरित मुनि जोग समाधि बिरति बिसराये ।
तुलसि दास जे रसिक न येहि रस ते जन जड़ जीवत जग जाये ॥ ७ ॥

गीतावली बा॰ ३२ ॥

Full of happiness Kausalyâ caresses her little darling. She lets him cling to her finger as she teaches him to walk in the fair courtyard of the palace. *Runu jhunu, runu jhunu*, sweetly tinkles the bell-girdle on his waist, sweetly tinkle the anklet-bells on his feet, as she helps him along. On his wrists are bracelets, and round his throat a jewelled necklet studded with (evil-fending) tiger's claws. A spotless saffron-coloured little silken coat adorns him, while it itself is set off on his dark-hued limbs. His bonny face is a picture, with two little teeth peeping out behind his dawn-rosy lips, and stealing away the hearts of all. Lovely are his chin, his cheek, his nose. On his forehead, like a caste-mark is a drop of ink (to ward off the evil eye). His bright eyes, henna-darkened, put to shame the *khañjana*-bird, the lotus, and the glancing silver-fish. On his bow-shaped brow hang dainty curls, and over them hair plaits of enhancing charm. As he hears his mother snap her fingers, he crows and springs with delight; and anon he fills her with dismay when he lets her finger go. He tumbles down and pulls himself up upon his knees; and babbles with joy to his brothers when his mother shows him a piece of cake; and she, as she looks at his pretty baby ways, is drowned in love, and cannot bear her happiness. The saints in heaven gaze at his pranks from behind the clouds, and forget all their austerities. Saith Tulasī Dāsa, the man that loveth not this sweetness hath no soul, and in this world his life is vain.

Finally, I give you his lament on the death of his friend
Tōdar Mall. Its commencement strikingly resembles Sir Henry
Wotton's "Lord of himself, though not of lands" :—

महतो चारो गाँव-को
मन-को बड़उ महीप ।
तुलसी या कलिकाल-मैं
अथयो टोडर दीप ॥

तुलसी राम सनेह-को
सिर धर भारी भार ।
टोडर धरे न काँधह
जग-कर रहेउ उतार ॥

तुलसी उर थाला बिमल
टोडर गुन-गन बाग ।
समुद्धि सुलोचन सींचिहैं
उमगि उमगि अनुराग ॥

राम धाम टोडर गये
तुलसी भयेउ निसोच ॥
जियबो मीत पुनीत बिनु
यही बड़े संकोच ॥

Lord of but four small villages, yet a mighty monarch—for his
kingdom was himself ; in this age of evil hath the sun of Tōdar set.

The burden of God's love, great though it was, he bare unto the end ;
but too heavy was the burden of this world, and so he laid it down.

Tulasī's heart is like a pure fountain in the garden of Tōdar's virtues ;
and when he thinketh of them, it overfloweth, and tears well forth from
his eyes.

Tōdar hath gone to the dwelling-place of his Lord, and therefore
doth Tulasī refrain himself ; but hard it is for him to live without his
pure friend.

Tulasī Dāsa lived in the later years of the sixteenth and the
early part of the seventeenth century. Older than him were
other poets belonging to the Rāma group. The most famous of
these was Kabīr, of the fifteenth century. He was a Musalmān
who, attracted by the reformed Hinduism, founded a sect in
which Islām and it were combined. So free was he from
Musalmān prepossessions that he actually taught the worship
of Rāma, though to him Rāma was the Supreme Deity, the
Creator of the universe, rather than a god incarnate in human

form. He was in fact only Allāh under another name, and amid new surroundings. Kabīr was a most voluminous writer. His works consist almost entirely of didactic religious treatises, full of shrewd common sense expressed in terse and vigorous language. That some of his ideas, nay, many of his actual phrases, were borrowed either directly or at second hand from the Gospels cannot be doubted. He founded a sect still containing numerous adherents (there were about 350,000 in 1901), and the central rite of the liturgy employed by them is a solemn ceremony closely corresponding in its details to our Eucharist, followed by the old Christian love-feast, that has died out in Western lands. Those who wish to learn more about Kabīr, his writings, and his sect, will find a fairly complete account in Bishop G. H. Westcott's *Kabīr and the Kabīrpanth.*

Kabīr is of further interest in that the Sikkh faith is an offshoot from his religion. A very full account by Mr. Macauliffe of the *Ādi Granth,* the sacred book of the Sikkhs, has been lately published by the Clarendon Press, and is doubtless familiar to most of those here. It is a collection of hymns by various authors, formed by degrees in the course of the sixteenth century. It is more interesting for the mark that it has made on history than for its somewhat heterogeneous contents. Although belonging essentially to the Panjāb, only a few of the hymns are in Panjābi, and most of them are in old Hindī, though other languages, including even Marāthī, have contributed their quota.

I must mention one other epic of the sixteenth century before concluding. It is by a Musalmān, one Malik Muhammad, although dealing with a Hindū subject in a thoroughly Hindū way. This is the capture of Chitaur by Alāu'ddīn Khaljī in A.D. 1313. Out of this romantic story, made famous to English readers by Tod in his *Rajasthan,* Malik Muhammad has woven a really fine poem—an epic on the heroic scale. The hero, Ratna Sēna, king of Chitaur, learns of the beauty of Padmāvatī, princess of Ceylon, and after innumerable hardships, under the guidance of a wonderful parrot and in the disguise of a Jōgi, wins her for his bride. On his return with her to Chitaur we enter on the domain of history. Alāu'ddīn, then reigning at Delhi, hears of Padmāvatī's beauty, and unsuccessfully attempts to capture the city in order to gain possession of her. He nevertheless, by a base stratagem, succeeds in capturing Ratna's person, and holds him as a hostage for her surrender. She agrees to give herself up as a ransom for her husband, with the stipulation that she is to be allowed a last interview with him before his release. She ostensibly sets out for Delhi in a procession of litters, but these are filled with armed men dressed in women's clothes, and in her own palankeen, disguised in her royal garments, sits a smith. The procession enters Delhi fort, the disguised smith is ushered into Ratna's dungeon and files through the chains of his master, who escapes with a few of his adherents. The rest remain in the enemy's camp till the ruse is discovered, when they are cut down to a man in covering his retreat. Ratna safely reaches Chitaur, which is again besieged by Alāu'ddin. The siege lasts for several years and all but one of Ratna's sons are slain in battle. Then, having made arrangements for the escape of his youngest son, to continue the family line, Ratna himself, calling around him the remainder of his devoted clan for whom life had no longer charms, throws open the portals, and carries death into, and meets it in, the crowded ranks of Alā. But, to quote the words of Tod, another awful sacrifice preceded this act of self-devotion, in that horrible rite, the Jauhar, where the females are immolated to preserve them from pollution or captivity. The funeral pyre was lighted within a great subterranean retreat, in chambers impervious to the light of day, and the defenders of Chitaur beheld in procession its queens, their wives and daughters, to the number of several hundreds. The fair Padmāvatī closed the throng, which was augmented by whatever of female beauty or youth could tempt Tartar lust. They were conveyed to the cavern, and the opening closed upon them, leaving them to find security in the devouring element. The Tartar conqueror took possession of an inanimate capital, strewn with the bodies of its brave defenders, the smoke yet issuing from the recesses, where lay consumed the once fair object of his desire. Chitaur, the holy city of Rājputānā, to use the poet's words, "became Islām."

The news of the capture of Chitaur sent a thrill of anguish throughout the whole Hindū world. It is still remembered with horror, and in Rājputānā of the present day no adjuration is more solemn than that of *Chitaur māryā-rā pāp*, "by the Sin of the Sack of Chitaur." Malik Muhammad has in some points altered history for the sake of poetical effect. He makes Ratna die, and Padmāvatī burn herself on his pyre before the *Jauhar* and the final taking of the city. Moreover, he makes the whole tragic story an allegory. Chitaur, according to him, represents the human body; Ratna Sēn, the soul; Padmāvatī is Wisdom (the Wisdom of the Book of Proverbs); while Alāu'ddin is spiritual delusion. But this esoteric explanation lies nowhere on the surface. The story is there to be read and remembered as a story, and admired as a poem of fine dramatic power.

In this brief sketch I have omitted much that is of importance. All that I have attempted has been to give an idea of the chief writings in the three great divisions of mediaeval North Indian literature—the bardic, the lyric, and the epic. Prose literature for all practical purposes did not exist, but attention may be drawn to one other group of poetical writings. This consists of the technical works dealing with the art of poetry. The first great writer on this subject was the sixteenth century Kēśava Dāsa, and during the two succeeding centuries numerous scholars followed in his footsteps. Here the Indian love for schematization runs riot. Heroes and heroines are classed and divided out according to their height, their shape, their moral nature, and so on, with interminable minutiæ. Their emotions, their actions, their thoughts are all discussed in a frigid atmosphere of scientific generalization, and each allotted to its appropriate imaginary owner. Each limb is described in painstaking catalogues, called "*nakh-sikhs*" because they commence with the *sikh*, or topknot of my lady's hair, and end with the *nakh*, or toe-nails! All this sounds trivial, but quite ingenious poets dealt with it, and the results are often very pleasing. It can well be imagined that there is a great opportunity for the display of poetical fancy, when a book is a *catalogue raisonné* of a young lady's charms.

I have avoided dealing with the purely Musalmān literature, excellent though much of it is; for, though a product of India, it can hardly be called Indian. Almost every work written by a Musalmān was based on the traditions of his education, and was therefore an imitation of Persian literature. Malik Muhammad is almost the only example of a Musalmān of mediaeval India who wrote an Indian work on Indian lines.

Nor have I dealt with modern literature. The conquest of India by England, and the introduction of the printing press, have greatly changed the literary outlook of the country. For over a century Indian writers confined themselves to assimilating Western knowledge, and little that was original—nothing comparable to the great works of the classical period—appeared. The soil so sedulously tilled is now beginning to bear fruit, but it is too early to say whether the writers who have of, late years come to the front will survive to become classics in their turn.

There are numerous histories of Sanskrit literature, and the impression one gains from most of them is that after the twelfth century India entered into the dark ages, and that nothing worth reading was ever written afterwards. So far as I am aware, only one English author, Mr. Frazer, in his *Literary History of India*, has laid stress on the fact that the lamp of literature has never been extinguished, and that the sacred flame has been handed down from century to century and from language to language, never burning more brightly than in the years which most scholars of the West ignore, as under the sway of the despised modern vernaculars.

It is in mediaeval India that we shall find many keys to the India of ancient times. On the other hand, modern India is also based upon it, and its great writers are still known and loved, not only by scholars but also by the unlearned. If I have succeeded in showing you that this mediaeval literature is no mean possession of no mean land, and that it is worth studying both for its own sake and for the sake of the comprehension of ancient and modern India, I shall look upon the object of this lecture as attained.

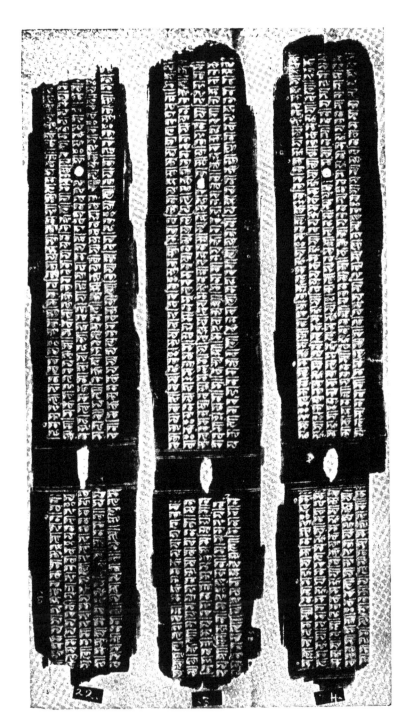

Fol. 25a
(pp. 137–8).

Fol. 26a
(p. 138).

Fol. 27a
(p. 139).

To face p. 123.]

A FRAGMENT OF THE SANSKRIT VINAYA.
BHIKṢUNIKARMAVACANA

By Miss C. M. RIDDING and L. DE LA VALLÉE POUSSIN

(WITH PLATE.)

INTRODUCTORY

§ 1. The Sanskrit MS. Oxford 1442, inaccurately described in the catalogue, contains the larger part of the Bhikṣuṇīkarma-vācanā. This text is interesting (1) as one of the most important parts of the Sanskrit Vinaya hitherto discovered, and (2) because the rules concerning the Nuns have not been much studied even from Pāli sources. As far as we know no Bhikkhunīkammavākya has been published.

The MS. is incomplete; twenty-five folios have been preserved, 3-7, 9-11, 15-31; the fols. 5, 7, 10, 11, 13, 15-19 are numbered; the others are damaged at the right hand.

The writing is old; amongst other features the form of o deserves mention (compare Camb. Add. 1699, A.D. 1198). The MS. is accurately written, corrected and completed in the margin. Some lines are damaged.

§ 2. Summary of the text.

Fols. 1-2 missing. The text probably began with the request of Mahāprajāpatī.

Fol. 3. Mahāprajāpatī prays Bhagavat in order to obtain the admission of women into the order.—Negative answer.—Ānanda and Bhagavat.—Admission of women, the eight Gurudharmas (4b-6a).—Ānanda and Mahāprajāpatī (6a-7b).

Fol. 8 (missing) contained the end of Ānanda's report to Mahāprajāpatī (the eighth Gurudharma) and a text corresponding to Culla x, i.

Fol. 9. "Mahāprajāpatī, together with five hundred Śākya women, was admitted by accepting the Gurudharmas. As concerns the others . . ."—Rules concerning the admission amongst the Upāsikās. Accepting the Refuges and the five rules (9a-9b). Making known to the Saṃgha the desire of becoming a Pravrajitā (10a-b).—Cutting the hair, bath, robe, ascertaining the sex . . . (10b-11a).—Giving the Pravrajyā, giving the rules of a Śrāmaṇerikā.

Fols. 12–14 missing.

Fol. 15. "Benediction" of the cloth and the bowl (15*a*).
—Designation of the Raho'nuśāsikā (Muktikā jñapti) (15*b*).—
Interrogation (in private) concerning the Āntarāyika dharmas
(16*a*–17*a*).—Declaration of the Raho'nuśāsikā to the Bhikṣuṇī-
saṃgha (17*a*).—Declaration of the "ordinanda" (17*b*).—Jñapti
and Karma by the Karmakārikā.—Interrogation in presence of
the Saṃgha, concerning the Āntarāyikas (18*b*).—Karma in
presence of the twofold Saṃgha (18*b*–21*b*).—Measuring the
shade (21*b*–22*a*) ; ascertaining the season, etc. (22*a*).—Teaching
the Niśrayas, the eight Pataniyas (23*b*–29*b*), the eight Gurudharmas (29*b*–31*a*), the four Śramaṇakārakadharmas (31*a*), the
duties towards the Upādhyāyikā.

Fol. 32 missing.

§ 3. Some remarks.

The Pataniyas (fols. 23*b*–29*b*) do not agree closely with
the Tibetan Bhikṣuṇīvibhaṅga (India Office, Stein Tib. MSS.,
No. 30). But we may nevertheless confidently assert that our
text belongs to the Sarvāstivādins. Prākritisms are not common.
The most remarkable is perhaps *osārāṇā* (fols. 28*b* 5, 29*a* 1, 4),
(Mahāvyutpatti *avasāraṇa*). Note also *nirveṭhayitavya, vyaparo-
pitavya* (25*b* 2).

[3*a*]¹ मातृग्रामस्थ चतुर्थस्थ श्रामण्यफलस्याधिगमाय² लभेत मातृग्राम:
स्वाख्याते धर्मविनये प्रव्रज्यामुपसंपदं भिज्ञुणीभावस्वरेत्³ मातृग्रामो भगवतो
न्तिके ब्रह्म[2]चर्यमित्युक्ते भगवान् महाप्रजापतीं गौतमीमिदमवोचत् ।
एवमेव त्वं गौतमि मुण्डा संघाटीप्रावृता यावज्जीवं केवलं⁴ परिपूर्णं परिशुद्धं
पर्यवदातं ब्रह्म[च][3]र्यंस्वर तत्तव भविष्यति दीर्घरात्रमर्थाय हिताय
सुखायेति द्विरपि त्रिरपि महाप्रजापती गौतमी भगवन्तमिदमवोचत् ।
सचेब्रद्न्तास्त्यवका[श्रो][4] मातृग्रामस्थ चतुर्थस्थ श्रामण्यफलस्याधिगमाय
लभेत मातृग्राम: स्वाख्याते धर्मविनये प्रव्रज्यामुपसंपदं भिज्ञुणीभावस्वरेत्मा-
तृग्रामो भगव[तो][5]न्तिके ब्रह्मचर्यमिति⁵ द्विरपि त्रिरपि भगवान् महा-
प्रजापतीं गौतमीमिदमवोचत् । एवमेव त्वं गौतमि मुण्डा संघाटीप्रावृता
यावज्जीवं केवलं परिपूर्णं परि[शु][3*b*]द्धं पर्यवदातं ब्रह्मचर्यंस्वर तत्तव
भविष्यति दीर्घरात्रमर्थाय हिताय सुखायेत्यथ महाप्रजापती गौतमी यावन्ति-

---

¹ Fol. 2*b* ends : *Mahāprajāpatī gautamī bhagavantam idam avocat/sa ced
bhadantāsty avakāśo* [3*a*] *mātṛgrāmasya.* . . . See Cullavagga, x, Rockhill, p. 60.

² *ᵇphalasyāᵒ*, *syā* supplied in margin.

³ MS. *careta.*   ⁴ Pāli : *kevalaparipuṇṇa.*   ⁵ MS. *brahmacariyām.*

रपि भगवता प्रत्याख्याता भगवतः पादौ शिरसा व[2]न्दिला ·[भगवतो]
न्तिकात्मक्क्रान्ता । अथ महाप्रजापती गौतमी बहिर्द्वारकोष्ठकस्खिकान्ते स्थिता
प्रारोदीदश्रूणि प्रवर्त्तयमाना अद्राक्षीदायुष्मानानन्दो महाप्रजा[3]पतीं
गौतमीं बहिर्द्वारकोष्ठकस्खिकान्ते स्थितां प्ररुदन्तीमश्रूणि प्रवर्त्तयमानां दृष्ट्वा
च पुनर्महाप्रजापतीं गौतमीमिदमवोचत् । कस्मात्त्वं गौतमि बहिर्द्वारकोष्ठक-
[स्खि][4][कान्ते स्थिता] प्ररोदिषि¹ अश्रूणि प्रवर्त्तयमाना सा² एवमाह ।
तथा हि भद्दन्तानन्द न लभते मातृग्रामः स्वाख्याते धर्मविनये प्रव्रज्यामुप-
संपदं भिक्षुणीभावं तेन हि त्वं [गौ][5]तमि [मुहूर्त्तमिहेव तावज्जीव]³
यावदहं भगवन्तमवलोकयामि । अथायुष्मानानन्दो येन भगवंस्तेनोपसंक्रान्त
उपसंक्रम्य भगवतः पादौ शिरसा वन्दित्वैकान्ते न्यादैकान्ते स्थित आ[यु]-
[4a][ष्मानान्दो भगवन्तमिद[मवो]चत् । सचेद्भदन्तास्त्ववकाशो मातृग्रा-
मस्य चतुर्थस्य श्रामण्यफलस्याधिगमाय लभेत मातृग्रामः स्वाख्याते धर्मवि-
नये प्रव्रज्यामुपसंपदं[2] [भिक्षु]णीभाव[श्चरेन्मातृग्रामो] भगवतो न्तिके ब्रह्म-
चर्य[स्मा ते⁴] आनन्द मातृग्रामस्य स्वाख्याते धर्मविनये प्रव्रज्या रोचतां मा
उपसंपन्ना भिक्षुणीभावः। तत्कस्य⁵ हेतो[3]र्यस्मिन्नानन्द धर्मविनये मातृग्रामः
प्रव्रजति नासौ धर्मविनयश्चिरस्थितिको भवति । तद्यथानन्द कुलं बह्वस्त्रीक-
मल्पपुरुषं स्वाधर्षकं भवति। सुप्रधर्षकं यदुत [4] [चौ][रा]णां बन्धस्तेयानाञ्च⁶
एवमेवानन्द यस्मिन्धर्मविनये मातृग्रामः प्रव्रजति नासौ धर्मविनयश्चिर-
स्थितिको भवति । तद्यथा आनन्द कार्षकस्य गृहपतेः सम्पन्ने श्रा[5][लि]बेत्रे
अग्निर्निपतेद्द्युच्चका⁷ यावदेतत्सैव ग्रालेरुत्सादाय विनाशायानयेन⁸ व्यस-
नाय। एवमेवानन्द यस्मिन्धर्मविनये मातृग्रामः प्रव्रजति नासौ धर्मविनयश्चि-
रस्खि[4b]तिको भवति । तद्यथा आनन्द कार्षकस्य गृहपतेः सम्पन्न इक्षुबेत्रे
मञ्जिष्टिका नाम रोगजातिर्निपतेत् यावदेतत्सैवेक्षोरुत्सादाय विनाशायानयेन
व्यसनाय [2] एवमेवानन्द यस्मिन्धर्मविनये मातृग्रामः प्रव्रजति नासौ धर्म-
विनयश्चिरस्थितिको भवति । अपि त्वहमानन्द मातृग्रामस्याष्टौ गुरुधर्मान्
प्रज्ञपयाम्यावरणा[3][यानतिक्रमणाय यच्च मातृग्रामेण यावज्जीवं शिच्चा
करणीया । तद्यथा आनन्द कार्षको गृहपतिर्वर्षाव्यये शरत्कालसमये नदीमुखे
वा कुल्यमुखे वा सेतुं बध्नीयात्। यावदेवो[4][दक]स्यावरणायानतिक्रमणाय
एवमेवानन्द मातृग्रामस्याष्टौ गुरुधर्मान् प्रज्ञपयाम्यावरणायानतिक्रमणाय
यच्च मातृग्रामेण यावज्जीवं शिच्चा करणीया ।। कत[5][मे अष्टौ] भिक्षुभ्यः

---

¹ °ṣi a° supplied in margin. ² sā doubtful.
³ MS. illegible. Pāli: *tena hi gotami muhuttam idhera tāva hohi yāvāham* . . .
⁴ *te* doubtful. ⁵ MS. *ka hetor.*
⁶ *bandha* doubtful. Pāli: *corehi kumbhatthenakehi.*
⁷ MS. *nipatatidvirvakrā, ti* erased; there may be some akṣaras in the margin.
Compare Śikṣāsamuccaya 105, 11, *vidyuccakrāsani.*
⁸ MS. *vināśāyānayenavya°*; *na* and *vya* possibly erased; *anayena*=hopelessly.
See Mahāniddesa 387, 17, anayabyasanam āpajjati.

प्रकासादानन्द्¹ मातृग्रामेण प्रव्रज्योपसम्पन्निष्नुणीभावः प्रतिकाप्रितव्य² इम-
महानन्द् मातृग्रामस्य प्रथमं गुरुधर्मं प्रज्ञपयाम्यावरणायानतिक्रम[5a]-
णाय यच मातृग्रामेण यावज्जीवं प्रिच्चा करणीया । भिक्षुणा आनन्द्³ भिक्षोः
प्रकासादन्वर्द्धमासमववादानुशासनी पर्येषितव्या इममहानन्द् मातृग्रामस्य
द्वितीयं गु[2]रुधर्मं प्रज्ञपयाम्यावरणायानतिक्रमणाय. यच मातृग्रामेण
यावज्जीवं प्रिच्चा करणीया । न भिक्षुणा आनन्द् अभिक्षुके आवासे वर्षा
उपगन्तव्या इममहानन्द् मातृया[3]मस्य तृतीयं गुरुधर्मं प्रज्ञपयाम्यावर-
णायानतिक्रमणाय यच मातृग्रामेण यावज्जीवं प्रिच्चा करणीया । वर्षोषितया
आनन्द् भिक्षुणा उभयसंघस्त्रिभिः स्थानैः [4] प्रवारयितव्यो दृष्टेन श्रुतेन
परिशङ्कूया वा इममहानन्द् मातृग्रामस्य चतुर्थं गुरुधर्मं प्रज्ञपयाम्यावरणा-
यानतिक्रमणाय यच मातृग्रामेण यावज्जीवं [5] प्रिच्चा करणीया । न भिक्षुणा
आनन्द् भिक्षुर्योद्यितव्यः स्मारयितव्यः प्रीलविपत्त्या⁴ दृष्टिविपत्त्या आचा-
रविपत्त्या आजीवविपत्त्या आवृतमानन्द् भिक्षुणा भिक्षुं चोद्[5b][यि]तुं
स्मारयितुं प्रीलविपत्त्या दृष्टिविपत्त्या आचारविपत्त्या आजीवविपत्त्या
अनावृतं भिक्षोर्भिक्षुणीष्योद्यितुं स्मारयितुं प्रीलविपत्त्या दृष्टिविपत्त्या आचा-
[2]रविपत्त्या आजीवविपत्त्या इममहानन्द् मातृग्रामस्य पञ्चमं गुरुधर्मं
प्रज्ञपयाम्यावरणायानतिक्रमणाय यच मातृग्रामेण यावज्जीवं प्रिच्चा कर-
[3]णीया । न भिक्षुणा आनन्द् भिक्षुराक्रोष्टव्यो न रोषयितव्यः । न परिभा-
षयितव्यः । आवृतमानन्द् भिक्षुणा भिक्षुमाक्रोष्टुं⁵ रोषयितुं परिभाषयितुं
²इमम[4]हानन्द् मातृग्रामस्य षष्ठं गुरुधर्मं प्रज्ञपयाम्यावरणायानतिक्र-
मणाय यच मातृग्रामेण यावज्जीवं प्रिच्चा करणीया । गुरुधर्मांध्याप्रन्नया⁶
आनन्द् भि[5]क्षुणा उभयसं[घे अन्वर्द्धमासं माना]यष्वरितव्यमिममहानन्द्
मातृग्रामस्य सप्तमं गुरुधर्मं प्रज्ञपयाम्यावरणायानतिक्रमणाय यचानन्द्
मातृग्रामेण यावज्जीवं प्रि[6a]च्चा करणीया । वर्षष्टतोपसम्पन्नया आनन्द्
भिक्षुणा तद्रूपसम्पन्नस्य भिक्षोरभिवादनवन्दनप्रत्युत्थानाञ्जलिसामीचीक-
र्म्मं⁷ कर्त्तव्यमिममह[2]मानन्द् मातृग्रामस्य अष्टमं गुरुधर्मं प्रज्ञपयाम्यावरणा-
यानतिक्रमणाय यच मातृग्रामेण यावज्जीवं प्रिच्चा करणीया । स चेदानन्द्
महाप्रजाप[3]ती गौतमी इमानष्टौ गुरुधर्मान् समादाय वर्त्तिष्ठते सैव
तस्याः प्रव्रज्या सैवोपसम्पत् एव भिक्षुणीभावः । अथायुष्मानानन्दो भगवतो
भाषितम[4]भिनन्द्यानुमोद्य भगवतः पादौ प्रिरसा वन्दित्वा भगवतो न्तिकां-
त्मक्रान्तो अथायुष्मानानन्दो येन महाप्रजापती गौतमी तेनोपसंक्रा[5]न्त
उपसंक्रम्य महाप्रजापतीं गौतमीमिदमवोचत् । लब्धवान् गौतमि मातृग्रामः

---

¹ sakāsād, here and below.   ² MS. idam aham. See fol. 5a, 2.
³ ānanda, ā supplied in margin.
⁴ MS. śīlavipatyā dṛṣṭivipatyā . . . Very often.
⁵ MS. bhikṣur ākroṣṭum.   Same reading fol. 7b, 2.
⁶ MS. °pannāya.   Compare Cullavagga, viii, 11, 15: sace upajjhāyo garu-
dhammam adhyāpanno . . . The reading of the MS., fol. 7b, 3 (°dharmmavyāp°)
is wrong.   ⁷ Compare MVyut, 97.

स्वाख्याते धर्मविनये प्रव्रज्यामुपसम्पदं भिक्षुणीभावम्[6b]पि तु गौतमि
भगवता मातृग्रामस्याष्टौ गुरुधर्माः प्रज्ञप्ताः आवरणायानतिक्रमणाय[1] यत्र
मातृग्रामेण यावज्जीवं शिक्षा करणीया देशयामो व्याख्यासि भा[2]षतां
भद्रान्तानन्द श्रोष्यामि । भगवान् गौतम्येवमाह भिक्षुभ्यः प्राकाशादानन्द
मातृग्रामेण प्रव्रज्या उपसम्पद्भिक्षुणीभावः प्रतिकांक्षितव्य[2] इत्ययं गौ[3]तमि
भगवता मातृग्रामस्य प्रथमो गुरुधर्मः प्रज्ञप्तः । आवरणायानतिक्रमणाय यत्र
मातृग्रामेण यावज्जीवं शिक्षा करणीया । भगवान् गौतम्येवमा[4]ह । भिक्षुभ्यः
प्राकाशादानन्द भिक्षुण्या अन्वर्धमासमववादानुशासनी पर्यैषितव्या इत्ययं
गौतमि भगवता मातृग्रामस्य द्वितीयो गुरुधर्मः प्रज्ञप्तः । आव[5]रणायान-
तिक्रमणाय यत्र मातृग्रामेण यावज्जीवं शिक्षा करणीया । भगवान् गौत-
म्येवमाह । न भिक्षुण्या आनन्द अभिक्षुके आवासे वर्षा उपगन्तव्या इत्ययं
गौतमि भ[7a]गवता मातृग्रामस्य तृतीयो गुरुधर्मः प्रज्ञप्तः । आवरणायान-
तिक्रमणाय यत्र मातृग्रामेण यावज्जीवं शिक्षा करणीया । भगवान्[3] गौतम्ये-
वमाह । वर्षोषि[2]तया आनन्द भिक्षुण्या उभयसंघस्त्रिभिः स्थानैः प्रवा-
रितव्यः दृष्टेन श्रुतेन परिशङ्क्येद्वेव्यं[4] गौतमि भगवता मातृग्रामस्य चतुर्थो
गुरुधर्मः [3] प्रज्ञप्त आवरणायानतिक्रमणाय यत्र मातृग्रामेण यावज्जीवं
शिक्षा करणीया । भगवान् गौतम्येवमाह । न भिक्षुण्या आनन्द भिक्षुचोद-
यितव्यः [स्या]रयि[4]तव्यः शीलविपत्त्या दृष्टिविपत्त्या आचारविपत्त्या आ-
जीवविपत्त्या आवृतमानन्द भिक्षुण्या भिक्षुं चोदयितुं स्यारयितुं शीलविपत्त्या
दृष्टिविपत्त्या आचारविपत्त्या आजीववि[5]पत्त्या अनावृतभिक्षोर्भिक्षुणीं
चोदयितुं स्यारयितुं शीलविपत्त्या दृष्टिविपत्त्या आचारविपत्त्या आजीववि-
पत्त्या इत्ययं गौतमि भगवता मातृग्रामस्य पञ्चमो गुरुधर्मः [7b] प्रज्ञप्त आ-
वरणायानतिक्रमणाय यत्र मातृग्रामेण यावज्जीवं शिक्षा करणीया । भगवान्
गौतम्येवमाह । न भिक्षुण्या आनन्द भिक्षुराक्रोष्टव्यो न रोषयितव्यो [2] न
परिभाषयितव्यः । आवृतमानन्द भिक्षुण्या भिक्षुमाक्रोष्टुं[5] रोषयितुं परिभा-
षयितुं । इत्ययं गौतमि भगवता मातृग्रामस्य षष्ठो गुरुधर्मः प्रज्ञप्तः । आ[3]-
वरणायानतिक्रमणाय यत्र मातृग्रामेण यावज्जीवं शिक्षा काणीया । भगवान्
गौतम्येवमाह । गुरुधर्माध्यापन्नया[6] आनन्द भिक्षुण्या उभयसंघे अन्वर्धमा-
[4]सं मानाप्यं चरितव्यमित्ययं गौतमि भगवता मातृग्रामस्य सप्तमो गुरुधर्मः
प्रज्ञप्तः । आवरणायानतिक्रमणाय यत्र मातृग्रामेण यावज्जीवं शिक्षा करणी-
[5]या । भगवान् गौतम्येवमाह । वर्षशतोपसम्पन्नया आनन्द भिक्षुण्या तदह-
रुपसम्पन्नस्य भिक्षोरभिवादनवन्दनप्रत्युत्थानाञ्जलिसामीचीकर्म[7] कर्त्तव्यमित्ययं
गौतमि भ[8a]गवता मातृग्रामस्याष्टमो गुरुधर्मः प्रज्ञप्तः । आवरणाया-
नतिक्रमणाय यत्र मातृग्रामेण यावज्जीवं शिक्षा करणीया ।[8]

---

[1] MS. *āvaraṇayā°.*   [2] MS. *pratikāṃkṣitavyam ity.*

[3] *u* supplied in margin.   [4] See, for instance, Cullavagga, p. 246.

[5] *bhikṣurā°,* as above, fol. 5b, 3.   [6] MS. *gurudharmmavyā°.* See above, fol. 5b, 4.

[7] MS. *°randanapratyarthoñjali°.*   [8] The eighth folio is missing.

[9a]तमीप्रमुखानां पञ्चानां शाक्यायनिकाशतानां गुरुधर्म्माभ्युपगमेन
प्रव्रज्या उपसम्पन्निब्रुणीभाव अन्यासां स्त्रीणामानुपूर्व्या यस्याः कस्याश्चि[र्ब्रुच-
ख्या या गृहि][2]णी स्त्री उपसंक्रामति स तया आन्तरायिकान्धर्म्मान् पृष्ठा
उद्गृहीत्वा उन्नह्य त्रीणि शरणगमनानि दातव्यानि । पञ्च उपासि[कायिशा-
पदानि च । श्र][3]रणगमनानि कतमानि बुद्धो धर्म्मः संघश्च । पञ्च शिक्षा-
पदानि कतमानि प्राणातिपातात्प्रतिविरतिरदत्तादानात्कामिमिथ्या[चारा-
न्मृषावा][1]दात्सुरामै]रेयप्रमादस्थानात्प्रतिविरतिः । एवं च पुनः शरणगमन-
शिक्षापदानि दातव्य[4]नि । त्रिमण्डलं[2] कृत्वा पूर्वं शास्तुः प्रणामं[3] कार[यि-
त्वा · · · ·[4] · · · श्र][5]रणगमनशिक्षापदानि ददाति तस्याः
प्रणामं कारयित्वा अञ्जलिं कारयित्वा ततस्तया एवं वक्तव्यं । समन्वाहर आ-
र्यिके अहमेवन्नामिक[ा · · · ·[5] · · · या][9b]वज्जीवं । बुद्धं
भगवन्तं शरणं गच्छामि द्विपदानामग्र्यम् । धर्म्मं[6] शरणं गच्छामि विरागा-
णामग्र्यम् । संघं शरणं गच्छामि गणानामग्र्यम् । एवं द्विरपि त्रिरपि [तत:
शिक्षापदानि दा][2]तव्यानि । समन्वाहर आर्यिके यथा ते आर्या अर्हन्तो
यावज्जीवं प्राणातिपातं प्रहाय प्राणातिपातात्प्रतिविरता एवमेवाहमेवन्न[ा-
मिका इमं दिवसमुपादा][3]य यावज्जीवं प्राणातिपातं प्रहाय प्राणातिपा-
तात्प्रतिविरमाम्येनाहं प्रथमेनाङ्गेन तेषामार्य्याणामर्हतां शिक्षायाम[नुशिक्षे
अनुविधीये अनु][4]करोमि । पुनरपरं यथा ते आर्या अर्हन्तो यावज्जीव-
मदत्तादानं कामिमिथ्याचारं मृषावादं[7] सुरामैरेयमद्यप्रमादस्थानञ्च प्र[हाय
सुरामैरेयमद्यप्र][5]मादस्थानात्प्रतिविरता एवमेवाहमेवन्नामिका इमं दि-
[व]समुपादाय यावज्जीवमदत्तादानं कामिमिथ्याचारं मृषावादं सुरामैरे-
यमद्यप्र[मादस्थानञ्च प्रहाय सु][10a]रामैरेयमद्यप्रमादस्थानात्प्रतिविरमा-
म्येनाहं पञ्चमेनाङ्गेन तेषामर्य्याणामर्हतां शिक्षायामनुशिक्षे अनुविधीये अनु-
करोमि ।उपासिकाश्च मामार्यिका धार[2]यतु इति वक्तव्यम् । एवं द्विरपि
त्रिरपि ।।[8] त्रिशरणगमनात्पञ्चशिक्षापदधारिणा भिक्षुण्या वक्तव्यं औपयिक-
मिति[9] । तया वक्तव्यं साध्विति ॥ ० ॥ ततः प[3]श्चाद्भिक्षुणी अध्येष्टव्या या
संघमध्ये आरोचयति । याधीष्टा भवति तयासौ भिक्षुणी प्रष्टव्या । पृष्टा ते
द्वयमान्तरायिकान्धर्म्मानिति । अपृष्टा आरोचयति साति[4]सारा भवति ।
ततस्तया भिक्षुणीसंघे सन्निषण्णे सन्निपतिते अनुपरिगणिकया वा प्रव्रज्यापेक्षां
बुद्धान्ते[10] सामीचीं कारयित्वा उत्कुटुकं निषादाञ्जलिं[11] प्रगृह्य गणा[5]भि-

---

[1] The broken part of the MS. is not large enough for nine akṣaras, but the
conjecture is safe.—Read : *maireyamadyapra°*.

[2] That is *triratnamaṇḍala*, Ādikarmapradīpa, p. 206.

[3] MS. *śāstu praṇāma*.   [4] Ex conj. *añjaliṃ kārayitvā.*

[5] Ex conj. *imaṃ divasam upādāya.*   [6] MS. *dharmma.*

[7] MS. *mṛṣāvāda.*   [8] That is, immediately after the Śaraṇagamana.

[9] MVyut. 244, 75; also Ādikarmapradīpa.

[10] The reading is obscure, ba(bu)ddhv (ddhy)ānte.

[11] MS. *niḥṣādya.* Compare fol. 16a, 1, *utkuṭukaṃ niṣādayitvā añjaliṃ kārayitvā.*
Cullavagga, iii, 3, 2 : *ukkuṭikaṃ nisīditvā añjaliṃ paggahetvā.*

मुखं स्थापयित्वा इदं खादारोचयितव्यं। गृह्णोतु आर्यिका संघः। इयमेवन्ना-
मिका एवन्नामिकाया [आर्यिकायाः[1]] प्रव्रज्यापेचा गृहिणी[2] अवदातवसना
अनवतारितकेशा आकांवति [10b]स्वाख्याते धर्मविनये प्रव्रज्यां सेयमेवन्ना-
मिका केशानवतार्य काषायाणि वस्त्राण्याच्छाद्य सम्यगेव श्रद्धया अगारादृ-
नागारिकां प्रव्रज्यां प्रव्रजिष्यत्येवन्नामिकया उपाध्याय[2]कया किं प्रव्रजति-
ति सर्वाभिर्भिक्षुणीभिर्वक्तव्यं[3]। सचेत्परिशुद्धा प्रव्रजतु। सचेद्वदन्तीत्येवं कुशलं
नो चेद्वदन्ति सातिसारा भवन्ति। ततः पश्चादुपाध्यायिका याचि[3]तव्या
एवं पुनर्याचितव्या[4]। सामीचीं कारयित्वा पुरत उत्कुटुकेन निषिद्याञ्जलिं
प्रगृह्य इदं खादचनीयं। समन्वाहर आचार्यिके अहमेवन्नामिका [4]आचा-
र्यिकामुपाध्यायिकां याचे आचार्यिका मे उपाध्यायिका भवतु। आचार्यि-
कया उपाध्यायिकया प्रव्रजिष्यामि। एवं द्विरेवं चिरपि ॥ ० ॥ तत उपा-
ध्या[5]यिकया केशावतारिका[5] भिक्षुणी अध्येष्टव्या या केशानवतारयति।
तया केशानवतारयन्त्या प्रष्टव्यं भगिनि किं केशा अवतार्यन्तामिति। यदि
कथयत्यवतार्यन्तामित्यवतारयित[11a]व्याः। अथ कथयति[6] नेति वक्तव्या
अत एव गच्छेति। केशावतारिकाया अहं भिक्षवो भिक्षुष्या आसमुदाचारि-
कान्धर्मान्[7] प्रज्ञपयामि केशावतारिकया भिक्षुष्या यदि शीतका[2]लो
भवति उष्णोदकेन स्थापयितव्या। अथोष्णकालो भवति शीतोदकेन स्थापयि-
तव्या। केशावतारिका भिक्षुणी यथाप्रज्ञप्तानासमुदाचारिकान्धर्मानसमा-
दाय[8] व[3]र्तन्ते सातिसारा भवति। ततो मुहूर्तं गात्राण्यावापयित्वा[8]
पश्चात्स्वयमेवोपाध्यायिकया काषायाणि वस्त्राणि दातव्यानि। तयापि
पादयोर्निपत्य प्र[3]तिग्रहीतव्यानि। निवासनं निवासयितव्या। निवासयन्त्या
व्यञ्जनं प्रत्यवेक्षितव्यं। मा अव्यञ्जना उभयव्यञ्जना संभिन्नव्यञ्जना वेति[9]। तासु
विनप्रीत्या प्रत्य[5]वेक्ष्यन्ते ता द्रियापयन्ति। भगवानाह। न विनप्रीत्या
प्रत्यवेक्षितव्यं। अपि तु प्रावरयन्त्या अप्रतिसंविदितं प्रत्यवेक्षितव्यमिति। तदेवं
यदि परिशुध्यति तदा [11b]काषायाणि वस्त्राणि दत्त्वा उपाध्यायिकया
शरणगमनपूर्वकं प्रव्रज्या देया। तया पादयोर्निपत्याञ्जलिं प्रगृह्य वक्तव्यं।
समन्वाहर उपाध्यायिके अहमेव[2]न्नामिका इमं दिवसमुपादाय यावज्जीवं
बुद्धं भगवन्तं शरणं गच्छामि द्विपदानामग्र्यं धर्मं शरणं गच्छामि विरागाणां
श्रेष्ठं। संघं शरणं गच्छामि गणानां [3] प्रवरं। तं भगवन्तं[10] शाक्यमुनिं
शाक्यसिंहं शाक्याधिराजं तथागतमर्हन्तं सम्यक्संबुद्धं प्रव्रजितमनुप्रव्रजामि।

---

[1] MS. *evannāmikāyā ra, rā* erased. There are possibly some akṣaras in the margin. Compare Cullavagga, x, 17, 7 : ayam itthannāmā itthannāmāya āyyāya upasampadāpekkhā . . . Compare 17b, 1.

[2] MS. *gṛhīṇī*.

[3] MS. *sarvābhir raktaryaṃ*. See fol. 15a, 17a.   [4] *pu* erased.

[5] MS. *keśānaratārikā, na* erased.

[6] *tha*, in the margin, almost illegible.

[7] MS. *dharmmān na samādāya, n na* erased ; correction, illegible, in the margin.

[8] MS. *gāṃtrāny ā°*.

[9] *reti* or *ceti*.   [10] *ra* supplied in margin.

9

गृहिलिङ्गं परित्यजामि । प्रव्रज्यालिङ्गं समाददे [4] समादाय वर्त्तिष्ये । अर्थहे-
तोर्न्नाम गृह्णामि एवन्नामिकया उपाध्यायिकया । एवं द्विरप्येवं त्रिरपि ॥ ० ॥
तत उपाध्यायिकया भिक्षुणी अध्येष्टव्या । यास्याः आ[5]मण्डरिकाभ्रिचा-
पदानि ददाति । तया प्रष्टव्यं । पृष्टा ते आन्तरायिकान्धर्म्मानिति । अपृष्टा
प्रयच्छति सातिसारा भवति । या अधीष्टा तया ग्लानुः प्र[णामं] कारयित्वा
आ[12a]

[15a] [. .] ततश्चीवराण्यधिष्ठातव्यानि । समन्वाहर उपाध्यायिके
अहमेवन्नामिका इदं चीवरं[1] संघाटीमधितिष्ठामि कृतपरिनिष्ठितञ्चीवरं
कल्पिकं पारि[2][भो]गिकं । एवं द्विरपि त्रिरपि ।[1] एवमुत्तरासङ्गमन्त-
र्वासः कुसूलकं[2] संकच्छिका अधिष्ठातव्या । ततः पात्रं भिक्षुणीसंघस्योपदर्श्यायि-
तव्यं । समन्वाहर आ[3][युष्]मति[3] इदमायुष्मत्या अमुकायाः पात्रं मा
ऊनं[आ] अधिकं मा पाण्डु चेति । श्रोभनङ्चैव सर्व्वाभिर्भिक्षुणीभिर्वक्तव्यं सुपा-
त्रमिति । ततः पात्रमधिष्ठातव्यं वामे[न][4] पा[4][णि]ना पात्रं प्रतिष्ठाप्य
दक्षिणेन पाणिना प्रतिच्छाद्य वक्तव्यं । समन्वाहर उपाध्यायिके अहमेवन्ना-
मिका इदं पात्रं ऋषिभोजनं भिक्षाभोजनमधितिष्ठामि [5] [.] भोजने
कल्पिकं पारिभोगिकं । एवं द्विरपि त्रिरपि । ततः पश्चाक्छ्रवणोपविचारं[5]
विजह्य दर्शनोपविचारे कायमवनाम्याञ्जलिं कारयित्वा गणाभिमुखी[15b]
[स्था]पयितव्या । ततः कर्म्मकारिकया भिक्षुणींवं वक्तव्यं । काधीष्टा एवन्ना-
मिकाया रहस्यनुश्रासिकेति याधीष्टा तया वक्तव्यमहमेवन्नामिकेति ततः
कर्म्मका[2][रि]कया भिक्षुण्या पूर्व्वं तावदुत्साहयितव्या । उत्सहसे त्वमेवन्ना-
मिके एवन्नामिकां रहस्यनुश्रासितुमेवन्नामिकया उपाध्यायिकयेति सचेदुत्सहते
तया व[3][क्त]व्यं । उत्सहे । ततः कर्म्मकारिकया भिक्षुण्या मुक्तिका[6] त्रिः
कर्त्तव्या ॥ ० ॥ शृणोत्वार्यिका संघ द्व्यमेवन्नामिका एवन्नामिकया उपाध्या-
यिकया एवन्नामिका[4][या रहो] नुश्रासिका[7] अधीष्टा । सेयमेवन्नामिका
भिक्षुणी उत्सहते एवन्नामिकां रहस्यनुश्रासितुमेवन्नामिकया उपाध्यायिकया
सचेदार्यिका संघस्य प्राप्तकालं व[5][मित अनु]ज्ञानीयादार्यिका सं[घो]
यदार्यिका संघ[8] एवन्नामिकां भिक्षुणीं रहो ऽनुश्रासिका[9] सम्मन्येत[10] । सेय-
मेवन्नामिका भिक्षुणी रहो ऽनुश्रासिका एवन्नामिकां रहस्यनुश्रासिष्यति एवन्ना-
[मि][16a]कया उपाध्यायिकयेतेषा त्रिः । ततो रहो नुश्रासिकया भिक्षुण्या
एकान्ते प्रक्रम्य पुरस्तादुत्कुटुका[11] निषाद्यित्वा अञ्जलिं कारयित्वा वक्तव्या[12] ।

---

[1] MVyut. 272, 1 *saṃghāṭī*, 2 *uttarāsaṅgaḥ*, 3 *antarvāsaḥ*, 4 *saṃkakṣikā*.

[2] Or *kuśūlaka*, see I-tsing (Takakusu), p. 78 ; Van Goor, p. 35.

[3] Reading doubtful.   [4] MS. *vāme pā* [4a].

[5] MS. *chramaṇaupa°*, *ma* erased and corrected *ra* in margin—MVyut. 270, 27 *paścācchramaṇa* ; Pāli *pacchāsamaṇa*.

[6] MVyut. 266, 1 ; Cullavagga, x, 17, 4.   [7] MVyut. 270, 17.

[8] *gha* erased, a number of illegible syllables supplied in margin ; see fol. 18a, 4.

[9] *kām* supplied in margin.   [10] MS. *t*, but virāma erased.

[11] See below, fol. 17b, 1. Cullavagga, 273, *utkuṭikaṃ niṣādāpetvā*.

[12] Compare Cullavagga, x, 17, 1 and 5.

गृ[2]गु त्वमेवन्नामिके अयं ते सत्यकालो यं ते भूतकालः । यत्ते हं किंचित्पृ-
च्छामि सर्वन्तत्त्वया विशारदया भूत्वा भूतश्च भूततो वक्तव्यं अभूतञ्चाभूततो[1]
निर्वेठयितव्यं[2] । स्त्री त्वं स्त्री [3]गृहोषिता द्वादशवर्षा कुमारिका वा
परिपूर्षविंशतिवर्षा [। परिपूर्षविंशतिवर्षा ।][3] परिपूर्षे ते पञ्चचीवरं पात्रं च
परिपूर्षं जीवतस्ते मातापितरौ स्वामी वा जीवन्ति अनुज्ञातासि
मातापितृभ्यां स्वा[4]मिना वा अनुज्ञाता । मासि दासी । तया वक्तव्यं
न हीति[4] । मा आहृतिका । मा विक्रीतिका । मा प्राप्तिका । मा वक्तव्यिका[5] ।
मा निर्मितिका । मा राजभटी । मा राजकिल्विषका[5]रिणी मा राजाप-
ध्यकर्मकारिणी । मा त्वया राजापथ्यं कर्म कृतत्वा कारितत्वा । मा चण्डा
मा शोककृता मा गुर्विणी मा अव्यञ्जना मा उभयव्यञ्जना । मा संभिन्नव्यञ्जना
मा सदा[16b]प्रस्रुतलोहिनी । मा अलोहिनी । मा नैमित्तिकी । मा भिक्षु-
दूषिणी ।[6] मा मातृघातिका । मा पितृघातिका । मा अर्हद्घातिका । मा
तथागतस्यान्तिके दुष्टचित्तरुधिरोत्पादि[2]का[6] मा तीर्थिका मा[7] तीर्थि-
कावक्रान्तिका । मा चौरी । मा ध्वजबद्धिका[8] ।[9]मा स्तेयसंवासिका । मा
नानासंवासिका । मा असंवासिका[9] । कञ्चित्त्वं पूर्वे प्रव्रजिता । यदि वदति[10]
[3] प्रव्रजिता वक्तव्या अत एव गच्छेति यदि कथयति न प्रव्रजितेति । वक्तव्या
कञ्चित्त्वमेतर्हि प्रव्रजिता प्रव्रजिता[11] कञ्चित्त्वया सम्यग्ब्रह्मचर्यञ्चरितं ।
चरितं ।[12] याचिता त्वया भिक्षुणी[4]संघात् द्वे वर्षे षट्सु धर्मेषु षट्खनुध-
र्मेषु शिक्षा । याचिता । शिक्षिता त्वं[13] द्वे वर्षे षट्सु धर्मेषु षट्खनुधर्मेषु
शिक्षायां शिक्षिता मा त्वया कस्यचित्किंचिद्देयं अल्पं वा प्रभूतं वा [।]
किं[5]नामिका त्वं एवन्नामिकाहं किन्नामिका ते उपाध्यायिका । अर्थ-
हेतोर्न्नाम गृह्णामि एवन्नामिका मे उपाध्यायिका । शृणु त्वमेवन्नामिके भवन्ति
खलु स्त्रीणामिम[14] एवंरूपा [17a]: काये कायिका आबाधाः[15] तद्यथा कुष्ठं
गण्डं[16] किटिभं[17] किलासं[18] दर्द्रुः कच्छू[19] कण्डूः रजभं[20] विचर्चिका[21] हिक्का
च्छर्दिः अर्शांसि[22] ज्वरः प्रज्वरः[23] चयः[24] क्लमः श्रमः श्वासः । कासः ।
शोषो ऽपस्मा[2]रः । आटङ्करः[25] । पाण्डुरोगः । स्त्रीपदः । रक्तपित्तं भगन्दरः

---

[1] *abhūtan* supplied in margin.
[2] Compare Pāli *nibbeṭheti*.
[3] No lacuna, but see fol. 19*b*, 3.
[4] Compare fol. 19*b*, 4 *na hi*.
[5] *Sic* MS.
[6] MVyut. 271, 5, 6, 7, 9.
[7] M.Vyut. 271, 4.
[8] MVyut. 271, 44 *cauro dhrajabaddhaka*; Pāli *dhajabaddha*.
[9] MVyut. 271, 1, 2, 3.
[10] Fol. 20*a* *kathayati* as here line 3.
[11] Supplied in margin.
[12] See fol. 20*a*.
[13] MS. *trayā*.
[14] Fol. 20*b*, *evaṃvidhā*.
[15] MS. *ābādhā*.
[16] MVyut. 284, 4 *gaṇḍaḥ* (Pāli *gaṇḍo*).
[17] MVyut. 284, 8 *kitibhaḥ*.
[18] MVyut. 284, 10 *kilāsam* (Pāli *kilāso*).
[19] MVyut. 284, 14 *kacchuḥ*.
[20] MVyut. 284, 57 *rajatam*.
[21] Mahāniddesa, p. 17 *ritacchikā*.
[22] MVyut. 284, 35 *arśā* (and var. readings); Pāli *aṃsā*.
[23] *prajvaraḥ* supplied from fol. 20*b*.
[24] MVyut. 284, 19 *kṣayavyadhiḥ*.
[25] MVyut. 284, 32 *aṭakkaraḥ*.

अङ्गदाहः । पार्श्वदाहः । अक्षिभेदः । एकाहिकः । द्वितीयकः । त्रैतीयकः । चातु-
र्थकः । सांन्निपातिकः स[3]ततज्वरः¹ । मा ते एवंरूपाः काये कायिका आबा-
धाः संविद्यन्ते ऽन्ये वा । । सचेत्परिशुद्धा भवति रहोनुभासिकया वक्तव्या ।
यदेव त्वं मया पृष्टा एतदेव ते संघमध्ये वक्तव्यं ति[4]छ मा अश्वव्हिता²
आगमिष्यसीति । ततो धर्ममार्गे स्थित्वा रहीनुभासिकया वक्तव्यं । शृणोत्वार्यि-
का संघः समनुग्घिष्टा मया एवन्नामिका रहस्यान्तरायिकान्धर्म्मांस्ता परिशु-
[5]द्वमान्तरायिकैर्धर्म्मिराद्ग्मानं वदति । किमागच्छलिति ।³ सर्वभिञ्चुणीभि-
र्वक्तव्यं सचेत्परिशुद्धा भवत्यागच्छलिति । सचेद्वदन्तील्येवं कुश्चलं नो चेद्वदन्ति
सातिसारा भवन्ति । ततः कर्मकारिकया [17b] भिञ्चुखा पुरस्तान्निषाद-
यित्वा⁴ ब्रह्मचर्योपस्थानसम्वृतिं याचितव्या । शृणोत्वार्यिका संघः । अहमेवन्ना-
मिका एवन्नामिकाया उपाध्यायिकाया⁵ उपसंपत्प्रेषा⁶ साहमेवन्नामि[2]का
आर्यिका संघात् । ब्रह्मचर्योपस्थानसंवृतिं याचे । अर्थहृतोर्णाम गृह्णाम्येवन्ना-
मिकया उपाध्यायिकया दद्यादार्यिका संघो ममैवन्नामिकाया ब्रह्मचर्योपस्था-
नसंवृतिं । अ[3]नुकम्पको ऽनुकम्पामुपादाय एवं द्विरपि त्रिरपि ॥ ° ॥ ततः
कर्मकारिकया भिञ्चुखा छन्निं छत्वा कर्म कर्त्तव्यं । शृणोत्वार्यिका संघ
द्वयमेवन्नामिका एवन्नामिकाया उपाध्यायिकाया उपसम्प्रन्नेचिणी सेयमे-
वन्नामिका⁷ आर्यिका संघात् ब्रह्मचर्यो[4]पस्थानसंवृतिं याचते एवन्नामिकया
उपाध्यायिकया सचेदार्यिका संघस्य प्राप्तकालं चमते⁸ अ[5]नुजानीयादा-
र्यिका संघो यद्वयमेनां संघमध्ये आन्तरायिकान्धर्म्मान् पृच्छेम इत्येषा छन्निः । ।
शृणु त्वमेवन्नामिके अयन्ते सत्यकालो यं भूतकालो यत्ते हं किञ्चत् [18a]
पृच्छामि सर्वन्तत्वया विशारद्यया⁹ भूता भूतञ्च भूततो वक्तव्यमभूतञ्चाभूततो
निर्वेठयितव्यं स्त्री त्वं स्त्री पूर्वेवद्यावत्सर्वमेतद्वक्तव्यं¹⁰ । मा ते एवंरूपाः काये
का[2]यिका आबाधाः संविद्यन्ते ऽन्ये वा तया वक्तव्यं । नेति । ततो छन्निः
कर्त्तव्या । शृणोत्वार्यिका संघ द्वयमेवन्नामिका एवन्नामिकाया उपाध्यायिकाया
उपसम्प[3]त्त्रेचिणी गृहोषिता द्वादश्वर्षा कुमारिका वा परिपूर्षेविंश्रतिवर्षा
परिपूर्षेमस्याः पञ्चचीवरं पात्रञ्च परिगुद्यमान्तरायिकैर्धर्म्मिराद्ग्मानं वदति सेय-
मेवन्नामिका आर्यिका संघा[4]द्ब्रह्मचर्योपस्थानसंवृतिं¹¹ याचते । एवन्नामि-
कया उपाध्यायिकया सचेदार्यिका संघस्य प्राप्तकालं चमते¹² ऽनुजानीयादा-
र्यिका संघो यदार्यिका संघ एवन्नामिका[5][या] ब्रह्मचर्योपस्थानसंवृतिं दद्या-
देवन्नामिकया उपाध्यायिकयेत्येषा छन्निः । एवञ्च कर्म कर्त्तव्यं । शृणोत्वार्यि-

---

¹ MVyut. 284, 52 *nityajvaraḥ.*   ² Reading doubtful ; MS. a[.]nditā.
³ MS. *sarvabhikṣuṇībhir,* see fol. 10b 2.   ⁴ Compare fol. 16a 1.
⁵ See fols. 17b 3, 18a 2, 18b 1.
⁶ Elsewhere °*prekṣiṇī* ; compare 10a 5.   ⁷ *nāmikā* supplied in margin.
⁸ MS. *kṣamate* ; compare fol. 13a 4.   ⁹ *yā* supplied in margin.
¹⁰ MS. *sarvametav°.*
¹¹ MS. °*sthānavṛtim.*
¹² *kṣamate,* quite clear, see above 17b 4.

का संघ इयमेवन्नामिका[^1] एवन्नामिका[18b][या उ]पाध्यायिकाया उपसम्प-
त्रेत्रिणी गृहोषिता द्वादशवर्षा कुमारिका वा परिपूर्णविंशतिवर्षा परिपूर्ण-
मख्याः पञ्चचीवरं पात्रञ्च परिशुद्धमान्तरायिकैर्द्धर्मैे[2][रा]त्मानं वदति ।
सेयमेवन्नामिका आर्यिका संघादुपसम्पदं याचते एवन्नामिकया उपाध्याय-
कया तदार्यिका संघ एवन्नामिकाया ब्रह्मचर्योपस्थानसंवृतिं द्वा[3][दे]वन्ना-
मिकया उपाध्यायिकया यासामार्यिकाणां चमते ए[व]न्नामिकाया ब्रह्म-
चर्योपस्थानसंवृतिं दातुमेवन्नामिकया उपाध्यायिकया तास्तूष्णीं यासां न
चमते ता भा[4]षन्ताम् । इयं प्रथमा कर्मवाचना । एवं द्वितीया तृतीया
कर्मवाचना वक्तव्या । दत्ता आर्यिका संघेन एवन्नामिकाया ब्रह्मचर्योपस्थान-
संवृतिरेवन्नामिकया उपाध्यायिकया [5] चान्तमनुज्ञातं संघेन यस्मात्तूष्णीमे-
वमेतद्धारयामि । ततः पश्चात्सर्वभिक्षुसंघे सन्निषण्णे सन्निपतिते अपश्चिमके वा
भिक्षूणां द्वादशवर्गे मण्डलके सर्वभिक्षुणीसंघे स[19a]न्निषण्णे सन्निपतिते ।
अपश्चिमके वा भिक्षुणीनां द्वादशवर्गे मण्डलके । कर्मकारकश्च भिक्षोः
पुरतो विण्डके[2] मसूरिकायां वा निषद्याञ्जलिं प्रगृह्योभयसंघादुपसम्प[2]-
वाचित्वा ।[3] गृण्हातु भदन्ता उभयसंघः । अहमेवन्नामिका अर्थहेतोर्नाम गृ-
ह्णामि एवन्नामिकाया उपाध्यायिकाया उपसम्पत्रेत्रिणी साहमेवन्नामिका [3]
उभयसंघादुपसम्पदं याचे । उपसम्पादयतु[4] मां भदन्ता उभयसंघः ।[5] उल्लुंपतु
मां भदन्ता उभयसंघः । अनुगृह्णातु[6] मां भदन्ता उभयसंघः । अनुकम्पतु मां
भदन्ता[4] उभयसंघः । अनुकम्पको अनुकम्पामुपादाय । एवं द्विरपि त्रिरपि ।।
ततः पश्चात्कर्मकारकेण भिक्षुणा ज्ञप्तिः कर्तव्या । शृणोतु भदन्ता उभयसंघ
[: सेय]मेवन्ना[5]मिका एवन्नामिकाया उपाध्यायिकाया उपसम्पत्रेत्रिणी
सेयमेवन्नामिका उभयसंघादुपसम्पदं याचते । एवन्नामिकया उपाध्यायिकया
सचेदुभयसंघस्य [19b] प्राप्तकालं चमेतानुजानीयादुभयसंघो यद्वयमेनां उभय-
संघमध्ये आन्तरायिकान्धर्मान् पृच्छेम इत्येषा ज्ञप्तिः ।[8] गृणु त्वमेवन्नामिके
अयं ते सत्यकालो यं ते[9] भू[2]तंकालः यत्ते हं किञ्चित्पृच्छामि । सर्वे तत्त्वया
विश्वारदया भूत्वा भूतं च भूततो वक्तव्यमभूतञ्चाभूततो निर्वेठयितव्यं स्त्री
त्वं स्त्री गृहोषिता द्वादशवर्षा कुमारिका वा [3] परिपूर्णविंशतिवर्षा ।
परिपूर्णविंशतिवर्षा । परिपूर्णं ते पञ्चचीवरं पात्रं च । परिपूर्णं जीवतस्ते
मातापितरौ खामी वा जीवन्ति । अनुज्ञातासि मातापितृभ्यां खामि[4]ना
वा । अनुज्ञाता । मासि दासी । न हि मा आहृतिका । मा विक्रीतिका ।[10] मा
प्राप्तिका[10] । मा वन्धकिका । मा निर्मितिका । मा राजभटी मा राजकिल्बिष-
कारिणी[10] मा राजापथ्यकर्मकारिणी[10] । मा त्वया राजापथ्यकर्म कृतं कारि-

---

[^1]: MS. °kāyā, yā erased.
2. vindake?
3. Compare Cullavagga, x, 17, 8.
4. MS. °yantu.
5. Pāli: ullumpatu mam ayyā saṃgho anukampam upādāya.
6. MS. °grhṇātvā.
7. °yā supplied in margin.
8. See fol. 16a.
9. MS. omits te.
10-10. Supplied from fol. 16a.

[5]तं वा मा चण्डा मा शोकहता मा गुर्विणी मा अव्यञ्जना मा उभयव्यञ्जना मा
सम्भिन्नव्यञ्जना । मा सदाप्रस्नुतलोहिनी । मा अलोहिनी । मा नैमित्तिकी ।
मा भिक्षुदूषिका । मा मातृघातिका मा पि[20a]तृघातिका । मा अर्हद्घातिका ।
मा तथागतस्यान्तिके दुष्टचित्तरुधिरोत्पादिका मा तीर्थिका श्रा तीर्थिकावक्रा-
न्तिका[1] मा चौरी मा ध्वजबन्धिका मा स्तेयसंवासिका मा नानास[2]स्वासिका
मा असंवासिका   कच्चित्त्वं पूर्वे प्रव्रजितेति यदि कथयति[2] प्रव्रजिता वक्तव्या
अथ एव गच्छेति यदि कथयति[3] न प्रव्रजितेति वक्तव्या कच्चित्त्वमेतर्हि[4] प्रव्रजिता
प्रव्रजिता[5] । क[3]च्चित्त्वया सम्यग्ब्रह्मचर्यश्चरितं ॰ चरितं । कच्चित्त्वया
भिक्षुणीसंघे द्वे वर्षे षट्सु धर्मेषु षट्स्वनुधर्मेषु शिक्षा याचिता ॰ याचिता ।
शिक्षिता त्वं द्वे वर्षे षट्सु धर्मेषु ष[4]ट्स्वनुधर्मेषु शिक्षायां ॰ शिक्षिता[6] ।
दत्ता ते भिक्षुणीसंघेन ब्रह्मचर्योपस्थानसंवृतिर्दत्ता   कृतं ते भिक्षुणीसंघेन
पूर्वकालकरणीयं कृतं   आराधितं ते भिक्षुणीसंघस्य चि[5]त्तमाराधितं ।
परिशुद्धासि न वा । परिशुद्धा । मा त्वया कस्य चित्किञ्चिद्देयं अल्पम्वा
प्रभूतम्वा   किन्नामिका त्वं किन्नामिका ते उपाध्यायिका   अहमेवन्नामिका
अर्थे[20b]हितोनाम गृह्णामि एवन्नामिका मे उपाध्यायिका । शृणु त्वमेवन्ना-
मिके भवन्ति खलु स्त्रीणामिम एवंविधाः[8] काये कायिका आबाधाः । तद्यथा
गण्डं कुष्ठं किटिभं कि[2]लासो दर्द्रुः कच्छूः । कण्डुः । रजभं विचर्चिका
हिक्का । छर्दिः । अर्शांसि । ज्वरः । प्रज्वरः । चयः । क्षामः । भ्रमः । काशः ।
श्वासः । शोषो ऽपस्मारः । पाण्डुरो[3]गः । रक्तपित्तं । भगन्दरः । अङ्गदाहः
पार्श्वदाहो स्थिभेदः । एकाहिक[9]॰ द्वितीयकः । त्रैतीयकः । चातुर्थकः । सान्निपा-
तिकः[10] । सततज्वरः मा ते एवंरूपा[4]ः काये कायिका आबाधाः सम्विद्यन्ते
अन्ये वा   ततस्त्वया यथाभूतं वक्तव्यम् । ततो ज्ञप्तिकारकेण भिक्षुना ज्ञप्तिं
कृत्वा कर्म कर्त्तव्यं । शृणोतु भदन्ता उभयसंघ [5] इयमेवन्नामिका एवन्ना-
मिकाया उपाध्यायिकाया उपसम्पत्प्रेक्षिणी स्त्री गृहोषिता द्वादशवर्षा कुमा-
रिका वा परिपूर्णविंशतिवर्षा परिपूर्णमस्याः पञ्चची[21a]वरं पात्रश्च दत्ताश्च
भिक्षुणीसंघेन द्वे वर्षे षट्सु धर्मेषु षट्स्वनुधर्मेषु शिक्षा शिक्षिता द्वे वर्षे षट्सु
धर्मेषु षट्स्वनुधर्मेषु शिक्षायां दत्ता अस्या भिक्षुणीसंघेन त्रिभिर्धर्मै[2]
र्ब्रह्मचर्योपस्थानसंवृतिः कृतमस्या भिक्षुणीसंघेन पूर्वकालकरणीयं[11] । आराधित-
मनया भिक्षुणीसंघस्य चित्तं । परिशुद्धमान्तरायिकैर्धर्मैरात्मानं वदति सेय[3]-
मेवन्नामिका उभयसंघादुपसम्पदं याचते एवन्नामिकया उपाध्यायिकया सचेदु-
भयसंघस्य प्राप्तकालं क्षमेतानुज्ञानीयादुभयसंघो यदुभयसंघ एवन्ना[4]मिका-
मुपसम्पादयेदेवन्नामिकया उपाध्यायिकयेत्येषा ज्ञप्तिः ।। एवं कर्म कर्त्तव्यं ।

---

[1] MS. *tîrthâvakrântikâ*.   [2] Fol. 16a has *radati*.

[3] *kathayate* supplied in margin.   [4] MS. *kaccid etarhi*.

[5] Supplied from fol. 16a.   [6] The wording differs in fol. 16a.

[7] MS. omits *bhikṣuṇī*°.   [8] Elsewhere *evaṃrūpāḥ*.

[9] MVyut. 284, 48 *ekāhika*, not *ai*°.   [10] MVyut. 284, 54 *saṃnipāta*.

[11] °*ṇī*° supplied in margin.

गृह्णोतु भदन्ता उभयसंघ इयमेवन्नामिका एवन्नामिकाया उपाध्या[5]यिकाया
उपसम्पत्प्रेक्षिणी स्त्री गृहोषिता द्वादशवर्षं कुमारिका वा परिपूर्णविंशतिवर्षं
परिपूर्णसंख्याः पञ्चचीवरं पात्रञ्च । दत्ताख्या भि[21b]क्षुणीसंघेन द्वे वर्षे षट्सु
धर्मेषु षट्स्वनुधर्मेषु[1] शिक्षा शिक्षिता द्वे वर्षे षट्सु धर्मेषु षट्स्वनुधर्मेषु[1]
शिक्षायाम् । दत्ता अख्या भिक्षुणीसंघेन चिभिर्धर्मैर्ब्रह्मचर्योपस्थानसंवृति कृतम्
स्या भिक्षुणीसंघेन पूर्वकालकरणीयं[2] आराधितमनया भिक्षुणीसंघस्य चित्तं
परिगुह्णमान्तरायिकैर्धर्मैरात्मानं वदति सेयमेवन्नामिका उभयसंघादुपस-
म्पदं याचते एवन्नामिकया उ[3]पाध्यायिकया तदुभयसंघ एवन्नामिकामुप-
सम्पादयेदेवन्नामिकया उपाध्यायिकया येषामायुष्मतां चमते एवन्नामिका-
मुपसम्पादयितुमेवन्नामि[5]कया उपाध्यायिकया ते तूष्णीं येषां न चमते ते
भाषन्तां । इयं प्रथमा कर्मवाचना एवं द्वितीया तृतीया कर्मवाचना वक्तव्या ।
उपसम्पादिता उभयसंघेन इ[5]यमेवन्नामिका एवन्नामिकया उपाध्यायिकया
चान्तमनुज्ञातं संघेन[2] यस्मात्तूष्णीमेवमेतद्धारयामि ।[3] ततःछाया मापयितव्या ।
भिक्षुण्यो दीर्घेदीर्घाभिक्षिता[22a]भिक्ष्कायां मापयन्ति । भगवानाह । न
दीर्घेदीर्घाभिक्षिताभिक्ष्काया मापयितव्या । पादैर्मापयन्ति । भगवानाह । न
पादैर्मापयितव्या । अपि तु चतुरङ्गुलि[2]कया काष्ठिकया मापयितव्या ।
यावत्यः काष्ठिकास्तावन्तः पुरुषा वक्तव्याः ।[4] सामयिका आरोचयितव्याः[5]
हैमन्तिका ग्रैष्मिका वार्षिका मितवार्षि[का][6] [3] दीर्घवार्षिकाश्च[7] । तत्र
हैमन्तिकाश्चत्वारो मासाः ग्रैष्मिकाश्चत्वारो मासाः । वार्षिक एको मा-
सः । मितवार्षिक[8] एकं रात्रिंदिवसं[9] । दीर्घवार्षिका [ए][4]कराचीनास्त्रयो
मासाः ।[10] काल आरोचयितव्यः । अग्राहण । मध्याहण । पश्चिमाहण ।
अनुदित आदित्यः । उदित आदित्यः । अष्टभा[गो]दितः । चतुर्भागोदितः ।
प[रि][5]णतो मध्याह्नः । चतुर्भागावशिष्टो दिवसः । अष्टभागावशिष्टः । अनस्तङ्गत
आदित्यः । अस्तङ्गत आदित्यः । अनुदितानि नक्षत्राणि । इत्येवमादिः ।[11]
त[तस्त][22b]यो निश्रया आरोचयितव्या । शृणु त्वमेवन्नामिके चय इमे तेन
भगवता जानता पश्यता तथागतेनार्हता सम्यक्संबुद्धेन[12] एवं प्रव्रजितोप-
सम्पन्नाया र[िभक्षु][2]ण्या निश्रया आख्याता यान्निश्रित्य भिक्षुण्याः स्वाख्याते
धर्मविनये प्रव्रज्योपसम्पद्भिक्षुणीभावः । कतमे चय । पांशुकूलचीवराणां[13]

<hr />

[1-1] Supplied in margin.   [2] Query *ubhayasaṃghena.*

[3] Cullavagga, x, 17, 8 *tāvad eva chāyā metabbā* ; MVyut. 266, 9 *chāyā* ; I-tsing, p. 100.

[4] Cullavagga, x, 17, 8 *utupamānam ācikkhitabbam* ; MVyut. 266, 10 *pañca samayāḥ* ; I-tsing. p. 101.

[5] MS. *°tavyā.*   [6] MS. *mṛta°.*

[7] MVyut. 281, 82–6.   [8] *Sic.*

[9] MS. *rātriṃdinaṃsaṃ.*

[10] Cullavagga, x, 17, 8 *divasabhāgo ācikkhitabbo.*

[11] Cullavagga, x, 17, 8 at the end ; MVyut. 266, 11–15.

[12] MS. buddhāna, e added by a second hand, ā not erased.

[13] Below, fol. 23a 1, *agra, kalpika, sulabha.*

कल्पिकञ्च सुलभञ्च । य[न्नि][3]श्रित्य भिक्षुण्याः स्वाख्याते धर्म्मविनये .प्रव्रज्या
उपसम्पन्निक्षुणीभावः । उत्सहसे ल्वमेवन्नामिके यावज्जीवम्पांशुकूलेन चीवरेण
यापयितुं । उत्सहे । अ[ति][4]रेकलाभः¹ पट्टो वा पटो वा प्रावारो वा
अंशुका वा ग्राणका वा कौशेया वा आमिला वा सोमिला वा क्षमिवर्णा वा
काश्रिसूक्ष्मं वा चोमकसूक्ष्मं वा दुकूलकसूक्ष्मं [वा] [5] कोटम्बकसूक्ष्मञ्वा इति
यदा पुनरन्यदपि कल्पिकञ्चीवरं संघाद्वा उत्पद्येत पुद्गलतो वा तच्चापि ते
प्रतिग्रहे माच्रा करणीया । कच्चिद्देवंरूपं स्थानमभिसंभोत्स्य[सि] [23a] [अभि]-
संभोत्स्ये । गृणु ल्वमेवन्नामिके पिण्डपातो भोजनानामग्र्यञ्च कल्पिकञ्च सुलभञ्च
यन्निश्रित्य भिक्षुण्याः स्वाख्याते धर्म्मविनये प्रव्रज्योपसम्पन्नि[2][क्षुणी]भावः ।
उत्सहसे ल्वमेवन्नामिके यावज्जीवं पिण्डपातेन भोजनेन यापयितुमुत्सहे ।
अतिरेकलाभः ।² भक्तानि वा³ तर्प्पणानि वा [य]वागूपानानि⁴ वा नैत्य[3]-
[कं वा नि]मन्त्रणकस्या आष्टमिकस्या चातुर्द्दशिकं वा इति यदा पुनरन्यदपि
कल्पिकं भोजनं संघाद्वा उत्पद्येत । पुद्गलतो वा तच्चापि ते प्रतिग्रहे माच्रा [4]
[क]रणीया कच्चिद्देवंरूपं स्थानमभिसंभोत्स्यसे । अभिसंभोत्स्ये । गृणु ल्वमेवन्ना-
मिके पूतिमुतं भैषज्यानां कल्पिकञ्च सुलभञ्च । यन्निश्रित्य भिक्षुण्याः स्वा[b]ख्याते
धर्म्मविनये प्रव्रज्योपसम्पन्निक्षुणीभाव उत्सहसे ल्वमेवन्नामिके यावज्जीवं
पूतिमुक्तेन भैषज्येन यापयितुमुत्सहे अतिरेकलाभः ।⁵ सर्पिस्ते[23b]लं मधु
फाणितं मूलभैषज्यं गण्डभैषज्यं पत्रभैषज्यं पुष्पभैषज्यं फलभैषज्यं कालिकं⁶
यामिकं सप्ताहिकं यावज्जीविकमि[ति यदा] पुनरन्यद[2][पि कल्पिकं भैषज्यं
संघाद्वा उत्पद्येत पुद्गलतो वा तच्चापि ते प्रतिग्रहे माच्रा करणीया कच्चिद्देवंरूपं
स्थानमभिसंभोत्स्यसे । अभिसंभोत्स्ये ।⁷ गृणु ल्वमे[3]वन्नामिके अष्टाविमे तेन
भगवता जानता पश्यता तथागतेनार्हता सम्यक्सम्बुद्धेनैवं प्रव्रजितोपसम्पन्नाया
भिक्षुण्याः पतनीया धर्म्मा आख्या[4][ता ये]षां भिक्षुणी अन्यतमान्यतमत्स्था-
नमध्यापद्य⁸ सहाध्यापद्या⁹ अभिक्षुणी भवत्यश्रमणी अशाक्यपुच्रीया ध्वस्ते
भिक्षुणीभावाड्तमस्था भवति आम[5][खं ध्व]स्तं मथितं पतितं पराजितमप्र-
त्युद्धार्यमस्या भवति आमखं तद्यथा तालो मस्तकच्छिन्नः¹⁰ । अभव्यो हरितत्वाय

---

¹ MVyut. 280, 9 *paṭṭakam*, 10 *paṭaḥ*, 11 *paṭakaḥ*, 13 *pravaraḥ*, 8 *aṃśukam*,
2 *śāṇukaṃ*, 7 *kauśeyakam*, 14 *amilaḥ*, 17 *saumilikā*, 16 *kṛmiraṛṇā*, 18 *kāśikasūkṣma*,
3 *kṣaumakam*, 4 *daukūlakam*, 5 *koṭambakam*.

² MVyut. 230, 70 *bhaktam*, 71 *tarpaṇam*, 72 *yavāyūḥ*, 80 *naityakam*, 81 *niman-
raṇakam*, 76 *āṣṭamikam*, 77 *cāturdaśikam*, 82 *antpatikam* (?).

³ *ya* was supplied in margin, erased.

⁴ Supplied in margin.

⁵ MVyut. 231, 65 *sarpis*, 66 *madhu*, 67 *phāṇitam*, 69 *gaṇḍabhaiṣajyam* (kāṇḍa°).

⁶ MVyut. 281, 233, 4, 5, 6, *kālikam*, *yāmikam*, *saptāhikam*, *yāvajjīvakam*.

⁷ Cullavagga, x, 17, 8, at the end (*attha akaraṇīyāni*); MVyut. 266, 16, *pataṇīyā
dharmāḥ*. See Pār. i–iv, Bhi. Pār. i–iv ; Wieger, Bouddhisme Chinois, I, p. 261.

⁸ MS. *anyatamānyatamasthānam*, see fol. 24a, 1.

⁹ °*patyā*, here and below.

¹⁰ *mastakācchinnaḥ*, here and below fol. 24b, l. 3 ; see MVyut. 278.

[अभव्यो¹] विरूढिं वृद्धिं विपुलताम[ा] [24a][पत्तु ।]एवमेव भिक्षुणी एषा-
मष्टानां स्थानानामन्यतमान्यतमत्² स्थानमध्यापद्य सहाध्यापद्या अभिक्षुणी
भवत्यश्रमणी अश्राक्यपुत्रीया ध्वस्तते. भिक्षुणीभावा[ज्ञत][2]मस्था भवति
श्रामण्यं ध्वस्तं मथितं पतितं पराजितमप्रत्युद्धार्यमस्था भवति श्रामण्यं कतमे
अष्टौ गूण त्वमेवन्नामिके अनेकपर्यायेण भगवता कामा विग[र्हिं][3]ताः का-
मच्छन्दः³। कामस्नेहः। कामप्रेम: कामालय:⁴ कामनियन्ति:⁵। कामाध्यवसानं।
कामानां प्रहाणमाख्यातं प्रतिनिःसर्गो व्यन्तीभाव:। चयो विरा[4]गो निरोधो
व्यपशमो सङ्गम:। स्तुत: स्तोमितो वर्षित:। प्रशस्तो ऽवाद्येण⁶ त्वमेवन्नामिके
संरक्षचित्तया पुरुषवधुषा चक्षुरुपनिधायथा⁶ न⁷ व्यवलोकयितव्य[5]: कः
पुनर्वादो यद्वूयद्वयेन्द्रियसमापत्त्या⁸ अब्रह्मचर्यम्मैथुनं धर्मं प्रतिसेवितुमतं
भगवता⁹ या पुनर्भिक्षुणी भिक्षुणीभिः सार्द्धं शिक्षासामीचीं समापन्ना¹⁰ शिक्षा-
मप्र[24b]त्याख्याय¹¹ शिक्षादौर्बल्यमनाविष्कृत्याब्रह्मचर्यम्मैथुनं धर्मं प्रतिसेवेता-
न्तर्क्तिर्यग्योनिगतेनापि सार्द्धमिश्चेवंरूपं भिक्षुणी स्थानमध्यापद्य सहाध्यापद्या
अभि[2]क्षुणी भवत्यश्रमणी अश्राक्यपुत्रीया ध्वस्तते चिक्षुणीभावाज्ञतमस्था
भवति श्रामण्यं ध्वस्तं मथितं पतितं पराजितमप्रत्युद्धार्य[3]मस्था भवति श्रामण्यं
तद्यथा तालो मस्तकाच्छिन्नो¹² न भव्यो हरितत्वाय अभव्यो विरूढिं वृद्धिंमि-
पुलतामापत्तुमेवमेवंरूपं भिक्षुणी स्थानमध्यापद्य सहाध्या[4]पद्या अभिक्षुणी
भवत्यश्रमणी अश्राक्यपुत्रीया ध्वस्तते भिक्षुणीभावाज्ञतमस्था भवति श्रामण्यं
ध्वस्तं मथितं पतितं पराजितमप्रत्युद्धार्यमस्था भवति श्रामण्यं । तेन ते ऽद्या[5]-
ग्रेण अनध्याचारे¹³ अनध्याचारवैरमस्था¹⁴ तीव्रश्चेतस आरक्षा स्मृत्यप्रमादे
योग: करणीय:¹⁴ । कथिदेवंरूपं स्थानं नाध्यापत्स्यसे नाध्यापत्स्य। गूण
त्वमेवन्ना[मि][25a]के अनेकपर्यायेण भगवता अदत्तादानं विगर्हितमदत्ता
दानविरति: । स्तुता स्तोमिता वर्षिता प्रशस्ता श्रवाद्येण ते एवन्नामिके¹⁵
स्तेयचित्तया[न्तत: फ][2]स्तृणमपि परकीयन्नादातव्यं क: पुनर्वाद: पञ्चमासिक¹⁶

---

¹ *abhavyo*, supplied from fol. 24b, 3.
² °*anyatama*° supplied in margin.
³ MVyut. 110, 28.
⁴ MVyut. 224, 13.
⁵ MVyut. 224, 14. First hand *kāmaniṣpattiḥ*, correction (°*yantis*) in margin.
⁶ *tvam . . . upanidhyāyatyā* ?? ; *tvam* can hardly be correct, rather *tvayā . . . na vyavalokayitavyaḥ.* MVyut. 245, 1052 *upanidhyātavyaḥ.*
⁷ *vya* supplied in margin.   ⁸ MVyut. 281, 265.
⁹ Compare Pār. I.
¹⁰ Compare Pār. I, 8, 1 (p. 23) *sikkhāsājīvasamāpanno.*
¹¹ See, for instance, Cullavagga, p. 244.
¹² See 23b, 5.
¹³ See fol. 27b, 4.
¹⁴ *Sic* here and below—*tivras cetasa-ārakṣā-smrtyapramāde yogaḥ* (?).
¹⁵ MVyut. 281, 30, *steyacittena.*
¹⁶ The correct reading is °*māsika.* See MVyut. 281, 29 *pañcamāsakād•ḥ* Pār. ii (p. 47) *atirekapañcamāsaka.*

वा उत्तरपञ्चमासिकं वा उक्तं भगवता[1] या पुनर्भिक्षुणी ग्रामगतं वा
अरण्यगत्वा परेषाम्[दत्तं[2] स्तेये] [3]संख्यातमाददीत यद्रूपेणाद्त्तादानेन
राजा वैनं गृहीला राजमाचो वा हन्याद्वा बन्धीयाद्वा प्रवासयेद्वा एवं चैनं
वदेत् भोः पुरुष चौरो सि बा[लो सि मू][4]ढो सि स्तेयो सीति एवंरूपं
भिक्षुणी स्थानमध्यापद्य सहाध्यापच्याभिक्षुणी भवत्यश्रमणी अशाक्यपुत्रीया
पूर्ववद्भावत् कृत्यप्रमादे योगः करणीयः । [कञ्चिदे][5]वंरूपं स्थानं नाध्या-
पत्स्ये नाध्यापत्स्ये । शृणु त्वमेवन्नामिके अनेकपर्यायेण भगवता प्राणातिपातो
विगर्हितः प्राणातिपाताद्विरतिः स्तुता स्तोमिता व[र्षिता] [25b] प्रशस्ता
अव्याग्रेण ते एवन्नामिके संचिन्त्यान्ततः कुन्तपिपीलिको[3] पि प्राणी जीविताऩ
व्यपरोपितव्यः । कः पुनर्वादो मनुष्यो वा मनुष्यविग्रहो वा [उक्तं][2]भग-
वता[4] या पुनर्भिक्षुणी मनुष्यम्वा मनुष्यविग्रहम्वा स्वहस्तं सञ्चिन्त्य[5]जीविताद्व्यप-
रोपयेच्छस्त्रम्वास्योद्धारयेच्छस्त्राधारकम्वास्य पर्येषेत मरणाय वैनं समादा-
[पयेन्म][3]रणवर्षं वास्यानुवर्षयेद्देवन्वैनं वदेत् भोः पुरुष किन्ते अनेन पाप-
केनासुचिना दुर्जीवितेन मरणं भोः पुरुष जीविताद्वरमिति चित्तानुमतैश्चि-
[त्तसंकल्पै][4]रनेकपर्यायेण मरणाय चैनं समादापयेदरणवर्षं वास्यानुव-
र्षयेत् । स च तेनोपक्रमेण कालं कुर्यादित्येवंरूपं भिक्षुणी स्थानमध्यापद्य
स[हाध्याप][5]च्या अभिक्षुणी भवत्यश्रमणी अशाक्यपुत्रीया ध्वस्ते भिक्षुणी-
भावात्पूर्ववद्भावत् कृत्यप्रमादे योगः करणीयः । कञ्चिदेवंरूपं स्थानन्नाध्याप-
[त्स्यसे नाध्या][26a]पत्स्ये शृणु त्वमेवन्नामिके अनेकपर्यायेण भगवता
मृषावादो विगर्हितः । मृषावादाद्विरतिः स्तुता स्तोमिता वर्षिता प्रशस्ता
अव्याग्रेण ते एवन्नामिके हा[2]स्यप्रेचिख्या अपि संप्रज्ञानन्मृषावादो न भाषि-
तव्यः कः पुनर्वादो ऽसन्तमसंविद्यमानमुत्तरंमनुष्यधर्मं प्रलपितुं । उक्तञ्च भग-
वता[6] या पुनर्भिक्षुणी अन[3]भिजानन्ती अपरिजानन्ती असन्तमसंविद्यमान-
मुत्तरंमनुष्यधर्ममलमार्यविशेषाधिगमं[7] । ज्ञानम्वा दर्शनम्वा स्पर्शविहारम्वा
प्रतिजानीयादिदं जानामी[4]दं पश्यामि किं जानामि दुःखं जानामि । समु-
दयं निरोधं मार्गं जानामि । किम्पश्यामि देवान् पश्यामि नागान् यक्षान्
गरुडान् गन्धर्वान् किन्नरान् महोरगान् प्रेतान्[8] पिशाचान् कुम्भाण्डान्[8]
क[5]टपूतनान् पश्यामि । देवानां शब्दं शृणोमि नागानां यक्षाणां गरुडानां
गन्धर्वानां किन्नराणां महोरगाणां प्रेतानां पिशाचानां कुम्भाण्डानां कट-
पूतनानां शब्दं [26b] [शृ]णोमि । देवान् दर्शनायोपसंक्रामामि नागान्

[1] Pār. ii ; MVyut. 281, 28–33.

[2] MVyut. 223, 276 *steye saṃkhyāta* (*theyyasaṃkhātaṃ* ; rku baḥi graṅs su gtogs pa). "What men call theft" or "with dishonest intent" (Vinaya Texts).

[3] MVyut. 213, 82 *kuntaḥ*, 83 *pipīlikā*. Kammavākya, *kundakimiṇṇaka*.

[4] Compare Pār. iii (Vinaya, iii, p. 73).   [5] MS. *jīritād ryavaropec.*

[6] Compare Pār. iv (Vinaya, iii, p. 90).

[7] Pāli *alam ariyañāṇadassanam.*

[8] MS. omits. See MVyut. 146 and 212.

यचान् गरुडान् गन्धर्वान् किन्नरान् महोरगान् प्रेतान् पिशाचान् कुभा-
ण्डान् कटपूतनान् दर्शनायोपसंक्रामामि [2] देवा अपि मां दर्शनायो-
पसंक्रामन्ति । नागा यचा गरुडा गन्धर्वाः किन्नरा महोरगाः प्रेताः पिशाचाः
कुभाण्डाः कटपूतना अपि मां दर्शनायोपसंक्रामन्ति । [3] देवैः सार्द्धमाल-
पामि संलपामि सम्मोदे[1] सातत्यमपि समापद्ये । नागैर्यचैर्गरुडैर्गन्धर्वैः किन्नरै-
र्महोरगैः प्रेतैः पिशाचैः कुभाण्डैः कटपूत[4]नैः सार्द्धमालपामि संलपामि
संमोदे[1] सातत्यमपि सभापद्ये   देवा अपि मया सार्द्धमालपन्ति संलपन्ति
प्रतिसम्मोदन्ते सातत्यमपि समापद्यन्ते । नागा [5] यचा गरुडा गन्धर्वाः
किन्नरा महोरगाः प्रेताः पिशाचाः कुभाण्डाः कटपूतना अपि मया सार्द्धमा-
लपन्ति संलपन्ति[2] प्रतिसम्मोदन्ते सातत्यमपि समापद्यन्ते । अलाभेव[3] [27a]
संज्ञाभ्रहमस्यनित्यसंज्ञाया अनित्ये दुःखसंज्ञाया दुःखे अनात्मसंज्ञाया[4] आहारे
प्रतिकूलसंज्ञाया[4] सर्वलोकेऽनभिरतिसंज्ञाया[5] आदीनवसंज्ञायाः प्रहा[2]ण-
संज्ञाया विरागसंज्ञाया मरणसंज्ञाया निरोधसंज्ञाया । अशुभसंज्ञाया[6] वि-
नीलकसंज्ञाया विपूयकसंज्ञाया विपटुमकसंज्ञाया व्याध्मातकसंज्ञाया विख्या-
दितक[3]संज्ञाया विलोहितकसंज्ञाया विक्षिप्तकसंज्ञाया अस्थिसंज्ञायाः[7] शून्य-
ताप्रत्यवेक्षणसंज्ञायाः । अलाभेव संज्ञाभ्रहमस्मि प्रथमस्य[8] ध्यानस्य द्वितीयस्य
तृतीयस्य[4] चतुर्थस्य मैत्र्याः करुणाया मुदिताया उपेक्षाया आकाशानन्त्या-
यतनस्य विज्ञानानन्त्यायतनस्य आकिञ्चन्यायतनस्य नैवसंज्ञानासंज्ञायतनस्य
अलाभेव सं[5]ज्ञाभ्रहमस्मि श्रोतआपत्तिफलस्य सकृदागामिफलस्य अनागा-
मिफलस्य ऋद्धिविषयस्य दिव्यस्य श्रोत्रस्य चेतःपर्यायस्य[9] पूर्वनिवासस्य
च्युतुपपादस्या[27b]त्रवक्ष्यस्यार्हन्नहमस्म्यष्टविमोच्यव्यापो[10] उभयतोभागवि-
मुक्त[11] इत्येवंरूपं भिक्षुणी ख्यानमध्यापद्य सहाध्यापद्या अभिक्षुणी भवत्यश्र-
मणी अश्राक्यपुत्रीया ध्व[2]स्ते भिक्षुणीभावाद्वतमस्या भवति श्रामण्यं ध्वस्तं
मथितं पतितं पराजितमप्रत्युद्धार्यमस्या भवति श्रामण्यं तद्यथा तालो मस्तका-
च्छिन्नो न भव्यो भवति हरितत्वाय वि[3][रू]ढिं वृद्धिं विपुलतामापत्तुमेवमे-
वैवंरूपं भिक्षुणी ख्यानध्यापद्य सहाध्यापद्या अभिक्षुणी भवत्यश्रमणी अश्राक्य-
पुत्रीया ध्वस्ते भिक्षुणीभावाद्वतमस्या[4] भवति श्रामण्यं ध्वस्तं मथितं पतितं
पराजितमप्रत्युद्धार्यमस्या भवति श्रामण्यं   तच्च तेऽद्यायेन अनध्याचारे अध्या-

---

[1] Below l. 4 and 5 *pratisaṃmode*.   [2] Supplied in margin.
[3] *alābhy eva san* "Although he does not possess."
[4] MVyut. 245, 600.   Probably : *anātmake āhāre*.
[5] MVyut. 245, 601.
[6] MVyut. 52, 1 *vinīlakasaṃjñā*, 2 *vipūyaka°*, 3 *vipuḍumaka°* (not *vipaṭu°*),
4 *vyādhmātaka°*, 5 *vilohitaka°*, 6 *vikhāditaka°* (not *rikhyā°*, a clerical error),
7 *vikṣiptaka°*, 8 *vidagdhaka°*, 9 *asthi°*.   *Vidagdhaka* was omitted by the scribe.
[7] *Śūnyatāpratyavekṣaṇasaṃjñā*, wanting in MVyut.
[8] *sya*, supplied in margin.   See MVyut. 67, 68, 69.
[9] A number of akṣaras, illegible, in margin.   No indication of the place where
they must be inserted.   Compare MVyut. 7 and 14.
[10] *dhyāyī* or *ryāpī*.   [11] MVyut. 46, 20.   MS. °*ktam*.

चारवैरमक्खां[1] तीव्रचेतस आरच्चा स्मृत्यप्रमादे [5] योगः करणीयः, कच्चिदे-
वंरूपं स्थानं नाध्यापत्स्यसे । नाध्यापत्स्ये ।[2] गृण्ण त्वमेवन्नामिके उक्तं भगवता
या पुनर्भिच्चुणी अवश्रुता[3] अवश्रुतेन पुरुषेणाधस्तनो[रुर्वु] आ[28a]न्वोरन्त-
रामर्षेखां[4] परामर्षणं स्वीकुर्यादि ख्वेवंरूपं भिच्चुणी स्थानमध्यापद्य सहाध्याप्त्या
अभिच्चुणी भवत्यश्रमणी अश्चाक्यपुत्रीया ध्वस्यते पूर्ववद्वावत् अन[ध्याचारवें]
[2]रमक्खां तीव्रचेतस आरच्चा स्मृत्यप्रमादे योगः करणीयः। कच्चिदेवंरूपं
स्थानं नाध्यापत्स्यसे नाध्यापत्स्ये ।[5] गृण्ण त्वमेवन्नामिके उक्तं भगवता या पुन-
र्[भिच्चुण्यव][3]श्रुता[6] अवश्रुतेन पुरुषेण सार्द्धं संचरेत्[6] संक्रीडेत्संकिलिकिला-
येदुद्देश्यं निमित्तं संकेतं कुर्यादागच्छन्तं वा पुरुषं स्वीकुर्यात्तद्रूपे वा प्रदेशे
यज्ञां[: : नि][4]षिपेद्यच स्त्री पुरुषस्य वशानुगा भवतीध्वेवंरूपं भिच्चुणी अष्ट-
वस्तुकं स्थानमध्यापद्य सहाध्याप्त्या अभिच्चुणी[8] भवत्यश्रमणी[8] अश्चाक्यपुत्रीया
पूर्ववद्वावदन[ध्याचा][5]र्वेरमक्खां तीव्रचेतस आरच्चा स्मृत्यप्रमादे योगः
करणीयः। कच्चिदेवंरूपं स्थानं नाध्यापत्स्यसे नाध्यापत्स्ये।[9] गृण्ण त्वमेवन्नामिके
उक्तं भगवता या पुन[र्भिच्चु][28b]णी[10] पूर्वमेव पाराजिका असम्वास्या सा
यदा मृता वा भवति विभ्रान्ता वा परविषयं निष्पलायिता तदा एवं
वदेत्पूर्वमेवाहमार्यिका रहो जाने यदसौ भिच्चु[णी][2] पाराजिका असंवा-
स्ख्वेवंरूपं भिच्चुणी अवद्यप्रच्छादनस्थानमध्यापद्य सहाध्याप्त्या अभिच्चुणी
भवत्यश्रमणी अश्चाक्यपुत्रीया पूर्ववद्वावदनध्याचारे अन[ध्या][3]चारवें-
रमक्खां तीव्रचेतस आरच्चा स्मृत्यप्रमादे योगः करणीयः। कच्चिदेवंरूपं स्थानं
नाध्यापत्स्यसे नाध्यापत्स्ये।[11] गृण्ण त्वमेवन्नामिके उक्तं भगवता या पुनर्[भिच्चुणी]
[4] जानन्ती पश्यन्ती[12] यस्य भिच्चोः समग्रेण भिच्चुसंघेनोत्चेपणीयं[13] कर्म
कृतं । समग्रेण च भिच्चुणीसंघेन अवन्दनाईसंवृत्या संमतः । तमुत्चेपप्रकचं[14]
संघे रो[म पात][5]यन्तन्निः सरणं प्रवर्तयन्तं सामीचीमुपदर्श्यन्तं अन्तः
सीमायां स्थितमोसारणां श्राध्नत्तमेवं वदेद्मा त्वमार्ये उत्चेपप्रकचः संघे रोम
पातय निःसरणं[15] प्र[वर्तय मा] [29a]सामीचीमुपदर्श्य [मा] अन्तःसीमा-

---

[1] Seems to be the correct reading. See above, fol. 24b 5, below 28a 1, 4, 28b 2.

[2] Compare Bhi. Pār. i.   [3] = avasrutā.

[4] °jānvor = jānunor (F. W. Th.).

[5] Compare Bhi. Pār. iv.

[6] Śikṣāsamuccaya, 13, 1.

[7] Tibetan : skyes pa daṅ | bud med daṅ lhthun ba de lta buhi phyogs su lus
lkan te.

[8] Supplied in margin.

[9] Compare Bhi. Pār. ii.

[10] The text can hardly be correct.—yā punar bhikṣuṇi yā bhikṣuṇi pūrvam
eva . . . (?). Tibetan : yaṅ dge sloṅ ma gaṅ dge sloṅ ma la phas pham . . .

[11] Compare Bhi. Pār. iii.

[12] paśyantī is wanting below, fol. 29a 2, and does not seem correct·

[13] yaṃ supplied in margin.   [14] MVyut. 280. 39-40.

[15] MS. omits ra.

यां.ख़िला¹ ओसारणां याचख़ाहमार्यश्च. पार्ख़ेण चीवरेण ग्रिक्षेन² शरितेन³
कायबन्धनेन उद्द्रेग्नेन पाठेन ख़ाध्यायेन योगेन म[नसि][2]कारेण येन
येनार्यश्च⁴ विघातो भवति । तेन तेनाविघातं करिष्यामि । सा भिक्षुणी भिक्षु-
ग्रीभिरिदं ख़ादचनीया मा ख़मार्यिके आनन्ती [यस्य] भिक्षोः स[मये][3]न
भिक्षुसंघेनोत्क्षेपणीयं⁵ कर्मे क्वतं समयेण च भिक्षुणीसंघेन अवन्द्नाहंसंवृत्ता
सम्मतक्तमुत्कचप्रकचं संघे रोम पातयन्तिनिःसरणं⁶ प्रवर्त्तयन्तं सामोचीमु[प]
[4]दर्शयन्तमन्तः सीमायां ख़िला ओसारणां याचन्तमेवं वद मा ख़मार्य
उत्कचप्रकचः संघे रोम पातय निःसरणं प्रवर्त्तय मा सामीचीमुपदर्शय मा
अन्तःसीमायां ख़िला [ओ][5]सारणां याचख़ाहमार्यश्च पार्ख़ेण चीवरेण
ग्रिक्षेन सरितेन⁸ कायबन्धनेन उद्द्रेग्नेन पाठेन ख़ाध्यायेन योगेन मनसिका-
रेण येन येनार्यश्च विघातो भवति ते[न ते][29b]नाविघातं करोमीति
निःसृज ख़मार्यिके इ[म]मेवंरूपमुत्क्षिप्तानुवर्त्तकं⁹ वचनपथमेवं चेत्ता भिक्षुणी
भिक्षुणीभिरुच्यमाना तद्वस्तु प्रतिनिःसृजेदित्येवं [कु]ग्र[2]लं नो चेत्प्रतिनिः-
सृजति¹⁰ द्विरपि त्रिरपि समनुश्रोक्तव्या तस्य वस्तुनः प्रतिनिसर्गीय द्विरपि
त्रिरपि समनुयुज्यमाना समनुग्रिष्यमाणा तद्वस्तु¹¹ प्रतिनिःसृजती[त्येवं] [6]
[कु]ग्रलं नो चेत्प्रतिनिःसृजतीत्येवंरूपं भिक्षुणी उत्क्षिप्तानुवर्त्तकं ख़ानमध्या-
पद्य सहाध्यापक्त्या अ[3]भिक्षुणी भवत्यश्रमख़ख़ाक्यपुत्रीया पूर्वबावदनध्या-
चारे¹² वैरमख़ां तीव्रचेतस आरब्ध ख़त्वप्रमादे योगः करणीयः कचिदे-
वंरूपं ख़ानं नाध्यापत्स्यसे । नाध्यापत्स्ये ।¹³ [ग्र][4]ग्रु ख़मेवन्नामिके अष्टौ
इमे भगवता आनता पश्यता तथागतेनार्हता सम्यक्संबुद्धेनैवं प्रव्रजितोपसम्पन्नाया
भिक्षुण्या गुरुधर्माः प्रज्ञप्ता आवरणायानतिक्र[मणा][5][य यन्च] मातृग्रामेण
यावज्जीवं ग्रिक्षा करणीया । कतमे अष्टौ । भिक्षुभ्यः ग्रकासादेवन्नामिके
मातृग्रामेण प्रव्रज्या उपसम्पत् भिक्षुणीभावः प्रतिकांक्षि[तव्य] [30a] अयमे-
वन्नामिके भगवता मातृग्रामस्य प्रथमो गुरुधर्मः प्रज्ञप्तः । आवरणायानति-
क्रमणाय यन्च मातृग्रामेण यावज्जीवं[ग्रिक्षा करणीया । भिक्षुभ्यः ग्रका][2]
सान्निष्क्षुख्या अन्वर्धमासमववादानुग्रासनी पर्येषितव्या । अयमेवन्नामिके
भगवता मातृग्रामस्य द्वितीयो गुरुधर्मः प्रज्ञप्त [आवरणायानतिक्रमणाय
यन्च][3]मातृग्रामेण यावज्जीवं ग्रिक्षा करणीया । न भिक्षुख्या अभिक्षुके

---

¹ o like the Lantscha form (from a second hand?).

² MVyut. 273. 3. Tib. lhuṅ bzed kyi snod dra ba.

³ Below *saritena*. Tib. phor bu = *saraka*. MVyut. 273, 9 and 78.

⁴ MS. *yenāryasyā*°, *ā* erased. ⁵ MS. omits bhikṣu°.

⁶ MS. °nisaraṇaṃ.

⁷ o, old Nepalese form, Camb. Add. 1699 (A.D. 1198).

⁸ Above *saritena*.

⁹ Compare MVyut. 261, 60 utkṣiptānuvṛtti. Bhikkhunī Pār. iii.

¹⁰ MS. pratinijati.

¹¹ MS. pratinisrjati.

¹² *re* is doubtful.

¹³ See above, fols. 4*b* foll.

आवासे वर्षा उपगन्तव्या अयमेवन्नामिके भगवता मातृग्राम[स्य तृतीयो
गुरुधर्मः प्रज्ञप्तः । आ][4]वरणायानतिक्रमणाय यच्च मातृग्रामेण यावज्जीवं
शिक्षा करणीया। वर्षोषितया भिक्षुण्या उभयसंघत्रिभिः स्थानैः प्रवारयितव्यो
[दृष्टेन श्रुतेन परिशंकया वा अयमेव][5][न्ना]मके भगवता मातृग्रामस्य
चतुर्थो गुरुधर्मः प्रज्ञप्तः आवरणायानतिक्रमणाय यच्च मातृग्रामेण यावज्जीवं
शिक्षा क[रणीया । न भिक्षुण्या भिक्षुश्चोदयित][30b]व्यः स्था[र]चि[तव्यः]
शीलविपत्त्या दृष्टिविपत्त्या आ]चारविपत्त्या आजीवविपत्त्या आवृतं भिक्षुण्या
भिक्षुश्चोदयितुं स्थारयितुं शीलविपत्त्या दृष्टिविपत्त्या आचारविपत्त्या [1]
आजीवविपत्त्या अयमेवन्नामिके भगवता मा[तृ]ग्रामस्य पञ्चमो गुरुधर्मः
प्रज्ञप्त][3]आवरणायानतिक्रमणाय यच्च मातृग्रामेण यावज्जीवं शिक्षा कर-
णीया । न भिक्षुण्या भिक्षुराक्रोष्टव्यो न रोषितव्यो [2न परिभाषितव्य2
आवृतं [भिक्षुण्या भिक्षुमाक्रोष्टुं रोषयितुं] [4] परिभाषयितुमयमेवन्नामिके3
भगवता मातृग्रामस्य षष्ठो गुरुधर्मः प्र[ज्ञप्त आ]वरणायानति[क्र]माण[य]
यच्च मातृग्रामेण यावज्जी[वं शिक्षा करणीया । गुरुधर्मोधाप][5]न्नया
भिक्षुण्या उभयसंघेन अन्वर्द्धमासं मानाप्यश्चरितव्यं अयमेवन्नामिके [भगव]ता
मातृग्रामस्य सप्तमो गुरुधर्मः प्रज्ञप्त आवर[णायानतिक्रमणाय यच्च मातृग्रा]-
[31a]मेण यावज्जीवं शिक्षा करणीया । वर्षशतोपसम्पन्नया भिक्षुण्या तदहरुप-
पसम्पन्नस्य भिक्षोरभिवन्दनप्रत्युत्थानञ्जलिकर्म कर्त्त[व्यमयमे][2][वन्नामिके
भगव]ता मातृग्रामस्याष्टमो गुरुधर्मः प्रज्ञप्त आवरणायानतिक्रमणाय यच्च
मातृग्रामेण यावज्जीवं शिक्षा करणीया कश्चिदेतानष्ट[ौ गुरुधर्मा][3][न्
समादाय व]र्त्ंसे। वर्त्ते हं4 । 5श्रृणु त्वमेवन्नामिके चत्वार इमे भगवता पूर्वव-
त्तावत्सम्यक्संबुद्धेनैवं प्रव्रजितोपसम्पन्नाया भिक्षु[ण्याः6 श्रमणकारका धर्माः]
[4] [प्रज्ञप्ताः कतमे च]त्वारः । अव्याश्चेण एवन्नामिके आक्रुष्टया न प्रत्याक्रो-
ष्टव्यं । रोषितया न प्रतिरोषितव्यं । ताडितया न प्रतिताडितव्यं भण्डितया न
प्र[तिभण्डित][5][व्यं । श्रृणु त्वमेव]न्नामिके7 . . . .ौ कतमा ग्रासकः ।
अहो वताहं लभेयं स्वाख्याते धर्मविनये प्रव्रज्यामुपसम्पदं भिक्षुणीभावमिति द्वि8
[. . . एवं][31b]प्रव्रजितोपसम्प]न्ना प्रतिरूप[या उपा]ध्यायिकया प्रति-
रूपाभ्यामाचार्याभ्यां समग्रेणोभयसंघेन ज्ञप्तिचतुर्थेन कर्मणा अकोप्येनास्थान
[9 . . . .][2][.10 . . . पस]म्पन्नया भिक्षुण्या [शिक्षा]यां शिक्षितव्यं ।

---

[1] MS. omits ācāravipattyā. See above.   [2] MS. omits.

[3] MS. paribhāṣayitumevannāmike ; see above 7b 2.

[4] haṃ doubtful.

[5] See MVyut. 266, 17 and 269 (the order of the Śramaṇakāraka dharmas is
different) ; I-tsing, p. 56.

[6] The reading is probably śramaṇadharmmāḥ.

[7] Only the upper part of five akṣaras is visible ; katamā is doubtful.

[8] dvi, doubtful.

[9] Compare Pāli : akuppena ṭhānārahena upasampanna.

[10] atra katamāyāṃ prarrajitopasa]mpannayā ?

तच्च तद्रूपसम्पन्नया यच्च तद्रूपसम्पन्नया तच्च वर्षशतोपसम्पन्नया इति या[1]
भि[. . . .][3][. . . . प्रातिमो]च भासमान प्रातिमोचसूचा[हे]श्र
[च्च][2] सा ते अद्यायेणारागयितव्या न विरागयितव्या   अद्यायेण ते
एवन्नामिके उपाध्यायिकाय[ा अन्तिके][4] [मातृसंज्ञा उपस्था]पयितव्या
उपाध्यायिकया अपि तवान्तिके दुहितृसंज्ञा उपस्थापयितव्या   अद्यायेण
ते उपाध्यायिका[3] यावज्जीवं ग्लाना उपस्था[. . . .][5][. . . . . .
. . (.)] ग्लानाद्वा उपाध्यायिकया त्वं ग्लाना उपस्थातव्या। अद्यायेण ते
एवन्नामिके सगौरवतया[4] विहर्त्तव्यं। सप्रतीशतया[5] समयवश्रवर्त्तिन्या स[. .
. .][32a]

[1] yā is probable; bhi a mere conjecture.   [2] °jñā, doubtful.
[3] Six akṣaras erased.   Compare for the meaning Śikṣāsamuccaya, 36, 1
(āturasaṃjñā vaidyasaṃjñā).
[4] MVyut. 97, 24.   [5] MVyut. 97, 23.

HYMNS TO KUAN-YIN

By A. D. WALEY

THE following hymns are written, one on the back, the other on the front of a picture in the Stein Collection dated A.D. 910, representing Kuan-yin and two donors (register mark 1919. 1. 1. 014).

A

(1) 大 哉 法 王 · 化 現 無 疆 ·
(2) 巡 數 六 道 · 苦 處 先 當 ·
(3) 隨 念 則 至 · 救 接 尋 常 ·
(4) 代 眾 生 苦 · 在 閻 浮 塲 ·
(5) 迴 然 難 見 · 恒 在 邊 方 ·
(6) 隨 眾 生 意 · 變 現 難 量 ·
(7) 礼 者 惑 滅 · 拜 者 延 長 ·
(8) 亡 過 眷 屬 · 不 歷 塗 湯 ·
(9) 承 菩 薩 願 · 影 入 西 方 ·
(10) 見 存 眷 屬 · 劫 石 遐 長 ·

(1) Great is the Law-King; his manifestations boundless.
(2) He roams through the Six Ways; wherever there is sorrow he brings his aid.
(3) When thought of, he comes to help at any time,
(4) To cure the pain of all that in Jambudvīpa dwell.
(5) Mysterious, hard to discern, yet always at one's side;
(6) To suit all men's minds he has shapes immeasurably many.
(7) Those that reverence him from delusion are freed; those that bow before him see their days prolonged.
(8) May loved ones dead escape the slough and caldron;
(9) May in them be fulfilled the Bodhisattva's desire, as his shadow may they enter the Western Clime!
(10) May loved ones living through endless ages prolong their lives!

Notes

The meaning of 影 in couplet 9 is obscure. The character is used in certain technical Buddhist phrases (e.g. 影 向), but always in composition. Possibly it may mean " by his light ";

劫 石, a phrase which appears to have puzzled even

10

M. Chavannes, is explained by a passage in the 大智度論 (Mahā-prajnāpāramitā-shastra, Kyōto edition, case xix, fasc. 9, f. 33).

劫 義 佛 譬 喩 說 · 四 千 里 石 山 有 長 壽 人 百 歲 過 持
細 輭 衣 · 一 來 拂 拭 · 令 是 大 石 山 盡 · 劫 故 未 盡 ·

"In order to explain the meaning of 'kalpa' Buddha said, 'Suppose a stone mountain 4,000 leagues high which is crossed by a man of infinite longevity once in every hundred years. He wears a garment of soft, fine material which brushes the stone each time he comes. In the end he wears away this great stone mountain altogether. Well, a 'kalpa' is even longer than that would take." Hence the term 'kalpa-stone' or 'stone-kalpa' is used to express immense periods of time.

B

(1) 衆 生 處 代 如 電 光 ·
(2) 須 臾 樂 盡 卽 无 常 ·
(3) 慈 悲 觀 音 濟 群 品
(4) 愛 何 苦 痛 作 橋 樑 ·
(5) 捨 施 浮 財 成 眞 像
(6) 光 明 晄 晄 綵 繪 莊 ·
(7) 惟 願 亡 者 生 淨 土
(8) 三 途 免 苦 上 天 堂 ·

(1) All things born are unstable as a lightning-flash;
(2) In a moment they are destroyed, for they have no permanency.
(3) But the Compassionate Kuan-yin rescues creatures of every sort;
(4) In love how deep and tender she builds a bridge (to Salvation)!
(5) Spending the fleeting wealth of this world, I have made her true image,
(6) The beams of her light flashing and glinting in the splendour of a coloured painting.
(7) My only prayer is that the dead may be born again in Paradise,
(8) That, escaping the pain of the Three (Evil) Ways, they may mount to the Heavenly Halls.

Note

The use of 天堂 as a synonym for 淨土 occurs in the 洛陽伽藍記 "Description of the Temples of Lo-yang" (sixth century) and in several Sūtras.

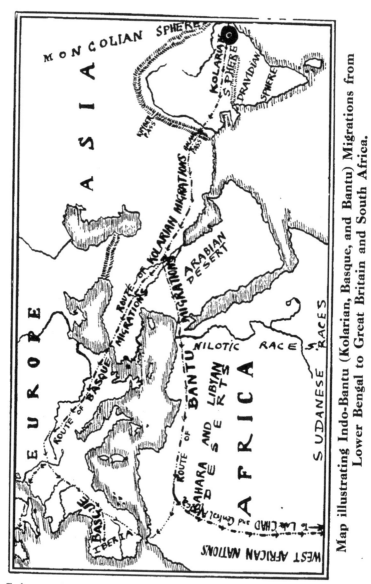

Map illustrating Indo-Bantu (Kolarian, Basque, and Bantu) Migrations from Lower Bengal to Great Britain and South Africa.

THE BASQUE DECLENSION: ITS KOLARIAN ORIGIN AND STRUCTURE

By the War Office "Censor" of Santali, Basque, and Bantu [1916–1919]

(WITH PLATE.)

[The chief object of this preliminary canter in the field of Basque Philology is not to attempt any exhaustive treatment of the Basque Declension, which easily lends itself to a great wealth of detail and complexity, but to prove from a purely grammatical standpoint, and as briefly as a reasonable condensation of the subject will admit, the fundamental identity in the structure of the Kolarian and Basque declensions which is the result of their common origin.]

SYNOPSIS

"Eskuara," the Basque Language—Its direct derivation from the Munda or Kolarian languages of Bengal—History of the Declension—Distinction of Cases by the use of special suffixes—Kolarian case-endings in Basque—History of the Nine Cases—Nominative—Vocative—Genitive—Dative—Accusative—Ablative—Instrumental—Locative—Comitative—The Dual and Plural Numbers—Paradigm of the Case-endings in Santali and Basque illustrating 105 Rudimentary Inflections of the Noun (singular, dual, and plural).

MANY a pessimist smit with a touch of reflective melancholy has sworn that Basque is a peculiarly difficult language to learn or understand. Beyond question, its structure differs so much from that of other European tongues that the amateur student soon finds himself in an unexplored world of primitive thought where he wanders alone without a guide, and is ultimately lost in a labyrinth of verb-forms and dialectal vagaries. There is a reason for its idiosyncrasy. Eskuara, or the Basque language, is a derelict in Western Europe which belongs to the same agglutinative type of speech as do Santali, Mundari, Kurku, and other dialects of the Munda or Kolarian family of Bengal. And

	KOLARIAN	SANTALI	BASQUE
minative	The root	The root	The root
nitive	*ai, ŋ, kho, ren*	*a, an, khon, ren, re*	*a, e, en, ko, ren, re*
tive	*ṭhen, de, qe*	*ṭhen, te, ke*	*tan, tu, ka*
cusative	The root ; *ŋ* ; *qe*	The root ; *ke*	The root ; *k*
cative	*ai* (prefix or suffix)	*e, he* (prefix)	*á* (suffix)
lative	*ede, de*	*ete, te*	*ez, z*
strumental	*de*	*te*	*z*
cative	*re*	*re*	*ra*
mitative	*qsem* $\begin{cases} qem \\ sem \end{cases}$	*samet', são*	*kin, san* (* < *ksen*)
ber	*ko*	*ko*	*ek, k*
er	*ko-iñ*	*kin*	*ki, chi, zi* (< **ki-ñ*)

II.—*Rudimentary Inflections of the Noun*

		SANTALI	BASQUE
minative	Simple	The root	The root
	Indefinite	*mit' ten, eka* (a, one)	The root + *ik* (a, one)
	Active	*ak', ach', ik', ich'*	*ek, k*
nitive	Simple poss.	*an, n* (for *ŋ*)	*en, n*
	Pronom. poss.	*t* (an ablative)	*z* (an ablative)
	Poss. animate	*ren, re*	*ren, re*
	,, inanimate	*reañ, reak', añ, ak'*	*ren, re, ko*
	Local	*a, ya* (< *ai, ā*)	*a, e* (< *ae* < *ai*)
	Relative	*khon* (an ablative)	*ko, tako*
	Synthetic	*khonak', khoch'* (an ablative)	*eko, etako*
tive	Simple	*ai* (> *ae, ā*)	*i* (< *ai*)
	Possessive	*ṭhen*	*tan*
	Definite loc.	*te*	*tu* (> *ti* > *t*)
	Indefinite loc.	*táte*	*tatu, tarat, talat, rat, lat*
	Prepositional	*ke, ken*	*ka*
	Synthetic	*ṭhech'*	*katu, ritu, tatu*
usative	Simple	The root	The root
	Indefinite	*mit' ten, eka* (a, one)	The root + *ik* (a, one)
	Terminal	*am, m* (for *ŋ*)	*in, n, e* (< *ŋ*)
	Prepositional	*ke*	*k*
	Synthetic	*dam* (> *dāe*)	*rik*
cative		*E* + the root	The root + *á*
lative	Simple	*ete, t* (< *ede, eḋ*)	*ez, z*
	Relative	*khon*	*ko* (now a genitive)
	Definite loc.	*ete*	*ez, z, dik, tik*
	Indefinite loc.	*táete*	*tarik* (< *tadik*)
	Synthetic	*khonak', khoch'*	*tako, tzako, rako, lako*
trumental	Simple	*te* (< *de*)	*tze, ze, z*
	Indefinite	*teye*	*tzea, tze*
	Emphatic	*tege, tegi*	*tzea, tze*
cative	Definite	*re*	*ra, la*
	Indefinite	*táre*	*tara* (now a dative)
	Temporal	*ai* (> *ā*)	*o* (< *au*)
	Prepositional	*en, n*	*in, n* (for *ŋ*)
	Synthetic	*tere, reo*	*tara, ro*
itative	Simple	*sam-, sañ-, san-, som-, sāo*	*kin, ki, zem-*
	Indefinite	*sae*	*sam* (> *ehun*)
	Synthetic	*samet, samit, sāore, sāote*	*kisun, rekin*
ral Number		The root + *ko*, they + case-endings	The root + *ek, k*, they + case-endings
al ,,			

by virtue of that descent Basque occupies a position isolated from all other languages in Europe and Asia, the mystery of its origin proving an insoluble enigma to all who have sought to trace its affinities elsewhere.

While it would be fallacious to argue from superficial observation alone that Basque is exaggeratingly agglutinative, as it is claimed to be, it employs prefixes, infixes, and suffixes in a manner and to an extent that invite comparison with no living European tongue. Most grammatical and syntactical ideas in either Basque or Santali can be expressed by their means, and as the simplest suffix readily joins itself to others, whereby new suffixes are formed to express new ideas and distinctions, each one is welded into an elaborate and complex postpositional system that seems to be the peculiar heritage of the Kolarian family of speech. The fundamental idea of the root-word is expanded and enriched by this addition of agglutinated suffixes, or is specialized according to their delimiting functions. They have a definite order in the word-structure, yet few of them in Basque have any significance apart from their functions as syntactic particles which depend on the words whose meaning they modify or develop. But in Kolarian speech, which may be supposed to approach more nearly in form to the common mother-tongue than does modern Basque, the majority of the nominal case-endings are elements with a definite meaning of their own, some of them being independent syllables which are themselves declinable. For example, the word *then* by itself means "a place". Joined to a noun it forms the dative case with the sense of "to", and when idiomatically used with the verb *mena*, "to be," it conveys the idea of possession, e.g., *iñ-then menak'a*, "I have it" (= Latin *id est mihi*). As a noun *then* can be declined (cf. gen.- sg. *then-ren*; ablat. *then-khon*, etc.) as are several other simple case-endings. Thus, from the locative suffix *re*, "in, on, at," are formed the declined forms *re-n, re-añ, re-ak'*, "of," which distinguish the genitive. Wherefore, as regards the rudimentary class of suffixes affecting declension which will alone be discussed here, though in a general way, their number is relatively small compared with that of compound suffixes whose number is legion, and their importance is more or less circumscribed by their grammatical functions. The chief of these are as follows:—

BASQUE	SANTALI
k, sign of the plural number (lit. they).	*ko*, the plural suffix (lit. they).
ki, *chi*, or *zi*, sign of the dual number in a few nominatives.	*kin*, the dual suffix (lit. they-I).
k, suffix which denotes the subject of a transitive verb.	*k'*, *ch'*, an impersonal suffix distinguishing the concrete nominatives from their roots; e.g. *bhuga-k'*, a hole, cave; *boho-k'*, head; *da-k'*, water; *ora-k'*, house, etc.
ka, on, each, by (with compound and declined forms *ga-n*, *ga-na*, *ga-z*, *gan-dik*, *ga-tik*).	*ke*, by, each.
ko, *go*, from, of, than (with compounds *kiko*, *tzako*, for; *rako*, towards, etc.).	*kho-n, kho-ch'*, from, than, since.
-n, of, in (with compounds *ga-n*, in; *ki-n*, with; *pean*, under; *barthan*, in).	*-an*, of.
ra, at, on (with compounds *rako*, *raño*, *ronz*).	*re*, at, on, in, after.
ren, *re*, of.	*ren*, *re* (with compounds *reañ*, *reak'*), of.
tan, to (lit. place).	*then*, to (lit. place).
-ez, *-z*, by, with, from.	*ete*, *te*, by, with, from.

KOLARIAN CASE-ENDINGS IN BASQUE

If in any summarized account of the Kol and Basque declensions we compared the case-endings of Basque nouns with those of representative Kol languages like Santali, Ho, and Mundari, we should find that the points of resemblance between Basque and any of these considerably outnumber any superficial differences. To explain the fact is more difficult than to state it, but supposing that Basque has held its position isolated from alien forms of speech since ever its history began, one may well believe that so conservative a language would not readily admit of sudden or radical changes in its grammar and inflection. Hence, so far as the old declension is concerned, Basque may be said to stand in much closer relationship to Santali than does Italian to Latin or English to Anglo-Saxon, for it has maintained to this day most of the features of the original Kol declension—*quales ab incepto.*

I. *Nominative*

Both the nominative and vocative cases can be treated together, as they are alike in Santali, the simple roots being unmodified by case-endings of any kind. But the ends of most substantives are usually rounded off with a vowel, the majority of nominatives thus becoming dissyllabic. The following equations will illustrate this point more clearly :—

SANTALI	BASQUE
Bhal-ua, a swallow.	*Elai, elae* (for **Balwa*).
Dundu, an owl (onomatopoetic for **tun-tun*).	*Hountz* (for **tzun-tzun*).
Gharwa, a sparrow.	*Choarre* (for **chorwa*).
Marmar, a species of poisonous centipede.	*Marmara*, a spider.
Meht', met', the eye (for **mg̣hi < *s-mg̣hi*).	*Begi* (for **m̥gi < *s-m̥gi*).
Mĕrhet', iron (for **meịrta < *s-meirta*).	*Burdin* (for **mērtn̥ < *s-mertn̥*).
Pila, the spleen.	*Bare.*

Whereas the Santal nominative may be either definite or indefinitive, Basque draws a distinction between them by adding the vowel-suffix *a*, the, to the former, and *bat*, one, a, to the, latter. Thus we get :—

gizon (*< *gizom*), man ; *gizon-a*, the man ; *gizom-bat*, a man. It is usual for nouns in the indefinite declension to add the suffix *-ik* to the simple nominative or root, the postposition, apparently, being none other than the obsolete numeral *ik, ika*, one (as in *hama-ika*, eleven), used as the indefinite article. Whence *lúrrik*, the indefinite nominative of *lur*, earth, its active form being *lurrek* ; and so with *zeru*, sky (indefinite, *zerúrik* ; active, *zeruk*), and *chori*, a bird (indefinite, *choririk* ; active, *chorik*). The identity of meaning and function between *bat* and *ika* is thus patent enough, but their special use as suffixes, corresponding in Santali to the numerals *mit* and *eka*, a, one, which are similarly employed to denote the indefinite form of the noun, was obviously invented to promote grammatical clearness and precision. There can be no doubt whatever that such a clumsy method of distinguishing subject from object is an original and modern feature of Basque which has resulted entirely from the loss of accusative endings, and has been adopted to avoid the consequent uncertainty and confusion in the sentence between the two cases. The indefinite character of the suffix is always made clear by the fact that it links itself to any part of speech which is the subject of a transitive verb. Compare the following instances :—

Ni-k *dut eguinen,* I shall do it.

Oro-k *dakie,* everybody knows it.

Mundu hun-ek *diduri itsasoa, igerika eztakiena ondarrera do.*
This world is like the sea, where those who cannot swim must drown.

II. *Vocative*

The vocative, or the case employed in addressing a person or thing, is always the root and the same as the nominative, but an interjection is commonly added to lend it emphasis as well as to distinguish it from oblique cases. The vocative in Santali is invariably rendered by the prefix *E!* or *eho!* and in Mundari and Ho by *he!* which is, strictly speaking, an interjection. While, however, the vocative is generally preceded by this interjection, which is treated like a prefix, it may also be suffixed to the word it qualifies if necessary, e.g. *Bugité, he!* Take care ! (Ho dialect). And this seeming uncertainty among Kol dialects regarding its proper position as an inflexional formative indicates that there were doubts of ancient standing in the native mind whether it should be considered solely as an interjection or treated as a kind of nominal case-ending characteristic of the vocative. The latter view appears to have found most favour among the Basques, for they have rendered the absolute vocative case of nouns by the suffix *á,* without recognizing its true character as an interjection. The active vocative is distinguished by *k,* like the indefinite active nominative and accusative ; e.g. *hik!* O thou ! Compare the following equations in Basque and Santali :—

Santali *E hadam,* O man !   = Basque *gizon-á!*

    „   *E hadam-ko,* O men ! =   „   *gizon-á-k!*

    „   *E aja,* O grandfather ! =   „   *aitá,* O father !

As a vocative postposition which was originally a simple interjection, this vowel *á* in Basque bears a curious resemblance to the *alif* in Persian, which appears in nouns as a vocative ending. It seems to have no connexion with any supposed form of the definite article, and its particular usage in Basque as a vocative ending is a strong argument against the established views of' those scholars who hold that this survival from the Iberian declension is only the definite article *ǎ*, the, whereas it is clear that the vowel-quantities are different, and their original forms and functions are distinct.

III. *Genitive*

The usual suffix which distinguishes the genitive case in Santali and Basque is *ren*, of, and this is added to a word when the following noun designates an animate object. But when the object is inanimate, the Santal suffix is *ak'* or *añ* (or their compounds *reak'*, *reañ*), corresponding to the Basque suffix *-ko*. For example:—

A. Sant. *Singi-ren kora*, a child of God = Basq. *Jainkoa-ren haur.*

　　Sant. *kora-ren gorom-ayo*, the child's grandmother = Basq. *haur-ren ama-goya* (lit. child-of mother-grand), *goya* (for *gorma), an obsolete root only found in the words for " grandfather, grandmother, grand-child", etc., having been originally employed as a prefix like the analogous use of the prefix *gaz-* in *gaz-ama, gaz-aita*, " godmother, godfather."

B. Sant. *serma-reak'ipil-ko*, the stars of heaven.

　　Basq. *zeru-ko izarr-á-k* (lit. heaven-of star-the-they).

In both languages to-day there is a tendency to disregard this fine grammatical distinction, yet its observance, even partially, in Basque and Santali is sound evidence of the antiquity of a grammatical rule in prehistoric Kolarian grammar which was invented to discriminate carefully between persons and things, and things animate and inanimate. As samples of the confusion resulting in modern speech from this neglect of the rule, the following comparisons will suffice:—

　　Sant. *dharti-ren jat-ko*, the nations of the world = Basq. *mundu jende-a-k.*

　　Sant. *guju' umul-re*, in the shadow of death = Basq. *eriotza-ren ïtzal-e-a-n.*

Sant. *khar-ren bhidi*, a sheep of the flock = Basq. *arthalde-ko ardi*.

As regards ordinary composite terms which are treated like single nouns, no possessive particles or connectives are needed to distinguish the component parts; e.g. :—

Sant. *ora' kisār*, a householder = Basq. *eche-jaun, echegun.* Sant. *Siṅ-bonga*, God (lit. the Spirit of Dayspring) = Basq. *Jainko, Jinko*, God, Jehovah. The dialect forms *Jaungoiko* (Guipuzcoan) and *Jangoiko* (Biscayan) are by some Basque scholars believed to be plural forms of *Jainko*, and by others *Jainko* is considered an abbreviation of *Jaungoiko*. The correctness of the latter view is upheld by the true etymology of this compound, which Santali explains to be from *Jaink-, Jink-, Jiṅ-*, God, and an obsolete word **ọongo, *wong* (> **woiko* > *oiko*), a spirit (= Sant. *bonga*, a spirit, to sacrifice to a spirit, to worship). A diminutive and weakened form of the latter root occurs in the Labourdin word *Ingume* (for **Ụṅg-ume*), a little spirit, the spirit or night-phantom which is supposed to watch over sleepers.

When the first part of a compound word ends in a consonant and the second begins with another, Basque unites them by a " binding-vowel ", the indeterminate ə-sound, which discharges the same function as the connective *i*-vowel (*izafat*) in Persian compound-nouns or *ĕ* in Hindustani. Cf. *antz*, resemblance, *antz-e-ko*, similar ; *bat*, one, *bat-e-tako*, together ; *goiz*, morning, *goiz-e-tik*, early ; *edegin on-e-ko gizona*, a man of good character. But from certain survivals of an archaic usage it can be proved that *e* is not a connective vowel but the relic of an old genitive ending which was a rival formation of the suffix *-ren* in Kolarian dialects. Thus Mundari, Ho, and Kurku regularly form their genitives by adding *ā* (Kurku *yā*) to the root, the compensatory lengthening of the vowel enabling us to infer that its prototype was probably *ai*. Possessive adjectives in these dialects are formed from the personal pronouns by adding *á*, where Santali has *ren*, while Basque compromises by using both. Cf. :—

Sant. *iṅ-ren*, my (lit. I-of) = Ho *aing-á* = Basq. *en-e* (for **in-ai*), and *ni-re* (for **in-re*).

Sant. *iṅ-ren sadom*, my horse = Ho and Mundari *aing-á sadom* = Basque *en-e zaldi-a* or *ni-re zaldi-a*.

From the foregoing explanation of the history of the possessive adjective *ene*, my, in Basque, it will be readily apparent that we have here a survival of an obsolete case-ending in *e*, which identifies itself with the Kol genitive ending in *ā*, and ought, therefore, to be carefully distinguished from the indeterminate *ə*-vowel, to which it has neither etymological nor grammatical affinity. In some compounds it appears in its earlier form *a*, as in *biar-a-mon*, to-morrow-of-day, i.e. the following day ; and this interchange of *a* with *e* can only be explained in one of two ways ; either *e* is a weakened and later form of *a*, which was the original form of the Basque genitive-ending, or the sounds *a* and *e* differently represent the diphthong *æ* (< *ai*), which was the primitive form of the Kolarian genitive-ending, whence are derived the postpositions *á* in Ho and Mundari and *yá* in Kurku.

A rival genitive ending, but apparently one that was seldom used, was the postposition *t* peculiar to the ablative and cognate with *-z* in Basque, which also marks the latter case. This, however, will be discussed under that particular case, because, although it appears in many compounds (e.g. *bara-z-kál*, lunch-time), and after *bethe*, full, with all the force of a genitive, there can be no doubt of its identity with the ablative suffix. The same holds true of Santali, which creates its possessive adjectives by prefixing its ablative *t-suffix* to the personal pronouns ; e.g. *t-iñ*, my (lit. of I), *t-am*, thy (see p. 169).

Another sign of the Basque genitive is *-n* or *-en*, which is tacked on to definite and indefinite nouns. The Biscayan dialect employs it in both numbers, as in *semi-a-en*, of the son ; *gizon-en*, of men ; and in all the dialects *en* (for **ek-en*) is the usual suffix for denoting the genitive plural ; e.g. *chori-en*, of birds ; *hau-en*, of these ; *hilen besta*, the feast of the dead ; *zu-en*, your ; *ay-en*, their. The genitive singular, nevertheless, is more commonly formed by the Kol suffix *ren*, of, which is a compound of the locative suffix *re*, in, on, and the possessive suffix *en*, *n*, of. Hence are derived the genitives *seme-a-ren*, of the son ; *lurren*, of earth. Basque scholars suppose that this *r* belongs to the definite article, regardless of the fact that the absence of the article makes no difference to the suffix, as in the words *lur-ren*, of earth ; *zeru-ren*, of heaven ; *Pedro-ren*, of Peter ; where we find the bare root-word united to a simple suffix which is identical with the corresponding suffix *-ren* in Santali.

But even in the genitive singular the simplest form of the suffix -*n*, or -*en* is not unknown. It occurs, for instance, in expressions like *Jaun-a-en grazi-a-z*, by the grace of the Lord (lit. Lord-the-of grace-the-by); *hun*-en *baith-an*, in him, lit. he-of side-in (Labourdin dialect), where the Souletin dialect would use *har-tan* and the Guipuzcoan *be*-re-*gan*; and in many verbal nouns, and a few compounds like *igande*, Sunday (i.e. *ekhi + n + de*, sun-of-day). Moreover, both Santali and Basque have retained one of its special functions as an adjectival suffix indicating "possession", or some inherent quality which is vested in the root-idea; e.g.:—

> Sant. *achel-an*, wealthy (lit. wealth of); *apat-an*, having a father; *tarware-an*, having a sword.
>
> Basq. *oz-en*, sonorous (from *ots*, noise); *hebai-n*, weak; *ilhau-n*, feeble; *ilhu-n*, dark; *legu-n*, *leu-n*, slippery; *arh-in*, *ar-in*, light, easy; *bi-an*, twice; *azke-n*, last.

Some adjectives and adverbs prefer its compound form *ren*, but in not a single instance is the presence of the definite article remotely suggested; e.g. *alde-ren*, in comparison; from *alde*, a time, period; and the ordinal numbers which are formed by the suffix -*garren*, as in *bi-garren*, twice; *hirur-garren*, thrice; contracted to *hérren* (*hirur*, *hidur + ka + ren*).

By means of the comparative method, accordingly, we are led to the conclusion that the genitive case in the parent speech from which Santali and Basque are collaterally descended, was formed by one of three suffixes, -*ai*, -*n*, and its compound -*ren* (for *re + n*). Very early, however, in fact before the period of final separation, the Basques and Santals had begun to confuse the ablative with the genitive and the genitive with the ablative owing to their divergent interpretations of the exact values of certain suffixes. The suffix -*ko* means "from" in Basque, which now employs it to denote the relative genitive; but that its primary function was originally that of an ablative-suffix is made clear by its Santal cognate, *kho-n* or *kho-ch'*, from, the suffix which forms the ablative. On the other hand, Santali creates its possessive adjectives out of the personal pronouns by prefixing *t*-, which, as will be discussed later, is the characteristic ending of the ablative and instrumental cases and corresponds in Basque to the suffix *tik* or *dik*, from, a compound suffix derived from *de*, *te*, from, of, and -*k*, of, by which a second ablative is obtained.

The resultant confusion between such cases, as instanced by the Santal possessive genitive in *t-* (= Basq. ablative in *tik*, or *dik*) and the Basque relative genitive in *ko* (= Sant. ablative in *khon*), suggests to us that the reason why the genitive came to be confounded with the ablative was because of the various meanings attributed to the ablative suffixes. Furthermore, the history of such compounds as *ren, reañ, reak'* in Santali, and *dik* and *ren* in Basque, exemplifies how new distinctions of prepositional meaning came to be expressed by inflecting and then agglutinating monosyllabic suffixes to one another—a grammatical method of aggregating suffixes which must have begun long before Basque had finally lost all connexion with Bengal, as certain of these compound suffixes are still used in common by Basque, Santali, and Mundari. And no doubt it was this elasticity of their use for they were not fixed absolutely to particular cases as would have happened in inflectional languages—an elasticity which explains best so notable a diversity.

The principal genitive-endings common to the Kol and Basque declensions may be summarized thus :—

KOLARIAN	BASQUE
1. *āī* (> *ā, yā*).	$ai < ae < \begin{cases} a. \\ e. \end{cases}$
2. *n, en, an.*	*n, en.*
3. *ren, re.*	*ren, re.*
4. [*kho-n*, an ablative suffix.]	*ko* (and its compound *tako*).
5. *d* (> *t*), an ablative suffix.	[*z*, an ablative suffix.]

IV. *Dative*

The forms of datives in modern Kol languages have been reduced to two in number, the invariable case-endings being *then* and *te* in Santali and *te* and *táte* in Mundari. But in an earlier stage of development several extra suffixes were added to distinguish more subtle shades of difference, for the fact that the dialects Ho and Kurku employ quite different dative-endings from Santali leads us to suppose that originally the number of datives exceeded those now in use. Basque itself has four datives —the simple dative, and the datives of place, direction, and change. The first ends in the suffix *i*, which corresponds to the preposition "to" in meaning, although lacking the functions of a preposition; the second ends in the suffix *-tan*, as in *zeru-tan*, *lurre-tan*, to heaven, to earth ; the third in *tara* or *tala*, which is a compound of the pronominal particle *tá* and the suffix *ra* or *la*, towards, as in *zeru-tara, lurre-tara* ; and the fourth in *tarat* or *talat*, which is a double-dative and an extension of the preceding. So far, then, as modern Basque is concerned, not less than four datives may be claimed to be in common use, only two of which are worthy to be considered primitive—those in *i* or *tan*. The others have acquired their sense of "direction" from the locative suffix *ra* or *la*, to, towards, which is still preserved in its simplest form in a few words like *mendiala*, the west (lit. hillwards); *eskela*, north-east (lit. leftwards); and *ego-al-de*, south (lit. the place towards the sun). Besides these ordinary suffixes there fall to be noted a few with special functions which are no longer connected with the Basque declension.

1. Dative in -*i*. In origin this ending is probably derived from an old locative in *ai* or *ei* ; whence its combination with the locative suffix -*re* to form the compound dative-ending -*ri*. Thus we get in Basque *gizon-i*, to man; *gizona-i*, to men ; and the temporal adverbs *ora-i*, now (dative of *ora*, hour); *beth-i*, always (dative of *beta*, time) ; *sarri*, soon; and *etzi*, the day after to-morrow. Its compound *ri* (for **re-i* = Sant. *re+ai, ae, ã*) is seen in datives like *ni-ri, hi-ri, zu-ri*, to me, to thee, to you ; while both suffixes -*i* and -*ri* commonly appear as infinitive-endings, indicating thereby that such verbal infinitives were primarily regarded as nouns in the dative case. Occasionally it is used as a suffix in nouns of place, where its force is entirely that of a true locative, e.g. *ano-i*, a manger (lit. food-place); *ata-i*, lobby, vestibule (from *atal-i, door-place).

The modern Santal dative-ending is a true locative, but the suffix corresponding to Basque -*i* appears in verbal infinitives as -*a*, and in adverbs as *ai, ae*, or *ã*, and rarely *i*. Compare *bedh-ai*, all round ; *endr-ae*, three days hence ; *ghuri-ã*, next, again (from *ghuri*, time); *dar-a*, soon ; *hol-a*, yesterday ; and *hal-a, hal-i* (for *hal-ai*), recent, modern, present, now ; an old dative of *hal*, state or being, condition, present circumstances. From this last word has also come the adverbial locative *hal-e*, thus, in this state, which has produced the adverb *hal-a* in Basque (and *njal-o* for *jal-au*, in its sister-language Zulu), both meaning "so, thus," and both being locative datives derived from a Kolarian prototype **kal-* (whence Sant. *hal, chal*), circumstance, case, condition, state. A reduplicated form in Santali is *hala-hali*, equal, equalized (lit. state to state), which has produced in Basque the adverb *hala-hala* or *hala-hula*, equal, similar, alike. In the Guipuzcoan dialect its form is *ala-ala*, middling, so-so, like, both nouns being assimilated to the nominative, although one of them was certainly an oblique case like the dative. The Basque case-ending -*i* is thus seen to be a locative suffix corresponding to an obsolete Kolarian type *ai*, of which Santali makes use of its variants *ai, ae, ă, e*, and *i* mostly in archaisms and temporal adverbs.

2. Dative in -*tan*. That in early Basque this suffix was a noun of independent meaning can be proved without difficulty. As a noun it occurs in the compound word *zer-thana*, a district, province, shire; from *zer-, zerra*, a piece, fragment, something cut; and **thana*, an obsolete word for land, country. Among the Iberians of France and Spain the word was widely known and used. Hence such compounds as *Aqui-tania*, the country of the mountains; *Baste-tania*, the country of the woods; *Luse-tania* (Portugal), *Turde-tania*, and so on. This dative-suffix was, therefore, regarded among the Basques as a noun, which signified place, locality, country; and although modern grammarians treat it as a simple dative, one may observe that in such common expressions as *zer-tan*, wherein; and *ontzaik ancoraetan*, the ships at anchor, its primitive force as a locative is clearly implied.

The antiquity of·this Basque usage may be gauged from the fact that Santali forms its dative by the same suffix *then*, which means place, locality. As a noun it may be declined; e.g. *then-ren*, of a place; *then-khon*, from a place; and when combined with the verb *mena*, to be, conveys the idea of possession; e.g. *in-then menak'a*, it is to me, I have it— a peculiar idiomatic expression that is frequently employed in Kolarian tongues but universally in the derived Bantu dialects.

As nouns have no gender in Santali, when it becomes necessary to distinguish between animate and inanimate objects, or between persons and things, the form of the suffix is varied slightly—*then* being the dative-ending for nouns in the first and second declensions, and *te* for those of the third. Thus we have *kora-then*, to the boy; but *buru-te*, to the mountain. At first sight one might be inclined to think that the first is a longer or inflectẹd form ·o̤f the second, but the ·difference in the·character of the initial consoʹnants, the one beiṅg an aspirated cerebral *th.*'and the other a. hard dental ·stop *t*, is against the theory· of their connexion.· Furthermore, in dialects like Ho and Mundari, the dative suffix *-te* and its compound *táte* are used in a way which proves cónclụsively the independent origin of ·*te* and *then* as dative caṣẹ-endings.   Mundari has three dative-endings, *-then*, ·*-te*, and its compound *·táte*,·while Họ and Kurku make ·their datives only in *ke*. ·Henċe there· is as much difference between the postpositions *ke* and *te* as between *te* and *then*, the first of these being ·derived from an archaic Kọlarian prototype **qe*, to, from which Ho' has obtained its dative in *ke*, Basque its obŝolete ·dative in *-ka*, and Bantu languages their prepositional préfix *ku*. which forms· the infinitives of verbs.· The ·same particle runs through Aryan tongues as a preposition governing both ·dative and accusative, but on this·score nothing neẹd be said of ·a fact that has no ʹrelevant interest here.

 .To illustrate the use of the different case-endings in Kolarian speech, a few·examples will not come a̓miss. In Mundari the dative has two endings, one in *-te*, which is called the Definite Locative of Motion *to*, and another in its. çompound *táte*, which is called the·Indefinite Locative of· motion *towards*; e.g. *Bir-te*, to the forest; *bir-táte*, towards the. forest.   As previously mentioned, the dative in Ho is formed by *ke*, and in Kurku by *ke*.or *ken.* Thus : Ho *ing-ke*, to me = Kurku *in-ke* = Mundari *aing-then* = Santali *in-then.*   Compound dative suffixes in· Ho are *táte* and *sáte*, towards; and *táre* and *sáre*, ·to, with, beside, near; e.g. *ale tare*, to us ; *uli-ikir sáte*,.to the.mango at the deẹp water.

To ·form· many of .its adverbs from .other parts of speech, Santali· makes use of the datiye-ending *then*, to; and also the other postposition· *te*, into,· towards, which is derived from an earlier Kolarian prototype **de*, towards, and totally distinct from the datiye-suffix ·*ke*, to, of Ho and.Mundari.· Thus we obtain three classes of adverbs like the following :—

  . 1. Saṇt. *sanam-then*, everywhere = Basq. *oro-tan* '(lit. every
           place); *oka-then*, near·what place.
 ·2· Sant. *han-te*, thither (to yonder); *no-te*, hither (to this) ;
           tayom-te, hereafter,· afterwards, behind, to the rear ;
      · *en-te*, in.that direction.

From these, in turn, it is no difficult matter to obtain adjectives after the possessive suffix -*an* or -*n* is added; e.g.:—

no, this; *no-te*, hither; *no-te-n*, of or belonging to this; *no-te-n-ko*, those of or belonging to this (place).

The synthetic form of this suffix, which is almost prepositional in character and function, is *táte* in Ho and Mundari, where it is made to serve the purpose of a second dative. It is derived from the pronominal particle *tá* and the prepositional suffix *de*, to, towards. In Basque this compares with datives of the third and fourth class in -*tará*, -*tala*, and -*tarat*, -*talat* (contracted to -*rat*, -*lat* by dropping the pronominal particle -*ta*). Minus the infix -*ra* or -*la*, which denotes direction, this dative-ending would exactly accord with its Ho and Mundari cognates, i.e. Mundari -*tá-te* = Basq. -**tat* (for **tá-tu*). In its simplest form the Kolarian dental postposition **de*, to, is rendered by -*tu*, which in modern Basque is employed to mark the verbal infinitive, just as the Kolarian guttural postposition **qe*, to, has come to distinguish especially the verbal-infinitive in Bantu. Thus we get *ikatz-tu*, to carbonize, from *ikatz*, coal; *hira-tu*, to be vexed, from *hira*, vexation; *deslei-tu*, from *deslei*, squint-eyed, cognate with Sant. *thesra*, squint-eyed, from the root *thesa*, close together, touching each other (= Zulu locative *e-duze*, near); *batu*, to unite, from *bat*, one; *chabal-du*, to flatten, from *chabal*, flat (Sant. *chepre*); and so on, with innumerable other examples. It also combines readily with other nominal case-endings like *ri*, *ki*, *ka* to form the compound infinitive suffixes -*ritu* -*kitu*, and -*katu*. When compounded with the pronominal particle -*ta*, the verbal suffix becomes -*tátu* (= Mundari -*tá-te*), the superfluous locative infix -*ra* or -*la*, which has probably crept into the dative case at a comparatively recent period, being conspicuous by its absence from the primitive compound. Cf. *ur*, water, *ur-tátu*, to water; *narrio*, remorse, scruple, *narri-tálu*, to irritate, incense; *burho*, an oath, *burhos-tátu*, to swear; *odol*, blood, *odols-tatu*, to stain with blood. In a few adverbs the root-vowel has been weakened to *i*, as in *achiti*, henceforth, hereafter (lit. to the back or rear; from *atze*, back) and *urru-ti*, far (lit. towards the distant or remote; from *urrun*, far). In such cases the weakened form -*ti* has clearly been derived from the old suffix -*tu* through an obsolete intermediate form -*tü* (i.e. *tu* > *tü* > *ti*).

11

3. The third class of adverbs in Santali is distinguished by the archaic guttural postposition *qe, which appears as -ke regularly in distributives where Basque uses -ka, and the check-sounds -ch' and -t', peculiar to Santal speech (=.Basq. -k and -t), the interchange of which points to the velar character of the guttural and the presence of the dental vowel e or i which followed it. Hence ke is for *qe, *que. A comparison of the following examples will illustrate the simple mode of forming distributive adverbs in Basque and Santali. ·

SANTALI	BASQUE
Mit'-ke mit', one by one (lit. one-to-one).	Band-ka, for bat-na-ka bat.
Sae-ke sa, by hundreds.	Ehun-ka, for ehun-ka ehun.
Din-ke din, day by day.	Egun-ka, for egun-ka egun.
Serma-ke serma, year by year.	Urthe-ka, for urthe-ka urthe.

Likewise, we obtain the Basque adverbs chorta-ka, drop by drop; pochin-ka, bit by bit; urhats-ka, step by step, the custom of repeating the noun having fallen into desuetude. That this was not the ancient mode can be seen from the Santal examples quoted above, where the root-word is reduplicated but kept apart from the obsolete dative case-ending ke, to. In the Ho dialect reduplication takes place without the intervening -ke, the consequence being that many compounds are so atrophied that they are not always easy to analyse. Compare the distributives mimiyad (for miad-miad), one by one; momorea (for morea-morea), five by five; babaria (for baria-baria), two by two. Without this reduplication such distributives would not be grammatically complete or intelligible, and if its use is considered superfluous in Basque, the reason can only be that the Basques have forgotten the datival function and significance of the inflectional suffix ka.

In other instances, Santali forms many adverbs by the final check-sound -k' (sometimes -t', with which it readily interchanges), and a comparison of these with their Basque cognates seems to show that the same interchange is admitted in Basque. Thus, from the following equation :—

> Sant. androk' sandrok', hither and thither = Basq. arret
> zarret, to right and left,

we draw the inference that final k' of Santali is the relic of the obsolete dative-ending -ke, which has interchanged with -t in

Basque because the guttural was originally a velar, followed by
i or *e.*. Similarly, *barat'*, *baḍrak'*, with great force, and its
reduplicated form *bebarich'* for **bari-barich'*. Other examples
in Basque of adverbs ending in -*t* are *chich-t*, quickly; *leka-t*,
except; and *cherren-t*, lively. Again, there is a numerous class
of verbs in Santali whose infinitives are formed by the check-
sound *ch'*, a palatalized form of *k'*, which may be similarly
derived from this guttural monosyllable **qe*, and interchanges
freely with the check-sound *t'*. Thus we get *asach'*, *asat'*, to
weep; and *alech'*, *alet'*, to scold, blame, from *ale* + *qe* (= Basq.
alatu, to scold, blame, from *ala* + *tu*).

Finally, we have distributive verbs in Basque in -*katu*, which
combine the infinitive suffix -*tu* with the distributive words
preceding it, e.g. *ortz-ka-tu*, to bite (for *ortz-ka-ortz-tu*), from
ortz, a tooth; synonymous with *agin-ke egin*, to bite (for *agin-ke
agin egin*, to put tooth to tooth). Of similar composition are
chehekatu, to break small (from *chehe*, small); *bihotzkatu*, to fret
(from *bihotz*, heart); *musurkatu*, to root up earth with the
snout (from *musu*, snout); *belaun-ikatu*, to kneel (from *belaun*,
knee), *karra-katu* (= Sant. *khadrao*), to grind; *kitzikatu*,
kilikatu (= Sant. *gutlu*), to tickle.

Comparing now the various dative-endings which we have
shown to be common to the Kolarian and Basque declensions,
although not all of them are seen to perform their original rôle
in the declension, we may note the following six :—

KOLARIAN	BASQUE
1. Sant. *ai, ae, ã, i* (simple locative).	*i* (simple dative).
2. „ *ṭhen* (local dative).	*tan* (local dative).
3. „ *ṭhech'* (synthetic or double dative).	*ri, ritu, katu.*
4. Mundari *te* (definite locative).	*tu* (infinitive dative).
5. „ *tate* (indefinite locative).	*tatu* (infinitive dative). *tarat, talat, rat, lat* (nominal indefinite dative).
6. Ho, Kurku *ke* (prepositional dative).	*ka, ke* (prepositional dative)

V. *Accusative*

As both Santali and Mundari have assimilated the accusative
to the nominative, the context alone can decide the position of
either. But that this is an acquired carelessness of speech seems

to be proved from the survival of obsolete case-endings which have once defined the objective. Ho and Kurku, for instance, add *ke* to the nominative, as in *bing-ke*, a snake; *ing-ke, aing-ke,* me; *am-ke,* thee; *ini-ke,* him; but as the same suffix serves also for the dative, its identity with the Kolarian postposition **qe,* to, already discussed under the dative, is beyond all question. We are thus bound to conclude that this prepositional suffix governed both the dative and accusative, while its use in declension was bound to make a clear distinction between these cases and the nominative.

Basque treats its accusative like the nominative and forms the so-called indefinite accusative by the guttural suffix *k, ik,* which is identical with that of the indefinite nominative, e.g. *lurrik,* earth; *zerurik,* heaven. This is used only when the noun is in the indefinite form, and is the characteristic suffix of the indefinite plural as well as singular. Compare the accusatives in *bururik eztu,* he has no sense; and *aterik ate dabilen baten,* of one who goes from door to door. The same may be said of adverbs in *-ik,* which may properly be regarded as the indefinite accusative cases of nouns and other parts of speech. Compare *dan-ik,* since (from **tan,* an obsolete word meaning "time"); *orai-dan-ik,* henceforth; *bethi-dan-ik,* always; which are true accusatives, as are also the perfect participles active of verbs which are distinguished by this special suffix, e.g. *jan-ik,* having eaten; *al-ik,* being able, possible; *ikus-ik,* having seen. From this it becomes patent that the active participles of transitive verbs, which closely corresponded to the ablative absolutes in Latin, were treated like adverbs, a feature of the Basque conjugation which has made datives of its verbal infinitives and accusatives of its perfect participles.

The terminal ending *ke* is also used in Santali to denote the active verbal suffix by which the conditional mood is formed, but whether it has the same origin as the prepositional case-ending *ke,* to, is not quite clear. It corresponds in Basque to the verbal suffix *-ke,* the sole function of which is to distinguish the present and imperfect tenses of the optative mood, e.g. :—

Sant. *in hatao-ke-a,* I should take it (lit. I-to-take-should-it). Basq. *nu-ke,* I might have; *neza-ke,* I should; *nioa-ke,* I might go.

That many words formed their accusative by adding sonant

-*m* to the nominative may be inferred from the variety of
adverbs with this case-ending, as well as the analogous use in
Sanscrit which formed its accusative and many adverbs by the
same means. To this class belong the Santal adverbs *din-am*,
daily (accus. of *din*, a day); *kal-om*, next year; *hol-kal-om*, two
years ago; *sat-om*, two years hence; *sapru-m*, entirely; *uthu-m*,
consequently; *sugu-m*, stealthily; *san-am*, all, wholly (accus.
of **san-*, whence gen. sg. *san-ak'*, instantly, at once = Basq.
gen. sg. *bat-e-tako*, together, at once; dat. sg. *san-i*, again); and
sin-am, exactly, truly, which is cognate with Basque *sin-ez*,
truly, verily, the ablative of *sin*, fact, testimony. Terminal -*m*
of Kolarian speech always appears as -*n* in Basque, and this
invariable rule of the terminal nasal applies also to sonant *m*
(Sant. -*am*, -*om*), which passes into the Basque sonant-vowel *e*
(for *n*), or *in*, *n* consonantal. The probability is, therefore, that
Basque adverbs ending in *n*, *in*, *n* were originally accusatives
in terminal *m*. Thus are explained the words *beh-in*, *be-in*, once
(for *bat-n < *bek-m < *s-mk-m); *lehen*, *len*, soon, early, before,
the accusative case of an obsolete noun *lehe, meaning "the
front" (cf. Sant. *laha*, in front of, before, to be before); and
ehun, hundred, a contraction of *šehun (< *šeun < *šmn), which
in Santali becomes *sae*, hundred, a contraction of *sam-am
(< *sm-m*), the accusative of an archaic root *šam-* expressing the
idea of completeness, entireness, fullness, and etymologically
connected with the comitative suffix *qsem.

In certain instances this adverbial accusative was strengthened
by prefixing the pronominal particle *tá* to the sonant. This
produced -*dam* in Santali, which seems to be similar to the
analogous use of the ending -*dam* in Sanscrit. Compare
the following :—

Ek-dam, at once, instantly, from *eka*, one; and *mon-dam*,
every day, always, the accusative of an old root *mon*, day, which
is preserved in the Basque *mon, day, as it appears in the
compound *biar-a-mon*, the following day (lit. to-morrow-of-
day). When the terminal nasal is dropped unaccented *e*
remains; e.g. *nir-dae*, wholly; absolutely; *sed-ae*, formerly, long
ago; and *sa-dae* (=Skt. *sa-dam*), always; but *soe-dom*, meanwhile, for the present, and *sa-dam-ad*, continuously, without
a break.

Compared together, then, the case-endings which marked the

ancient Kolarian and Basque accusative miglit be briefly tabulated
thus :—

SANTALI	BASQUE˙
Same as nominative.	Same as nominative.
ṃ (-*am, om, m, e*).	*in, n, e* (for *ṇ*).
ke (for *qe).	*k, ik.*
ḷ: *dam, dae* (for *tá-ṃ*), synthetic accusative.	*rik.*

VI. *Ablative*

The special suffix attached to the Santal ablative is *khon*, or
khoch', from, since, for; e.g. *buru-khon*, from the mountain;
barpe serma-khon, for two or three years (lit. two-three year-
from); *hola khoch'*, since yesterday. It enters as an element
into the adverbial conjunctions *ko-be*, when, and *ko baji*, how
often, the simplest form of the root being *ko* and corresponding
to the Basque postposition *ko*, from, of, which becomes -*go* after
n and *ñ*. By its aid are formed a numerous class of adverbs,
e.g. *oka-khon*, where-from, whence; *on-khon*, there-from, thence
(= Basq. *non-go*). In Basque it has a synthetic or double form
which is obtained by agglutinating the two ablative suffixes -*z*
and -*ko*. Hence we get *Burgos-ko*, from Burgos; *alperre-ko*,
alperre-zko, useless, vain; *be-z-ko*, a low tide; *goi-z-ko*, a high
tide. Both -*z* and -*ko* are clearly ablative case-endings, or they
would not combine without negativing or weakening each other,
and this progression of suffixes is in accordance with an unwritten law that the primary case-endings, when agglutinated
to each other, must be of the same class and perform the same
functions in the declension. But, as some latitude is allowed for
locatives which may belong either to the dative or ablative, the
latter can readily associate with case-endings characteristic of
the former and vice versa. Whence are obtained the compounds
kiko, for; *lako*, because; *tzako* or *ko-tzat*, for, because; and *rako*,
towards.

Nowadays the chief function in Basque which the suffix -*ko*
discharges is (1) to mark the relative genitive; e.g. *chori-tako*,
of (a) bird; *chori-ko*, of (the) bird; *chorie-tako*, of the birds,
zeruko, *zeru-tako*, of heaven.

(2) To form possessive adjectives and nouns denoting the
agent or instrument; e.g. *eche*, house; *eche-ko*, domestic; *lema*,
helm; *lema-ko*, steersman.

(3) In addition to these functions it possesses a third which only Santali and Basque share in common, namely, the formation of the comparative degree of adjectives. When two objects are compared, that with which the comparison is made is placed in the ablative. The Santal ablative suffix *khon* has thus the force of a higher degree of comparison when it is applied to the adjective, and in the collocation assumes the meaning of "than"; e.g. *noa do ona khon marangea*, this is larger than that; *puthi reak' khon thuthi reak' sorosa*, the memory is better than a book. The Mundari and Ho dialects, however, whose ablatives end in *ete* or *te*, form the comparative degree by this second suffix, e.g. *ora-ete daru salangi mena*, the tree is higher than the house.

It is curious to find that whereas modern Basque follows Mundari by forming its ablative by the corresponding suffix *-ez*, *-z*, it compromises with Santali by having preserved its method of forming the comparative of adjectives. This is done by combining the ablative suffix *ko, go*, from, than, with the definite forms of adjectives, as for example:—

Handi, great; *handi-a-go*, greater (lit. great-the-than).
Guti, little; *guti-a-go*, less; *gor-a-go*, higher; *gei-a-go*, more.

There can be little doubt, therefore, that this suffix *-ko* which marks the so-called relative genitive in Basque was originally an ablative case-ending like *khon*, *kho-* in Santali, and must have been taken up into the genitive only within recent times. Both were true ablative postpositions meaning (1) from, by; (2) than; and it was by virtue of their varied meanings that they so early acquired the function of forming the ablative as well as the comparative degree of adjectives. This was not difficult when we know that *ko-* or *khon* signified "than" in Santali as well as "from", and although the corresponding Basque suffix *ko, go*, means "from, of", but never "than", its ancient significance in the latter sense must be inferred from the use of this suffix in forming the comparative degree. Strictly speaking, we ought still to regard it as an ablative suffix as it is almost equivalent to Latin *a, ab*, from, without carrying any definite possessive, partitive, or relative quality; but as all Basque grammarians regard it as the sign of the genitive exclusively, it is well to emphasize that its true history as an index of case relations is very different.

As already mentioned, the Mundari and Ho ablative case-ending is -*ete*, which is apparently an extended form of the instrumental suffix -*te*. The former dialect makes use of two case-endings, one in -*ete* which designates the definite locative of motion from, and the other in *táete* or *tááte*, that is, the pronominal particle *tá* compounded with *ete*, which designates the indefinite locative of motion from. Its original form seems to have been *e-de*, and from this is directly derived the Basque postposition *ez*, *z* which marks the ablative. It is much used in the making of adverbs and adverbial expressions ; compare *hitzez hitz*, word by word ; *beraz*, then ; *berariaz*, purposely ; *gauaz*, by night ; *gunez*, within reach ; *egunaz*, by day ; *buruz ikasi*, to learn by heart (= Sant. *boro-te sikhnat*) ; *zer-ez*, because.

Like the suffix *ko*, now used as a genitive ending, this ablative suffix has sometimes a genitive or possessive force when used as an infix in compound nouns ; e.g. *bara-z-kal*, dinner-hour (lit. time of food) ; *lot-ez-hume*, a legitimate child (lit. body-from-child) ; where the ablative assumes the character of an incipient genitive, just as it also does after the adjective *bethe*, full ; e.g. *zauri-z bethe*, full of sores ; *hezurrez bethe*, full of bones ; after the verb *orhitu*, to remember ; e.g. *hilez orhit adi*, be mindful of death ; and after *gañ*, above ; e.g. *guziaz gañ*, over all, and similar compounds.

While Santali has but one form of the ablative and Basque three, the Mundari dialect, as already noted, makes its ablative in -*ete* or -*táete* according as it desires to express the definite or indefinite locative of motion from a place or object. Analogous to this formation in Basque is the simple ablative in -*ez*, -*z*, the definite ablative in -*tik*, and the corresponding indefinite ablative in -*tárik*, e.g. :—

    (*a*) *lurr-ez*, from earth ; *lurr-a-z*, from the earth (simple ablative).

    (*b*) *lurr-e-tarik*, from earth ; *lurr-e-tik*, from the earth (indef. and def. ablative of motion from).

        zeru-tarik, from heaven ; *zeru-tik*, from the sky (indef. and def. ablative of motion from).

Similarly, with the words *gan-dik*, from ; *non-dik*, whence ; *non-gandik*, from whom ; *haste-tik*, from the beginning ; *echee-tatik* (for *eche-ak-dik*), from the houses. This affix -*tik* is really the obsolete preposition *te*, *de*, from, of (Lat. *ex*) combined with the guttural suffix *k*, the contraction of *ko*, which has been previously discussed ; while *tárik* may probably stand for *ta-dik* with change of intervocalic *d* to *r* which is not uncommon, the pronominal particle *tá-* being the same as that used in the other suffixes *-tárat, tálat,* or Mundari *tá* in *táete*, etc. The problem remains, therefore, to decide whether Santali formerly possessed an ablative in *-ete, te* (< **e-de, *de*) like Ho and Mundari, from which the Basque suffix *-ez, -z* is directly derived, or else had only the single form in *kho, khon.*

Archaisms of speech favour the view that the old Santali declension had certainly an ablative case in *ete, te,* as well as in *kho* or *khon,* for we find a true ablative in an adverb like *tayom-te* (= Ho *taium-te*, behind, afterwards ; lit. "from the back "). In this instance the idea conveyed by the instrumental suffix is remote indeed. So, too, is it with the possessive adjectives which are formed by prefixing the ablative *t-* affix to the personal pronouns ; e.g. *t-iń*, my *(te + iń,* I), *t-am*, thy *(te + am,* thou), *t-ale, t-aben,* our ; *t-ape,* your ; *t-ako,* their ; where Basque would use the genitive case of the pronoun (see p. 155). Compare the following constructions :—

Sant. *iń-ren*, or *t-iń*, my, mine = Basq. *neu-re, ni-re,* my ; *nire-a,* mine.
Sant. *am-ren,* or *t-am*, thy, thine = Basq. *eu-re, hi-re,* thy ; *hire-a,* thine.

From such examples it is obvious that Santali had originally an ablative in *-te* which was afterwards taken up into the genitive, just as the ablative in *kho, khon* was adopted wholly as a genitive ending in Basque, while *-z* also is coming to have the force of both genitive and ablative. A careful distinction should, therefore, be drawn between the instrumental case in *-te* and the now obsolete ablative suffix *-ete* or *-te.* Its unmodified form as a preposition in Basque would seem to be *-te* or *de,* as found in the combination *tik* or *dik,* from, since. From this synthetic or double ablative suffix in its uncontracted form are obtained such compounds as *men-deko,* a subject, slave (from *men,* power), and *jaz-teko,* clothing (from *janzi,* to clothe).

Among the chief case-endings, accordingly, which can be assigned to the ablative, a comparison of Basque and Kolarian speech would include the following :—

KOLARIAN	BASQUE
1. Sant. *ko-*, whence *khon, khonak', khoch'*, from, than, by.	*ko* (possessive genitive).
2. Sant. *te, t,* from, of, by (possessive genitive, ablative, and instrumental).	*te, de, t, tik, dik, deko* (definite ablative).
3. Mundari *-ete* (definite locative of motion from).	*ez, z* (ablative and instrumental).
4. *táete* (indefinite locative of motion from).	*tarik* (indefinite ablative).

VII. *Instrumental*

In Kolarian languages this case is commonly confused with the ablative, and no broad difference between them ever seems to have been recognized. Its distinctive suffix is *te*, by, with, through; and by its aid a large class of adverbs is formed and nouns derived from verb-roots. It appears to be only the hardened form of an earlier *d* or *de*, analogous in Aryan languages to the Sanscrit ablative-ending in *-t* and Old Latin *-d*, whose primary function was to denote the agency, instrument, cause, or means by which anything was made or done. Thus we get in Santali the following instances: *hote-te, niyē-te*, by means of; *en-te*, for, because; *enka-te*, by this means, thus; *saŏ-te, ga-te* with; *lagae-te*, along with, including; *rimil-te*, with clouds; cf: *rimilte sermae dalop' chabaakat'a*, the sky is all obscured with clouds. When combined with the possessive suffix *an, n*, the adjective-forming compound *-ten* is obtained; whence compounds like *sadom-ten-ren-ko-hor*, cavalry (lit. horse-with-having-of-they-man), and *hor-ten-ren-ko-hor*, travellers (lit. road-with-having-of-they-man).

No instrumental case can now be traced in Basque unless we are to suppose that it has been merged in the ablative, a supposition not illogical if we consider that such ablatives as *buru-z*, by heart (e.g. to learn by heart) = Sant. *boro-te* (instrumental case of *boro*, heart); *oñ-ez*, on foot (from *oñ*, a foot); *bidez*, by means of; and *zaldi-z*, on horseback (= Santali and Mundari *sadom-te*), ought rather to be regarded as true instrumentals. That is to say, the *z*-suffix here signifies by the agency or means of, and does not convey the sense of "from, away from", which belongs to the ablative. In old Basque, therefore, the declension

'of nouns must undoubtedly have had an instrumental case in
-*ez, z,* which, as we have shown, still finds expression in a few
idiomatic words and phrases. When combined with the definite
article *a,* the, or the possessive suffix *ṇ, in,* it produces *tzeą* and
zen, or *tzen.* By their means Basque is able to form so many of
its verbal nouns and infinitives ; e.g. *gal-du,* to lose ; *gal-tze,* loss ;
gal-tzen, to lose ; *il,* dead ; *il-tzen,* to die ; *anzu,* dry ; *anzu-tzen,*
to dry up ; *bizi,* life ; *bizi-tzen,* to live ; and the verbal noun
bizi-tze bizi-tza, living, subsistence, means of livelihood. Such
infinitives cannot be regarded as other than verbal nouns, and
any analysis of verbal nouns like *gal-tze,* loss ; *bizi-tze,* subsistence,
and of infinitives like *farfatzea,* to beat, strike ; *ichedarratzea,* to
prune, lop ; *hortzkitzea,* to gnash the teeth ; *miaurtzea,* to shell
peas ; *nauzatzea,* to banter, ridicule ; *mederatzea,* to gain, profit,
will show that they are simply abstract nouns in the definite form
which are distinguished by a suffix similar in origin to the Santali
suffix *tet',* an abstract noun-suffix made out of the instrumental-
ending *te* which is employed to form abstract nouns ; e.g. *hende-
tet',* blackness ; *maran-tet',* the greatness ; *get'tet',* the thing cut
from *get',* to cut.

Hence it is certain that this Basque formative suffix *tze* was
originally instrumental in character and function, like *te* in Santali ;
and that by this suffix verbal nouns were regularly formed out of
verb-roots—a method that has always been followed in Kolarian
and Basque speech. And if my readers have followed me thus far
in the argument so that they are able to trace the similarity
between the Kolarian and Basque instrumental suffixes (Sant.
te = Basq. *tze, z*), they will now find it less difficult to transport
themselves in spirit over an historical gap of many thousands of
years back to a pre-Neolithic era when Kolarian tongues were
Equatorial and had not yet migrated northwards into Bengal ;
and they will learn something more of what is perhaps the most
interesting of all the case-endings known to the prehistoric Kolarian
declension.

By means of the infixes *n, ṇ,* and the instrumental suffix *de, d*
(now invariably hardened to *te, t* except in a few archaisms),
Kolarian languages have created for themselves quite a host of
derivative words which have enriched their vocabulary to a large
extent. Yet it is extremely doubtful if at a very remote period
this method of infixation was so general as it has since become,

for otherwise Basque ought to show greater evidence of its use than it does to-day.   Furthermore, so far as noun-formation in Basque is concerned, the importance of infixes has long ago ceased to exist, and in archaisms where the instrumental suffix is still retained as an infix in verbal-nouns, its former complete independence from the root itself is completely forgotten.   Herein lies an important difference between modern Kolarian and Basque speech, for whereas the infixes in the former express independent meanings of their own, have special functions assigned them as parts of speech, and are easily detached from the root-words in which they lie buried, their cognates in Basque do not permit infixes to be removed from the roots without annihilating the existence of the words.

Consider, for instance, how un-Aryan is the common Santal mode of deriving nouns and adjectives from verb-roots by infixing the consonant d or t, the instrumental case-ending *de* or *te*, which signifies the agency, object, cause, means, instrument, or thing resulting from or produced by the condition or act denoted by the root-word.   As already discussed, it is also employed as a prefix for the special purpose of converting the personal pronouns into possessive adjectives.   Thus are formed *botor*, fear ; from *bor*, to fear ; *botolo*, entrance, from *bolo*, to enter ; *etohop*, beginning, from *ehop*, to begin ; *rotok'*, a seam, from *rok'*, to sew ; *ṅutum*, a name, from *ṅum*, to name ; and *hadam*, a man, from an archaic root *ham*, *hom*, *hṇ* (< *ghom*, *ghṇ*), meaning apparently " to abound, to be prolific."   Santali does not explain this archaic root clearly, as it is apparently a word of Indonesian origin with undoubted Polynesian and Malayan affinities ; but for our present purposes we may connect it with the root *ham* in Santali *hamram*, abundant, copious, prolific.

Selecting these last two examples for discussion, we have first to observe that Santali *ṅutum* and *hadam* are cognate with the Basque words *izen*, a name, and *gizon*, a man, the instrumental infix of Santali appearing in Basque as *z*, which we have already endeavoured to prove is the particle whereby the instrumental and ablative cases are expressed.   The history of these two verbal substantives may be thus explained —

√*ṅem* : whence *nəzem > *nizem > *nizen > *izen*, name.

√*ghom* : whence *gəzom > *gizom > *gizon*, man (but cf. *gizom-bat*, a man).

Minus the infix, *gizon* would be reduced to its simplest form *gin* (< *gm, *gn), and this actually survives as an independent suffix in words like *ikatz-gin*, a coalman (from *ikatz*, coal); *sor-gin*, a wizard ; *gaichta-gin*, an evil-doer, where its single function is to mark the agent. When the infix *ch* is substituted, the diminutive *gichon*, a little man, is obtained, which proves that the infix is still mobile. Further comparison of these roots with their Aryan cognates were no difficult task, although we must not overlook¯the fact that from the standpoint of comparative grammar, the gulf fixed between Kolarian and Aryan languages is wider than that between Kolarian and many of the infix-using languages of the East. But no harm can be done at this stage of our inquiry in simply stating that Santali *ńutum* and Basque *izen* are radically the same as Sanscrit *ńáman*, Latin *ńomen*, English " name ", etc.; while the verbal root *gham* or *ghm*, which produces *hadam* in Santali and *gizon* in Basque, appears in Latin *homo*, *humanus* ; Gothic *guma*, man ; and Anglo-Saxon *goma* (whence *bryd-goma*, bridegroom). Notwithstanding these radical affinities, it would be more correct to say that the Basque word *gizon* is far more closely related to Malay *orang*, man, than to Latin *homo* or English " groom ", although a superficial dissimilarity is dead against the comparison.

The problem of their common origin is entirely a question of comparative grammar rather than of phonetics. The broad distinction between infix-using languages like Kolarian and Basque, and inflexional languages like Aryan or Semitic, is one that most will recognize. To illustrate the prevalence of this instrumental noun-forming infix throughout Polynesia, Oceania, and the Indian Archipelago among languages which are not connected with the Kolarian family (a prevalence which allows us to suppose the great antiquity of its use in Kolarian speech because of its supposed Indonesian place of origin), the following comparisons illustrating the use of the instrumental infix as a noun-formative, will serve to give but a glimpse of certain fundamental similarities in grammatical structure and vocabulary which existed between prehistoric Kolarian speech and many primitive languages of the Indonesian world.

(1) Sant. *ńutum* (√*ńum*), a name = Aneityum *nidan* (for *nidam*); Ulia (Carolines) *item* (for *nitem*); Mortlock (Carolines) *it* (for *itm* < *nitem*); Aulua (New Hebrides)

nahsen (for *nasem); the Miriam dialect of New Guinea has *nasem*, name, while its neighbouring dialect, Mabuiag, has *natam*, namesake. In the Idáan (Dayak) dialect of Borneo the word has become *naran* (for *nadam), which appears as *adun* (for *nadum) in Sentah Dayak. In British New Guinea dialects it is *atana* in Maiva, *arana* in Kerepuni, and *arame* in Misima (for **nadem, natem*), and so on through a great many dialects of the Malayan and Polynesian families, in which the dental-infix is characteristic.

(2) Santáli *hadam* (√*ghṃ*), a man, with variants *haram*, *herel, hor* = Malay *orang* (for *horang < *hodan < *hodam) with the usual dropping of the initial aspirate; and *orang* in many cognate Dyak dialects of Borneo and New Guinea. Further changes appear in the form *ohang* in Sabuyan (Sarawak) and *gotao* (for **ghodan, ghodam*) in Subanu; but the prevailing root-word throughout the Indonesian area is *ata, ada,* or *ara,* which are perhaps the atrophied forms of **hata, hada, hara* with loss of the terminal nasal *n* or *m* and the initial *h*-breathing.

Without investigating a subject more closely which is outside the scope of Kolarian philology, we shall conclude by saying that enough evidence has been adduced to indicate the ultimate Indonesian origin and affinities of Kolarian speech, and that great care must be taken in comparing Kolarian and Basque with unrelated languages of Europe and Asia, be they Aryan, Dravidian, or Mongolian, and such like. In the matter of grammatical structure it must be obvious that a Basque word like *gizon* is more nearly allied to Malay *orang* through the medium of Kolarian speech, or Basque *izen* to Aneityumese *nidan*, than to cognate forms in inflectional languages from which the instrumental infix is conspicuous by its absence. And there can be no doubt that the Kolarian mode of forming nouns out of monosyllabic roots by inserting the instrumental case-ending in the middle of the root was adopted ages before the Kolarian race had emigrated to Bengal from a more eastern land, and was one whose origin can be traced to an ancient grammatical system that seems to have prevailed many thousand years ago among the dialects of distinct races such as Kolarian, Polynesian, Malayan, and Papuan.

VIII. *Locative*

The locative case is so mixed up with the dative and ablative that quite a number of suffixes may be said to express its variety of meanings, but of those which modern Kolarian and Basque specially assign to it, only three or four need be mentioned. Perhaps the oldest and most generally used of these is the Santal suffix *re*, in, on, at, to which corresponds the Basque locative ending *ra*. By means of this suffix adverbs and locatives are readily formed in both languages. Hence are derived the Santal locatives *dharti-re*, in the world; *gadi-re*, on the cart; *nut-re*, at night; *orak'-re*, in the house, at home; and such adverbial expressions as *oka-re*, where; *chot-re*, above; *rucha-re*, outside; *laha-re*, before; *saman-re*, in presence of; *tala-re*, among, in the midst of; *jaha-re*, wherever; *un-re*, then, at that time; *chetan-re*, upon. The common assumption that Basque has no locative is quite erroneous, and its existence will be admitted by any grammarian who can trace any family likeness between Basque -*ra* and Kol. -*re*. We find it in the adverbs *orre-ra*, there; *no-ra*, where; *go-ra*, above, on high; *be-ra*, below, at the bottom; *ardu-ra*, often; *harza-ra*, anew; all of which are true locatives; as also in noun-locatives like *goga-ra*, at leisure, at ease (from *gogo*), *neure esku-ra*, in my hand (from *esku*, hand), and *eche-ra*, at home (from *eche*). The last of these is the exact etymological cognate of the Santali locative *orak're* (= Ho *ora-re*), the noun *ora*, *orak'*, house, being derived from an old root *ark* or *rq*, to hide, shelter, protect (Mod. Sant. *ad*, *od*), just as Basque *eche* is derived from the verb *ichi*, now meaning " to shut, close, cover, hide ".

Mundari employs a compound form of this suffix, viz. *tare* (= Ho *tere*), to denote the indefinite locative of rest, while the simple suffix *re* denotes the definite locative of rest; e.g. *sirma-re* (= Sant. *serma-re*), in heaven; *soben-tare*, above all; *ne-tare*, here, *en-tare*, there. Obviously this second locative in *tare* is only a combination of the primitive suffix *re* with the pronominal particle *tá*, which is often combined in Basque and Mundari with other simple case-endings like the genitive, dative, and ablative. Strictly speaking, Mundari *tare* is represented in Basque by the suffix -*tara* (i.e. the particle *tá* + the locative -*ra*), but as this has been taken up into the dative to form what is called the indefinite dative of direction, its history now belongs properly to that particular case rather than the locative. But this much may be said of it in passing that the difference between them is often slight, for the Mundari suffix *táre* can express the same idea of direction as *-tara* does in Basque, as, for instance, in *mundako-táre*, to or towards the village-chiefs, where the suffix does not truly express a locative of rest. ·

Besides the locative in *ra*, Basque possesses another in *n*, *in*, which is simply the preposition "in, on". The suffix has the force of a preposition, a fact which explains its absence from the declensions of Santali, Ho, and Mundari; but as Kurku is the only dialect which uses the preposition *n*, *en* as a noun-suffix to any appreciable extent, its use must be regarded as an archaic but infrequent mode of expression in Kolarian speech. By its means we obtain the Basque definite locatives *eche-a-n*, in the house; *lurre-a-n*, in the earth; *arat-in*, on the back; *esan-i-an*; *hitz batean*, in a word; *Bilbao-n*, in Bilbao, and the adverbs *artean*, among; *azpian*, under; *heben*, *hemen*, here; *barnen*, within; *hullan*, near; *hurrun*, far; *othian*, then; *gainean*, above; *gertuan*, near; and its corresponding indefinite locative in *-tán*, as in *liburu one-tan*, in this book, which must be carefully separated from the dative in *-tan* (= Sant. *then*) if confusion is to be avoided, as the initial *t* is the intervocalic guttural *k*, which has previously been shown to be the characteristic suffix of the indefinite form of the noun. *Onetan* is thus derived from an earlier type *onek-an, this-in, just as *nitan*, in me, is from **nik-an.*

Besides these, use was also made of a vocalic postposition in *á* or *ai* by a special class of words referring to time which could not well be attached to any of the recognized cases. This is true also of Basque, in which language there are many adverbs of time ending in *ó* which otherwise cannot be explained as belonging to any other case than the locative. By way of example, the following instances will serve to illustrate the difference: Sant. *hol-a*, yesterday, from an archaic Kol locative *ghes-ái (> *ghel-ai) = Basque *atzo* (for *gatz-ó). Similarly are formed the temporal adverbs *gap-a*, to-morrow, and *mah-a*, last year, all of which seem to be the locatives of primitive monosyllabic roots; and in Basque *bañ-o*, or *bain-o*, than, unless (beside *bañ-a*, *bañ-an*, *bain-a*, *bain-an*, but); *orañ*, *orain*, *orai*, now; whence *orain-o*, *oran-o*, again; *anz*, *antz*, resemblance;

locative *anz-o*, as, like ; *hauzi*, a lawsuit; *hauz-o,* lawful ; and *ger-o,* after (= Sant. *ghuri-ā,* again, next, from *ghuri, ghori,* time, interval of time), which governs the ablative; e.g. *janez gero,* after having eaten.

We conclude, then, that the ancient Kolarian speech possessed four suffixes and Basque five, which attached themselves specially to the locative case and not to any other, viz. :—

KOLARIAN	BASQUE
1. *ai, a* (first locative).	*o* (first locative).
2. *re* (second locative).	*ra* (second locative).
3. *táre* (indef. loc. of rest).	*tara* (now a dative suffix).
4. *n, en* (def. loc. of rest).	{ *n, in* (def. loc. of rest). { *tan* (indef. loc. of rest).

IX. *Comitative*

In Aryan languages this can equally well be expressed either by the ablative or instrumental, or with the aid of prepositions; but in agglutinative languages, which prefer to differentiate between the various relations of a noun by as many suffixes as it needs, the comitative case is so constantly used that it has as much reason to rank for place in the Kolarian and Basque declensions as either the instrumental or locative. Its chief end is to express the idea of agglutination, unity, combination, association, or partnership; and in Santali this is expressed by means of the compound suffix *samet, samit,* with, along with, or *selet', salak',* with, together with. But in Basque the comitative case is formed by the suffix *ki* or *kin,* with, along with, which Basque scholars explain to be the syncopated form of the locative *kide-n* or *khiden,* in company. For this reason they say it governs another noun in the genitive; e.g. *gizon-a-re-ki-n,* with the man (lit. man-the-of-company-in). Its cognate in Santali is *kita,* a piece, division, part; and *kitra,* to divide or make into pieces. Idiomatically the word is used in the phrase *kita ke kitä,* like with like, the exact equivalent to this in Basque being *khidez khide* or *kideak kide-kin.* The probability, therefore, amounts to an absolute certainty that the words *kide* and *kin* have no etymological connexion, and the former, having always been a noun, as proved by its Kolarian cognate, could not at the same time be a true preposition or case-ending with the added function of forming adjectives or adverbs.

12

Now in the suffix *kin* we have sonant *n̥*, which is absent from *kiden*; that is, *kin* stands for *kn̥*, which is derived from an older type *qn̥ < *qn̥i, with; which could not have arisen from any part of *khide-n*. Moreover, this was an abbreviated form of *qsim, *qsin, or sonant *qsm̥, *qsn̥, whence come the variants *sm̥, sam, sn̥, san*, with, together, like, equal, some. Santali has conserved only the latter variant as *sam, san*, while Basque has preserved both in the forms *kin* and *san*, and the compound *kisun, kizun*. The peculiarity of this ending was that like the instrumental suffix *te*, to which it is often conjoined in Santali, it could be used also as a prefix.

As a prefix in Santali it occurs in the words *saman*, equal, similar, like, akin, one, the same; *sam-ani*, much, many, *sam-bhrao*, to hold or keep together; *sam-ge*, to reconcile; *sam-pak*, relationship; *sam-tao*, to amass, collect together; *samet', samit'* (ablative of the obsolete suffix *sam), with, together, with, *sam-uñ*, the end, completion, completely; *sañgrau*, to collect, amass; *sañwar, sañti, sañga*, companion; *sañgar*, to go, walk with; *sǎo, sǎote* (< *san-te), with, along with, in company with: and in many other similar compounds. As a case-suffix we find it frequently united to the locative suffix *re* or the ablative in *te*, just as its cognate *kin, ki*, in Basque combines with *re* (which is supposed to be a genitive ending, although in this particular instance may be explained as the weak form of the locative-ending *ra*) and the ablative in *z*. In this way Santali provides such examples of the obsolete comitative case, as *ach' sǎo*, with him; *aliñ sǎo*, with us two; *am sǎore*, or *am sǎote*, with you; and in Basque *gu-re-kin*, with us; *zeu-re-kin*, with you; *bakea-reki*, with peace: and *ema-gin*, a midwife (lit. woman-with), which is also the exact interpretation of the English word "midwife" (mid = German *mit*).

Adjectives are also readily formed by its means; e.g. *az-kin*, diligent, from *ezi*, to work; and a host of adverbs which are nothing but the comitative cases of nouns and adjectives; e.g. *zurki*, wisely; *on-gi*, well; *ausar-ki*, abundantly; *hotz-ki*, coldly; and *izar-z-ki, izar-s-ki*, starry. As a noun-formative we have it in *egos-kin*, a decoction (from *egosi*, to cook); *iraz-ki*, a warp; *zarra-s-ki*, havoc; *estal-ki*, a covering (from *estali*, to hide); *abara-ki*, a shelter for cattle. It enters as an important unit into other compounds such as the abstract suffixes (1) *kintz* (for *qm̥ + tz̦, z); e.g. il-kin-tz, massacre, from il, dead; (2), kizun, kisun (for q-sen, q-sem), as in egi-kizun, occupation (from egin, to do). Of these the second appears to combine the two primitive forms of the comitative suffix, viz. sem (> sen > sun, zun) with its prefix q-, which was apt to be elided. That the comitative case in old Basque ended in a suffix like sam or san without the guttural prefix, seems proved from a survival like the word bal-san, together, along with; but, strangely enough, the suffix in this archaic compound has so far preserved its comitative function that to avoid any obscurity of sense it is used in conjunction with its variant kin; e.g. gu-re-kin bal-san, along with us. Without the accompanying suffix kin, the latter part conveys a different idea, e.g. gure balsan, among us. The comitative suffixes kin and san must, accordingly, be regarded as variants of a single postposition, having identical functions, and the same meanings and powers, their divergence in form being due to early variations in pronouncing the original form *qsem (> kizun, kisun), from which were developed several variants like qem, qm̥, qu̥, and sem, sm̥, su̥ (> kin, ki, sam, zem, san).

An interesting note in this connexion might here be added, although it may appear somewhat irrelevant to the subject of declension. As an independent word the old comitative prefix and suffix came to denote the numeral for "hundred", because this unit was evidently reckoned a proper completion of the numerical system among the ancient Kolarians and Basques. And it is significant that beyond this figure no numerals of common origin in Basque and Kolarian can be traced. In Santali the word is sae, Korwa sais, Kharia sai, Juang saha, Ho sau, and Savara sua (for *smm̥), a full hundred; but its primitive meaning was totality, completeness, which shows that the numerical idea was derived from the sense of completion. It enters also into the word samuṅ, the end, the finish, completion, completely. The same word sae (for *šam < *šm̥) has produced the Basque numeral eun, ehun, hundred (for *hm̥-om), while the sense of number or abundance is still preserved in the words sam-alda or zam-alda, much, and of completion in zemen-di, November, literally, the end (= Sant. samuṅ) of the Neolithic year when the crops were gathered in and the festival of the dead (All Hallows) was observed in commemoration of those who had died within the previous year. This word for "hundred" is found in all languages which claim descent from Kolarian speech; and may or may not be remotely kin to the root *km (i.e. *km-to-m), hundred, in Aryan speech. But sufficient has already been said to show its connexion with the comitative suffix, and to illustrate its variations in compounds which are but the developments of the several forms to which the original comitative case-ending $qsem$, with, has given rise—sam in Kolarian speech, and $kizun$, $kisun$, kin, ki, san, zem, and san in Basque.

Dual and Plural Number

The method of forming the dual and plural number in Kolarian languages is so simple and direct that little need be, said in the way of explanation. The formative dual of all nouns in Santali ends in kin (Mundari and Ho $king$), which is a combination of the personal pronouns $ko + in$ (" they, I "). Its emphatic form is $akin$. The sign of the plural in Kolarian speech is indicated by the pronoun ko, they, emphatic form ako, $onko$, and in the declension of nouns, pronouns, verbs, and other parts of speech, these two pronouns invariably attach themselves to the roots they qualify, so that in the dual and plural number the postpositions used in the declension of nouns are always separated from the roots by ko and kin. The following examples will illustrate this feature which is characteristic of Basque as well as of Santali or Mundari:—

SANTALI	BASQUE
$hadam$-ko, the men (lit. man-they).	$gizon$-ak (for $gizomá$-ek).
$chĕrē$-ko-te, by the birds (lit. bird-they-by).	$choriéz$ (for $choriá$-ek-z).
$serma$-ko-$then$, to the skies (lit. sky-they-to).	$zeruétan$ (for $zeruá$-ek-tan).

The Basque plural-ending in -k is identical with ko in Santali. It is an abbreviation of ek, they, its emphatic form being aek. But as the dual number has nowadays identified itself with the plural, we may truly say that Basque has followed the rest of European languages in consigning it to oblivion; and having long gone out of fashion, its earlier use in the Basque declension can only be inferred from a few survivals expressing duality, pairs or couples of persons and things. These appear to retain peculiar endings which are unknown to the regular plurals of nouns and

PRIMARY CASE-ENDINGS OF THE MUNDA AND BASQUE DECLENSIONS

| | MUNDA OR KOLARIAN | | | | BASQUE | | |
	Santali	Mundari	Ho and Kurku		Indefinite Declension	Definite Declension	Plural
Nominative	The root	The root	The root	{ Simple / Indefinite tive	The root — ik, rik	á (the)	ák (the-they)
					k	ák	ek
Genitive	{ ak', añ, re, / reak', reañ, ren	reā, ren	a, ya, ra	{ Possessive / Relative	ren	áren	en
					tako	ko	étako
Dative	then, te	te, táte	ke, ken	{ Simple / of place / of direction / of change	i, ri	ári	er
					tan	án	etan
					tara	ála	etara
					tarat	ilat	etarat
Accusative	Same as nom.	Same as nom.	ke	{ Simple / Indefinite / Absolute tive	Same as nominative.		
Vocative	e + the root	he + the root	he + the root		The root + á — ik, k	The root + á	The root + ák
Ablative	{ khon, khonak', / khoch'	ete, táete	ete, aten	{ Simple / Indefinite	z	dz	ez
					tarik	tik	etarik
Instrumental Active	te, then / re	te / re, táre	te / re, en, n		ra, n	Same as ablative. / ára, tan	
Plural	ko (they)	ko	ko		k (they)	ák (the-they)	
Dual	{ kin (for kin- / ko-in, they-I)	king	king			Same as plural.	

are yet extrinsic to the roots.   Thus we find *chi, zi, ki* tacked on
to the root of old duals which now form their plurals in *-ak* or
-k; e.g. *baldo-zi-ak*, the temples of the head; *biri-chi-ak* and
probably *bi-zki-ak*, twins, from *biri*, weakened form of *bari,
bi, two. Such instances would lead us to suppose that the
personal pronoun *ek, k*, they, was followed in the dual number by
a strongly pronounced *i*-vowel which did not belong to this
pronoun but to another particle or pronoun which, as a comparison with the Santali suffix *kin* indicates, must have belonged
to the personal pronoun *in*, I.   The inference, therefore, is that
in the old Basque declension the dual number was distinguished
by a suffix *ki, chi* or *zi* (< *kin, *ekin) which represented the
combination *k + in* ("they-I"), and separated the roots they
qualified from all case-endings and suffixes they anteceded.
Some other nouns of duality show a striking partiality to the
use of a special suffix *-ko* after the root; e.g. *aus-ko*, lungs;
betondo-ko, the pupils of the eyes; *chimi-ko, zimi-ko*, a pair of
tongs; *hago* (for *hag-ko), a pair of scales; *mazela-ko*, a pair
of bellows; and perhaps *mos-ko* (=Sant. *mochoṅ*), beak, bill
(i.e. upper and lower).   Not unlikely, the numeral *hogei, hogoi*,
twenty, may also be a dual form or derived from a dual form,
but there is a lack of evidence to prove it.

To show how simple is the Kolarian method of declining the
dual, the following instances will briefly serve for illustration :—

Sant. *kora-kin-ren*, of the two boys ; *ato-kin-re*, in the two villages.
Ho. *ora-king-á*, of the two houses ; *bing-king-ke*, to the two snakes.
Mundari *sadom-king-ete*, from the two horses ; *bir-king-re*, in the
    two forests.

When the substantive is qualified by the numeral *bar, barea*,
two, it is declined in the singular number, and as the same rule
in grammatical construction is observed in modern Basque, it
must be one of considerable antiquity.   For example, compare
such equations as :

Sant. *barea gharwa*, two sparrows.	Basque *bi choarre*.
„ *barea hamer*, two granaries.	„ *bi gambera*.
„ *bárea kundau*, two corners.	„ *bi kantoi*.
„ *barea kunji*, two keys.	„ *bi gakho*.
„ *bar isi*, 40 (= two twenty).	„ *berrogei* (= two twenty).

Sant. *bar isi gel,* 50 (= two twenty ten).

    Basque *berrogei eta hamar* (= two twenty and ten).

„ *bar isi gel barea,* 52 (= two twenty ten two).

    „ *berrogei eta hamabi* (= two twenty and ten two).

„ [*barea*] *bele,* testicles (= two egg).

    „ *barrabil,* testicles.

Here the dual is so clearly indicated by the numeral that the noun needs no distinguishing inflection, but remains in the singular throughout. Its form in old Basque, however, differed somewhat from that in the modern speech where *bi* represents an older word *barra* (weakened to *berra,* then *bi* with loss of the liquid), as we can see from archaisms like *barrabil,* testicles, and *berrogei,* forty. It is the etymological cognate of *bar, barea,* two, in Santali, *băria* in Ho and Mundari, and *bāri* in Kurku.

The derivation of *barrabil* from old Basque *barra,* two, and the obsolete word **bil,* egg, testicle (= Sant. *bele,* egg, testicle), proves that in ancient times Basque nouns were declined in the singular number after the adjective *barra* just as they are to-day after its modern form *bi.* When the dual inflected form was used instead, the plural suffix *k,* they, combined with *ni* (< *iñ, in*), " I," must have expressed duality as it does in Kolarian speech. And of its former existence traces are to be found in some irregular nouns of dual signification which have evidently once been distinguished by the suffix *kin* and not by *k, ek* or *ak.*

After so brief a comparative survey of the Santal and Basque declension we shall conclude by saying that the Basque declension is not a subject of special difficulty. It is one, however, that opens up a vaster field of scientific inquiry than the writer has ventured even to remotely suggest. And as most probably the average thoughtful student, if he has not already forgotten by this time the major portion of what he has read, will have discovered the Bengal origin of the Basques entirely through his knowledge of that most feared of all studies, Basque grammar ; and without the help of the laws of sound-change which have moulded the Basque and Bantu languages into a state that is far removed from their Kolarian prototype, he may in time discover from any Basque grammar or dictionary, supposing he had learned how to set about the task, secrets of ancient history belonging to far-off prehistoric ages when the remote ancestors of the Basques lived in close touch with more civilized races of the South Seas than are met with to-day in Polynesia and Oceania, long centuries before those ancestors first became known to Asia as the Kolarians of Bengal.

Should we wonder, then, if the possession of so venerable a tongue, and the knowledge that they have no cause to yield in point of antiquity to any other nation, have helped to mould the character, customs, and ideas of the Basques? Their local legends and traditions have unquestionably failed to preserve to later generations the records of the era or the manner of their first settlements in Europe, yet they always display a marked consciousness of the national pride in an ancient lineage, and claim nobility of origin for every son of *Euscalherri*. The Basques will not thank us for proving them to be the purest-blooded race of negroes in all Europe, but the compliment is well-intentioned and casts no reflection on their lineage and nobility.

In spite of the many hostile influences which seek to suppress their racial and national individuality, the Basques have laboured with patriotic zeal to cherish and preserve the integrity of their native inheritance and their ancient speech. This barrier of language remains from of yore the most effective barrier of race, for by its conservative influence they have been the more encouraged to maintain their racial isolation throughout endless cycles of political vicissitudes, and to prevent themselves from being swallowed up and lost in the heterogeneous elements of France and Spain. And one may say with truth that it would have proved an irreparable blow to science if a wise, foreseeing Providence had not spared the last survivor of Kolarian languages in Europe which at one time in the world's history were spoken in two continents—between Bengal in the east and Britain and the Basque Provinces in the west. Surely, then, as the last representative of the oldest type of Iberian speech which formerly prevailed so generally throughout Central and Western Europe in the Neolithic Age, the Basque language claims as its due a share of more attention than it presently obtains, and deserves a better fate than the neglect and ignoble desuetude into which it is unhappily falling.

By Professor L. DE LA VALLÉE POUSSIN

"THE FEAR OF DEER DOES NOT PREVENT FROM SOWING . . ."

THERE is in Abhidharmakośabhāṣya, chapter ii, kārikā 47a (Jap. ed. with commentary, fasc. 5, fol. 19a, 1), a Nyāya which would have pleased Colonel A. Jacob, the great hunter for philosophical maxims.

The Sanskrit runs as follows: *yathā na mṛgāḥ santīti yavā nopyante | yathā na makṣikāḥ patantīti modakā na bhakṣyante.*

"Just as they do not not sow barley because there are deer; just as they do not not eat sweets because flies are there flying."

The Chinese agrees—

非 恐 有 鹿 而 不 種 麥。
懼 多 蠅 附 不 食 美 圖。

"Not fearing deer and not sow barley; fearing many flies near by not to eat savorous cake."

As Yaśomitra remarks, two negatives make an affirmative. *dvau pratiṣedhau prakṛtam artham gamayataḥ.* We have therefore: "the fear of deer does not prevent from sowing; the fear of flies does not prevent from eating sweets."

This picturesque Nyāya contains an important principle, Vasubandhu clearly sees that the doctrine of the Vaibhāṣikas is far from being unobjectionable. But except when the objections are really very strong, he believes that he has no right to reject the authoritative statements of the Abhidharmas of the Sarvāstivādins: "We must therefore endeavour to refute the objections; we must follow the Doctrine (*siddhānta*, 本 宗 義), not to abandon it."

I wonder whether there is some amount of Pragmatism in the case of Vasubandhu; in any case his attitude is worthy of notice, for the common vice of philosophers—I mean the Indian philosophers—is to condemn doctrines which are not logically perfect and even to deny facts which cannot be explained according to the accepted doctrine.

REVIEWS OF BOOKS

The History of Aryan Rule in India from the Earliest Times to the Death of Akbar. By E. B. Havell. pp. xxxi, 583. London: G. G. Harrap & Co. 1918. 15s.

Regarded as a volume produced under war conditions, Mr. Havell's *History of Aryan Rule in India* is beyond criticism. The paper on which it is printed is excellent, and the illustrations are admirably executed. It is not until we turn to examine the contents that material for controversy arises.

Mr. Havell is well known for the exuberant enthusiasm with which he advances his theories. He is, in fact, *plus Hindou que les Hindous*; and the challenge which he offers is so deliberate that it is impossible to suppose that he does not desire it to be taken up. The present reviewer cannot claim to be an expert upon the subject of "Aryan rule in India", but he has read Mr. Havell's pages with the utmost care, and has supplemented the perusal with the study of other authorities. He is well aware of his own deficiencies, but there are nevertheless one or two observations which it appears to be eminently necessary to make, and which, it is submitted, do not need to be based upon any other foundation than that of common sense.

The introduction glows with eloquent periods, and it may seem harsh to introduce a jarring note. But, in one instance at least, Mr. Havell exhibits such complete detachment from the realities of the hour that he positively clamours for comment. He assigns "the chiefest cause of Europe's present political bankruptcy" to "the fatal obsession of British statesmen that for the security of our Empire in India it was necessary to bolster up Turkish misrule in Asia and in Europe". The proposition raises issues of a political complexion which it would be improper to discuss in this place. But, admitting that it be true, and granting also that the idea is "deeply rooted in Anglo-Indian traditions", where does Mr. Havell find his authority for the contention which he proceeds to build upon it? He has evidently never heard of the Pan-Islamic movement or of the potent effect which it exercises upon Moslem opinion in India; or else he would not commit himself to the view that "the course of the Great War has shown how groundless were the fears that Indian Muhammadans as a body would desire to prolong the unholy alliance between Islam and the powers of evil which Turkish rulers, young and old, in Europe and in Asia, have maintained for so many centuries".

Mr. Havell lays claim to constructing the history of India on a scientific basis; but this is scarcely the way to begin. Another instance occurs a page or two later:—

> The freedom and general happiness attained by the people of Great Britain with the help of Parliamentary institutions and the richest revenues of the world can hardly be compared with that which Indians within the Aryan pale enjoyed both before and after the fifth century A.D.—the time which we regard as our Dark Ages, and theirs.

What is the evidence upon which this remarkable generalization is based? Mr. Havell is so manifestly overjoyed to live in the past that it seems cruel to invite him to undertake an excursion into the future. But will he imagine that he has been re-incarnated in the fortieth century A.D., and that he is endeavouring to ascertain the causes and results of the war of 1824 to 1826 between the British and the Burmese? That war, as we know, was ended by the treaty of Yandaboo, whereby payment was exacted of a crore of rupees together with the cession of Assam, Arakan, and Tenasserim. Assume that the documents proving these historical facts have perished, and that the only source of information is provided by the Burmese official account of the war, as recorded in the "Royal Chronicle". This is what the fortieth-century Mr. Havell will discover there:—

> In the years 1186 and 1187 (of the Burmese era) white strangers from the west fastened a quarrel upon the Lord of the Golden Palace. They landed at Rangoon, took that place and Prome, and were permitted to advance as far as Yandaboo: for the King, from motives of piety and regard to life, made no preparations whatever to oppose them. The strangers had spent vast sums of money in their enterprise, so that by the time they reached Yandaboo their resources were exhausted, and they were in great distress. They then petitioned the King, who in his clemency and generosity sent them large sums of money to pay their expenses back and ordered them out of the country.

It would be unfair to press the parallel, but it is surely permissible to point to this passage as an indication of the care needed in evolving theories from ancient official documents when the means of checking their statements do not exist. No doubt corroborative evidence in the case of what Mr. Havell calls "Aryan India" is afforded, to some extent, by foreign travellers; but it is legitimate to inquire here also how far their researches extended into the lives and material conditions of the people themselves.

Mr. Havell maintains that the "the Indo-Aryan constitution, built up by the highest intelligence of the people upon the basis of the village communities, and not wrung from unwilling war-lords and landlords by century-long struggles and civil war, secured. to the Indian peasant-proprietor not only the ownership of the land but very considerable powers of self-government". But has it not been the experience of every one else who has collected materials for a history of India, that autocracy is substantially the only form of government with which the investigator is confronted? Writers of the school of Mr. Havell take too seriously the counsels of perfection which are contained in the textbooks of Brahman schoolmen. How many of the kings of "Aryan India" troubled to attain the standard of the perfect ruler pictured in these books, who was endowed with all the virtues, followed the wise advice of "elder statesmen", and regarded himself as a "limited" or constitutional monarch? Human nature being what it is, the reality probably was that every Indian despot adapted his policy to the strength of the position which he occupied. Chandragupta Maurya and Harsha, and at a much later date Akbar, did exactly what they pleased, and paid very little heed to aphorisms and expositions of the ideal.

A typical example of Mr. Havell's methods is afforded by his treatment of the Kauṭilīya-artha-śāstra, the famous treatise on Hindu polity and political economy of which the authorship is attributed to Chāṇakya, the minister of Chandragupta Maurya. The rule of this emperor, it is repeatedly insisted, was "not the undiluted despotism of an absolute monarchy, but a constitutional government . . . in which, theoretically at least, the people's right was the only source of the divine right of kings". Nevertheless, the "drastic measures taken for the consolidation of the Empire" could not have been very securely based upon the goodwill of the people, for we read in the Kauṭilīya that

Chandragupta changed his bedroom· every night, and that when he rode abroad it was a capital offence to approach close to his bodyguard of women archers. Moreover, he was surrounded with a network of spies and secret agents, and it is noteworthy that Mr. Havell entertains no objection to the employment of espionage by " constitutional monarchs ", so long as the scene is not laid in his own day. As for the details of administration which are set out in the Kauṭilīya, it is astonishing to find Mr. Havell ransacking his dictionary for terms of praise. The work has been examined with the utmost care by Dr. L. D. Barnett among other scholars ; and the impartial student is far more likely to agree with the judgment which that learned Sanskritist has passed upon it :—

> The picture of revenue administration drawn in the Kauṭilīya, though in some respects perhaps theoretical, is evidently in its main outlines true to life, and depicts a society choking in the deadly grip of a grinding bureaucracy.

What is there of the methods of a "limited monarchy " about the " benevolences " by which, according to the Kauṭilīya, a king was able to raise funds after he had exhausted the ordinary resources of official exaction ?

Take again a comment by Mr. Havell on the Nitisāra of Sukrāchārya, which furnishes similar information with regard to Hindu political economy in the Middle Ages. " The wealth that is stolen by the Brahman tends to well-being in the next life," says Sukrāchārya (ii, 811, 812); " the wealth that is given to the Sūdra tends only to hell." In the eyes of Mr. Havell, this is merely a " pungent aphorism " (p. 222); yet it is part of his argument (p. 224) that the Nitisāras were the textbooks for the King's education, and that "the theory that India has never enjoyed a constitution according to modern ideas is a historical fiction which does not bear careful examination ".

God knows the truth, as Badaoni, writing in the sixteenth century, says of the obscure sequence of events in the reign of Ala-ud-din Khilji during the thirteenth. It may be correct to lay down the proposition that Indo-Aryan law did not vest the right of succession to the throne in the family of the reigning monarch absolutely ; but it is going too far to assert, as Mr. Havell does, that it was "contingent" on the approval of the State Council. The more likely fact is that the strong man succeeded by force of arms and that the "approval" of the State Council was quite an *ex post facto* affair.

With regard to Ala-ud-din Khilji, it may be that Ibn Batuta, who wrote in the fourteenth century, was justified according to the standard of his time in describing him as "one of the best Sultans". But Mr. Havell might have been expected to say something more of the characteristics of this crafty and bloodthirsty tyrant than to compare his ideals to "those of a Prussian war-lord", and to allude consistently to his religious and other extravagances as manifestations of "Kultur". He even records as "the wonder of the age" the fantastic measures by which, at the cost of infinite oppression, he secured artificial cheapness in the markets of the capital during years of drought.

The enthusiasms of Mr. Havell, in a word, are so uncompromising that they defeat their own object. He is not satisfied with an idyllic representation of the political and social conditions in Vedic India. It is his aim to refer all the religions of the world to the single common denominator of Hinduism or rather Brahmanism. The magnificent amplitude of this assumption takes the breath away. Brahmanism is essentially assimilative; but to assert that it is creative is quite another matter. Mr. Havell is, however, quite serious upon the point, and to argue with him would seem to be useless. He is convinced that what he sets out to prove, he proves. Nevertheless, his exposition of Hinduism is not complete. He devotes several pages to a dissertation on Yoga which, like almost everything else, is described by him as a fundamental doctrine of Indo-Aryan faith. But he omits all mention of the Tantric cults which have unhappily struck such deep roots in Indian life. Once again it is most respectfully suggested to him that by tearing a passion to tatters he does not assist in the construction of history upon that scientific basis of which he so emphatically approves.

H. E. A. C.

BULLETIN

OF THE

SCHOOL OF ORIENTAL STUDIES
LONDON INSTITUTION

PAPERS CONTRIBUTED

THE DHVANIKĀRA AND ĀNANDAVARDHANA

By SUSHIL KUMAR DE

ĀNANDAVARDHANA has been assigned by Bühler and Jacobi to the middle of the ninth century, on the strength of *Rāja-taraṅgiṇī*, v. 34, which makes him one of the ornaments of the court of Avantivarman (A.D. 855–84). The statements of Kalhaṇa, no doubt, must be accepted with caution, but it is unlikely, as we shall see from several other considerations, that the tradition in Kāśmīr, thus embodied in the *Rāja-taraṅgiṇī*, regarding a famous author, should have maintained a false or unfounded account. We are pretty certain of the time of Abhinavagupta, Ānandavardhana's commentator; for, as he himself states, his commentary on the *Īśvara-pratyabhijñā* was written in A.D. 1014–15, while his *Krama-stotra* was composed in A.D. 991. This would certainly place him towards the end of the tenth and the beginning of the eleventh century. Now, from Abhinavagupta's remarks at the end of his *Locana* commentary on Uddyotas i and iii of the *Dhvanyāloka*, it appears that the study of this famous work was traditional in his family, and that his commentary was composed as a rejoinder to another, *Candrikā* (p. 60), written by one of his predecessors in the same *gotra* (*Candrikā-kāras tu paṭhitam . . . ity-alaṁ pūrva-vaṁśyaiḥ saha vivādena bahunā*, p. 185;

ity-alaṁ nija-pūrvaja-sagotraiḥ sākaṁ vivādena, p. 123, etc.); and four
times in his commentary (pp. 123, 174, 185, 215) he discusses or contro-
verts the views of this earlier commentator, who is specifically referred
to as Candrikā-kāra at pp. 178 and 185.[1] This would certainly allow
some generations to lie between Ānandavardhāna and Abhiṇavagupta,
and would negative completely Pischel's contention that in three
passages Abhinavagupta speaks of Ānandavardhana as one of his
teachers. These passages occur at pp. 37, 183, and 214 of the printed
text, and a perusal of them with reference to their context will
convince anyone that the honorific word *guru* in the text may either
refer to Ānandavardhana, not literally but figuratively, as *param-
parā-guru*, whose work was held in esteem in his family (cf. Jacobi,
W.Z.K.M. iv, pp. 237–8), or (which is more likely) the reference is to
one or other of Abhinavagupta's teachers, such as Bhaṭṭa Tauta,
Lakṣmaṇagupta, or Bhaṭṭendurāja, who are spoken of pretty often in
this commentary as well as in his *Tantrāloka* and his commentary on
the *Parātriṁśikā*. Again, Kayyaṭa states that he wrote his commentary
on Ānandavardhana's *Devī-śataka* (ed. Kāvyamālā, pt. ix) at about
A.D. 977, so that by the end of the tenth century Ānandavardhana
was well enough established in fame to have two such learned commentators. It may also be pointed out that Rājaśekhara, who lived
about A.D. 880–920, mentions and cites Ānandavardhana by name
in his *Kāvya-mīmāṁsā* (p. 16), and this would certainly clear up any
doubts as to the authenticity of the date assigned by Kalhaṇa and
accepted by Bühler and Jacobi.

Several works have been ascribed to Ānandavardhana, but what
immediately concerns us is the celebrated work on Poetics known as
Dhvanyāloka (also called *Kāvyāloka* or *Sahṛdayāloka*), of which or a part
of which, he is reputed to be the author. This work may be divided
into two parts, viz. (1) *Kārikās*, consisting of verses and treating of
dhvani, and (2) the *Vṛtti*, or exposition, generally in prose with
illustrative verses, of the above *Kārikās*. Now the question has been
raised whether the *Kārikā* and the *Vṛtti* are of the same authorship
or should be attributed to different authors.

Abhinavagupta and after him several writers on Poetics carefully

---

[1] This *Candrikā* is also referred to in a punning verse at the beginning of
Mahimabhaṭṭa's *Vyakti-viveka* (i. 5): *Dhvani-vartmany-ati-gahane skhalitaṁ rāṇyāḥ
pade pade sulabham, Rabhasena yat pravṛttā prakāśakaṁ candrikā-dy-adṛṣṭrai-va*,
on which the commentator, probably Ruyyaka, remarks: *Candrikā jyotsnā
dvani-vicāraṇa-grantho'-pi* (p. 1).

distinguish between the *Kārikākāra* and the *Vṛttikāra*, implying thereby that the former is a different and older writer. In several places in his commentary he seems to oppose distinctly the *Vṛttikāra* and the *Kārikākāra*, and to refer to them respectively as such, viz. :—

Samucitā-śīḷ-prakaṭana-dvāreṇa Parameśvara-sāṁmukhyaṁ karoti vṛttikāraḥ (p. 1).

Nanu dhvani-svarūpaṁ brūma iti pratijñāya vācya-pratīyamānā-khyau dvau bhedau arthasya iti vyākhyā-bhidhāne kā saṅgatiḷ kārikāyā ityā-śaṅkya saṅgatiṁ kartuṁ avataraṇikāṁ karoti (p. 12).

Ata eva mūla-kārikā sākṣāt tan-nirākaraṇā-rthā na śrūyate; vṛttikṛt tu nirākṛtam api prameya-saṁkhyā-pūraṇāya kaṇṭhena tat-pakṣam anūdya nirākaroti (p. 59).

Dvitīyo-ddyote kārikākāro 'vāntara-vibhāgaṁ viśeṣa-lakṣaṇaṁ ca vidadhad anuvāda-mukhena mūla-vibhāgaṁ dvividhaṁ sūcitavān. Tad-āśayā-nusāreṇa tu vṛttikṛd atrai-vo-ddyote mūla-vibhāgam avocat sa ca dvividha iti (pp. 59–60).

Vṛttikāraḥ saṅgatim uddyotasya kurvāṇa upakramate, evam ity-ādi. Prakāśita iti, mayā vṛttikāreṇa sate-ti bhāvaḥ. Na cai-tan mayo-ktam, api tu kārikākārā-bhiprāyeṇa ity-āha tatre-ti (p. 60).

Anya-pakṣaṁ dūṣyatvena hṛdi nidhāyā-bhīṣṭatvāt sva-pakṣaṁ pūrvaṁ darśayati vṛttikāraḥ (p. 71).

Kārikā-pya-bhiprāya-dvayenai-va yojyā. Na kevalaṁ prathamā-bhiprāye prathama-kārikā-rtha-dṛṣṭāntā-bhiprāyeṇa vyākhyeyam evaṁ vṛtti-grantho'pi yojyaḥ (p. 78).

. Vṛttikāro vakṣyamāṇa-kārikā-bhiprāyaṁ darśayaṇn-āha (p. 85).

Prakrānta-prakāra-dvayo-pasaṁhāraṁ tṛtīya-prakāra-sūcanaṁ cai-kenai-va yatnena karomī-ty-āśayena sādhāraṇam avataraṇa-padaṁ prakṣipati vṛttikṛt (p. 104).

Uktam eva dhvani-svarūpaṁ tadā-bhāsa-viveka-hetutayā kārikākāro 'nuvadatī-tyā-bhiprāyeṇa vṛttikṛd upaskāraṁ dadāti (p. 122).

Yas tu vyācaṣṭe vyaṅgyānāṁ vastva-laṁkāra-rasānāṁ mukhena iti sa evaṁ praṣṭavyaḥ, etat tāvat tri-bhedatvaṁ na kārikākāreṇa kṛtam; vṛttikāreṇa tu darśitam. Na ca idānīṁ vṛttikāro bheda-prakaṭanaṁ karoti, etc. (p. 123).

Kārikākāreṇa pūrvaṁ vyatireka uktaḥ. Na ca sarvathā na kartavyo 'pi tu bībhatsādau kartavya eve-ti paścād anvayaḥ. Vṛttikāreṇa tva-nvaya-pūrvako vyatireka iti śailīm anusartuṁ anvayaḥ pūrvam upāttaḥ (pp. 130–1).

All these passages are important, especially the last two in which Abhinavagupta tries to reconcile the conflicting views expressed

by the *Kārikākāra* and the *Vṛttikāra* ; and an exceptional weight
attaches to the testimony of Abhinavagupta, whose opinion assumes
a special importance when we consider that he did not live very far
apart from Ānandavardhana himself, and that in his family, as
already pointed out, the study of *Dhvanyāloka* was handed down as
a kind of traditional heritage.

If, however, the common authorship of the *Kārikā* and the *Vṛtti*
be posited, then one would expect to find complete agreement of
opinion between the two. On the other hand, it seems that the system
as given in its bare outline by the *Kārikākāra* in his concise verses has
been considerably expanded, revised, and modified by the *Vṛttikāra* ;
and many problems not discussed or even hinted at by the former are
elaborately treated of by the latter. In one place, for instance (p. 123),
Abhinavagupta clearly points out that the classification of *dhvani*
according to *vastu*, *alaṁkāra*, and *rasādi* is not expressly taught in one
Kārikā, although after the manner of all faithful commentators he
attempts in his own way to reconcile this inconsistency. Indeed, it
would seem that Ānandavardhana attempted to build up a more or
less complete system of Poetics upon the loosely joined ideas and
materials supplied by the *Kārikās* ; and his success was so marvellous
that in course of time the *Kārikākāra* receded to the background,
completely overshadowed by the more important figure of his
formidable expounder, and people considered as the Dhvanikāra not
the author of the few memorial verses but the commentator
Ānandavardhana himself, who for the first time fixed the theory in its
present form. It may also be pointed out that the term "Dhvanikāra"
came gradually to be used in the generic sense of "the creator of the
Dhvani School", and therefore indiscriminately applied by later
writers to Ānandavardhana, who, though not himself the founder
of the theory, came to receive that credit for having first victoriously
introduced the system in the struggle of the schools.

It is not surprising, therefore, that in the verse ascribed to
Rājaśekhara in Jahlaṇa's *Sūkti-muktā-valī*, Ānandavardhana is
regarded as the founder of the *dhvani* theory. Similarly, Samudra-
bandha (Commentary on the *Alaṁkāra-sūtra*, p. 4), passing in
review the five schools of Poetics before Ruyyaka, mentions
Ānandavardhana as the founder of the fifth or last Dhvani School.
This would also explain the two groups of apparently puzzling
citations from the *Dhvanyāloka* met with in the works of later writers
in which they either confuse or identify Ānandavardhana with the

Dhvanikāra. On the one hand, we have several *kārikās* cited under the name of Ānandavardhana, while, on the other, several passages which occur in the *Vṛtti* are given under the name of the Dhvanikāra.[1] This confusion was so complete in later writers that even in the latter part of the eleventh century Mahimabhaṭṭa, who professed to demolish the new theory by his fierce onslaught in the *Vyakti-viveka*, quotes from the *Kārikā* and the *Vṛtti* indiscriminately under the generic appellation of the Dhvanikāra. In the same way Kṣemendra, in the last quarter of the eleventh century, and Hemacandra, in the first quarter of the twelfth, make Ānandavardhana responsible for *kārikās* iii. 24 and i. 4 respectively, while still later writers like Govinda, Viśva-nātha, and Kumāra-svāmin regard Ānandavardhana himself as the Dhvanikāra, to whom the *Kārikā* as well as the *Vṛtti* is attributed. Mammaṭa, generally a careful writer, distinguishes Ānandavardhana from the writer of the *kārikās*, whom he styles *Dhvanikāra* or *Dhvanikṛt* (pp. 213 and 214, ed. Bomb. Sans. Series), but in one place (p. 445) he apparently falls into confusion and ascribes to the Dhvanikāra a verse which undoubtedly belongs to the *Vṛtti*.

If the Dhvanikāra, the supposed author of the *Kārikā*, is thus distinguished from Ānandavardhana, the author of the *Vṛtti*, the question naturally arises—who was this Dhvanikāra, and what date should be assigned to him ? It is clear from Abhinavagupta's remarks that the *Kārikākāra* was an older writer, although his name or date is nowhere given either by Abhinavagupta or Ānandavardhana. It seems likely that even in the ninth and the tenth centuries his name was already forgotten, although tradition of his authorship still remained. Jacobi, in the learned introduction to his translation of the *Dhvanyāloka*, and following him, Dr. Hari Chānd Śāstrī, in his *L'Art Poétique de l'Inde*, pose the question very ably, without, however, furnishing a precise solution. Sovani's hypothesis (*JRAS*. 1910, pp. 164-7) that the name of the unknown *Kārikākāra* was Sahṛdaya, on the ground that one of the alternative names of the work itself is *Sahṛdayāloka* and that the use of the words *sahṛdaya* and *kavi-sahṛdaya* at the end of chapter iv of the *Dhvanyāloka* and in the beginning of Abhinavagupta's commentary is significantly

---

[1] See, for instance, Kṣemendra, *Aucitya-vicāra-carccā*, p. 134 = *Dhvanyāloka*, iii. 24 ; Hemacandra, *Alaṁkāra-cūḍā-maṇi*, p. 26 = Vallabhadeva, *Subhāṣitāvali*, No. 157 = *Dhvanyāloka*, i. 4 ; Govinda Ṭhakkura, *Kāvya-pradīpa*, p. 16 = *Dhvanyāloka*, p. 221 ; Viśvanātha, *Sāhitya-darpaṇa*, ed. Roer, p. 108 = *Dhvanyāloka*, p. 130 ; Jayaratha, *Alaṁkāra-vimarśinī*, p. 19 = *Dhvanyāloka*, p. 11 ; Kumāra-svāmin, *Ratnāpaṇa*, p. 64 = *Dhvanyāloka*, iii. 3, etc.

corroborative, is hardly convincing. For it is well known, as Dr. Harichānd points out, that the word *sahṛdaya* (lit. a man with a heart) is used in innumerable places in Alaṁkāra literature, as in the verses in question, to designate a man of taste, a judge of literary beauty, a connoisseur of *rasa*. Ānandavardhana himself discusses *sahṛdayatva* at some length in his *vṛtti* (p. 160), and Abhinavagupta arrives at a concise definition of a *sahṛdaya* thus : (p. 11) *yeṣāṁ kāvyā-nuśīlanā-bhyāsa-vaśād viśadībhūte mano-mukure varṇanīya-tanmayī-bhavana-yogyatā, te hṛdaya-saṁvādabhājaḥ sahṛdayāḥ*, a definition which became so much standardized that Hemacandra does not scruple to copy it literally in his *Alaṁkāra-cūḍā-maṇi* (p. 3). Similarly, Mammaṭa begins his *Kāvya-prakāśa* (Bomb. Sans. Series ed., p. 10) with a reference to *kavi* and *sahṛdaya*, who are thus distinguished by Vidyādhara in his *Ekāvalī* (p. 21) : *Kāvyaṁ kartuṁ vidanti vindata iti kāvya-vidaḥ kavayaḥ, sahṛdayāś ca vetti-vindatyor āvṛttyā grahaṇāt parisphurataḥ prakṛti-śleṣasya mahimnā-bhidhīyante* ; and both Mammaṭa and Viśvanātha declare that the *sahṛdaya* alone can have a true perception of *rasa* in poetry. It is needless to multiply more instances to establish a point which is pretty familiar to every student of Alaṁkāra literature, but they would go to disprove without any doubt Sovani's conjecture that with *sahṛdaya* we arrive at the name of the unknown writer of the *Kārikās*.

The fact is that we have as yet hardly any material to decide the question finally. But it seems likely that the Dhvanikāra was a much older writer than Ānandavardhana, for even in Abhinava-gupta's time his actual name seems to have been forgotten. It is quite possible, as Abhinavagupta seems to imply and Jacobi tries to make out, that this unknown Dhvanikāra was a contemporary of Manoratha, who is placed by Kalhaṇa's *Rāja-taraṅgiṇī* (iv. 496 and 671) in the reign of Jayāpīḍa and his successor Lalitāpīḍa, i.e. in the first part of the ninth century (about A.D. 780–823); but there are difficulties which seriously stand in the way of our arriving at a definite decision on this point. While discussing the various theories which deny the existence of *dhvani*, Ānandavardhana quotes a verse anonymously with the remark, *tathā cā-nyena kṛta evā-tra ślokaḥ*, upon which Abhinavagupta in his gloss remarks, *Tathā cā-nyena iti. Granthakṛt-samāna-kāla-bhāvinā Manoratha-nāmna kavinā*. Now, if we suppose that by *granthakṛt* Abhinavagupta means Ānanda-vardhana, then Manoratha, who is thus made a contemporary of the latter, lives in the last part of the ninth century, i.e. much later than the date assigned to him by Kalhaṇa, presuming, of course, that both the Manorathas are identical persons. If, on the other hand, we suppose that *granthakṛt* refers, as Jacobi conjectures, to the anonymous Dhvanikāra, we are confronted with the fresh difficulty that by the term *granthakṛt* Abhinavagupta invariably means Ānandavardhana (pp. 12, 37, 90, etc.). To remove this difficulty we must suppose either (1) that Kalhaṇa is wrong, as Pischel argues, in assigning Manoratha to the reign of Jayāpīḍa and Lalitāpīḍa, (2) that the two Manorathas were not identical persons, or (3) that Abhinavagupta himself has confused the *Kārikākāra* with the *Vṛttikāra*. As there are no definite means of deciding any one of these equally plausible propositions, and as the acceptance of the one or the other of these would lead to widely different results, the question cannot be regarded as satisfactorily settled, and the attempt to make the original Dhvanikāra a contemporary of the Manoratha of Kalhaṇa does not seem to be at all plausible.

It would seem, on the other hand, that the *Kārikās* date back to a much earlier time than the first quarter of the ninth century, in which the Dhvanikāra is placed by Jacobi as a contemporary of Manoratha. The allusion to Manoratha and the apparent discrepancy in Kalhaṇa's statement need not trouble us, nor need we challenge the otherwise trustworthy testimony of Abhinavagupta, for it is quite reasonable to suppose that the Manoratha under discussion is perhaps a poet who was, Abhinavagupta says, contemporaneous with Ānandvardhana, and therefore quite a different person from the well-known Manoratha of Kalhaṇa. This is perhaps a much simpler explanation than straining the word *granthakṛt* to mean the *Kārikākāra* in the face of Abhinavagupta's own distinct indication to the contrary, and in this way we are not affected in the least by Kalhaṇa's Manoratha, with whom we have nothing to do. If, on the other hand, we place the Dhvanikāra in the time of Kalhaṇa's Manoratha, this would only leave a bare margin of two generations between the *Kārikākāra* and the *Vṛttikāra*. But a careful study of the *Dhvanyāloka* would show that a longer time must indeed have elapsed between the author and the commentator in order to make room for a period of scholastic exposition of the former, of which undoubted traces are preserved to us in the few memorial verses—*parikara-ślokas* (pp. 34, 130, 137, 147, 163), *saṁgraha-ślokas* (pp. 87, 223), *saṁkṣepa-ślokas* (pp. 44, 74, 243)—incorporated by Ānandavardhana in his *Vṛtti*, which therefore is not likely to be the first of its kind. These *ślokas* are a sort of recapitulation-stanzas which are adduced by the *Vṛttikāra* from un-. known sources, sometimes to explain the meaning of the *Kārikās*, but more often to amplify and supplement them. A *saṁkṣepa-śloka*, as its name implies, is a verse which sums up and utters a theory in a condensed and crystallized form. A *parikara-śloka* is thus explained by Abhinavagupta (p. 34) : *Parikarā-rthaṁ kārikā-rthasyā-dhikāvāpaṁ kartuṁ ślokaḥ parikara-ślokaḥ* ; and referring to two *saṁgraha-ślokas*, he remarks (p. 223); *evaṁ śloka-dvayena saṁgrahā-rtham abhidhāya bahu-prakāratva-pradarśikāṁ kārikāṁ paṭhati.* Again, in a rather long digression (pp. 187 ff.), Ānandavardhana repudiates other explanations of *dhvani*, implying thereby that already before his time such attempted explanations had found champions whose opinions he thought worth refuting. The space of one or two generations, as conjectured by Jacobi, between the original conceiver of the theory and its first great expounder, between its first dogmatic formulation and its deeply thought out, exhaustive and classical exposition, hardly suffices to make these intermediate controversial activities appear intelligible. The assumption commends itself, therefore, that a longer period must have intervened to allow the theory to struggle through divergent opinions and establish itself authoritatively, so that in Ānandavardhana's time it could already look back upon a long past during which people had obviously progressed in the way of explaining it and had succeeded in bringing it, through various degrees of opposition and support, to a position of considerable authority. And a century later, in Abhinavagupta's time, even the name of the Dhvanikāra appears to have been lost, although the tradition of his authorship of the *Kārikās*—a tradition which in the next century almost disappeared—still lingered.

If Ānandavardhana gave the final authoritative shape to the Dhvani-theory (only the details of which were worked out by Abhinavagupta and others), the anonymous Dhvanikāra, who must have lived at least a century before his *Vṛttikāra*, was not its absolute creator. This is made clear by the first *kārikā*, which tells us that the theory was already taught by earlier thinkers, and that there existed even at that time at least three divergent views about the nature of *dhvani* :—

> *Kāvyasyā-tmā dhvanir iti budhair yaḥ samāmnāta-pūrvas*
> *Tasyā-bhāvaṁ jagadur apare bhāktam āhus tam anye*
> *Kecid vācāṁ sthitam aviṣaye tattvam ucus tadīyaṁ*
> *Tena brūmaḥ sahṛdaya-manaḥ-prītaye tat-svarūpam.*

Ānandavardhana explains *samāmnāta-pūrvam* in this verse as *param-paraya yaḥ samāmnātaḥ*, and if we are to take Abhinavagupta's gloss on *paramparā* we understand that the theory came down in unbroken tradition, if not explained in particular books (*Avicchinnena pravāheṇa tair etad uktam, vinā'pi viśiṣṭa-pustakeṣu vivecanā-dī-tya-bhiprāyaḥ*, p. 3). This implies without doubt that the school existed from a very ancient time, and some unknown writer in the dim past gathered together, summed up, and fixed the theory in a form which obtained considerable literary esteem for his work and the honoured but somewhat vague appellation of the Dhvanikāra for himself. But his name and fame, in course of time, was eclipsed in their turn by those of his great *Vṛttikāra*, who succeeded in establishing the theory for all time and to whom posterity began to ascribe, not altogether undeservedly, all the honours of his predecessor, so that one of the latest writers on Alaṁkāra, Kumāra-svāmin (*Ratnāpaṇa*, p. 288), glorifies him with the curious but significant epithet—Dhvanyācārya.

NOTE ON THE DEVELOPMENT OF THE MODI CHARACTERS

By W. Doderet

THE Devanāgarī alphabet has been shown by Bühler to have been derived from the Brahmī, in which the earliest documents and most of Asoka's inscriptions are written. With the revival of Sanskrit learning and literature, which took place in the fourth and fifth centuries A.D. under the Gupta emperors, the development of the Brahmī script proceeded apace. The first step or innovation was the method adopted by which the letters were made to hang from the horizontal top-line. This line first appears to a marked degree in the period, dating from 350 after Christ, but becomes only fully developed in the scripts *circa* A.D. 800–1200. Thus the *p* of the Baijnāth Prasasti (A.D. 804) has an open top, but appears with a closed top, प, in the Kanheri cave inscriptions, only to open out again in the tenth century. The character may be regarded as having become fixed in the eleventh century (*vide* Bhīmadeva's script A.D. 1029). And similarly with other letters.

Modī may, from a critical examination of the letters and reasoning from general considerations, be regarded as cursive Devanāgarī. It is possible in the case of the fifteen consonants, which depart from the Devanāgarī norm, to see the development occurring before one's eyes, so to speak, and to trace such developments according to three main underlying principles. These are : (i) the effort to keep the pen from being lifted from the paper ; (ii) the introduction of the connective stroke ⌐, either (*a*) in the case of those consonants, which in Devanāgarī would end at the bottom of the line, or (*b*) as an addition to the letter to represent the sound *ā* and its derivatives *o* and *au* ; (iii) the general simplification of curves in the body of the corresponding Devanāgarī letter. As an example of the first principle we have the Devanāgarī ब made ប, where the lower half of the semicircle is brought right down to the bottom of the line to receive the upward perpendicular stroke. The latter, when it has reached the top of the line, serves as the starting-point for the following letter, e.g. वर = ប្ឫ, " upon," " above."

The second principle can well be illustrated by taking the letter द = ড = द + ⌐. The tail of the द serves as a means of joining the connective stroke ⌡ thereto, and thus the top of the line is again reached. Again वा = ⊍ = ट + ⌡.

Perhaps the best illustration of the third process is the Devanāgarī letter ह = Moḍī ⊍ = ह + ⌡, i.e. simplification of the curved upper portion into ɛ plus addition of the connective ⌡ to the long tail [ɛ + ɩ + ⌡ = ⊍].

In mediaeval times writing was confined mainly to formal docu- ments. It is therefore, on general considerations, only reasonable to suppose that the fixation of the Devanāgarī script preceded, probably by several centuries, the development of the cursive Moḍi. We find the same order in the Kharoṣṭī script. Asoka's inscriptions on the Shabāzgarhi and Manseru rocks are obviously anterior to the flowing and fully developed writing of the " Stein " documents of Khotān, with their graceful curves and picturesquely formed akṣaras. Witness Asoka's k = ⅁ and the k of the Niya leather documents ℬ .

There are, however, two Moḍī letters ⅁ = ख and ⊍ = स, which do not readily yield to treatment on the above general lines. The Devanāgarī ख is a clumsy letter to write, and, moreover, is a stumbling-block to all learners, as it is so liable to be confused with र + व. Similarly in writing the Devanāgari स the pen has to be lifted twice from the point of contact with the manuscript before the top line is reached again for writing the following letter. It remains to suggest a possible explanation of the two corresponding Moḍi letters which are quite convenient to write in cursive script. A critical examination of the forms of these letters in the period prior to A.D. 1200 is necessary, and such examination shows that these two letters may be regarded as survivors from the ancient Brahmī and Kharoṣṭī scripts. The Kharoṣṭī kh of the Dutreuil de Rhins manuscript reads ⌇, with a very elongated top, which was reduced in size, when the Niya documents were written, to ⌇. As Kharoṣṭi was written from right to left, the letter would be reversed in Brahmī and Devanāgarī. Hence we find in Brahmī forms such as the following : ⅋, � glyphs, the last being the prototype of the Devanāgari ख, the tail in the latter being an obvious addition. The development of the s, स, proceeded from the Brahmī letter ⅃, seen in Asoka's Karli inscription. Precisely the same form appears in the Junnar cave inscriptions of the second century A.D. But an earlier form, that of Rudradāman, shows a more elongated right-hand curve, thus : ⅅ. The development into स proceeded in the period A.D. 350–800. But again in the period A.D. 800–1200 the left-hand " tail " is either lost (Kanheri ninth century ᘓ) or foreshortened (Mulrājā tenth century ᘘ). It is obvious, therefore, that the " tail " was not considered in mediaeval times to be an essential member of the body of the letter, and that after many vicissitudes only did it become fixed " more simiæ " in the Devanāgarī स. The Moḍī ᘚ may therefore be regarded as the final effort to get rid of the caudal appendage in the letter ᘚ + the connective ᘠ. But the curl at the top has to be accounted for. Now, curiously enough, the Kuṣana s (first, second century A.D.) is written ᘙ. Hence the curl at the top of the Moḍī ᘚ may be regarded either as a throw-back to the Kuṣana letter, or as the result of the artistic effort of the modern scribe with a view to distinguish the letter from ᘛ (व), which in very cursive script of the present day is written thus: ᘛ.

NOTES ON THE NESTORIAN MONUMENT AT SIANFU

By Lionel Giles, M.A., D.Litt.

(Concluded.)

WHEN I wrote my note on (33) 占 青 雲, etc. (BULLETIN, I, 3, p. 39), I was unaware that Père Havret had discussed and amplified his previous translation of the passage in a small pamphlet entitled *La Stèle Chrétienne de Si-ngan-fou : quelques notes extraites d'un commentaire inédit*, which was published at Leiden in 1897. Through the kindness of my friend Mr. A. C. Moule I have since had access to these notes, where it is conclusively shown that the passage in question conceals an allusion to the following words in the 十 洲 記 *Shih chou chi*, spoken by the envoys from 月 支 Yüeh-chih to the Emperor Wu Ti : 臣 國 去 此 三 十 萬 里、國 有 常 占、東 風 入 律 百 旬 不 休、青 雲 干 呂 連 月 不 散 者、當 知 中 國 時 有 好 道 之 君 "Notre état est à trois cent mille *li* d'ici ; on y observe constamment les présages célestes. Or, le $v_e n_t$ d'est a soufflé d'après les lois harmoniques durant des centaines de décades sans discontinuer ; et les nuages azurés ont donné leur note musicale des mois entiers sans interruption. De là, nous pûmes inférer qu'en ce même temps il se trouvait en Chine un prince vertueux." Père Havret then turns to the sentence in the Inscription, and interprets it in the light of his discovery : " En définitive, il faut voir dans ces nuages et dans ce vent, non point des phénomènes météorologiques qui accompagnèrent le voyage d'Olopen, mais une formule flatteuse pour l'empereur T'ai-tsong dont la renommée attirait vers la Chine les prédicateurs d'Occident." It will be seen that the compliment is delicately implied rather than actually expressed in the Chinese text, being only recognizable by one who is acquainted with the passage in the *Shih chou chi*. My translation, therefore, may stand ; but the initial note about Raban's forecasting of the weather will need some modification.

41. I also owe an apology to Mr. Moule for having said (ibid., p. 42) that the character 毦 is not to be found in K'ang Hsi. It does occur, as a matter of fact, not in the body of the work, but in the 備 考 at the end. It appears, however, to be only a vulgar form of 毦 *érh*.

45. 僧首羅含大德及烈並金方貴緒

On referring the question of 並 to M. Pelliot, who is preparing an exhaustive work on the Nestorian Inscription, I received the following reply: "Le mot 並 ne s'emploie pas comme 同 ou 及 et qualifie en principe le sujet: 'tous' (ici 'tous deux') sont des gens du Kin-fang." At first, having 幷 in my mind, which often means "together with", and also relying on the authority of Wylie, Legge, and Saeki, I was inclined to doubt the truth of this pronouncement. But on looking into the matter, I found that I had been misled by the supposed identity of 並 (the modern form of 竝, also written 𠀤) and 幷 (or 并). In Giles' Dictionary, 9284, the two characters are said to be the same, whereas they are really quite distinct in meaning as well as derivation. The former is defined in K'ang Hsi as 併, 比, 皆 and 偕, the latter as 合, 兼 and 同. The confusion is increased by the existence of a third homophone 併, which is nearer in meaning to 並 than to 幷, and is sometimes written 倂. Havret's "ambo" is therefore to be accepted as correct, and the words 共 and 俱 further on in the sentence must also refer to two persons only.

55. 且乾以美利故能廣生
聖以體元故能亭毒

"As God with His rich benefits is able to create on a wide scale,
So the Sage, by his participation in God's original substance, is able to develop and complete."

Had it been realized that the first line contains two phrases borrowed from the 易經 *I ching*, many mistakes in the translation of this passage would have been avoided.

(1) *I ching*, I, 39[1]: 乾始能以美利利天下 "God, the Originator, is able with his rich benefits to benefit the whole world."

(2) *I ching*, III, i, 6: 夫乾、其靜也專、其動也直、是以大生焉。夫坤、其靜也翕、其動也闢、是以廣生焉 "As to Heaven, its stillness is concentration, its activity direct; hence its creativeness is great. As to Earth, its stillness is contraction, its activity expansion; hence its productive power is extensive."

It will be observed that the author of the Inscription, who was doubtless quoting from memory, has attributed to 乾 the

[1] I follow McClatchie's divisions of the text in preference to Legge's, which diverge from the ordinary Chinese arrangement.

words relating to 坤 ; strictly speaking, instead of 廣 生 he should have written 大 生.

Diaz gives a good paraphrase : 天 主 美 利 益 人、廣 生 萬 物 之 品、代 宗 體 主 行 教、錫 福 于 民 " God showers rich benefits on mankind and creates all things, in their different kinds, on an extensive scale ; Tai Tsung, partaking of the Divine nature, propagates the Christian religion and thus confers happiness on the people."—It is remarkable with what ease the Nestorians contrived to swallow the Chinese doctrine of the divinity of the Emperor !

Wylie and Legge have misunderstood 廣 生; other translators have failed to perceive the comparison between the Deity in the first line and the Sage-Emperor in the second. 乾 of course is here equivalent to 天 in the sense of 上 帝, not as opposed to 坤. The idea may have been suggested by a sentence in K'ung Ying-ta's commentary on 易, I, i: 是 以 聖 人 法 乾 而 行 此 四 德 " Hence the sage takes God as his model and exhibits those four divine attributes " (viz. 元, 亨, 利, and 貞).

For 亨 毒 we are referred to *Tao té ching*, chap. 51. The words do not occur in the classic as edited by 河 上 公 Ho-shang Kung, but only in the less well authenticated text of 王 弼 Wang Pi, where the passage runs: 故 道 生 之 畜 之 長 之 育 之 亨 之 毒 之 養 之 覆 之. The *Tao té ching* 攷 異 *k'ao i* says that the two words " approximate both in sound and sense to 成 熟 ", which take their place in the standard text. 倪 元 坦 Ni Yüan-t'an[1] says in his note : 亨 謂 品 其 形、毒 謂 成 其 質 " *t'ing* means rounding off the form, *t'u* means completing the substance ". The phrase occurs in other early authors, but the *P'ei wên yün fu* is wrong in attributing it to 列 子 *Lieh tzŭ*, though there is a passage at the end of Book VI, § 5, which is evidently an echo of the one in the *Tao té ching* : 自 然 者 默 之 成 之 平 之 寧 之 將 之 迎 之.

Legge : " As Heaven by its beautiful ministration of what is profitable can widen (the term and enjoyment of) life, so the sage (sovereign), by his embodiment of the way of Heaven, completes and nourishes (the objects of his favour)."

· Havret : " Porro caelitus fuit pulchro incremento, ideoque potuit largiter producere; sanctitate usus adhaesit principio, sicque potuit ordinatim perficere."

---

[1] His edition, like that of 吳 澄 Wu Ch'êng, divides the *Tao té ching* into 68 chapters, of which this is the 43rd.

56. 披 八 政 以 黜 陟 幽 明

闡 九 疇 以 惟 新 景 命

"He (the reigning Emperor) has unfolded the eight matters of government, degrading the dull and promoting the enlightened; he has exhibited the nine divisions of the Great Scheme, applying his mind to the renovation of his Luminous Mandate."

九 疇 are the nine divisions of the 洪 範 Great Scheme communicated to Wu Wang by 箕 子 Chi Tzŭ (see *Shu ching*, V, iv, 3 seq.). 八 政 are the "eight objects of government", earnest devotion to which constitutes the third of the above nine divisions.

For 黜 陟 幽 明, see *Shu ching*, II, i, 27.

The last four words are a little troublesome. No translator seems to realize that 惟 here is a verb, with the meaning of 思 or 謀. Cf. *Shu ching*, IV, v, 3 (5): 無 輕 民 事、惟 難、無 安 厥 位、惟 危 "Do not slight the occasions of the people;—think of their difficulties. Do not yield to a wish for repose on your throne;—think of its perils." And ibid., V, i, 1 (5), where Wu Wang says of Chou Hsin: 惟 宮 室、臺、榭 . . . "He has only cared for palaces, towers, pavilions, etc."

景 命 is a cleverly chosen classical quotation which is, of course, intended to suggest the Nestorian religion. See *Shih ching*, III, 2, iii, 7: 君 子 萬 年 景 命 有 僕 "For ten thousand years, O Prince, the Luminous Mandate [of Heaven] will be attached to thy line." There is also a passage in the 晉 語 which is very similar to this: 至 于 文 王 而 維 新 其 命.

Legge: "develops the eight objects of government, so as to degrade the undeserving and promote the deserving; and exhibits the nine divisions of the scheme (of Royal government) to impart a new vigour to the throne to which he has illustriously succeeded."

Havret: "propagavit octo administrationes, et removit promovitque obscuros clarosque; manifestavit novem articulos, ut nempe renovaret praeclarum mandatum."

56, 57. 化 通 玄 理

祝 無 愧 心

"In his task of reformation he has penetrated the mystic principles of the universe;

We may call down blessings on his head without any feeling of shame."

The specific meaning of 祝, according to the 新字典 *Hsin tzŭ tien*, is 以言告神爲主人祈福者 "addressing the spirits and praying for happiness for the ruler." This already makes it more than probable that the emperor is the object, not the subject, of 祝. We must remember that, according to Chinese theory, it is not the sovereign but the people who "can do no wrong"; and the idea that the people would feel shame in praying for an unworthy emperor is therefore quite a natural one. In 無愧心 there may very possibly be an allusion to *Shu ching* IV, viii, 3 (10). The King, Wu-ting, speaking to his Minister, Fu Yüeh, says: "Formerly there was the premier of our dynasty, Pao Hêng, who made my royal predecessor. He said, 'If I cannot make my sovereign like Yao or Shun, I shall feel ashamed in my heart (其心愧恥) as if I were beaten in the market-place.'" Thus, in saying that blessings could be invoked on the emperor without shame, the implication is that the occupant of the throne was comparable to Yao and Shun, a refined piece of flattery quite in accordance with the whole tone of the Inscription.

Wylie: "His transforming influence pervaded the most abstruse principle, while openness of heart distinguished his devotions."

Legge: "His transforming influence shows a comprehension of the most mysterious principles; (his) prayers give no occasion for shame in the heart."

Havret: "Procreans penetrat profundam rationem, precansque caret verecundiae sensu."

Moule: "In his reformations he penetrates the mysterious principle; in his prayers his heart is free from shame."

Saeki: "Conversion (i.e. the transforming influence) leads (the people) to the understanding of the most mysterious Principles. There is nothing to hinder us from offering our thanksgiving prayers for him."

59. 念生響應
　　情發目誠

"When words echo truly the thought that is born,
And the eye sincerely expresses the emotion that springs from the heart."

Diaz is again guilty of making an unwarrantable emendation of the text: he changes 目 into 自, and thus succeeds in spoiling, as I shall show, both the meaning and the parallelism. Legge and

Havret blindly accept this correction; Wylie retains 目, but comes to grief over the translation ; and Saeki cuts the Gordian knot by omitting the clause altogether.

I have ventured to borrow Mr. Moule's èxcellent version of the first line, which hits the meaning exactly.   It is a pity that in the second he has thought it necessary to translate Havret rather than the original.

Dr. Johnson's rule in dealing with Shakespeare was "always to turn the old text on every side, and try if there be any interstice through which light can find its way".   In the passage under consideration, plenty of light can find its way so long as we do not shut the window—that window being the all-important law of parallelism.   Let us anatomize the sentence.   念 "thoughts of the mind" is balanced by 情 "emotions of the heart."   生 and 發 are practically synonymous; there is a slight pause after each of these words.   響 "sound" must be taken to refer to the organ of speech, so that 目 the organ of sight is evidently what is required to balance it.   The eye should sincerely reflect the feelings of the heart just as the tongue should truly express the thoughts in the mind.

Though the phrase 目 誠 is not cited in the *Pʻei wén yün fu*, there are two examples of 見 誠 with exactly the same meaning : (1) In the *Hou Han Shu*, ch. 54, Ma Yüan says that Kuang Wu Ti on all occasions of social festivity was frank in speech, sincere in aspect, and entirely free from dissimulation (開 心 見 誠 無 所 隱 伏).

(2) In a poem by 曹 植 Tsʻao Chih we read : 百 心 可 事 一 君、 巧 詐 寧 見 誠 "men of a hundred minds may serve a single prince, but how can artful pretence assume a look of sincerity ?"

Wylie : " The thoughts will produce their appropriate response, the affections will be free, and the eyes will be sincere."

Legge : " [that] every thought have its echo of response ; and the feelings go forth in entire sincerity."

Havret : " [Si] cogitationi enatae echo respondeat, affectus expressi procedant sinceritate."

Moule : " When words echo (truly) the thought that is born, and the feelings that arise are spontaneously sincere."

Saeki : " That the words of the mouth may be in tune with their inmost thought as the echo follows the sound."

61. 始 効 節 於 丹 庭
乃 策 名 於 玉 帳

" He began by rendering faithful service in the Vermilion
Court [i.e. the Imperial Palace],

And afterwards his name was inscribed in the Jade Tent [he
was given a military appointment]."

It may seem almost incredible that in this year of grace, after
the Inscription has been printed and reprinted time after time,
translated into dozens of different languages, and subjected to the
minutest scrutiny of the most eminent foreign scholars, it should
yet be possible to put one's finger on a character that has been
misread and wrongly transcribed ever since the Nestorian stone
was discovered 300 years ago.   Such, however, is the astounding
fact.   玉 帳 in Diaz's text is printed 王 帳, as it appears on the
stone, and all subsequent editors have made the same mistake.
When I first read the above lines in Havret's facsimile repro-
duction, keeping my attention fixed as usual on the parallelism,
I was struck by the imperfect " balance " of 丹 " red " and
王 " king ".   Now I knew that in calligraphic manuscripts
玉 " jade " is quite commonly written without the dot, so that
it must be determined from the context whether the character
intended is 玉 or 王.   Here the context leaves no room for doubt
as to which is the right reading.   王 帳 is a phrase that appears
neither in the *P'ei wén yün fu* nor the *P'ien tzŭ lei pien*, whereas
玉 帳 is illustrated by no fewer than twenty quotations in these
two dictionaries.   Most of these are casual allusions taken from
poems, and therefore of little help to us.   But 抱 朴 子 *Pao p'o
tzŭ*, written in the fourth century A.D., contains a passage which
gives some clue to the meaning: 兵 在 太 乙 玉 帳 之 中、不
可 攻 也 " When an army is stationed in the ' Jade Tent ' of
the Great Monad, it should not be attacked."   Further light on
the subject is provided by the 雲 谷 雜 記 *Yün ku tsa chi* of
張 說 Chang Yüeh (A.D. 667–730): 藝 文 志 有 玉 帳 經 一 卷、
蓋 玉 帳 乃 兵 家 厭 勝 之 方 位、謂 主 將 於 其 方 置 軍
帳、則 堅 不 可 犯、循 玉 帳 然、其 法 出 於 黃 帝 遁 甲、
以 月 建 前 三 位 取 之、如 正 月 建 寅、則 巳 爲 玉 帳、
主 將 宜 居、李 太 白 司 馬 將 軍 歌 云、身 居 玉 帳 臨 河
魁、戌 爲 河 魁、謂 主 將 之 帳 宜 在 戌 也.   " In the 'Notes
on Literature ' there is the ' Jade Tent Classic ' in one *chüan*.
Now the ' Jade Tent ' is, in military parlance, a dominating
position ; that is to say, if the commander-in-chief of an army

pitches his tent in such a position, it is so strong that, jade-tent-like,[1] it cannot be forced. The device is derived from the Yellow Emperor's *Tun chia* [a system of divination],[2] and consists in taking the third in order of the horary signs following the sign of the month in which you happen to be. Thus, the sign of the first month being *yin, ssŭ* will be the 'Jade Tent', which should be occupied by the commander.[3] Li T'ai-po, in his 'Song of General Ssŭ-ma', says: ' In person he occupies the Jade Tent, the position commanding *Ho-k'uei*.' The horary sign *hsü* is *Ho-k'uei*,[4] and the meaning is that the commander's tent should be in the *hsü* position."

Without going more deeply into the intricacies of the subject, we may gather from the above that 玉 帳 was originally a technical term denoting a favourable position selected for the location of the general's tent by a special method of divination. Afterwards it came to be used in a looser sense for the head-quarters of any army engaged in active operations in the field. Thus, in 曹 唐 Ts'ao T'ang's poem 漢 武 帝 思 李 夫 人. " Han Wu Ti thinking of the Lady Li " (a favourite concubine of such beauty that " one glance of hers would destroy a city, two glances a State "), we have the couplet: 白 玉 帳 寒 鴛 夢 絕、 紫 陽 宮 遠 雁 書 稀 "Chill is my white Jade Tent, broken my dreams of connubial bliss; Far away is the Tzǔ-yang Palace, and thy letters all too rare."

According to the 拾 遺 記 *Shih i chi*, the meeting of Hsi Wang Mu and Mu Wang took place in the Imperial Jade Tent (西 王 毋 見 穆 天 子 玉 帳 高 會). Here the technical significance of the term has quite disappeared.

We may note that in poems by Chang Yüeh and 杜 牧 Tu Mu, 玉 帳 is balanced by 朱 門 and 絳 幃 respectively, both of which offer some analogy to 丹 庭. The latter expression occurs in Po Chü-i and other poets. It is probably a synonym of the more familiar 丹 墀, an open space, painted red, within the entrance to the principal court in the Imperial Palace.

Both 効 節 and 策 名 are phrases which occur for the first time in the *Tso chuan*. 策 名, " inscribing one's name," was

---

[1] The Chinese here is a little obscure.

[2] See *T'u shu chi ch'êng*, xvii, ch. 703–12.

[3] The order of the 地 支 "terrestrial branches " being 子, 丑, 寅, 卯, 辰, 巳, etc.

[4] The name òf a star corresponding in the above system of divination to the 11th branch, 戌 *hsü*. See *T'u shu*, xvii, ch. 703, 彙 考 17, ff. 36 and 40 seq.

a ceremony marking the promotion of an official to the dignity of
a Minister of State, or to high command in the army.   It seems
to have been equivalent to taking an oath of allegiance.   Compare
the following passage in the *Hou Han Shu*, ch. 90 *B* (蔡 邕 傳)：
六 世 祖 勳 平 帝 時 爲 鄅 令、王 莽 授 以 厭 戎 連 率、勳
對 印 綬 嘆 曰、吾 策 名 漢 室、可 事 二 姓 哉 "[Ts'ai Yung's]
ancestor in the sixth generation, Hsün, was district magistrate of
Mei [in Fêng-hsiang Fu, Shensi] in the reign of P'ing Ti (A.D. 1–6).
When Wang Mang [the usurper] invested him with the title of
Yen-jung Lien-shuai [Military Commander], and the seals of
office were handed to him, Hsün said, with a sigh : 'I have sworn
allegiance to the House of Han ; can one serve two masters ? ' "

Wylie : "At first he applied himself to duties pertaining to the
palace, eventually his name was inscribed on the military roll." [1]

Legge : " Performing at first certain duties in the palace, his
name came to be entered in the pavilion of the kings."

Havret : "Initio functus munere in imperatoriâ curiâ ; dein
inscriptum nomen in regiis tentoriis."

Moule : " He began by holding office in the vermilion Halls
and then his name was inscribed in the royal tent."

Saeki : " First performing certain faithful services to (the one
who dwells in) the ' Red Court ', he finally inscribed his name in
the Imperial book (i.e. thus pledging himself to be a loyal
subject)."

63, 64. 獻 臨 恩 之 頗 黎
　　　布 辭 憩 之 金 厵
  " He made an offering of the crystals that he had received from
      the Imperial bounty,
  And generously bestowed on us his gold-woven trappings
      when, seeking repose, he resigned office."

The second line is one of the most difficult in the whole
inscription, and no translator has succeeded in getting any
satisfactory sense out of it.   In the first place 布 has been
generally translated "spread out", whereas its meaning here
is 施, to bestow in charity ; this forms a better counterpart to
獻.   Cf. Chuang Tzŭ, ch. 31 (列 禦 寇)：施 于 人 而 不 忘 非

---

[1] Wylie's version (published in *Chinese Researches* after his death) is not
accompanied by the Chinese text, so that we do not know how he arrived at this
rendering, which is reasonably correct but needs explanation.   He may have
followed Pauthier, who prints 王 帳, and yet translates : " Son nom fut ensuite
inscrit sur les étendards militaires du commandement."

天 布 也, "To give to others without forgetting (the obligation thus conferred) is not God's method of giving." In *Li chi*, IV, ii, 27, the word is used in an intermediate sense : 天 子 布 德 行 惠: "the Son of Heaven makes his goodness and benevolence widely felt."

As for 金 罽, it is impossible to say for certain what kind of article is meant ; but if 布 does not mean "to spread", there is no particular reason to tie ourselves down to "carpets". We learn from the commentary on the *Érh Ya* that *chi* was a material woven out of yak's hair, and the 疏 adds that this 毛 罽 was like the modern *ch'ü-yü* (a fine-woven woollen cloth), and used as trappings for horses (若 今 之 氀 毲 以 衣 馬 之 帶 鞅 也). It was also worn by travellers crossing high mountain ranges as a protection against extreme cold; see 揮 塵 錄 *Hui ch'én lu*: 小 雪 山 嶺 上 有 積 雪、行 人 皆 服 毛 罽. As regards *chin chi*, we read in the 南 史 *Nan shih*, ch. 78, that 中 天 竺 Central India produced, among other things, 金 縷 織 成 金 罽, "gold thread which was woven into *chin chi*." The 晉 書 *Chin shu*, ch. 97, tells us that the envoys from 夫 餘 Fu-yü, in North Korea, wore 錦 罽, brocaded *chi*; and in the *T'ang shu*, ch. 100, it is stated that the emperor, when touring in the west through Kao - ch'ang, Karashahr, etc., found the inhabitants arrayed in the same material and wearing ornaments of gold and jade (佩 金 玉 服 錦 罽).

I take 辭 憩 to be analogous to the common phrase 辭 病, "to resign office on the score of ill-health." When I-ssŭ, then, threw up his military appointment on the plea that he needed rest, he took occasion to bestow the richly brocaded trappings of his horse on the Nestorian community. Or possibly the *chin chi* (whatever it was) which he gave may have been a parting present offered as a token of esteem by the people of his district, just as, at the present day, a popular official on his retirement is often the recipient of a red silk umbrella.

Though this interpretation may appear to squeeze a great deal out of two words, I submit that it is, at any rate, an improvement on previous attempts. Wylie and Havret do not grapple with the difficulty at all. Legge's version is extremely far-fetched, not to say fantastic, and Professor Saeki's is defective because it takes no account of the word 憩. Mr. Moule takes "Ssŭ-ch'i" to be a place-name, but in that case "Lin-ên" must be a place-name too, which it obviously is not.

Wylie: "He made offerings of the jewelry which had been given by imperial favour; he spread out a golden carpet for devotion."

Legge: "He made offerings (to the Illustrious Communities) of the glittering ornaments which he received as gifts; he spread out (in their halls) the carpets interwoven with gold as resting-places for the speakers."

Havret: "Offerebat imperatoriae munificentiae crystalla, extendebat colloquii requiei auratiles tapetes."

Moule: "He made offerings of the crystals received from the Emperor's munificence, and spread out (as a gift) the cloth of gold from Ssŭ-ch'i."

Saeki: "He made offerings (to the monastery) of the Sphatika (i.e. crystal) which had been granted to him by the Emperor himself, and dedicated to the monastery the gold-interwoven carpets which (despite his humble refusal) had been given to him by the Emperor's own favour."

73. 祅 氛 永 謝

Wylie: "The autumnal influences were long removed."

Legge: "The stifling vapours died away."

Havret: "Exitiosique vapores aeternum depulsi."

Moule: "Baleful vapours were expelled for ever."

The last two renderings are right. 祅 is only a calligraphic variant of 祆, which in its turn is interchangeable with 妖. Wylie must have misread the character as 秋, and Legge, with a too meticulous respect for its exact form, as carved on the tablet, retains 祅, which in K'ang Hsi is said to be identical with 飫. This latter character, however, is only used of a surfeit of food, and cannot mean "stifling". Professor Saeki wrongly prints 秡. The allusion, of course, is to An Lu-shan's rebellion, though no one seems to have noted the fact. 妖 is the epithet commonly applied to rebels, and 氛 "miasma" is a recognized metaphor for sedition.

—————

I must now bid farewell for the present to the Inscription of Sianfu. It leaves me full of admiration for the learning and scholarship of the author, who with marvellous skill fitted together this elegant mosaic of allusions and quotations from the whole range of Chinese literature; but, on the other hand, with a very low opinion of Nestorian Christianity. Surprise has often been expressed that a great religion, introduced into China under such favourable auspices, should have wilted away and died out so completely. But after reading this account, written by one of its own adherents, with its cowardly suppression or glossing over of vital facts, its fulsome adulation of the T'ang emperors, its spiteful references to the rival systems of Buddhism and Taoism, while borrowing from them at every turn, its self-praise which is no recommendation, we can only wonder that it survived so long. It was not thus that the Apostles won their way to victory in the Roman Empire. One is obliged to own that the emasculated Christianity of the Nestorians was not a real religion but a sham. The Chinese people weighed it in the balance and found it wanting.

THE CAUBHIKAS AND THE INDIAN DRAMA

By Professor A. BERRIEDALE KEITH

AN interesting attempt has been made by Professor H. Lüders[1] to vindicate for the shadow play an important place in the development of the Indian drama. The term denoting the performers of such plays he holds to have been Çaubhika, or, in vernacular form, *sobhiya* ; they explained to the audience the shadow pictures displayed before them, and thus were precursors of the true drama. The example of Java is called into service to meet the obvious criticism that every consideration tells in favour of the view that the shadow play is later than, and based upon, the true drama.

If this were the case it must be admitted to be remarkable that there is not a hint in the literature that Çaubhika had any such meaning, a fact which points to the conclusion that, if ever the shadow play had flourished, its vogue had completely passed away at an early date. In the second place, however, there is grave reason to doubt whether the shadow play was ever known in ancient or mediaeval India. A single passage has so far been adduced to prove its existence ; it occurs in Nīlakaṇṭha's commentary on the *Mahābhārata*,[2] a composition of the end of the seventeenth century, where the usage is said to be known among the southerners. There is no connexion here with Çaubhika ; the term glossed is *rūpopajīvana*, and there is not the slightest reason to suppose that the sense attributed to it by Nīlakaṇṭha was present to the composer, or that *rūpopajīvin* in Varāhamihira's *Bṛhatsaṁhitā* (v. 74) or *rūparuppaka* in the *Therīgāthā* (394) has any such reference. When, therefore, we are asked to believe that Chāyānāṭaka applied to the *Dūtāṅgada* of Subhaṭa (thirteenth century) means " shadow drama ", a serious demand is made upon our credulity, and the attempt to derive from this drama a characterization of the species can hardly be accepted when it is remembered that of the other four Chāyānāṭakas known to us not one deviates at all from the orthodox form of drama, while the *Haridyūta*,[3] of unknown date and author, and the *Mahānāṭaka*, which have affinities with the *Dūtāṅgada*, are never styled Chāyānāṭakas. The peculiarities of the *Dūtāṅgada* and the *Mahānāṭaka*, the predominance of verse, often epic in nature, the absence of Prākrit, the large number of characters, and the omission of the Vidūṣaka, explain themselves easily by the simple

[1] SBAW. 1916, pp. 698–737. [2] xii, 295, 5.
[3] Bendall, *Sanskrit Manuscripts in the British Museum*, p. 106.

assumption that we have in them mere literary exercises. To argue
that the *Mahānāṭaka* was intended for stage production as a shadow
play because in the recension of Madhusūdana reference is made to
nartakāḥ is to ignore the fact that literary drama is wont to adopt the
forms of the true drama, while to find in the misprint *saubhyā* for
saumyā a proof that the *nartakāḥ* were of a special kind carries us
beyond the limits of plausibility. Equally unconvincing is the
suggestion that the Aindrajālikas of the *Ratnāvalī*, *Prabodhacan-
drodaya*, or the Pūrvapīṭhikā of the *Daçakumāracarita*, manipulated
shadows to produce their divine effects ; we have in these cases
plainly nothing more than simple illusionism as practised by Indian
jugglers.

It is in the light of these facts that we must consider the only other
point of importance in Professor Lüders' thesis, his interpretation of
Patañjali's concluding remarks on Pāṇini, iii, 1, 26 : *ye tāvad ete
çobhanikā nāmaite pratyakṣaṁ Kaṁsaṁ ghātayanti pratyakṣaṁ ca
Baliṁ bandhayantīti. citreṣu katham ? citreṣv apy udgūrṇā nipatitāç
ca prahārā dṛçyante Kaṁsakarṣaṇyaç ca. granthikeṣu kathaṁ yatra
çabdagaḍumātraṁ lakṣyate ? te 'pi hi teṣām utpattiprabhṛty ā vināçād
ṛddhīr vyācakṣāṇāḥ sato buddhiviṣayān prakāçayanti. ātaç ca sato
vyāmiçrā hi dṛçyante. kecit Kaṁsabhaktā bhavanti, kecid Vāsudeva-
bhaktāḥ. varṇānyatvaṁ khalv api puṣyanti: kecid raktamukhā bhavanti
kecid kālamukhāḥ.* So it is read in Kielhorn's edition, but the text is
far from being certain, and the Benares edition, on which Weber [1]
based his exposition of this important passage, reads in the last sentence
kecit kālamukhā bhavanti kecid raktamukhāḥ. The discussion arises
from the necessity of explaining the use of the present in the phrases
cited when the events described, the slaying of Kaṁsa, and the binding
of Bali, lie in the far past, and Vārttika 6 makes it certain that the sense
of the verb must involve the idea of description (*tad ācaṣṭa iti*), this
being the justification of the causative.

Professor Lüders' version of the passage involves an immediate
improbability, for he holds that the Çaubhikas are also to be understood
as the agents in the case of the clause *citreṣu katham.* This is wholly
contrary to the wording of the passage, and it cannot be doubted
that Nāgojī Bhaṭṭa and Haradatta are perfectly right in taking the
subject in that case to *citralekhakāḥ*, "painters." The idea that
Çaubhikas carried round pictures which they explained, though
accepted by Professor Hillebrandt [2] is manifestly inconsistent with

---

[1] *Indische Studien*, xiii, 488 ff.   [2] ZDMG. lxxii, 228.

Patañjali's words. The real sense is admirably expressed by Nāgojī Bhaṭṭa : *evaṁ ca citralekhakā api citrasthaṁ Kaṁsaṁ tādṛçenaiva Kṛṣṇena ghātayantīty arthaḥ* ; this is curiously misunderstood by Professor Lüders to mean that a painter explains to an audience the picture he has painted. The real sense is, of course, quite different ; what Patañjali means, as Vārttika 6 plainly shows, is that when we say of a pictured scene *Kaṁsaṁ ghātayati* we mean ·" the painter describes the slaying of Kaṁsa ", and the justification for this view is given in the clause of the text, where it is pointed out that on the canvass we can observe with our eyes the depicting of the blows rained on Kansa.

The same misunderstanding of Patañjali explains the conviction of Professor Lüders that the Çaubhikas are described as explaining to the audience shadow figures, a rendering which is flatly incompatible with the words *pratyakṣaṁ Kaṁsaṁ ghātayanti*. Professor Hillebrandt explains Haradatta's mysterious explanation : *ye tāvad ete Kaṁsaghātānukāriṇāṁ naṭānāṁ vyākhyānopādhyāyās te Kaṁsānukāriṇaṁ naṭaṁ sāmajikaih Kaṁsabuddhyā gṛhītaṁ tādṛçenaiva Vāsudevena ghātayanti*, as indicating that the Çaubhika in Patañjali performed the duty.of the Sthāpaka of the textbooks, being commissioned to announce to the audience the topic of the play to be performed. But this view is plainly untenable, being impossible to reconcile with *pratyakṣam*. The sense must be, " The Çaubhikas relate the death of Kaṁsa *pratyakṣam*." On the last word the whole stress lies, and there can be no other sense than that they do so by action, as opposed to presentment in pictures or in words. Clearly Haradatta did not understand the passage, but every student of Haradatta knows that this is no rare case with that commentator.

Of the Granthikas we are told *çabdagaḍumātraṁ lakṣyate*, an expression which is painfully obscure, since *gaḍu* bears no recognized meaning which fits the passage. Professor Lüders' proposal to equate it with *grantha* is wholly implausible, and as Professor Hillebrandt observes, inflicts on Patañjali the sin of verbiage, since *çabdamātram* would yield the requisite sense. The following words mean, we are told, " Auch diese lassen, indem sie die Schicksale jener von ihren Anfängen bis zu ihrem Ende auseinandersetzen, sie als gegenwärtig in der Vorstellung (der Hörer) existierend erscheinen. Und·darum (sage ich :) ' gegenwärtig existierend ', weil sich auch Parteien zeigen. Die einen nehmen für Kaṁsa Partei, die andern für Vāsudeva. Sie zeigen ja auch Wechsel der Gesichtsfarbe ; die einen werden rot im

Gesicht, die andern schwarz." It is, however, obviously difficult to accept the reading *ṛddhīr* against the variant *buddhīr* ; to describe the fates of Kaṅsa and Bali as *ṛddhīr* is absurd. But what is much more serious is the view that the rest of the clause refers, not to the Granthikas as dividing themselves into two parties distinguished by colour, but to the audience, who are supposed to take sides for Kaṅsa or *Kṛṣṇa*, the former showing in their faces the red tiṅge appropriate to anger, the latter the blackness of fear. The change of subject is really impossible, nor can we legitimately imagine that Kaṅsa would have adherents among a devout audience. Moreover, fear on the part of the supporters of *Kṛṣṇa* is peculiarly out of place. Professor Lüders' argument that the assumption of colours by the Granthikas contradicts *çabdagaḍumātram* is vitiated, in the first place by the fact that we do not know whether *gaḍu* is not a reference to this very fact,[1] and secondly, by the consideration that the Granthikas plainly did not engage in any further action. The use of colouring by the actor in order to indicate the diverse characters which he may represent is expressly asserted in Yājñavalkya (iii, 162). Moreover this interpretation accords admirably with the words *ātaç ca sato,* " therefore (I say) actually present (in the consciousness of the audience)." The reason is given in the following sentences, namely, that the Granthikas form two parties whose diverse colour marks their nature as supporters of Kaṅsa or Vāsudeva. These facts enormously strengthen the mind of the spectator, so that with their aid he seems to have before him, not the actors of a drama, but the actual presence of Kaṅsa and Vāsudeva and their supporters. It is extremely doubtful if this illusion could have been produced merely by the repetition of epic verse without dramatic action of any kind. The development of the epic recitation depicted by Patañjali is in itself, as Professor Lévi[2] has shown, the most obvious prelude to the growth of the true drama, and the parallel of the dithyramb is too clear to admit of denial.[3]

The passage of Patañjali, therefore, interpreted in the light of the Vārttika yields us a simple and plain sense. The slaying of Kaṅsa and the binding of Bali lie in the distant past, but one may say *Kaṅsaṁ ghātayati* or *Baliṁ bandhayati*, " he describes the slaying of Kaṅsa,

---

[1] Cf. Hillebrandt, ZDMG. lxxii, 228, Nāgojī reads *çabdagranthagaḍḍamātram.*
[2] *Théâtre indien,* pp. 308 ff.
[3] Cf. JRAS. 1912, pp. 411 ff.

the binding of Bali " of the painter whose vivid art brings the scene before our eyes, and the same expressions, in the plural, are applicable to the Çaubhikas, who present in dumb show the scenes, and the Granthikas, who recite, dividing themselves into two parties distinguished by their colour. Of the shadow play there is not a trace, and all the available evidence points to the fact that it never had any vogue in India, old or new.

It is clear that the union of the action of the Çaubhikas to the recitation of the Granthikas gives the full dramatic form, but it must remain uncertain whether by Patañjali's time the drama had actually evolved, in which case the Çaubhikas and Granthikas represent older stages in its development, still existing independently, or the process of evolution was still incomplete. Of this there is no decisive evidence. But it is remarkable to find Professor Lüders [1] assuming without proof that the plays ascribed to Bhāsa represent the pre-classical drama, and drawing thence conclusions as to the development of drama in India. Conclusions resting on so unstable a foundation cannot aid us in determining the problem in question.

The evidence of Patañjali, therefore, correctly rendered, leaves it open to see in the contest between Kaṅsa and Vāsudeva a nature myth. One point of interest, however, is raised by the reading of Kielhorn's edition in the last sentence. It gives the view, *prima facie* natural, that the supporters of Kṛṣṇa adopt the colour black, but it leaves unexplained the red colour of the supporters of Kaṅsa, a fact which is one of the grounds inducing Professor Lüders to adopt his theory that the reference is not to the actors but to the spectators. Professor Hillebrandt suggests that the choice of red by Kaṅsa's supporters is in consonance with the *raudra rasa* appropriate to their leader, while black fits the *bhayānaka rasa* applicable to the persecuted Kṛṣṇa. But this adaptation of Professor Lüders' suggestion is unhappy in the extreme, for the scene depicted is the slaying of Kaṅsa, a work undertaken with the utmost coolness and confidence by Kṛṣṇa, so that fear is the last *rasa* to be expected in him or his followers. The colouring, therefore, appears to me now, as formerly,[2] to be explained by reference to a religious ritual, even if the reading accepted from his MSS. by Kielhorn is correct. It must, however, be remembered that the version of the Benares edition in all probability rests on MS.

---

[1] SBAW. 1916, pp. 718, n. 3, 737. Cf. this *Bulletin*, I, iii, 35–8, and see ZDMG. lxxii, 203–8.

[2] JRAS. 1911, p. 1008.

evidence, and that the reading in Kielhorn's MSS. can be regarded as an almost inevitable correction, made by men who knew that Kṛṣṇa's hue was black, and who therefore transposed the terms *kālamukhāḥ* and *raktamukhāḥ*, ignorant that they were thus destroying a peculiarly interesting feature in Patañjali's record. The opposite change is inexplicable, and in this case, as always, preference is due to the more difficult reading which naturally invited alteration to the more obvious.

CLASSIFICATORY PARTICLES IN THE LANGUAGE OF KIRIWINA [1]

By Bronislaw Malinowski, Ph.D. (Cracow), D.Sc. (London)

CONTENTS

I. Ethnographic Study of Language.
II. Word Formation and Classification.
III. General Definition of the Classificatory Formatives in the Language of Kiriwina.
IV. Synoptic Table of the Particles and Commentary with regard to—
    1. Meaning.
    2. Degree of Obsoleteness.
    3. Grammatical Function.
V. . Grammatical Analysis of the Formed Expressions.
    Numerals.
    Demonstratives.
    Adjectives.
    Other Grammatical Formations.
VI. Semantic Reflections.

I

That language is an ethnographic document of fundamental importance is a plain truism. It also hardly needs stressing that the knowledge of all aspects of tribal life, without exception, is essential to a sound knowledge of any one aspect. To omit, for instance, the study of religion, or economics, or social organization when dealing with a native society, results not only in our ignorance of the subject omitted, but also lowers the value of all that has been recorded. All aspects of tribal life play into each other ; to sunder a few of them from the rest results in a mutilation of the whole, and language is not an exception in this respect. The study of the linguistic aspect is indispensable, especially if we want to grasp the social psychology of a tribe. i.e. their manner of thinking, in so far as it is conditioned by the peculiarities of their culture. All this is clear and well known.

The nature, however, of the correlation between structure of language and social psychology, the manner in which language throws light upon native mentality, seem to be only partially understood. On the one hand, it is a well-known principle that in studying any aspect of native life the native terminology of this subject must be

[1] Some results of the Robert Mond Ethnographic Research among the Natives of the Trobriand Islands, British New Guinea.

recorded.[1]   On the other hand, there are the general features of linguistic structure, rules of syntax, parts of speech, and word formation.   Everybody agrees that in an ethnographic work these should be recorded, that all essential linguistic facts should be collected. But all collection of facts requires the guidance of definite theoretical principles, and, again, all linguistic features that have been recorded should be interpreted from the ethnological point of view.   " How is the study of particular languages to be pursued successfully if it lacks the stimulus and inspiration which only the search for general principles can impart to any branch of science ? . . . There must be present a sense of wider issues involved, and such issues as may directly interest a student devoted to language for its own sake.   The formal method of investigating language, in the meantime, can hardly supply the needed spur. . . . The philologist, then, if he is to help anthropology, must himself be an anthropologist . . . he must correlate words with thoughts, must treat language as a function of the social life." [2]

The principles of such linguistics—in a form accessible and useful for an ethnographer—have not yet been laid down.   There is, of course, the vast literature dealing with comparative linguistics of Indo-European languages, with philological problems, with the history of modern European languages, with questions of teaching foreign languages, living or dead.   There are also many theories framed on the basis of native [3] languages and aiming at the comparison of types of linguistic structure and at a reconstruction of general linguistic development.

Whatever their general theoretical value might be, almost all these theories are as good as useless for an ethnographer who needs guidance

[1] This principle has been, to my knowledge, first systematically adopted and thoroughly carried out by A. C. Haddon, W. H. Rivers, C. G. Seligman, and their collaborators in the research done amongst the Torres Straits Islanders.   The extensive and excellent linguistic contribution of S. H. Ray (vol. iii of the Reports, Cambridge, 1907) marks this work also as the first practical recognition of the principle that a scientific study of language is essential to a full ethnographic description.   There exist, however, other standard works of ethnology, where the linguistics are simply not given, although the authors claim a thorough acquaintance with the language.

[2] R. R. Marett, *Anthropology*, in " Home University Library ", pp. 136–7.   Every word of this, I am sure, will be endorsed by anyone, who has tried to do ethno-linguistic field-work.

[3] I use the word " native " for want of a better one.   By " native languages " I mean those spoken by uncivilized races.   " Savage " or " primitive " are equivalent words, but they seem still clumsier and more equivocal than " native ".

in his linguistic field-work. For all of them are constructed from an oblique point of view ; the student of Comparative Linguistics tries to build up the prehistoric Indo-European forms and to trace their further development in the various branches ; the Classical Philologist deals with dead languages, embodied in inscriptions and literary documents, and his aim is, or should be, to bring them to life as far as possible ; the Modern Linguist is busy with the historical development of German, French, English, Polish, etc., and with the normative shaping of his language. The Ethnographer, on the other hand, has the most direct scientific task : that of describing exhaustively, minutely, and precisely a living, full, organic phenomenon of a language hitherto not studied.

Even the works specially dealing with the broad survey of human languages, including such of native races, are of not much value to one who has to make first-hand linguistic observations. For they are interested in formalistic classification of the types of human speech and in broad outlines of evolution, rather than in defining and analysing fundamental grammatical concepts. These works, as well as studies on the psychology of language and general introductions to linguistic study, contain much valuable and suggestive material for a theory such as is here postulated. As they stand, however, they are of little direct help to an ethnographer who is not a specialist in linguistics, yet has to record a new type of language.

In saying this I am simply stating my own experience in this matter. It would require a volume to substantiate this statement. The reading of such works as Wundt's *Sprache*, Paul's *Principles*, Professor Tucker's and Professor Oertel's treatises has helped me immensely in my work— it has, so to speak, allowed me to *see* linguistic facts.[1] All these works, however, are résumés of the present state of linguistics, and they reflect the insufficient attention hitherto given to Semantics. And it is only from the development of Semantics, as will be shown later on, that the ethnographer can look for real help.[2] The works dealing with native languages, such as W. von Humboldt's treatise on the Kawi language, F. Müller's *Outlines*, v. d. Gabelentz's monograph, contain much that

---

[1] W. Wundt, *Volkerpsychologie*, first two volumes ; *Die Sprache*, Leipzig, 1900 ; H. Paul, *Principles of the History of Language*, English translation, London, 1888 ; T.ʻG. Tucker, *Introduction to the Natural History of Language*, London, 1908 ; H. Oertel, *Lectures on the Study of Language*, New York, 1901.

[2] Breal's work *Semantics*, English translation, London, 1900, though interesting and stimulating, in my judgment does not face the real problems of the subject.

is extremely valuable.[1] But, as far as I can judge, all the general linguistic views contained in these books, in order to be useful for our purpose, need to be recast and worked out systematically with the one aim in view, that of guiding linguistic research in connexion with ethnographic study. It must be remembered that Humboldt, F. Müller, v. d. Gabelentz, and the majority of specialized linguists had received their linguistic data at second hand. Whereas most of those, who made actual field observations on native languages troubled little about exhaustive linguistic theory.

Whereas the other branches of linguistics project their material on to a prehistoric phase or on to a historic development, or on to the ideal plane of what ought to be—and in all this they have a free hand for hypothesis and speculation—the ethnographer is limited to one phase, to one language, and to one task : that of scientifically recording it. On the other hand, his material, a living language, spoken by a native community, lacks all written documents and is made still more elusive by the considerable latitude allowed to individual variations and to tribally accepted equivalents, to say nothing of the fundamental difficulty of understanding well a language of so different a type from our own. The fuller and more elusive the subject to be recorded, the greater the need for a sound guiding theory. Such a theory—specially adapted for the ethnographer's need—can only be achieved by a frontal attack on Semantics, that is by a thorough study of the relation between linguistic Form and Meaning.

It is impossible in a short essay to give even an outlined argument for the justification of this last sentence, but the main theme of this article will give a concrete example of what is meant. It may also be pointed out that these views are not isolated. In some " Thoughts on the subject of Language ", published in *Man*, 1919, No. 2, A. H. Gardiner shows very conclusively that unless we remodel our conception of the fundamental nature of speech, we cannot arrive at any satisfactory view about the elementary facts of syntax. He also recognizes clearly that any obscurity on such fundamental grammatical concepts as Parts of Speech, Subject, Predicate, etc., stands in the way of positive linguistic work.

" My own researches in Egyptian Grammar had brought me to grips with the fundamental and perplexing problems of ' subject ',

[1] W. v. Humboldt, *Ueber die Kawi Sprache auf der Insel Java*, 3 vols., Berlin, 1836 ; esp. Einleitung, in vol. i. Friedrich Müller, *Grundriss der Sprachwissenschaft*, 3 vols., Wien, 1896. H. C. v. d. Gabelentz, " Die Melanesischen Sprachen " : Abhandl. d. k. Sächs. Gesellschaft, viii.

'predicate', word-order, tense, and the like; it is a regrettable fact that Egyptologists have but the haziest notion as to what the term 'predicate' means, or ought to be made to mean, and some excursions into Semitic and Indo-Germanic philology suggest that the students in these fields are in no better case." (Ibid.) Speaking from a much more limited experience, of course, I can only fervently endorse these words.

There can be no doubt that both the deeper knowledge of what language really is and a Semantic theory—explaining the nature of parts of speech and their modifications (case, tenses, etc.) of syntactic concepts, such as subject and predicate of word-formation and formative elements—are indispensable for Ethnographic linguistics.

II

We shall deal in this article with a single linguistic phenomenon, namely, the *classificatory formatives* in the language of Kiriwina, Trobriand Islands, an archipelago lying due north of the eastern end of New Guinea.

Let us first define the expression "classificatory formatives". If we take the Latin word for " father " in its various cases and derivations— patris, patrem, patribus, patria, etc.—there are the variable endings -is, -em, -ibus, etc. (the inflectional suffixes or inflectional formatives), and the stable element, pater-. This, again, can be analysed into the root pa, and the word-formative -(t)er.[1] This syllable -(t)er appears also in other words as mater, frater, θυγάτηρ—words denoting relationship. This formative is characteristic of kinship terms, and it carries the meaning of this class of word. It is an example of what could be called a class-formative. Other examples of such class-formatives are numerous in Indo-European languages.[2]

Thus a class-formative is an affix or infix, common to a class of words, and distinguishable from the root and from inflectional endings or prefixes. In what follows we shall use formative, short for class-formative.

[1] Compare Brugmann-Delbrück, *Grundriss*, 1906, vol. ii, pt. i, p. 4, pars. 3 sqq. In that work also endless examples of roots and formatives can be found. For kinship nouns see pp. 331 sqq., pars. 243–9; also p. 602, par. 474. I must add that I myself am not acquainted with the technicalities of Indo-European comparative linguistics. Of Brugmann-Delbrück's treatise I tried to understand only the main outlines and the general theoretical parts.

[2] See Brugmann-Delbrück, chapters on "Bedeutung der Nominalstämme (Bedeutungsgruppen)", pp. 582–681. For a few concise and clear examples: Oertel, op. cit., p. 160; Wundt, op. cit., vol. ii, pp. 15 sqq.

Some formatives have no discoverable meaning. Others have a vague significance, in so far as they give expression in form to the general meaning, common to a class of cognate words, as -(t)er in the above example. In others, again, this meaning is distinctly and clearly felt, as in diminutives and pejoratives, for instance.

In all the examples so far given the formatives are characteristic of certain limited classes of words, but they do not entail a general principle of classification. In Indo-European languages the nearest approach to classificatory formatives are no doubt the suffixes denoting gender. All nouns in these languages are divided into three classes, masculine, feminine, and neuter, and these classes are marked — either on the nouns themselves or on the concomitant adjectives or pronouns—by formatives, which can be called *classificatory*, because they distinguish a noun as a member of one of the three classes. But in Indo-European, though the classification itself is comprehensive, the classificatory nominal suffixes lack consistency, so that it is impossible to read the gender of a noun from its ending alone. Again, it is difficult or impossible to define the gender groups, with regard to their meaning.[1]

In some native languages the classification of nouns into groups—one may regard them as generalized genders—is carried out with further subdivision and greater consistency of form and meaning. The Bantu languages are a well-known example. " In the Bantu languages we find no genders based on sex, but instead other genders or classes of substantive, based principally . . . on the degree of unity and consistency of those things of which they are the names, as determined by their natural position and shape, their proper motion, effects, relative strength, etc." [2]

Again, in some languages of Eastern Asia and Indonesia there exist classificatory words used with numerals and denoting the class to which the objects numbered belong. Thus in Japanese there are

[1] Cf. Delbrück's conclusion : " Unsere Aufstellung hat also ergeben dass es bisher nicht gelungen ist, gewisse allgemeine Anschauungen oder Begriffe aufzufinden, von denen man annehmen könnte, dass sie die Sprechenden zu der Geschlechtsbezeichnung bei den Substantiven geführt hätten," op. cit., Band iii, p. 98. Compare the analysis of Indo-European gender in nouns, loc. cit., Kap. i, pp. 89–133.

[2] Torrend, *A Comparative Grammar of the South African Bantu Languages*, p. 63, par. 313 ; quoted after Oertel, op. cit., p. 158 For a fuller and a most illuminating description of the Bantu classifiers the reader is referred to Miss A. Werner's *Introductory Sketch of the Bantu Languages*, London, 1919. Unfortunately I was able to consult this excellent book only after this article had been written.

" certain names which, joined to a numeral, express the object, which to be counted is present as a unit of so many times as the numeral denotes . . . The number of such-like auxiliary names in Japanese is greater than is really necessary. Considering objects in respect of their outward appearance they are counted according to one or another noticeable characteristic. . . . Hence has arjsen a distribution of articles into classes." [1] A similar feature exists in Malay, " a set of specific and technical terms called by the grammarians numeral affixes, some one or other of which is always used as a co-efficient to the numeral, the term being selected according to the class under which the object falls." [2]

Thus, for example, *orang* (person) is used for human beings ; *ekur* (tail) for animals, birds, insects ; *batang* (trunk) for trees, poles, spears, teeth, and other long objects ; *buah* (fruit) for fruits, houses, ships, countries, towns, islands ; *biji* (seed) for grains and small, round objects ; *kĕping* (flatness) for blocks of timber, sheets of metal, hunches of bread, and flat, thin objects ; *hĕlai* for hair, feathers, and leaves ; *patah* (verb : to break) for words, items of information ; *bidang* (adj. : broad) for mats, sails, awnings, rice-fields. [3]

Mr. C. O. Blagden kindly supplied me with the following information about the grammatical use of the classifiers : " The Malay classifiers are used with numerals and with a very few indefinites and inter-rogatives, involving the idea of number, such as *bĕbĕrapa*, some, ever so many ; *bĕrapa*, how many ? But they are not used with *banyak*, many or much.

" The classifiers are used when concrete things are numbered, but there are no classifiers corresponding to abstract concepts, except *patah*, the classifier corresponding to the class : ' words, themes of information.' When the thing numbered is not merely concrete, but has also life, then it is an almost invariable rule in idiomatic Malay, as spoken among the natives themselves, that classifiers are used. Speaking of an inanimate object, on the other hand, a native may frequently use a numeral without a classifier. Thus, words for animals and trees would hardly ever be used without a classifier ; chairs, houses, etc., might or might not be supplied with a classifier ; divisions of time, space, values, etc., would never be used with a classifier ;

---

[1] J. J. Hoffman, *Japanese Grammar*, Leiden, 1868.

[2] Colonel Yule, J.A.I., 1880.

[3] For these examples I am indebted to Mr. C. O. Blagden, Reader in Malay at the Oriental School of London. In the *Malay Grammar* of R. O. Winstedt, 1913, § 80, pp. 129 sqq., there is an (incomplete) list of classifiers, which can be looked up in R. J. Wilkinson's *Malay–English Dictionary*, 1901, 1902, for further identification.

in fact, there is none corresponding to this class of nouns. The word *jam*, for instance, is used to denote ' hour ' and ' watch ', and it can take the classifier *biji* (seed) in the latter sense, but is never classified in its first meaning.

" In Siamese, Burmese, Chinese, and other languages of this type, there exist also classifiers more akin to those of Malay than to the Kiriwinian ones." [1]

In some Micronesian languages there are four classes of numerals, referring respectively to living beings, lifeless objects, measures of length, and measures for days and moons ; [2] or two classes for living and lifeless objects.[3]

In the Melanesian Islands, studied linguistically by Codrington, only faint traces of numeral non-classificatory formatives are to be found. " There are not in any Melanesian language, so far as I know, any ' numeral coefficients ' or ' numeral classifiers ' such as are employed with numerals in the Indo-Chinese languages and in Malay. . . . There is, nevertheless, an idiom in giving a number in which a word precedes the numeral carrying with it the image which the things enumerated seem to present to the mind. Thus in Fiji four canoes in motion are *a waqa saqai va*, from *qai*, to run. In Mota two canoes sailing together are called *aka peperua*, butterfly two canoes, from the look of the two sails." The author adduces a few more such examples which show that the principle of classifying words, so pronounced in Malay, is very rudimentary in the Melanesian Islands.[4]

The best example in Oceanic languages of numerical classifiers is afforded by the language of *K*iriwina Trobriand Islands. This language has been already previously recorded by the Rev. S. B. Fellowes in " Kiriwina Grammar and Vocabulary " (Annual Report on British New Guinea, 1900–1). Mr. Sidney H. Ray makes the following résumé of the information on numerical classifiers contained in that Grammar : " In Kiriwina many of these descriptive prefixes are given. *Tai*-, persons ; *na*-, animals ; *kai*- or *qai*-, things ; *ia*-, thin things ; *kala*-, days. Examples with the numeral *ta* or *tala*, one, are : *tai-ta tau*, one man ; *tai-ta vivila*, one woman ; *na-ta mauna*, one

---

[1] Personal communication from Mr. Blagden, who also kindly read the MS. of this paper and improved it by many valuable suggestions.

[2] P. Callistus, O. Capuc., *Chamorro Wörterbuch*, Hong-Kong, 1910. Spoken in the Marianne Islands.

[3] Gilbert Islands, *Vocabulaire Arorai*, by P. A. C., Paris, 1888. For more Micronesian examples see Ray, op. cit., p. 475, footnote.

[4] R. H. Codrington, *Melanesian Languages*, 1885, p. 242. For the Fijian Language compare *Fijian Dictionary and Grammar*, by D. Hazelwood, 1872, p. 18 of Grammar and Table of Numerals ; also v. d. Gabelentz, op. cit., p. 25.

animal ; *ia-tala*, one thin (article) ; *kai-tala*, one thing. Similar words appearing in the vocabulary are *tai-ua*, two baskets ; *kili-tala*, one bunch of fruit ; *kasa-tala*, one-row ; *uvai-tala*, one of the rows. There are also words denoting bundles of various articles, such as *umo-tala*, one bundle of *taro* ; *vili-tala*, one bundle of sugar-cane." [1]

. This statement shows clearly that the use of numerals in the Kiriwinian language implies some sort of classification of nouns. But the scanty and scattered information of the *Kiriwina Grammar* does not even answer these essential questions ; is the numerical classification in Kiriwina comprehensive or is it not ? That is, must numerals be used with classifiers always, or is this use sporadic only ? If so, what are the rules of this sporadic use ? Does the classification embrace all nouns or only a few isolated groups ? How many classifying formatives do there exist ? Are the examples given exhaustive, or nearly so, or only a small fraction of the full list ?

To any of these questions no answer could be found in the existing record of the Kiriwinian language. In fact, the above quoted summary by the most competent Oceanic linguist presents the information better than is done by Fellowes, the original data being scattered all over the Grammar and Vocabulary.

But even as far as it goes the information is not correct either in details or in essentials ; thus it would appear to anyone who reads the Grammar that classifying formatives enter into the formation of numerals only. This, as we shall see, is not the case.[2]

III·

Let us now give the full statement of the linguistic data, referring to the Classificatory Formatives in the Kiriwinian language.

In that language the Demonstratives and Adjectives as well as the Numerals do not exist in a self-contained form, conveying an abstract meaning. There are no single words to express such conceptions as " this ", " big ", " long ", " one ", etc., in abstract. Thus, for example, there is no equivalent of the word " one ", or of any other numeral. Whenever the number of any objects is indicated the nature of these objects must also be included in the word. Thus :—

(1)   One man = *TA Ytala ta'u*
     One woman = *NAtana vivila*
     One stone = *KWA Ytala dakuna*
     One canoe = *KA Ytala waga*
           etc.

[1] S. H. Ray, op. cit., p. 475.   [2] See below in par. VI.

(2)   Two men = $TAYyu\ tau'a'u$ [1]
Two women = $NAYyu\ vivila$
Two stones = $KWAYyu\ dakuna$
Two canoes = $KAYyu\ waga$.

Comparing the numerals in this table, $TAYtala$, $NAtana$, etc., it can be seen at a glance that each of these consists of two elements; one of them remains unaltered in all the numerals, corresponding to " one " and " two " respectively ; it is the suffix -tala, one, -yu, two, etc. ; the other part, the prefixed one, TAY-, NA-, $KWAY$-, KAY-, etc., corresponds evidently to the objects or persons numbered.

The same holds good with regard to other numerals, as well as to demonstratives and adjectives.   Each of these words consists of a fixed form or mould, which carries the meaning of the numeral, demonstrative, or adjective, and of an interchangeable particle which denotes the class of object to which the numeral, demonstrative, or adjective is being applied.   We shall call the former element the fixed part or root, and the latter one the classificatory particle or formative.

As we saw in the above example, the numerals are formed by suffixing the fixed part, which carries the meaning of the number to the classificatory particle, which carries the meaning of the object numbered.

This may be represented diagrammatically :—

Prefix denoting Object numbered	Stable element or root denoting Number
by means of the Classificatory Particle TAY- human	by means of the Fixed numeric part -$TALA$ one
TAY is the classificatory particle denoting that human beings are numbered.	$TALA$ is the numeric root denoting that the number is one.

The demonstratives are formed by infixing the classificatory particle into a fixed frame.   This latter consists of the two syllables ma-, na, which carry the meaning of pointing to or referring to.

Root Frame	Infix	Root Frame
MA-	-TAU-	-NA
The fixed which conveys of direct		frame the signification reference.
TH-	human	-IS

[1] $Tau'a'u$, men, plural to $ta'u$, man.   It is one of the very few plurals extant in Kiriwinian.

Finally, adjectives are formed in the same manner as numerals, i.e. by suffixing the adjectival part to the classificatory particle.

Prefix denoting Object qualified	Stable element of root denoting Quality
by means of Classificatory Particle *TO-* human	by means of Fixed adjectival part *-VIYAKA* big
TO- is the classificatory particle denoting that human beings are qualified.	*-VIYAKA* is the adjectival root denoting that the object is big.

Thus we see that the three classes of words, demonstratives, numerals, and adjectives, cannot be used *in abstracto* without carrying in them the expression of the objects to which they refer. This reference, however, is made only in a general manner; the particle does not mention directly the thing to which it applies, but it indicates only the class of object numbered, pointed at, or qualified. This is why we have called them *classificatory* particles.

This is a general outline of the nature and grammatical extent of the classificatory particles in Kiriwina. It is, however, necessary for the reader, in order to follow with interest the technicalities given further on, to familiarize himself with this linguistic phenomenon, to get it well in hand. A good way to achieve this—to make them a living fact of speech—is to imagine how such an arrangement would appear in English. This is not meant, of course, as a strict definition, only as a first approach, or, rather, as a short cut into the heart of the subject.

Let us transpose this peculiarity of Kiriwinian into English, following the native prototype very closely, and imagine that no adjective, no numeral, no demonstrative may be used without a particle denoting the nature of the object referred to. All names of human beings would take the prefix " human ". Instead of saying " one soldier " we would have to say " human-one soldier walks in the street ". Instead of " how many passengers were in the accident ? " " how *human*-many passengers were in the accident ? "   Answer, " human-seventeen."

Or, again, in reply to " are the Smiths *human*-nice people ? " we would say, " no, they are *human*-dull ! "   Again, nouns denoting persons belonging to the female sex would be numbered, pointed at, and qualified with the aid of the prefix " female " ; wooden objects with the particle " wooden " ; flat or thin things with the particle " leafy ", following in all this the precedent of Kiriwina.

Thus, pointing at a table, we would say, "look at *wooden*-this ";
describing a landscape, "*leafy*-brown leaves on the *wooden*-large
trees "; speaking of a book, "*leafy*-hundred pages in it "; "the
women of Spain are *female*-beautiful," "*human*-this boy is very
naughty, but *female*-this girl is good," and so on, in this Ollendorfian
strain.

These examples will no doubt familiarize anyone better and more
quickly with the general character of the classifiers than many long
definitions could possibly do. They show that, when qualifying a noun,
we are made to realize to which of the several classes it belongs, into
which all the nouns are divided. Each of these classes—turning to
genuine Kiriwinian again—embraces a number of words, capable of
a general definition.

IV

Let us now pass to a survey of the Classificatory Particles in
Kiriwinian. Following the principle that, in all phenomena of language
of any importance, it is directly wrong to give examples only, and that
a full enumeration must be given, I tried to record all the particles.
Most likely a few of the very obsolete ones escaped my attention, but
the list here given can be considered with this reservation as a
complete enumeration, and not as an exemplification only. The
particles, forty-one in number, have been arranged in a synoptic table.
Against each of them there is a short definition of the class of noun
with which the particle is used. Such a short definition, however, is
not sufficient, since the classes are not equivalent in several respects,
and we must comment on them, taking the three following aspects in
successive order.

1. It is clear at a glance that the classes are not equivalent and
that the definition of some of them has been made in this table on a
principle different from that of other classes. Thus, first of all we shall
have to say some more about the meaning of the various classes.

2. Again, some of the particles are very often used, and are of
great importance in the language, whereas others are almost obsolete.

3. Finally the grammatical use of the particles is not the same in
the different groups, and this point must also be made quite clear.

1. MEANING

In order to make it visible at a glance that the particles are not of
the same type throughout, the list has been subdivided into eight
groups. Within each group the particles and the classes of nouns
governed by them are more or less of the same type.

TABLE OF KIRIWINIAN CLASSIFICATORY PARTICLES

GROUP I

1. *TAY, TO, TAU.* Human beings; males.

   N.B. — *TAY* — used with numerals; *TO*—with adjectives; *TAU*—with demonstratives.

2. *NA.* Persons of female sex; animals.
3. *KAY.* Trees and plants; wooden things; long objects.
4. *KWAY.* Round, bulky objects; stones; abstract nouns.
5. *YA.* Leaves; fibres; objects made of leaf or fibre; flat and thin objects.
6. *SISI.* Boughs.
7. *LILA.* Forked branches; forked sticks.
8. *KAVI.* Stone blades.
9. *KWOYA* Human and animal extremities (legs, arms); fingers of a hand.
10. *LUVA.* Wooden dishes.
11. *KWOYLA.* Clay pots.
12. *KADA.* Roads.
13. *KADUYO.* Rivers, creeks, sea-passages
14. *VILO.* Villages.

GROUP II

15. *KILA.* ·Clusters ("hands") of bananas.
16. *SA.* Bunches of betel-nut.
17. *BUKWA.* Bunches of coco-nut.

GROUP III

18. *PILA.* Parts of a whole; divisions; directions.
19. *VILI.* Parts twisted off.
20. *BUBWA* Parts cut off by transversal cutting.
21. *UTU.* Parts cut off; small particles.
22. *SI.* Small bits.

GROUP IV

23. *KABULO* Protuberances; ends of an object.
24. *NUTU.* Corners of a garden.
25. *NIKU.* Compartments of a canoe.
26. *KABISI.* Compartments of a yam-house.
27. *NINA.* Parts of a song: of a magical formula.
28. *MAYLA.* Parts of a song; of a magical formula.
29. *KUBILA.* Large land-plots (ownership divisions).
30. *SIWA.* Sea portions (ownership divisions with reference to fishing rights).
31. *KALA.* Days.
32. *SIVA.* Times.

GROUP V

33. *KAPWA.* Bundles (wrapped up).
34. *OYLA.* Batch of fish.
35. *UM'MWA.* Bundles of taro.
36. *KUDU.* Bundles of lashing creeper.
37. *YURAY.* Bundles of four coconuts, four eggs, four water-bottles.

GROUP VI

38. *KASA.* Rows.
39. *GILI.* Rows of spondylus-shell discs on a belt.
40. *GULA.* Heaps.

GROUP VII

41. ——. Numerals without a prefix are used to count baskets of yams.

GROUP VIII

42. *UWA.* Lengths, the span of two extended arms, from tip to tip.

N.B.—In order to appreciate correctly the nature of the particles contained in this table, it is necessary to peruse the Commentary, which forms the contents of this (the fourth) Chapter. More especially, it must be stressed that the particles differ very much in their grammatical character and function. Ranging them into a co-ordinate table might give them an undue appearance of equivalence and uniformity, against which the reader must be cautioned at the outset. (Compare § 3 of this chapter on the grammatical function of the particles.)

The particles of Group 1 (Nos. 1–14) refer directly to the nature of things, which they express, and this group contains in itself a comprehensive classification of things. Particles 1 and 2 refer to human beings and animals, and the rest embrace the world of inanimate things ; 3 indicates plants ; 4 stones and bulky objects. Things made by human hand are first classed according to material ; those manufactured of leaf, fibre, bark, into Class 5, implements made of stone into Class 8. Two classes of manufactured objects, however, adopt special prefixes : wooden dishes (10) and clay pots (11). Classes 6 and 7 are a subdivision of the plant class, they refer to special parts of trees or plants ; 12, 13, 14 refer to features of settlement and communication, villages, roads, and waterways.

This group, as said above, is based mainly on the direct classification of things. That is, it implies a system of distinction between humans and animals, between plants and stones, between objects made of wood and those made of stone and those made of fibre. But it must be realized clearly that even within this group the principles of classification are inconsistent and at cross-purposes with one another ; again, several of the classes are not properly exclusive, and the same noun may be used once with *TAY-*, and then again with *NA-*, or with *KAY-* and *LUVA-*, etc. This will come out more clearly if we go over the list and make the necessary remarks about each particle and its class of nouns in succession. The principle of distinction between Class 1 and Class 2 is really double ; thus, 1 comprises all human beings, but more especially men ; Class 2, as against 1, comprises all nouns denoting female beings. This would be a distinction of sex, the same as that expressed by Indo-European gender, when this is used with animate beings. But the second principle of distinction between Classes 1 and 2 is that between human beings and animals. In actual usage this means that, although you must use all nouns of male persons—such as chief, fisherman, magician, etc.—with the formative 1, and also you must use formative 2 with animals ; yet human female nouns—such as woman, sorceress, girl, etc.—may be used with *TAY-* or *NA- ad libitum*. Etymologically, particle 1 is obviously derived from the word *ta'u* (man). Whether *NA-* is correlated to *ina* (mother), and *vivila* (woman), and what is its connexion to the words denoting animal (*mauna*), is a problem.[1]

---

[1] I cannot, for reasons of space, trace the etymological connexions of these words through other Oceanic languages. With the help of Tregear's comparative data in his dictionary of the Maori language (*The Maori-Polynesian Comparative Dictionary*, Wellington, New Zealand, 1891) and of Codrington's and Ray's *Comparative Melanesian Vocabularies* (op. cit.), it would be easy to follow the etymologies.

Passing to particle 3, *KAY*-, it embraces a class of objects defined (*a*) by their nature—trees and plants in general ; (*b*) by the material of which they are made, irrespective of whether they are. wooden canoes or wooden spears or chips of wood ; (*c*) by their form : long objects, irrespective of nature and material, may be used with the formative *KAY*- as certain anatomical expressions, for example, tongue. Etymologically the particle *KAY*- is undoubtedly connected with the word *KA'I*, tree, wood—a word to be traced in cognate forms through many Melanesian and Polynesian languages.

KWAY-, perhaps the most important and most extensively used of all Kiriwinian particles, refers in its primary use to the shape of objects : round, bulky objects ; stones, rocks, and hillocks, and all other features of the landscape, except when they are strikingly elongated. *KWAY*- receives its greatest importance, however, from the fact that it is used in all those cases where no other particle can be fitted in. This has been indicated in our table by mentioning " abstract nouns " in this class (4), states of the weather : calm, wind ; cold, heat ; states of the body : sleep, disease, exhaustion, hunger, thirst, states of mind, etc., etc. All such nouns which cannot be placed in any of the other classes—all of which are defined concretely—are used with *KWAY*-. I cannot, with any degree of certainty, approach the word *koya*, hill, mountain, to the prefix *KWAY*-. This is, however, the only etymological hypothesis I can think of.

Class 5, governed by the formative *YA*-, is the last of the more comprehensive ones of Group I. It comprises leaves, fibres, all objects made of these materials, and all objects shaped like leaves and fibres, i.e. all flat, thin, and thread-like objects. Etymologically *YA*- is connected with the words *yawesi, yagavana*, both meaning leaves.

Of the following particles, Nos. 5, 6, 9, 12, 13, 14 refer again directly to the nature of objects, and so do Nos. 10 and 11, although these latter classes comprise man-made objects. Prefix 8, *KAVI*-, is used when counting, qualifying or pointing at stone blades, now, by extension, also steel blades. I am unable to tell whether in the old usage this class comprised objects with reference to their material— which was a special stone of volcanic origin, imported from Woodlark Island—or whether the reference was rather to the cutting quality and to the special shape of the implements. The recent use of the particle with European implements is of no value in deciding this question. I have circumstantial reasons, too long to set down here, to believe that *KAVI*- was rather a reference to the material than to the shape. Etymologically the formatives *KAVI*-, *KWOYA*-, *LUVA*- cannot be connected to any words of the Kiriwinian language. The remaining ones, on the other hand, are obviously correlated by form and meaning to the generic nouns denoting the class of objects : 6, *SISI-* : *sisila*, bough ; 7, *LILA-* : *lalari*, a forked branch ; 11, *KWOYLA-* : *kuria*, a clay pot ; 13, *KADUYO-* : *keda*, road, and *kari-keda*, a sea-passage ; 14, *VILO-* : *valu*, village, place.

Summarizing the remarks about Group 1 we may see that there are the following principles underlying the classification of the group : (1) direct reference to the nature of the objects, taken in their entirety as forming a genus ; (2) reference to the material of which an object is made ; (3) reference to its shape ; (4) the abstract sense of *KWAY-*, which does not fall under any of the foregoing headings. That this direct classification could stand no logical test is clear. It can also be safely said that it does not embody any metaphysical *Weltanschauung*, even of the most rudimentary description. To jump, however, from this to the other extreme conclusion that the system of classification embodied in this table is worthless in throwing any light upon the native psychology, would be equally rash.

Passing to the following groups, we may first remark that they contain classes of a much more restricted description ; in each group we find emphasized one special point of view—usually very concrete and sometimes very narrow in connotation. Thus Group II comprises three classes of fruit bunches. In Group III we find several types of subdivision of a whole into parts, more especially with regard to the mechanism of the subdivision—whether a whole is divided by cutting, by cutting transversally, by twisting off, or whether it is subdivided in thought only, so to speak. Group IV, again, embraces various systems of subdivision, but here the principle of classifying according to mechanical severance is not heeded. Instead we have very concrete and special kinds of component parts of definite objects. Group V comprises various kinds of bundles. Group VI formations—rows and heaps. Groups VII and VIII consist each of a single class, one of them at least extremely remarkable, as it is the only class of object used in Kiriwinian *without* classificatory formatives.

Let us say a few words in detail on each of the groups.

Group II. Here we have particles, used when counting and qualifying bunches of fruit. *KILAtala*, one (partial bunch of bananas), is used when numbering the partial clusters or, as they are technically called, " hands," of bananas (*usi*). Etymologically the formative *KILA-* is not allied to any Kiriwinian word. *SA-* is the particle used with reference to betel-nut (*bu'a*), and again its etymology is unknown to me. *BUKWA-* is the formative — etymologically obscure — of whole bunches of coco-nuts (*luya* or *nuya*, according to dialect). There is no doubt that bunches of fruit must be an important class of objects to a tribe, where gardening is one of the main economic pursuits, and one in which the natives take an extreme interest and pride. But, speaking more specially of the expression for betel-nut bunches, fruit clusters are also important from another point of view. Gifts and payments and tributes are a very prominent feature of the social organization and public life in Kiriwina. Family obligations, relations to chief and headman, magico-religious and mortuary ceremonies, all are connected with gifts and moreover with a ceremonial display of gifts. In these, undivided bunches of betel-nut play a specially prominent part, although coco-nut and banana bunches are also important. The displayer has both the pride of having grown them and of giving them away, and this latter pride is shared by the man who receives the present. In Kiriwina display of quantity as well as of quality is a feature of generosity, and generosity, although a universal phenomenon, is never taken for granted or hidden under a bushel. The importance of the main objects normally used as gifts is therefore clear.

Group III. All these formatives serve to denote parts of a divided whole. Three of them, *VILI-, BUBWA-,* and *UTU-,* denote, moreover, directly the mechanism by which the severance of the parts has been accomplished. These three formatives are also etymologically connected with verbs denoting such mechanical acts of division. The verbal root *vila* means to turn or twist ; *bwabu,* to cut transversally ; *utu* (connected with *ta'i*), to cut in the general sense of the word. The three formatives follow exactly the meanings of the three verbal roots ; *VILItala,* meaning a piece twisted off (a whole) ; *BUBWAtala,* a piece cut off transversally ; *UTUtana,* a piece cut off, a parcel.[1] Thus, when I used to distribute tobacco, the natives would ask for their portions with different words, according as to whether I would twist off the " stick " with my fingers and tear off pieces, or cut off portions with a knife. In the first case they would count the pieces with the prefix *VILI-,* in the second with the prefix *BUBWA-.* To disregard this linguistic usage would be as incorrect as to misuse the gender in an Indo-European language, and the natives might laugh, as rude people, uncorrupted by good manners, do laugh when their language is mutilated by a foreigner.

---

[1] *-tana* is an archaic form of *-tala,* see below.

Again, the word *BUBWAtala*, meaning in its broader sense " one bit cut off transversally ", has also the narrower meaning of " one half ". *UTUtana*, again, usually means " a little ", " a bit ". The word *SItana* possesses the same meaning, and it does not refer to any special mode of division. These two formatives *UTU-* and *SI-* have become specialized in their use. They are hardly ever used in any other form but in association with the numeral " one ", *UTUtana* and *SItana* meaning " one bit ", or " a little ". They may be used also to count, especially in ordinal forms : *UTUy'wela*, *SIywela* (second bit), *UTUtolula*, *SItolula* (" third bit "), but their adverbial use (see below under 2 and 3) is by far the most preponderant. Characteristic is the archaic form of the numeral " one " with the *N* instead of the *L*, which no doubt bears witness to the fact that the prefix and the numeral " one " have coalesced at a very distant epoch.

The formative *PILA-*, like *SI-* has no reference to any mechanical process of severance. But it implies a definite character of subdivision, namely, that the part of a whole is rather a natural component part and not a part definitely severed. Thus it is used when describing parts of a village, parts of any district, directions, points of the compass (which in Kiriwinian are named after prevailing winds), portions of an animal to be divided, etc. Etymologically it is connected with the verb *pilasi*, to assist, to help in work (to share in work), and with an important general formative *PILA* or *PIYA*, signifying manner of pitch, intensity, etc.

Group IV. In contradistinction to the foregoing group, here all the formatives have a concrete, and except for the first one (No. 23), a highly specialized meaning. The particle *KABULO-*, with a clear etymological pedigree from *kabulula*, nose (his), is used to count, demonstrate, or qualify any nose-shaped parts of a whole : ends, prominences, or protuberances. Thus, ends of a stick, prominences of a rock, promontories, corners of houses, or boats, etc., etc., all the parts that stick out, detach themselves from a whole, form ends or corners, are used with this particle. Thus *KABULO-* possesses a broad sphere of application, and its meaning is both concrete and metaphorical.

All the other formatives of this group possess an extremely special meaning and a very narrow sphere of application ; *NUTU-* (etymology unknown) refers only to corners of a garden enclosure ; *KABISI-* (etymology unknown) to the compartment of a yam-house, and *NIKU-* to the spaces in a canoe, between two outrigger poles. The etymology of this last word is dubious to me ; *liku* (*L* and *N* being in this language interchangeable) means "beam", and also the main part of a yam-house, and the three meanings may be connected. In these three formatives (*NUTU-*, *KABISI-*, *NIKU-*), we have to do with subdivisions of a whole, when both the nature of this whole is definitely stated (garden, canoe, yam-house), and the nature of subdivisions or parts is strictly indicated.

The two following classes refer to divisions—verses or strophes—in a traditional text or song or formula. To my knowledge they are interchangeable, and etymology seems to be the only key for making a distinction; thus, *MAYLA-* is probably connected with *maye-*, tongue, speech; *NINA-* with *nano-*, mind.

The two next particles, *KUBILA-* and *SIWA-*, are used in demonstrating, qualifying, or counting subdivisions of land and sea, made for purposes of ownership. All garden-lands in Kiriwina are subdivided into large blocks called *kwabila*, and with this word the classifier *KUBILA-* (obviously the two words are cognate) is used. These large plots are owned by a whole community, each individual owning one or more of the small subdivisions, called *baleko*. This last word is used with the formative *KWAY-*. The sea on the lagoon is divided roughly into portions, *sewa*, using the formative *SIWA-*, which have individual names each, and a number of *sewa* are regarded by a community as their fishing-grounds.

KALA- and *SIVA-* are formatives of time division. *KALA-* represents periods of twenty-four hours—a day and a night—*SIVA-* represents how many times anything happened. Here may be added that they have a characteristic way of counting the following days: to-morrow is represented by the word *nabwoye*; the day after to-morrow by *bogiyyu*, literally "night-two", and the following days: onward by compounding the formative *BOGI-* (night) with numerals: three *tolu*; four, *vasi*, etc. As this is a very special use of the prefix *BOGI-*, I have not included it in our list.

Thus within this last group (IV), the following subdivisions can be further distinguished: (*a*) *KABULO-* a particle of general meaning, referring to the shape of constituent parts of a whole. (*b*) Artificial parts of human-made wholes (garden enclosures, yam-houses, canoes). (*c*) Subdivisions of traditional formulæ. (*d*) Economic subdivisions of garden-land and fishing-grounds. (*e*) Time divisions.

Group V. The classes of the two preceding groups are subdivisions of things; in this group we have to deal with conglomerations. The particle *KAPWA-* —etymologically connected with the verbal stem *kapwali*, to wrap up—is a general formative for all wrappings. Natives often use leaves to wrap up small parcels of food or to carry some substance of value, such as precious shells, red ochre, or small ornaments. Again, in magic as a rule, the spell is said over some stuff, placed on a leaf, and then the stuff and the magical virtue imparted to it by the spell are carefully wrapped up to prevent evaporation. All such bundles—which may be named in various ways according to their contents—are used with the formative *KAPWA-*, which has thus a fairly general meaning and a broad extent of application.

The other formatives of this group are very highly specialized and of restricted application. Thus *OYLA-* is used as classifying particle when batches of fish are counted. Fish is tied up into batches on occasions of *wasi-*, the regulated, ceremonial exchange of fish for yams. The inland villagers, who have good gardens and plenty of yams, but no access to the rich fisheries of the lagoon, have a traditional standing partnership with the coastal men. Each man has one partner or more on the coast. When fish is needed—especially for a ceremonial, festive distribution of food in which usually a whole community partakes—each member of the inland villages will carry some yam-food to the coast and offer it to his partner. The best yams only are used on such occasions, and they are put into baskets or wooden structures in a decorative manner. Selected *taro* is bound into big, carefully arranged bunches. The men carry the food in a body, and they enter the coastal village with loud ceremonial screams and place their gifts at the doorways of their respective partners. This constitutes a binding obligation to the fishermen to go out fishing as soon as the weather allows it, and to repay the yams and *taro* according to fixed rates. A batch of fish, *OLYAtala*, is the measure of such repayments, the general rule being two *oyla* for each basket of yams or of *taro*. No haggling or quarrelling takes place on such transactions ; when the fishermen's yield is good they are generous ; when their endeavours have been rather barren the fish bundles are small, and the inlanders take it philosophically. An *oyla* is certainly not an exact measure of weight, but it would never sink below a certain minimum —I should say about 5 lb. in weight—and when the yield is very abundant the surplus would be given to the inlanders, not as payment for the yams given, but as payment for some more food, to be received at a later date.

This somewhat lengthy description of the *wasi* (fish and yam exchange) has been given to show how narrow and definite is the application of the formative *OYLA-*, and also to show how necessary it is to give some ethnographic information if grammatical relations are to be fully understood.

The next formative, *UM'MWA-*, has also been defined by the foregoing description ; it is used when counting and qualifying the bundles of *taro* as prepared for the *wasi* and the ceremonial gifts or payments. Etymologically this formative is connected with the verbal root *mwam'*, to bind together.

KUDU-, of unknown etymology, is used with reference to coils of a lashing creeper, called *wayugo*, extremely important for the natives, as it is the only material reliable for use in their big sea-going canoes. To obtain genuine and fresh *wayugo* may be a matter of life and death for a party embarking on a long expedition. It grows in certain places only, on marshy soil, and it is traded from there to the coast. *YURAY-*, etymology unknown, is a formative used with groups of four round objects, four coco-nuts, eggs, lime-pots, water-bottles, etc. These are counted by fours, as we count certain objects by the dozen.

Group VI. In this group two formatives, *KASA-*, row, and *GULA-*, heap, are of rather wide application. *KASA-* is used for all sorts of row formations—rows of people in a dance, of houses in a village, of trees in a plantation. Its etymology is unknown to me. *GULA-* (from *gugula*, heap) is used to count heaps of yams, heaps of shell, and all other heaps of objects.

GILI- (etymology ?) is used in a very narrow sense, to count the rows of red shell discs in a belt. The red shell discs, made of a variety of spondylus shell, rare and difficult to fish, are used in making ornaments, long necklaces, belts, ear-rings, pendants, etc., all of which are very highly valued and used as ornaments, as signs of rank and as tokens of value, and also as articles of exchange in a very complicated and traditionally defined system of trading.

Group VII. This group consists of one class only, and no classifying particle. Basketfuls of yams are counted by using the numeral affixes only, bare of any classifying addition. And this is the one case only where abstract numerals can be used in Kiriwinian. It must be realized, however, that the counting of basketfuls of yams in Kiriwina is counting *par excellence*. The whole social life of the native is bound up with systems of mutual payments, in which yam payments stand first and foremost. Family ties are connected with regular yam gifts. Every man has to work the gardens for his mother first and, after his sisters have grown up, for them. When his sisters marry their husbands and their families have to be provided for. Thus we have a remarkable system, in which everyone is working for his female relations, and again is himself provided for by his wife's family. The chief receives

regular annual gifts of yams at harvest time. Obligations arising
from the performance of garden magic, fishing magic, sorcery; from
service in war, in sailing, in canoe and house-building; from communal
work in the gardens—all such obligations are squared by payments in
food, as a rule given and measured in basketfuls. Public life and
ceremonial, whether in mourning and mortuary feasts or during
dancing periods and tribal festivities, are accompanied by distributions
of food. In all these cases, the element of display being very much to
the fore, the amount of gifts given is measured, counted, and boasted
about in basketfuls. Moreover, basketfuls of yams are the nearest
approach to a common measure of value. The term " money " has
often been applied to the native objects of high value, like stone-
blades, necklaces of spondylus discs, and armshells. It can be said
without reservation that such a use of the term " money " is incorrect,
and as it cannot be applied to any but in a loose metaphorical sense it
does more harm than good. But it may be said that, as one of the
functions of money is to supply a common measure of value, and as
the baskets of yams fulfil this function in Kiriwina, this is the nearest
approach to money from this point of view.

All this makes it quite clear that the counting of baskets of yams
is undoubtedly the most important occasion on which numbers have
to be recorded in Kiriwina. The natives can count easily above the
thousand, and on occasions of great annual harvest gifts to a chief,
the figures of baskets given come well into five figures. Thus in August,
1918, in Omarakana, there were more than 10,000 basketfuls given to
the chief. Each community provided him with a big heap, stacked
around his yam-house. As the yams were being brought to the heaps
a man was counting them, and for each basket he plucked off a leaflet
on a big cycas leaf. Several such leaves, giving the total tally, were
then planted on top of the heap. Thus high figures in counting can be
recorded exactly and fixed with some degree of permanence. The
natives, who vie with one another, remember the figures well, and for
a long time.

Group VIII. Here the formative *UWA-* (etymology ?) is used to
count measures of length, the span of two open arms from the tips
of one hand to the tips of the other. They use this measure to compare
lengths of canoes, houses, etc. Exact measures, for technological
purposes, are obtained by using a rope as a tally.

2. Degree of Obsoleteness

Turning now to the second of the three points mentioned above, we have to say a few words about the degree of linguistic vitality or aliveness of the various particles. It is clear that two words or two grammatical formations may be equally general, important, and of equally extended sphere of application, yet they may vary in usage ; one of them may be just starting to become obsolete or be well on the way towards complete obsoleteness. Thus " thou " and " you " in English are symmetrical in all other respects, but " thou " is on the road to becoming completely antiquated.

When recording a native language it is by no means easy to deal with this side of the question, yet it is extremely important to do so. Of course, we have no historical records to follow the gradual lapsing of some form or other. But there is no doubt that this difference in vitality exists and can be observed. Certain forms are in constant use and they impress themselves even on the foreign beginner. Other forms are used only by old people, particularly such ones as excel in fine command over their language ; or they are found in magical texts and formulæ and songs or traditional narratives. Again there are words which are evidently on the wane, since they can be replaced by others without reciprocity. It is extremely astonishing that, although this is the only way of gaining an insight into the historical changes of a native language, and although historic change and evolution have been the main orientation of linguistics, yet, to my knowledge, very little attention has been paid to the degree of obsoleteness of words and grammatical forms.

Starting with Group I, the first four formatives, *TO-, NA-, KAY-, KWAY-*, are all equally vital, and they cannot be replaced or shifted, nor do they show any tendency to encroach on each other ; the double boundary between *TO-* and *NA-* cannot mean that one of these particles is on the wane, although it may mean that there is a process of shifting. In which direction this process goes on I see no data to look for an answer. The fifth particle, *YA-*, has its own well-established sphere of application. It is, however, remarkable that certain objects made of leaves—the most prominent would be mats—are used with the formatives *KWAY-*, and not with *YA-*. This is what I would call a clear case of expansion of one form at the expense of another.

SISI- and *LILA-* are vigorous in their limited sphere of application, but they are not capable of any extension. As a matter of fact, *LILA-*, which is used with regard to forked branches, may be replaced by *KAY-* if branches are counted without special reference to their being forked. *KAVI-*, *KWOYA-*, and *KEDA-* cannot be replaced in their own narrow sphere. The two particles referring to vessels, *KWOYLA-* and *LUVA-*, present an interesting case ; they are quite symmetrical in their restricted area of meaning, each being applied to similar objects. Yet one of them, *LUVA-*, is as a rule replaced by *KAY-* with reference ·to the material (wood), whereas clay-pots must be counted with the prefix *KWOYLA*. The particles *VILO-* and *KADUYO-* are rare, and as a rule replaced by the abstract *KWAY-*. Especially I hardly ever heard the formative *VILO-* in use, though in direct answers to questions my informants would insist on its being the correct particle for " village ".

In Group II *SA-* is by far the most important and vital particle. *KILA-* is not used very often—instead of counting by " hands " they count by single fruit with the prefix *KAY-*, referring to their shape. *BUKWA-* I never heard in actual use, coco-nuts being counted by fours (particle 37), or by ones with the prefix *KWAY-*.

None of the particles of Group III can be styled as obsolete. But, on the other hand, *PILA-* possesses a range of application far beyond any of the others, and on the other *UTU-* and *SI-* are becoming consolidated into one definite expression, each with a special meaning. Again, *VILI-*, *BUBWA-*, and *UTU-* have the original concrete meaning. *BUBWA-*, however, is used much more often in its restricted sense of half than in the original one.

Of Group IV, the formative with the broadest sense and connotation, *KABULO-*, is the most vital, *ipso facto*. The very special expressions, *NUTU-*, *NIKU-*, and *KABISI-*, are by no means obsolete, and I do not think any of them could be replaced in its proper place by a particle of more general meaning. The formatives *NINA-* and *MAYLA-*, on the other hand, are distinctly obsolete, the general formative *PILA-*, signifying " part of ", being often used with reference to parts of a song or formula. *KUBILA-* is an important formative in its very restricted sense and not at all obsolete, whereas both the noun, *sewa* (sea division), and the particle, *SIWA-*, are certainly passing out of use; indeed, they are not understood by junior members of the community. *SIVA-* and *KALA-*, the two time-divisions, are perfectly vital.

In Group V there is none which could be styled obsolete from any point of view, and this refers to two at least of the formatives of Group VI, *KASA-* and *GULA-*.

It is needless to add that neither the bare abstract numeral form used for counting basketfuls of yams, nor the prefix *UWA-*, used for measuring lengths, are in the slightest degree obsolete.

In all this it must be stressed that my conclusions cannot be anything but tentative, as such observations must be the result of the general linguistic feeling rather than detailed analysis of tangible data. · Again, dealing with a native community in contact with the white man and under his decomposing influence, one has to take into account the possibility that linguistic change and decay are the result of the new artificial conditions and not a natural one. But even then these indications would not be quite worthless, because they would serve as measures of the relative strength of various linguistic features. In this case, however, I am sure that the influence of white man is negligible, less than two per cent of the natives in Kiriwina being acquainted with a few words of Pidgin English.

We may sum up our results thus :—

(1) The formatives *KAY*- and *KWAY*- show a tendency to expand beyond their narrower sphere of application over the area of inanimate things, squeezing out such formatives as *YA*-, *LILA*-; *LUVA*-, *KADUYO*-, *VILA*-.

(2) Certain special prefixes; *PILA*-, *KABULO*-, *KAPWA*-, are, side by. side with being more general, more vital than cognate particles, and may be used in an extended manner.

(3) Certain formatives are strictly limited to their fixed use, and in this they cannot be replaced : *SISI*-, *KAVI*-, *KWOYLA*-, *SA*-, *VILI*-, *BUBWA*-, *NUTU*-, *NILU*-, *KABISI*-, *KUBILA*-, *KALA*-, *SIVA*-, *OYLA*-, *UM'MWA*-, *KUDU*-, *YURAY*-, *KASA*-, *GULA*-, *UWA*-.

3. GRAMMATICAL FUNCTION

There remain to be mentioned certain grammatical peculiarities of the formatives. They are mainly dependent upon the meaning of the formatives, and in discussing this above we had to mention certain grammatical facts, as, for instance, the crystallization of *UTUtana* and *SItana* into nominal expressions often used also adverbially. Again, it is clear that this point touches also the previous one (2), and that the broader the grammatical application of a particle (whatever the width of its meaning) the less chances it has of becoming obsolete.

In the initial definition of the particles and in their transposition into English, they were shown to be classificatory word-formatives, serving with the help of fixed roots to build up the Kiriwinian numerals, demonstratives, and adjectives. As with all linguistic gene alizations, this statement needs some qualification on its grammatical side as well as in its semantic aspect.

Let us start with Group I again, bearing in mind what has been sa d about it above under " 1. Meaning " with reference to the width and homogeneity of the various classes. It requires no effort to see that the meaning of a classifying particle is inseparable from its grammatical function. The meaning of a particle is nothing else but the generic description of its class, just as in Indo-European the meaning of a gender-formative conveys the general description of the word classes, male, female, and neuter. Thus the meaning of *TO-tau* is "human being", and if I say *maTAUna* it means " this human being ", implying the human nature to the object pointed at, whatever his nearer description may be. The primary grammatical function of the classifiers is to serve for the formation of certain grammatical instruments—demonstratives, numerals, adjectives—each of a general application, and each of them both qualifying the noun with which it is used, and stamping it with the mark of a definite class.

But if we have a formative of a very narrow application and definite meaning, like *KADA-* or *SISI-*, the resultant word will not possess any power to stamp the noun as belonging to any class, because it simply repeats the noun and adds nothing to its meaning. Thus, if I say *maKADAna keda*, " roady-this road," or *SISItala sisila*, " boughy-one bough," I qualify " road " with " this " and " bough " with " one ", but I do not classify them, since I simply repeat them in a modified form. One can, of course, say that I put them in a class by themselves, but that is another way of repeating the present contention. Such classifiers as *SISI-* and *KADA-* are simply the repetition of the nominal root—of the noun they are used to qualify—and if all the Kiriwinian formatives were like this we would have an extremely interesting phenomenon, but one which could not by any stretch of the term be called *classification*.

Thus we may say that where both phonetically and semantically the formatives and the nominal root coincide, there we have a naming formative but not a classificatory one.

In Group I we have the real classifiers: *TO-, NA-, KAY-, KWAY-, YA-, LILA-, LUVA-, KWOYA-, KADUYO-* ; and the root-repeating formatives : *SISI-* (noun *sisila*), *KWOYLA-* (noun *kuria*), *KADA-* (noun *keda*), *VILO-* (noun *valu*).

Passing now to Group II we find there three classifiers with a very narrow meaning, restricted to one object only : *KILA-*, to clusters of bananas ; *SA-*, to betel-nut branches ; *BUKWA-*, to coco-nuts. In so far they resemble the " naming " formatives of Group I. But grammatically their position is slightly different. To understand this, let us realize that a formative with a numeral or with a demonstrative may be used alone without the corresponding noun. Thus, pointing to a boy I may say : " *maTAUna*," " human-this," as well as " *maTAUna gwadi*," " human-this boy," or speaking of sailing I may say, " *boge ikewasi KAYyu*," " already they sailed wooden-two," instead of " *boge ikewasi KAYyu waga*," " already they sailed wooden-two canoes." This usage may be well brought home to our linguistic feeling by comparing the English elliptic way of saying " I saw two yesterday" in a conversation where definite objects were discussed ; although we can see that in Kiriwinian the prefixed or infixed classifier gives a more definitely nominal character to the numeral or demonstrative ; compare " I saw two yesterday" with " I saw humans-two yesterday". In this last sentence the expression " humans-two " is more than a mere qualifying adjunct with the noun added to it in thought. It is a nominal expression allied, no doubt, to English ones such as " The Great ONE ", " The Almighty ", etc. Only it is more nominal, in some cases at least, since the classifying formatives stand for not one quality only but for all the attributes proper to the class, " human-being," " female-being," " animal," " plant," " road," " earthenware pot," " wooden dish," " bough," etc., etc.

Where the formative has a very restricted sphere of application, like *KADA-*, " road-like," or *SISI-*, " boughy," then its meaning is very complex, and it stands for all the many attributes pertaining to the concept of " road ". And the compound qualifiers, *KADAtala*, "road-like one," *maKADAna*, "road-like this," etc., etc., if standing alone, are obviously equivalent to nouns, in that they describe an individual thing.

Now if there be a difference in usage between two classes of formatives, one being used as a rule with the corresponding noun and the other independently, it is clear that the latter will have a different grammatical nature ; it will belong to the division of nouns rather than to that of attribute words. I think that this difference exists between the " naming " formatives of Group I (*SISI-*, *KWOYLA-*, *KADA-*, *VILO-*) and the formatives of Group II (*KILA-*, *SA-*, *BUKWA-*), and that the latter are as a rule used without the corresponding nouns, and that they therefore possess a pronounced nominal character. In fact, *SAtala* can be said to be the name for a bunch of betel-nut. The other two formatives, as said above, are rarely used, and therefore I can speak with less confidence about their grammatical character.

There is another interesting problem with regard to the relation between classifier and noun. The expression *SAtala*, " betel-bunchy one," is undoubtedly a noun when used alone, as it definitely names an object and points its individuality—in other words, it is a word standing for a thing. It may be used with the noun *bu'a*, the general symbol for betel-nut, (areca) palm, denoting tree-leaves, fruit generically. *Bu'a SAtala* might be transposed into English " betel-palm betel-bunchy-one ". Now, which in these two is the real substantive and which the attributive word ? *SAtala* is the individualized, differentiated thing, whereas *bu'a* is the generic expression and is no doubt used adjectivally or adverbially. Thus in this case the grammatical relations between classificatory word and naming word seem to be reversed.

Nevertheless, such considerations can hardly be looked upon at present as anything but linguistic curios, as long as we are not in possession of a system of consistent definitions of parts of speech. Then, no doubt, we could easily either show up such a view as a quibble, or else be able to answer it definitely and gauge its theoretical importance.

Group III. Let us start from the meaning of these formatives, and see to what grammatical considerations we are led. These formatives indicate subdivisions of a whole, and also indicate the manner of the subdivision. They mean " portions obtained by cutting off ", " portions obtained by transversally cutting off ", respectively. They are genuine classifiers in so far as they classify portions according to the manner they were obtained from the whole. But each class contains only one type of object, and this object is sufficiently defined by the formative ; that is, if the nature of the whole is known. If not, this must be added as a generic, adjectival qualifying word. Thus, *BUBWAtala usi*, " cut off transversally-one portion of banana."

The classificatory expression here again is a substantive, since it means an independently existing thing and defines it sufficiently, the added noun functioning as a qualifying word. The conditions are analogous to those obtaining in the previous group. As a matter of fact all these expressions of Group III are almost exclusively used with the suffix *-tala*, one, in the sense of " a bit ", " a bit cut off ", etc. We noticed above already two of them have consolidated with an archaic form of one, *tana* into fixed forms *UTUtana* and *SItana*. The nominal character of these two expressions, as well as of the others, is marked by the frequent use with suffixes of nearest possession : *-gu*, *-m*, *-da*, etc. *UTUtagu*, " my little cut-off portion "; *SItagu*, " my little bit "; *SIyuwegu*, " my second little bit " ; *VILItagu*, " my twisted off little bit," etc. This is the form in which the natives beg for tobacco and other bounties, asking " give me my part ".

Again, these expressions of Group III may be used adverbially in the sense of "a little", "a little bit", in such phrases as *SItana kunanakwa*, "hasten a little"; *UTUtana kubiya*, "pull a little," etc. In other phrases as *bakam SItana*, "I might eat a bit," it is difficult to judge whether *SItana* is used adverbially or as a noun in the objective case.

But it must be stressed : the particles of Group III can be used also as genuine formatives in numerals, demonstratives, and adjectives : *PILAvasi*, "four parts"; *BUBWAlima*, "five parts transversally cut off"; *VILIviyaka*, "a big portion twisted off"; *UTUkekita*, "a small portion '; *maPILAna*, "this part," etc., etc. *SI* is an exception in so far as I never heard it used in demonstratives or adjectives.

Group IV. Some of these formatives possess a very definite meaning, and denote one type of object only. What is more, they, unlike the formatives of Group II, do not possess any complementary noun. Thus, to *KILAtala* (one banana-bunch) we can always add *usi* (general word for banana-plant) : but there are no nouns to be added to *NUTU-*, *NIKU-*, *KABIS-*, and *SIVA-*, and the word *yam'* (day) is never used with *KALAtala*. Thus the independent nominal character of the formatives, *NUTUtala*, etc., is still more prominent than was the case with the previously discussed ones. The remaining particles of this group, *KABULO-*, *NINA-*, *MAYLA-*, *KUBILA-*, and *SIWA-*, may, of course, be used independently of any noun, but there are nouns to be used with them, nouns signifying ends, promontories, protuberances, with *KABULO*; the nouns *wosi* (song), *vinavina* (ditty, chanty), *megwa* (magic), *yopa* (spell), can be used with *NINA-* and *MAYLA-*, indiscriminately ; the noun *kwabila* (garden-land plot) and *sewa* (lagoon-portion) are used, as said above, with *KUBILA-* and *SIWA-*.

All the formatives of this group can be used in all the three main combinations : demonstratives, numerals, and adjectives.

Group V. All the formatives have a well-defined, special meaning, and they all are as a rule used in the form of nominal expressions. But each has a number of nouns, which may be used with it : with *OYLA-* all specific names for fish kinds ; with *UMMWA-* all the many names for two varieties, etc. They all form adjectives, numerals, and demonstratives

Group VI. These formatives have a general meaning, since they signify formations and they require the addition of a noun more urgently than the particles of the foregoing group; it is more necessary to use a noun when you say " one heap " than when you say " one fish bundle ". The numeral use of these formatives is perhaps the most prominent, but demonstratives and adjectives can be formed of them.

Group VII. Here there is no formative, the purely qualifying character of the numerals is prominent. " This basketful of yams " is expressed by using the root or frame of demons'.ration with the particle *TA* infixed, *MA-TA-na*. Whether -*TA*- is an abbreviated form of *TALA*, " one," or the second syllable of *PETA*, I cannot say.

The particle of Group VIII, referring to a definite measure, has, of course, a numeric use only.

Let us now summarize the results of the grammatical analysis of the formative particles. The fourteen particles of the first group possess in the most pronounced degree both the classificatory meaning and the grammatical function of a real word-formative. They serve to form adjunct words to nouns, and they mark a noun as belonging to a certain class, besides the noun being qualified by the numeric, adjectival, or demonstrival root.

The formatives of this group, however, and those of other groups in a higher degree, may function as independent nominal expressions wherein the formative stands for the thing (naming or classifying it), and the root gives it an attribute. In certain expre sions (Group IV) this nominal role is the only one in which we find them. The bulk of such expressions are found with the suffix *tala* (or the archaic form *tana*), which in this connexion plays a part similar to the indefinite article *un* (in French), *ein* (in German), and *a* (in English).

Finally we must remember that all grammatical terms and distinctions have been used as cautiously as possible, but with the reservations stated at the beginning, and touched upon again and again, namely that sound semantic definitions valid for a wide range of linguistic types are needed before any grammatical analysis of native languages is possible.

᛫ V

In the last division we discussed the grammatical nature of the particles and the grammatical use of the expressions formed by them. We mainly had to qualify the statement that these particles are " classificatory formatives " of attributive expressions. Here we must give some more information about the nature of these attributive expressions, i.e. of the numerals, demonstratives, and adjectives formed by means of classifiers.

Numerals

Following the distinctions introduced by Codrington and adopted by Ray, we may say that the Kiriwinians have an *imperfect decimal system of notation*.[1]

They have independent words for 1 to 5, whereas their numeration from 6 to 10 is neither entirely independent, since 6–9 are formed by adding the word 1, etc., to the word for 5, nor is it a simple repetition, since there is a new and independent word for 10.

The following table will make it still clearer. In the first column are given the pure numeral roots as they are used for counting basketfuls of yams; in column II numerals with prefixes *PILA-* are given to show the manner of compounding—which is indeed simplicity itself.

Kiriwinian Numerals

I. Numeral Roots.	II. Numerals used for counting portions of a subdivided whole.
1. *Tala* ⎫	1. *Pilatala.* .
2. *Yuwa* ⎪ I to 5 progressive series	2. *Pilayyu.*
3. *Tolu* ⎬ of independent words.	3. *Pilatolu.*
4. *Vasi* ⎪	4. *Pilavasi.*
5. *Lima* ⎭	5. *Pilalima.*
6. *Lima tala* ⎫ 6 to 9 obtained by	6. *Pilalima pilatala.*
7. *Lima yuwa* ⎪ adding words for 1,	7. *Pilalima pilayyu.*
8. *Lima tolu* ⎬ 2, etc., to the word	8. *Pilalima pilatolu.*
9. *Lima vasi* ⎭ for 5.	9. *Pilalima pilavasi.*
10. *Luvatala.* New word.	10. *Piluvatala.*
20. *Luvayyu* ⎫ Same formation as 10.	20. *Piluvayyu.*
30. *Luvatolu* ⎭	30. *Piluvatolu.*
Etc.	
50. *Luvalima.*	50. *Piluvalima.*
60. *Luvalima luvatolu.*	60. *Piluvalima piluvatolu.*
87. *Luvalima luvatolu lima yuwa.*	87. *Piluvalima piluvatolu pilalima pilayyu.*
100. *Lakatutala.*	100. *Lapilatutala* (hardly ever used).

This table shows well the extremely cumbersome manner in which higher and more complicated numbers have to be computed. As noticed against the word for 100, such high numbers are never in practice used with anything except yam-baskets, men (*latatutala*), and trees (*lakatutala*). But even the number for 87 is a mouthful to pronounce in a hurry, especially when it has to be used with a prefix. As shown, the prefix has to be uttered with each component word. None the less, the natives speak and even compute them quite glibly, and when I recorded the figures of a big harvest tribute given in 1918 to the chief in Omarakana, my native informants were far ahead of

[1] Codrington, op. cit., Chapter on Numeration and Numerals, pp. 220–51; Ray, op. cit, " Numeration and Numerals in the Melanesian Languages of British New Guinea," pp. 463–78. N.B.—Following the information of the Rev. S. B. Fellows, Mr. Ray presents the Kiriwinian data about numeration in an incorrect manner.

me in handling the figures, reckoning out how the individual tributes compared, finding out totals, etc.

The prefixing of the classifiers presents no difficulties; the numeral root is simply added to them and there are no contractions of phonetic modifications, except the *l* in *tala* (one) and *tolu* (three) is changed into *n* with the prefix *NA-* : *ŅAtana* (one female, one animal) and *NAtonu* (three females). Again, the ending -*wa* in the root for two, *yuwa*, is always dropped in the prefixed forms ; thus, *TAYyu*, *NATyu*, etc.

It may be stated explicitly once more that all numerals on all occasions must be used with one classificatory prefix or other, except when counting basketfuls of yams. Also all the classifiers can be used with numerals (though some cannot be used with demonstratives), as has been stated in detail above (under IV, 3). The ordinal numerals are formed by adding the ending -*la* to the cardinals, with the exception of first, which is used in its cardinal form. Thus :—

1st man,	*TAYtala tau.*
2nd ,	*TAYyuwe-la tau.*
3rd ,,	*TAYtolu-la tau.*
4th ,,	*TAYvasi-la tau.*
5th ,,	*TAYlima-la tau.*
6th ,,	*TAYlima-la TAYtala tau.*
7th ,,	*TAYlima-la TAYyuwe-la tau*
Etc.	
10th ,,	*TAYluvatala tau.*

If it were necessary to emphasize the ordinal nature of first or tenth, they would say *maTAUna TAYtala*, *maTAUna TAYluvatala*, " human-this human-one," " human-this human-tenth," respectively.

A few combined numeric pronouns are formed with the classificatory particles. The expressions for " alone ", " once ", " only ", are : alone, *TAYtanidesi* ; one thing only, *KWAYtanidesi*, *KAYtanidesi*, *YAtanidesi*, etc., etc. These are composed of the numeral part *TAYta*, etc., and the special suffix -*nidesi*, expressing the exclusive meaning.

Again, there are pronominal expressions : *kamaTAYyu*, *kadaTAYyu*, " we two together " (exclusive and inclusive respectively), *kamiTAYyu*, " you two together," *kasiTAYyu*, " they two together " ; similar ones for " three ", *kamaTAYtolu*, " we (exclusive) three together," *kadaTAYtolu*, " we (inclusive) three together," etc.

Demonstratives

There are two kinds of demonstratives in Kiriwinian, the simple demonstrative, *bayse*, or the equivalent form *bayne*, which simply points, and requires a direct indication, with a finger, nod, or gesture, and the group of compound demonstratives formed by particles.

The forms *bayse* and *bayne* are completely equivalent phonetic variations of the same word, and in Kiriwinian there is no distinction between nearer and further demonstration, corresponding to English "this", "that", French "celui-ci" and "celui-là", etc., though such distinction exists in many Melanesian languages.[1] This distinction, however, exists in the compound demonstratives; by the addition of the infix -*we*- the demonstrative is put into an opposition to the simple form, and it receives the "further" meaning. Thus, *maTAUna*, "this human," can be opposed by *maTAwena*, "the human there"; the first demonstrative, when thus coupled with an opposing one, means "this human here". Similarly, *maKAYna waga aikota*, *maKAYwena aikeulo*, "this-here wooden canoe anchored, this-there wooden sailed."

Some of the more obsolete particles, like *VILO-*, *LUVA-*, *KADUYO-*, might be used with numerals, but would probably not be used with demonstratives. The demonstrative *maKWAYna*, formed with the abstract particle, would be used with them. I advance this statement with caution, as it rests mainly on my own Kiriwinian "linguistic feeling". Those who have made observations on native languages will understand how difficult it is to generalize with regard to subtle differences, and that direct questioning of the natives is almost useless. It must be noted that the compound demonstratives in Kiriwina are certainly not pure "pointing" words: They might be called *nominal*, or *naming demonstratives*, as they inform us about the nature of the objects pointed at, besides performing the function of pointing.

It will be noted that the demonstratives can be used in the plural. In this case the plural pronominal particle *si*, "they," is infixed between the classifier and the ending *na*. Thus *maTAUna*, "this human," forms *maTAU-si-na*, "these humans"; *maKAYna*, "this wooden thing," forms *maKAY-si-na*, "these wooden objects," etc. Correspondingly, in the "further" demonstratives, we would h ve *maTAU-si-wena*, "these there humans," and *maKAY-si-wena*, "these there wooden things."[2]

---

[1] Compare Ray, op. cit., p. 426.

[2] It is interesting to compare these facts with the previous information of Kiriwinian demonstratives. Mr. Ray gives in his work on Papuan languages (op. cit.) an excellent digest of all the information available about the Melanesian languages of New Guinea, in which the Kiriwinian is included. There he summarizes the information given by the Rev. S. B. Fellowes by enumerating Kiriwinian demonstratives thus: "1. *ma, baise, sina*. 2. *ma, baise, siwena*"(loc. cit., p. 426). No. 1 refers to what we call nearer, No. 2 to the further demonstratives.

It is easy to see, in the light of the above data, that this information is quite

Adjectives

Here the grammatical relations are much more complicated.
Whereas in the numerals all words without exception were shown to
be constructed with classifiers, and in the demonstratives a definite
class is thus formed, here, in the adjectives, some adjectival words
are formed with formatives and others dispense with them. We
stand thus before a dilemma : shall we consider both these classes as
adjectives, and thus assume that there are two classes of adjectives,
showing a fundamental difference of formation, or shall we regard the
simple (non-classified) words as adverbs and thus gain a clear formal
boundary between adjective and adverb ? No doubt it might be urged
that these questions are idle, but then there would remain the *onus
probandi* that it is so. At first sight it is clear that an attempt at
giving the Kiriwinian language some sort of fromal consistency is one
of the grammarian's tasks. And this formal consistency seems to be
entirely lost if on the one hand the classificatory word formation
throws together three different " parts of speech ", and, moreover,
tears asunder one of them.

This dilemma is one of the several points, where need for a good
semantic theory is made evident to anyone who reading this paper has
grasped the problems. Any definitions based on purely formal criteria
must break down, where, as here, we have to solve problems of form
without the help of meaning. We might say, here we have a new part
of speech, as there is a new formal mark, and we might speak of
Kiriwinian " classifiers " as a part of speech equivalent to noun,
verb, and adverb. But this would lead us no further. If parts of
speech and other grammatical distinctions possess any deeper
significance, correspond to real distinctions in human thinking and
human Weltanschauung, then let us once and for ever find this out.
And then, whenever we find new linguistic forms and groupings we
shall be able to say what they mean in relation to human social
psychology and the special psychology of the given nation.

incorrect : *ma, sina, siwena* are debris of words and not complete words. Moreover,
the dual arrangement is incorrect, in so far as it is made to embrace *baise*. But what
must strike us most forcibly in this connexion is the omission on the part of Fellowes
to make any mention of the role played by the classifiers in the formation of
demonstratives. What has happened is obviously this : he identified the first part
of the root *ma* with the " demonstrative ", treated the suffix *na* as " of no account " .
(except in the plural endings *sina, siwena*), and neglected the classificatory infixes
as " having been spoken about elsewhere ". In fact, reading his grammar, it is easy
to see that it is so, though it would be too cumbersome to prove it point for point.
I preferred to quote Ray rather than Fellowes, as it is more telling to show directly
that even the most competent expert cannot help being misled by information
badly presented, in fact misrepresented.

For the present, however, we must leave our dilemma unanswered, and say that whereas some adjectives are used with classificatory prefixes, another class of adjectives—or words closely allied in function and general meaning—is used without classification. Thus *viyaka* is the adjectival root for "big", *gaga* for "bad". The first word can never be used without a prefix; "a big man" is *ta'u TOviyaka*, "a big canoe" is *waga KAYviyaka*; the second word is used unprefixed, as *ta'u gaga*, "a bad man"; *kaulo gaga*, "bad yam-food," etc. And if it is formed with prefixes it must adopt another infix formative, which also modifies its meaning: "a bad-minded man," *ta'u TOmitugaga*; "a bad-looking man," *ta'u TOmigaga*.

I cannot find any simple rule, formal or semantic or combined, for the distinction between the one class of adjectives and the other. A few remarks must suffice.

Thus certain words, as *viyaka*, big, *vana'u*, long, *dadodige*, crooked, *bubovatu*, rounded up, cannot be used without prefixed formatives.

Others like the names of colours—*pupwaka'u*, white, *bwabwa'u*, black, *bwebwerya*, red, *digadagile,* describing all other colours, like brown, yellow, and green—may be used with or without formatives. Other words, like *bwoyna*, good, *gaga*, bad, *nanakwa*, quick, can be used only without formatives, except in compounds, where an added formative alters their meaning as well.

Now these remarks are only exemplifying and giving a faint outline of facts, a methodical proceeding vehemently condemned in this paper. This has to be admitted, but at present I am unable to make this point more substantial. I hope that the analysis of a copious material, which I possess in the form of texts, taken down verbatim from native utterances, will yield better results when this is republished as a chapter of Kiriwinian Grammar.

Other Grammatical Uses of Classificatory Formatives

In the general definition given at the outset we stated that Kiriwinian classifiers enter into the formation of demonstratives, numerals, and adjectives. This is correct in so far as in these three parts of speech, the formatives play a very characteristic and important part. But it is obvious at once that in two more directions this use must extend beyond these strict limits, into nominal formations on the one hand, and into pronominal on the other. It has been stated clearly already and in detail that many of the classificatory numerals standing alone must be considered as independent nouns.

This nominal role, however, extends even beyond that. *TO-*, with adjectival and nominal roots, forms nouns denoting an agent; *NA-* is used with female and animal nouns; *KAY-* has the formative meaning of " instrument ".[1]

TO. *ToKWAY-wosi*, a dancer; composed of formative infix *KWAY-* and *wosi*, dance. *To-KABI-kuriga*, steersman; composed of infix *KABI-* and *kuriga*, steering. *To-KABI-yalumila*, the man at the bailer; *yalumila*, bailer. *To-BWagau*, sorcerer; from *bwagau*, sorcery. Especially important is the compound prefix *TOLI-*, meaning owner, maker.

NA. *NA-valulu*, the woman in child-birth; *valulu*, child-birth. *NA-susuma*, pregnant woman; from *suma*, pregnancy. *NA-mwala*, male animal; from *mwala*, male. *NA-vivila*, female animal; from *vivila*, female.

KAY. *KAY-tutu*, hammer; from *tutu*, to hammer. *KAY-mili*, the mortar; from *mili*, to crush. The formative meaning of *KAY-* as " instrument ", however, is in many words not clear.

There are also nominal formatives with *YA-*, which often, though not always, stands for " leafy ", with *KWAY-* and with *PILA-*. In some cases these formatives give a definite meaning to the word, in others they do not. A special and exhaustive study of the subject would lead us to a comprehensive treatment of Kiriwinian word-formation, which again must be postponed to another occasion.

With regard to the pronominal formation, the most important thing to be said about it is that the demonstrative of the form *maTAUna* is the only form of the 3rd person personal pronoun in Kiriwinian.

Thus in enumeration, " I, thou, he," a Kiriwinian has to say *yaygu*, *yoku, maTAUna*. Also in the objective form, " me, thee, him," *maTAUna* has to be used for the latter. " Thou givest me," *kusakaygu*, but " I give him ", *asayki maTAUna*. Only in the pronouns, which are used with verbal forms to indicate the person, there exists a pronominal form of the 3rd person. *a-*, 1st person; *ku-*, 2nd person; *i-*, 3rd person. The possessive pronouns have the 3rd person in their three degrees of possession; nearest, suffixed *-gu, -m, -la*; nearer (*agu, kam, kala*), and remote (*ulo, um', la*). I think that the Kiriwinian language stands alone among all Melanesian tongues in this respect, that it does not possess the 3rd person of the personal pronoun, except when used in the verbal form.

Some interrogative pronouns are also formed by suffixing significative particles. Thus " who " and " which " may be expressed in a general

[1] This has been clearly recognized and stated by the Rev. S. B. Fellowes.

manner by *avayla*, "who," and *avaka*, "what," and with special reference to the object inquired after by *avay-tau*, "which male"; *avay-vivila*, "which female"; *avay-mauna*, "which (flying) animal"; *avay-ka'i*, "which tree." But here, obviously, the formatives possess a much more definite meaning and cannot be identified with the classifiers.

Indefinite pronouns, "someone," "something," are expressed by classified numeral forms; "one human being" is used for "some human being", the difference being recognizable from the context. *TAYtala*, "some human being," in *ilukwaygu TAYtala*, "one man told me"; *PILAtala*, "one of the heaps," "any heap," in *kuyousi PILAtala*, "get hold of one heap," etc. The compound demonstratives are also used as relative pronouns and conjunctions. In order to express such a phrase as "the man who sits in the middle takes the oar," the Kiriwinian says, *biyousi kuriga maTAUna isisu oluwalela*; literally, "he takes oar, that man he sits in middle." This rudimentary expression of relativity seems to be a universal feature of demonstratives in many native languages.

VI

The main theme of this paper, the Classificatory Formatives of the Kiriwinian language, has been primarily presented here as a linguistic fact. But also it is to serve us as an example of a general proposition, namely, that there is an urgent need for an Ethno-linguistic theory, a theory for the guidance of linguistic research to be done among natives and in connexion with ethnographic study.

It was stressed above, in the introductory paragraph, that as there can be no sound theory which is not based on an extensive study of facts, so there can be no successful observation of facts without the guidance of a sound theory. A theory which, moreover, aims, not at hypothethical constructions—"origins," "historical developments," "cultural transferences," and similar speculations—but a theory concerned with the intrinsic relation of facts. A theory which in linguistics would show us what is essential in language and what therefore must remain the same throughout the whole range of linguistic varieties; how linguistic forms are influenced by physiological, mental, social, and other cultural elements; what is the real nature of Meaning and Form, and how they correspond; a theory which, in fine, would give us a set of well-founded plastic definitions of grammatical concepts.

By the presentation of the Kiriwinian classificatory formatives, this general contention has been *prima facie* justified, in so far as we were able to see how a very characteristic and theoretically important phenomenon has fared badly, when treated on the foundation of insufficient theory. If we again look into the résumé of Fellowes' previous information about Kiriwinian classifiers—quoted at the end of Par$_t$ II—we see that it is not only incorrect in detail but also distorted in its main outline. The errors in detail will be clear to anyone who reads the above quoted statement.[1]

But the information criticized is distinctly misleading in essentials, in so far as it reveals only certain features of the classifiers, and leaves others quite obscure, although they are of fundamental importance, and it must be here emphatically stated that information which is incomplete in essentials is false information.

The data contained in the previous *Kiriwina Grammar* are incomplete in several points. They forcibly lead the reader to the conclusion' that classifiers in Kiriwina are used with numerals only. Thus, S H. Ray in his digest presents Kiriwinian demonstratives and adjectives as if they were simple forms, having nothing to do with the classificatory formatives.[2]

The previous information is furthermore insufficient even within its own limitations ; thus, as already indicated above, it never tells us whether the classificatory formation is used always with numerals and under all conditions, or whether it is of an occasional use. It is needless to expatiate on this point, as any one who reads this article will see for himself what I am aiming at.

The case in question can be taken as a fair example of the linguistic insufficiency of extant Grammars, as the *Kiriwina Grammar* is beyond question one of the best -minor grammars (I exclude, of course, Codrington's and Ray's works), and probably it is the best one as far as the Melanesian languages of British New Guinea are concerned. The Rev. S. B. Fellowes knew the language perfectly well, he was a shrewd and judicious observer, and his knowledge of linguistic theory was undoubtedly above the average found in similar works. As his follower in the study of the Kiriwinian language and custom, I may be allowed to express my admiration and indebtedness to his work.

What is the reason, therefore, that this author has so signally

---

[1] Thus : *NA-* refers not only to animals. *KAI-* or *QAI-* (?) cannot be possibly defined as representing " things " ; *TAIua* (?) does not mean " two baskets " ; the expression *UVAI-tala* was unknown to my informants. All these details are, moreover, very important ones.

[2] Compare above in V, where Ray's summary on demonstratives is quoted. And . op. cit., p. 458, § 20, " Adjectives."

failed in recording this striking and theoretically important linguistic fact ? First, it must be remembered that the popular prejudice against neglect in treating seriously "the manners and customs of low, degraded races" has survived more tenaciously with regard to linguistics than to any other branch of ethnology. An irregularity in some obscure Greek inscription will draw forth volumes of erudite garrulousness, but for a unique record of an entirely new type of language we have to rely as a rule on some sketchy account of a well-intentioned but linguistically untrained amateur, missionary, or traveller. It is only quite recently, within the last few decades, that a few pioneers have done really scientific work on savage languages, often under great difficulties and always with a great deal of disinterested enthusiasm. For there is neither material endowment nor general prestige attached to these studies, and they receive as little encouragement from the universities as from the general public. What is most disappointing, however, is that philologists and linguists as a body do not show half as much interest in this type of work as they should. For there can be no doubt that for the real science of linguistics the living monuments of very primitive language as they still exist in the native-speaking communities possess an infinitely higher value than shattered débris of a dead language, because the former are full, living specimens, because they are of a type widely different from our own languages, and therefore more indispensable in a comprehensive comparison, and last but not least because these living monuments are disappearing fast and for ever, whereas granite, marble, parchment, and brass will survive the remains of prehistoric humanity.

Many linguists, no doubt, realize the importance of studying language on living rather than dead specimens, and everyone would probably admit that the study of native languages is of paramount importance. Thus it is characteristic that H. Paul, in his *Principles* (quoted above), develops and exemplifies the bulk of his statements on living modern languages. Perhaps this is one of the reasons why this work is so sound and inspiring. Even Delbruck, whose interest and life-work lay in the study of prehistoric forms on the basis of dead languages mainly, remarks several times in this *Grundriss* that a finer analysis of given linguistic phenomena could be achieved on living languages only.[1]

---

[1] Op. cit., vol. v (3rd vol. of the *Syntax*), pp. 1–22 : " Wir werden über diese Dinge erst sicherer urtheilen können, wenn vollständigere Sammlungen aus lebenden Sprachen vorliegen werden." p. 135 : " Die feinere psychologische Analyse dieser Verhältnisse lässt sich aber nur an dem Material aus lebenden Sprachen vornehmen." And *passim* in other places. Compare also F. Max Müller, *Lectures on the Science of*

This refers to modern languages only, but it applies *a fortiori* to those of native communities. It is probably the special difficulty of bringing theoretical knowledge and opportunities of direct observation together that has not allowed ethno-linguistics to assume its proper place among other ethnographic pursuits. With several notable exceptions the effort spent on recording native languages in a strictly scientific manner is inadequate.[1]

Let us now return to the *Kiriwina Grammar*. Besides the general one, there were more definite reasons no doubt, why it was difficult for Fellowes to present the classificatory formatives in the proper light, without the guidance of theoretical analysis. If one approaches a new language, which has to be recorded, with fixed and rigid grammatical views and definitions, it is easy to tear asunder the natural grouping of facts and squeeze them into an artificial scheme. If we imagine someone approaching Kiriwinian with the definite idea that demonstratives, adjectives, and numerals are separate " parts of speech ", and that they must be kept strictly asunder ; further, with the knowledge that numeric classifiers exist, and that such phenomena are to be looked for in numerals but not elsewhere, then we can easily imagine what the result would be : the natural grouping, that is the identical formal principle underlying the word-formation in adjectives, numerals, and demonstratives, is ignored and misrepresented ; numerals are endowed with classifiers, and a casual enumeration of them is considered. Moreover, in order to save space and time, no trouble is taken to make it absolutely correct. This is what in reality has happened in the *Kiriwina Grammar*.

So much on the score of criticism, which negatively shows us how lack of theoretical guidance and of realizing the theoretical importance of linguistic phenomena must lead, and does lead, to blurred vision of facts. But on the positive side it must be shown also, how we should construct the working of such "theoretical guidance"—see its operation in the manner in which the classifiers have been here recorded ?

Language, 8th ed., 1875, p. 268, where a good exposition is given of the reasons why modern languages are bound to give us better insight into linguistic phenomena than dead ones.

[1] Besides the older works previously quoted of Humboldt, F. Müller, and others, there may be mentioned the two periodicals, *Z. f. Volkerpsychologie u. Sprachwissenschaft* and the *Z. f. Kolonialsprachen*, the latter specially devoted to the study of native languages. C. Meinhof, *Introduction into the Study of African Languages* (English translation, London, 1915), gives a summary of the work done in the field. There has been much, and as it seems excellent, work recently done on the American native languages, but with that I am completely unacquainted.

It must be remembered first that a scientific theory gives us, besides a body of rules, also definite mental habits. A theory bent on " Origins ", for instance, will lead anyone to see " survivals ", " primitive forms ", " innovations ", and such like, in every ethnographic phenomenon studied. A sound linguistic theory, the aim of which is not to project the facts on to any extraneous plane, but to understand them in their nature, will in the first place engender the habits of mind which lead towards scientific perspective and completeness, that is, towards subordinating the less important to the essential, grouping it properly and lucidly, and trying to exhaust the data and not to exemplify them merely. In other words, instead of giving the *disjecta membra* of a linguistic phenomenon, there would be a tendency to construct an adequate picture of it.

Thus it was necessary first clearly to state the range of the classificatory particles, their main function and meaning. As soon as such a striking phenomenon was observed in the numerals, the theoretical interest and the impulse towards completeness would make their discovery inevitable in the demonstratives and adjectives as well. Again, the constructive desire for completeness imposes the principle to search for all the classifiers and to present them in an exhaustive list. Once tabulated, the differences in their nature—their meaning, their grammatical function, and their degree of obsoleteness—became patent. Immediately a series of problems presents itself, the finer shades of meaning, details in grammatical definition, the vitality of these forms have to be specially observed, noted, and inquired into. Further research is thus stimulated, and this leads to the discovery of new facts. And so on; theoretical analysis compels us to see gaps in the facts and to formulate problems— this elucidates new facts, which must be submitted to theoretical analysis again, and so on, until the limit is reached, where further details would be too vague and too insignificant for observation.

I must insist that in stating this I am not expressing a *pium desiderium* or using figurative speech, but laying down a definite postulate of ethnographic field-work; whilst making observations it is necessary constantly to group, construct, and organize the evidence, and this leads to further research. But in order to do that it is necessary to be in possession of a sound theory. I am in position to stress this point from my own experience ; during my first stay in Kiriwina, 1915 to 1916, I had no linguistic preparation, and though I picked up the language easily enough I entirely failed in an attempt to write up a grammar. I made this attempt on my return to Melbourne in 1916.

and its miscarriage led me to a good deal of linguistic reading and reflection during my eighteen months stay within reach of the excellent Melbourne library. On my next visit to the Trobriands I saw linguistic facts where there had previously been nothing but confusion, and I am now able to write on linguistics, whereas I absolutely failed in this before.

So far, so good, and the point will perhaps be conceded that theoretical interest and guidance have helped us in the survey of the Classificatory Formatives. But this is not all. All the grammatical conclusions and the remarks that have been made above were done under protest and with reservations. Thus, for instance, in stressing the nominal or adverbial character of certain expressions, in distinguishing between the formative as strictly classifying and naming, using conceptions such as head-word and adjunct-word or attribute, we admittedly only make provisional linguistics. I may say at once that I have a semantic theory of my own, and that it was only owing to this theory that I felt capable of imparting a certain amount of consistency to my grammatical conclusions. But, of course, such an implicitly held theory or creed, though necessary to the author, cannot carry conviction to the reader. In the present state of affairs, however, when there is no universally acknowledged set of definitions and no consistent body of views about the various linguistic categories, everyone is compelled to use his own discretion and to coin his own terminology.[1]

Broadly speaking, in this article, we adhere to simple semantic criteria in using the terms " noun " and " nominal " to denote words which stand for an individually considered and fully defined thing, the term " adjective " for words denoting attributes ascribed to a thing, and so on. Yet, even in the fundamental question as to whether one is justified in deducing parts of speech from real categories, there

---

[1] When I wrote this and the following paragraphs, I had not seen Sir Richard Temple's most interesting attempts at a semantic theory adapted to the study of primitive languages. His outlines of a Universal Grammar and their application, although very condensed and carried out only in very broad outlines, seem to me of extreme importance: the problems are set forth in an excellent manner, and the solutions offered are undoubtedly correct in all essentials. Any future attempt at a semantic theory, based on ethnology, will have to proceed on the lines indicated by Sir Richard Temple. Cf. " A brief exposition of a Theory of Universal Grammar ", privately printed 1683 ; " The Skeleton of a Theory of Universal Grammar," *JRAS.*, 1899, pp. 597-604 ; " A Theory of Universal Grammar, as applied to a Group of Savage Languages," in *The Indian Antiquary*, vol. xxviii, 1899, pp. 197, 225 ; "A Plan for a Uniform Scientific Record of Languages of Savages, applied to the Languages of the Andamanese and Nicobarese," in *The Indian Antiquary*, vol. xxxvi, 1907, pp. 181, 217, 317, 353.

is no agreement whatever. Thus Wundt in his monumental work on language assumes without further analysis that " noun ", " adjective ", " verb", and " particle " correspond to concepts of classes : " Things," " Quality," " State," and " Relation ", whereas Oertel directly denies that the linguistic divisions into parts of speech have anything to do with what he calls " logical categories ".[1] Yet these two authors are among the very best and most competent authorities ; a great psychologist who has gone deeply into the study of language, and a good linguist, whose work is founded on extensive psychological knowledge.

Again, dealing with Kiriwinian demonstratives, we pointed out that they are not demonstratives pure and simple, but " naming demonstratives ". But how much does such a distinction mean, or how little ? It would be idle to speculate, without a safe basis of theory. We could multiply the examples from this paper, but it may be better to give an example or two from other works, else this one example might appear to claim too much of our attention, and one might be also under the impression that it forms a class of its own.

As we were speaking of the parts of speech, let us remain within this grammatical area. It is safe to say that so far we possess correct—or, at least, sufficient—definitions of the terms verb, noun, adjective, etc., only within the reach of Indo-European languages. Can we apply these terms to, say, Oceanic languages ? One of the greatest authorities on this subject, Edward Tregear, author of the *Maori-Polynesian Dictionary*, answers this question in the negative : " I have carefully avoided the use of letters to mark the native words as substantive, adjective, verb, etc. It is an unwise, if not a mischievous effort to make, if we endeavour to force the rules of grammar which fit (more or less) the modern stage of the English tongue upon a language belonging to the utterly unequal grammar-period in which the Polynesian speech is now found."[2] I doubt very much

---

[1] " In den meisten Sprachen haben sich auf diese Weise vier . . . deutlich unterschiedene Wortformen entwickelt, die jenen Begriffskategorien genau entsprechen : den Gegenstandsbegriffen das *Substantivum*, den Eigenschaftsbegriffen das *Adjectivum*, den Zustandsbegriffen das *Verbum*, endlich den Beziehungsbegriffen die *Partikel* " (*Die Sprache*, ii, p. 7 and *passim* through the 6th chapter on Parts of Speech, ii, pp. 1–207).

" The logical category of each name is definitely fixed ; it stands either for a thing or for a quality, or for an action, or for a state, and these categories have no inherent connection with the grammatical or syntactical categories of ' substantive ', ' adjective ', or ' verb ' " . . . (op. cit., p. 284). It is needless to add that my point of view is much nearer to that of Wundt than to that of Oertel.

[2] Op. cit., Introduction, p. xiii.

whether he is correct in compiling a vocabulary where each word is defined in an apriorically insufficient manner, because meaning is only half the definition of a word. And perhaps Tregear would have done better to have followed the usual routine of wholesale application of European categories rather than clung to full scientific strictness at the cost of giving an entirely one-sided work. None the less, he is right in stressing the point of strictness, and there is the incontestable fact that his great work would not have been presented in a mutilated form but for the absence of a satisfactory linguistic theory which would allow him grammatically to define Polynesian words without pressing them into the " net of English grammar ".

Another Oceanic linguist of great merit, Codrington, on the other hand, has no scruples in using freely undefined grammatical concepts. Speaking of a Melanesian part of speech, he says : " These are here called ' Possessives ' for want of a better term, and are not called Possessive Pronouns because Pronouns they are not."[1] We are neither told why the author thinks so dogmatically and affirms so boldly that " Pronouns they are not ", we have to take it on his word—nor does he even trouble to tell us what he understands by pronoun. Presumably we are to accept the word in its current sense. But taking it thus, it is difficult to agree with Codrington, since all possessives " stand for a noun ", and are thus pronouns according to the broad definition of this term. Codrington's distinction must therefore rest on some subtlety, which he has in his mind, but which he never explicitly states. Either he should have given us his reasons or abstained from applying rigorous criteria, which must remain completely meaningless. As it stands we have a typical example of such linguistic views, where no trouble is taken to state the problem clearly and to define terms, yet where a very definite and somewhat pretentious use is made of these terms.

On the same page, again, we find it written about a Melanesian particle : " It may be called a Possessive Particle, or a Possessive Preposition, or a Possessive Sign. But it is in fact a Noun "—and that is all ! Again, it is difficult for anyone, uninitiated to that author's unexpressed thoughts, to see how a Formative Particle can be a Noun. A noun has to be a word independent in form and meaning, and the particle in question is a formative only, a mere portion of a word, without independent sense or linguistic existence. Yet no attempt is made[2] to justify the quoted phrase, to indicate on what it rests—

[1] Op. cit , p. 129.

[2] What the author probably had in his mind was that the Formative Particle in question originally *must have been* a noun. The non-linguistic reader must be cautioned

what are the criteria by which the author would distinguish between a noun and non-noun. Nor is evidently the need for such criteria felt. This shows clearly how this author, to whose linguistic genius and industry we owe so much in Melanesian ethnography, must have felt the need of making clear-cut and definite linguistic distinctions, though he had not realized that they must be based on sound theoretical foundations.

Examples of not sufficiently justified grammatical reshuffling are to be found even in the scholarly work of Mr. S. H. Ray. Thus, he says: " It is somewhat difficult to ascertain whether *true adjectives* exist in the Melanesian languages of New Guinea . . . the word usually appears with a pronominal suffix [*-na*] which indicates it to be a noun." After comparing adjectival expressions with nouns and showing similarity of form (in the suffixes), he concludes : " It is evident that the attributive adjective is used in the same way [as a noun is] and must therefore be constructed as a noun." [1]

This appears to me highly inconclusive. First, what is exactly a " true adjective ", and have we to understand that there are " untrue adjectives " ? What are they ? Then, to conclude, from mere formal similarity that the grammatical nature of the words is the same— without entering into any analysis of this formal common feature— seems to me quite inadmissible.

As a matter of fact I am certain that in this case Mr. Ray is not correct, in that he confuses two different meanings of the suffix *-na*, the possessive and the emphatic. The suffix used with adjectives is emphatic. "*Ira namona* is said to have a definite emphatic meaning as if the particular hatchet was singled out ; this is a good *ira*." [2] In Kiriwinian, when a noun is repeated emphatically it will be used with the suffix *-la* (*-na*). And this has nothing whatever to do with the possessive. Thus, for example, in the dark I might stumble against something, and ask, *Avaka bayse ?* (" what is this ? "). A native against whose leg I stumbled will answer, *Kaykegula*, which, with a strong accent, has a very emphatic meaning, " my leg, you fool ! " Here, obviously, the suffix *-la* has nothing to do with the 3rd person singular possessive pronoun, since it comes on top of the *-gu*, the 1st person possessive suffix. It is simply emphatic.

against a confusion of ideas. Discussing the grammatical function of Kiriwinian Formatives above (in IV, 3) we asserted that certain *expressions formed* with these Particles are nouns. But it must be realized that a *Formative Particle itself* can never be anything but the part of a word, and can thus never be ranged under any of the independent parts of speech.

[1] Op. cit., p. 458, § 20, " Adjectives." The italics are mine.
[2] Loc. cit.

Let us point out one more methodological feature before we finally restate our conclusions : in all our grammatical distinctions we have always led back to *meaning*. Thus, in dealing with the grammatical character of the various formatives, we had to keep their meaning constantly before us. In trying to prove that an expression should be rather classed as a noun or adverb or adjective or a " nominal demonstrative ", we use semantic and not formal definitions. But the analysis of meaning again led us often to ethnographic descriptions. When defining the meaning and function of several of the formatives, we had to make excursions into ethnography, describe customs, and state social conditions. Thus linguistics without ethnography would fare as badly as ethnography would without the light thrown on it by language. And it is the right and the duty of ethnographers to ask for an efficient assistance in the linguistic work on the part of the students of language.

Now let us summarize our results :—

We saw that rigid grammatical concepts, borrowed from current grammars of Indo-European linguistics, are a bar to linguistic observation—they lead to wrong distinctions, to tearing asunder of natural grouping, to false perspective.

Again, an amateurish, extemporized use of grammatical terms—as we had to do it in this paper, and as has been done by others—carries no conviction, and simply opens up problems, the proper solution of which would only again lead to the construction of a semantic theory.

To give up all grammatical definitions, as is possible in a vocabulary, but quite impossible in a grammar, is incorrect. We need a Theory, devised for the purpose of observation of linguistic fact. This theory would give a recast of grammatical definitions, based on an analysis of meaning. It would analyse the nature of syntax, parts of speech, and formation of words, and besides giving adequate and plastic definitions would open up vistas of problems and thus guide research. Such a theory would also serve as an interpretation of linguistic facts in their bearing upon social psychology.

Phonetic note.—The sounds of the Kiriwinian language will be described more completely in a future publication. The spelling in this paper follows the general rule that all vowels are to be pronounced as in Italian, and all consonants as in English. The consonantic *i* sound has been rendered by the letter *y*. Thus in the Kiriwinian word *guya'u* the *y* is to be pronounced like the *j* in Italian *Ajaccio*. The accent ′ is used to separate two vowels which do not form a diphthong, but must be pronounced with a break between them, as separate syllables.

THE CHARACTER OF THE KURDS AS ILLUSTRATED BY THEIR PROVERBS AND POPULAR SAYINGS

By Major EDWARD NOEL

(The Kurdish is chiefly that of the Hakiari.)

THERE is a great deal to be said for the contention that national character expresses itself in popular sayings and proverbs. That the latter are sometimes paradoxical and tend to extremes cannot be denied. Truth is, however, often seen at her best on the tight rope.

The following selection of well-known Kurdish sayings is made with a view to illustrating the character of the Kurds. As an excuse for its imperfections reference can be made to the lack of Kurdish literature and the existence of many dialects, which make it somewhat· difficult for a foreigner to acquire a working knowledge of the language as a whole.

The Kurds are a mountain race, with all the characteristics of mountaineers—love of freedom, violent passions, and a clannish feeling of pride. These primary traits dispose the Kurd to fly to arms at small provocation, and engage with zest in bitter blood feuds.

1. Mírūf khŭndār bit qărrdār nābit.
   It is better to have blood on one's hands than to be in debt.

2. Jāna miruf dekewit nāva mirūf na derkewit.
   It is better to lose one's life than one's honour.

3. Waki dai miruf razil bit bila mālé miruf razil bit.
   It is better to lose one's property than one's honour.

Enmity and feuds are generally of a very implacable and uncompromising nature. The Kurd is a good hater.

4. Dizhmin a bābé nābĭtă dūst a Kurré.
   The enemy of the father will never be the friend of his son.

5. Rrai debina bhost dizhmin nābina dost.
   Roads may be short, but enemies won't be friends.

6. Show rrā dazain dizhmin na rrā zain.
   People sleep at night ; enemies do not sleep.

7. Agar dost hazār ba kema agar dizhmin yek ba zōra.
   Insufficient are a thousand friends, sufficient a single enemy.

8. Tol a khwā la śar dizhmina a khwā na haila.
   Don't leave the account with your enemy unsettled.

9. Khālōn khwārzā rrā kǐrrǐn māmǎ brāzā chāl kǐrrǐn.
   Uncles are ready to help the sons of their sisters, and to bury those of their brothers.

This refers to the fact that feuds often arise between brothers, whereas marriage is a favourite means of making up quarrels. A bride may take the place of blood-money.

10. Ta az nāwaim chāweka minta nāwai har do chāwān.
    If you hate me a deal (lit. an eye), *well, I hate you a very great deal* (lit. two eyes).

The only good thing said about an enemy is —:

11. Dizhmin a dānā chaitir zhé dūst a nādǎn.
    A wise enemy is better than a foolish friend.

With the love of fighting that the Kurds possess, it is but natural that bravery should be held in the highest esteem.

12. Mairīnī bǐriā zhe pǔrrīni.
    Courage beats numbers.

13. Mardi bai zowālīā.
    Bravery is sans reproche.

14. Chaka mairān nīv a kāra.
    Arms are but half the battle (i.e. courage also is needed).

15. Khudé be miruf yārbǐt shiré mirūf bila dār bit.
    With providence on one's side it doesn't matter if one's sword is of wood.

The bravery of a wild and primitive community is not compatible with the doctrine of the sanctity of human life.

16. Barkh i nair zhe kairé rā ya.
    The ram lamb is for the knife.

17. Mirrin maiwān e hami kassé ya.
    Death is the guest of everyone.

18. Mirrin habi kāl būn nǎbi.
    Better to die than grow old.

19. Mirrin, mirrin a, khirr a khirr chia.
    Death is death, so why worry about the death rattle.

Many travellers have observed a certain trait of treachery which sometimes discloses itself in the character of the Kurd.

In the *Handbook of Mesopotamia*, vol. i, it is stated, " The Kurds are at all times callous and reckless of taking human life, and they may act at times with extreme brutality. Their disregard of the laws of war has given them an extremely bad reputation for treachery."

What has been taken for treachery is really the result of the hard physical conditions in which the Kurd lives, the constant and bitter intertribal feuds, and the fact that his country has for centuries been overrun and subdued by foreign invaders, who have never shown the least sympathy or consideration for the subject race.

The Kurd as a result is a hard individual with few illusions in regard to the milk of human kindness, of which he has had of yet no experience. The Kurd would hardly agree that " sweet are the uses of adversity ".

20. Rrā ka be nān a khwā bar dā jān a khwā.
Bring up with your own bread ; say good-bye to your life.

21. Di kōshé rūné réhān wā rū.
Fondle in your lap and get the hairs of your beard torn out.

22. Biāni bidé gohshte jānī āqïbat pashimāni.
Give a stranger your life's blood, in the end you will regret it.

23. Sȳ a mā la bar dar a mā narăvit la daré khalqé darăvit.
One's dog does not guard the door of one's house, but goes off and guards the house of a neighbour.

24. Zhé āv a mănd betarsa zhé āv a gŭrr matarsa.
Fear still water—don't fear rushing water.

Coupled with the Kurd's somewhat hard and cynical outlook on life, we have his very practical turn of mind. The result to Western minds expresses a certain callousness, in some cases tinged with cruelty.

25. Silow la réhān nīna sĭlōw la méhānă.
One does not salam a man because he is the owner of grey hair, but because he is the owner of plenteous flocks.

26. Har paighamberyeki dū a la jan a khwa kïrrïā.
Every prophet is careful to pray for his own soul first.

27. Waki khirch pīr debit kutaila pai dakanin.
When the bear grows old the cubs laugh at him.

28. Sing nāchit mīrkut dabat.
If the peg won't go in, a good hammering will make it.

29. Haqé biz'n a kōl zhe bo biz'n a shākh nāmīnĭt.
The goat with horns will not remain one down on his harmless rival.

30. Tu Ali Shair ba sar sar a kaivir bā,
    Kaivirzhé tărā tālān zhé mará.
    Oh yes, Ali Shair, sit on your rock.
    The rock for you—the booty for me.

This refers to a certain Ali Shair, who, being robbed, climbed on to a big boulder and besought the departing brigands to leave him part of his property.

31. Harchi karrek hai ī kurrek hai ī.
    Whoever has a debtor has a son.

The hardness of the character in the Kurd, and the fact that he has for centuries revolted against the yoke of the conqueror, has given à trait of great independence and aloofness to his character.

32. Mālé kwăsti năgăhătă hăstī.
    That which is asked for does not go to the bone (i.e. brings no permanent good).

33. Tu dăré kăsé nākūti kas daréta nakuti.
    Don't knock at anybody's door and no one will knock at yours.

34. Nāné hūr ka āvé minat a khalqe pāwă.
    Better live on bread and water than put oneself under an obligation.

35. Mírūf dīké rūzheki bit bila mirishka sāleki nabit.
    One crowded hour of glorious life is worth an age without a name (lit. better to be cock of the roost for a day than hen for a year).

Long experience as a subject race under the yoke of an effete and tyrannous foreign government has tended to induce a feeling that it is better to take the cash in hand and not heed the music of a distant drum.

36. Mālé nakhwāri yéh zālīmāya.
    That which remaineth unconsumed becomes the portion of the tyrant.

37. Mālé a wĕshāndī khalqé gărmīshāndi.
    That which you grudge your family will eventually be wasted by other people.

The sentiment thus expressed is further strengthened by the natural tendency of all mountaineers to be generous and hospitable; thus we have :—

38. Jămair dăchín nāvān dahailin kŭpŭrr dachin pārān dăhailín.
    Warriors depart and leave their fame ; misers depart and leave their money.

39. Mālé kŭpūrri nāchita gôri.

The wealth of the miser does not follow him to the grave.

Patriotism, in the Western sense of the word, is as yet a plant of weak growth. Among the mass of people it is represented by a passionate love of their own little stretch of tribal country—the green alps on which they pasture their sheep, the springs of cold water that lie along the path that leads from their winter to summer quarters, the fields they till on the plain.

However, the more one knows the Kurds, the more it is brought to bear on one that this feeling may with surprising rapidity be converted into the broader conceptions of patriotism, i.e. national feeling.

40. Bulbul dānān qaf's a zair kirra gāzī ākh wīlāt ākh wīlāt.

A nightingale in a golden cage could only sing " My native land, my native land ".

41. Shām be shakara wīlāt shīrīntara.

Damascus may be sweet, but the home country is sweeter.

The following well-known " Stiran " (string poem, chanted to music in the Gregorian scale) shows clearly the quality of the Kurd's affection for his birthplace.

42. Wilāt a min nīna
Nizām a qānun a wilāt a zhairīna
Kăsăra dil a min wilat a zhōrīna.

This is not my country (i.e. I am an exile).
Here we have the laws and customs of the lowlanders.
The citadel of my heart is with the highlanders.

The inherent sentiment of clannishness and exclusiveness which breathes in the above lines is shown in more striking relief by the two following sayings :—

43. Biāni bidé goshté jāni āqibat pāshīmānī.

Give your life's blood to a stranger and you will regret it in the end.

44. Khwĭani mirūf bekuzhit Haiski miruf wadashairit.

If one kills one of one's own people, one hides his bones.

This refers to the fact that a stranger's body would be left to rot.

The Kurd is essentially a clean liver. Unnatural vices and perversions are unknown. Drugs like opium, in such wide use in Persia, and alcohol, such as the favourite *raki* of the Turk, are taboo. A too great indulgence in the pleasures of the table is also looked upon askance.

As a result the Kurd is, with few exceptions, a spare, wiry individual.

45. Hami tisht zhé zirrāwi dibizdit insān zhe ustūri.

All things break from being too fine—but a man from being too gross.

46. Kem bekhwa har gāv bekhwa.

Eat little but often.

47. Lugmé a kanj badl sifrek zādé na kanja.

A good morsel is better than a loaded table.

48. Khōw ghăm khwārin
Har séh dizhminét ghădārin
La chŭ kassi nabārin.

Sleep, sorrow, and feeling,
All three are dangerous foes.
That they may rain on no one.

MARRIAGE

The Kurd's conception of marriage is on a much higher plain than that of other Moslems, such as the Turk, the Persian, and the Arab. Women in Kurdistan are comparatively free. Marriages are made as the result of courtship. In the resulting union the wife plays by no means a secondary part.

49. Zhin stūn a māléya.

A woman is the pillar of the house.

50. Zhĭn bīnă bé lāwīnī dā kurr be tara begahan.

Marry early so that you may enjoy the pleasure of your children's company before you grow old.

51. Zhin o mair tăvir o bair.

Only a pick and shovel (i.e. for digging a grave) will separate a man and his wife.

52. Mairé min lōw ba krāssé min jōw ba.

If my husband is young and dashing let my skirt be of common cloth. (Said by a prospective bride.)

53. Mālā zārūk tai da shaitan na yéta taida.

The devil will find no ingress to the houses where there are children.

54. Zārūk Faikihét mālānin.

Children are the fruit of the house.

It will be noticed that the general spirit of the above is one of monogamy, and this is further strengthened in the following :—

55. Mairé do zhinān dargahwāna.

The husband of two wives spends his time out of the house.

The above citations have given the more idealistic side of marriage. For the Kurd, however, with his intense practicalness, the practical aspect has its importance.

56. Mal a zairān kharāb debit mala kurrān kharāb nābit.

A family with riches may perish, but one with sons will survive.

57. Mair Chama zhin gōla.

Man is the stream, woman the lake that collects the water.

58. La zhina nagarra la khizma begarra.

Don't search for a wife with looks as much as for one with relations.

WOMEN

The morality of the Kurdish woman is famous. In nearly all tribes adultery is punished with death.

59. Zhin a sharmi be shahryeka maire sharmi be kār yeka.

A woman who is bashful is worth a city, but a man who is so is not worth anything (lit. a kid).

60. Zhin qălāya mair-fălyā.

A woman is a castle ; men the besiegers.

61. Aqlé zhinān di kōshé dānā waki rra debit b'low debit.

A woman keeps her sense in her lap (i.e. when she is sitting down quietly at home she is at her best) ; when she gets up (i.e. gads about) her senses scatter.

62. Hendi zhinin hendi zhānĭn.
Hend malhamé dĭlānin.
Hend khănĭm ă kŭrōrānim.

Some are fairies, some are furies.
Some are balsam for the heart.
Some are the enemies of the cupboard (i.e. think of nothing but eating).

RELATIONSHIP BETWEEN THE SEXES

Among the Kurds prostitution is almost unknown.

To describe a strong, hale man one uses the expression " he is as strong as a bachelor " (Awa azaba).

In Kurdish there is no word for a prostitute. · In the Eastern districts she is euphemistically referred to as a Persian, in the North as a Russian, in the south as an Arab, and in the West as a Turk.

The Kurd being a primitive, pastoral person, leading an outdoor life, his pleasures are simple ones.

63. Bekhwa gōsht sowar ba gōsht wa laida gōsht.

All one's pleasures are connected with flesh ; one eats it, rides it, and sleeps with it.

The Kurd is very fond of his horse. The following must surely awake an echo in the breast of the cavalry leader :—

64. Lai sowar ba tatār ba zhai pya ba mehtar ba.

When you are mounted don't spare your horse ; when dismounted be its slave.

RELIGION

The Kurd in many cases is a very tolerant and lax Mohammedan. Proverbs and sayings seldom refer to religion, and when they do so it is often in a somewhat supercilious or even mocking vein.

65. Săré hătă brīni nāyaita kĭrrīni.

A head that is to be cut off cannot be ransomed.

This is in special reference and in direct contradiction to the tenet of Islam, which says that life may be prolonged by votive offerings.

66. Min davaita ta davaita mulla che waita waita.

I am calling for you and you are calling for me ; what is the need of the mullahs calling (i.e. reading the marriage service) ?

Said by a girl to her lover, or vice versa.

67. Zhe sofiăn naka bāwar agar shāshik zhé nūré bit.

Don't have any confidence in a holy man, even if his turban should be straight from heaven.

Priests (mullahs) are referred to as avaricious and grasping.

68. Gutina mullā kăré min kăré ta kusht gut kăre kar jărrămāya gutin nākhair karreta karrema kusht gūt karr bai zāra bai athmān.

They said to the mullah, " Our donkey has killed yours." He replied, " A donkey for a donkey." They said, " Right, but it's the other way about ; your donkey has killed ours." He said, " The donkey is a dumb animal which can't be held responsible."

Another story in the same vein.

A mullah fell into a river. A man who was standing by said to him, " Give me your hand." A spectator said, " He is not accustomed to giving; if you want him to seize your hand say, ' Here is something for you.' "

RICHES AND WEALTH

The attitude of the Kurd towards wealth is a somewhat complex one. On the one hand his shrewd appreciation of practical issues tends to make him acknowledge its value, but on the other hand adversity has taught him its many snares.

69. Rrai a piné dūzeh bar daré solkāré dekewit.

The road of the boot-patcher is past the door of the bootmaker (i.e. labour is in the grip of the capitalist).

70. Malé dowlamandé chan a faqiré shil dakat.

A rich man's house is alone sufficient to make a poor man's chin tired (i.e. the poor are always envying and talking of the riches of the well-to-do).

71. Naiyāri wai di jăhālé āri.

Enmity generally comes from the flour-sack (i.e. wealth is the prime cause of most quarrels).

HOSPITALITY

As with all mountaineers and tribal communities the laws of hospitality are well known and binding.

72. Maiwan maiwanét khudéna.
Guests are the guests of God.

73. Riskét méwānān la sar khudéya.
God will see that the guests have food.

On the other hand the Kurd with his bluntness is not loath to speed the guest who overstays his welcome.
The following couplet is recited on such occasions :—

74. Pishta pishta băllăké,
Maiwan khwăshan rōzheké.
*Run away, run away, O piebald cat,
Guests are all right for one day.*

75. Maiwān zhé maiwān ājīza khānokhwai zhé har do jūna.
One guest may get bored with another; but the master of the house is thoroughly bored with both.

Another example of Kurdish outspokenness is contained in the following :—

76. Maiwān a drang shīv la sar a khwaia.
A late guest must arrange for his own dinner.

The outspokenness of the Kurd and the very hard practical trait in his character prevent him from entertaining any sentimentally extravagant idea regarding the claims of hospitality, such as one might expect from Hatim Tai.

77. Khidmati beka zhé pirānrā waki pīr debi khidmati bebīni.
Look after the old so that when you are old you may be looked after.

78. Nān a Mairān la sar mairān karra.
Hospitality becomes a debt to the receiver.

79. Diāri qasb in shun dīārī hasp in.
Give a small weight (lit. a date) as a present and receive a hundred-weight (lit. a horse) as the return gift.

FIDELITY AND RESPECT FOR AUTHORITY

Owing to the existence of the patriarchal tribal system the Kurds entertain feelings of respect and loyalty for their chiefs and ruling families. This is especially the case in the Bohtan.

80. Bōhtī be mīr a khwā Shairvi be shir a khwā Hakāri be rrai o tagbīr a khwā.
The Bohti trusts to his mir, the Shairwan to his sword, and the Hakiari to his own way of doing things.

81. Mazin bebina pirra dawait mirōf na dătăsăr.
When great men fall on evil days (lit. become like bridges over which people tread) people should cross by the ford.

82. Charmé dăwăr sarbāré karréya.
The camel's fleece is loaded on the donkey. (i.e. The camel, a superior animal to the donkey, even when it dies its skin is on top of its inferiors.)

There are many Kurdish proverbs which agree almost literally with those in use in Europe.

83. Na palang dashait khāletkhwā b'g'hōrit na abdi rrash.
Can the Ethiopian change his skin or the leopard his spots ?

84. Baré khwăristé Bīrākh dagirrit.
A rolling stone gathers no moss.

85. Kengi p'shīk la māl nīyya mishk be kaifa khwāya.
When the cat's away the mice will play.

86. Mush tagbir kirrin gutin zangilyek bekana ustu i psh ika.
To bell the cat.

87. Sōr gul bai istrī nābit.
    No rose without a thorn.

88. Min dāryek dāyā nāv charkh a wī.
    I put a spoke in his wheel.

Kurd's Attitude to their Neighbours

In spite of the invading hosts of foreign conquerors, the Kurd has always preserved a strong sense of his own nationality and a healthy contempt for his neighbours.

89. Gardé habūya pādishah yek
    Laiq bidehya khudé kullāh yek
    Albatteh dibumāzhi bakhtek
    Rūm o Arab o Ajam tamāmīn
    Hamuyān zhé mara dikir ghulāmīn.
    If we had a king,
    He would be worthy of a crown.
    He should have a capital,
    And we should partake of his fortune.
    Turk and Persian and Arab would all be our slaves.

Attitude towards Turks

The Kurd feels nothing but the deepest and bitterest antipathy to the Turk and all his ways.

90. Waki khabr a Rumiān.
    Like the word of a Turk.

91. Khudé che kasé na aikha banda Rumiān.
    May God preserve everybody from the clutches of the Turks.

92. Waki dirafé rūmi.
    As importunate as the Turkish taxes.

For the Persian the feeling is one of good-natured contempt and dislike of his deceitfulness.

93. Waki shire Ajamāna.
    Like a Persian sword (i.e. double-bladed and ready to strike friend and foe).

94. Waki askar a Ajamāna.
    As effete as the Persian Army.

95. Waki Ajam k'low a.
    As obese as a Persian.

The Kurd's dislike of the Arab is that of the patrician for the plebeian.

96. Na baizhin bo Arab marhabba aw darīna sar dangi abba.

Don't unduly encourage an Arab, or he will come and commit a nastiness on the edge of your cloak.

97. Arab waki maish hendi pish dakan hartaina paish.

The Arab is like a fly ; the more you shoo him away the more insistent he becomes.

For the Armenian the feeling is much similar to that against the Jews in Eastern Europe and the East End of London.

98. Nynuk Fellah.

With finger-nails like an Armenian (i.e. a dirty and unkempt individual).

99. Haspé kŭllā sy é tulla mairé fellah lai mă ba ōwla.

A washy chestnut, a mongrel, and an Armenian—don't trust any of them.

The Kurd looks on the Nestorian as a Kurd.

100. Nāv byn a mā wā mūyeka nav byn a mā wā fellāh chiayeka.

Between us (i.e. the Nestorians and the Kurds) there is but a hair's breadth, but between us and the Armenians a mountain.

101. Hājat a sargīnān dachina gund a makhīnān.

With the excuse that one wants some fuel, to visit a Nestorian village (to meet a girl).

For the Kurd, as an orthodox Sunni, it is not the right thing to marry a Christian, but as the Kurds and Nestorians are racially and in general characteristics so much akin, love affairs are frequent.

ON THE TONES OF CERTAIN LANGUAGES OF BURMA

By L. F. TAYLOR, I.E.S. (Communicated by Sir GEORGE GRIERSON.)

[MR. L. F. TAYLOR, of the Indian Educational Service, was the official entrusted by the Government of Burma with the preparation of the gramophone records of the languages of that Province, which have lately been presented to the School of Oriental Studies. It was he, also, who prepared the valuable report on the *Preparatory Stage or Linguistic Census,* for the proposed linguistic survey of Burma. In the course of correspondence on these subjects, I appealed to him for help in the vexed question of the tones peculiar to these forms of speech, and he very kindly undertook a minute inquiry into the subject and forwarded to me the notes which form the body of this paper. As they were too valuable to be consigned to the obscurity of office records, with his permission I have arranged them into the form of an article. So far as I know these notes of Mr. Taylor's are the only attempts at illustrating graphically the tones of several important languages of Further India that have been published. In this connexion, I would also refer the student to Dr. C. N. Bradley's valuable articles on pp. 282 ff. of vol. xxxi (1911) of the Journal of the American Oriental Society and on pp. 39 ff. of vol. xlvi (1915) of the Journal of the North China Branch of the Royal Asiatic Society. The first deals with Siamese and the second with two Chinese dialects. In each the wave-lengths of the tones used in these languages as mechanically recorded in the Rousselot apparatus were carefully measured and plotted, forming curves or patterns of pitch which could be shown upon a chart. It is interesting to find that the results thus obtained by Dr. Bradley for Siamese closely agree with those recorded by Mr. Daniel Jones and Mr. Taylor.

In the following pages I let Mr. Taylor speak for himself. Additions of mine are enclosed in square brackets.—G. A. G.]

SIAMESE TONES

COMPLICATION.—Siamese words are divided into different classes. A particular tone indicator applied to words of different classes produces not the same tone but different tones. I worked as far as possible without any reference to the written language. My results are as follows :—

No. 1. Mid-level always. My speaker never lowered his pitch even when isolating the words. [This is Pallegoix's *Tonus rectus.*]

No. 2. Low-level. [This is Pallegoix's *Tonus circumflexus.*]

No. 3. Mid-falling and very short. Some words begin slightly above and others exactly at middle register. The difference appears to depend upon the particular words spoken. My speaker always spoke the same words in the same way. Words commencing with an aspirated *s'* did not fall in pitch, but remained level. It appeared as though the *s* occupied so much time to hiss out that there was no time left for the pitch to fall. [This is Pallegoix's *Tonus demissus*.]

No. 4*a*. Commencing high-level and then falling rapidly through considerable interval. (Some words containing short vowels and ending in *k* appear to conform to this tone. *Kŏk* was such a word.)

No. 4*b*. Commencing high and then rising very slightly. Sometimes high-level without any rise.

I can find no rule which decides the distribution of words between the two variants *a* and *b*. Apparently the fall at the end of tone 4*a* is used " when there is time to get it in ", and this may depend on whether or not the initial consonant is aspirated. [These are Pallegoix's *Tonus gravis*.]

No. 5. Begins at middle register, falls rapidly, and then terminates in a long rise which carries it up nearly to high register. This corresponds to a variant of Shan tone No. 1, described at the end of my remarks on the Shan tones. [This is Pallegoix's *Tonus altus*.]

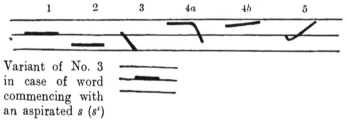

Variant of No. 3 in case of word commencing with an aspirated *s* (*s'*)

[Together with Mr. Daniel Jones I have myself discussed these tones with Nay Prasit Tishyaputra, a Siamèse gentleman cadet at the Royal Military College. Our results closely agreed with the above, and also with Mr. Bradley's article in the J.A.O.S. As regards the two varieties of tone 4, according to the grammars the second variety occurs in syllables beginning with an original sonant, nasal, or semi-vowel, and ending in a short vowel with a glottal check or in a checked consonant preceded by a short vowel. This was borne out by our discussions with. Mr. Prasit. Mr. Taylor reports that some words, e.g. *ko*ᵏ, have the first variety of this tone. According to the grammars such words should have tone 2. In Siamèse, so far as I can ascertain, every final *k*, *t*, or *p* is checked as in Burmese.]

SHAN TONES

[Before Mr. Taylor prepared me his account I had the privilege of attending a séance which Mr. Daniel Jones arranged with a native of the Southern Shan States. The following were the results recorded on that occasion :—

(1) Dr. Cushing's 1st tone : a mid-rising, as in ⟋*mā*, a dog.

(2) Dr. Cushing's 2nd tone : a low-level, as in ₋*mā*, the shoulder.

(3) Dr. Cushing's 3rd tone : a mid-falling, as in ⟍*mā*, to be mad. But in connected speech it is mid-level, as in -*mā*.

(4) Dr. Cushing's 4th tone : a high-level, as in ⁻*mā*, come.

(5) Dr. Cushing's 5th tone : a high-falling, as in ⟍*mā*, a horse.

I sent this account to Mr. ·Taylor, and he had it with him before making his inquiries. It will be seen that his account differs slightly from the above. This is probably due to difference of dialect. Mr. Jones's authority came from the Southern, while Mr. Taylor's came from the Northern Shan States. Except, however, in minor details, the two accounts agree very closely. The following is Mr. Taylor's account.]

The speaker is a Mansam or Tai On Shan ; he comes from Hsipaw in the North Shan States, and speaks "Shan Găle", which is the dialect most widely spoken in the area. He is the man who spoke into the gramophone and whose records are being sent to you. My results were as follows :—

Cushing's No. 1. Always a long rising tone, commencing sometimes at middle register, and sometimes almost at low register.

No. 2. Low and level.

No. 3. My speaker always pronounced this mid-level, never falling even when speaking isolated words. Vowel sound short. Slightly checked.

No. 4. Sometimes high-level. More often, however, it commences high and rises very slightly, just perceptibly. Vowel long. This is the highest tone.

No. 5a. My speaker pronounced words with short vowels high, level, and short. He never lowered his pitch. Not so high as No. 4.

No. 5b. The three words selected by Mr. Daniel Jones, viz. *p'aːi*, *paːi*, and *s'aːng*, were pronounced as follows. When isolated they commenced high and fell rapidly to low register. About same length as No. 3 above. When followed in combination with words of tone No. 2 this long fall was maintained. When followed by words in other tones the fall was from high to middle register only.

Tone 5*a* may terminate in a check, and this is perhaps the rule; my speaker, however, often stopped his voice and terminated the word in unchecked, unvoiced breathing. Without the breathing the word is very short. If the breathing be taken as an essential part of the word, it is then about equal in length to words spoken in tone No. 3.

There is, therefore, perhaps a tendency to make words having short vowels, i.e. words classed under tone 5*a*, equal in length to words having long vowels, i.e. words classed under 5*b*.

I have tested this tone very carefully, not only with the Shan speaker but also with Hkuns and a Siamese who could speak the same dialect. In no instance was there a fall of pitch in words of short vowels such as that observed by Mr. Daniel Jones.

Words in tone No. 1 occasionally commenced with a very slight fall and then rose to high register.

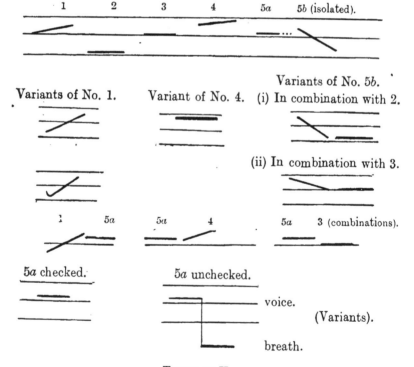

TONES IN KAREN

[Missionaries have provided Sgaw and Pwo Karen with an alphabet based on that used for Burmese. To this alphabet they have added a series of signs to indicate the tones, one of which is, when required, suffixed to every syllable. The grammars give accounts of the tones, but these accounts are of little use to a person not in touch with Karens, and hence Mr. Taylor's accounts are particularly welcome to us in Europe.

Sgaw Karen

The following account of the Sgaw Karen tones, with the signs used for each, is taken from Mr. Gilmore's Grammar :—

"Where no tone is marked, the syllable is pronounced with a rising inflection.

A syllable marked ၣ is pronounced with a heavy falling inflection.

A syllable marked with ၤ is pronounced abruptly, at a low pitch.

A syllable marked with း is pronounced abruptly at an ordinary pitch.

A syllable marked with ၢ is pronounced with a falling circumflex inflection.

A syllable marked with ် is pronounced with a prolonged even tone."

The following is Mr. Taylor's account of the Sgaw Karen tones :—]

I got the same results at three different séances. They are as follows :—

No. 1*a*. No tone mark. Middle register, level and long. For instance ယ = yă.

No. 1*b*. If ယ be combined with long vowel ါ, we get the word ယါ or *yā*. This word is spoken high, level, and long. The pitch is the same as for words in tone No. 4. The vowel sign has therefore raised the pitch.

No. 2. Words written with ၣ. Begin at middle register and falls considerably. About medium length.

No. 3. Words written with ၤ. Very slightly above middle register, level, and short. Sometimes abrupt. Pitch lower than 1*b* and 4, but same as 6.

No. 4. Words written with း. Same pitch as 1*b*. High, level, and abrupt. [In other words this tone is simply the same as 1*b*. The abruptness is not part of the tone, but is an independent peculiarity of the syllable. I should prefer to say that this sign indicates that a syllable with tone 1*b* also has a glottal check.]

No. 5. Words written with ၢ. Begins at same pitch as No. 4, and falls steadily to middle register. Long.

No. 6. Words written with ι. Same pitch as No. 3. Slightly high, level, and long.

Sgaw Karen is the language recognized by the Education Department for use in Karen schools. It is taught uniformly everywhere. Consequently it does not vary in pronunciation in different parts of the Province. Old heathen Sgaw Karens who have not come under missionary influence are said to speak sometimes in a manner difficult to understand.

I relied chiefly on the man who spoke the Sgaw Karen pieces into the gramophone.

I have since tested these in Bassein. The results are exactly the same as in Rangoon.

Pwo Karen

[The following account of Pwo Karen tones is given by Mr. Duffin in his *Manual of the Pwo Karen Dialect* :—

" 1. This is not indicated by any special mark in the Karen character. The syllable so numbered is pronounced with a rising inflexion.

2. ι. A tone of medium length.

3. ɟ. A soft even tone with a falling inflexion.

4. ꓘ. A long tone, pronounced low in the throat, with a falling inflexion.

5. ι. A very short tone, with a rising inflexion.

6. ʃ. A hard, abrupt tone, with a low pitch.

" There are also the four nasal tones. These are indicated by adding the letter ṅ to the syllable and adding the following numbers :—

" 7. ꓽ. Shortens the sound.

8. ꓘ. Lengthens the sound.

9. ι. Lengthens the sound with a rising inflexion.

10. ɟ. Gives a medium sound with a falling inflexion."

It is evident that the nasal tones are not special tones, but are merely nasalizations of syllables already possessing other tones. We may therefore omit them from consideration.

The following is Mr. Taylor's account :—]

This language is not spoken uniformly throughout the Karen area. There appears to be a number of sub-dialects which differ slightly from one another. I held two séances employing two Karens from Bassein and two from Maulmein. When recording tones I always employ the graphic method which you and Mr. Daniel Jones are employing. My speakers, who belong to a musical race, quickly perceived the purport of my diagrams and drew diagrams themselves. We all agreed as to the pictures of the tones.

The dialectical differences between the Bassein and Maulmein Pwos are well illustrated by the word ကဲၣ, which is pronounced "Kai" by the former and "Kè" by the latter. Also the word "Ka" in the former dialect is "Kaw" in the latter. Just as the vowels have changed, so also the tones have changed.

For present purposes we may refer to the Bassein Pwo as Delta Pwo, and to the Maulmein Pwo as Tennasserim Pwo.

In the Delta Pwo there is a marked tendency for two of the tones to disappear by assimilation to two other tones.

No. 3 = No. 4
No. 5 = No. 6

In the Tennasserim Karen there is a tendency for one of the tones to disappear in this manner. No. 5 = No. 6.

Delta Pwo Karen Tones

1*a*. No tone mark. Long, level, and at a pitch very slightly below mid-register. For instance, word ယ = *yö*.

1*b*. No tone mark. If ယ be combined with the so-called long vowel ၢ we get ယၢ = *ya*. This is spoken high, level, and long. The sound is really no longer than before, but the vowel is changed and the pitch raised. The pitch is lower, however, than in tones 5 and 6.

2. Tone marked ၤ. Commences at middle register and rises evenly to same height as 1*b*. Generally long.

P.S.—Some speakers pronounce high, level, and long like No. 1*b*.

3. Tone marked ၣ. Sometimes middle register, level, and of medium length. This tone is disappearing. In connected talk there is a tendency to lower the pitch and lengthen the sound so that it would be accurately described under tone No. 4. The Karens themselves spoke of this tendency, and they seem to regard it as a well-established fact.

4. Tone marked ၢ. Long, level, and low.

5. Tone marked ၥ. Very short and checked. Level and high Higher than any of the tones described above.

6. Tone marked ♪. Very short. Level and high. Not so abrupt as No. 5, though equally short of same pitch.

P.S.—I have heard some speakers who differentiate between 5 and 6 by laying stress on the first part of the former and by checking the latter. Sometimes also No. 6 rises slightly. Many speakers regard 5 and 6 as the same colloquially. (This note was written in Bassein, and is interpolated. It is based on observations made on many speakers.)

Note.—Tones 5 and 6 are now, in ordinary talk, indistinguishable. The Karens regard them as the same. It would seem that one of the tones has lost its original form and has become assimilated to the other.

1*a*	1*b*	2	3	4	5	6	6 variant.

——— No. 3 as it should be.

——— No. 3 as it is in practice.

I relied chiefly upon the man who spoke the Pwo Karen pieces into the gramophone.

Tennasserim Pwo Karen Tones

1*a*. No tone mark. Low, level, and of medium length.

1*b*. No tone mark. If the long vowel ٦ = *aw* be added, the vowel is changed and the tone considerably modified. The sound commences slightly higher than middle register, and rises evenly.

2. Tone marked ੮. Mid-level and long.

3. Tone marked ♩. Very short. It commences high and level and then falls suddenly, so low as to be voiceless. If the word commences with an aspirated *s'*, the fall is omitted. There is apparently no time for it after hissing out an *s*. Some speakers, I believe, do not commence level, but fall at once.

4. Tone marked ٦. Short, level, and low.

5. Tone marked ੮. High, level, and very short and checked.

6. Tone marked ♪. Very short, level, and slightly lower than No. 5. The difference in pitch between 5 and 6 is very small. Words in this tone can be distinguished from words in No. 5 by being less abrupt though equally short.

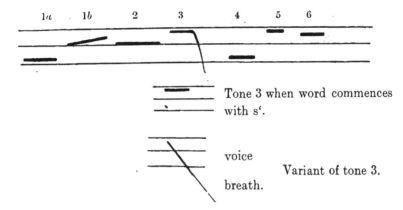

Tone 3 when word commences with sʿ.

voice

Variant of tone 3.

breath.

[It will be observed that several of the above tones are described as short, long, or abrupt (i.e. checked). Properly speaking the length or the abruptness is not a part of the tone, but is an independent qualification of the vowel of the syllable. A tone is a musical pitch or change of pitch and has nothing to do with the quality or length of the vowel, just as in music pitch is independent of the length of the note in which it is sung, or of the fact whether that note is legato or staccato.]

Burmese Tones

[Mr. Taylor's account of these tones differs somewhat from that given by Mr. Grant Brown in his *Half the Battle in Burmese*. The discrepancy is in the account of the so-called checked tone. Mr. Taylor describes it as starting high and rising rapidly, while Mr. Grant Brown (P. 13) says it is a falling tone that accompanies the check. (The check, of course, is no part of the true tone.) Mr. Taylor specially asks that his account should be regarded as tentative, and we may hope for further information from him on this point. It is evident that the rapid check tends to obscure the true nature of the tone. The following is Mr. Taylor's account of the Burmese tones :—]

The Burmese tones are the most difficult of all to describe. It is almost impossible to formulate any rule which is not disregarded by numerous speakers. Some speakers rely more on stress than on tone to distinguish words, while others rely more on tone than stress. The intonation and length of a word vary also in different parts of a sentence when the speaker is excited. The following is the best account I can give.

Simple tone, e.g. ဂေၥ. Mid-level and long. Final consonants half sounded.

Checked tone, e.g. ဤ. Starting high and rising rapidly. Short and checked. Final consonants sounded almost imperceptibly.

Heavy tone, ဤး. Burmans say that this is very long, but in actual conversation it is often slightly shorter than the simple tone. It is supposed to be a low and falling tone, but it is often higher than the simple tone. Everything seems to depend here on stress. In a word such as *myin:*, the stress falls heavily on the vowel. In a word containing a distinct diphthong, e.g. *taung:*, the stress falls on the first vowel. Perhaps theoretically the sound should be long and should fall slightly from the middle register. In common practice, however, the effect of the stress is to shorten the sound and raise and sustain its pitch. Stress is what essentially distinguishes this from the simple tone.

Please regard this note as tentative. I will make further and fuller investigations into the tone of Burmese and will send them when completed.

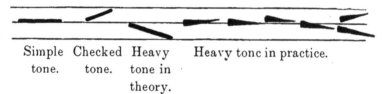

Simple   Checked   Heavy   Heavy tone in practice.
tone.   tone.   tone in
                     theory.

[P.S.—After the above had gone to press I received from Mr. Taylor the following additional note on Burmese tones, which, as he states in the letter accompanying it, "supplements but does not supersede" his former remarks. He adds :—

"When I sent you my tone materials over a year ago I promised to make a further investigation into the tones of Burmese. I have been doing this off and on ever since, and now enclose herewith a brief note on the subject.

"I think that many people will take objection to my views, and I would have objected to them myself had they been placed before me two years ago. But I believe them to be substantially correct. No views can be perfectly correct, because different speakers pronounce so differently. As an instance of my difficulty : I prepared the note after testing many speakers, and it has just been typed out. When my clerk brought the copies to me I tested him on my chart of syllables and on passages out of a book. He often pronounced the so-called heavy words (i.e. words marked by း) much higher than the unmarked words with a rising inflexion, and as high as the words of the high tone marked with a dot underneath. Had he done this in a few instances only, I would not have been surprised, but he did it in at least half the possible instances.

"It will be seen that my present views are almost identical with the views submitted a year and a half ago. I have merely restated them, and paid more attention, as a result of your own note, to the pronunciation of words in the high tone, i.e. to the pronunciation of checked syllables."

With these preliminary remarks I give Mr. Taylor's note in full.]

NOTE ON THE TONES AND PRONUNCIATION OF BURMESE

All Burmese words may be divided into three classes :—

1. (i) Those words which are (a) either pure vowels or (b) words which commence with a consonant and which terminate in a vowel. Thus (a) a, aw, i, etc., (b) ka, kaw, ki, etc. For the purpose of this note we may regard (a) as being a special form of (b).

(ii) Words which terminate in a nasal or nasalized vowel. Such nasals are n, ng, n, and m.

(iii) Words ending in the so-called "killed consonants" k, s, t, or p.

This division of words is important, because whilst the syllables in classes (i) and (ii) may be pronounced in any of three ways, those in class (iii) can only be pronounced one way, as will be shown below.

2. For the purpose of providing illustrations we shall build up syllables on the consonant k (က), and arrange them in classes as described above. It is possible, of course, that by doing this we may write down some words which have no actual existence, though they will all have potential existence. K is to be taken simply as a symbol for any appropriate consonant or combination of consonants, and every word written down will have a real existence provided the proper consonants are supplied in the place of our k. I believe, however, that, even employing k throughout, nearly every word will be a real one.

BURMESE SYLLABLES
Class I (three modes)

High Tone. A	Ordinary Tone. B	C	High Tone. A	Ordinary Tone. B	C
က	ကါ	ကါး	ka°	ka	ka:
ကူ	ကူႋ	ကူႋး	ku°	ku	ku:
ကော့	ကောႝ	ကော	kɔ°	kɔ	kɔ:
ကိ	ကီ	ကီး	ki°	ki	ki:
ကေ့	ကော	ကေား	ke°	ke	ke:
ကို့	ကို	ကိုး	ko°	ko	ko:
ကဲ့	ကယ်	ကဲ	kɛ°	kɛ	kɛ:

Class II (three modes)

ကည့်	ကည့	ကည့း	$\begin{cases} ki^\circ \\ ki^\circ \\ k\varepsilon^\circ \end{cases}$	ki kin kε	ki: kin: kε:
ကင်	ကင်	ကင်း	kĭ°	kin	kin:
ကန့်	ကန့	ကန့း	kā̃°	kan	kan:
ကိန့်	ကိန့	ကိန့း	kā̃°	kan	kan:
ကိမ့်	ကိမ့	ကိမ့း	kĕ°	kein	kein:
ကိမ့်	ကိမ့	ကိမ့း	kĕ°	kein	kein:
ကုန့်	ကုန့	ကုန့း	kõ°	kon	kon:
ကုံ့	ကုံ	ကုံး	kõ°	kon	kon:
ကောင့်	ကောင်	ကောင်း	kaũ°	kauŋ	kauŋ:
ကိုင့်	ကိုင်	ကိုင်း	kaĩ°	kaiŋ	kaiŋ:

Class III (one mode)

ကက်	kε'
ကစ်	kı'
ကတ်	ka'
ကပ်	ka'
ကိတ်	ke'
ကိပ်	ke'
ကုတ်	ko'
ကုပ်	ko'
ကောက်	kauᵏ
ကိုက်	kaiᵏ

3. *Pronunciation.*—Classes IA and IIA. The syllables of column A are all pronounced in a high tone, and are all short, terminating in a glottal stop. In the case of IA the closure takes place a little below the ordinary *k* position. In the case of IIA the closure is a little lower still. There is no pronunciation of the nasal consonants at the end of these words, but only a nasalization of the vowel.

It is difficult to describe the tone accurately. It is usually high, but sometimes it seems to be falling, sometimes level, and sometimes rising. I think it is really, in many cases, determined by the inherent tone of the vowel and by the change in form of the resonance chamber brought about by the movements that close the glottis. Such movements are different in the case of the front and back vowels. Finally, also, it is determined by the momentum of the speaker's effort to attain a high pitch. This momentum will vary with different speakers and at different times. It is well known that there is an intimate "connexion between the shape and size of the resonance-chamber and the pitch" (see Sweet's *Primer of Phonetics*, para. 60). Thus we might expect $ki°$ to be $'ki°$ and $kaw°$ to be $`kaw°$, as I have actually heard them.

As a general rule we may say that when such syllables are spoken in a high pitch, the momentum of the speaker's effort carries the pitch still higher. They do not commence high and then fall. But when spoken (as they often are) at the level of the general conversation, they betray their own inherent qualities and are more readily influenced by the general rhythm of the sentence.

Classes IB and C and IIB and C. The syllables in columns B and C are pronounced at ordinary pitch, and there is no attempt to check them. A syllable may be spoken sometimes above or sometimes below the average pitch without altering its meaning. It may also be drawn out or slightly contracted (so long as it is not then terminated by a glottal stop or check). The only real distinction between the syllables marked B and those marked C is that the former are pronounced without any distinct effort, whilst the latter are invariably stressed. By getting a Burman to read words at random, some in column B and some in C, and by keeping one's hand pressed to his body between the navel and the spot where the ribs separate, one can, even when one's ears are plugged, tell which column he is reading from. A contraction of the muscles in the upper abdomen always accompanies the pronunciation of the words in the last column. Stressed words need not maintain a level pitch, but may rise or fall slightly.

Class III. These syllables are pronounced short, usually in a high pitch, and are abruptly terminated by a velar check or by a glottal check. Such a check is never followed by an explosion, hence the words are said to be ended by a "killed consonant". As a result of which they acquire stress also.

Here, again, as a general rule we may say that such syllables when spoken short and high rise still higher, but in conversation they are frequently lengthened and pronounced in the ordinary voice when they rise or fall· in accordance with their own inherent pitch and as modified by the general nature of the sentence.

SUMMARY

There are, at the present day, but two real tones in Burmese which may be called " high " and " ordinary ".

1. The " high " tone is applied to all words that are short and terminate with a stop or check.[1] The pitch is usually high-rising, though it may remain level, or fall, in accordance with the inherent tone of the vowel and as influenced by the particular movements that operate the glottis, and by the momentum of the speaker's effort to attain a high pitch. This may vary at different times and with different speakers.

2. The " ordinary " tone, in which are pronounced all words that are not short and abruptly checked. These words are divided into two classes, unstressed and stressed. The latter are often somewhat shorter in length than the former, and sometimes spoken in a lower pitch, sometimes in a falling pitch, and sometimes even in a higher pitch. (This has occurred in several places in the gramophone record of the " Prodigal Son ", e.g. near the beginning of the record are the words written ˎθa: ŋɛ ˉga°, but they are pronounced ˉθa: ˎŋɛ ˈga°.)

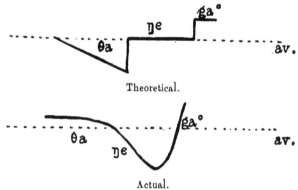

Theoretical.

Actual.

[1] A stop is a closure to an unstressed syllable, i.e. it does not confine the breath beneath it at high pressure. On reopening the glottis very little breath will issue through. It is represented above by °, thus ka°.

A check is a closure to a stressed syllable, it confines the breath at high pressure. If the glottis be reopened immediately, a considerable volume of breath may emerge.

ˀ represents the glottal check, thus kaˀ, and ᵏ represents the velar check, thus kauᵏ.

The term " ordinary tone " is therefore vague. It signifies no distinct tone at all, but includes the range of pitch of all words that do not belong to the " high tone ".

It is possible that the stressed words were once spoken at a low and falling pitch, and that stress is all that indicates the previous existence of a third tone. This tone, if it ever really existed, has now disappeared.

CLASSIFICATION BY TONES AND STRESS

Syllables may now be reclassified in accordance with their tones and pronunciation in four groups, as follows :—

High-rising intonation.

(i) *Short and unstressed.* These are classes IA and IIA above. Syllables which consist of a vowel (or nasalized vowel) or of an initial consonant plus a vowel, and which are terminated by closure of the glottis. These are generally pronounced in a high-rising pitch. Sometimes, however, they are pronounced in the ordinary voice, when they may rise or fall in accordance with their own inherent qualities and the rhythm of the conversation.

(ii) *Short and stressed.* Class III above. Syllables ending in killed *k*, *s*, *t*, or *p*. In reality they all terminate in a velar or glottal check (save in certain combinations). Generally very short and abruptly checked, and spoken in a high-rising pitch. Often, however, they are modified by conversational rhythm, when they may lose stress, increase in length, betray their own inherent tone, and terminate in a stop rather than a check.

Ordinary intonation.

(iii) *Long and unstressed.* Classes IB and IIB above. Spoken at ordinary pitch and of ordinary length. They may be high or low, long or short, so long as they do not end in a stop or check and cannot be mistaken for syllables described in groups (i) and (ii) above.

(iv) *Long and stressed.* Classes IC and IIC above. Stress is the essential feature. They frequently exhibit more variety than the long unstressed syllables, and differ considerably with different speakers. They may be spoken in a higher or lower pitch than syllables of group (iii), and may be of the same length or shorter. They are rarely longer.

Finally we may conclude either that Burmese has not succeeded in developing a proper system of tones, or conversely that its tonal system is now in an advanced state of decay. Conversational rhythm and a secondary euphonic intonation possess an importance which would be impossible in the case of Shan, Siamese, or Karen.

I ought to add that my investigations have been confined to the speech of Lower Burma.

THE SUDANIC LANGUAGES

By N. W. THOMAS

UNDER the name of Sudanic or Negro languages are comprehended, according to the generally received terminology, the African tongues which stretch in a broad band across the continent from Cape Verd to the Great Lakes ; further north they reach nearly to the Red Sea in isolated instances, and in the south to the confines of the Indian Ocean in the shape of linguistic islets whose affinities are only with difficulty recognizable. To the south of the area stretches the Bantu territory, interspersed with pigmy and Bushmen elements, of whom the latter alone have well-marked forms of speech, while the former appear to speak the tongues of Bantu neighbours, or of Sudanic tribes, who must have been their neighbours at an earlier period but have now been swallowed up in the Bantu flood. South-west of the Bantu we have the Nama languages, often classified as Hamitic. To the Hamitic family in the main belong the languages which form the northern frontier of the negro tongues ; east of them are found Semitic speeches like Tigre and Amharic ; but, like Arabic, they are traceable to migrations in historical times ; and the same is true, *a fortiori*, of the Arabic of the north and east, not to speak of more recent invaders.

Looked at from a purely geographical point of view, the question of classification is therefore a simple one. The difficulties begin when we attempt to lay down any fundamental principle that will serve as a criterion of what a negro language is. From the systematic point of view Bantu may well be regarded as a group of prefix pronominal languages distinguished from similar groups in the Sudanic area by uniformity in the prefix system; in other words, Bantu is, if we take into account the main feature of its syntax, a group of negro languages. From the point of view of vocabulary, if we compare the roots of the Bantu group with those determined by Westermann for certain languages, mainly monosyllabic and all affixless, of the Sudanic area, we find that more than one-third are common to both Bantu and Sudanic ; and the proportion would have been increased if such languages as Ibo, or, still more, Temne and other " semi-Bantu " speech-forms, had been drawn upon for words. This does not necessarily mean that Bantu is to be derived from Sudanic nor Sudanic from Bantu ; put in a brief form, it seems the most probable hypothesis to derive both from an earlier speech-form, with perhaps Hamitic elements added for Bantu, and more primitive aboriginal features in Sudanic ; as Bantu and Sudanic roots.are largely dissyllabic· and there is an old nasal prefix in the latter area, and as both these features speak against the primitive character of the roots in any real sense, this " Ursprache " is a necessary hypothesis.

So long as the Hamitic family remains undefined, both formally and from the standpoint of geographical extension, it is a matter of extreme difficulty to lay down the frontier which separates it from Sudanic. Westermann, who recognizes the presence of Bantoid elements in Sudanic, distinguishes the latter from Hamitic by four features ; (a) monosyllabic character, with the syllable in the form C + V : (b) relative absence of formative elements and generally isolating character ; (c) absence of gender ; (d) use of tones. Many Sudanic languages, however, cannot be termed either isolating or monosyllabic ; this applies to the prefix-pronominal, no less than the suffix-pronominal groups ;· the use of tones is very far from having been proved for all Sudanic languages ; they seem to be almost non-existent in the semi-Bantu Temne, and for Agni, a language allied to Fanti, their presence is denied by so great an authority as M. Delafosse. We are, therefore, reduced to the single differentia of gender ; and even here we must limit our statement to the use of the distinction in nouns, for several Sudanic languages make the distinction in their pronouns ; more still distinguish the human or the living class from the animal or the inanimate ; and, finally, even in Sudanic languages such as Agni, we find sporadic instances of feminine forms.

Meinhof, our greatest authority on Bantu, lays down that Sudanic languages have neither gender nor classes ; they make the genitive precede the noun on which it depends ; the roots are monosyllabic and formless ; finally, stress is unimportant, tone al-important. These criteria are even less applicable than those of Westermann ; gender, as we have seen, is a more open matter than might be supposed from the categorical statements of the German scholars ; classes can be ruled out for Sudanic only if we create a new group, neither Bantu nor negro, for the semi-Bantu. The position of the genitive has, perhaps, varied in historic times ; at the present day the Sudanic languages are fairly evenly divided, so far as can be seen, and those which follow the Hamitic rule, which is also that of the Bantu-speaking peoples, of placing the regime last (N + G) are precisely those most remote from Hamitic influence, to which Meinhof [1] attributes the change, and have not been, at least in any ordinary sense of the term, subjected to Bantu invasions or culture. The monosyllabic character of 60 per cent of the roots may be admitted, but it hardly serves to distinguish Sudanic from Bantu or Hamitic ; it means, at most, that the latter roots were taken as a basis of word formation when the families were relatively at a later stage. Lastly, it is totally untrue to say that tone is everything ; there are languages without tones and some in which stress and tone both play important roles in the distinction of homophones.

It is, therefore, abundantly clear that there is no simple criterion by which a Sudanic language can be distinguished from Bantu or Hamitic tongues. In respect of both these families of languages we find in Sudanic certain borderline tongues, like Temne or Kanuri, which lie far nearer to one or other of these families than they do to a language like Ewe, commonly accepted as a typical West-Sudanic speech-form.

This difficulty of definition accounts, perhaps, in some small measure for the relatively backward state of research into Sudanic languages. Dictionaries and grammars like those available for many Bantu languages have yet to be created ; those that we have are produced by students almost wholly lacking in phonetic training ; where even Lepsius failed and did not note the presence of tones in Nuba,[2] many a lesser light has either overlooked their significance or failed to give an adequate representation of them in printed characters.

The first half of the nineteenth century was marked by the discovery of the main features and of the geographical extension of the Bantu languages ; this gave a great impetus to Bantu linguistic work, and it soon outstripped the work of codifying Sudanic languages, which was, relatively, in a forward state sixty years ago. Nearly a hundred years ago, at any rate in the thirties, the relation of Hamitic to Bantu was recognized ; sixty years ago Vidal, and later Christaller and Krause, drew attention to Bantu features or Bantu groups in Sudanese areas.

However, none of these inquirers made any important contribution to the task of defining the position of the negro family of languages.

---

[1] *Sprachen der Hamiten*, p. 3.

[2] According to Meinhof, however (loc. cit.), Nuba has given up the use of tones ; in proof he cites the fact that an interrogative sentence has the same tone as an affirmative one, with, however, a high tone on a suffixed syllable. That is precisely the ordinary rule of toned languages and the proof is invalid.

Lepsius, in his *Nubische Grammatik*, was the first to attempt a formal statement. For him a girdle of Sudanic languages, on an average fifteen degrees broad, intervened between Bantu and Hamitic ; it was made up of many isolated tongues which belonged neither to the northern nor the southern group. All negro languages had both Hamitic and Bantu élements in them ; but neither formative elements nor vocabulary were of much value for purposes of classification, for they varied, phonetically, according to no law and with extraordinary facility. For Lepsius the main features in a comparison were (*a*) unborrowed roots and (*b*) syntax, the latter being the more important.

In this brief historical survey mention must also be made of Reinisch, the indefatigable student of Hamitic languages ; for him all Sudanic languages are the result of evolution, which of necessity followed a single line of advance, unmodified by intermixture of peoples or language hybrids. This is a standpoint familiar to English sociological theory of the last century as a working hypothesis on which to reconstruct or classify the most diverse institutions ; it has now happily fallen into disrepute.

Such was the position when less than twenty years ago Westermann published his epoch-making Ewe studies and followed them up by a more extended inquiry into the bond which united the languages classified by Lepsius as negro. His inquiry was in the main directed to the question of roots and the formation of words ; but the main features of the syntax also came in for some attention. This method was naturally given as the appropriate one ; for the total or almost total absence of formative elements in the languages selected, partly on the ground that adequate information was available for few, if any, others, precluded anything but an analytic method. In the prefixes Bantu scholars had had an element of incalculable value, a tool ready, as it were, to their hand, to which Sudanic students have no analogue.

It was from some points of view unfortunate that Westermann's choice fell on Ewe, Twi, Ga, Yoruba, Efik, Kunama, Nuba, and Dinka ; for only in the case of Efik is there any relation to the semi-Bantu groups, and the relation, even in this case, seems to be somewhat remote. Westermann recognized in his preface the existence of other Sudanic groups, such as the Bantoid and the Hamitoid ; but his results have been applied to the whole Sudanic area, as if the demonstration of the unity of one form of Sudanic speech meant that all languages spoken in the Sudan were necessarily capable of being brought under one label, which is precisely the point at issue.

From another point of view the method adopted was a fortunate one ; for from it resulted the evidence that in Sudanic languages, largely of an isolating type, more than one-third of the roots were identical with those found by Meinhof for Bantu languages ; if this is true of isolating languages, there can be little doubt of the result when the the same measure is applied to the prefix languages of the Sudan.

One feature brought into notice by Westermann was the presence of a suffix, -li, of unknown meaning, which has entered largely into the composition of Sudanic wards in Ewe, Ga, and also into more remote languages, as it now appears, like the Camba dialect of Jukun. If this suffix, -li, is added to a root ba, the tendency is for bali to become bala, by the assimilation of the suffix vowel to that of the root ; bala may become bal or bla, or if the assimilation takes a different form, ble, or bala may become ba.

Thus we have before us a series of changes in which an original monosyllabic condition is reproduced after a short cycle. This is a process which may well have happened, not once only, but several times in the history of monosyllabic languages ; these monosyllabic tendencies are perhaps to be associated with the presence of an aboriginal strain in the language area in question ; for we can hardly suppose that the semi-Bantu languages in the strictest sense of the term, i.e. those whose prefixes resemble most nearly the prefixes of the Bantu tribes of South-East Africa, have been exposed to such vicissitudes ; there could clearly be no tendency to reproduce the original prefixes, and chance coincidence hardly explains the resemblances. Where a prefix language has entered upon a period of development there appear to be two tendencies at work; one due perhaps in part to the influence of neighbouring languages, to turn the prefixes into suffixes by a process that I shall have occasion to consider more in detail at a later period, the other to drop the prefixes altogether or to allow them to become attached to the root, of which we see examples in Temne to a limited extent, and on a wholesale scale perhaps in Ibo.

The evidence for such processes of composition and condensation of roots or of a root and a formative element, which is really a root in a degraded form, is probably writ large over many of the languages of the Sudan ; when the tones come to be more accurately recorded, it will be found that, as in Ibo, where many verbs show a compound tone, there is everywhere evidence of contraction. For nothing is clearer than that a double tone results from the coalescence of two syllables. The tone is the most persistent element that we have in Sudanic languages. It is quite possible that the process of composition, which is the cause of the compound tone, was due to the monosyllabic character of the language ; the pronoun classifiers of African languages, and the noun classifiers of East Asiatic and other languages, may have been due to the same need for defining the meaning of the homophonie monosyllable. It is interesting to note that the noun classifier is also found in some cases, e.g. Jukun, in Sudanic languages, apparently as an independent development. Perhaps it may be well to add that the classifying noun occupies the same position as a noun on which a genitive depends, and that this may, in fact, be the original relation of the words.

It has not so far been necessary to define with any accuracy either the geographical or the formal groups into which Sudanic languages have been classified by various authors. It is clear from the preceding introductory sketch that the time is not yet come when we can with any confidence lay down what constitutes a Sudanic language nor how it is distinguished from Hamitic ; nor yet can we say of Bantu more than that it stands out from the semi-Bantu languages by the uniformity of its original prefix system. As the term semi-Bantu will occur with some frequency in the following pages, it may be well to point out that it is used in two distinct senses; firstly, as has been pointed out above, in a restricted meaning, denoting only those languages with prefixes related to South-East Bantu tongues ; secondly, in a much broader sense, of all prefix-pronominal languages of the Sudan.

As to this second application, it must be pointed out that in reality it is not of great importance whether prefixes or suffixes are in use, for a language can under certain circumstances pass with ease in one span of a few years from one class to the other. In the second place, under the term semi-Bantu are included (*a*) prefix languages older than Bantu, in fact, a sister group or groups, whose prefixes are not necessarily comparable to those of Bantu ; secondly, a group with prefixes closely connected with those of the South-East Bantu ; thirdly, Bantu tribes, like, perhaps, the Nde of the Upper Cross River, who have crossed the boundary line or been left stranded by a returning wave of Sudanic speech ; fourthly, Sudanic languages which have similarly been entrapped, or at least deeply influenced, by Bantu tongues ; fifthly, Sudanic languages that have come to use prefixes owing to the influence of other Sudanic tongues. In this connexion I may allude to the fact, first pointed out by Westermann, that Mosi, a suffix language of the Volta group, has borrowed its suffixes wholesale from Fula, and that not at a period when they were in their present seats, that is to say, according to Westermann's view, before A.D. 1300, when the Fula were far to the east of their present location in Central Nigeria. What complicates the matter is that the suffixes alone have been taken over ; the verb is not affected, there is no concord of the Bantu type, and the vocabulary has not been influenced.

I will remark in passing that the matter is still further complicated by facts which suggest that Fula at one time used prefixes as well as or instead of suffixes, and that some of the most westerly Sudanic languages have borrowed words from Fula, with both prefix and suffix, in a form that cannot be easily reconciled with the present distribution of Fula dialects. Semi-Bantu, then, is an ambiguous term ; and to express the more extended meaning it will be well to use the term affix-pronominal, including only such languages as make use of actual affixes and excluding, for the time being,Wolof and Serer, which classify nouns by independent particles. Classifying languages include (a) class prefix, (b) class suffix, and (c) class particle languages.

At this point it may be well to say a few words on the principles which underlie the various criteria suggested as distinguishing marks of Hamitic, or Bantu, or Sudanic languages, as the case may be. There are three elements concerned in language, which may be regarded as an institution, from the collective standpoint, or a habit, from the individual point of view. These elements are (a) phonetics, (b) vocabulary, and (c) morphology. Under morphology is understood, not merely the way in which a noun, or other part of speech, is inflected or modified by affixes, but also syntax in general, that is to say, the way in which words are combined in a sentence. From the comparative point of view, however, the important features to be compared are those of morphology in the narrower sense, such as in the Indo-European field the verb forms.

It does not follow that we must necessarily be able to trace kinship because two languages belong to a common stock. Any one who set out, for example, to prove from the two languages themselves the relation-ship of, say; French and Armenian, as two members of the Indo-European group, would certainly find the obstacles insurmountable ; yet, if he adopted a historical standpoint and had recourse to the oldest known forms of these languages, his task would be much lightened, if not absolutely simple. In setting out to prove his case, the inquirer would not take as his base the vocabularies of the two languages, though under certain circumstances the commonest words of a language may, as they are not likely to be borrowed, throw some light on language relationships ; at the same time it must be remembered that, in such a case as the subjugation of a native population and the imposition of a new tongue on them, say, in the Anglo-Saxon conquest of England, it may be precisely the most homely words that are preserved, if the men of the conquered race are enslaved or exterminated, while the women are mated to their conquerors and teach their children the words of the old speech.

To a far greater extent than vocabulary,phonetics and morphology are what may be called closed systems, except where there is actual admixture of foreign blood ; where we find English taken over by Creoles or negroes, Latin by the tribes of Gaul and Spain, or, in fact, any form of speech by a people that normally belongs to a different language group, there are naturally considerable sound-changes; but when the natives of Gaul took over Latin, it was presumably with the intention of speaking Latin, and they have not consciously departed from that intention to the present day. Fashion may introduce a certain number of new sounds. of which we have examples in words that came to the Gallo-Romans through the Franks; but, broadly speaking, there is no deliberate borrowing of sounds, as there is of words, especially of names for new objects.

Still less is there a tendency to borrow morphological methods [1]; any one who has made a study of " pidgin " will be puzzled to recall a case in which the morphology, as apart from the words and their collocation in the phrase, has been taken over from the speaker's original tongue. It does not occur to the negro to form the plural of a noun according to the fashion of his own language, when he is speaking what purports to be an Indo-European language. Apart from the immediate change in pronunciation what happens is a simplification, which is perhaps more gradual, in the grammar, especially in the inflections of the verb. A mixed language is not created.

The case of French and Armenian is clearly different from these; though the Gauls took over Latin, their culture was not so remote, nor yet the structure of their language, from that of the Romans, and if they simplified the grammar of Latin by using a single case and took to analytic verb forms, the change was not on anything like the same scale as that which takes place in " pidgin '.

If, therefore, an inquirer wishes to connect French with Armenian, he will deal in the main with morphology, and he may also trace the history of the phonetic changes in each language. In dealing with morphology, he will not take a vague procedure, the precise meaning of which may be unknown in one or the other, or which may have totally different significations in the two languages; he will, to take an example from the verbal forms of Indo-European, insist that reduplication, if it is found, is not by itself evidence of kinship; the procedure must be associated with a perfectly definite meaning, the formation of the perfect. How far can these principles be applied to African languages?

---

[1] The case of Mosi is exceptional, even in Africa. Biafoda is another example; its original morphology groups it with Fula, so far as treatment of the nouns is concerned. But it has now prefixed to them pronominal affixes of the Coast type, giving rise to forms with what may be called "internal polarity".

It must at·the outset be recognized·that there are exceptional cases even in the Indo-European field where a people has kept its own vocabulary but taken over a foreign phonetic scheme and a foreign morphology, Some of the secret languages of Africa may turn out to be of this type ; but the general uniformity of many essential points makes it improbable. A second case, represented in Europe by Basque, is of more interest. It is clear that in such cases as Kisi, which now forms the plural by means of suffixes, though there are traces of prefixes, we have an instance of a language passing in respect of morphology from one group to another ; Mendi has taken the same direction, but perhaps on another road, for there are not a multitude of affixes here ; Bullom seems to have been tending in the direction of Kisi multiple-suffixes, and the same is true of Limba. How far we can regard the case of Mosi as one of substitution of foreign for home-made suffixes, and how far as the adoption of a wholly alien morphological device is not clear ; but prima facie all the betting is on the latter hypothesis.

It is, therefore, only with limitations that we can apply the principles derived from Indo-European philology, though the fundamental truths are the same for both groups.

A more serious objection is that for monosyllabic languages morphology in the limited sense is non-existent. There are no inflexions, not even affixes ; and for a portion, therefore, of Sudanic languages we have no elements on which to base our comparison. Where, as in Bantu, we have prefixes playing perfectly definite roles, the requisite conditions are fulfilled ; but it is abundantly clear that the Sudanic prefixes are not all reducible to one type.

The forms of the verb are equally varied ; some languages have one or two auxiliaries, some have many ; some make use of neither prefixes, nor, the more usual case, of suffixes ; others have twenty or thirty adverbial suffixes, which modify the meaning of the root verb ; others again have formative elements added to the verb. But all these things are so largely matters of geographical nearness and remoteness that we cannot be sure, with the example of Mosi before us, whether we have to do with an example of borrowing, in some cases, or of independent evolution from the same elements—in this case the monosyllabic verb, degraded to the function of an affix—or with a real common stock, traceable, given sufficient knowledge, to the earliest period of the language.

Properly speaking, the question of affinities is insoluble with our present knowledge and methods ; that does not, of course, mean that they will never be solved, but only that no advance can be expected with inadequate materials and tools.

We have, it is true, the possibilities of the pronouns. It is conceivable that a study of the pronouns may one day throw light on the grouping even of monosyllabic languages ; but the study of the pronouns demands above anything an exact knowledge of phonetic laws. This presupposes an exact knowledge of the phonetics of the languages ; and how far we are from that anyone can see who chooses to compare the forms of words in vocabularies by three different recorders of, say, English, French, and German nationality.

Pronouns tend to be more worn down than any other words ; they are necessarily short words, without many consonants or difficult sounds of any sort ; they are seldom recorded in the vocabularies of the casual traveller, for reasons well set forth by Koellé. Hence it may well be long before philologists are in a position to attack the question of pronouns in Sudanic languages.

Westermann has shown that there is a suffix -li, of which he quotes many examples in the languages with which he deals. Within limits this is of value, though the fact that the Camba dialect of Jukun uses a suffix -na, while Jukun proper leaves the words unadorned, warns us that a suffix may be a matter of fashion, and in any event relatively late.

But the main objection to the use of such data is that they violate one of the principles laid down at the outset, viz. that morphological devices must be used in some precise sense before they can be utilized as evidence of affinity. We do not know the sense of the -li suffix—it may be the same for all the languages for which Westermann cites examples—but that is precisely what has to be proved before we can make use of the existence of the suffix as an argument for the affinity of the languages.

In like manner Lepsius, who lays stress on syntax, rather than correspondence of unborrowed roots, as evidence of a common stock of negro languages, says : " In Afrika wandelt sich nicht nur der Lautstoff der Worte, sondern auch ihr syntaktisches Gebrauch mit . . . Leichtigkeit." Although with our present knowledge it is clear that the statement is too broad, Lepsius naturally made no attempt to demonstrate the morphological identity of any elements of his negro group ; and contented himself with laying down that the use of prefixes distinguishes Bantu from negro tongues, while gender and suffixes are the distinguishing feature of his northern group. It is apparent to-day that there are non-Bantu languages with prefixes, non-Hamitic languages with suffixes; while the notion of (grammatical) gender, if strictly applied, rules out Masai from the Hamitic languages, and brings Fanti within a group of Hamitoid affinities, sporadic though the appearance of gender in that language be.

For the distinction between Bantu and Hamitic, the two essential points are that "Bantu uses prefixes, Hamitic suffixes, and the latter also has the mark of gender". Now we have already seen that the difference between prefix and suffix is an evanescent one; it cannot be seriously maintained that such a criterion, which is insufficient as a test for the membership of any individual Sudanic group, is yet adequate as between two families. The test of gender is equally unreliable; moreover, according to Meinhof's hypothesis, the primitive Hamitic language has not got gender, and a combination of a primitive Hamitic language (Fula) with Sudanic elements has produced Bantu. Therefore it is not a characteristic common to all Hamitic tongues; and a combination slightly different would, on Meinhof's hypothesis, have given us a gender-using Bantu.

The real fact is that we are attempting, in laying down these differentia, to run before we can walk. When each group of Sudanic tongues has its relation to other groups clearly established, when we have a comparative grammar of Hamitic languages upon a rigorous basis—Meinhof has been content to bring forward partial correspondences of morphological elements of ill-defined meaning—it will be time enough to attempt to define the relation of the three families to each other.

Till that time comes we must be content to establish on an empirical basis the relationship of each language as we come to it, and to leave cases like Bari and Dinka, which, according to Westermann, are one on each side of the Sudanic-Hamitic border-line, for future consideration. We have to recognize that two adjacent languages may grow like each other by mere contiguity, just as Basque has grown unlike its own kin by reason of isolation; if, indeed, it does not belong to some group that has perished from the face of the earth, save in this corner of Europe.

The question of the relation of one Sudanic group to another is really no more ripe for discussion than is the relation of one of the better known language families—say, Caucasian and Semitic—to each other; not only must our knowledge and our methods be more exact, but our craftsmen have to be educated. One of the difficulties in the way of a discussion of Hamitic-Sudanic relationship, or even of Hamitic-Bantu, is that there is no one with an adequate knowledge of both groups ; it can hardly be said in the present state of our knowledge that an adequate survey of Sudanic languages is possible. How then can we expect to discuss the relations of the group to another, which, like Hamitic, is even less known, unless we limit it to the East African languages like Galla and Somali ?

What is really needed in order to put research into Sudanic languages on a satisfactory basis is a small but well-equipped body of linguists with adequate knowledge of general phonetics and of the special problems of these languages. In a comparatively brief space of time, unless the difficulties as regards interpreters proved more serious than I should expect them to be, it would be possible to record specimens of all languages in the Sudanic area ; each group would be found to contain one or more languages deserving of intensive study ; these could be noted at the time of the flying survey or determined after study of the records.

A longer period would, of course, be needed for the adequate investigation of special languages ; but it is not an exaggeration to say that with such a scheme as I have here outlined we should, given a not very large sum for field work and sufficient means for printing the worked-up material, put the questions at issue in a clear light, even if we did not solve them all. The phonetic fog that hangs over many, even of the languages supposed to be known, such as Yoruba, would be cleared up once for all ; and, what is perhaps equally important, the way would be opened for linguistic work by any one whom the spirit called, irrespective of the adequacy or otherwise of his training. It is a matter of common knowledge that it is easy to see a thing once pointed out, but difficult to see, or rather hear, it for the first time in the face of preconceptions.

In other words, quite apart from setting in a clear light and at the same time perhaps solving many problems, a scheme of intensive research would raise the standard all round. It would also provide once for all the proper phonetic scheme for each language.

I now return to the question at issue—the classification of Sudanic languages. It is clear that we have not the data for a real morphological study ; it is equally clear that no classification on the basis of vocabulary is adequate or even reliable. Some basis is, however, needed for a preliminary grouping, and the question is to which can we turn with the expectation that its results will give an approximation to the real genealogical classification.*

A study of morphology demands a more intimate acquaintance with the essential features of a language ; and there are, many areas for which we lack the material for even the briefest study of this kind. East of Chad there are a multitude of languages of which we cannot even say whether there is a plural form of the noun. For a preliminary classification the only basis possible, then, at the present time is that of the vocabulary.

This was in point of fact the basis on which Koelle grouped the languages recorded in his *Polyglotta*, his only additional datum being the plural forms of a certain number of tongues, which gave him the heading " prefix-pronominal ". The fact that the two systems of classification to be noticed—those by Struck and Delafosse—are in large measure in agreement with Koelle's scheme, is in a degree due to the fact that they too depend in part on the vocabulary and in part to the fact that the vocabulary and the morphology of a language are apt to vary together.

There is a considerable amount of general agreement as to the groups into which fall the languages west of Lake Chad, for the mass of speech forms east of that we have, until we come to Nilotic tribes, only one or two sketches of grammatical structure, vocabularies slightly more numerous, and practically no phonetic information of any sort. Struck's Adamaua group is, for example, formed on the basis of Strümpell's vocabularies, and no other information is available for most of the tribes. As for the purposes of a general survey like the present nothing turns on the precise composition of the groups, I append Struck's list, merely premising that it does not represent a final grouping, even west of Chad :—

(*a*) Atlantic coast and Senegal (including Wolof, Serer, and Gola).

(*b*) Kru (Liberia).

(*c*) Mande (Hinterland of West Sudan).

(*d*) Kwa (coast languages from Liberia to Kamerun).

(*e*) Nupe (Middle Niger and some Benue).

(*f*) Volta (inside the Niger bend and south-east to Togoland).

(*g*) Affix-pronominal of Togoland.

(*h*) Benue.

(*i*) Adamaua.

(*j*) Ubangi (= Madi, excluding Hamites, i.e. Baya, Manjia, etc.).

(*k*) Nile (= E. Madi, excluding Hamites, i.e. Banda, Zande, etc.).

(*l*) N.E. Sudan (Nuba).

(*m*) Shari (=. Barma, Sara, Tumak, etc.).

(*n*) Chad (= Teda, Kanuri, Maba, etc.).

(*o*) Southern (= Musuk, Bata, Wandala, and, apparently Songhai).

It is apparent at a glance that this scheme leaves considerable groups unplaced, but as the Senufo of French West Africa are at present not known to us by vocabularies, let alone grammars and connected texts, it is impossible to place them. Other groups are equally clearly heterogeneous, if we consider their syntax; to class Ewe, Yoruba, Efik, Ibo, and Uwet together may be justifiable, but it requires to be justified.

In the Benue group,[1] properly prefix-pronominal, we find Yergum, practically a monosyllabic language. One language that apparently belongs to the Mosi group, viz. Kanjaga, is placed with semi-Bantu of Togo. Mendi and Soninke differ so widely from the Mande group in vocabulary that it seems wrong to place them in (*c*) in a scheme of classification admittedly based on vocabularies. Syntactically they belong to the group, but they have come into it, one from an unidentified group, the other, perhaps, from Wolof-Serer; in this connexion it must be remembered that the inclusion of Wolof and Serer in group (*a*) is only justified by the difficulty of placing them elsewhere. In short, the groups are merely provisional pigeonholes, not definite niches in which we place the languages once for all.

To illustrate the divergencies of opinion as to the tribes east of Chad, I may add that a French classification throws together portions of Struck's groups, (*m*), (*n*), and (*o*), under the name of the Chad group; it also accords a separate place to Fula, which is not touched in Struck's grouping. M. Delafosse has also grouped the languages of West Africa on similar lines, but his latest work, published in 1914, is unobtainable (I pass over his older statements).

Still relying mainly on vocabularies, Struck carries his classification further. The Kru, Mande, Kwa, and Niger groups he terms West Sudanese; the Atlantic, Volta, Togo, and Benue are the new semi-Bantu; the old semi-Bantu are formed by the Ubangi and Adamaua groups, the Nilotic and Nuba form the East Sudanese, and the remainder the Central Sudanese. This classification he supported some years ago by some elaborate table showing the coefficient of

---

[1] The actual grouping adopted by Struck is given in *Zts Kolonialsprachen*, ii (1911-12), 235-53, in the lists of Sudanic roots. Since the lists were published the Kordofan languages have been shown to form, at least one, if not more groups.

correlation of each of the fifteen groups named above to the original Sudan speech and to each other. Unfortunately, Dr. Struck is not a statistician, and a very simple test applied to his methods shows them to be wrong.

He took forty-five roots, counted up the number of times that the languages of each group contained each of these roots, multiplied the number of words so found by the number of roots represented in each group, and divided by the number of languages ; this was intended to show the relation of a group to the Ur-Sudan. Now, if we suppose that there are two groups, each of twenty languages, and that one has twenty words in two of the languages derived from one or other of the forty-five roots, while the other has only two words in each of the twenty languages, the total of words in each case will be forty. Dr. Struck's method requires us to multiply the total number of words by the number of roots in each case, viz. twenty and two, and to divide by the number of languages. This done, we find that the coefficient of the group with two words in twenty languages is four, while that of the group with twenty words in two languages is forty, i.e. they vary inversely as the number of languages containing words.

Now, whatever the relation may be—and I am not prepared to put forward any formula as a true expression of it—it is certain that a group with many languages and few words in them is more nearly related to the mother speech than a group with many words in few of the languages ; the latter have undergone more dissociation. But the coefficient given by Dr. Struck's method, so far from showing this, makes the more distantly related group ten times nearer than the other one. Whatever, therefore, be the future which is in store for this ingenious method, it needs to be radically reformed before it can be relied upon.

A very different kind of classification has been proposed by M. Delafosse. Basing himself mainly on the morphology of the noun, he sets up seven classes :—

1. Isolating : Ewe.
2. Agglutinating : Agni.
3. Evolving classes : Kru and Fanti.
4. With classes and class pronouns : Diola and Serer.
5. Classes and few pronouns : Wolof and Mosi.
6. Lost affixes : Ibo, Mande, Songhai.
7. Gender and inflexion : Haussa.

Now if we can suppose that evolution proceeds in a straight line, undisturbed by environment and any other mundane matters, it would still be difficult to accept this scheme. It involves the proposition that Kru, a language with suffix change, mainly in the final vowel, is evolving class pronouns of the Bantu type. It is not easy to see how simple vowel changes can be made equivalent to prefix changes, which depend on the existence of a prefixed particle, still less how such vowel changes can evolve pronouns to correspond with the classes ; yet if the scheme is to hold water this must obviously be the course of evolution which M. Delafosse conceives to be the normal one, or at least one of the normal ones. We have no knowledge of any suffix language with class pronouns which does not present every appearance of having come to that stage by a change from prefixes to suffixes. Kru shows no signs of ever having had a prefix stage ; if it had, it was wholly different from that of a language with prefixes *and* pronouns, for *ex hypothesi* Kru has yet to evolve its pronouns.

M. Delafosse's scheme gives us a logical, not a chronological order ; we cannot simply say that the primitive is the retarded. We have to reckon with the fact that we have primary crossings, which give us one type, the semi-Bantu proper, and all sorts of secondary crossings, the results of which may be placed in a typological series, but are no more thereby ranged in chronological order than are the productions of different tribes in the way of material objects when we group from such point of efficiency, rudeness, or any other similar criterion.

It is possible that the main mass of each group may have had a similar history, but even this can be accepted only on condition that the groups are carefully sifted and classified on the ground of syntax as well as of vocabulary. In fact, as in other departments of human culture, we need first an analysis of the data, showing where the different elements came from, whether they be in the form of words, methods of dealing with words, such as agglutination, or the grouping of words in a sentence. The historical origin of the language is the main factor, at any rate up to a certain point, in the first set of data ; but it must be remembered that a language taken over by a subject people may contain much of their original speech, so that different strata, so to speak, need to be investigated to give a real result ; words relating to parts of the body, the house, or agriculture, may be handed on by captive women, when the men of a tribe have been swept out of existence. Judging by the Mosi example cited above, fashions counts for much in morphology, far more in fact than in vocabulary or syntax, it may be, though it is rash to generalize from a single instance. As an example of changes in the hands of an alien people, the case of the Romance languages at once comes to one's mind. If we had not the history of the French to go by we should not, from the point of view of syntax, recognize it as Indo-European perhaps. A negro language taken over by a people in a higher stage of development, perhaps the case of Fula, would show equally marked changes.

Detailed inquiries into vocabulary, grammar, and phonetics may some day unlock the history of Sudanic languages. But there is much spade-work to be done before more than rough generalizations can be made.

ON THE THREE PARCHMENTS FROM AVROMAN IN KURDISTAN[1]

By J. M. UNVALA, Ph.D. (Heidelberg, Germany)

A LIST OF AUTHORS' NAMES AND TITLES OF BOOKS
MENTIONED IN THIS PAPER

Brugmann: Karl Brugmann, Kurze vergleichende Grammatik der indogermanischen Sprachen. Strassburg, 1904.

Bthl. *AirWb.*: Christian Bartholomae, Altiranisches Wörterbuch. Strassburg, 1904.

Cowley: The Pahlavi Inscription from Avroman in Kurdistan—in JRAS., April, 1919. Article by Cowley.

Dn.: The Book of Daniel.

FrP.: The Frahang i Pahlavīk. Edited by Heinrich F. J. Junker. Heidelberg, 1912.

Ges.-Buhl: Gesenius-Buhl, Hebräisches und Aramäisches Handwörterbuch über das Alte Testament. Leipzig, 1915.

HājInscr.: Hājiābād Inscriptions.

Hbm. *AGr.*: Heinrich Hübschmann, Armenische Grammatik. 1. Teil, Armenische Etymologie. Leipzig, 1895.

PSt.: Persische Studien. Strassburg, 1895.

Horn, *NpEt.*: Paul Horn, Grundriss der neupersischen Etymologie. Strassburg, 1893.

IF.: Indogermanische Forschungen. Herausgeg. von K. Brugmann und W. Streitberg. Strassburg.

JNb.: Ferdinand Justi, Iranisches Namenbuch. Marburg, 1895.

JHS.: The Journal of Hellenic Studies.

JRAS.: The Journal of the Royal Asiatic Society of Great Britain and Ireland.

Levy-Fleischer; Neuhebräisches und Chaldäisches Wörterbuch über die Talmud Midraschim. Leipzig.

Lidzbarski: Handbuch der nordsemitischen Epigraphie.

Marti: Karl Marti, Kurzgefasste Grammatik der Biblisch-Aramäischen Sprache. Berlin, 1911.

PahlPazGl.: An old Pahlavi-Pazand Glossary. Edited by Martin Haug. Bombay and London, 1870.

Slm. *ManStud.* 1: Carl Salemann, Manichäische Studien. I. Die mittel persischen Texte. St. Pétersbourg, 1908.

Stephan: Thesaurus linguae Graecae. H. Stephani. Paris, 1865.

Tomaschek: Zur Historischen Topographie Persiens, I and II. Wien, 1883, 1885.

Unvala: J. M. Unvala, Der Pahlavi Text "Der König Husrav und sein Knabe" . . . herausgegeben, usw . . . (Dissertation, Heidelberg). Wien, 1917.

Vullers: Lexicon Persico-Latinum . . . Joanis Augusti Vullers. Bonnae ad Rhenum, 1855.

WZKM.: Wiener Zeitschrift für die Kunde des Morgenlandes. Wien.

---

[1] A similar attempt at the decipherment of an inscription from Cappadocia in the MidPers. language, but in Aram. characters, has been made by Hans Reichelt, s. *WZKM. 15*, 51 seq.

OTHER ABBREVIATIONS

Afγ. : Afγān.
AHG. : Ancient High German.
AInd. : Ancient Indian.
AP. : Ancient Persian.
Arab. : Arabic.
Aram. : Aramaic.
Arm. : Armenian.
Av. : Avesta.
Gr. : Greek.
Iran. : Iranian.
Kurd. : Kurdish.
Lat. : Latin.
Maz. : Mazandaranian dialect.
MHG. : Modern High German.

MidPers. : Middle Persian or Pahlavi.
NP. : New (Modern) Persian.
Oss. : Ossetian.
Pahl. : Pahlavi.
PahlB. : Pahlavi of the Books.
PahlI. : Pahlavi of the Sasanian
    Inscriptions.
pr. names : proper names.
Skt. : Sanskrit.
st. constr. : status constructus.
st. emph. : status emphaticus.
Syr. : Syriac.
Tal. : Talishian.

ON THE AVROMAN DOCUMENTS I AND II

Preface

THE Gr. documents in questions are, apart from their historical
interest, very valuable from the point of Iran. philology.
They contain many Iran. names, whose forms truly represent the
changes which their Av. or AP. forerunners went through in the
early Parthian Pahl. language. Fortunately many of the names
occurring in these documents are met with in the ancient Arm.
literature. During the Parthian period of the history of Persia,
about 250 B.C. to A.D. 226, Armenia was the apple of discord
between the Parthians and the Romans, and it formed according
to the fortunes of war a part of the Roman or Persian territory,
or a kingdom under the suzerainty of Rome or Parthia. In
consequence the Armenians came much in touch with the
Parthians, from whom they borrowed a considerable number of
Persian words for their language and a large number of Persian
pr. names as well. Thus it is that in Arm. the intermediate
forms of Iran. words, those between the AP. and the MidPers. of
the Sasanian period, are to be found fossilized. Again, with an
equal amount of certainty the MidPers. words of the Sasanian
period are met with in Arm., viz., those which were borrowed
during the Sasanian period of the history of Persia, about
A.D. 226 to 631. We are thus able to trace all the changes,
which the original Iran. vowels and consonants went through,
from the very early Av. times down to the dawn of NP. period.
Nearly all these pr. names treated in the notes are found in the
works of one or more of the following Arm. and other authors,
viz. Aganthangelos (fourth century A.D.), Dio Chrysostomus

(A.D. 40–115), Firdusi, Lazar of Phargi, Moses of Chorene (died about A.D. 489), Mehevan, and Sebed. All these authors lived after the fourth century of the Christian era. One important point should not be at all lost sight of, viz. that we have hardly enough material to work on, which belongs to the MidPers. of the Parthian period, except as it is above referred to, that which we find as fossils in the Arm. language, which became an independent literary language after the invention of its written alphabet about the beginning of the fifth century A.D. It is a known fact that in every geographically or economically separated districts in any country at any time of the history of the human race whatsoever, dialects are coexisting side by side with the so-called classical languages. The latter were themselves once dialects, and have obtained at a particular period in their history a preponderance over their sister dialects through some political or other reasons. They become henceforward the channels in which the stream of literature must run. Such was the case with classical Arab. and with classical Skt. The so-called Prakrit languages must have been existing even during the Rgveda period of Skt. But we find them first as literary languages in the post-Buddhistic period, when the Buddhistic and Jaina canons were written in them. To return to the Iran. languages, AP. dr- had already become hr- before or after the Christian era (cf. Hbm. PSt. 207). If, therefore, most of these names show the later or the Sasanian forms of the MidPers. language, they are to be considered as dialectical forms of the MidPers. of the Parthian period, which afterwards found classical recognition in the Sasanian period.

ON THE NAMES OF PLACES MENTIONED IN THE TWO
GR. DOCUMENTS FROM AVROMAN

After a careful comparison of the four Gr. texts of these documents—viz. I, A, B and II, A, B—I come to the conclusion that all the places which are mentioned in them are situated in the κώμη κωπάνις (I, A, B 11) or κωφάνις (II, A, B 3). Even in II, A, B 3 and I, A, B 6–7 we find the hyparchies Βαίσειρα and Βασιραόρα located in κωπ(φ)άνις, and naturally also the στάθμοι, i.e. stations Βαιθαβάρτα (I, A, B 6) and Δησακδίς (II, A 3) or Δησακιδίδοις (II, B 4), which are situated near these hyparchies. From this it follows that κωπ(φ)άνις cannot be merely a village, but a considerably large village-district, Lat. *pagus, vicus*, (Stephan), rather a small satrapy comprising, from what can be said with certainty, of at least two hyparchies—viz. Βαίσειρα and Βασιραόρα. Four or five hyparchies made up under the Seleucids one satrapy; cf. Minns, 43. A hyparchy is under the jurisdiction of a ὔπαρχος or a praefect (Stephan). These are, at any rate, purely geo-graphical names, which I am unable to identify with any of the similarly sounding Gr. or Lat. geographical names. Whereas the names Δαδβακαυράς (I, A 11), which is also known as Γαυζακή (I, B 12) and Δαδβακαβάγ (II, A, B 7), are the names of the two vineyards, and are quite fancy names. The names given to some villas and parks at the present day, like Belle Vue and others, may serve to form an instructive parallel. Even the name Γαυζακή has nothing to do with Γαυζακή, the chief town of Atropatane. There is only an undoubted etymological similarity between them; cf. *GIrPh.* i, 18. This fact opens a wider field for the location of the above-mentioned five places in the Parthian empire; it does not in any way force us to find them in the neighbourhood of Avroman, where these documents were discovered in 1909. They could very probably have been brought there from the original place, where they were written. In what follows only an explanation of these names is attempted from a philological standpoint, as the attempts at the location of these places somewhere near Avroman, in Kurdistan, are fruitless.

Κώπανις, I, A 7, 11, B 8, 11: perhaps more correctly κώφανις, II, A 4, B 3; from MidPers. *kōfān*, "mountains"? Taking κώφανις to be a corrupt form of κώφηνις, it is perhaps derived from κώφην, an Iran. name of a man, *JNb.* 165; cf. NP. *kōhīn*(?), "mountainous, mountaineer"; s. *kōh*, Horn, *NpEt.* 195. Further, *kophen* was the ancient name of the *kābul-rūδ*, s. *GIrPh.* ii, 393. "*Kophen*—κωφήν, κώφης est *kubhā* des *Védas*. Par extension, la *kophène* désignait quelque fois aussi l'Arachosie, qui était une province voisine" (*Le Grande Encyclopédie*, Paris).

Βαιθάβαρτα, I, A 6, B 6: an Aram. name, meaning "the house of the daughter". But then Βαίθβαρτα is expected, like *Beth Gubrin, Βηθφαγή*, and others.

Βαίσειρα, I, A 6, B 6: it cannot be the same as Βασιράορα, II, A 3, B 3 (cf. Minns), as the context forbids us such a supposition. The word is most probably of Semitic origin.

Perhaps the place is so named from its vine-pressing; cf. Aram. *bəṣīrā(h)* (Levy-Fleischer).

Βασιράορα, II, A 3, B 3 : it is absolutely impossible to give any reasonable meaning to this word, *Βασι = Βαζι?* "tribute"; cf. AP. *bājay*, Bthl. *AirWb*. 953, in *Βαζιγράβανα*, Tomaschek, i, 165 ; *ράορα =ʽΡοάρα?* bei Ptolem., river *Rāwar* in Karman, seven Farsangs south of Hamādhān ; for the meaning of the word, cf. Tomaschek, ii, 44.

Γανζακή, I, B 12 : lit. it means "treasure"; cf. MidPers. *ganj*, NP. *ganj*, Arm. loan-word *ganj*, s. Hbm. *AGr*. 126. It is used here as another name of the vineyard, *Δαδβακαυράς*. It has nothing to do with *Ganzak* (*GIrPh* ii, 542), the chief town of *Ādharbaigān*, although it is etymologically connected with it (s. above).

Δαδβακαβάγ, II, A 7, B 7 : it means lit. "the garden of the god of law or rights". *Δαδ* = MidPers. *dāt*, Av. *dātu-*, "law (legal) rights," s. Bthl. *AirWb*. 726 ; *Βακα = Βαγα* = AP. *baga*, "lord, god," Bthl. *AirWb*. 921 ; *Βαγ* = NP. *bāγ*, "garden," s. Horn, *NpEt*. 39.

Δαδβακαυράς, I, A 11 : lit. "the way of the gods of law or (legal) rights", *ράς* = MidPers. *rāh*, "way, road." For *Δαδβακαυ*, s. the preceding word.

Δησακδίς, II, A 3 ; *Δησακδίδοις*, II, 4 (dative from an -η base), f. : i.e. "the fortress or fort of *Dēsak*". *διδη = διδα* = AP. *didā-*, "fortified place, fort, fortress," s. Bthl. *AirWb*. 746. *Δησακ-* remains obscure. Has it anything to do with MidPers. **dēs* in **dēspak*, Arm. loan-word *despak*, "carriage," and in **dēspān* (cf. MidPers. *baydēspānīk*, "belonging to the royal currier," Unvala, *König Husrav*, § 99); Arm. loan-word *despan*, "messenger, currier," s. Hbm. *AGr*. 140 ? The etymology of these two MidPers. words is obscure. *Δησακδίς* seems to be an incomplete form of *Δησακδίδοις*.

NOTES ON THE NAMES OF PERSONS OCCURRING IN THE TWO ʽGR. DOCUMENTS FROM AVROMAN

Ἀζάτη, *1*, AB 5 : f. "noble, of noble descent, distinguished"; Av. *āzāta-*, m., Bthl. *AirWb*. 343 ; cf. *JNb*. 54.

Ἀπάκης, *1*, A 28, B 30 : cf. *JNb*. 18 ; derived from Av. *apāk-*, "behind, turned towards the back," Bthl. *AirWb*. 82 ?

Ἀραμάσδης, *2*, A 12, B 16 : "*Ahura Mazda*"; cf. Arm. *Aramazd*,

Hbm. *Agr.* 24. The suggestion of Moulton on this name, s. Minns 43, is unnecessary.

'Αρθασθάτης, *2*, A 13: "warrior, hero of the war", PahlB. *aratēštār* (a learned word); Av. *raθaēštar-*, *raθaēštā-*, s. Bthl. *AirWb.* 1506. It is interesting to note that the Iran. *tenuis t* is represented in many names in these Gk. documents by the *tenuis aspirata* θ, e.g. Iran. *Arštāt* by 'Ασθάτης, Iran. *Aratēštar* by *Αρθασθάτης*, Iran. *bōxta* by βοχθης. Was the Iran. *tenuis t* spoken during the Parthian period like *th*, *tenuis aspirata*, just as the *tenues* have nearly disappeared in speech, though not in modern orthography in MHG. and given their place to *tenues aspiratœ*, e.g. *t*, *p*, and *k* are pronounced *th*, *ph*, and *kh*? The modern Persians pronounce the *tenuis* nearly like the *tenuis aspirata*; cf. Iran. *spəntadāta* by Σφενδαδάτης, Hbm. *PSt.* 200.

'Ασθάτης, *2*, B 11: PahlB. *aštāt*, the name of a female *Yazata* presiding over sincerity and straightforwardness; Av. *Arštāt-*, Bthl. *AirWb.* 205; a man's name, cf. note on ארשתת occurring in the Pahl. document from Avroman. From the context it seems that 'Αρθασθάτης Δαργήνου and 'Ασθάτης Δαργήνου are one and the same person, but perhaps they are brothers.

'Αρδήνης, *2*, AB 10: "having the proper religion, following the correct religion"; cf. Av. *ār-* in *ārmatay-*, Bthl. *AirWb.* 335, and PahlB. *dēn*, Av. *daēnā-*, "religion," Bthl. *AirWb.* 662; cf. *JNb.* 82, where *dēn* occurs as the first member of compounds in proper names.

'Αρσάκης, *1*, AB 1; *2*, AB 1, derived from Av. *arša-*, "bear," or *aršan-*, "man," with *ka-*, the suffix of endearment, Bthl. *AirWb.* 203; s. Hbm. *AGr.* 27.

'Αρναζάτη, *1*, AB 3: f. "born unhurt, born safe"; ἀρνα- = *ἀρυFa-* (cf. 'Αρνάνδης and 'Ορυάνδης, *JNb.* 40, 236) = AP. *haruva*, Av. *haurva*, "whole, i.e. unhurt, safe," Bthl. *AirWb.* 1790, and ζατη = Av. *zāta-*, "born," Bthl. *AirWb.* 1689; cf. *JNb.* 519, where *zād* (NP.) occurs as the final member of a number of compounds in proper names. Or the name means "born quick, born brave", taking ἀρυα- = ἀροο- (in 'Αροοασπο, cf. *JNb.* 41) = Av. *aurva-*, "quick, brave," s. Bthl. *AirWb.* 200. But the first explanation of the name is preferable. There is another possibility of explaining the name, viz. it means "Aryan-born, born of the Aryan descent"; υ in *Αρναζάτη* should thus represent an *i̯*; cf. also υ in 'Υστοβώγης, which stands for an *i*-vowel. For

Arya- cf. Bthl. *AirWb.* 198.   But still the objection against this
explanation is that the word *Arya-* is always transcribed in
Gr. with Ἄρια- and not Ἄρυα- ; cf. *JNb.* 22 seq.

Ἀσπωμάκης, *2*, AB 5 : for *aspa-* as the first member of a
compound cf. *JNb.* 45 seq. -μάκης, perhaps from AP. *maka*,
"belonging to the land of the *Makas*," Bthl. *AirWb.* 1109 ;
i.e. "having a Makian horse".

Αὐτομά, *1*, AB 4 : f. "of good descent, family ", AP. *utaumā,
Arm. *htohm, (s. Hbm. *AGr.* 180, 253). s. Horn, *NpEt.* 281,
and Bthl. *AirWb.* 623.   For the varied transcriptions of Av. *hu*,
AP. *u* in Gk. and Parthian records, cf. *Hurauda*, *JNb.* 133—
where 'υ-, 'ο-, *wo-*, and *ου'ο-* occur.   In Αὐτομά, AP. *u-*, Av. *hu-*
is correctly represented by *αὐ-* instead of more common ω-, s. Hbm.
PSt. 215, No. 2.

Βαράκης, *1*, AB 8 seq. : the same as *Warakes* (cf. Βαάνης =
Wahan, *JNb.* 54, Βανάδασπος = *Wanadaspa*, *JNb.* 62), with the
later pronunciation (cf. Hbm. *PSt.* 155).   The name is derived
from PahlB. *varr* (Unvala, *König Husrav*, § 96), Av. **varan-*
(Bthl. *AirWb.* 1364), NP. *barra*, "lamb" (Hbm. *PSt.* 155), with
ka- the suffix of endearment, s. Ἀρσάκης.

Βάσειρτα, *2*, AB 2 : f. meaning uncertain.   The derivation of
the name by Carnoy (s. Minns, 44) is haphazard and unscientific.
Gr. ει represents an Iran. *ī* (cf. Βισθειβάναψ) and could never have
stood for *u* or *va*. The name is most probably non-Iran., as also
the names of two other queens, Κλεοπάτρα (*2*, AB 2) and
Ὀλεννειείρη (*2*, AB 2).

Βισθειβάναψ, *2*, AB 2 : f. βισθει with the later pronunciation =
Av. *vistay*, "knowledge," Bthl. *AirWb.* 1459, and βάναψ = PahlB.
vanafšak, NP. *benefše*, "violet," i.e. "the violet of knowledge".
In the document in question the gen. sg. of the name is
Βισθειβάναπος, formed on the analogy of words having their
crude base in π, which is of course incorrect.

Γαάκης, *2*, AB 5 : with the later pronunciation Av. **gadāka-*,
"possessing a club, thrown at the opponent"; cf. Av. *gadā-*.
"Wurfkeule," Bthl. *AirWb.* 488.   Av. δ (= *dh*) becomes *h* in
PahlB. and NP. through the intermediate AP. *d*; cf. Hbm. *PSt.*
198.   This *h* is lost in Gr. between vowels.   Γαάκης can hardly
be the same as Γαθάκης, s. *2*, AB 5.

Γαθάκης, *1*, AB 9 seq., *2*, A 5, B 6 : considering it to be a
corrupt orthography for Γηθάκης, Av. *gaēθāka, "possessing house

and courtyard, having worldly possessions,' s. Av. *gaēθā*, Bthl. *AirWb.* 477. Γαθάκης is also allowable, for the Av. word *gaēθā*- and *gāθā*- are sometimes interchanged; cf. Bthl. *AirWb.* 479, 521.

Γερίκης, *2*, A 12, B 17 : "living in mountains," derived from Av. **gairika*, PahlB. *gīrīk*, Bthl. *AirWb.* 514, but Kurd. *gir, girk*, with a short *i*, s. Horn *NpEt.* 278.

Δαργηνής, *2*, A 13, B 11 : most probably it is connected with AP. *darga-*, "long." Perhaps Δαργηνής is AP. **dargīn(e)*, a proportional and analogical formation from AP. *darg*, "long," to NP. *dērīne* from *dēr*, "long"; cf. Horn, *NpEt.* 121. Moulton's suggestion of the derivation from AP. *darga* and Skt. *āna-*, "mouth," is absurd, Minns, 44.

Δήνης, *2*, AB 5 : for meaning cf. Ἀρδήνης.

Δηνόβαζος, *1*, B 30 : for Δην- s. Ἀρδήνης, and for βαζος s. *JNb.* 489. The name means "whose arm is the religion, i.e. whose helping-arm, whose support, is the religion". The first *o* is the connecting link between the members of the compound.

Ἰωδαβόχθης, *2*, A 12, B 17 : "redeemed by *yōdā*"? It is utterly wrong to try to explain purely Iranian names, with the exception of one or two which are of foreign origin, in these Gr. documents as hybrids, as Moulton again suggests for Ἰωδα, Skt. *yudh*, "battle." These attempts are thoroughly unscientific. For Βόχθης, cf. *JNb.* 490.

Μαιφόρρης, *1*, A 8, B 9 : "having the majesty, lustre from the moon," or "having good fortune through the *Ized Māh*" (Justi). Another form of the name is Μαίφαρνος, *JNb.* 188. On the same page five proper names are quoted, which have μαι- as the first member of compounds. Is *mai-* an analogical formation from PahlB. *māh*, "moon," to NP. *nai*, "flute," *pāi*, "foot," although a mistaken one ? Still, for NP. *māh*, "moon," we find in Afγ. *mai*, Oss.Tal. *mäi* (cf. Horn, *NpEt.* 216)—i.e. in NP. dialects. For φόρρης = φαρνος, "lustre, majesty," cf. Horn, *NpEt.* 180; Arm. loan-word *p'aṙ-k'*, Hbm. *AGr.* 254; the former form is derived by the process of regressive assimilation through the latter = AP. *farnah-*; cf. Hbm. *PSt.* 259. The *o* in φόρρης, s. NP. *χurrah*, whose *u* is a reminiscence of MidPers. *v* in *χᵛarreh*, s. Hbm. *PSt.* 187. The name is therefore written according to the later pronunciation.

Μαρζυ . . ., *1*, B 31 : *marz* = PahlB. *marz-*, "boundary, border country," NP. *merz*, s. Horn, *NpEt.* 218, *v* = *u* is the connecting link between the members of the compound. The ordinary connecting link is -a- in AP. and MidPers., which, before labial consonants and vowels, is changed generally to *u* or *o*, and before palatal consonants and vowels changed to *i*; cf. Hbm. *PSt.* 122, 136.

Μιραβανδάκης, *2*, A 12, B 17 : "serving *Miθra*, the servant of *Miθra*"; cf. Hbm. *AGr.* 52. The Arm. forms of the name are *Mehendak* and *Mihrevandak*, 53. Μιρα = Av. *miθra*. The AP. *θr* becomes *hr* in the later stage, especially in NP., and *h* between vowels is dropped in Gr. The form of the first part of the name gives us the later pronunciation, whereas βανδάκης = AP. *bandaka*; cf. Bthl. *AirWb.* 924.

Μειριδάτης, *1*, A 29, B 31 : "given, presented by *Miθra*," s. *JNb.* 209. ει in Μειρι- represents an Iran. *i* (cf. Βισθειβάναψ); for the form Μειρι- cf. Μιραβαγδάκης. Μειριδατης=Μιθριδάτης; the latter form of the name is used by authors, whereas Μιθραδάτης = Μιραδάτης, *2*, A 12, B 17 is used nearly without any exception on coins.

Οἰπάτης, *1*, A 9, B 10 : "well-protected," Av. *hupāta*, s. Bthl. *AirWb.* 1827; but Iran. *hu-* can hardly take the form οἰ- in Gr. transcription; cf. Αὐτομά. It is possible that οἰ- = Gr. εὐ-, "good," a translation of Iran. *hu-* or *vohu-*; cf. Av. pr. names *vohudāta*, *vohupərəsa-*, Bthl. *AirWb.* 1432; *vohunəmah-*, 1433, and *vohuraočah-*, 1434.

Ὀλεννειείρη, *2*, AB 2: f. most probably a non-Iran. name; cf. Βάσειρτα.

Ὀρκαδάτης, *1*, A 28 : "given by a wolf"; PahlB. *vurk-a-dāt*, Bthl. *AirWb.* 1419, Māz. *vurg*, Kāš. *varg*; cf. Horn, *NpEt.* 202. ὀρκα- = *Fόρκα, Iran. short *u* or closed short *a* ? being transcribed in Gr. with *o*.

Ὀχοβάγης, *1*, A 29, B 31 : "bestowing good fortune (of married life)," Av. *vohubaya-*, s. Bthl. *AirWb.* 1432, 921. Ὀχο = *Fόχο; the transcription of Av. *vohu-*, that the *h* in *vohu-* was pronounced hard like *x* in MidPers., is proved by its retention in Gr. ὀχο- (cf. Ὀ͂χος), cf. Hbm. *PSt.* 215, No. 2), whereas, as a rule, it is dropped between vowels; cf. Γαάκης, etc.

Σιάκη, *1*, AB 2; f. "black, the black one". Av. *syāva-*, Bthl. *AirWb.* 1631; PahlB. *siyāk*, Horn *NpEt.* 168.

Συκύνημα- ? gen. sg. Συκυνήματος, *1*, B 31 : "one who measures or weighs words (before speaking), i.e. one who speaks just

necessary words." PahlB. *soχ^uan-māe-, NP. *suχunmāe, cf. NP.
suχunparvar, "one who protects words, i.e. one who speaks just
the necessary words"; for NP. suχun, s. Bthl. zAirWb. 49. But ·
Συκυνήματος would be a regular gen. sing. from Συκυνήμαντ-,
"having or possessing words, full of words," -mant being the
adj. suffix—Av. -mant (s. Bthl. AirWb. 1957–8), Skt. -mant
(Whitney, 475). The latter explanation of the pr. name is
preferable.

Σωβήνης, 1, A 8, B 9 : derived from MidPers. čōp, "wood."
Šūbīn, Čūpīn, better čōpēn (cf. Tūrēn in Pahl. Document from
Avroman), JNb. 312, "wooden" or "crane, woodpecker"; cf. NP.
čūbīn, čūbīneh, in Arm. čōbīn, cf. Hbm. AGr. 25.   Gr. Σ represents
a č-sound ; cf. Σανδρόκοττος and Σανδράκοττος for AInd. Candra-
gupta. The č-sound undergoes a similar phonetic change in Arab. ;
cf. Arab. šatranǰ, PahlB. čatrang, "the game of chess."   The
long -ω- represents Iran. -ū-, but parallel cases are wanting.

Τιγράνης, 1, AB 4 : s. Hbm. Agr. 87. derived from Av. tiγra,
"pointed, sharp," Bthl. AirWb. 651 ; cf. NP. tēγ, "point, sword,"
Arm. loan-word tēg, "lance, spear," Hbm. AGr. 253. -ān, the
patronymic suffix ?

Ὑστοβώγης, 1, A 29 : Av. *vistāχ^vbaγa-, "relying upon fortune,"
for *vistāχ^v, s. Horn NpEt. 205. Av. āχ^v- becomes οχ^v- in
MidPers. owing to presence of the labial ^v. Still, the utter
disappearance of χ^v from Gr. is difficult to explain. ω in βώγης
appears under the influence of the preceding labial ; cf. -bad and
-bud in NP. herbad, herbud, for MidPers. ērpat, Hbm. PSt. 126.

Or ὑστο- in Ὑστοβώγης is to be explained by *Fυστο = Av.
višta-, in vištāspa (Gr. Ὑστάσπης), i.e. "having timorous fortune";
cf. Bthl. AirWb. 1474, or "having warlike fortune", s. JNb. 373.

Φραάτης, 1, B 31 : "brought forth, created," Av. fradāta-,
Bthl. AirWb. 983; for the form of the name cf. Γαάκης.

Χοσστρόης, 1; A 28, B 30 : "having good fame, well-famed,"
Av. haosravah-, Bthl. AirWb. 1738. The ordinary Gr. form of
the name is Χοσρόης, once Χοσδρόης, JNb. 135. Most probably the
insertion of δ or τ in the form Χοσρόης should facilitate the
pronunciation of the conjunct consonant -σρ-, which is uncommon
in Gr.   In Ancient Ecclesiastical Slavic o-strovъ, "island (surrounded by a stream of water)" and AHG = stroum, "stream,"
AInd. srávati, "it streams," the t is inserted between sr- for the
same reason, s. Brugmann, pp. 101, 117, 205. The duplication

of σ is peculiar. It seems to have arisen from a certain stress with which the Greeks must have heard it pronounced.

On the Avroman Document III

Preface

Taking the fact into consideration that the Pahl. document in question is written in a cursive style, we have strong grounds to believe that some of the letters have taken an ambiguous aspect. Thus, there is no wonder that Cowley (*JRAS.* 1919, April, p. 1 seq.) has read certain words in a different way from Minns (*JHS.* xxxv, 1915, p. 62). In the following pages I shall try to give some definite meaning to words and reading to proper names occurring in the document, always basing my suggestions on MidPers.—PahlB., and PahlI. Especially in the reading of proper names I have followed the standard work of Justi, his *Iranisches Namenbuch.* Nearly all of these proper names are compounds, which are quoted as such in this work, or whose first or final member is actually used in the formation of Iran. proper names (cf. *JNb.*). Another work of equal, perhaps of still greater importance than *JNb.*—Hübschmann, *Armenische Grammatik*— is occasionally quoted. The work contains many MidPers. words and proper names, which are found fossilized in Armenian, but hardly occur in PahlB. (cf. Unvala, *König Husrav*, § 33, n. 1). They are documents of the form of MidPers. during the Parthian and the Sasanian periods, i.e. about 250 B.C. to A.D. 226, a record of the development of the language during these four centuries.

The document in question is no doubt written in Pahl., with Aram. ideograms, just as they are frequently used in PahlB. A strong proof in support of this statement is the interchange of the Aram. ideog. מיבנן (l. 1) with its Iran. equivalent רוזבנן (l. 3), an example of interchanges in which the scribes of PahlB. indulge, sometimes in order to show off their erudition, but often through unconscious mistakes, as they mostly read the text before them with the Iran. pronunciation and wrote Aram. ideograms for Iran. words. There is another word דד אהי "has? given", which is written not with the ideogram. With the exception of these two words, and of course of the Iran. proper names, for which even in PahlB. hardly any ideogram occurs, except through the pedantry of the scribe, the character of PahlB. is kept up systematically throughout the whole of this document. Short vowels and long *ā* are always omitted as in Hebrew. Occasional remarks on the MidPers. philology and the PahlB. orthography will not be found, I hope, out of place.

Line 1

שנת *sāl*. PahlB. סאל *sāl* [*šnat*] (Aram. שְׁנָא, st. emph. שַׁתָּא, Syr. ܫܐ, st. emph. ܐ݂ܬ݂ܐ, Arab. ﺳﻨﺔ), "year"; *FrP.* i, 1.

))) *3*, a numerical figure for three in this document and also in inscriptions from Palmyra; cf. Lidzbarski, p. . The sign for *1* seems to be in these and PahlI. as well as PahlB. originally only a stroke standing a little towards the left, which acquired later the form of a slight curve, culminating in a hook-curve ›, as in PahlI. and PahlB., s. Minns, p. 62. For figures from *1* to *9* generally these strokes are used in two or three groups—in PahlB. to the maximum of four in a group, s. *PahlPazGl.*, p. 1, whereas in this document even five are used in a group, s. ll. 3 and 8.

ק *100*, a numerical figure for hundred in this document, just as in the Hebrew and Syriac numerical systems.

ירחא *māh*. The PahlB. form would be *موو or *دلوو *māh* [*yark(h)ā*] (Aram. יְרְחָא, Syr. ܝܪܚܐ), "moon, month." The word موو occurring in *FrP. 1*, 3, is most probably a wrong orthography for موو (cf. و for دو) *yark(h)ā*, for which there occurs in *PahlPazGl.*, p. 153, كمرويا *kamar(y)ā* [1] (Arab. ﻗﻤﺮ). There the text runs as follows: كمرويا . يورك *yark(h)ā, kamar(y)ā*, *māh*. In *FrP. 1*, 3 كمرويا is treated as an ideogr. for ایام *ēyām* [*ēyām*], "time," and separated from the preceding words وورك . كمرويا, which is entirely incorrect. ایام is the Iran. word for the pseudoideogr. ایام *ēyām* (*PahlPazGl.*, p. 153), the same word as ایام with a defective orthography.

ארותת *harvatat*. PahlB. هروتت *harvatat*, Av. haurvatāt,

---

[1] يا *yā* in *kamar(y)ā* and many other ideograms in PahlB. is after the analogy of يا in words like آپ *āp* [*mayyā*], (Aram. מַיָּא, Syr. ܡܝ̈ܐ) "water," and others.

s. Bthl. *AirWb.* 1791. *Harvatat* is the name of the third month of the year and also that of the sixth day of the month of the calendar of the modern Zoroastrians. According to NP. pronunciation it is *khurdād.*

מיבנ *maδpān.* PahlB. *ᵃ⟨دسوﺭ *maδpān,* cf. *Bthl. IF. 38,* 39.

NP. ميان "vintner", lit. "protector of wine". Here we have the modern pronunciation of the word. The word מיבנ has the defective orthography, or, as seems most probable, the long *ā* is left out in this document as in Hebrew (s. pref.). The final ן reproduces the redundant stroke in PahlB. occurring after the letters ﻭ, ﻭ, ﻭ, ﻭﺠ, ﺞ, and ﻭﻩ.[1]

פתספר' pr. name. Probably PahlB. *⟨ﻭﺳﻭﺩﻭﺳﻭﻩ *patspēt?*

ﻭﺳﻭﻩ = Av. *paʿti,* "lord, master," s. Bthl. *AirWb.* 821; ﻭﺳﻭﺩﻭﺳ = Av. *spaēta,* "white," s. Bthl. *AirWb.* 1609. There are a number of pr. names occurring in *JNb.* which have *pat* as the first member of compounds, but it is hardly possible to find *spēt* as the final member of compounds, but very often as the first; cf. *JNb.* 309 seq. Most probably the name is to be read *patspāta,* PahlB. *ﻭﺳﻭﺩﻭﺳﻭﻩ, "the thriving lord," which reading I prefer. For *spāta,* s. *JNb.* 512; for the orthography of the word, s. מיבנ.

בר *pus.* PahlB. ﺞﻭﻭ *pus [barā]* (Aram. בַּר. בְּרָא, Syr. ﺦ, נ), the ideogr. for ﻭﻩ ⟨ﺠ, cf. NP. پُسر and پِسر, "son"; PahlI. ﺞﻭﻭ *barā,* falsely read *barman,* s. *PahlPazGl.* 50, ﺭ (PahlB. ﺠ) being the original form of the Nestorian Syriac *ālaf.* This ﺭ, which comes exclusively at the end of an ideogr. in PahlB., is the Aram. *ālef,* the sign of the st. emph., and was mistaken by some early copyist for PahlB. ﺠﻩ °*man,* and he was unfortunately followed in this mistake by later copyists.[2] It is here interesting to note that

---

[1] It seems that the redundant stroke in PahlB. (cf. מיבנ) must have represented some particular sound, though it is difficult to ascertain which. Andreas thinks, that it represented *ē,* the suff. of the abl. case; cf. *Bthl. IF. 38,* 26. (Bartholomae, in a letter). Kirste considers it as the intermediate form between AP. *(tan)ay* and NP. *(tan),* i.e. long *ē* or *ī.* Cf. *WZKM. 3,* 322.

[2] J. Kirste has written a very interesting article on the ideogramatic ﺠﻩ °*man* (s. בר) in *WZKM. 3,* 313 seq. The stages, through which ﺞ was developed out of ﺭ, are well described by him, s. ibid. p. 315.

in ברי תורין (1. 1), ברי בשזין (1. 3), ברי אפין (1. 5), ברי רשנן (1. 5),
ברי אבנן (1. 6), ברי פנהי (1. 6), and ברי מתרפת (1. 6), the st. constr.
form בר (of the Aram. and Syr. languages) of the word ברא
"son," is used with the MidPers. *i*, the *izāfet*, to express the,
gen. case, whereas only the st. constr. would have clearly shown
the gen. Such construction is not to be met with in PahlB.,
where the fossilized st. emph. is employed with *i* of the *izāfet* for
the gen. *pus* [*barā*] *i*. But in PahlI. both the constructions
occur, the st. emph. form without the *i* of the *izāfet*, s. *HājInscr.*
A 3, and also st. constr. with the *i* of the *izāfet*, s. *HājInscr.* B 3,
for the gen.

תורין, pr. name. PahlB. *Tūrēn* (not *Turin*, s. JRAS.
1919, April). It is to be derived from *Tūr*, PahlB. , Av. *tūra*,
Bthl. *AirWb.* 656, cf. also *JNb.* 328; -*ēn* most probably = Av.
-*ēna*, adj. suff. (cf. Av. *zaranaēna*, PahlB. *zarrēn*, "golden,"
s. Bthl. *AirWb.* 1677), s. Slm. *ManStud. 1.* 156. In *JNb.* there
occur some pr. names ending in -*ēn*, e.g. *Sūrēn* (pp. 316, 524), and
Hbm. *AGr.* 73, *šāhēn*, *JNb.* 274, which are mainly of the Parthian
period, as also our Pahl. document; cf. also the note on Σωβήνης
(s. above). The name can also be read תירין. Then it is to be
derived from *Tīr*, PahlB. , s. Bthl. *AirWb.* 651. The former
reading is to be preferred.

Line 2

Can the word after the strokes not be read כספי, *kasp i*,
Aram. כַּסְפָּא, "silver"? PahlB. *arž* [*kasp*] means "value,
price", *FrP.* 112.

כרמא *raz.* PahlB. *raz* [*karma*] (Aram. כַּרְמָא, Syr. ܟ݁ܰܪܡܳܐ),
"vineyard," s. *FrP. 5*, 1. Arab. كَرْم means "vine, grape", which
meaning is also applicable to PahlB. .

אסמד, pr. name. Most probably it is derived from אם,
PahlB. *maδ* [*ās*], "wine," *FrP. 5*, 1, and מד, or correctly מת
(cf. פתחספד, where also ד for ת), PahlB. *děh* [*mǎtā*], (Aram.
מָתָא, Syr. ܡܳܬ݂ܳܐ, Assyr. *mātu*), "village, province, land," *FrP. 2, 3.*

The reading of the name, therefore, must be *maδδĕh* or *maedĕh* [*āsmat*], and it is most probably given to the vineyard in question from the abundance of wine it produces. It means lit. "the land of wine". PahlB. نون (אם) *maδ* [*ās*] has, also another form ﺳﻮﻥ *āsīs*, *FrP. 5*, 1 (Heb. עָסִיס "new wine, must", Ges.-Buhl.). سوﻥ, *FrP. 5*, 2 is no other form but a bad orthography for ﺳﻮﻥ *āsīs*, originated from the orthography like *درﻨﻮﻥ. As Av. letters[1] like ﻥﺱ, ﻡﻊ, ﺱ, and PahlB. letters and compounds of letters like ﻝ, ﺱ,[2] در, ﺳﻮ, were seldom written by the copyists with one flourish of the pen, but mostly with two or more, it occurred very often that the copyists forgot to complete the letters or compounds of letters like those shown above. In the word in question ﻝ was written instead of در by some copyist, who was then followed by others, thereby fossilizing the form of the word. The above statement is proved by the Iran. equivalent of the word ﺳﻮﺳﯽ, *FrP. 103*. But still it seems that in PahlB.

[1] In a MS. of the Av. *Yasna* of Emmanuel College, Cambridge (class-mark 3, 2, 6), the letters ﻥﺱ, ﻡﻊ, and ﺳﺴ are written ﻥﺱ, ﻡﻊ, and ⌒ respectively, and the letter)) is even separated, one) being at the end of a line and the other) in the beginning of the next following. There is also another peculiarity in this MS., viz. the gaps at the end of a line are filled up by redundant strokes (cf. מיבנן), sometimes even in the body of a word, e.g. ﺳﻮﺳﺴﺴﺲ, a corrupt form for ﺳﺴﺴﺴﺴﺴﺲ.

[2] Words like PahlB. ﺳﺮﻝﺱ *duzd* [*gannăbā*] (Aram. גֻּנְבָּא, Syr. ﻟﻔﻂ), "thief," *FrP. 13*, 5, and ﺳﻮﻝﺳﯽ *ōžatan* [*yiktalŭntan*], *PahlPazGl.* 238, (also ﺳﻮﻝﺳﯽ *FrP. 22*, 3), from Aram. יִקְטְלוּן, imperf. 3rd pl. masc. from √קְטַל, with ﺳﯽ *tan*, the Iran. infin. suffi.), "to kill," are proofs of a peculiar habit of some copyists, viz. of hovering over the MS. page with their pen, making thereby some slanting flourishes in the air from right to left, till they actually touch the page with the pen and begin to write. It is, therefore, most probable that one such stroke like ⌐ got into the beginning of words, like those mentioned above (s. *PahlPazGl.* pp. 239 and 243), and the words so written were afterwards looked upon by subsequent scribes as variants of the original words with the correct orthography. This is the only cause of "the frequent interchange of *d* and *z* in Pahl." as Haug calls it; cf. *PahlPazGl.* 243. There is no philological reason for this interchange whatsoever that can be brought forward in the support of this statement.

the words ꙮ, ꙮꙮ and ꙮ have acquired a difference in their meanings, s. Unvala, *König Husrau*, §§ 57–8.

מה *čē*. Pahl.B. ꙮ *čē* [mā] (Aram. מֶה, Syr. ܡܳܐ), interr. pron., "what?" "which?" Here it is used as a rel. pron., cf. PahlB. ꙮ *kē* [mūn] (Aram. מֻן, Syr. ܡܰܢ interr. pron., "who?" used for both interr. and rel. pron.

אבירשנן pr. name? PahlB. *ꙮ *Āp-i-Rašnu*, lit. "lustre of *Rašnu*", cf. NP. آب, used as the final member of a compound in pr. names, *JNb.* 483; *Rašnu*, the name of the *Yazata*, who presides over the 18th day of the Zoroastrian month, s. *JNb.* 259. But the reading remains doubtful. Cowley reads אבידשׁדן (JRAS. 1919, April, p. 1 seq.), which reading is equally uncertain. The letter after אבר is most probably ר and not ד.

פלג *nēm*. PahlB. ꙮ *nēm* [palag] (Aram. פְּלַג. פְּלְגָא, Syr. ܦܶܠܓܳܐ, ܦܠܰܓ "part, division, the half", s. *FrP. 31*, 7.

יאת? The word can be read in this way only. There can be hardly any Sem. or Iran. equivalent found for it.

Line 3

רזבנן *razpān*. PahlB. *ꙮ *razpān*, NP. رزبان "wine-grower", lit. "protector of vine", s. מיבנ. Notice the final redundant נ. The words מי. PahlB. (ꙮ) ꙮ *maδ* [ās] and ꙮ [ꙮ] (*FrP. 5*, 1), *raz* [karmā] can hardly be synonyms; the former means "wine, the pressed juice of grapes", whereas the latter "vine, (bunch of) grapes, raisin", s. NP. رز. The word can also be read *rāzpān*, PahlB. *ꙮ, NP. رازبان "arcanorum possessor, custos" (Vullers), perhaps the title of some office-bearer in the state. For *rāz* cf. *Dn. 2*, 18 seq. (Aram. רָז. רָזָא, Syr. ܪܳܙܳܐ, ܪܳܙܳܐ "secret").

אריל? pr. name. The reading is uncertain.

בשזין. pr. name. PahlB. *ꙮ *Vaszēn, Beszēn* (according to the modern pronunciation, cf. Horn *NpEt.* 50, and *JNb.* 372 under *Bestam*), "possessing many weapons"; *JNb.* 520.

אהי דד *dāt hast?*   PahlB. ܥܡ ܥܡܝ *dāt hast*, "has given."
For דד s. אממך; for אהי cf. Slm. *ManStud. 1*, 51, 81, where אה־
and ־ה occur as the root-form of verb. subst. = PahlB. -ܗܝ *h-*.[1]
But still the form אהי remains obscure.   It can be taken for
2nd sing. = PahlB. ܗܝܥܝ *hē*, s. below.

כלא *har.*   PahlB. ܘܝܢ *har* [kōlā] (Aram. כֹּלָּא, Syr. ܟܠ), "all,
omnes, omnia."

זוזן *dram.*   PahlB. ܝܥ *dram* [zūzā] (Aram. זוּזָא, Syr. ܙܘܙ
"*zuz*, a silver coin, whose worth was equal to that of a silver
denar, i.e. equal to one-fourth of a *zeta*" (Levy-Fleischer),
"silver coin, money," s. *FrP.* 78.

|||| ٦٦٦ *65*, a numerical figure for sixty-five.   For |||| cf. l. 3.

As ٦٦٦ stands in Aramaic papyrus for *60*, s. Minns, 62, ٦٦,
which very slightly differs in form from it, must also represent
60 and not *50*, s. Cowley.

Line 4

מן *hač.*   PahlB. ܥ *hač* [min] (Aram. מִן, Syr. ܡܢ), "from,"
FrP. 25, 6.

בומחותי *būmχᵛatīh.*   PahlB. ܘܝܢܥܝܝܥ *būmχᵛatīh*, "landlordship," s. *FrP. 2*, 1, *11*, 4; for abstract s. Horn *NpEt.* 111.

. . . ה . . . א ?   Pr. name of a man?

המי *hamē.*   PahlB. ܗܡܝ *hamē(v)*, "ever, for ever, always,"
FrP. 27, 4.

אדלך ?   Imperf. 1st sing. ? -

קדמתה *kadāmtā.*   PahlI. *kadāmtā*, "in the presence of, before,"
HājInscr. 2, 5.[2]   Aram. קַדְמְתָא, "Frühzeit, early time (especially

---

[1] -ܗܝ *h-* [havā-] (Aram. הֲוָה or הֲוָא, Syr. ܗܘܐ) "to be, to become",
s. *FrP. 31*, 7.   The final ܥ - clearly represents here the final ה־ or א־ of the
Aram. root, i.e. the form which the final radical י takes in the perf. 3rd sing.
masc.   For the same reason ܗܘܝ in *HājInscr. 1*, 10 should be read *havā-* and
not *húman* as in *PahlPazGl.* 128 (cf. *WZKM. 3*, 321).

[2] Kirste sees in the final *-man* in *qadmatman* (according to Haug's reading),
HājInscr. 2, 5, the suff. of 3rd sing. masc. *-ēh* in Aram.   He reads *qedmeteh*
"before him, in his presence".   But later on through usage this *-ēh* became
unseparable from the prep. קַדְמָה st. constr. קַדְמַת, and came to mean only
"before, in the presence of", especially when used with a subst. in the plur., just
as in the inscriptions in question.   Such pleonasms are very common in Syr. (cf.
WZKM. 3, 318, 19).

in the morning)," although connected etymologically, cannot be taken for its synonym.

Line 5

שהדין Aram. שָׁהֲדָא, pl. שָׁהֲדִין (s. Marti, p. 62), Syr. ܣܳܗܕܝܢ "witness".

תירך pr. name.　PahlB. *ﻣﻠﺪﮔﻮ Tirik, s. Hbm. AGr. 88.

אפן pr. name.　PahlB. *ﻋﻮ Āpēn, from āp, "water"; for -ēn s. תורין.

רשנר pr. name.　PahlB. ﻟﺸﻦ Rašnu, JNb. 259; s. אבירשנן.

ארשתת pr. name.　PahlB. ﺩﻟﻮﻋﻤﻌﻌﺲ Arštāt, JNb. 31, 47; Hbm. AGr. 20.

Line 6

אבן pr. name.　PahlB. *ﻋﻤﻊ Āpān, Ābān (in ﮔﻌﻮﺍﻭﻋﻤﻊ Mitr(o)āpān, NP. ﻣﻬﺮﺑﺎﻥ, JNb. 1, 18 (as the final member of a compound in pr. names, 208); for the final redundant ן s. מיבנך.

בריפנהי pr. name.　PahlB. *(ﮔ) ﺩ ﻧﻮﺍﻭﻋ‑ﺩ Pus-i-Panāhi, s. JNb. 240; for the form of name with בר cf. Arab. pr. names with اِبْن and Syr. with ܒܪ.

מתרפת pr. name.　PahlB. *ﮔﻌﻤﻊﺍﻭﻋﺮ Mitr(o)pāt. Gr. Μιτροβάτης, JNb. 209.

סינך pr. name.　PahlB. ﺳﻌﮕ Sēnak, lit. "belonging to the family of Sēn"; cf. Bthl. AirWb. 1548. Perhaps also connected etymologically with Sīnah, s. PahlB. ﺳﻌ sīn (Unvala, König Husrav, 21), NP. ﺳﻴﻨﻪ "chest", JNb. 511.

מתאבנג pr. name.　Pahl.B *ﮔﻌﻌﺮﺍﻧﺞ Mātabang, JNb. 200, Bthl. 1165, 488; Bthl. AirWb. 925, "experienced in the matters relating to Bang" or "taking Bang in moderation".

Line 7

זבנת Aram. זְבֵנֵת, 1st sing. perf., "I bought," from √זבן, "to buy, to try to obtain." PahlB. would be ﻋﻮﺍﻭﻣﻊﮔﻌﻮ um χrīt [zibanūnt, cf. No. 2 on אסמד for -ūn], s. FrP. 108, "and (it) was bought by me."

The following would be the transcription of the document in Pahl. characters :—

1. [Pahlavi script]

2. [Pahlavi script]   ‑x‑

3. [Pahlavi script]   65

4. [Pahlavi script]   ‑x‑
   (s. *PahlPazGl.* p. 53).

5. [Pahlavi script]   (s. Slm. *ManStud.* 1, 63)

   [Pahlavi script]

6. [Pahlavi script]

   [Pahlavi script]

7. (s. *FrP.* 108) [Pahlavi script]   . . .

   [Pahlavi script]

8. [Pahlavi script]   65

Note.—The underlined words are inserted by me. Words in [ ] are uncommon in PahlB. ברי is used throughout the document for more usual [Pahlavi script] in PahlB. (s. the word).

TRANSLATION

1. Year 300, month *Harvatat*, the vintner *Patspāt* son of *Tūrēn*

2. ~x~ the price (?) of the vineyard *Maδdēh* [*Āsmat*] (of) which *Ābirašnu* the half יאת

3. (to) the vine-grower ARIL (?) son of *Beszēn* has (?) given, all (i.e. full) 65 *drams*,

4. which from the landlordship (of) ‑x‑ always אדלן. Before

5. witnesses *Tirik* son of *Āpēn*, ‑x‑ son of *Rašnu*, *Arštāt*

6. son of *Ābān*, *Pus-[Bar-]i-Panāhi* son of *Mitr(o)pāt Sēnak* son of *Mātabang*,

7. ‑x‑ vineyard *Maδdēh* [*Āsmat*],—the vineyard I bought— ARIL (?) from

8. *Patspāt* (at the price of) all (i.e. full) 65 *drams*.

Taking the ambiguous aspect of the document in question (s. preface) I suggest another translation for the same and the probable purport of its contents, as follows :—

1. Year 300, month *Harvatat*, the vintner *Patspāt* son of *Tūrēn*

2. (has received the price) of the vineyard *Maδdēh* [*Āsmat*] (of) which *Ābirašnu* gave[1] the half

3. (the other half) vine-grower ARIL (?) son of *Beszēn*, thou hast[2] given, (in) all, 65 *drams*,

4. which from the landlordship (of) –x– always אדלן. Before . . . ll. 5–8 as above.

The document seems to deal with the payment of lease-money to the vintner *Patspāt* son of *Tūrēn* by the vine-grower ARIL son of *Beszēn*, who has held the vineyard *Maδdēh* under a (yearly?) lease of 65 *drams*, the usual lease-money which the vineyard had brought its owner *Patspāt*. Now ARIL and *Ābirašnu* seem to have enjoyed the leasehold jointly. The half of the lease-money *Ābirašnu* has paid *Patspāt* before ARIL has paid his share. The payment of the remaining half of the lease-money by the latter to *Patspāt* gives occasion to the writing down of the document in question in presence of the witnesses mentioned therein.

---

[1] Taking יאת for דאת, PahlB. ⲟ-ⲩ *dāt*, "gave."

[2] s. above.

Taken down from the lips of Chinese Coolies with the B.E.F. in France, and translated by A. NEVILLE J. WHYMANT, late Lieutenant of the Chinese Labour Corps. 1919.

[NOTE.—Some of these songs, under the title " Chinese Coolie Songs, taken down from the lips of Chinese Coolies with the B.E.F. in France, and translated by A. Neville J. Whymant, Ph.D., etc., late Lieutenant of the Chinese Labour Corps ", have already appeared in *To-day*, edited by Holbrook Jackson, to which periodical acknowledgments are made.]

A FAIR attempt at coolness invaded the autumn evening after the day, which had been hot enough for a Continental mid-summer. In France the climate can do these things and one gets used to it ; and so in the evening of a late autumn day I was comfortable in tropical clothing, after a day worthy a country of a more easterly situation on the map.

Indeed, it was not difficult to imagine oneself in a clime far removed from the habitations of white races, for all around could be seen my Chinese coolies engaged in the rather languid pastime of puffing cigarette smoke into the equally languid atmosphere. In doing this they assumed various attitudes, none of which could be called positively graceful, though one and all were decidedly comfortable. At all times a Celestial is a connoisseur as regards comfort and self-indulgence, and is a past master in the art of making himself at home. His inclinations and habits being what they are, he is not as a general rule particular as to hygienic surroundings or the beauty of the landscape. Besides, the evening meal was over, the lucky ones were replete and correspondingly happy, while others, whose abnormal appetites craved yet more, were resigned to their fate in the certain knowledge that by sleeping straight ahead they could comfortably fill in the time before the next meal at any rate more pleasantly than by dwelling on the undoubted fact that all good things (even meal-times) must at last come to an end.

A Chinese is never at a loss to know how to fill in spare time. Smoking, eating, drinking, sleeping, talking (or rather chattering), or, if there is half a chance, gambling, completes his list of the things worth living for, although he may at times be found in an inventive or pensive mood, and a new side of his nature presents itself in his weird creations, concrete or purely mental. In some such vein ran my thoughts as I smoked a Caporal cigarette in the open field, with the sounds of warfare as an accompaniment. Occasionally the shrill whistle or scream of a shell travelling above would interrupt my thoughts on the subject of these descendants of a long-forgotten past, but the interruption was as momentary as its cause was familiar.

Not far away lay a coolie I had noticed on more than one occasion. He certainly had more intelligence than the majority of his fellows (whose mental calibre can be compared with that of the international navvy), and he also differed from them in his not being too lazy to give it expression. Suddenly a noise broke from his lips, spontaneous as the contraction of an injured muscle or nerve. Another second and it was obvious that he was singing, two more and I became interested. I waited until he had finished and then called him over to me.

There is never any room for doubt when a coolie is singing. He seems determined that everybody within a pretty wide radius shall be made aware of it, and in spite of the fact that he thinks it an improvement to slur and mispronounce the words of the song, I had managed to catch the general meaning of several of these weird compositions. In the present instance, I had heard the name of an insignificant little town not a great distance from the city of Peking, and remembered that I had heard the place mentioned before. A moment's reflection brought the circumstances to my mind, and an impulse prompted me to question the coolie.

On my call he came, somewhat uncertain as to the possibility of an extra fatigue. My first question, however, dispelled any fears he might have entertained.

" Tell me what you were singing "—I wanted to hear the words without their murderous accompaniment—" and why do you sing of a little village no one knows ? "

He began again to sing.

" No, no, tell me in plain words. It is not so hard to under-stand as when you sing it."

" But, Darin (officer), I cannot say it, I've always sung it," was his reply, and doubtless to him the whole was a compound indivisible.

" Very well, sing it slowly," I compromised, and as he sang I translated to myself his verse.

> By a stream and a hill is a little town
> With narrow streets and small houses.
> There are not many shops but I have bought cakes,
> And one can buy wine at the New Year.

By a stream and a hill I have a brother.
This little town is my home.

In reply to my questions about the town, he said that he knew it was small and not to be mentioned with other towns, but he had received a letter from his brother, and he was thinking of his home when he began to sing. His language was the uneducated coolie patois of the village, but his thoughts and feelings were those of a Mandarin as he spoke of his family and his aspirations when he should be at home again with money in his pocket. He told me of the songs all coolies sing as they play in the gutters as children—some of them mere jingles, others songs of pride, and there were also songs so old that even their authors had been long forgotten, but still they were sung. Here was a contrast any litterateur might have sought vainly over a long period of time. In the vast literature of China are books more metaphysical than Greek or Egyptian philosophers ever produced, poetry worthy to rank with any the West has conceived, scientific treatises as correct as our University manuals, novels, too, inspired by the same thoughts and situations as are those of our foremost novelists. But, undiscovered, there lay to hand a branch of Oriental thought which was as full of promise as any of those enumerated above. Henceforth I would listen to the coolies as they sang.

As though to interrupt my thoughts a heavy sound echoed in the distance. " Another one " had landed " somewhere in France ", and at the same time the Orderly Sergeant was making for me. I put away the thoughts that had obsessed me until a more convenient time. Here was, in France, a mass of material as yet unknown and yet valuable, an undiscovered department of literature, and—the Orderly Sergeant after the Orderly Officer !

And as we left the compound and went to our duties there rose on the evening air another voice, plaintive in a minor key, singing a song of far-off Cathay and a house in the street of the Lamp-sellers where a mother lived.

INTRODUCTION

While most departments of Chinese, and, indeed, of nearly all other Oriental languages, have received their share of attention from Western scholars, there yet remains one class of compositions which is practically unknown outside the bounds of Sinim. There is, however, so much of charm and quaintness to be found in the world-old rhymes and songs of the Chinese coolie, that a collection of them made among the natives themselves cannot but be of some interest since the West has had an opportunity of closer acquaintance with the coolie and his ways. At times whimsical, at times inconsequent, the coolie expresses his mood in song, thus giving a valuable clue to the secret of his psychology.

Some of these songs have not, to my knowledge, ever appeared in Chinese or any other script. Inquiries as to how they became known to the coolies elicited the information that they, the coolies, had heard them sung at home " by the older folk ". And this would seem to be the only means of preserving them, as on many occasions it has been found impossible, even to an educated native, to write them down in Chinese characters, as the coolie uses so many words and expressions which are purely colloquial and have no counterpart in the written language.

The Chinese coolie being usually ignorant of his own written language can only express himself by means of a colloquial compound— half of which is pure Mandarin and half a kind of argot. Perhaps the percentage may seem a little exaggerated, but on close examination one will find so much of the pure Mandarin which, through slurring and twisted pronunciation, has developed into nothing higher than pure slang, that I think the statement justified.

Often the coolies cannot give a reliable explanation of what they are singing, as the thoughts contained in these miniature verses are rather too involved for their comprehension. But they have sung them from childhood to while away the time, and even so now, when the mood takes them, they will give vent to their feelings in snatches of song, weird yet enchanting, sometimes unmelodious, but providing us with a key to a problem which some day may be fully solved—the origin of Chinese music and verse.

Some of the following songs have been sung by first-class gangers (foremen over the coolies proper), who are, as a general rule, more than ordinarily educated and have much more experience than the general run of lower-class Chinese. This will explain the higher tone of some of the songs. Others are not included, as being too coarse for Western production. The Chinese (as are most Orientals) are very fond of " calling a spade a spade ", and this in no uncertain terms. These things (if translated) would lose their point and thus be of no interest. Simple snatches of doggerel, however, do appear as an index of the Chinese love of repetition and of the simplicity of some of their thoughts.

These facts make the work of selection and translation more

difficult. Various notes also accompany those verses which need further explanation in order to make clear some custom or point of view peculiar to the native. I have made my translations at various times and often under difficulties, but after careful revision I am satisfied that they are as close to the Chinese originals as the genius of the two languages will allow.

1. Summer Heat

Why do the flies bite so ?
It seems to me that in this air,
Which is so hot I cannot breathe,
The flies can live in Paradise.
Why do the flies bite so ?

2. Foreign Inventions

These strange things which barbarians have,
Have devil-bellies which make them go.
But we are a happier people,
Who do not ally ourselves with the devil.

A true coolie song, as it expresses exactly the belief of the common people, who think it impossible for a Westerner to have great enough inventive genius to produce such monsters of wondrousness. In their opinion only the devil or his satellites could do this.

3. Wild Duck in Flight

The wild duck scatter, afraid.
If only I could fly as my thoughts fly,
I would have a rich supper to-night !

4. Jingle

Eight times bow towards your friend,
Hail, brother ! Come, brother !
Eight times kneeling swear your friendship,
Come, brother ! Ho, brother !
As liver and gall in mutual relation,
The eight bows seal our brotherhood,
Thus brother, friend brother.

This practice of bowing to each other eight times is frequently resorted to, especially when two or more are journeying into a foreign country. By this performance, which is really sacredly binding, they become more than sworn friends, and will defend each other, if necessary, to the point of death. The original Chinese makes a jingle not unpleasant to the ear.

5. Humble Origin

My poor name is LI.
At the Feast of Lanterns held last year
All prizes went to other names.
Some names win the high degrees at the examinations,
But mine is too humble to appear in the list ;
Or perhaps the examiner cannot write it !

The point of this song lies in the fact that not only is Li one of the commonest of Chinese names (cf. our Smith or Jones), but the general name is written quite easily, being composed of two of the simplest radicals. The gibe at the examiner (being so ignorant as not to be able to write this name) is highly amusing to a Chinese acquainted with his written language.

6. A New Year Outburst

The New Year once again !
Congratulations ! Congratulations !
Respectful joy ! Peace and gladness !
May you get rich and grow fat !
New Year ! New Year !

The Chinese make a great deal of the New Year Festival. It is, in fact, with them the pre-eminent one, which, considering the number and character of the others, is saying much. The authorities (unspeakably strict at other times) even unbend so far as to allow or wink at gambling during the few succeeding days. In fact, licence and self-indulgence rule the Feast of New Year in China.

7. Cherry Blossom

The garment and the flesh of the winter world
Are torn, and here and there amid the opened wounds
The blood comes bursting through.

8. Childish Greed

Rice and pork—beans and plums,
My birthday, and an extra bowl of rice ;
Little gifts and crackers and—wine to drink !
I would have a birthday every moon !

9. The Dragon Festival

Is something wrong with my Calendar ?
The streets are all ablaze with flowers
And paper lanterns swinging in the breeze ;
Big dragons looking in at the windows.
Little children have money in their hands.
This must be the Dragon Festival,
And yet, in all this blaze of light,
I see the triumphant moon.

10. The Voice of Nature

What does the river say as it flows ?
    Hsiang hai—hsiang hai.
What do the pebbles say down in its bed ?
    Liu ch'ing—liu ch'ing.
When the long day is done, tired and weary
The stream goes to bed in the sea.

Hsiang hai means " towards the sea ", and *liu ch'ing* means either
" lightly flow " or " purely, clearly flow ". The original Chinese
words are retained as being more musical than their English
equivalents.

11. Dull Days

Thick mist now hides the sun,
And gentle dropping of pattering spots
Urges the dull day on.

12. In the Rainy Season

How wet the world appears !
I wonder where the sun can be ?
Most often in a little time
The earth is baked as though to eat.
But now it's just a huge rice-field
Or a basin of thin gruel !

13. Pride of Speech

I wonder what the birds would say
If they could speak our ancient tongue
Instead of silly chatter ?

14. Epigram

How strange it is when old age apes the young ;
Spring is not autumn, nor the winter spring.

15. Inquisitiveness

What gives the colour to the butterfly ?
  Hu-tieh, hu-tieh.
A thousand things I want to know,
  Hu-tieh, hu-tieh,
But no one comes to tell me.

Hu-tieh is the Pekingese for " butterfly ", and is repeated in the original not only for the sake of rhythm but also to pander to the native love of repetition.

16. Nightmare

Last night I heard the voice of KUEI,
And, trembling, woke up from my sleep
To find my paper door flung wide—
The card of Mr. Fêng !

This dainty reference to an unceremonial visit from one of the elements is made comprehensible by the translation of the two Chinese words preserved in the present text. *Kuei* is the Chinese word for " demons " and *féng* is " the wind ".

17. Illusion

Oh ! what a fright I had !
That awful shadow on the wall
Looked like a dragon come to life ;
But going closer I soon found
The shadow of a yawning dog !

18. Despair

Who says there is no sorrow in this world ?
  Alas ! Alas !
In the rains the river is not controlled,
  Alas ! Alas !
Who says there is no sorrow in this world ?

From time immemorial the Yang-tse-kiang, by overflowing its banks, has rendered homeless thousands of people, and has been responsible for the death of tens of thousands of others. Little wonder that it is known by the name of " the bane of China " and many other similar unattractive colloquialisms.

19. Summer Flowers

I went to see the blossoms to-day,
And I rowed on the Lotus Lake ;
But now I am tired and would go to sleep,
So much beauty has made my eyes ache.

20. Curiosity

What is it in the big shops ?
Soy and pickles, oil and seeds
Are too cheap for these big places.
Do they sell the mandarins there ?

21. Word-play Jingle

One, two, three, four, five,
Five times five are twenty-five.
How heavy is my task,
How long the time to dinner !

This little jingle depends for its main effect on an amusing word-play. In the present instance the pun is merely on sound, but in some of those which follow it is on meaning as well. In order to make the point clearer, the transliteration in Romanized Chinese is subjoined :

I, êrh, san, ssŭ, wu
Wu shih wu shih êrh shih wu.
Chung chung wo-ti lao
Man man wo-ti fan !

With the single explanation that *shih* in the first instance means " times " and in the second " ten ", the reader will be able to appreciate to a certain extent the " punning " effect.

22. Vexation

The reeds I plaited yesterday
Have all been scorched and are no use,
And now the rains have come.

The humble singer depends for his livelihood upon baskets or plaited mats, which he makes of dried reeds plucked from the river-banks. Now his whole stock has been burnt, and the rains having come he is unable to get and dry others—at least for some little time.

23. Peking Street Song

I know a street where the 'rickshaw-men live,
I know a place where they sleep.
When my task is over, I'll find a small village
Where in the street of the oil-sellers
  A mother lives.

24. Vignette

There near where the sun hangs high,
A flight of birds—so small they seem
  Like tea-leaves on a twig.

25. A Buddhist Song

The fluttering leaves—alas !
Like birds that wheel far out of sight,
But indicate how brief a time
Our life enjoys the sun.

26. Life

  The mountain spring runs fast,
  But see how very, very slow
  The river moves as it draws on
  Towards its home, the sea.

27. Reproof

You greedy boy !
You're just as bad as the Yang-tse-kiang,
Which is so hungry in the rains
It eats up all the river-bank !

28. A Lullaby

Sleep, baby, sleep, baby !
Hush of breezes, softly swaying bamboos ;
Stars are winking smiles to baby,
Sleep while mother sings ;
Shui-chiao, shui-chiao,
Softly comes the night upon thee.

Shui-chiao is the Pekingese for " sleep ".

29. Misfortunes never come singly

  The millet burnt— the soy upset,
  And someone's stolen all my pork,
  And now my bowl is cracked.

30. A Definition

Tell me the difference, tell me the difference,
Who is a wise man ? Who is a fool ?
A wise man seeks out what is unknown,
Only a fool emphasizes the obvious.

31. A Conceit

To-day the plum-trees bloom,
And seem against the cloudless sky
To be Heaven's tapestry.

32. Canton Street-song

Dog. cat, and dragon-fly,
Who will catch the other first ?
Round and round and up and down,
Chasing a wind in a storm.

33. Repentance

My head is sore to-day.
Last night I dreamed the river of Heaven
Fell from the sky upon my head.
And yet I'm sure I do not know
How much of wine I drank !

34. Sea Song

The sea is courteous and well-bred.
See, entering in upon the land
Lest it intrude a pace too far,
It slowly, politely retires.

35. The wind is strong to-day

The wind is strong to-day ;
It scatters all the bamboos round,
And, prying, lifts up people's robes ;
Chiding the river as too slow,
    It hurries it along.

36. Presentiment

How soon is a leaf blown down from a tree,
Fluttering down into the stream !
How soon a man goes past his prime !
How soon the bowl is cracked !

This song was sung by my " boy " some few days before his sudden death.

37. A Riddle

It is not the Feast of Lanterns,
It is not my birthday feast.
Nor has any moon arisen ;
Yet I have a gift to-day—
A little baby boy !

38. Jingle

Lou, lou, lou, lou,
Wind on the water,
Breezes over bamboos tall.
Ssu, ssu, ssu, ssu,
Listen to the sedges rustling.

39. A Carouse

Last night I drank good wine,
And when I slept I wrote great poems.
I had gold in my hand ;
I held a post at the Capital City,
And people bowed as they passed by.
The moon was bright as my boat floated along,
Sweet music in my ear ;
Flowers and sweet maidens surrounded me.
But this morning I could not eat my rice !

40. A Year's Work

How many times, I wonder,
Do I cross this river in a year ?
How many li have I travelled all these years ?
How many stars in the sky ?

The *li* is the Chinese mile—equal to approximately one-third of an English mile.

41. Philosophy

Plot your life carefully,
Watching lest danger assail you.
A man may not live a hundred years,
Yet endure the sorrow of a thousand.

42. A Confucian Maxim

The burden of sorrow should not make one sink,
Although one must feel its presence.
The heart of man should be as a mirror ;
Though it be all-reflecting, untarnished remain,
These are the wise words of *K'UNG*.

This is a well-known saying of the philosopher Confucius. It is often quoted as a short summing-up of his teaching on the subject of Adversity.

43. Friendship's Reward

If you do a friendly deed,
Ask not from your friend a reward ;
Look within yourself and find
You have gained as well as he.

44. Friendship's Test

High mountains and running brooks
Have existed from time beyond ken ;
If you have made a friend,
Test him, try him, prove him.

With the Chinese friendship is a much more significant matter than with us. In many ways more is demanded of a friend than we should deem reasonable or expedient. The swearing-in of friends is in itself a ritual.

45. Difference of Palate

How many characters in our language ?
The language of Han is lofty and sacred,
But the barbarians do not like it ;
Lamb is good relish to a hungry man,
But you cannot cook it to everybody's taste.

To the Chinese the greatest wonder in the world is the perfection of their language. Some of the most enthusiastic of the natives go so far as to describe all foreign tongues as jargons unworthy of attention. " Han " is the general classical Chinese term for " China ".

46. A Moral Maxim

As the heart is the centre of the body,
So is it the home of the emotions ;
If the heart is good,
Then must all other things prosper.

Until the spread of general knowledge in China, it was a common belief (as it still is among the illiterate classes) that the heart was actually in the centre of the body. Hence the old philosophers taught that it was solely necessary to " rectify the heart " in order that good should radiate throughout the whole system.

47. Quarrelling

Two birds fighting—each loses feathers.
If you proceed to litigation,
Which of you gains without losing ?

48. Propriety

Do not forget respect to age,
It is ill to laugh at grey hairs.
Youth, take heed, take care,
Learn the meaning of reverence.
Youth, take heed, take care.
Tell me for how many moons
Does the flower bloom ?

The Chinese are very punctilious in their observance of the rules governing the behaviour of the younger generation toward the elder. Even from the point of view of Western civilization, their conduct in this respect leaves nothing to be desired.

49. Greed

The fish I eat to-day
Was swimming gaily in the stream,
It saw the bait but not the hook ;
Man sees the gain, but not the harm
Which sometimes follows after.

50. Prevision

What is to-morrow ? What will it bring ?
One must take thought for this.
He who looks not forth to the morrow
Meets sorrow lurking outside.

51. Learn from Anyone

If I want to relieve my ignorance
    What shall I do ?
If three men are walking together,
One of them can teach me something.

A quotation from the " Analects " of Confucius.

52. Unity of Aim and Service

If the State is to be well-governed,
Then private interests must be subservient.
No bird can settle upon two twigs,
No horse can carry two pack-saddles.

53. Two Good Things and their Use

Wine is good, and so is knowledge ;
Both have places in this life.
If you would be a superior man
I will tell you a simple rule :
Take.the first in quite small doses,
Of the other as much as you will.

The character here translated " superior man ' is capable of many definitions. It signifies everything that is estimable in human nature.

54. Self-respect

Do not rely on another for your support ;
Stand by yourself, lest adversity come ;
If you are not strong in yourself, .
The Wind of Darkness will tear you down.
The creeper twines itself round the stalwart tree ;
When the tree falls the creeper's life is done.

The Chinese " clan- " or " family-system " teaches the dependence of the community upon the individual. By a long and well-reasoned argument the success or failure of the clan is shown to be directly traceable to the effort or defect of one of its members.

55. The Power of the Law

Do not think to succeed by hardening your heart,
Even stubbornness has its remedy ;
Though man's heart be like iron,
Yet the Laws of State are as an assayer's furnace.

56. A Philosopher

In a still pond no ripple is seen,
In smooth water no current is observed ;
Thus does the peaceful man keep his mind,
And in his mouth is silence.

57. Looking Ahead

In summer prepare for autumn and winter,
Let not the pleasure of the present season
Drive out the thought of difficulties to come ;
While enjoying preserve your balance,
Think of dishonour and all it brings ;
When Peace rules the land
Think of War and Trouble.

58. Think Thrice

One decision cannot be well made ;
Make two, and weigh them side by side ;
If in all you have three opinions,
This thrice-thinking will save an important affair.

59. Excess

Eat too much—your digestion blames you.
Guard your mouth—have a care ;
If your mouth travels without ceasing,
Then you will see many mistakes.

This song in the mouth of a coolie is provocative of much amusement, as, save when they are asleep, they are constantly chattering—being able to carry on an animated conversation even through a non-stop meal.

60. Futility

The animal hunts for livelihood,
And birds will die for food ;
Men alone will hunt for honours,
And die for sake of money.

61. Analects Wisdom

Money is difficult to obtain ;
Jewels and gems are of great price,
But, with little effort,
Great wisdom may be obtained
Which is above gems in value.
Seek out the knowledge of the Lun Yü ;
The superior man is composed and serene,
The mean man's desires are without end.

The last two lines of the above are taken from the *Lun Yü* commonly known in the West as the " Analects " of Confucius. It is one of the best-known of the Chinese classics, and is studied at a quite early period in the education of the native scholar.

62. Warning

Do not over-step your high ambition.
Too high land can hold no water.   ·

63. Maxim of Life

Two thoughts are worthy all attention,
Thus avoiding difficulty and trouble :
Always cling to self-control,
Cherish adherence to the Law.·

64. Despair in Poverty

How difficult to live !
The daily labour has no price ;
The body has no rest from toil,
But starves in poverty.
The birds have each their sustenance,
Who toil not in the fields ;
The barn-rat has food and enough to spare,
The plough-ox has no grass for feed.

65. Fate

Nothing rests with human choice,
Fate determines all our lives,
All our striving is quite in vain.

66. A Phantasy

This is not summer-time.
Then whence do all these fireflies come ?
Swimming right and left, flitting high and low,
And—they're singing as they come !
Ah ! It is only a party of revellers
Returning with their lanterns from a wedding.

67. Relative Values

Gold and silver, jade and gems,
All are plentiful in the world ;
These are not the greatest riches.
Have you learned the Ch'ien Tzu Wen ?
Have you ten white-haired old friends ?

The *Ch'ien Tzu Wen* or Thousand Character Classic is, as its name implies, a poem composed of exactly one thousand characters, but it is more remarkable for the fact that each character is used only once. It is said that the writer had to complete his task in one night, and that the effort turned his hair white. It is a book used in the early stages of a Chinese boy's education.

68. Evil Company

Shun the evil and crooked hearted.
Does the butterfly consort with pitch ?

69. Uselessness of Effort

What good comes of all our striving ?
Where's the fruit of our endeavour ?
After years of patient labour,
Daily toil and night-long planning,
When the river in one night
Sweeps away the accomplishment ?
Rich and poor, merchant and ferry-boy,
All are beggars in despair ;
Build no fine mansions for your pleasure
Nor till your fertile fields.

The verses which owe their origin to the dwellers in the regions bordering on the devastating Yang-tse-kiang are either replete with expressions of despair or full of resignation. The fact of living, as it were, on the edge of a volcano, is not conducive, even in the philosophical Chinese, to a cheerful outlook on life.

70. The Value of Learning

To learn a few characters,
And to know how to write figures,
Is not a difficult task ;
If you know not the characters,
And cannot count,
How will you sign yourself when you grow up ?
And calculate your profit when you are a merchant ?

This song is interesting as being a model copy of the style used in the elementary school-books, and for conveying approximately the same injunctions—to learn incessantly and become efficient.

71. The Omniscience of Heaven

Although you cannot know the future,
Yet to-morrow you will do what to-day is ordained ;
Heaven knows beforehand what is conceived
By the evil thoughts of the crooked heart.

In spite of this song and its sentiment, the Chinese are firm lovers of the occult and its professors. Their oldest classic (the *I Ching*), is supposed to be potent in this direction with those who study it, but few natives know anything of the book, and fewer still understand it. None the less, the Celestials are profound believers in the doctrine of Predestination.

72. Charity

If you throw a cash to the beggar upon the street,
And give openly in front of other men,
Think not a shower of gold will fall about your ears ;
In the secrecy of your chamber will you find reward.

This is the antithesis of the Christian teaching on the same subject.

73. Injunction

Why waste your years in hot dispute ?
Do not give way to anger ;
Be slow to spend your time in envy :
Soon your hair will be snowy white.

74. Omnipotence

The sound of the thunder in the clouds,
Is not more loud to Heaven than your merest whisper.
The flash of lightning rending the sky
Is as easily seen as your dark deeds done in secret.

75. Submission

If a man's nature is to be moulded
Like to that of Heaven's benevolence,
Then his desires must be curbed ;
He must be like the flowing stream,
Flowing along in its allotted place.

76. The Superior Man

Who is the superior man ?
These are his qualities :
In disposition, loyal and forgiving ;
In intention, fervent and sincere.
This is the teaching of experience.

77. Disgust

How changing are the ways of this world !
The flower blooms only to wither ;
When your power and position are gone
Even those served you will hurry to insult you.
The trickling stream dries for want of rain,
The sea, which has too much, gains from mighty rivers.

78. Observation

Through the senses comes all knowledge ;
When you see with your eyes
Do not fail to perceive with your mind.
Where deep waters are, the movement is sluggish,
The profound man is slow of speech.

79. Forewarned

Do not use your present affluence as a staff,
Some day it may break and you will fall ;
If you are a support for your good fortune
Mayhap it will not fail.

80. Human Life and Nature

The camellia-head has dropped,
A silken string is all that's left ;
Such is the feeble thread whereby
Our life is held.

81. The Better Choice

Seek not gold, but choose ability,
To be able to talk of History and Mathematics,
To know, and to be capable of discerning ;
When the merchandise is of high quality
The money-value is commensurate.

82. Evanescent Power

You are in health—you laugh at demons,
Your bravery is greater that of ancient Wu ;
A fever seizes you—and then the spirits
Make game of your courage.

The Wu referred to was a renowned warrior and writer on military matters. In fact, the greatest military treatise of Chinese literature was written by him.

83. Loneliness

A crow on a far-off bough,
Outlined against the falling snow,
Is such a picture as will find
An echo in my desolate heart.

84. Apprehension

How deep is a man's misfortune!
From birth to death he is assailed
By fears and disappointments ;
He is not ten years happy,
Each moment holds many years of sorrow.
How deep is man's misfortune !

85. Contentment

The peaceful man is like a well-worn pebble,
Which makes no moan as the water rubs by,
But becomes polished and smooth as the stream rushes on,
Making the song of the river.

86. Close Friendship

What is the rule of our brotherhood ?
We are as hand and foot ;
Each is the complement of the other,
Mutually protecting and helping.

87. Contentment

How shall one know real contentment ?
Do not think that those above you,
Having more, see Fortune's face ;
Rather ponder—those below you ·
Have much less and envy you.

88. Imbecility of War

For a thousand days an army is trained,
For a single day there is combat ;
How shall this waste be brought low ?
First change great disagreements into small ones,
And cause the small ones to disappear.

89. Endurance

A day's hard journey will test the strongest horse ;
Great adversity will try the virtue of the superior man ;
Riding through a moon's space will show the weak points.
One must know men a long time before understanding character.

90. Carpe Diem

If you have any rice to-day,
Eat it before the sun goes down ;
If you have some sweet roast pork,
Eat it before it is stolen ;
Spend your money while you're here,
After death it avails you nothing.

REVIEWS OF BOOKS

JAPANESE POETRY (THE UTA). By ARTHUR WALEY. Oxford
University Press. 6s. net.

Mr. Waley's book is a very valuable contribution to our knowledge
of Japanese literature. The present volume is probably only the
first of a series dealing with various stages of the development of
Japanese poetry, and concerns itself exclusively with the *Uta* and
more particularly with the poetry of the *Manyōshu* and *Kokinshu*,
the two great classical anthologies of the eighth and ninth centuries
A.D., though it includes a number of verses found in the slightly
subsequent and supplementary collections.

The book is in some ways unique, inasmuch as it is intended both
for the general student and for those who are seriously taking up the
study of Japanese literature. No attempt has been made to elucidate
the general nature of Japanese poetry or to compare it with the poetic
art of the West, nor, and this is more unfortunate, is there any discussion of the early history of Japanese poetry from the primitive
verses found in the *Kojiki*, the first Japanese book of any
importance, and the early Shinto rituals, to the period of sudden
poetic flowering in the middle and latter part of the eighth century A.D.

On the other hand, an attempt has been made to enable the general
reader to study the originals for himself. The 110 pages of Mr. Waley's
work contain an abbreviated grammar of the Japanese written
language, the Romanized text of the poems selected, their literal
English translation, explanatory notes, and a vocabulary of the
Japanese words employed in the poems.

The grammatical summary is a masterpiece of compression. In
less than a dozen pages all the essential points of the adjective and
verb (the chief stumbling-blocks for Occidental students) are reviewed
and elucidated. It is a pity, however, that on these points Mr. Waley
has stuck so closely to Aston's *Grammar of the Japanese Written
Language*. This is the only grammar mentioned in the bibliography,
and, though perhaps the best, is not the only one, and on many points
requires revision, being, as Aston himself admits, only " the first-
fruits of a study of the language ". The use of the word " root " for

the indefinite form (as or later grammarians call it, " the second base ") is particularly objectionable.

There are two ways of treating the Japanese verb, one analytically and the other synthetically. In the former the various verbal forms are split up into roots, stems, bases, and suffixes, and are classed together according to form and irrespective of meaning. In the latter the various forms are left unanalysed, and are grouped together more or less according to what in English would be called tense, mood, etc. Ideally both methods should be employed, as Aston has done in his *Grammar of the Japanese Spoken Language*.

Mr. Waley, probably for lack of space, has used the analytical method alone, and though far more important for the serious student of the language, the general reader would probably have appreciated the addition of a supplementary verbal chart synthesized in accordance with Occidental grammar.

The selection of poems for inclusion has, on the whole, been excellent, and practically all phases of art and thought have been represented. The translations are, for the most part, more literal than literary, but this is accounted for by the general scope and method of treatment. Mr. Waley justly claims that any European translation of Japanese poetry must necessarily be inadequate, so that he explains his renderings to be purely in order to allow the reader to tackle the originals for himself. In many cases, however, exquisite passages are to be found, and in certain instances the verses are of great intrinsic literary merit.

Mr. Waley is to be congratulated on producing such a book in so peculiarly arid a period. The older generation of Japanese scholars, such as Satow, Dickins, Mason, Aston, Hall, Imbrie, Hepburn, and Chamberlain, are either dead or are no longer productive. There are almost none who are able to take their place and to carry on their work. It is only to be hoped that Mr. Waley's book may herald the beginning of a new era of serious research into Japanese language and literature.

W. MONTGOMERY McGOVERN.

LA FORMATION DE LA LANGUE MARATHE. Par JULES BLOCH, Directeur d'études à·l'école des hautes études. Paris, 1920.

This important and valuable contribution to the literature dealing with the Marāṭhī language, from the pen of the eminent French savant, Jules Bloch, was first issued in 1914, but in incomplete form owing to the exigencies of the European War. In the present edition, dated 1920, comprising 430 pages, the " index étymologique " of the words quoted in the body of the work has been published *in extenso*. Advantage has, moreover, been taken of the Oriental publications of the last six years, and of the comments of distinguished scholars, such as Sir George Grierson, to make emendations and additions to the text and the index.

By no means the least interesting and precious part of the author's work is contained in the linguistic, descriptive, and historical introduction (pp. 1–37). It is a closely reasoned document, showing on the one hand the difficulties which present themselves in any attempt to trace with absolute exactitude the development of a tertiary Prākṛt of the outer band, like Marāṭhī, from its earliest origins, but making use, on the other hand, of the available data to the fullest extent, to present a connected story of such development. None of the Indo-European languages actually spoken in India, says Bloch, seem to go back to a language sensibly different from the Sanseṛt, as known to us in the Vedic and classical texts. The alterations undergone in the natural course of language-development next resulted in the birth of diverse " middle-Indian " dialects, and these in their turn have given place to the modern languages themselves. But in making this general statement important reservations must be noted.

(i) None of the ancient Indo-Aryan languages present from the actual documentary record features which are sure of analysis.

(ii) The most ancient Sanscṛt texts already show signs of contamination by a medley of important dialects.

(iii) Progressively, the different spoken languages have in their turn been influenced by Sanscṛt, the language of the savants.

It is necessary, therefore, as the author says, to subject all the known forms of the Indo-Aryan tongue to analysis, as far as possible, and to determine to what degree it is permissible to utilize the resulting evidence in the study of the development of the Marāṭhī language.

In the first place an examination of the classical Sanscṛt texts shows that they cannot be considered to represent the exact state at any given period of the contemporary spoken language.

Secondly, despite the abundance and variety of the epigraphical records in " middle Indian ", commencing with the rock-inscriptions of Aśoka, which are at our disposal, they supply, as the author remarks, on close internal examination, very doubtful data for the elucidation of the actual state of the then spoken language. This is owing to the inextricable confusion of phonetic and even morphological characteristics in the records themselves.

A discussion of the original home of Pāli, the language of the Buddhist canon of Ceylon, follows, and Bloch inclines to the view that it was chiefly spoken in Mālva, with the reservation that Pāli should not be considered to be a purely Western dialect. The Jain texts, the Kharoṣṭī fragments, the Mahāvastu, and the Lalitavistāra are next alluded to, and Bloch finally remarks that it is difficult to assign any of these texts to a particular linguistic reality, although the study of comparative grammar may assist in the mere philological interpretation of the texts.

After commenting at length on the medley of the Prākṛts of the
• drama and lyric poetry, and quoting from Sir George Grierson as regards the origin and development of Hindostāni, the lingua franca of modern India, Bloch concludes as follows : " Religious influences, official influences, the prestige of the language of the savants, the role of a literary work, serving as a model, these are the features which have characterized the birth of the ancient literary languages, as well as of the modern."

Later on, he remarks, comes the necessity for grammars of such languages, and later still for special study to write Prākṛt poetry. Thus Prākṛt fails to supply direct evidence bearing on the spoken languages of India in the classical period. But, must the literary tradition be rejected ? No, answers Bloch, for as our task is to reconstitute the general history of a language, the vocabulary is but an instrument. In treating the words, they are considered not from the point of view of the words in themselves, but in regard to the operation of phonetic laws and the use of grammatical terms. The author then deals with the general phonetic laws of consonantal and vocalic changes, running through the Indo-Aryan system.

Thus far with the history of " Indo-Aryan " in the period preceding the formation of Marāṭhī. Does the separation which has given rise to the modern Indo-Aryan languages go back to the dim past, or ought we to consider the totality of the modern languages to rest on the basis of one universal language, whose existence is vouched for by the " moyen indien " ? If both theories have their portion of verity, how combine them for our purpose ? Bloch shows how this may be done, with special reference to the study of the development of Marāṭhī.

After citing the geographical limits of the languages which are affiliated with Marāṭhī, he examines the characteristic similarities between such languages and the "moyen indien", and he concludes that it is not the morphological but the phonetic characteristics which differentiate these languages *inter se*. All the morphological variations go back to a state of things everywhere similar, and this morphological uniformity is derived in its turn from a state of morphological uniformity, common to all the forms of the Prākṛt. In turning to the phonetics, it is to be remarked, says Bloch, that the dialectic differences noticeable in the classical Prākṛts have nearly all disappeared in the modern languages. Excepting certain phonetic alterations, which are easily definable, and certain obscure and rare indications in special grammatical forms, one may group all the facts in an unique historical series, and make use of them for the history of an Indo-Aryan language, *provided that such language is confined to the country to the East of the Indus*. It is, moreover, permissible, says Bloch, to regard this uniformity of the languages of Northern India, such as appears in the literary documents, as corresponding to an actual historical phenomenon, borne out by historical facts. But this uniform language stopped short with the Prākṛts properly so-called. For, says Bloch, Apabhraṃsa has nothing in common with Marāṭhī, and he regards the different Apabhraṃsas rather as refined patois, having more in common with the modern dialects than being developments of the Prākṛts. In any case, as Bloch remarks, Apabhraṃsa literature dates after the separation of Marāṭhī from its cognate languages. With this exception all other documents may be studied to advantage for the elucidation of the development of Marāṭhī.

Moreover, one has all the more right to link up Marāṭhī and the "moyen indien", as the form of the "moyen indien marathe ' is the one which has served as the basis for literature for many centuries. Mahārāṣṭrī took the place of Sauraseni in lyric poetry. Bloch next proceeds to define the limits of Western and Central India within which Marāthi is spoken, and points out what was a most important factor in this development, namely, that although this tract was from the distant past in communication with Northern India, still it retained down to the times of Aśoka, and intermittently even afterwards, a certain measure of aloofness and independence. The result is that we find in Marāṭhī clear traces of a Dravidian substratum, of which the most noteworthy are :—

(i) The peculiar pronunciation of the palatals ($c = ts$ and $j = dz$) in certain positions in the word and before certain vowels, a characteristic which approximates Marāṭhī to Telugu.

(ii) What Bloch terms "la diphtongaison" of *e* and *o* when initial, pronounced and often written as *ye* and *wo*, a feature common to all Dravidian languages.

While thus, the persistent resistance of the South to political absorption by the North tended on the one hand to isolate Marāṭhī and keep it free from infiltration of Hindi influences from the North, the instability of the local dynasties in Marāṭhī-speaking tracts contributed at a very early period to the formation of a common composite language. Hence Marāṭhī bears the aspect of a medley, the different elements of which are referable to various epochs, and does not represent a coherent language, reposing on the basis of any one predominant dialect. Marāṭhī has also largely, and chiefly owing to literary influences, reintroduced Sanscrt "tatsamas", even in cases where *tadbhavas* were formerly in use, as natural evolutions from the Sanscrt.

The Marāṭhī dialect which serves as the universal language is the Deśī, or that spoken in the tract between the Ghāts and the frontier of Berar. In literature' Dnyāndev (A.D. 1275-96), who wrote a commentary on the Bhagavad-Gita, and the tailor Nāmdev (A.D. 1270-1350) are the two poets of whom we have the earliest authentic records. Side by side with Deśī are found numerous local patois. Further, as apart from the universal language, there are two groups of speech, the Marāṭhī of the North and South Konkan, the distinguishing peculiarities of which give rise to the surmise that they are inter-mediate between Gujarāti and Deśī Marāṭhī.

In passing it may be remarked that such slender semi-historical evidence as exists in the family traditions of the Chītpāvan Brāhmans (North Konkan) and the Gaud or Śenvī Brāhmans (South Konkan) points to the colonization of the seaboard from the North through "Aparanta", the districts north of Bombay, while the Deś was invaded by Aryan bands through the eastern passes of the Vindhya range and along the valleys of the Godāvari and Kṛṣṇa Rivers. These two distinct streams of immigration would, on general grounds, account for the diversities existing between the speech of the tableland and the seaboard.

To turn to our author again, numerous works have been consulted by him in the preparation of his work (pp. 38-42). A very interesting note on ancient Marāṭhi inscriptions (the most ancient being dated A.D. 1118) is given on pp. 279-82. pp. 43-163 are devoted to an elaborate discussion of the phonetics of the language, and all words cited therein or elsewhere in the work find a place in the "index étymologique" (pp. 285–430), together with their Sanseṛt, Prākṛt, Gujarāti, Hindi, gypsy, and other equivalents, as the individual word may require, or which are known in the present state of linguistic research. Having dealt with the phonetic basis of the language, Bloch proceeds to deal with the morphological aspect in the remaining pages of the work. Specially noticeable is a very lucid account of how the Sanscṛt case-terminations gradually merged into two, a direct and an oblique case in the tertiary Prākṛts, the deficiency being supplied in Marāṭhī by the help of postpositions attached to the general oblique case. The origin of these postpositions is then discussed in detail. The subject has already been dealt with by such learned writers as Beames and Grierson. Bloch, however, is not in agreement with them on all points, and some of his conclusions are admittedly speculative and tentative. Thus it may be remarked that in a recently found inscription the Marāṭhī genitive termination, commonly *cā*, is given as *jā*. That *jā* is analogous with the Sindhi *jo* is obvious : hence the explanation of the origin of *jo*, given by Grierson, which links the Sindhi with the Marāṭhī, would seem to be the most tenable in the present state of our knowledge.

And here we must take leave of our author. His work, which bears on every page traces of the minute and careful study and research which he has brought to bear in the preparation of his thesis, should not only find a welcome place on the library shelf of the philologist, but will also repay close perusal and examination by the advanced student of the Marāṭhī language.

W. DODERET.

The Dīwān of Ghailân ibn 'Uqbah known as Dhu'r-Rummah. Edited by Carlile Henry Hayes Macartney. Cambridge: at the University Press. 1919.

By the publication of this edition of the *dīwān* of Dhu'r-Rumma Mr. Macartney has rendered a valuable service to Oriental scholarship. The name of Dhu'r-Rumma soon becomes familiar to students of classical Arabic, but only one of his longer poems has hitherto been easily accessible. His *dīwān* is now available to students of Arabic poetry, and philologists who meet with his frequently quoted and sometimes obscure verses in the works of lexicographers now have an opportunity of reading them in the additional light derived from their context, from a rather unsatisfactory commentary, and from an *apparatus criticus*, which must be one of the most complete to be found in the existing editions of Arabic *dīwāns*. Like many other editors of Arabic poetical and philological works, Mr. Macartney is indebted for assistance to Mr. F. Krenkow, who has read all the proofs and contributed to the completeness of the *apparatus criticus*. The first ten poems have had the additional advantage of being read by Dr. R. A. Nicholson. So far as the poems are concerned, Mr. Macartney seems in general to have succeeded in establishing a readable text. The *scholia* are in a less satisfactory state. This is not unnatural, since Mr. Macartney has had to depend on manuscripts which leave something to be desired, and has not been able to obtain for the *scholia* the light which citations in other works have thrown on the poems.

The reader of a newly published Arabic text is tempted to alter passages which he finds unintelligible. Unintelligibility may, of course, be the result of subjective as well as of objective causes, and it is not safe to assume that a verse which appears unintelligible is necessarily corrupt. I venture, however, to propose a number of emendations which have suggested themselves to me in the course of reading about half of the *dīwān*, hoping that few of them are what a German professor has called *Verschlimmbesserungen*.

PAGE. VERSE.

39.   8.   **مُوَلِّيَةٌ** . Read مُوَلِّيَةً in the accusative case عَلَى الحَالِ "as they departed ".

49   57.   For رَضَفَ read رَضَفَ, and similarly in the gloss والرَّضْفُ الحَصَى . The word means " stones heated by the sun ". رَضَفَ has two *fathas* and would not scan here.

59.   28.   عِرَارَ .

69.   20.   رَجَعْتُ بِهِ رُوحَهُ فِي عِظَامِهِ   وَكَمْ قَبْلَهَا مِنْ دَعْوَةٍ لَايُجِيبُهَا

رجعت اى ردّت روحه لقائى وانشادى بذكر متى

The *scholion*, which is unintelligible as it stands, may be emended as follows : رجعت اى رَدَدْتُ روحه ,
بغنائى وانشادى الخ " I restored his spirit to him by my singing, etc." Similarly in the *scholion* from the Codex Ambrosianus اشدّته is doubtless a corruption of انشدته .

96   12.   أَشْوَانِىَ .

PAGE.	VERSE.	
96.	12 *schol.*	‫ما‬ appears to have dropped out before ‫.اشوانى‬
101.	32.	Read ‫بُزَّ نَوْبَيْهِ‬ " who has been stripped of his clothes "
104.	45 *scholion* from B.M.	For ‫تلوّن‬ read ‫.تكون‬
105.	49 *schol.*	‫اذا حيث‬ is apparently a corruption of ‫.ادجنت‬
	50 Ambr. *schol.*	Read ‫قصّه الآساد من قصّه اى تبعه الخ.‬
108.	59.	‫.خُنْزُرا‬
113.	1 *schol.*	‫والنؤى ما يراك دخول البيت لمنع المطر.‬ Read perhaps
		‫.والنؤى ما يُدار حَوْلَ البيت الخ‬
125.	15 *schol.*	‫ما‬ appears to have dropped out before ‫.عندها‬
132.	2.	‫.تَقَسَّمَهُمْ‬
143.	1 *schol.*	For ‫موضعان‬ read ‫.موضعان‬
149.	30.	The metre requires either ‫عندهما‬ or ‫.عندهُمُ‬
153.	21.	‫.الآراءَ‬
165.	13.	Read ‫اذا ضممت‬ with C, L, etc.
168.	28.	‫.خِزْرى‬
169.	36.	‫.صَعْب‬
171.	8 *schol.*	For ‫جبل‬ read ‫.حبل‬
173.	18 *schol.*	Read probably ‫.مطلحة مُغِيبة‬
175	27 *schol.*	‫جبل اشقر‬ seems to be a corruption of ‫.خَيَّل شُقْرٌ‬
	29.	‫.لا يُمكِنُ الفَحْلَ أمُّها‬
176.	32 *schol.*	‫.والطلسا' الجمرة‬
178.	43.	For ‫مُكتيّةٍ‬ read probably ‫وَمَكنيّةٍ‬ " and one called by a *kunya*, etc. ", i.e. ‫.ام حبين‬
	46 *schol.*	For ‫آية‬ read ‫أنّهُ‬ " and this indicates that the night is meant ".
179.	50 *schol.*	For ‫الرِّبد‬ read ‫.العود‬
182.	61.	‫.ونَاتَ‬
183.	68 *schol.*	‫الدابة‬, probably ‫الرّاية‬ " the standard ".
197.	25.	Read ‫الحِراءِ‬ (" thirsty ") with Const.
200.	49.	The metre requires ‫شبّ‬, which is the reading of Const.
203.	25.	‫.مُعَسْكِرُ‬
	27.	For ‫خَبَاهُ‬ read ‫جَبَاهُ‬; cf Lane s.v. ‫.جَبَا‬
215.	32.	The metre requires ‫.هَنَّكوا‬
217.	39 *schol.*	For ‫دوّيا‬ read ‫.دويا‬
223.	5.	‫فَتَنْظُرَ‬, the ‫ف‬ being ‫فاء الجواب‬ as Ambr. *schol.* states.

PAGE. VERSE.

238. 77 *schol.* For ةٔ‌اهد دهم تلدهم‍ تدهى الشى‍ read تلدهم تدهم البـنـين تدهى
      . دُهاةٌ

242. 13 *schol.* اعليه من.. Read من العالية.

279. 12. أَمْثال.

288. 23 *schol.* . جنوا جريرة.

304. 11. Read نُخيرِها.

327. 13. . اليك وليَّ الحتى أَعْمَلْتُ اركبّا.

328. 21. The metre requires عنهن.

330. 26*. آَ.

359. 16. دوائ.

      17. . زجولّ.

631. 27. . مُقَدَّم.

      27 *schol.* الغطا‍.

632. 32. . الى ابل بالزرق.

649. 2. . الحائُ الغريبُ.

C. A. STOREY.

March 16, 1920.

DAS JAIMINĪYA-BRĀHMAṆA IN AUSWAHL.   By W. CALAND.
Amsterdam : Johannes Müller.   1919.

Among the manuscripts which the India Office owes to the energy
of Burnell, the highest place must be assigned to the copies of the text
of the *Jaiminīya Brāhmaṇa*, which, imperfect as they are, still represent
the only available source of our knowledge of that great text. Hastily
made from incorrect originals, they present a text full of grave errors ;
and unless and until chance brings to light fresh material from India,
a complete edition of the Brāhmaṇa must remain impossible. Hitherto
it is to Professor Oertel that we have owed by far the greater amount
of our knowledge of the text, but Professor Caland has now laid us
under even greater obligations in his latest work, in which he com-
municates, in text and translation, no less than 212 selections,
including the most important of the contents of the text of the
Brāhmaṇa proper. The editing is, of course, carried out with the
editor's wonted skill ; the translation and notes seek to explain
every difficulty in the text when that is not too corrupt to permit of
reconstruction, and much additional information from the Brāhmaṇa
is conveyed in the index of proper names.

There is nothing in the new matter now rendered available to necessitate any modification of the judgment on the Brāhmaṇa which has already been formed on the basis of the portions of the text already known. It is plainly a work of the later Brāhmaṇa period, probably of the same epoch as the *Kauṣītaki Brāhmaṇa*, though of somewhat later date. This is strongly supported by many coincidences in detail between the two texts, and by the confused version which the *Jaiminīya* (pp. 137, 138) presents of the episode of the consecration of Keśin, narrated in the *Kauṣītaki* (vii, 4). The inferiority of the Jaiminīya tradition is further exemplified in the legends attaching to Keśin Dārbhya, for this well-known prince of the Pañcālas appears also (p. 110) in the unexpected role of a priest, the rival of Ahīnas for the Purohitaship of Keśin Sātyakāmi, who more correctly appears elsewhere (p. 161) as a priest in the service of Keśin Dārbhya himself, a striking example of the gradual confusion of tradition. To this tendency to embellish the past may be attributed the unique assertion (p. 268) that Vasiṣṭha was accused of being no more than a Vaiśya, with which may be compared the tale of the entrusting to him (p. 230) by Sudās of his mares to guard in his absence. Viśvāmitra, his rival, appears not as a king but as securing the kingship for his son, Aṣṭaka (p. 182), whose name is known from the *Aitareya Brāhmaṇa*. Reminiscent of that text (vii, 13) also is the curious account of the Gosava (pp. 157, 158), which includes incest on the part of the performer ; the pious Janaka, we learn, declined to perform this part of the rite, while the Śibi king consented to do so. An interesting example of the development of a mere ætiological legend is that of the evolution of a sage, Śakala, from the *ahi śākala* (p. 99), which is known to the *Aitareya* (iii, 43, 5). The constellation of the Śiṃśumāra is also a later figure in Vedic literature (p. 268) ; the hare in the moon (p. 13) and three hells (p. 124) are known, and in place of Sudās as the hero of the battle of the ten kings appears Kṣatra, son of Pratardana (p. 284), while the Ikṣvākus and the Bharatas contend in curious circumstances (p. 281).

There is abundant evidence that the place of origin of the Brāhmaṇa was the land of the Kuru-Pañcālas, whose sacred places are mentioned and whose ritual practices and disputes are alluded to ; we learn, also, of the aid given by Uccaiḥśravas, the Kuru king, to his nephew, Keśin, in securing his control of the Pañcālas. But the editor's suggestions (pp. 99, 102) that the Kurus and Pañcālas were reckoned part of the Udantas as northerners, or that the Kurus were originally identical with the Udantas, cannot be sustained ; in the former passage the Udantas as " others " are contrasted with the Kurus and Pañcālas ; in the latter the Udantas appear as opposed to both the peoples in a decisive manner. Nor on the editor's own view is the place of composition of the Brāhmaṇa in the north (p. 258); the rivers flow thither, and men send their sons thither, a fact which points to the composition of the text in the middle land of the *Aitareya Brāhmaṇa,* where dwell the Kuru-Pañcālas. With this accords the fact that we are told of a Kausalya king that his son spoke in the eastern fashion.

The corruption of the text and its natural difficulty, even when the reading is certain, present many occasions in which doubt may be cast on the editor's views. In the important parallel passage (p. 208) on the Sattra of the cows,[1] Professor Caland renders *tāsāṃ dvādaśe māsi śṛṅgāṇi prāvartanta* as "Deren Hörner begannen (erst) im zwölften Monate hervorzukommen ", it being implied that they never developed, so that these cows could be called *tūpara.* But this rendering cannot be reconciled with the express statement that those cows which desisted from the Sattra after ten months were horned ; it is plain that the performance of the extra two months was penalized by the loss of horns, and *prāvartanta* here must denote " started forward ", i.e. " fell off ". With this view alone accords the parallel of the human performers of a Sattra, who are said in the twelfth month to remove their topknots (*śikhāḥ pravapante*). Nor is it possible to accept the elimination from the text and from the *Taittirīya Saṃhitā* (vii, 5, 1, 2) of the unique *partvī* (Greek πέρδω) in favour of the commonplace *prartvī* ; it is inconceivable that accident should preserve *partvī* in two distinct texts, even if it were not the case that *prartvī* is no better sense. Another term of interest is found in the phrase *na menāmenaṃ vyūhyam* (p. 46), which the editor leaves untranslated. The sense, however, of the passage is clear, when is is observed that in describing the marriage of Bṛbat and Rathantara the terms applied to both members of the pair are feminine. Marriage is not between woman and woman (*menāmenam*). From this point of view the plurals at the end of the section, which the editor queries, are easily explained ; the reference is to the practice of people after marriage living in one another's houses, not merely as once *yathāgṛham* or *yathājāti,* an interesting if tantalizingly brief reference to the evolution of marriage customs. In the same passage *sahavahatū* or

---

[1] For the original of the passage cf. Keith, *Taittirīya Saṃhitā,* I, xcviii, xcix.

savahatū should be read for *sarvahatū*. Again, in the wager between Viśvāmitra and the Mahāvṛṣas (p. 264) the editor's rendering secures the Mahāvṛṣas the advantage in either case ; it is clear that they must be held to offer that if Viśvāmitra's team carries its load up the bank he is to be at liberty to fill his cars, not theirs, with wealth at their expense. Nor is it necessary, as suggested by the editor (p. 62) to find external evidence for the connexion of Śyāvāśva and the Maruts ; their bond of union lies in the fact reported in the text that he used a Sāman which they used among themselves, and thus attained a bond of community with them.

The text presents many curious words and forms, but it is dubious how far we can accept as genuine forms which rest on such feeble MS. evidence ; the existence of a particle *daha* (p.111), of forms like *atustuvan* (p. 81), *lelā* (p. 83), *ṛkṣa* (p. 290), and *śraddhāya* (pp. 50, 253), cannot be regarded as established as probable ; *arātītam* (p. 20) is strange, though conceivable, and *rājanyakāmyā* (p. 111) is old and interesting ; *aśanayā* (p. 20) has a parallel in the *Aitareya* (vii, 15), and if *pariprajighyur* (p. 120) is to be read, it may stand in relation with the *jighyati* of that text (viii, 28), in itself, however, dubious. Doubtful also is the validity of the suggestion (p. 79) to restore the word *īdhryañc*, or to take *heṣṭva* (p. 92) as from *īś*, a view which does not really suit the context, in which a reference to the performance of sacrifice is necessary to explain the question put by the king to the priest. Even if the existence of *anuvī* is to be recognized in adjectival use, it is not necessary to find it in *anuvyāsa* (p. 53). At p. 96, for *tasya na bhūty alpakeva canā sā sti, bhūtyā*, not *bhūter*, should be restored. Nor at p. 66 is the aorist necessary, or even to be expected, for *apaśyāma*; those from the dead declare what they saw from time to time during their stay in the underworld, and the imperfect exactly suits this ; the omission of Sandhi is simply a careless error, as in the *Aitareya* (iii, 18, 8). Nor is the correction (p. 10) of *anūcīmahe* of the MS. to *anūcīmahi* an improvement; *anūcimahe* should clearly be read. *Caran* the editor treats (p. 48) as equivalent to a finite verb when it occurs in the anacolouthon *aparuddhaś caran sa* ; much more remarkable, and more nearly an instance of the use of a participle for a finite verb, is *tam eva tapas tapyamānam manyante yo dadad* (p. 114), where no anacolouthon is possible. Veda as a proper name should disappear from the index, for we have the far superior authority of the *Aitareya* (iii, 6) for the patronymic Baida, of which Veda is a mere misspelling. But, in however many points of detail difference is possible from Professor Caland's conclusions, these minutiæ affect in no degree our appreciation of this most welcome contribution to our knowledge of the sacred texts of the Jaiminīyas, for which so much has already been done by his edition of the Saṃhitā itself.

A. Berriedale Keith.

Japanese Names : A Manual for Students and Art-Collectors. By Albert J. Koop and Hogitarō Inada. Part I. The Eastern Press. Three guineas net.

The difficulties connected with the pronunciation of English place-names and surnames are far exceeded by those which hamper the student of Japanese. In English there is at least an approach to phonetic rendering of the sounds, and the most ignorant mispronunciations seldom involve uncertainty as to the meaning intended.

The reader of Japanese names is confronted with difficulties of another kind and of considerably greater complexity. For example, in two of the best-known surnames, Fujiwara and Katō, the *fuji* and the *tō*—two elements without a sound in common—are written with the same Chinese characters 藤. Again, the characters 正 助 may be read *Seijo, Shōjo, Shōsuke,* or *Masasuke,* according to the class of name for the moment represented by them. Similarly, 吉 次 may be read *Yoshitsugu* or *Kichiji* ; 定 一 may be read *Sadakazu, Sadaichi,* or *Teiichi.* Instances might be multiplied, but these are sufficient to give a hint of the difficulties involved in the reading of Japanese names.

In the work which lies before us the authors aim at quoting all possible readings for the characters used in writing names. At the same time they have attempted to lay down rules whereby the right pronunciation may with certainty, or at least with probability be selected from among the numerous alternatives.

Japanese Names may justly claim to be the first and only complete work of its kind in any language, and to judge from the instalment published succeeds in throwing all available light on the darkness of this perplexing subject. It should appeal to all students of the language, whether advanced or beginners, but it will prove especially useful to those who collect and describe Japanese works of art, for these bear inscriptions consisting chiefly of names and dates.

The main part of the work is occupied by a dictionary of Chinese characters with explanations of their readings in various classes of name, whether used singly or, as is usually the case, in combination. The first few pages of this dictionary (which is to be completed in the three ensuing parts of the book)[1] appear in part i, together with a series of preliminary chapters, in some of which the underlying principles are explained step by step for the benefit of the beginner—although, as suggested in the Dedication, the more advanced student will find the work invaluable for reference.

Other chapters, accompanied by well-arranged tables and lists, deal with such subjects as the phonetic *kana* syllabary and the calculation of Japanese dates, while a well-selected list of " numerical categories " will prove of much service to the collector and cataloguer.

The needs of the beginner are studied throughout, but especially in a chapter on the analysis of signatures and kindred inscriptions, as well as in a preliminary list of the commoner characters found in Japanese names.

A. D. WALEY.

[1] Since this was written part ii has appeared.

Stephen Austin & Sons, Ltd., Printers, Hertford.

INDEX TO VOLUME I

Lightning Source UK Ltd.
Milton Keynes UK
UKHW021029241218
334505UK00013B/1038/P